U0569349

文联版
http://www.clapnet.cn

纪念中国人民抗日战争暨世界反法西斯战争胜利70周年重点出版物

中国·四川抗战文化研究丛书

◉ 魏红珊 冯宪光 马 晶 著

四川抗战文化地理学研究

Research on the Counter-Japanese War Cultural Geography in Sichuan

图书在版编目（CIP）数据

四川抗战文化地理学研究/魏红珊, 冯宪光, 马晶著. —北京：中国文联出版社，2015. 9
（中国·四川抗战文化研究丛书）
ISBN 978-7-5190-0372-2

Ⅰ. ①四… Ⅱ. ①魏… ②冯… ③马… Ⅲ. ①文化地理学—研究—四川省—1937～1945
Ⅳ. ①K927.1 ②G127.71

中国版本图书馆CIP数据核字(2015)第217404号

四川抗战文化地理学研究

作　　者：魏红珊　冯宪光　马　晶

出 版 人：朱　庆
终 审 人：奚耀华　　复 审 人：蒋　泥
责任编辑：蒋爱民　褚雅越　　责任校对：师自运
封面设计：小宝书装　　责任印制：陈　晨

出版发行：中国文联出版社
地　　址：北京市朝阳区农展馆南里 10 号，100125
电　　话：010-65389682（咨询）65067803（发行）65389150（邮购）
传　　真：010-65933115（总编室），010-65033859（发行部）
网　　址：http://www.clapnet.cn
E - mail：clap@clapnet.cn　　chuyy@ clapnet.cn

印　　刷：中煤涿州制图印刷厂北京分厂
装　　订：中煤涿州制图印刷厂北京分厂
法律顾问：北京市天驰洪范律师事务所徐波律师
本书如有破损、缺页、装订错误，请与本社联系调换

开　　本：710×1000　　1/16
字　　数：478千字　　印 张：30.25
版　　次：2015 年 9 月第 1 版　　印 次：2015 年 9 月第 1 次印刷
书　　号：ISBN 978-7-5190-0372-2
定　　价：89.00元

中共四川省委宣传部、四川省社会科学院重大课题

中国·四川抗战文化研究丛书

编委会

总　序

李后强

文化是民族的灵魂和血脉，在危难时期往往能释放出巨大的能量。

今年是抗日战争胜利 70 周年。这场战争起于 1931 年 9 月，止于 1945 年 9 月。旷日持久的战争给中国人民带来了巨大的灾难。冰冷的刺刀、震耳的炮声、凌厉的炸弹，殷红的鲜血、残断的尸体、焦黑的废墟，深深地铭刻在中国人民的记忆中。中华民族到了生死存亡的关头，神州大地到处燃烧起反侵略的烈焰，抗日民族统一战线的旗帜升起来了。抗日战争是中国近代抗击外敌入侵第一次取得完全胜利的民族解放斗争。四川作为抗战大后方，为抗战胜利付出了巨大牺牲，做出了重大贡献：当时四川总人口 4000 万，近 350 万川军中伤亡 64 万人。抗战初期川军出川时，各界普遍认为这是当时中国“最糟糕的军队”。然而，就是这支“最糟糕的军队”，从 1937 年的“淞沪会战”开始，几乎无役不与，无仗不惨烈。到抗战后期，曾经“最糟糕的部队”得到的评价是“川军能战”“无川不成军”的赞誉。抗日战争留下了光耀千秋的抗战文化。

1945 年，中共中央机关报《新华日报》曾发表《感谢四川人民》的社论，称赞四川是“历史上最大规模的民族战争之大后方的主要基地”，称赞四川人民“对于正面战场，是尽了最大最重要的责任”。此外，由于国土的大批沦陷和国民政府迁都，大批工厂、学校、文化单位西迁入川，四川成为抗战时期中国的政治文化中心。在漫长的抗战岁月中，在中国共产党领导下，伴随着民族统一战线的形成和民族解放战争的推进，形成了波澜壮阔而又独具特色的四川抗战文化。抗战时期，四川成为世界反法西斯战争的指挥中心之一，成为大后方的政治、经济、军事、文化中心，成为世界反法西斯统一战线与中国抗日民族统一战线的交汇点，为二战的胜利和民族解放战争的胜利做出历史性的贡献。尘封了大半个世纪的抗战文化，是四川宝贵的精神文化财富。

四川抗战文化不仅具有四川特色，还具有全国影响和世界意义，是中国现代史研究内容的重要方面。从中国现代文化发展史来看，四川抗战文化是中国现代文化发展中最为辉煌的阶段，具有里程碑的意义。四川是大后方核心之地，也是抗战文化的主战场。可以说，把四川抗战文化搞清楚了，大后方的抗战文化就基本搞清楚了，对于我国抗战文化的研究无疑具有重大的意义。

中国现代文化的发展经历了漫长的历史过程，但比较而言，抗战时期更为辉煌。西南是抗战的大后方，陪都在重庆。四川的地位举足轻重，抗战文化的重点在四川。战争会毁灭文化，这在国际上不乏范例。可中国的抗日战争不仅没有使我们的民族文化毁灭，还促进了中国现代文化的发展。四川的抗战文化在战火硝烟中谱写出历史新篇章，这正是中国文化强大生命力的表现。

抗日战争的胜利是中华民族文武两条战线的胜利。文化战线的抗战文化，启发了民众的觉悟，激励了将士的斗志，揭露了日寇的暴行，抨击了汉奸的无耻。如果没有抗战文化的鞠躬尽瘁，抗日战争要取得胜利是难以想象的。左翼文化的作用还不止此。周恩来说：鲁迅是导师，郭沫若是主将。鲁迅逝世后，郭沫若便是带领着大家一道前进的向导。郭沫若为旗帜的文化队伍以新民主主义思想浸润人们的心田，拓宽了新民主主义的文化阵地，削弱了其他文化形态的影响，为中国共产党赢得了人心，构筑了更加坚实的通往新中国的大道。

抗战文化是中国的，也是世界的。它是世界反法西斯文化的重要组成部分。而世界文化也因为有了中国的抗战文化才更加灿烂。抗战文化为战胜日本侵略者立下了卓越的功勋，也为世界反法西斯战争做出了自己的独特贡献。

抗战文化是丰富多彩的文化。统一战线的建立为抗战文化的繁荣营造了相对自由的天地。新民主主义文化、三民主义文化、民族主义文化、自由主义文化、中国传统文化都有自己被认同的空间。但至大至刚的浩然正气和历代民族英雄典范是没有文化或只有少量文化的民众参加抗战的精神力量。要知道，他们的精神力量正是抗战最广大的原动力。纵观中国数千年文化史，很少有哪个时期的文化如抗战时期那样壮观。横看西方文化，也少有能出其右者。战争是一把双刃剑。侵略战争是摧毁被侵略者文化的罪魁，反侵略战争亦能促进文化的发展。中国不是能被入侵者从地球上抹去的国家，也绝不可能，因为她有广袤的反侵略的土地。抗战文化独有的价值正在这里。

研究四川抗战文化，对于当前的文化建设有着重大作用和现实意义。第一，抗战文化是爱国主义文化，爱国主义是中华民族的光荣传统，是推动中国社会前进的巨大力量，是各族人民共同的精神支柱，是社会主义精神文明建设主旋律的重要组成部分。抗战文化研究是爱国主义教育的重要组成部分，是提高全民族整体素质的基础性工程，是引导人们特别是广大青少年树立正确理想、信念、人生观、价值观，促进中华民族振兴的一项重要工作。第二，抗战文化是追求理想、追求进步的文化，是社会主义先进文化的重要组成部分，对于清除文化垃圾，净化人文环境，将起到积极作用。第三，抗战文化是统一战线的文化，是全民族的文化，推进抗战文化研究对于海峡两岸关系的和谐、增强中华文化的凝聚力和向心力，将起到积极的推动作用。第四，抗战文化是四川的重要文化史实，其宝贵的精神文化价值至今能发挥重要作用。它具有显著的地方特色、全国意义和世界影响，对于把四川建设成文化强省具有不可替代的作用。

20 世纪 80 年代，在中共四川省委宣传部的领导和支持下，四川省社会科学院会同西南师范学院、重庆师范学院等单位率先在全国吹响向抗战文学、文艺进军的集结号。各种形式的研究成果也陆续问世。国内国际都有了一定的影响。在纪念世界反法西斯胜利70周年的背景下，我们将这些研究进一步拓展，向中国抗战文化迈进。

由于种种原因，我们过去的抗战文化研究总体来看对历史的描述并不那么全面，有的评价也较粗疏，范围也嫌狭窄。抗日战争已经结束七十年了，似乎很遥远了，可日方依然有人在那里做这样那样、隐形或非隐形的否定。如果能有先哲孟子说的“同情之心人皆有之”的话，就应该真诚地对那场给中国造成数千万人伤亡的侵略战争说不，更应该像祈祷“上帝饶恕我们”的德国总理勃兰特那样谢罪。作为抗战文化的研究者，除了对否定者感到愤懑之外，更多的还是责任。那就是理智地客观地书写历史的真相，不能让历史被某些人作为小姑娘随意打扮，误导后人。

多卷本“中国·四川抗战文化研究丛书”即将付梓出版，这部书凝聚了四川省社会科学院及四川省内多家院校学者们的数年心血。参加撰写工作的都是在这方面多年深耕、研究有成者。尊重历史，是研究历史的基本原则，是历史唯物主义的态度，也是中国文化的传统。司马迁撰写《史记》，注重的就是调查、实录与秉笔直书。相信他们能写出有个性、有创见、有水平、有影响的学术著作。

“中国·四川抗战文化研究”将是四川省社会科学院长期支持的重点项目，我们将持续推进，分批出版学术著作，希望各界批评指正。

2015年3月26日于百花潭

（作者系四川省社会科学院党委书记、教授）

Preface

By Li Houqiang

Culture is the soul and blood vessel of a nation, which could release huge power in peril.

This year marks the 70th anniversary of victory of the Counter-Japanese War which lasted from September 1931 to September 1945. The protracted war caused terrible disaster for the Chinese people. The cold sword, thunders of cannons and bombs, blood, broken bodies and charred ruins have left an ever-lasting imprint on the memory of the Chinese people. When the Chinese nation was at the moment of life-and-death, the flame of anti-aggression was lighted across the land of China. The anti-Japanese national united front was formed. The Counter-Japanese War is the first successful national liberation struggle since modern times in resistance against foreign aggression. As the Rear Area, Sichuan made considerable sacrifice and contribution to the victory of the Counter-Japanese War. Sichuan had a total population of 40 million, nearly 3.5 million of whom were soldiers, 640000 of whom died or injured during the war. In the early period of the war when the Sichuan troops went out of Sichuan, they were widely believed to be the "worst troops" in China. However, it was these very "worst troops" that fought in almost all the battles since the breakout of the Battle of Shanghai in 1937. In the later period of the war, the "worst troops" was claimed as troops good at fighting. The eight-year long war produced the splendid Counter-Japanese War cultures.

In 1945, *Xinhua Daily*, the mouthpiece of the Central Committee of the Communist Party of China carried an editorial, *Expressing Gratitude to Sichuan People*, which said that Sichuan was "a major base of the Rear Area of the largest national struggle in history", and that Sichuan people "played the most important role in frontline battlefield". Sichuan became the political and cultural center during the Counter-Japanese War due to the loss of vast territory and the move of the capital of National Government and a large number of factories, schools and cultural departments moved westwards to Sichuan. During the long resistance war, the Counter-Japanese War cultures featuring Sichuan characteristics was nurtured in Sichuan, under the leadership of the Communist Party of China, with the formation of the national united front and the development of the national liberation war. During the war, Sichuan made great contributions to the victory of the Second World War and national liberation war, as one of the command centers of the world's anti-fascist war, the political, economic, military and cultural center of the Rear Area and the crossing of the world's anti-fascist war united front with China's Counter-Japanese united front. The Counter-Japanese War cultures which have been buried for over half a century are the valuable cultural treasure of Sichuan.

The Counter-Japanese War cultures of Sichuan feature Sichuan characteristics and national and international significance. It is a major content of the research on China's modern history. From the perspective of the development of China's modern culture, the Counter-Japanese War cultures of Sichuan represent the most splendid stage in the development of China's modern culture, which marked a milestone. Sichuan was the center of the Rear Area during the eight-year resistance war and the main battlefield of the Counter-Japanese War cultures. The understanding of the Counter-Japanese War cultures of Sichuan means the understanding of the Counter-Japanese War cultures of the Rear Area, which is of vital significance to the research on China's Counter-Japanese War cultures.

The development of China's modern culture experienced a long history, but the Counter-Japanese War period is the most splendid one. Southwestern China was the Rear Area of the Counter-Japanese War and chungking was the second capital, which showed the important position of Sichuan. The focus of the Counter-Japanese War cultures was in Sichuan. War destroys culture, as embodied by the numerous examples in the world. However, instead of destroying our national culture, China's Counter-Japanese War promoted the development of China's modern culture. The Counter-Japanese War cultures of Sichuan developed further during the war, which proved the vitality of Chinese culture.

The victory of the Counter-Japanese War was the victory of the cultural and military fronts of the Chinese nation. The cultural front Counter-Japanese War cultures aroused the awareness of the masses, boosted the morale of the generals and soldiers, revealed the atrocities of the Japanese troops and criticized bitterly the shameless traitors. It would be unimaginable to win the Counter-Japanese War if there were no contribution from the Counter-Japanese War cultures. The left wing culture's effect was more than that. As Zhou Enlai said, Lu Xun was the mentor and Guo Moruo was the general. After the death of Lu Xun, Guo Moruo was the guide to lead us along the way. The new democracy by Guo Moruo infiltrated people's hearts, broadened the cultural field of the new democracy, weakened the impact of other cultural forms, won the support from the people for the Chinese Communist Party and built a more solid road leading to the New China.

The Counter-Japanese War cultures belong to China as well as the world. It is an important part of the world's anti-fascist culture and the world's culture become more splendid for its existence. The Counter-Japanese War cultures contributed greatly to the defeat of the Japanese invaders and made special contribution to the world's anti-fascist war.

The Counter-Japanese War cultures contain a variety of cultures. The formation of the united front created a free land for the booming of the Counter-Japanese War cultures, where the New Democracy culture, Three People's Principles culture, nationalism culture, liberalism culture and traditional Chinese culture all found their places. The awe-inspiring righteousness and the heroic deeds of previous heroes served as the spiritual strength of the public who joined the Counter-Japanese War. This spiritual strength was the primary driving force for the Counter-Japanese War. Throughout the thousands-years history of Chinese culture or the Western culture, there was no single culture in any period that was as splendid as that during the Counter-Japanese War. War is a double-edged sword as it is the culprit for the destroying of the culture of the victim of the aggression, and also promotes the development of culture. China is not a country that can be wiped off the earth by invaders for it had a vast land of anti-aggression, which was exactly the unique value of the Counter-Japanese War cultures.

The research on the Counter-Japanese War cultures of Sichuan is of great significance to the building of modern culture. First, the Counter-Japanese War cultures is a patriotism one, and patriotism is the glorious tradition of the Chinese nation, the huge driving force for the development of China's society, the shared spiritual pillar of the people of all nationalities and an important part of socialist cultural and ethical progress. The research on the Counter-Japanese War cultures is an important part of the education in patriotism, a basic project to improve the overall quality of the entire nation and an important undertaking to guide people, particularly the teenagers in pursuing ideal, forming faith and outlook on life and the rejuvenation of the Chinese nation. Second, the Counter-Japanese War cultures feature the pursuing of ideals and progress and represent an important part of an advanced socialist culture. It will play an active role in removing cultural rubbish and purifying cultural environment. Third, the Counter-Japanese War cultures is a united front culture and culture of the whole nation, and the research on Counter-Japanese War cultures will promote the harmony of cross-strait relations and enhance the cohesive force of the culture of the Chinese nation. Fourth, the Counter-Japanese War culture is an important cultural historical fact of Sichuan with a valuable spiritual and cultural value which has extended its influence over today. It has a prominent local color, a nationwide significance and an influence around the world. It has an irreplaceable role in building Sichuan into a cultural province.

In the 1980s, under the leadership of and support from the Publicity Department of Sichuan Provincial Committee of the Communist Party of China, the Sichuan Academy of Social Sciences, along with Southwest China Normal University, Chungking Normal University and other organizations initiated the research on literature and art of the Counter-Japanese War throughout China. Fruits come outin succession which have had exerted certain influence both at home and abroad. To echo the 70th anniversary of the victory of the world's anti-fascist war, we are extending our research further, advancing towards Chinese Counter-Japanese cultures.

For various reasons, our previous research on anti-aggression cultures failed to deliver a comprehensive description of the history in general and some comments contain inattentive contents and narrow research scopes. Although the Counter-Japanese War ended 70 years ago, some Japanese are still trying to deny it in different ways. They should have admitted the aggressive war which caused casualties of millions of Chinese, and should have apologized like Germany Chancellor Brandt who said "God Forgive us", if they really had natural sympathies that all men have as Mencius said. As researchers of the Counter-Japanese War cultures, in addition to feeling outraged by those who are trying to deny the crime, they should also reveal the historical truth in a rational and objective way in order to prevent history from being twisted by someone who intends to mislead later generations by dressing up history like a little girl.

Multivolume "Counter-Japanese War Cultures Research Series, Sichuan, China" are to be published soon. This series are the fruit of the painstaking efforts by scholars from the Sichuan Academy of Social Sciences and universities and colleges in Sichuan who have authored many related writings. Respect for history is the fundamental principle in studying history, an attitude of historical materialism and a tradition of Chinese culture. Sima Qian paid a lot of attention to collecting facts and true recording of facts when writing the Record of the Grand Historian. I believe the authors of this series can come up with creative, high-level influential academic writings.

"Counter-Japanese War Cultures Research Series, Sichuan, China" is a key project which has won support by the Sichuan Academy of Social Sciences in a long term. Related academic writings will be published in batches and are open to criticism.

May 26, 2015

In Baihuatan

(The author is the professor in the Sichuan Academy of Social Sciences.)

目　录

CONTENTS

导论：四川抗战文化地理研究的当代价值

唐代，少年时代在四川生活而在盛年时成为著名诗人的李白，有一首著名诗歌《蜀道难》，其诗曰：

噫吁嚱！危乎高哉！蜀道之难，难于上青天。蚕丛及鱼凫，开国何茫然！尔来四万八千岁，不与秦塞通人烟。西当太白有鸟道，可以横绝峨眉巅。地崩山摧壮士死，然后天梯石栈相钩连。上有六龙回日之高标，下有冲波逆折之回川。黄鹤之飞尚不得过，猿猱欲度愁攀援。青泥何盘盘！百步九折萦岩峦。扪参历井仰胁息，以手抚膺坐长叹。问君西游何时还，畏途巉岩不可攀。但见悲鸟号古木，雄飞雌从绕林间。又闻子规啼夜月，愁空山。蜀道之难，难于上青天！使人听此凋朱颜。连峰去天不盈尺，枯松倒挂倚绝壁。飞湍瀑流争喧豗，砯崖转石万壑雷。其险也如此，嗟尔远道之人胡为乎来哉？剑阁峥嵘而崔嵬，一夫当关，万夫莫开。所守或匪亲，化为狼与豺。朝避猛虎，夕避长蛇。磨牙吮血，杀人如麻。锦城虽云乐，不如早还家。蜀道之难，难于上青天，侧身西望长咨嗟。①

李白诗歌中描写的四川地理地形地貌特征以及在战争时期“一夫当关，万夫莫开”的易守难攻的军事地形，在中国古代历次战事中得到了证实，而四川盆地在20世纪中国抗日战争时期成为中国抗战大后方中心，确实依仗其天然险峻的自然地理空间。

四川西靠青藏高原，南邻云贵高原，北面是大巴山与秦岭，北向、南向和西向都是崇山峻岭，东方虽有一条江水滔滔的长江，穿越武陵山区的

① ［清］王琦注：《李太白全集》，中华书局1957年版，第212—216页。

峡谷，向东而去，在封闭的盆地中打开了一条裂隙，但江水依然在崇山峻岭之间穿越，河床滩多，礁石密布，浪高流急，实在是“上有六龙回日之高标，下有冲波逆折之回川。黄鹤之飞尚不得过，猿猱欲度愁攀援”。这是居于四川境内之人生存的地理环境，是他们生产、生活的生存空间，也是在四川境内发生政治、军事活动的地理空间。战争是政治的继续，政治活动存在，就会有战争发生。中国境内，自上古以来，发生过不计其数的战争，但大多数都在华北、华东、华南、西北以及中原地区开战。即使在东汉之后的三国时期，蜀国定都成都，主要统辖四川地界，蜀国与东吴、曹魏之间的战事也在四川边缘地带进行，没有深入四川内地。险峻高山与湍急河流成为战争中易守难攻的天然屏障，是入侵者的涉险之地，抵抗者的避战之所。

历史进入 20 世纪 30 年代，蓄意入侵中国的日本，经过精心策划与备战，悍然发动侵华战争。从 1931 年，侵华日军发动“九一八事变”后，完全侵占中国东北，并成立“伪满洲国”，此后陆续在华北、上海等地挑起战争冲突，国民政府则采取妥协政策避免冲突扩大。1937 年 7 月 7 日，日军在北平附近挑起“卢沟桥事变”，中日战争全面爆发。从战争初期开始，“中华民国”国民政府就定下了“以空间换时间，积小胜为大胜”的战略方针，从开始的淞沪会战就把战争的地理空间放在日军难以施展的山川河流众多的东南，利用山川河流众多的地理地形抵消日军装备训练优势，尽量消灭日军有生力量，避免在利于日军装备训练优势发挥的地势平坦的华北平原与日军作战。但是由于当时日中两国国力、军力的悬殊对比，特别是中国军队备战不足、军事装备简陋以及国际社会绥靖主义政策等多种因素作用，淞沪会战从 8 月 13 日开始，到 11 月 20 日，中国军队在伤亡 25 万人之后，被迫撤退，上海自此沦陷。同一天，“中华民国”政府立即宣布将首都和所有政府机构由南京迁往陪都重庆，而军事作战中心则是先迁往武汉直到武汉会战后再迁往陪都重庆。在淞沪会战中，上海国民革命军的持久抵抗，掩护了党政机关、学校和大批工商企业从中国东南原来政治、经济、文化中心向内地转移，在武汉会战期间，最后迁移到以四川为中心的西南地区，为抗战保存了国力，保留了元气。1938 年 10 月 25 日，湖北重镇武汉三镇相继陷落。国民政府的作战中心迁往重庆，从此，四川就成为中国抗日战争时期的政治、军事和文化中心。由于地理天险，日军攻陷武汉以后，不敢轻易向西扩展战事。1944 年，日军发起桂柳战役，一路占领广西，打通湘桂铁路，最后打到贵州独山，始终没有侵入四川境内。从 1931 年“九一八事变”开始，在日军入侵中国期间，日本侵略军始终没有进入四川。四川作为抗日战争大后方的中心，为中国抗日战争的最后胜利，做出了卓越贡献。一方面，八年抗战中，350 万川军出川抗战，其中 64 万多人伤亡，血洒南京城外，尸陈台儿庄前，用四川子弟的血肉之躯捍卫国家尊严。川军参战人数之多、牺牲之惨烈，居全国之首。另一方面，四川以国防屏障的地理优势，存留和巩固了中国政治、经济和文化等基本国力，四川还提供了全中国近三分之一的财政粮赋。特别是在文化上，由于汇聚了来自全国各地的文化力量，利用四川原有的丰厚文化资源，面对新的时代、新的民族救亡使命，以丰富多彩的文化创造，促进了中华民族的觉醒和团结，弘扬了以爱国主义为核心的伟大民族精神。抗战时期，国家和民族利益至上、誓死不当亡国奴、同仇敌忾、万众一心、勤劳勇敢、不畏强暴、血战到底的爱国主义精神始终成为四川抗战文化的最强音和主旋律。

八年抗战中，四川人民这段英勇悲壮的岁月，是四川地区最为重要的一段历史。

而研究四川在中国抗日战争中的卓越贡献，又不能不看到战争时期四川在中国具有独特的地理优势。古称：“天时、地利、人和，三者不得，虽胜有殃。”（《孙膑兵法・月战》）这就是本书研究四川抗日战争文化地理学的缘由。

一、当代地理学的文化地理学视野

文化地理学亦称人文地理学，是西方在地理学科学知识基础上，在 18 世纪以来资本主义全球扩张的地理发现和殖民化侵略中，逐步建立起来的。这一学术领域的理论知识，经历了从近代、现代向后现代的转化。

人类活动是在一定空间中的活动，研究人类活动与所处地理空间关系的学问就是地理学。地理学是一门古老的学科。在西方作为一门学科发轫于古希腊。古希腊学者对源于埃及、苏美尔、巴比伦、亚述和腓尼基的地理资料进行了整理，提出了一套研究方法和概念。公元前六世纪，泰勒斯最先在地球表面进行了测量和定位。公元前五世纪的希罗多德的著作《历史》记述了许多民族聚居地区的江河湖海、山川地形、宗教信仰、风俗习惯和政治、经济等情况。约公元前350年，亚里士多德证明地球是个球体，提出南、北半球因温度差异可划分成若干对称的温度带。公元前2世纪的地理学家、天文学家埃拉托色尼创立“地理学”一词，并著有《地理学》一书，建立了普通地理学的完整体系，从科学角度论述自然地理现象，是古希腊数学地理学的开山祖师。洪堡的《宇宙》（5卷本）和李特尔的《地球学》两部划时代的巨著的出版标志着近代地理学的诞生。中国古代典籍《禹贡》和《山海经》相传是先秦时期的作品，领带史书都有《地理志》，这是中国地理学的起源。而近代地理学则由西方地理学引进而来，起源于20世纪初的张相文及其领导的中国地学会，其标志为1908年张相文《地文学》一书的出版。

1939年，美国学者哈特向在《地理学的性质》中总结了赫特纳的地理学区域或地区模式和索尔文化景观形态发生学见解，明确提出地理学主要研究地区分异规律，成为传统地理学的典范之作。1959年，他又出版《地理学性质的透视》一书，强调说：“地理学是描述和解释作为人类世界的地球各地方之间变异特性的科学。”① 地理学应当把重点放在一定区域与其他区域的特异性研究上。这一主张得到了许多地理学家的赞同，研究全球地理空间中不同地理位置，划分不同区域，寻找由于地理差异引出的人们活动环境差异，并且应该而且可以把自然地理与人文地理结合起来，进一步研究不同的地理环境中文化的差异性。地理是人类的地理，只有人的活动构成的地理环境空间才是地理学研究的对象。而早在19世纪李特尔和拉采尔都提出过“人文地理学”的思想和概念，但哈特向的这些经典地理学思想在当代地理学中影响甚大，也可以说在20世纪中期，进一步阐发了拉采尔的人文地理学的思想，在一定程度上推动了人文地理学的出现。

法国学者德芒戎（1872—1940）认为，人文地理学“是研究人类集团和地理环境关系的科学”。② 这种关系主要有四组：第一，自然向人类提供

① ［美］哈特向著，黎樵译：《地理学性质的透视》，商务印书馆1983年版，第48页。

② ［法］德芒戎著，葛以德译：《人文地理学问题》，商务印书馆1999年版，第7页。

或人类向自然夺取和利用自然的地理资源。第二，人类为了自身生存，在历史演进中不断改进和发展利用自然地理资源的方式，从而演化为人类文明的不同方式。第三，随着自然和社会变化，人类的迁徙形成人类在地理上不同分布，人类分布的密度、运动与地理环境的关系。第四，人类的定居及其方式，从房屋、村庄、城市到国家对地理的占有方式。这些问题显然也是一般社会学研究的问题，而人文地理学与一般社会学研究的不同之处是，“凡是人类生活的地方，不论何处，他们的生活方式中，总是包含着他们与地域基础之间一种必然的关系”。① 确认土地是社会存在的基础，人们占据一定的土地进行活动，这些活动必然不能离开土地的地形地貌特征，这是人文地理学分析问题的基本方法。

德芒戎是法国近代知名地理学家，他提出的人文地理学的性质与方法的论述在第一次世界大战以后的现代人文地理学中影响很大。他提出，“科学的人文地理学的发展，主要起始于18世纪进行的发现航行和殖民活动所导致的我们对地球知识的增长”。② 18世纪以来欧洲主要资本主义国家进行殖民扩张，构成了全球资本主义分割世界地理版图的人文地理学。以德芒戎为代表的近代、现代西方人文地理学的社会存在根源是西方资本主义国家对世界其他民族国家土地的占有和财富掠夺。对土地占有的重视是早期资本主义资本扩张的重要动力。这种地理与资本扩张的实际活动形成了西方现代人文地理学的阐释立场，这些学者基本上以西方世界及其文化价值为中心来书写全球人文地理的不同面貌，并且用静止的眼光，认为这是世界人文地理学的固有知识体系。

反法西斯战争的胜利结束了第二次世界大战给西方社会带来的空前灾难，因而也奠定了我们所认识的今天这个世界的某些基础。“第二次世界大战以后，革命的民族主义巨浪席卷全球，一个个国家从西方殖民主义统治下独立。这个年轻的世界就这样匆匆建立起来。”③ 此时的欧美地理学界人士站在一个与战前资本主义一统天下完全不相同的世界面前，面对新出现的社会主义国家体系和新兴独立国家体系，西方传统思想文化及其人文地理学面临严峻挑战，新的世界需要重新认识和探索，刚刚过去的战争伤

① ［法］德芒戎著，葛以德译：《人文地理学问题》，商务印书馆1999年版，第9页。
② 同上，第3—4页。
③ ［英］伊格尔顿著，商正译：《理论之后》，商务印书馆2009年版，第9页。

痛应该反思，在这种社会文化心理纷扰、激荡的氛围中，西方人文地理学出现了一次根本性的发展和演变。

在后现代主义思潮影响下，福柯提出了人类生存空间与权力的问题。福柯指出："在联结政治权力和领土空间或城市空间时，便发生了有些问题——这些是全新的问题。"① 这就是说，在研究人文地理学时，不能把地理空间抽象化、静止化，在政治权力联结地理空间时，地理空间与人的关系必然要发生一些变化，资本主义在控制地理空间时不仅占有地理的自然资源，而且在地理空间中强化对人的控制。这是在资本主义社会中的全新问题。当然，福柯只是提出了这个问题，并没有建立一般的空间与权力的关系的理论。比较系统地建立这种空间理论的是法国的列斐伏尔，他于1974年出版《空间的生产》一书，认为人们生存的空间不仅是一种地理的物质形态，同时也是人们生存其中的容器，而且更是人们生存于斯的社会关系的表征和现成的实际社会关系。它不是静止的、平面的，而是错综复杂、层层叠加、交叉错落的空间结构。这些空间结构是社会历史演进的结果。空间的生产和重组是二战以后资本主义社会发展的重要特征，是当代资本主义社会关系的重要表征。

在这种当代社会空间理论的引导下，为殖民主义辩解的现代人文地理学就演变为批判资本主义对空间控制的后现代文化地理学。

法国的列斐伏尔是著名的西方马克思主义理论家，他的《空间的生产》在地理学上产生规范影响，拓展了20世纪马克思主义思想对地理学研究的渗透。在英语国家，产生了当代地理学研究的著名理论家哈维。他试图在空间研究中，特别是都市研究中发展一种马克思主义的政治经济学。其2000年出版的《希望的空间》中，明确指出马克思、恩格斯的《共产党宣言》拥有丰富的地理学资源，可以从地理大发现等地理学视角，"更加辩证地解读资本在占有和掠夺全球财富的商业活动中的起源"，把握资本主义发展中空间/地方的演变的辩证法："位置、区域、疆域如何随着变化了的空间关系而演进？例如民族国家间（或其他领土单位间）权力的地缘政治游戏在不断变化的空间关系结构中与市场单位相互连接，这个空

① ［法］福柯、雷比诺：《空间　知识　权力——福柯访谈录》，包亚明主编《后现代性与地理学的政治》，上海教育出版社2001年版，第5页。

间关系结构反过来又因为资本主义的积累而优先考虑特定区域和领土。”①把历史唯物主义原理运用到当代地理学研究中来认识政治、经济和文化的相互作用，是当代地理学走向文化地理学的一个关键因素。从20世纪60年代开始，文化成为西方学术中的一个使用率特高的词语。文化成为日常生活方式的表征，是政治、经济介入、掌控的主要领域。许多政治、经济问题都用文化方式来表征与诉求，同时一切文化问题都体现了政治和经济的利益。充斥在20世纪后期西方人文社会科学学术领域中的现代性、后现代之类的论辩，皆是社会存在与文化冲突所发生的精神、信仰危机所触发的核心价值问题。在人们充分认识文化在社会中的地位之时，人文地理学所关注的人类活动与地理环境的关系，就从人类的政治、经济活动扩展到文化活动，甚至形成专门从文化视角来透视人类整体社会活动的态势，于是就形成当代地理学的文化转向。

克朗说：“当代地理学研究中的‘文化转向’，使地理学和文化的研究有了新的思维方式。文化地理学的诞生，开辟了地理学研究的令人振奋的新领域，从而产生了新的关于空间和地方的地图。文化地理学从地理的解读研究文化，着重研究文化是怎样影响我们的日常生活空间的。因此，在文化地理学中，文化被视为现实生活实际情景中可定位的具体现象。”②

西方当代文化地理学以其创新性吸引了中国学术界。在中国，虽然并没有专门的文化地理学，然而中国诗文研究早就重视对文化与地理关系的发掘。在1959年，词学家夏承焘写了《西湖与宋词》，其中说：“从中唐白居易到南宋末年的刘辰翁、汪梦斗，他们作了许多有关西湖的词，可以辑为一部专集。在这些作品里，反映了美丽的自然风物，也反映了种种社会现实、社会意识：豪华的都市形态，凄凉的亡国心情，以及复杂的知识分子对政治生活的态度。就其中也看出词这种文学在这几百年内发展的过程：由儿女闺闱到大自然，由宫廷豪门到大都市，由《花间》《尊前》的‘浅斟低唱’到慷慨沉痛的抗敌救亡的呼吁。词描绘了西湖的自然现象和社会现象，西湖也给词以丰富的内容和种种发展条件，二者相得益彰。我们倘若在西湖文学里抽掉了宋词，或在宋词里抽掉了有关西湖的许多作

① ［美］哈维著，胡大平译：《希望的空间》，南京大学出版社2006年版，第32页。

② ［美］克朗著，杨淑华等译：《文化地理学》，南京大学出版社2005年版，第1页。

品，这在地理和人文上，都将是多么大的减色和损失啊！”① 西湖是杭州的地理图标，也是江南文化的历史记忆。它在文学地理学上永远是一个典型的研究对象。

从20世纪末开始，中国学者陆续利用西方文化地理学的学术资源，对中国文学、中国文化进行研究，开拓和逐渐建构了中国的文化地理学。四川在抗日战争时期成为大后方的中心，承担着支持全面抗战的政治、经济和文化的重任，在这一特定历史时期，四川是中国坚持抗战的一个地理图标，又实现了中国西南地区文化结构的重新组建。文化永远根源于历史，而又在现实中焕发出新的光华。本书试图从文化地理学角度，深描四川抗战时期文化地理面貌，发掘四川人民、中国人民抗击日本侵略罪行的伟大民族精神，使四川抗战文化地理成为中华民族自强不息、再造复兴的永恒文化资源。

二、四川抗战时期文化地理的形成和研究的意义

今年是世界反法西斯战争胜利70周年、中国人民抗日战争胜利70周年的这一年头。在中国近现代历史上，日本不是侵略中国的第一个国家，却是对中国国家利益和中国人民伤害最大的国家。惨绝人寰的南京大屠杀是中国人民心中永久的伤痛。而抗日爱国斗争贯穿在中国现代历史之中，著名的五四运动，就是反对亲日政府出卖中国国家利益的反日爱国运动，从此揭开了中国现代革命历史的一页。从1931年“九一八”算起，中国人民就开始了抗日斗争，直到1945年日本军国主义投降，整整14个年头。中华人民共和国的国歌就是诞生于抗日战争中的血与火的旋律。抗日战争的胜利是中国的国家意志、中华民族的民族精神的集中体现和伟大胜利。每一次纪念抗日战争的胜利，就是一次中国国家意志、中华民族民族精神的检阅和凝聚。中国人民热爱和平，反对战争。但是战争对于人类来说，自古以来几乎是无法避免的。在现代历史上往往是侵略者把中国人民拖入战争的火海，中国人民为了捍卫自己的国家主权和生存权，起来抗击侵略

① 夏承焘：《西湖与宋词》，《杭州大学学报》1959年第3期。

者，谱写历史的新篇章。如果说战争是文学永恒的主题，那么20世纪中国人民抗日战争就是中国当代文化永恒的主题。这不仅是说我们的国家和民族始终需要深刻地描写抗日战争的文学艺术作品，文化界责无旁贷要把书写伟大抗日战争的文艺作品奉献给我们的人民，而且是说中国当下的文化研究也必定要把中国人民的伟大抗日战争作为研究中国现当代文化的重要课题。

过去了70年的抗日战争，在漫长的抗战岁月中，特别是在抗战的相持阶段，中国的领土版图被战火划分为沦陷区、抗日民主根据地的解放区和大后方的国统区这三大区域。这三大区域是军事区域、政治区域、经济区域，同时也是文化区域。中国长期大一统的领土版图被战争划分为几个分治的区域，这是自元代中国统一（1279年）[①] 以来七百年未有的地理格局。民族国家的形成是社会现代化的必要步骤，按照现代理论，国家的要素是领土、主权、人口、文化和政府。而领土是主权、人口、文化和政府的地理载体。现代国家是存在于地理概念的领土之上的，只有在地理领土的前提下，才能言说主权、人口、政府和文化。这是当代文化地理学这一新兴交叉学科的社会存在的依据。中国抗日战争也可以说成是日本军国主义的侵华战争，日本军国主义实行侵略性领土扩张，用武力强占中国领土。这就是一个领土空间的地理学问题。抗日战争文化的存在就是由这个地理学问题引起的。中国抗日战争时期的文化，实际上也是在抗战14年（从1931年“九一八”起到1945年9月3日日本投降止）的时间中，在不同的三大地理空间中，展开和实现的文化存在。时间和空间都是事物存在的不能缺少的方式。研究时间—空间—存在的三位一体本体论，过去比较注重时间与存在的关系，而现在我们应当认识到抗日战争改变了中国人当时生存的地理空间，地理空间与抗日战争时期中国人的心理体验，包含文化心理体验有着直接关系。当时的中国人就是生存于这三大地理区域的社会空间之中，当时中国人生存的社会空间秩序产生了一定的文化地理结构，这些文化地理结构反映着社会空间存在，同时又建构着这种社会空间存在。中国的当代文化理论研究应当面对文化经验世界，来自文化经验世界。这是文化理论改革和发展的道路。当时中国人对抗日战争的体验来自

① 宋代靖康之变（1126年）到元统一中国，其间南北分治150年。

于不同的生存的地理空间，当时文化对抗日战争的体验、反映，也同样受制于这样的三大地理空间。如果不从区域地理的角度去研究几个独立空间区域的文学地理学问题，就不可能深入和细致地把握抗日战争文化活动的多元结构的整体性，不能分析由中国国家地理因素决定的民族的爱国主义和中国人身份的文化同一性和意识形态的深刻含义。

杨义在《二十世纪中国图志》中认为，“文化中心的转移”是文化地理学的一个很重要的问题。在中国历史上自从秦始皇统一中国以后，在大一统的政治格局中，一个朝代和一个历史时期的政治中心，往往同时也是文化中心。文化中心的形成往往是一种根源于政治权力、建立依从于政治权力的文化结构的制度性行为。凡是出现大规模战争，在战争时期，军事中心就是政治中心，也成为文化中心。一个国家有时在一个时期，只有一个文化中心。而在中国现代历史上，在一个时期事实上往往有两个文化中心。在抗日战争以前，中国由于军阀混战，军事割据，中国形成南北两个文化中心，京派和海派。但是，在抗日战争爆发以后，随着北方的北平沦陷，南方的国民政府首都南京沦陷，上海除西方列强租界以外的地方皆沦为日本占领军辖地，这直接导致以京派和海派为代表的昔日的中国南北文化中心解体。从抗日战争的全过程来看，中国抗日战争有两个主要战场，一个是中国共产党领导的敌后根据地的主战场，另一个是国民政府领导的政府军队的正面战场。这是中国抗战时期的两大军事中心，同时形成延安和重庆两个政治中心和文化中心。这是中国抗日战争文化地理学的区域分化问题。研究四川抗战文化不能忽视以重庆为中心的四川省区域作为中国抗战时期的另一个文化中心的文化地理学问题。

随着国民政府确立重庆市为陪都，国民政府首脑机关西迁重庆，使得以重庆为中心的四川省区域在抗战时期成为中国的一个新的文化中心。1937 年 11 月 20 日，国民政府发表《迁都宣言》，宣告国民政府“本日迁驻重庆”。[①] 此后国民党中央、国民参政会、国民政府军事委员会陆续迁驻重庆。中共代表团也到重庆，八路军在重庆设立办事处，中共中央南方局在重庆成立。重庆成为中国战时首都，是政治中心迁移的结果。重庆辖属四川省，同样，四川成为抗战时的文化中心，也是大批国家级的文化机

① 《国民政府公报》渝字第 1 号，1937 年 12 月 1 日。

构、文化人士迁移重庆以及四川各地的结果，形成抗战时期四川文化的繁荣。从文化地理学的角度来看，一个国家的代表性文化人士集中之地，就是这个国家的文化中心。从 1937 年下半年开始，大批国家级代表性各方文化人士纷纷会聚四川，四川成为这些科学家、哲学家、教育家、作家、艺术家等在抗战期间进行多种文化活动的地理场所，他们书写了中国抗战文化的历史，同时也改写了四川的文化历史。

在 1938 年，中华全国文艺界抗敌协会这一当时的全国性文化团体迁往重庆前夕，其会刊《抗战文艺》所刊登的冯乃超《论本刊的使命》指出：“武汉紧急，一切文化设备开始向后方转移，本会会刊《抗战文艺》，也随着这一移动潮流，准备在重庆拓荒。集全国优秀作家的力量，我们相信是能够将闭关锁国的西蜀——以至整个西南的文艺状态，推动到蓬勃发展的道路上去的。‘敌人要将我们过去的文化中心变为文化落后的区域，而我们则要将过去文化落后区域变成文化中心。’”① 重庆和整个四川，由于地处内陆，四面环山，一条长江也因三峡而为出入巴渝之天险。在和平时期，地理环境的封闭形成政治、经济和文化发展的不利因素。唐代李白早有“蜀道难”的嗟叹，杜甫在困居四川得以回到中原之时，也是“漫卷诗书喜若狂”。郭沫若初出夔门，即感到天宽地阔，得到脱离牢笼的自由。巴金在四川的家中感到压抑、窒息，也要冲出三峡，到得新文化风气之先的上海，到自由的故乡法兰西去呼吸精神自由的空气。地理环境的闭塞，容易形成独立王国，不利于文化的传播，成为新旧文化变革的死角，或者成为滞后于全国时代变革的落后地区。而重庆和四川的险要地理环境和不便交通，却在抗日战争期间成为日本侵略军进入四川的地理障碍，也是国民政府迁都重庆，使重庆成为战时政治、经济、文化中心的一个重要原因。当然，四川农业资源丰富，人口众多，可以为抗战提供物质和兵员的支持，也是一个重要原因。地理因素在战争中把四川提升为全国的政治中心。日寇的侵略铁蹄践踏着中国原来的文化中心，抗战的文化建设任务，就是“敌人要将我们过去的文化中心变为文化落后的区域，而我们则要将过去文化落后区域变成文化中心”。这是全国文化中心的迁徙，同时又是新的文化中心的建设。战争导致文化中心的迁徙是战争时期文化地理学的

① 乃超：《论本刊的使命》，《抗战文艺》武汉特刊第 1 号，1938 年 9 月 17 日。

普遍问题。

抗战时期四川文化中心的建立，主要是全国性的文化团体、文化机构、文化生产部门纷纷迁渝所至。这正如冯乃超当年所指出的："在完整区域的总后方，文艺活动应当有努力加紧的必要，由于出版条件的具备，优秀作家的集中，那儿应该是指导中枢的所在。"① 重庆在成为陪都之前，是四川的一个文化重镇，但是只有地方性文学团体和《沙龙》《山城》《春云》等少许文学期刊，戏剧只有川剧，有几家电影院，没有制片厂，没有专门的艺术院校。抗战时期唯一的全国性文艺团体中华全国文艺界抗敌协会于1938年3月27日在武汉成立，1938年10月武汉撤守，中华文艺界抗敌协会迁至重庆。据该会常务理事胡绍轩说："从1919年'五四'运动提倡新文学起，至1938年2月止的20年间，中国文艺界派别多、意见多、论争多，很不团结。这一次，在抗战救国的总目标下，全国文艺作家不分畛域，不分思想观点，不记旧仇新恨，都聚集在一起来了，多么不容易啊!"② 这个全国性文艺团体受到国共双方支持，中共中央副主席周恩来和国民党中央宣传部部长邵力子不仅出席成立大会，而且"对'文协'工作的开展，自始至终给予了无微不至的关怀和指导"。无党派人士、著名作家老舍担任总务部主任，统领文协工作，"正好表现了抗战初期'抗日民族统一战线'的时代精神，是国共两党与无党派人士三者结合团结御侮的象征"。③ 1938年，在中华全国文艺界抗敌协会迁渝之后，相继迁到四川或在四川成立的全国性文艺团体有中华全国漫画作家抗敌协会、中华美术家抗敌协会、中华全国木刻界抗敌协会、中华全国歌咏协会、中华全国音乐界抗敌协会、中华全国电影界抗敌协会、中华全国戏剧界抗敌协会等。1942年在重庆有社会团体90个，其中文艺团体占有比例不小。④ 文艺协会在战时的重庆所赋有的使命之一，是收容和吸纳逃出沦陷区的文艺家，给他们一个安身立命之所。然后才有可能组织他们从事抗敌文艺活动。抗战时期大批百姓离乡背井，流离失所，四处逃亡之际，此时四川接

① 乃超：《论本刊的使命》，《抗战文艺》武汉特刊第1号，1938年9月17日。

② 胡绍轩：《中华全国文艺界抗敌协会始末》，中国人民政治协商会议西南地区文史资料协作会议编《抗战时期西南的文化事业》，成都出版社1990年版，第18—19页。

③ 同上，第32页。

④ 社会部统计处编制《全国人民团体统计》第7页，转引自郝明工《陪都文化论》，乌鲁木齐，新疆大学出版社1994年版，第39页。

纳了来自全国各地的移民或难民成千上万，在四川的文艺界的各种协会，把来自全国各地的作家艺术家团结起来，成为会聚文艺界作家艺术家的一个机构。没有这些文艺协会，这些从外地迁徙而来的艺术家不能居于此地。全国文协在四川把维护作家的生存权益始终作为一项重要工作，在当时有许多特定意义。正是文艺协会这种文化机构的存在，使得四川聚集了全国文艺界的精英人士，他们在四川进行高水平的文学艺术的创作、演出，把一个文化边缘省区建设成为全国文化中心。

在现代社会，文化知识分子的社会职业是文化生产，文化生产离不开一些具有市场中介或社会中介性质的出版、发行、展览、演出、放映的文化机构。而这些中介文化机构又必须与文化生产者在地理位置上同处一地，或相近相邻，不能相隔甚远。于是随着文化人士大批涌入重庆，过去在南京、上海、北平等地有影响的报社、文艺期刊、出版社、剧团、电影制片厂这些文化生产机构，也纷纷迁到重庆，或者在重庆成立有文化生产实力的新的机构。抗战期间重庆有报纸 70 家左右，其中抗战前在本地坚持出报的报社只有 3 家，而从沦陷区迁来的有《新民报》《中央日报》《新华日报》等全国大报，在渝新办的有四五十家报纸。重庆刊物多达 900 种以上，文艺刊物有内迁的《抗战文艺》《文艺阵地》《七月》《青年文艺》，以及新办的《文艺战线》《文学月刊》《文坛》《中原》《文哨》《文艺杂志》等。[①] 而国家级出版社也在四川开始抗战时期的出版工作。商务印书馆、中华书局、开明书店、世界书局和三联书店的前身生活书店、读书书店、新知书店等都云集四川。在战时纸张紧缺的情况下，在渝出版社从 1937 年到 1945 年出版小说 367 部，艺术类书籍 99 部，成为全国文学书籍的出版中心。[②] 当时中国的两大电影制片厂中国电影制片厂和中国电影摄影厂都在四川。据王为一回忆，抗战期间，由于胶片困难，影片制作量很少，于是两个制片厂都成立了剧团，组织话剧演出。“‘皖南事变’前后，电影摄制几乎陷于完全停顿的状态。在中共中央南方局领导下的文艺工作队伍便以话剧为武器展开斗争，先后成立了‘中华剧艺社’和‘中华艺术剧社’，郭沫若、阳翰笙、欧阳予倩、陈白尘等剧作家都积极参与编剧工

① 据向纯武《抗日时期的四川报刊》，中国人民政治协商会议西南地区文史资料协作会议编《抗战时期西南的文化事业》，成都出版社 1990 年版，第 260—364 页。

② 据郝明工《陪都文化论》，新疆大学出版社 1994 年版，第 213 页。

作，进步的电影创作人员也都参加了话剧演出。山城的抗敌话剧可谓盛极一时。”[①] 随着大批外地人员入川，一些有影响的京剧、地方戏剧团也来到四川，改变了四川过去只有川剧专业剧团的戏剧演出格局。而四川现有的京剧团和越剧团，都是抗战时内迁至渝的。[②] 当时在川演出的地方戏曲剧种还有评剧、汉剧、楚剧等。国立戏剧专科学校在余上沅校长率领下在1938年2月迁到重庆，学校剧团在渝公演。从1937年10月到1939年1月，就有8个由著名文艺家组成的外地剧团到四川。[③] 全国著名的文艺家和重要文艺生产机构在四川汇聚一起，形成文艺生产两大基本要素的结合，使得四川成为战时文艺生产当之无愧的中心。

在中国现代文学史上，文学的几大文体，诗歌、小说、散文和戏剧文学都有各自的发展脉络和高潮。就抗战时期的四川文学而言，诗歌、小说和戏剧文学，都有突出的发展，特别是话剧剧本的创作达到了历史上前所未有的高峰。1939年2—4月文协在召开理事会时，分别成立小说、诗歌和戏剧三个委员会，对抗战以来这三大文体的创作成就进行总结，并且撰写论文，介绍到国外。文协还举行多次戏剧晚会、诗歌晚会和小说晚会，朗诵诗歌，讨论小说、戏剧创作问题。[④] 文协这些创作的指导、组织活动，可以看出当时文学创作的重点和重要成果，主要在诗歌、小说和戏剧文学。在诗歌领域，值得一提的是七月诗派的成员先后来到四川，胡风在主编《七月》前后，还编印“七月诗丛”14种，出版艾青等著名诗人诗集，印行“七月文丛”和“七月新丛”等多种诗集、文集，扶持青年诗人，使新人新作不断涌现。著名诗人臧克家1942年到四川后出版了《十年诗选》等7本诗集。在小说领域，老舍在川进行《四世同堂》巨著的创作，完成了三部曲的前两部。茅盾创作《腐蚀》。巴金等主办的文化生活出版社出

---

① 王为一：《剧人之家——张家花园65号》，中国人民政治协商会议西南地区文史资料协作会议编《抗战时期西南的文化事业》，成都出版社1990年版，第172页。

② 据统计，四川省1984年有川剧团124个，京剧团12个，越剧团1个，在川京剧团基本上是抗战时从外地迁来的。统计材料据胡兆量等：《中国文化地理概述》，北京大学出版社2001年版，第120页。

③ 据秦川《四川抗战文艺运动述要》，中国人民政治协商会议西南地区文史资料协作会议编《抗战时期西南的文化事业》，成都出版社1990年版，第222页。

④ 据胡绍轩《中华全国文艺界抗敌协会始末》，中国人民政治协商会议西南地区文史资料协作会议编《抗战时期西南的文化事业》，成都出版社1990年版，第26—27页。

版了“现代长篇小说丛书”，其中收录的老舍的《骆驼祥子》、沙汀的《淘金记》、靳以的《前夕》和巴金的《憩园》等都是现代文学的典范之作。而戏剧特别是话剧剧本的创作，在抗战时的四川达到了中国现代文学史上一个前所未有的高峰。郭沫若在四川创作了六部历史剧《棠棣之花》《屈原》《虎符》《高渐离》《孔雀胆》和《南冠草》，这是为人熟知的事实。夏衍创作剧本《一年间》《法西斯细菌》《离离草》等，阳翰笙创作《天国春秋》等四部话剧剧本和《塞上风云》等三部电影剧本，田汉创作话剧《秋声赋》和戏曲《新雁门关》等，茅盾创作话剧剧本《清明前后》，老舍创作剧本《残雾》《国家至上》（与宋之的合作）等，曹禺创作《全民总动员》（与宋之的合作）《蜕变》《北京人》等，洪深创作《飞将军》等剧本，吴祖光创作《正气歌》《凤凰城》《风雪夜归人》等，陈白尘创作《大渡河》《大地回春》《岁寒图》《升官图》等，宋之的创作《祖国的呼唤》《雾重庆》等。这些剧本，在中国现代文学史上大多有重要历史价值和美学价值。从 1941 年 10 月至 1945 年 10 月，重庆雾季话剧公演剧目达到 106 个之多，其中大型多幕剧 98 个，短剧和独幕剧 8 个。这些剧目主要或者绝大多数是中国作家在四川创作的。[①] 这一话剧剧本创作和演出的黄金时代，在中国现代文学史上是空前的。话剧在战时四川的繁荣，有许多客观因素，有文学书刊出版的纸张、电影拍摄的胶片等物质紧缺因素，也有戏剧演出具有狂欢活动的美学因素，这一美学因素使得话剧成为在抗战时期表达民族意志、民众情感的主要艺术活动方式，这同时也与四川现代文艺中有浓厚的川剧和文明戏创作、演出传统有直接关系。

川剧在四川有深厚的历史文化根基，而在 20 世纪随着新文化运动的深入普及，四川许多地方在乡间的戏班子，大多数既演出川剧，也演出现代文明戏。戏班子的文明戏演出一般是幕表戏。事先并没有完整的剧本，而是只有一个初步提纲，即幕表。幕表包括戏剧主题、主要人物、基本情节框架、戏剧情节关键环节、主要人物的关系等。戏班子的演员许多从小就跟随演出长大，对于四川文明戏幕表演出的程式十分熟悉。他们上场以后，根据自身的生活体验和艺术经验，即兴发挥，不断积累舞台表演内

① 据秦川《四川抗战文艺运动述要》，中国人民政治协商会议西南地区文史资料协作会议编《抗战时期西南的文化事业》，成都出版社 1990 年版，第 230 页。

容，细化情节和人物对话，最后形成比较完整的戏剧。在观看这种演出时，许多观众也随时参与创作，提示演员。这种演出活动在三四十年代的四川草台班子中是相当普遍的。这种戏剧演出培育了四川地区人们的戏剧欣赏爱好。在四川抗战戏剧上演之时，观众如潮，票房火热。看戏的大多是四川本地人。四川的重庆等地是长江中上游著名的水陆码头，来往客商络绎不绝，这些常年流动的人口，也是戏剧演出经常的观众。从文化地理学的角度来看，是四川地方文化培育了本地人对戏剧的爱好，以及地理因素所造就的大批流动的欣赏人口，形成了戏剧演出繁荣的大量受众，滋养了抗战戏剧的空前繁荣。值得一提的是，当时四川地方戏班子文明戏演出的幕表方式，对到四川各地巡回演出的“四川旅外抗敌演出队”创作经典方言剧《抓壮丁》，起到了示范作用。演出队在四川巡演时看到地方戏班子的《亮眼瞎子》的幕表，同时目睹国民党兵役制度的弊端，使他们“产生了在舞台上反映一下国民党兵役制度腐败黑暗的想法，有同志提出借《亮眼瞎子》的基本架子，改成抓壮丁的故事，仍以幕表方式演出”。这样，“每次演出总有新的东西。到后来，同原先那个简单的幕表相比已面目全非了。不仅增加了人物和场次，更主要的是赋以深刻的内容，塑造了人物性格，成为一个川味很浓的讽刺喜剧。演的次数多了，时间长了，细节和台词也基本上固定下来了，但还没有剧本，直到1945年才经吴雪加工整理成剧本，由延安新华书店发行”。[①]《抓壮丁》成为抗战时期剧本创作的经典之作，不仅局限于文学领域，这是在演出过程中演员乃至观众的集体文学创作。剧中有些生动的台词就来自群众的丰富、生动、幽默的四川方言，据戴碧湘回忆，像王保长的“现在而今眼目下打抗战”“我强迫她心甘情愿的给你送上门去”等台词，都是四川当时的生活语言，经过提炼而成的连篇妙语。[②]从这些事例可以说明，文化中心的迁移造就了四川文化的繁荣，同时四川也以自身地理的各种因素，包括地方文化因素，为新的文化中心的建设提供了诸多资源。这一点是在研究四川抗战时期的文化地理学时应当进一步深入研究的问题。

文化中心应当产生全国性的文学艺术的代表性的领军人物。抗战时期

---

① 戴碧湘：《忆四川旅外剧人抗敌演剧队》，中国人民政治协商会议西南地区文史资料协作会议编《抗战时期西南的文化事业》，成都出版社1990年版，第214—215页。

② 同上，第215页。

四川作为文化中心的确产生了中国文学艺术乃至中国文化的领军人物，这就是郭沫若。当年中共中央南方局文委的张颖说，在四川“首屈一指的是郭沫若。在最困难的条件下，郭老是文艺界一位大无畏的旗手，是有辉煌成就的历史学家、诗人，同时也是一位天才的剧作家”。[①] 当时四川文化大师云集，中国现代文学史称的鲁郭茅、巴老曹等文学大师，除鲁迅抗战前已逝世以外，全部先后到了重庆。老舍一直在重庆主持文协工作。巴金在重庆、贵阳、桂林等地活动。曹禺随戏专辗转重庆和江安。茅盾到了延安一段时间，后来觉得比较熟悉重庆环境，回到了重庆。郭沫若从1938年抵重庆以后，除1940年两次因探父病、奔父丧回乐山和1945年访苏50天以外，在重庆住了整整6年半。这一时期正是重庆成为大后方文化中心的时期。20世纪20年代，郭沫若在五四新文学的主要社团创造社时期达到了创作的第一个高峰，创作了新文学新诗的代表作《女神》诗集。而他在四川期间，则迎来了创作的第二个高峰。他在四川期间的散文、随笔、杂文和演讲词出版了5本书，《羽书集》收录1939—1941年所写65篇，《今昔集》收录1941年9月至1943年9月所写23篇。《蒲剑集》收录1939年至1943年所写文章。《沸羹集》收录1940年所写文章。《波》收集1941年以后所写文章。还创作了大量诗歌，特别是旧体诗，这些诗作收集在《蜩螗集》和《潮汐集》的《汐集》中。郭沫若在四川一气呵成，接连写下了五部历史剧，修订《棠棣之花》，这六部历史剧成为轰动四川文化界的惊世之作。由于战争的客观原因和文化的时代特点、地域特点等诸多因素，使其戏剧成为当时重庆文化界文艺活动的主要艺术形式。这时戏剧剧本的创作异军突起，在社会影响上超过五四以来极为繁盛的诗歌、小说。郭沫若在这个创作趋势中引领潮流，以其气度非凡、石破天惊、慷慨激越、昂扬奋进的剧作，抒写了中华民族众志成城、万众一心抗击日寇侵略的冲天豪情，以及中国人民争取民主自由解放的不二决心。重庆抗战文艺的主旋律是抗敌和民主两大主题。六部历史剧，都充满着抗敌的斗志，散射着民主的光芒。有人说，中国新文化运动过程中，特别是在抗日战争过程中，救亡压倒了启蒙，最后使得中国现代文化没有完成启蒙的任务。郭沫若的

① 张颖：《国民党统治区中共领导的文艺戏剧运动》，中国人民政治协商会议西南地区文史资料协作会议编《抗战时期西南的文化事业》，成都出版社1990年版，第5页。

历史剧既是救亡之巨声，又是启蒙之雷鸣。《屈原》演出之后，“雷电颂”高昂激奋的诗句在山城到处传颂。“电！你这宇宙中的剑，你劈吧，劈吧！把这比铁还坚固的黑暗，劈开、劈开、劈开！”在学校、工厂、码头、街巷和广场，到处都能听见屈原的怒吼。两千多年前楚国的屈原成为中国现代性救亡和启蒙思想的代言人。《屈原》等作品不仅体现了抗战时期的时代文化精神，不仅具有战时的文化价值，而且在中国现代性文化发展的历程中同样具有里程碑的意义。中国现代历史的启蒙之路一直是与救亡的反抗侵略之路结合在一起的。五四运动的思想主题是科学与民主，但是它的实践活动却立根于反对日本帝国主义和反对卖国独裁政权的斗争。没有反帝反封建的救亡，也没有科学和民主的容身之地。重庆抗战文艺的重要成就是在特定的历史环境中，把救亡与启蒙结合在一起，继承五四传统，发扬光大。郭沫若的历史剧创作就是这种成就的突出代表。它是雾都戏剧活动的代表性成果，是这一特定时代、特定地域文化的产物，同时又推动着、引领着重庆戏剧演出活动进入高潮，步入胜境。当然，郭沫若在重庆还担任国民政府军事委员会第三厅厅长、文化工作委员会主任委员的职务，在周恩来和中共中央南方局指导下，利用官方职务之便，组织和推动了大后方的抗敌文化活动。这也是他成为重庆文化界一面旗帜的原因。但是，当时同样有执掌重庆文化大权的国民党大员试图成为文化领袖，但是并没有成功。这说明，郭沫若无疑以其自身的创作实力和实绩，特别是创作了高度凝聚时代精神、民族精神、现代精神的文化精品，成为重庆文化界当之无愧的领军人物，成为继鲁迅之后中国新文学运动的一面旗帜。没有四川时期杰出的文学活动，郭沫若也许不会享有这种殊荣。随带说一下，郭沫若是四川乐山人氏，与重庆同在四川省。郭沫若在重庆也就是在他自己的故乡。他在《五十简谱》中记述 1938 年从桂林飞赴重庆，踏上重庆的土地时，他说“二十六年后第一次回川”。[①] 他在政治、文化环境已经与其当年走出夔门时大不相同的故乡，进入了创作的第二个高峰，可以说与天府之国的地灵人杰和巴山蜀水的历史文化渊源，有着不能割断的联系。特别是在国家、民族生死存亡之际，踏上家乡的土地，家国一体不能分割的观念，使他为国家、为民族、为人民而进行文学、文化事业的志向

① 郭沫若:《郭沫若全集》(第 14 卷)，人民文学出版社 1992 年版，第 550 页。

更为明确与坚定。鲁迅是浙江人氏，在北京成为五四新文化运动的中坚，而在辗转定居于上海之后，在他的江南故土，进入创作活动的新的高峰，成为中国左翼文化的旗手。这一点与郭沫若在重庆的文学活动有惊人的相似之处。中国是一个幅员广阔的国度，东、西、南、北的地理、民俗、文化有着一定差异。文学是个性化活动，越是突出的文学成就，越有传统的文化个性。其中地理带来的文化差异，在作家的文学个性中会打下隐而不露的深深印痕，成为无意识文化心理的组成部分，在创作中呈现出来。郭沫若在1946年离开重庆到达上海以后，写下了《重庆值得留恋》一文，文中说："中国的都市里面有像重庆这样，更能表示出人力的伟大的吗？完全靠人力把一簇山陵铲成了一座相当近代化的都市。这首先值得我们把来作为精神上的鼓励。"① 从这一点说，郭沫若成为四川抗战文化的旗帜，亦有家乡地理的江山之助。

抗战时期中国的地理，被战争划分为沦陷区、解放区和大后方这三大块军事、政治和文化地理区域。以四川为中心的大后方与另一个文化中心延安解放区有着文化的互动关系。四川文化活动的许多重要成就是在中共中央南方局和周恩来指导下取得的。他们所代表的文化精神是延安解放区的文化精神。周恩来经常到天官府区看望郭沫若，并先后委派阳翰笙和冯乃超协助郭沫若工作。南方局文委每周召开一次会议，讨论重庆文艺问题，所做决定都给予重庆文艺界重要影响。毛泽东《在延安文艺座谈会上的讲话》在1944年元旦《新华日报》发表以后，文协组织了文艺家学习。这是延安解放区文化精神对重庆文化的深刻影响。没有解放区进步文化的影响，四川文化中心的建设可能会是另一种景象。而以四川为中心的大后方文学也以独特的风貌给解放区文学和文化建设提供了支持。四川旅外抗敌演出队在大后方创作的四川方言剧《抓壮丁》，于1943年9月以后在延安由青年剧院巡回演出大获好评。毛泽东、朱德等中共领袖都观看了演出。1944—1945年，延安政联宣传队到延安、陇东、关中等军分区，为部队和老百姓演出了这个戏。1944年在陕甘宁边区文教群英大会上，《抓壮丁》作为1942年毛泽东《讲话》发表以后的优秀创作剧目之一，获得奖励。周扬在《表现新的群众的时代》中指出："方言剧是值得提倡的，青

① 郭沫若：《郭沫若全集》（第20卷），人民文学出版社1992年版，第52页。

年剧院演出的话剧《抓壮丁》，一个写得很成功的讽刺剧，就是用四川方言写的和演的，收到了很好演出上的效果。”① 他还认为，在当时文艺普及的情况下有必要写方言剧，而方言剧《抓壮丁》的成功，在于博采群众语言而加以提炼。当然，郭沫若在四川写的《甲申三百年祭》，成为延安整风文件，是大家熟知的。毛泽东为此致信郭沫若：“你的史论史剧大有益于中国人民，只嫌其少，不嫌其多，精神决不会白费的，希望继续努力。”② 正是抗战时期的这两大文化中心的互动关系，才书写了中国抗战时期文学的辉煌。由此，更清楚地显示出四川作为抗战时期大后方文化中心的文化地理的历史地位。

抗战时期大后方的文化中心是在四川这个特定的地理空间中建设的。历史的确实现了冯乃超事前所说的，“敌人要将我们过去的文化中心变为文化落后的区域，而我们则要将过去文化落后区域变成文化中心。”抗战的机遇使四川的文化地位发生变化，当然这是一种社会实践行为，但是只有在四川的自然地理的空间性中，才存在着建构战时首都的政治行为，也才有文化中心的形成和建设。人类社会是人类实践活动所建造的人化自然，自然地理的空间是社会实践行为、各种社会关系、社会结构的物质指向，地理空间是社会行为的预先假定、手段，在社会实践行为过程中，地理空间的面貌发生了变化，它成为社会政治、经济、文化等心理需求的物化空间形态，构成社会活动的空间结果，具体化为具有社会意义、形态的地理空间，于是自然地理就在人的建造活动中形成了社会地理、政治地理和文学地理。四川抗战文学的文化地理中心位置的确立，证明了人们在中国一个特定地理空间创造文化的时候，也建构了中国的地方文化地理。

三、四川抗战文化地理的版图

文化地理学的研究不同于一般文化学研究，应该以地理基础作为文化分析的重要因素。文化的地理因素是文化地理学研究的事实基础，地理事

---

① 周扬：《表现新的群众的时代》，延安《解放日报》1944 年 3 月 21 日。

② 《毛泽东论文艺》（修订本），人民文学出版社 1992 年版，第 150 页。

实的价值则是文化的。任何文化的分析都不能离开地理，任何地理的分析也都不离开文化。这是文化地理学的观念，也是文化地理学的分析方法。

基于这样的观念和方法，本书的研究试图完整地呈现四川抗战文化地理的版图。

（一）研究时空（视域）的界定

特定的地理版图，应该在特定的时间与空间中加以界定。

1. 时间界定

本书论述的时间范围主要以全面抗战爆发后的1937年至1945年。因1931年“九一八事变”后，东北的辽宁、吉林、黑龙江以及热河、绥远、察哈尔等省区相继沦陷，中国国家地理以及文化地理版图随之发生改变，所以本书的相关论述也相应提前到1931年。对于时间下限，一般情况设限于1945年8月，即日本投降之日。如有影响四川文化地理格局的重大文化活动的延续，时间可顺势后延。

2. 中国全国地理区域划分

虽然本书研究四川文化地理学，但有许多问题涉及抗战时期全国文化机构和文化人士的大迁移，有必要对全国地理版图分区域论述，所以本书以1931年国民政府的省级行政区划为基础，综合考虑战时情况，将全国分为6个大区，每个区域与所辖省市如下。

东北地区：辽宁省、吉林省、黑龙江省、热河省、东省特别行政区；

华北地区：绥远省、察哈尔省、北平市、天津市、河北省、河南省、山东省、青岛市、山西省、威海卫行政区；

西北地区：陕西省、甘肃省、宁夏省、青海省、新疆省；

西南地区：四川省、西康省、重庆市、云南省、贵州省、广西省；

华南地区：福建省、广东省、香港、澳门；

长江中下游地区：上海市、南京市、江苏省、浙江省、安徽省、江西省、湖北省、湖南省；

一个地方：西藏地方（书中简称藏、卫或卫、藏地区）。

书中论述的“西部地区”是指上述西北、西南两个地区所辖之省市。

3. 四川地理区域的界定

历史上，“四川”是一个动态的区域。不同学者在不同的历史时期，有着不一样的区域界定。就在本书涉及的1937年7月至1945年9月，短短的八年期间，“四川”的行政区划也历经两次变更，所以本课题有必要对“四川”的区域进行界定。

四川古为巴、蜀立国之域。春秋战国时为蜀国；秦代置巴郡；汉属益州；唐属剑南道。四川之名始于宋代。宋置益州路、梓州路、利州路、夔州路，宋人并称其为“川峡四路”，简称“四川”路。川峡四路（四川）与两浙路（江南）成为宋代最主要的两大经济区，是宋朝中央政府的主要财税来源地。元置四川行省，为“四川”独立建省之肇始。明代称四川承宣布政使司，清起为四川省。①

国民政府沿袭设立四川省。1912至1949年民国时期，全国的行政区划时有变动，四川省作为行省一直沿用，但所辖疆域和行政区划却屡屡变动。尤其是与四川关系甚密的西康地区，1914年北京政府设立川边特别行政区，1928年北伐结束以后，国民政府意图设立西康省，但迟至1935年方得以实施，而西康疆域已然发生了很大的变化。据1938年7月30日“行政院关于川康划界、西康省名的训令”，② 四川省原属第17、18行政督察区的宁、雅两属③除名山县外，划归西康建省。重庆也于1938年1月改为行政院直辖市，④ 脱离四川省辖。至此，原四川省疆域一分为三。鉴于西康省所属的康区也是一直被刘文辉等四川军阀实际管辖，因此，本课题所指的“四川”，是以1937—1945年抗战期间，四川省、西康省和重庆市两省一市的全部行政区域。

（二）四川抗战文化地理版图的主要形态

文化地理学亦是探求人类文化与地理关系的人文地理学科，就是从地理的空间维度阐释人类文化活动和文化现象发生发展的地理空间、区域景

---

① 李仕根主编：《巴蜀灾情实录》，中国档案出版社2005年版，第1页。

② 四川省档案馆编：《抗战时期的四川——档案史料汇编》，重庆出版社2014年版，第38页。

③ 指四川省的西昌、雅安所属地区，后文有详细交代。

④ 四川省档案馆编：《抗战时期的四川——档案史料汇编》，重庆出版社2014年版，第76页，表格中的“说明”。

观及文化迁流。

我国著名学者杨义在《文学地理学会通》一书中提出了文化（学）地理学研究的四大领域："文学地理学的研究敞开了四个巨大的领域：一是区域文化类型，二是文化层面剖析，三是族群分布，四是文化空间的转移和流动。既然称为文学地理学，就包含着人文和地理两个互动而相融的板块。因此，从地理方面出发，就有区域类型问题；从人文方面出发，就有文化和族群的问题；从二者互动出发，就有空间转移和流动的问题。"① 其中，区域文化类型是四大领域的基础。本书将参照这"四大领域"的研究逻辑，有侧重、分主次地进行研究。

在抗日战争大背景下，由于战争的瞬时强大外力作用，原来处于文化中心的北方、东部沿海地区迅速向南、向西迁徙，原本偏远落后的、以四川为中心的西南地区，接纳了大量先进文化，形成了战时新的文化中心。其形成过程、形成的原因、形成后的文化影响及传播，以及由此带来的社会变化，是一个值得深入研究的课题。

四川是巴蜀文化的摇篮。对于"巴蜀文化"在中华文化中的地位和作用，杨义先生有着独特的理解，"在中华大地的长江文明和黄河文明的'太极推移'中，除了吴文化之外，巴蜀文化也是个关键。两千多年南北纷争有一个规律，谁得巴蜀，谁得一统。因为北方游牧民族要在下游过长江很难，那是南朝的心腹要地，必有重兵把守，定要展开你死我活的厮杀。但是巴蜀远离京城，守卫可能松懈，将领并非嫡系，占领巴蜀相对容易。一旦占领巴蜀，实际上已经过江，而且雄踞长江中上游。秦统一中国是先有蜀地；晋统一中国，是先灭蜀汉，后灭东吴；隋朝的统一，是由于侯景之乱后，北方已占领了巴蜀；宋统一中国的时候，先取长江中游的荆州，再取后蜀，然后消灭南唐。"② 金人因受阻于长江天堑未能夺取南宋江山。蒙古铁骑也无法踏过长江，一直倚重于夺取四川、迂回大西南消灭南宋的战略。但未料在重庆合川英勇的钓鱼城受到重创，大汗蒙哥战死钓鱼城，迫使蒙军全线北撤，③ 此役改变了世界的历史进程，也使中国南宋王朝延后了二十年。

---

① 杨义：《文学地理学会通》，中国社会科学出版社 2013 年版，第 15 页。

② 同上，第 42 页。

③ 任昭坤、龚自德：《四川战争史》，四川人民出版社 2009 年版，第 157—162 页。

“所以巴蜀是两条江河‘太极推移’的枢纽，与太湖流域一文一武、一刚一柔，形成了江之头、江之尾的两个‘太极眼’”。[①] 20世纪三四十年代，中华民族正处于危亡之时，巴蜀大地再次承担了“太极眼”的角色，“太湖流域”已落入敌手，巴蜀独立承担起民族复兴的大业。国民政府西迁重庆，四川一度成为全国的政治、经济、军事、文化中心。四川引领狭小的西南一隅，奋力抗击已占领东北、华北、华中以及华南（部分）大片领土的强敌，历史再次印证了“谁得巴蜀，谁得一统”的规律。

“巴蜀文化”作为独成体系区域文化的提出也是在硝烟弥漫的抗战时期。由于大批外来移民及文化人聚集四川，不同文化间的互动、冲突、融合，形成新的四川文化区。战争赋予了四川前所未有的中国文化中心地位，四川的地理空间和人文历史的优势承载了中国文化的重托，在中国抗日战争中谱写了中国现代文化历史的辉煌篇章。同时战争也改写了四川的文化地理面貌，给四川留下了若干抗战文化的历史遗址，给四川留下了丰厚的文化积淀因素，为四川在抗战以后到今天的文化发展奠定了深厚基础。

本书在整体格局上，勾勒出四川抗战文化地理的版图。

四川自古以来以巴蜀相称，其主要的中心城市是重庆和成都，以重庆为中心的“巴文化”和以成都为中心的“蜀文化”，共同演绎了四川盆地的“巴蜀文化”，二者平分秋色。而抗战的发生，由于重庆成为战时首都，在四川抗战文化地理中，重庆由于特殊的政治和文化地位自然在四川抗战文化中依然处于核心地位，而成都虽然不能与之比肩，但是由于四川地域辽阔，在20世纪中期交通十分不发展，成都平原历来处于四川盆地中心区域，以其深厚的历史文化积淀，有重庆文化不能覆盖和替代的独特风貌，因此在四川抗战文化地理格局中依然成为与重庆东西呼应的另一个文化中心。四川全境的文化地理以重庆与成都为两大中心，并且依附于这两大中心形成一些副中心。在四川文化地理格局上，本书以重庆、成都这两个文化中心以及若干副中心为文化地理版图的定位取向，来展开论述。

抗日战争改变了四川文化地理的版图，使之面目一新。这种改变首先来自战时的文化大迁移。因此本书首先论述四川各个地区由外地迁移来川

---

① 任昭坤、龚自德：《四川战争史》，四川人民出版社2009年版，第43页。

的文化机构，如何使四川构成新的文化地理面貌。其次，文化机构来川，提升了四川的文化生产力，适应抗战文化需要，开展的一些重要文化活动，这些文化活动在抗日战争期间具有全国乃至世界意义，是四川抗战文化地理的运动式的鲜活景观。时间过去了，但是必须真实地记录下这些文化地理的历史记忆。对于四川抗战文化地理的史实的记叙，是复活历史地理中的无形文化景观。最后，地理面貌的改变，不仅是自然形成的，而人类文化的创造与生产也会在地理形貌上留下有形文化景观。抗战时期，来川文化机构的房屋楼舍、图书馆、文化馆以及实体性纪念性建筑等等，都是这一类文化地理的遗址。因此，本书主要从以上三个方面，来建构四川抗战文化地理的版图。

本书的研究从文化地理学这一新兴学科，深入挖掘四川抗战地理空间造就的抗战文化实绩，着力探索抗战文化在四川遗留的丰富文化资源以及对四川当代文化发展的深刻影响。

本书是集体写作，魏红珊撰写第一章、第二章、第三章、第四章、第五章，冯宪光撰写导论，马晶撰写第二章、第三章、第四章及第五章中的重庆部分。

第一章　全国抗日战争战略态势及以四川为中心的大后方根据地确立

20 世纪初叶的中国，列强肆虐，国土危脆；军阀混战，民不聊生。泱泱大国，满目疮痍。到 1930 年，国民政府经过多年努力，方始完成大部分国土的统一，求得片刻的休养生息。正当中国人民刚刚从军阀混战中缓过来，准备进行国家建设之时，日寇公然把魔爪伸向了中国。

在 20 世纪 30—40 年代，一场规模空前的战争改变了中国的版图，改变了中国历史，改变了中国几代人的生活，彻底打乱了中国现代化进程。战争是那个时代一切的根本和核心。全国政治、经济（工业、农业、金融）、文化都围绕战争而展开。1937 年至 1945 年的 8 年抗战中，随着战局的发展，战线的移动，国家机关、社会团队、工厂、学校、普通民众都跟随迁移，整个社会都处于跟随战场移动而变迁的动荡之中。但也正是在这样的流动变迁中，中国社会各阶层空前团结、同仇敌忾，迸发出巨大的能量，最终战胜了强大的日本侵略者。

在中国近现代历史上，日本不是侵略中国的第一个国家，却是对中国国家主权和领土破坏极大，对中国人民伤害最大的国家。那场旷日持久的中日战争给中华民族带来了深重的灾难。中华民族被迫中断了寻求自我现代化的历史进程，被迫卷入另一种现代性的历史旋涡之中，那就是民族的自由、独立与解放。① 从五四时期反对亲日政府出卖中国国家利益的反日爱国运动，到 1931 年的“九一八事变”和随之而来的“卢沟桥事变”以及中国抗日战争的全面爆发，集中体现了中国人民抵御外在侵略以实现民族的自由、独立与解放的强烈愿望，以及共同拯救中华民族濒临亡国的极

---

① ［美］阿瑞夫·德里克著，邓正来译：《现代主义与反现代主义》，萧延中主编《在历史的天平上》，中国工人出版社 1997 年版，第 219 页。

为特殊的中国现实。长期以来，中日战争构成了整个中华民族充满悲情的历史记忆。正是这种集体的历史记忆，推涌着中国学术界对这场战争及其影响不断地思考与研究。以中国人民抗日战争胜利七十周年为契机，当下的学术研究再次把以抗日战争为题材和背景的抗战文学、文化作为研究中国现当代文学、文学理论以及文化研究的重要文化背景，“四川抗战文化地理学研究”也因此应景而生。

本课题的研究从文化地理学这一新兴学科，全面探讨文化中心的变迁、文化迁移的路线和过程、文化传播的方式，新的文化区的形成及特征，深入挖掘四川抗战地理空间造就的抗战文化实绩，着力探索抗战文化在四川遗留的文化景观以及对四川当代文化发展的深刻影响等等。

第一节　全国抗日战争战略态势

日本在长期的侵略国策中，野心勃勃制定了“要征服世界，必先征服中国”和“要征服中国，必先征服满蒙”[①] 的长期战略。所以日军入侵中国，率先占领东北，接着蚕食绥远、察哈尔两省，在全面侵华战争开始前，日本就实施并完成了第一步战略目标——征服满蒙；乃至整个抗日战争时期，都是按照日本大本营的战略分阶段实施，中国国民政府军队几乎没有主动权。而且在日本看来，中国是唾手可得的。日本大本营认为：日本最大的敌人，在陆地上是当时的苏联，在海上是美国。[②] 极度膨胀的“大日本帝国”需要的是“征服世界”。所以这些军国主义分子狂妄的认为，他可以打败世界上任何国家，包括美国、苏联和中国。但是，在人类历史上，任何不可一世的战争狂人无论起初他是多么强大，最终都是注定要失败的，日本军国主义也不会例外。它不仅征服不了世界，也征服不了中国。

① 郭汝瑰、黄玉章：《中国抗日战争正面战场作战记》，江苏人民出版社2005年版，第286页。
② 同上，第292页。

一、六年局部抗战

日本为了实现其侵略中国的既定方针，其参谋本部于 1930 年 11 月就已开始拟制了侵占中国东北的纲领性文件——《昭和六年（1931 年）度形势判断》。主要内容是计划分三个阶段占领东北：第一阶段在东北建立一个新的亲日政权以代替张学良；第二阶段使这一政权从中国分裂出来成为一个独立国家；第三阶段武力入侵占领，使之成为日本的领土。1931 年 4 月正式形成文件。[①] 其后，日本关东军于 1931 年 9 月 18 日晚，发起了武力进攻东北军沈阳北大营的战斗，史称“九一八事变”。几个月以后，东北沦陷。从此，中国北方及上海开始长达六年的局部抗日战争。其间，包括上海的“一·二八”淞沪抗战，燕山山脉的长城抗战，察哈尔（今内蒙古东部）民众抗日同盟军的抗日战斗，绥远（今内蒙古中部）抗战。

上述种种，除了上海的局部战役，其余全部发生在平津以北较为偏远的地区，虽然对于整个中国的政治、经济、军事、文化的影响是局部性的，但后果却是灾难性的。当国家的主权和领土完整遭到挑衅，而无强有力的手段予以反击时，那么入侵者实施全面性的武装侵略必然发生，全民族的灾难将不可避免。

二、八年全面抗战

从 1937 年 7 月日本发动全面侵华战争至 1945 年 9 月中国获得抗战胜利的八年间，正面战场的作战大致可分为三个阶段：1937 年 7 月 7 日“七七事变”至 1938 年 10 月武汉失守为第一阶段；武汉失守至 1941 年 12 月太平洋战争爆发为第二阶段；太平洋战争开始至日本投降为第三阶段。[②]

第一阶段：日本侵略军凭借其武器装备的绝对优势，连续发动进攻，企图在两三个月内击败中国军队，迫使国民政府屈服，以达成其速战速决的战略目的。而中国军队则在“持久消耗战略”的总方针下，节节防守，

① ［日］小林龙夫、岛田俊彦编：《现代史资料（7）·满洲事变》。东京 1964 年版，第 161 页。转引自郭汝瑰、黄玉章《中国抗日战争正面战场作战记》，江苏人民出版社 2005 年版，第 103 页。

② 郭汝瑰、黄玉章主编：《中国抗日战争正面战场作战记》，江苏人民出版社 2005 年版，第 54 页。

坚强抵抗。“尔后主动转进，以消耗敌人战力，保存我军主力；以空间换时间，扩大战场、分散敌军主力。”① 正面战场的抗击、敌后游击战的展开，粉碎了日军速战速决的战略企图，使其陷入中国抗日战争的泥淖中而无力自拔，不得不同中国进行一场它极不愿意的持久战。

“七七事变”后，日本在7月30日攻陷平津后，沿平绥、平汉、津浦铁路，分别向山西、河南、山东进攻，同时增兵华东，进攻上海。11月12日攻占上海，1个月后又攻占南京，制造了震惊中外的南京大屠杀事件。1938年3月，由山东南下的日军在台儿庄遭到中国军队的英勇抗击，我军获得了正面战场开战以来的一次重大胜利。不久日军南北夹击，打通津浦路，于1938年5月占领徐州。至1938年10月底，攻占了广州及武汉。在此期间，中国军队与日军进行的战役主要有：平津作战、南口争夺战、淞沪会战、南京保卫战、忻口会战、太原保卫战、徐州会战、豫东会战、武汉会战。②

第二阶段：日本占领广州、武汉后，战区扩大，战线延长。中国人民没有屈服，政府主力部队继续坚持有力的阻击战；共产党军队为主的敌后游击战也严重威胁日军后方，日本军队疲于应付。侵华日军驻地分散，兵力严重不足。加之国内经济因战争消耗而逐次下降，劳力不足，资源匮乏，因而已无力发动大规模的全面进攻，被迫放弃速战速决的方针。日军对国民政府采取以政治进攻为主、军事进攻为辅的方针，对正面战场实施局部有限攻势，不再以攻城略地为主，而以打击和削弱中国军队的“反消耗战”为主。积极扶植伪政权，巩固已占领地区的统治；大力扫荡占领区内的抗日游击部队，并实行经济掠夺政策，妄图达到“以华制华”和“以战养战”的目的。③

武汉失守后，国民党统帅部在南岳召开了重要军事会议（中共代表周恩来、叶剑英等参加）。会议总结了前一阶段的作战，并制定第二阶段的战略。会议认为：“抗战第二期，敌人速战速决战略，已变为以战养战；

① 陈诚：《八年抗战经过概述》，浙江省中国国民党历史研究组编《抗日战争时期国民党战场史料选编》第6页；转引自郭汝瑰、黄玉章主编《中国抗日战争正面战场作战记》，江苏人民出版社2005年版，第54页。

② 郭汝瑰、黄玉章主编：《中国抗日战争正面战场作战记》，江苏人民出版社2005年版，第54—55页。

③ 郭汝瑰、黄玉章：《中国抗日战争正面战场作战记》，江苏人民出版社2005年版，第56页。

战略攻势已变为战略守势。”[①] 决定第二期的基本战略方针仍为持久消耗战略，但在消耗敌人这个问题上，一致认为：在武汉会战以前，我军全面采取持久抵抗、逐步退军的消耗战，现在应该转变为“攻势消耗战”。为此，要求“对敌主动发起有限度的攻势或反击”，[②]同时对军队进行整训，实施轮番作战，并加紧建立新军，准备反攻。

在此期间，正面战场的主要战役包括：南昌会展、随枣会战、第一次长沙会战、南宁会战、1939 年冬季攻势、枣宜会战、上高会战、第二次长沙会战、中条山会战。

第三阶段：日本使用政治诱降与军事打击均不能迫使国民政府屈服，一时间也找不到摆脱被动局面的办法。而此时，欧洲战场的德国正处于战略进攻的巅峰时期：法、荷等国已经投降，英国也危在旦夕；侵苏德军已占领乌克兰，逼近莫斯科，似乎即可称霸欧洲。日本决策当局认为这是夺取南太平洋的大好时机，以为一旦控制了东南亚等地的丰富资源，就可以确立“长期不败的态势”，而后再利用这一成果解决中日问题，迫使国民政府屈服。遂突袭珍珠港，发动了太平洋战争。

太平洋战争初期，日本海、陆军连连得手，几乎将美、英、荷在太平洋地区的军队全部歼灭。于是着手进行对中国再次发动大规模战略进攻的准备，企图于 1943 年夏，由华北方面军夺取西安、延安、成都，由华中方面军夺取重庆，以迫使中国屈服。但是 1942 年下半年，日本在太平洋的作战开始转向被动；德军在苏联被阻于斯大林格勒，并遭到反攻；日军在中国敌后战场发动的 5 次“治安强化运动”，并未实现他们欲歼灭中共军队领导机关和主力部队的企图，反而损失了大量的人员和物质。所以日本大本营不得不推迟以至停止其进攻陕西、四川的计划。

1943 年秋季后，在中美空军联合打击下，中国战场上的制空权逐渐为中国掌握；至 1944 年初，日本在太平洋的制空、制海权也基本丧失，海上交通线已难以维持。身处东南亚的日军有与本土失去联系的危险，转而寄希望于中国大陆交通线，因而发动了“1 号作战”（史称豫湘桂会战），在 1944 年下半年打通了平汉、湘桂、粤汉路。1945 年 5 月间，德国投降，太

①② 陈诚：《八年抗战经过概述》，浙江省中国国民党历史研究组编《抗日战争时期国民党战场史料选编》第 6 页；转引自郭汝瑰、黄玉章《中国抗日战争正面战场作战记》，江苏人民出版社 2005 年版，第 56 页。

平洋方面美军已攻占硫磺岛，登陆冲绳岛。日本面临“本土决战”，其大本营遂下令收缩战线，撤出湖南、广西、江西方面湘桂、粤汉路沿线日军，将兵力用于华中、华北。

需要特别说明的是，当日军发动打通中国大陆交通线的“1 号作战”时，因国民党决策当局有保存实力和依赖美国、坐等胜利的思想，在精神和物质上缺乏足够的准备，出现了抗战以来最大的一次溃败：8 个月内，损失军队 50 余万，损失的武器装备足以装备 40 个师，远远超过了国民政府一年度的军工生产量。中国军队丧失了 70 万平方公里的国土，160 座城市，7 个重要空军基地和 36 个军用机场。在反法西斯战争全局极为有利的形势下，发生如此溃败，造成了极其不良的国际影响。①

第三阶段正面战场的主要战役有：第三次长沙会战、远征军入缅援英作战、浙赣会战、鄂西会战、常德会战、缅北滇西反攻作战、抗击日军打通中国大陆交通线的豫湘桂会战。

总结三个阶段正面战场，第一阶段是日军占据较大优势的进攻战，中国在 1937 年 7 月至 1938 年 11 月间，损失了包括平、津、上海、南京、武汉等华北、华中的大部分区域和中心城市，这是国民政府主要的军事、政治、经济、文化中心，引起了空前的全国战略大转移。第二阶段、第三阶段主要是战略相持阶段，国内正面战场主要发生在湖北、湖南、江西、广西境内，局部发生在山西、河南、安徽、浙江、广东、海南、福建、贵州境内，以及境外的缅甸。其中，长沙和桂林，是这个时期最重要的战略重心，多次战役围绕此两地展开，在长达六年时间的拉锯战中，也引发了部分军事、文化机构的地理空间迁移。

同时，在第二、第三阶段的战略相持阶段，中国完整的地理版图被战火划分为日本军队占领的沦陷区，共产党领导的抗日民族根据地的解放区，大后方的国民政府统治区，这三大区域是相对独立的军事区、政治区、经济区和文化区。中国长期大一统的地理版图被战争划分为几个分治的区域，这是自元代中国统一以来七百年未有之地理格局。

---

① 郭汝瑰、黄玉章：《中国抗日战争正面战场作战记》，江苏人民出版社 2005 年版，第 1369—1372 页。

三、抗战时期的三大行政管辖区

广州、武汉失守后，日军在正面战场上与中国国民政府军队在广大的华中、华北、华南地区形成胶着状态，此时在中国版图上，形成了三个相对独立的行政管辖区。

一是日军占领的东北、华北、华中和华南部分地区，称为“沦陷区”。日军在军事上不再以攻城略地为主，而以打击和削弱中国军队的“反消耗战”为主，同时大力扫荡占领区内的抗日游击部队。在政治上积极扶植伪政权，巩固占领地区的统治，并实行经济掠夺政策，妄图达到“以华制华”和“以战养战”的目的。在文化上，首先，日本大力实施殖民地文化统治和文化教育，推行汉奸文艺以极尽美化日本侵略者和侵略战争，无耻宣扬日本民族“优秀论”，同时丑化中华民族，大力吹捧日本“开拓”中国的“业绩”。其次，对占领区实施文化恐怖政策，采取恐吓、威胁、逮捕、暗杀、绑架等各种手段迫害中国爱国人士，镇压各种进步报纸、杂志，封锁新闻，禁锢人们的思想自由。最后，积极扶持汉奸文人和汉奸文化，在敌伪出版的报纸杂志上，大肆宣扬“东亚圣战”“建立东亚新秩序”“中日提携”“和平救国”“反共救国”等法西斯汉奸理论和奴化意识，同时还无耻地虚报战绩，并造谣中伤、挑拨离间，破坏抗日民族统一战线。

二是中国共产党领导下的抗日民族根据地，通称“解放区”。地域上除了以延安为中心的陕甘宁边区外，还有在敌占区的山西、山东、晋察冀等敌后抗日根据地。在军事上，共产党领导下的军队发动了机动灵活的游击战，给日军的交通补给线以很大的打击，且牵制了日军兵力，有力地支持了正面战场的战斗。抗战初期，大部分经济来源于国民政府调拨以及华侨、国际友人的捐赠。1941 年“皖南事变”后，边区政府为解决燃眉之急，制定独立自主、统一领导、分散经营的财政原则，这些措施包括：调整财政政策，大力发展边区经济，增加税收，发行公债等。[①] 同时开展了轰轰烈烈的大生产运动，自给自足解决了粮食、衣服等生活必需品的供给，打破了日本侵略者和国民党反动派的经济封锁。在文化上，1935 年红

① 西北财经办事处：《抗战以来的陕甘宁边区财政概况》，1948 年 2 月 18 日，见《抗日战争时期陕甘宁边区财政经济史料摘编》，第六编《财政》。

军到达陕北后，特别是1937年1月迁居延安后，陆续有大批的文化人士、青年学生奔赴延安。抗战爆发后，延安成为全国敌后根据地的抗战领导中心，被视为革命圣地，大量的知识分子、热血青年长途跋涉来到革命圣地延安。其间也有部分文化名人是在战争相持阶段或皖南事变后来到延安的，但总体上，这部分人所占比例相对较小，与大西南作为战略大后方，文化人士短时间骤然增加的情形不尽相同。同时，延安的高等学府及各种干部学校，也是在抗战前后为适应斗争形式的变化而在延安本地新创办的，也不是由其他地区内迁的。因此，延安较早就成为抗战文化的运动中心。

三是大后方的国民政府统治区，主要以当时的广西（部分）、四川、贵州、云南、西康、陕西为重点，以四川为中心。在军事上，国民政府军队在初期抗击消耗日军以后，此时转入以"持久消耗战"为主的战略方针，制定了对敌主动发动有限度的攻势或反击，实施攻势消耗战的策略。在经济上，实施外汇管制，成立由中国银行、中央银行、交通银行、中国农民银行四行联合办事总处，成为战时财政金融的决策机构；同时紧急内迁大批工厂，保存民族工业，对后方经济发展和建设发挥了巨大作用；并大力发展交通运输业。1941年底太平洋战争爆发，成为国统区经济由繁盛走向衰落的转折年。因为：日军切断滇缅公路，失去了进口通道；战事更趋紧张，战略物资消耗更大；自然灾害频发；国民政府实施经济统制，干扰了经济正常发展秩序。抗战后期，国内形势不稳，生产萎缩，物质匮乏，使得抢购之风日盛，物价飞涨，通货膨胀愈演愈烈。国统区经济出现了明显的衰落。

在文化上，国民政府积极实施中高等学校和文化科研机构的战略大转移。其中：内迁高校约100所左右，[①] 占当时全国108所高校的90%以上；同时大部分的报纸杂志、出版社、书店、广播电台等也向以四川为中心的大后方迁徙；珍贵的故宫文物历经多地，分批辗转西移南下；还有本就薄弱的科研机构，如中央研究院、中央博物院、中央工业试验所、农业试验所、矿冶研究所、地理研究所、地质调查所、陆军制药研究所、应用化工研究所等几十个政府研究机构迅速西迁；同时还有包括中国工

① 侯得础：《抗日战争时期中国高校内迁史略》，四川教育出版社2001年版，第71页。

程师学会、中国地理学会、中国化学学会，中国水利工程学会等官方以及民间学术团队等数十个单位内迁。与此同时，随着这些文化科研机构内迁的是大批的文化名人和著名科学家的内迁。当年社会学家孙本文曾说过："高级知识分子十分之九以上西迁，中级知识分子十分之五以上西迁，低级知识分子十分之三以上西迁。"① 由此可见，文化内迁的规模及其影响力巨大。

这种由于强敌发动侵略战争的强大外力作用，对刚刚求得民族统一，全力步入国家建设，进行近代化转型的中华民族来说，无疑是灭顶之灾。为了有效保存脆弱的科技能力，延续几千年来的文化血脉，中华大地出现了文化科技中心从东部向西部大转移的旷世奇观。这一轮文化大迁徙，有效保存了中华民族的文化精英，滋养了中华民族的文化精华，保存并发展了原本薄弱的科技实力。抗战期间，处于大后方中心的四川还创立了许多全国性的文化艺术抗敌团体，大力宣传民族团结，宣传抗日救国的进步思想，表达必胜的信念，极大地鼓舞了战斗士气，有效支持了前线的抗战事业。这次大迁徙，让身处浩劫的中华文化绝处逢生，对西部文化落后局面的改变，对历史悠久的中华民族文化的复兴、承传和再度崛起，都具有深远的影响。

第二节　大后方的地理生态与抗战文化概述

所谓"后方"，是与"前线""前方"相对应的一个概念，是指远离双方交战区的地域。它既包括地理位置上的空间区域，也包括军事、政治、经济、文化、科技等组织机构对战争的支援力量。战略后方是决定战争胜负很重要的战略支撑，是保障战略执行和战略任务达成的核心基础。抗日战争全面爆发以来，由于中国军队的节节抗击和消耗日军，彻底粉碎了日本方面速战速决的战略意图，又因日军战线的拉长，不得不改变速战速决的战略，采取"反消耗战"的战略决策。中日战争进入了"持久战"

① 孙本文：《现代中国社会问题》（第2册），商务印书馆1943年版，转引自张根福《抗战时期的人口迁移》，光明日报出版社2006年版，第81页。

的现实选择。这时候的中国需要一个相对稳固的战略后方。

“后方”即是一个空间位置上的地理范畴，也是一个动态的历史范畴。随战局不断变化，在不同的战略阶段，有不同的“后方”。比如抗战初期，平津、上海相继发生战事，此时南京、武汉、广州就是后方；但战局变化很快，大约20天后，南京保卫战打响，南京成为前线；大约半年的光景，武汉这个“九衢通商”之地，华中最重要的战略要冲，成为武汉大会战的战略前沿。曾经搬迁到这里的军事、政治、经济、文化等核心机构，不得不搬离这个曾经的“战略后方”，到更远的“战略后方”——重庆。而当重庆受到敌机轰炸时，又有不少机构分散到了沙坪坝、北碚和沿江的南溪等后方区县，它们成了现实选择的“后方”。其实，早在全面抗战爆发以前，国民政府就已经着手战略后方的选择和经营。

一、初定战略后方于西北

在当时处于频繁战乱中的中国，要确立一个合适的、稳固的战略后方，不是一蹴而就的。国民政府在确立战略后方的决策中，也是几经周折。

1931年9月18日，日本发动“九一八事变”，短短几个月就占领东北全境；又于1932年1月28日发动了“一·二八事变”，侵占上海。离上海较近的首都——南京随即处于战争的威胁之中。至此，日本侵占中国的野心暴露无遗，南京国民政府深刻认识到这一点。于是国民政府紧急召开国民党中央政治会议，讨论当时的军事形势，以及迁都的问题，经过多方讨论，国民政府决定临时迁都洛阳。①

1932年3月1日至6日，在洛阳西宫东花园召开的“中华民国”第四届中央执行委员会第二次全体会议，就将“我们今后是否仍以南京为首都，抑或应该在洛阳要有相当的时间，或者我们更要另找一个适宜的京都”作为一个“重大问题”，第一次正式提上国民党中央全会的议事日程并视之为“此次会议的第一要义”。② 会议讨论通过了国民党中央常务委员会提出的《提议以洛阳为行都以长安为西京案》，做出了“（一）以长安

① 潘洵主编：《抗战时期西南后方社会变迁研究》，重庆出版社2011年版，第6—7页。

② 汪精卫在国民党四届二中全会上所致开幕词，黄孟源主编《中国国民党历次代表大会及中央全会资料》（下册），光明日报出版社1985年版，第142页。

为陪都，定名为西京；（二）以洛阳为行都；（三）关于陪都之筹备事宜，应组织筹备委员会，交政治会议决定”① 的重要决定。

同时还通过了《开发西北案》，决定“以陕、甘、绥、宁、青、新各行省全境及外蒙、唐努乌梁海、科布多、阿尔泰等处”，“开发范围……特由中央政府画出建设事业之一部，用中央之政治及经济力量以经营之”，并“于国民政府行政院直辖之下，设西北拓殖委员会……负一切事务进行之责”。② 之后，国民政府即加强了对西安和西北的建设，并取得了一定的成绩。由此可见，“一·二八事变”后，国民政府是计划以长安为陪都，以西北为战略后方准备对日作战的。国民政府选择洛阳做行都、长安做陪都，只是根据当时具体的历史情况和政治环境决定的，是国民政府尚未将西南诸省真正纳入它的统治范围之内时所做的迫不得已的决策。

在地理位置上，陕、甘、宁、青、新西北五省地处亚洲大陆腹地，面积310多万平方公里，约占全国土地面积的1/3。境内有黄土高原、青藏高原、内蒙古高原，还有盆地、平原、沙漠、戈壁滩；地形地貌复杂多变。广袤无垠的地域上，气候环境恶劣，交通极其不便。在东面与华北接壤，仅以黄河相隔，没有理想的天然屏障，一旦华北沦陷，装备明显占据优势且有机械化装甲部队的日军很容易威胁到西安和西北地区的安全；在北面接近社会主义国家苏联，对于坚持反苏、反共的国民政府而言，也极具威胁。同时，地域辽阔的新疆本身并不稳定，统治新疆的盛世才一直未被国民政府所控制，这已成为国民政府的一大隐患。

同时，西北地区经济落后，物产匮乏，无法长时间满足持久的大规模战争的物质消耗。西北五省的人口资源又非常贫乏，据国民政府1936年的人口统计③：陕西972万，甘肃671万，青海不到120万，宁夏102万，新疆436万，五省人口之和为2301万人，不及当时四川省人口5296万人④ 的一半。稀少的人口不易及时增补兵源，也制约了经济的发展。西北地区的工业底子很薄，战时的兵工生产及其他战略物资的供应也很困难；西北

① 中国台湾中国国民党中央党史委员会编：《革命文献》第89辑——《抗战前国家建设史料——西北建设》（二），1981年版，第4页。

② 潘洵主编：《抗战时期西南后方社会变迁研究》，重庆出版社2011年版，第6—7页。

③④ 民国内政部统计处：《全国选举区户口统计》，《内政统计季刊》创刊号，1936年10月；转引自张根福著《抗战时期的人口迁移——兼论对西部开发的影响》，光明出版社2006年版，第21—22页。

五省的文化教育较为落后，战时仅有省立甘肃学院、迪化（今乌鲁木齐）的新疆学院和陕西的国立西北农林专科学校，[①] 共计三所高校，在培养人才、集聚民心、战争动员等文化宣传上也会受到较大的限制。事实证明，将西安作为战时陪都，将西北作为未来抗战的后方战略基地，是一个充满较大风险的选择。

二、四川大后方中心的确立

1. 四川得天独厚的地理生态

从地理上，四川地形地貌复杂多样，地跨青藏高原、横断山脉、云贵高原、秦巴山地、四川盆地几大特殊地貌单元。地势西高东低，由西北向东南倾斜。四川盆地外围，北依大巴山、米仓山；西接邛崃山、龙门山；南缘大娄山、大凉山；东临巫山。群山环抱，周而无缺。同为东北走向的龙泉山、华蓥山，将盆地分割为成都平原、川中丘陵和盆东平行岭谷底。

四川号称“千水之省”，水量丰富，河流众多，有大小河流 1400 多条，除阿坝州北部若尔盖县的白河、墨曲河属黄河水系外，其余均属长江水系。全省主要河流有：长江、嘉陵江、沱江、岷江、赤水河、大渡河、金沙江、雅砻江等等。各河流皆有周边山地汇集于盆地底部，流入浩浩长江之中。[②]

以丘陵为主的大巴山、巫山、大娄山界内属古代巴国地域；以成都平原为中心的古蜀地区，盆地的主要河流大多流经这里，所以，历史上习惯于把四川的山水称为“巴山蜀水”。[③]它们各以重庆、成都为中心，共处四川盆地。

自古以来，“蜀道之难，难于上青天”。进出四川盆地，四面都是险道，道上到处是雄关据守。山道蜿蜒在河谷和崇山峻岭间，甚至是悬崖峭壁上的栈道。东面有长江三峡水路，夔门关在此据守；北面的金牛道，有剑门关把持；西部是茶马古道及碉楼门；南面的清溪道、川黔道，则是石门当道[④]，都是险恶异常的难行之道。而且群山环抱内的四川盆地却浑然一体，虽有小山而无大的险关阻挠，历史上分治的时间很短，绝大多数时

① 侯得础：《抗日战争时期中国高校内迁史略》，四川教育出版社 2001 年版，第 35 页。
②③ 李仕根主编：《巴蜀灾情实录》，中国档案出版社 2005 年版，第 2 页。
④ 任昭坤、龚自德：《四川战争史》，四川人民出版社 2009 年版，第 1 页。

期都是统一的行政管辖。

四川地处亚热带，受地理纬度和地貌的影响，气候的地带性和垂直方向变化明显，盆地的气候和川西高原山地气候迥然不同。全省气候的区域性、过渡性和复杂性特征突出。西部高原在地形作用下，从南部山地到北部高原，由亚热带演变为亚寒带。四川盆地属湿润的亚热带季风气候，具有冬暖、春旱、夏热、秋雨的特点。全省年平均气温 15℃—19℃，无霜期 280—300 天。与同纬度的长江中下游地区比，盆地湿气重、雾多、日照少。

1936 年初，四川人口约 5300 万，位居全国第一。四川是多民族聚居地区（56 个民族），为我国民族种类最多的省份之一，素有“民族走廊”之称。

四川是全国的农产品大省，抗战时期，四川的玉米、甘薯、油菜、烟草产量居全国第一，稻谷居全国第二。大麦、生丝居全国第四，小麦居全国第七①，并出产桐油、茶叶、药材、白蜡等大量的农副产品。另外，四川还拥有丰富的矿产资源和水力资源。西康的金矿、镍矿均居于全国前列，铜矿、煤炭以及各种稀有金属的储量也在全国占有十分重要的位置。抗战期间，旅居四川的地质学家与其他科学家一道，发现了震惊中外的攀枝花大型磁铁矿藏资源。

得天独厚的地理位置，自成一体的地形地貌，富饶的物产和矿产，四川自古就享有“天府之国”的美誉。历来就是中华民族的复兴之地。在两千多年的历史长河中，“谁得巴蜀，谁得一统”已然成为历史规律。

2. 四川大后方中心的确立

群山环绕中的四川盆地，浑然天成，自成一体；雄关险隘，易守难攻，一夫当关，万夫莫开。且得天独厚的人口、物产、矿产、水资源优势，中华大地几无出其右者。因此，蒋介石和国民政府大多数军政要员都特别关注四川，并积极参与经营四川。

1934 年底，中国共产党中央红军在第五次反“围剿”中失败，随后转移至贵州、四川等地。蒋介石派遣军事委员会南昌行营第一厅厅长贺国光

---

① 中国国民党中央委员会编印：《中国战时经济建设问题》（内部刊行），1940 年 3 月，第 32 页。转引自潘洵《抗战时期西南后方社会变迁研究》，重庆出版社 2011 年版，第 3 页。

为首、由 78 人组成的参谋团入川，一面运筹督导“剿匪”红军的作战；一面整理四川的政治、军事，开始经营西南。1935 年 2 月任命刘湘为四川省主席，通过组织峨眉训练团等措施，整顿了四川的军事、财政、金融等，加强了国民政府在四川的影响。随着国民政府中央势力的逐步介入，四川军阀的防区制趋于解体，川政归于统一，川军整编也渐次推进。

早在 1934 年 2 月，国民党中央决议设立西康建省委员会，任命刘文辉为委员长。1935 年 7 月，西康建省委员会在雅安正式成立，将西康建省正式提到议事日程上来。1935 年 4 月，蒋介石又任命吴忠信为贵州省主席，国民政府的党、政、军势力迅速占领了贵州。大西南已经纳入了国民政府经营的势力范围。

1935 年 3 月以后，蒋介石两度入川，遍历西南诸省。1936 年 4 月，蒋介石又到四川住了半月，期间，蒋介石多次谈到以四川为后方基地的问题。由此可见，蒋介石和国民政府已经把西南地区作为抗战的战略后方和根据地来经营。蒋介石认为：“川滇黔为中华民国复兴的根据地……只要川滇黔能够巩固无恙，一定可以战胜任何强敌，恢复一切的失地，复兴国家。”① 他进一步指出：“将向来不统一的川滇黔三省统一起来，奠定我们国家生命的根基，以为复兴民族最后之根据地……从此不但三年亡不了中国，就是三十年也打不了中国。”②

1935 年 3 月 2 日，蒋介石由汉口飞抵重庆，4 日，在四川省党务特派员办事处扩大纪念周会上作《四川应作复兴民族之根据地》的讲话。指出：“就四川地位而言，不仅是我们革命的一个重要地方，尤其是我们中华民国立国的根据地。无论从哪方面讲，条件都很完备。人口之众多，土地之广大，物产之丰富，文化之普及，可说为各省之冠，所以自古即称‘天府之国’，处处得天独厚。”“四川同胞对于革命的成败与国家民族兴亡存灭的责任，非常重大。”③ 1935 年 8 月 11 日，蒋介石在峨眉山军官训练团又讲《川滇黔三省的革命历史与本团团员的责任》，不仅讲了“川滇黔

---

① 转引自周开庆《四川与对日抗战》，台湾商务印书馆 1987 年版，第 13 页。

② 蒋介石：《对中国共产党宣言的谈话》，《中共党史教学参考资料》，中国人民大学党史教研室 1984 年版，第 74 页。

③ 《蒋中正总统档案：事略稿本》（卷 30），国史馆印行 2008 年版，第 32、34 页 。转引自潘洵主编《抗战时期西南后方社会变迁研究》，重庆出版社 2011 年版，第 7、8 页。

三省在革命史上有最光荣的历史，居最重要的地位，实为我们国家和民族托命之所复兴之基”，而且特别强调“四川既为革命的发祥地，就应该做革命永远的根据地”。[①] 10月6日，蒋介石在成都出席国民党四川省党部扩大纪念周会上，发表《建设新四川之要道》的演讲，指出“四川在天时地利人文各方面，实在不愧为我们中国的首省，天然是民族复兴最好的根据地”，“四川之治乱，即中国兴亡之关键，四川绝不能乱，一乱国家就要亡”，要“努力将四川建设起来，以造成国家健全的首脑，奠定复兴民族的基础”。[②] 蒋介石还特别强调了四川在解决今后“外患”问题中的重要地位。同一天，蒋介石在成都行辕对四川各高级将领发表题为《四川治乱为国家之兴亡之关键》的讲话时说：“今后的外患，一定日益严重，在大战爆发之前，华北一定多事，甚至要树立伪政府都不一定，但是我们可以自信，只要四川能够安定，长江果能统一，腹地能够建设起来，国家一定不会灭亡，而且定可以复兴！日本人无论在东四省或者将来再在华北弄什么伪组织，都不相干，都不足以致我们的死命。我们今后不必因为在华北或长江下游出什么乱子了，就以为不得了，其实没有什么！只要我们四川能够稳定，国家必可复兴！”[③]

此时的蒋介石国民政府，已不再是孤立地谈论四川在复兴民族中的重要战略地位，而是对日本发动全面侵华战争已有充分的认识，将中华全民族的安危系于四川及西南四省的巩固安定。至此，以四川作为抗击“外患”的战略大后方中心的思想已完全形成。

抗日战争时期，国府迁都重庆，国家战略中心西移。四川聚集了国民政府党、政、军绝大部分的国家机关，接纳了全国半数以上的高等院校、文化、科研机构和文物图书，特别是短时间内几乎所有文化名人都汇聚于川，成为四川百年来最为辉煌的人文景观，共同创造并繁荣了四川抗战文化，给封闭的四川以深远而长久的影响。

---

① 《蒋中正总统档案：事略稿本》（卷32），国史馆印行2008年版，第215页。转引自潘洵主编《抗战时期西南后方社会变迁研究》，重庆出版社2011年版，第7—8页。

② 《蒋中正总统档案：事略稿本》（卷33），国史馆印行2008年版，第506、508、510页。转引自潘洵主编《抗战时期西南后方社会变迁研究》，重庆出版社2011年版，第8页。

③ 《总统蒋公思想言论总集》（卷13），中国国民党中央委员会党史委员会印，第480页。转引自潘洵主编《抗战时期西南后方社会变迁研究》，重庆出版社2011年版，第8页。

三、其他后方根据地的地理生态和文化概览

从对整个抗日战争发挥的作用来看，除了四川作为后方战略中心的地位毋庸置疑外，发挥了重大战略后方基地作用的地区还应该包括贵州、云南、广西和以陕甘宁边区为中心的西北地区。

1. 以陕甘宁边区为中心的西北地区

抗日战争开始后，在沿海沦陷、出海口被切断的情况下，作为连接欧亚大陆交通要道的大西北，中国出口的商品和苏联援华物质大都从这里来往进出。在1941年苏德战争爆发之前，大西北为支持对日作战也起到了很重要的作用。

与此同时，作为后方中心的四川也需要安全的战略屏障，地处北面的陕西是历史上攻击四川最多的地区。据任昭坤、龚自德所著《四川战争史》的粗略统计，在漫长的历史长河中，外来势力攻占四川的战争，除少数几次从东面楚地攻占四川的战争例外，百分之九十以上攻占四川的战争都来自北面的陕西方向，由此可见北面屏障的重要性。

抗战时期“解放区”和“国统区”之间的军事、经济、文化交流都仰仗于这个坚实的北面屏障。陕甘宁“解放区”作为敌后游击战的首脑指挥机关和后方基地，对于夺取抗战最后的胜利做出了巨大的贡献。

陕甘宁边区，地域上包括陕西北部、甘肃东部和宁夏东部的部分区域。东临黄河，北沿长城，西接六盘山脉，南临泾水，下辖23个县，面积约13万平方公里，人口150余万，首府延安。

陕甘宁边区与四川等西南大后方在人文地理学方面格局不同的是，四川因为抗日战争使得内迁的政治、经济、军事、文化机构骤然增加，而延安的政治、经济、军事和文化格局是一个稳定和渐进变化的过程。陕甘宁边区在中共中央和工农红军到达陕北，并迁居延安后，中央机关、边区政府、经济和军事机构就稳定下来。1937年8月，工农红军正式改编为国民革命军第八路军，随即开赴抗日前线。

在文化上，延安先后成立了中国文艺协会、陕甘宁边区文化界救亡协会、陕甘宁边区文艺界抗战联合会、中华戏剧界抗敌协会边区分会、中华全国文艺界抗敌协会延安分会、延安文化俱乐部；此外还有抗战文艺工作团、延安合唱团、延安业余剧团、战歌社、路社、边区诗歌总会、山脉文

学社、鲁迅文艺工作团、大众读物社、大众化问题研究会、延安文艺月会、延安新诗歌会、延安鲁迅研究会、军直文艺室、中央研究院文艺研究室、怀安诗社、延安诗会、延安小说研究室、延安抗敌剧团、陕甘宁边区民众剧团、鲁迅实验剧团、延安烽火剧团、鲁艺平剧团、延安业余杂技团、西北文艺工作团、延安青年大合唱团、鲁艺音乐工作团、延安作曲者协会、延安星期音乐社、鲁艺木刻工作团、鲁艺漫画研究会、鲁艺美术工场、延安大众美术研究会、陕甘宁边区抗敌电影社、延安电影团等等。① 这些文化团体开展了形式多样的文化宣传活动，文化人进行了大量的文艺创作，成果丰硕。刊物杂志如雨后春笋，文艺活动千姿百态，呈现一派欣欣向荣的抗日文化局面。

其中，美术音乐方面，最为人瞩目的鲁迅艺术学院，设立了美术系和音乐系，开设美术理论、画理、作法和木刻研究班等，培养了一大批革命美术人才。1939 年 10 月木刻研究班在延安举办了首次木刻作品展，同时鲁艺成立了漫画研究会，由华君武负责，会员达 40 余人。1938 年 9 月，鲁艺举办“九一八”纪念展览会；1940 年 6 月，鲁艺为庆祝建院两周年举办美术展览；1941 年 1 月，延安文化俱乐部举办了“鲁艺美术工场首次展览会”；1941 年 7 月，鲁艺为声援苏联人民的反法西斯斗争，举办“七月画展”。1941 年 8 月，边区美协举办“1941 年美术展览会”；1942 年 1 月，边区美协又举办“反侵略画展”。1942 年 2 月，延安美协主办讽刺画展。其间连环画、年画、剪纸等民间艺术也得以繁荣发展。音乐方面也是以鲁艺的音乐系为主，贺绿汀为系主任，开设作曲、视唱、指挥、和声等专修课程。1939 年 4 月，陕甘宁边区音乐界救亡协会（简称“边区音协”）与来自大后方的重庆军委会抗敌演剧三队，联合举办了大型音乐晚会；1940 年 7 月“边区音协”隆重举行聂耳逝世五周年纪念会，并创建了一些音乐刊物。音乐家冼星海、贺绿汀、郑律成等在此创作了许多优秀的音乐作品。②

在报纸、期刊、出版等方面，也成就斐然。陕甘宁边区的出版发行大致分为三类：一是既编辑报刊又出版图书的报纸杂志社，如解放日报社、

① 唐正芒：《中国西部抗战文化史》，中共党史出版社 2004 年版，第 87—91 页。

② 参见唐正芒《中国西部抗战文化史》，中共党史出版社 2004 年版，第 183—186，169—170 页。

八路军军政杂志社；二是专门的图书出版发行机构，如解放社、新华书店等；三是兼做编辑出版工作的机关团体学校，如八路军留守兵团政治部、抗日军政大学等。当时在陕甘宁边区发行了约60余种期刊。另外，1941年9月，重庆的生活书店、读书生活社、新知书店三家派人到延安创办了延安华北书店，也出版了40多种图书，其他专营图书的书店还有：光华书店、延安抗战书店、延安文明书局、陕西延安书店、延安陕北书店等；其他出版社还有：延安工人出版社、延安民族解放青年社、延安大同出版社、延安青年出版社①等。

同时中共中央和边区政府还先后创办了大学，如中国抗日军政大学、鲁迅艺术学院（后改称鲁迅艺术文学院）、陕北公学、中央党校、延安民族学院、延安大学等。它们中的许多学生后来成长为抗日战争、解放战争和新中国建设的生力军。

西北地区抗战文化比较典型的是内迁重组的西北联合大学。1937年9月，国民政府教育部令已西迁到西安的北平大学、北平师范大学、天津北洋工学院和北平研究院等院校，设立西安临时大学。不久，成立筹备委员会，指定北平大学校长徐诵明、北平师范大学校长李蒸、北洋工学院院长李书田和教育部特派员陈剑修4人为筹备委员会常务委员。合组后，各校仍保持各自的特点。西安临时大学于1937年11月开学，设6院、23系。由于战局发展，1938年3月，日军侵占山西风陵渡，日机频繁轰炸关中，西安常受敌机侵扰，西安临时大学再迁往汉中。4月初，将校本部设在城固考院小学，在文庙、小西关外、古路坝设分院。1938年4月3日，国民政府教育部令西安临时大学改名为国立西北联合大学。1938年6月，教育部决定撤销西北联合大学，并要求在原来基础上分别成立西北大学、西北师范学院、西北工学院、西北医学院、西北农学院五个独立的、由教育部直接领导的国立院校。② 其他如东北大学内迁西安，在短暂停留后南迁到了四川三台县。由于西北地区临近华北，无险可守，随时都有遭受攻击的危险，所以，整个西北地区的内迁高校和文化机构较少。主要的抗战文化及文化活动发生在以延安为中心的“解放区”。

---

① 唐正芒：《中国西部抗战文化史》，中共党史出版社2004年版，第229、239、240页。

② 余笃信：《西北大学在城固》，汉中市政协文史委编《抗战时期的汉中》，1994年10月。

2. 贵州地理生态和文化概览

在地理上，贵州北面拱卫四川，北部的大娄山，自西向东北斜贯北境，川黔要隘娄山关险峻异常，闻名于世。东接湖南，南靠广西。境内地势西高东低，自中部向北、东、南三面倾斜。境内山脉众多，重峦叠嶂，纵横绵延，山高谷深。贵州地貌可概括分为：高原、山地、丘陵和盆地四种基本类型，以高原山地居多，素有“八山一水一分田”之说，是全国唯一没有平原的省份。

抗战时期，贵州东面的湖南和南面的广西，是长达七年的战略相持阶段的主战场，正面战场的许多著名战役都发生在这两省，由此可见贵州显赫的战略后方地位。历次战役所必需的兵员补充休整，武器弹药的供应，衣食、医药等后勤保障，都需要通过贵州来保障完成。在抗战后期的1944年冬，日军还一度攻击至贵州的独山地区，当时的贵州短时期成为抗击日军的前线。

抗战期间，贵州还是文化交流的重要通道，许多高校和文化机构从湖南、广西等迁入贵州、遵义等地，并转至四川。其间，浙江大学、国立交通大学唐山土木工程学院、国立交通大学北平铁道管理学院、大夏大学、湘雅医学院、军政部南京军医学校、江苏省医政学院、之江大学分校（贵阳）等8所高等院校内迁至贵州。①

作为抗战时期“四大名校”之一的浙江大学，经历了艰难曲折的5次大迁徙，抗战爆发后，浙江大学从杭州迁往浙东建德，又从建德迁到江西的吉安和泰和，再迁至广西宜山，最后在1939年底迁往贵州遵义。学校总部设在遵义，下设有文、理、工、农、师范五个学院。其中理、农、师范学院设在湄潭县。内迁遵义、湄潭的浙江大学有许多著名的科学家：竺可桢、卢鹤绂、王淦昌、贝时璋、束星北、陈建功、苏步青、谈家祯、周厚复、钱令希、李寿恒、罗宗洛、罗登义、朱祖祥、刘之远等。② 其中，著名物理学家卢鹤绂，1939年获明尼苏达大学理学硕士学位，提出扇状磁场对入射的带电粒子有聚焦作用的普适原理，发明新型60度聚焦高强度质谱

---

① 参见张根福《抗战时期的人口迁移：兼论对西部开发的影响》，光明日报出版社2006年版，第90—97页。

② 吴英杰、张钢：《抗日战争时期浙江大学的科学研究》，摘自浙江大学校史研究网，2013年11月20日。

仪，用以大规模分离微克量级的硼10，硼11，并制备同位素靶。由此解决了制造原子弹需用铀235的难题。先后发表了《重原子核内之潜能及其利用》《原子能与原子弹》《从铀分离到原子弹》，1942年（在遵义）预言大规模利用原子能的可能性，随后提出一种估算原子弹及原子堆临界大小的简易方法，因此被国外称为“世上第一位公开揭露原子弹秘密的人”和“中国核能之父”。英国学者李约瑟博士在《自然》杂志撰文称在战乱中迁移到贵州的浙大为“东方剑桥”，说那里“不仅有世界第一流的地理气象学家竺可桢教授，还有世界上第一流的原子能物理学家卢鹤绂、王淦昌教授，他们是中国科学事业发展的希望”。[①]

1937年8月，从北平故宫博物院迁到南京的大批故宫文物，分三批陆续西迁到西南后方；其中第一批文物由故宫博物院马衡院长亲自监护迁离南京，经武汉到长沙，短暂停留后，经桂林、贵阳运至贵州安顺，存入华严洞，并成立故宫博物院安顺办事处。[②] 贵州为中华珍贵文物提供了安全的栖身之地。

同时许多文化名人往来穿梭于重庆、桂林、香港之间，陆上交通必经贵州。抗战时期先后在贵州工作或者到过贵州的文化名人，有著名作家茅盾、叶圣陶、巴金、闻一多、丰子恺、艾芜、萧乾、秦牧、廖沫沙、张恨水、端木蕻良、陈柏吹、李青崖、齐同（高滔）；著名诗人方敬、方殷、周钢明、黄宁婴；著名剧作家田汉、熊佛西；著名电影导演和演员蔡楚生、郑君里、杜国庠、蝴蝶；著名新闻记者和出版家徐铸成、吴郎西、风子；著名画家徐悲鸿、关山月、叶浅予、吴夔；著名音乐家和舞蹈家马思聪、吴晓邦、戴爱莲等，高达数百人之多，[③] 他们的文化活动，极大地增强了贵州人民的抗战意识，直接推动了贵州省的文化事业的发展。

此外，贵州还有不少活跃的抗战文化团队，如中华全国文艺界抗敌协会贵阳分会、贵阳文艺界抗日救国会、中苏文化协会贵州分会、贵阳木刻研究会以及贵州本地的筑光音乐会和沙拓剧社等，广泛开展了丰富多样的

① 唐宁：《薪尽火传——上海一个物理世家的故事》，转自新华网2004年5月12日。

② 台湾《传记文学》第37卷，第4期。转引自唐正芒《中国西部抗战文化史》，中共党史出版社2004年版，第24页。

③ 宋洪宪：《文化名人抗战时期在贵州的活动》，中国政协西南地区文史资料协作会议编《抗战时期西南的文化事业》1990年版，第127页。

抗战文化宣传和文艺演出。同时贵阳和遵义地区，也有许多宣传抗战文化的刊物，如在贵阳出版了《中华评论》《妇女工作》《时事导报》《新时代》《知识》《抗战文艺》等十多种刊物；在遵义出版的如《遵义党务》《遵义青年》《人生与服务》《遵义国民教育》《时代儿童》等，以及浙江大学出版的《浙大学报》《浙大校刊》《思想与时代》等十几种刊物；其中《思想与时代》是西南一带较有影响的人文社科学术性刊物，具有重要的史料价值。[①] 同时，抗战期间，贵州出版了大量的报纸：《贵州日报》《中央日报》（贵阳版）《贵州商报》《南明晚报》《黔灵晚报》《火柴头画报》等几十种报刊。[②] 另外，当时国内著名的出版机构如商务印书馆、中华书局、世界书局、开明书店、生活书店、新知书店和读书出版社等，都在贵阳设有分店；而由贵州实业家华之鸿于1909年创办的文通书局，是与商务、中华、世界、开明、大东、正中齐名的七大书局之一。在抗战中，文通书局出版书籍二百余种，如曹未风译《莎士比亚全集》、马宗荣《新时代社会教育新论》、卢冀野《黔游心影》、张世禄《中国文字学》、萧一山《中国通史》（上）等，皆为畅销之作。[③] 从大类看，涉及文学、史地、天文、数学、理化、建筑、医学、教育等。文通书局在当时的业务蒸蒸日上，出版的书刊，囊括了几乎所有大类，这对于偏僻的贵阳来说，确实是一大文化奇观。

3. 云南地理生态和文化概览

云南是一个高原山区省份，位于青藏高原的南延线。地形一般以沅江谷地和云岭山脉南段的宽谷为界，分为东、西两大地形区。东部为滇东、滇中高原，称云南高原，系云贵高原的组成部分，地形波状起伏，表现为起伏和缓的低山和浑圆丘陵，拥有各种类型的岩溶地形。西部为横断山脉纵谷区，高山深谷相间，相对落差较大，地势险峻。在云南西南部边境地区，地势渐趋和缓，河谷开阔，是云南省主要的热带、亚热带地区。全省整个地势从西北向东南倾斜，江河顺着地势，成扇形分别向“东、东南、南”绵延而去。

① 唐正芒：《中国西部抗战文化史》，中共党史出版社2004年版，第97、98、236页。

② 何静梧：《随抗战而兴旺的贵阳报纸》，中国人民政治协商会议西南地区文史资料协作会议编《抗战时期西南的文化事业》1990年版，第393—394页。

③ 《贵阳文通书局》，《贵州文史资料选粹》（经济社会篇），贵州人民出版社2009年版。

因此，四川南面有如此复杂地形的云南做其天然屏障，尽可以高枕无忧。云南的东面是贵州和广西，直接面对正面主战场。

抗日战争中，华北、上海及长江中下游、广州、香港等相继沦陷，偌大的中国被日军几乎完全封锁，仅留下云南成为国民政府唯一的出入境陆上通道。期间出现了四条国际生命线：一是在抗战初期发挥作用的滇越铁路，这一通道随着越南被日军侵占而被切断；二是滇缅公路，是接受境外物质援助、供应抗战给养的交通生命线，到了 1942 年 5 月，这一通道也随着缅甸被侵占而被切断；其三，为了保障抗日物资的供应，中美两国联手开辟了驼峰航线，这是世界航空史上的“绝唱”，其发挥的作用不亚于滇缅公路；其四，就是中印公路（史迪威公路），这条通道为滇西以及缅北反击发挥了巨大作用。

抗战期间，云南既是后方又是前线。从 1942 年 10 万远征军第一次从云南出征，到 1944 年 5 月中国军队强渡怒江，发动了缅北滇西大反攻，云南由此最先进入反攻战，拉开了全国大反攻的序幕。之后，接连收复腾冲、松山、龙陵等地。1945 年 1 月 27 日在缅甸芒友，中国远征军与中国驻印军队顺利会师，标志着滇西大反攻取得了最后的胜利。

同时，云南也是许多著名高校的迁入地，其中最为著名的当数由北京大学、清华大学和南开大学三校联合成立的西南联合大学（简称西南联大）。其他还有：上海医学院、国立艺术专科学校、同济大学（后搬迁四川宜宾）、中法大学文理学院、中山大学，武昌华中大学、广州协合神学院等。[①] 此外还有中央研究院所属天文、化学、工程、数学 4 个研究所。

抗战爆发后，平津沦陷，国民政府决定国立北京大学、国立清华大学和私立南开大学三校联合，在长沙成立“长沙临时大学”，以北大、清华、南开三校校长：蒋梦麟、梅贻琦、张伯苓与教育部代表杨振声、湖南教育厅长朱经农、湖南大学校长皮宗石六人组成筹备委员会，立即组建临时大学。仅仅上课一学期后，日军南犯，教育部决定于 1938 年 1 月迁往昆明。分两路入滇，于 1938 年 5 月在昆明正式开课。逐渐形成了文、理、工、师范、法商五个学院，26 个学系、两个专修科、一个先修班，在校生约 3000

① 参见张根福《抗战时期的人口迁移：兼论对西部开发的影响》，光明日报出版社 2006 年版，第 90—97 页。

人，是当时院系设置最完整的综合性大学之一。[①]

闻名遐迩的西南联大，学者、大家云集，他们是：叶企孙、陈寅恪、赵元任、吴有训、梁思成、金岳霖、陈省身、王力、朱自清、冯友兰、王竹溪、沈从文、陈岱孙、闻一多、钱穆、钱钟书、吴大猷、周培源、费孝通、华罗庚、朱光潜、赵九章、李楷文、林徽因、吴晗、吴宓、张奚若、潘光旦、卞之琳、李宪之、梅贻琦、张伯苓、蒋梦麟、杨武之、冯景兰、袁复礼、冯至、查良钊、刘文典，穆旦，赵以炳等；著名校友：杨振宁、李政道、朱光亚、邓稼先、汪曾祺、邹承鲁、王希季、陈芳允、郭永怀、屠守锷、吴讷孙、陈忠经、戴传曾、何兆武、李长之、何其芳、吴大观、任继愈、吴庆恒、叶笃正、谢玮、黄昆、王浩杨、凤林景等各领域专家学者，[②] 他们汇成了一道炫目的风景线，共同演绎联大辉煌。联大师生中，担任中央研究院首届院士（1949 年）有 27 人、中国科学院院士 154 人、中国工程院院士 12 人。其中，杨振宁、李政道 2 人获得诺贝尔物理学奖；赵九章、邓稼先等 8 人获得两弹一星功勋奖；黄昆、刘东生、叶笃正、吴征镒 4 位国家最高科学技术奖获得者；宋平、彭佩云、王汉斌等人成为国家领导人。

抗战期间，云南有很多活跃的文化团体，如：中华全国文艺界抗敌协会昆明分会、中华全国戏剧界抗敌协会昆明分会、云南学生抗敌后援会、妇女抗敌后援会、文艺工作者抗敌后援会、西南联大剧社、云南大学时事研究会、西南文化研究会等，还有金马剧社、大棚剧社、国防剧社、儿童剧团，开展了丰富多样的抗日宣传活动。同时，来滇义演的还有剧宣九队、剧宣五队、抗敌剧团、射日剧团、远征剧团、新中国剧社等，还有昆明歌咏团、青友歌咏团、凯旋歌咏团、五月合唱团等等，这些文化团体演出风格多姿多彩，形式活泼，受到了当地民众的热烈欢迎。

抗战前，云南的出版发行业比较冷清和萧条，只有云南官方几家报刊。抗战爆发后，中央通讯社北平分社、南京《朝报》、泰国侨胞的《暹华日报》（后改名《侨光报》）、《中央日报》（昆明版）等相继迁入了一些

---

① 车铭等：《战争烽火中诞生的西南联合大学》，政协西南地区文史资料协作会议编《抗战时期内迁西南的高等院校》，贵州民族出版社 1988 年版，第 1—3 页。

② 车铭等：《战争烽火中诞生的西南联合大学》，政协西南地区文史资料协作会议编《抗战时期内迁西南的高等院校》，贵州民族出版社 1988 年版，根据第 3—44 页整理。

出版发行机构，加上迁入大学和本地新建的机构，创办了大量的期刊、报纸，使云南的出版发行业很快兴盛起来。

战前，云南的工业规模较小，工业结构畸形，工业生产水平低下，尚处在工场手工业阶段。抗战爆发后，昆明作为联系中外唯一国际通道滇缅公路的终点，吸引了大量企业迁址于此，这一时期是昆明近代工业史上第一个“工业黄金时代”。据国民政府经济部的统计，1940 年昆明地区主要的工厂企业已达 80 家，其中兵工行业 6 家，机器行业 11 家，冶炼业 6 家，电器业 7 家，化工业 25 家，纺织业 15 家。当时昆明的工业内迁数量仅次于重庆和川中地区，居西南第三位。厂矿工人也从战前的 2000 多人增加到 3 万多人。① 省会昆明在当时形成了 4 大工业区：茨坝工业区、马街工业区、海口工业区、安宁工业区。当时的中央机器厂造出了第一台我国自己制造的最大的汽轮机、中国第一台 2000 千瓦发电机，第一台最大 500 匹马力发动机，第一台 30—40 吨锅炉，第一家建造出铁合金炉，炼制硅铁、锰铁。第二十二兵工厂也从瑞士威特厂引进经纬仪、测远镜的制造权，并派出人员到国外学习先进的光学仪器制造技术，制造出了中国第一台光学望远镜。②云南是抗战大后方的重要基地。

4. 广西地理生态和文化概览

广西地形地貌属山地丘陵盆地地貌，分中山、低山、丘陵、台地、平原、石山 6 类。广西的地势由西北向东南倾斜。四周多被山地、高原环绕，呈盆地状。盆地边缘多缺口，桂东北、桂东、桂南沿江一带有大片谷地。

广西地理位置优越，南临北部湾，面向东南亚，西南与越南毗邻，东邻粤、港、澳，北连华中，背靠大西南。是西南地区最便捷的出海通道。广西内陆东临广东，北接湖南，西面与贵州、云南相连。在抗战期间，广西的大部分领土都在国民政府军队手中。在太平洋战争后期，美国强大的海空军力量在东南沿海占据优势，使得处于东南亚、云南边境的日军处于孤立无援，面临与日本国失去联系的危险。所以日军发动了基于打通中国大陆交通线的《1 号作战计划》（即豫湘桂会战），试图打通广西交通线，连结华北、华中的日军与东南亚日军的陆上通道。由此可见广西重要的战

①② 昆明市社会科学院：《抗战时期昆明现代工业的发展》，昆明社会科学院网站 2008 年 11 月 26 日。

略地位。

抗日战争中，广西是华北、华东、华中地区南下进入西南大后方的交通要道，许多国家机关、党政部门、军事机构、教育文化机构，都是经由此通道进入云南、贵州、四川地区。在1944年底桂林沦陷之前，大量文化名人来往穿梭于香港、桂林、昆明、贵阳、重庆、成都进行文化交流与文化活动，桂林是最重要的中转站。因此桂林成为当时著名的“文化城”。

抗战期间，亦有一些高校迁入广西。如浙江大学（后再迁贵州）、同济大学（后再迁四川）、武昌华中大学（后再迁云南）、国术体育专科学校、无锡国学专修馆、江苏省立教育学院等。[①] 但由于战局发展较快，敌机频繁轰炸，大部分学校又从广西继续西迁进入更为安全的四川、云南、贵州等地。

抗战时期，广西有许多活跃的文艺团体，包括：中华全国文艺界抗敌协会桂林分会、中华全国戏剧界抗敌协会西南分会、广西建设研究会、中华全国木刻界抗敌协会桂林分会、中华全国漫画家抗敌协会桂林分会等，以及救亡日报社、国际新闻社、文化供应社，还有乐群歌咏团、广西省立艺术馆合唱团、新中国剧社歌咏队、国防艺术社合唱团、桂林音乐界联谊会漓咏合唱团等，抗战期间，先后在桂林活动过的戏剧团队有70多个；如：广西艺术馆话剧实验团、国防艺术社、抗敌宣传队、抗敌演剧队、孩子剧团、新安旅行团、中国救亡剧团、新中国剧社、广州儿童剧团、厦门儿童剧团、旅港剧人剧团[②]等大量的抗日救亡团体，发挥了巨大的抗日文化宣传作用。

作为广西的首府——桂林，是抗战时期著名的文化城，除戏剧活动之外，美术和音乐的艺术活动也十分发达。早在抗战前的1936年，徐悲鸿等美术家先后在广西举办个人美术作品展，并在桂林筹建“桂林美术学院”，1937年又在桂林成立“广西版画研究会”，邀请李桦等艺术家进行木刻讲座。抗战时期，一大批美术家来到桂林，一时间，桂林成为国统区木刻运动的中心。其间许多艺术家创作了影响深远的经典作品，如徐悲鸿的《漓江春雨》《鸡鸣不已》；李桦的《反攻》《生死同心》，黄新波的《他并没

---

① 张根福：《抗战时期的人口迁移：兼论对西部开发的影响》，光明日报出版社2006年版，第90—97页。

② 唐正芒：《中国西部抗战文化史》，中共党史出版社2004年版，第91、92、133页。

有死去》《胜利之夜》《总攻击之夕》《增援》以及长篇木刻连续画《老当益壮》；余所亚的《前线马廋，后方猪肥》等。[①] 其他还有张安治、廖冰兄、周令钊、温涛、阳太阳、徐杰民、龙廷霸的油画、版画、木刻等，刘建庵、赖少其、张在民、杨纳维、蔡迪支等的木刻作品；此外还有李桦、张安治等人在美术理论方面的学术建树。同时举办美术展览，创办美术刊物，开办美术讲座和创作辅导班。抗战期间，桂林共举办各种美术展览近200次；其中规模较大、影响较广的有：1938年12月由国防美术社主持，联合来桂美术界人士举行的“抗战美术展览会”；1939年10月中华全国木刻界抗敌协会举行了“纪念鲁迅三周年木刻展览会”；1940年5月广西省立艺术馆倡导的“战时美展”；1940年10月中华全国木刻界抗敌协会举办了“中国木刻十年纪念展览”；1941年1月中华全国木刻界抗敌协会又举办了“筹建美术工作室画展”；1941年9月在广西省立艺术馆主持下，主办了“广西全省美术作品展览”；1942年2月以中英文化协会名义举办了以“香港的受难”为主题的画展；1943年7月画家黄新波、余所亚合作举办了“夜萤”画展；1944年3月广西美术界为庆祝美术节举行画展等等。其展品丰富，艺术品种多样（木刻、油画、国画、水彩、素描、漫画等），作品的层次高、精品多，具有强烈的时代感和现实感，激发了人民的抗日救亡热潮。此外，还有十几种丰富的美术刊物。同时在桂林还举办了美术讲座和美术创作辅导班，影响较大的有：1938年7月徐悲鸿主办广西全省中学艺术教师讲习班；1940年4月由国民政府军事委员会政治部漫画宣传队与中华全国木刻界抗敌协会联合主办的“漫画与木刻”讲座，黄新波、廖冰兄、温涛、刘建庵、李桦、梁中铭等著名美术家先后主讲。[②]

音乐方面，广西素有“歌海”之称，大部分的音乐团体前面已有介绍，这里简述音乐期刊，有《每月新歌选》《音乐阵线》《新音乐》《音乐与美术》《音乐知识》等。此外还举办了音乐会，如：1938年11月举办“桂林反轰炸歌咏大会”，1940年夏由乐群歌咏团和国防艺术合唱团发起组织了“抗战三周年音乐会”，1941年夏广西音乐界组织了一次千人大合唱等。同时广西音乐工作者很重视民歌的搜集整理，其中，陆平所采集的

① 唐正芒：《中国西部抗战文化史》，中共党史出版社2004年版，第176—177页。
② 参见唐正芒《中国西部抗战文化史》，中共党史出版社2004年版，第179—181页。

《玉林民歌》成就较大，在音乐会、歌咏会上经常可以听到广西民歌，广西民歌已经成为桂林救亡音乐的一部分。①

桂林的报纸、期刊、出版发行机构也十分发达。抗战期间，由外地迁入，以及内迁文化人在桂林创办的出版发行机构共有约180家，出版各类图书约1000种、杂志300种，畅销内地、港澳，并远销至南洋。这些出版机构主要有：《新华日报》桂林营业处、生活书店、新知书店、读书出版社、南方出版社、文化供应社、三户图书社、科学书店、开明书店、读者书店、自虹书店、文体出版社、文献出版社、华华书店、石火出版社、大地出版社、文人出版社、国际新闻社桂林分社、中国青年记者学会桂林分会、战时出版社、中央通讯社桂林分社、西南通讯社、民众通讯社、广西摄影社等。②

抗战时期，广西在文学、戏剧、美术、音乐等方面十分发达，文化名人众多。报刊、图书业等仅次于重庆，广西的文化活动空前繁荣。由于广西地理位置接近战区，大量的文化活动对于直接鼓舞战斗士气、激励民众的抗战热情，有着巨大的影响力。

第三节　四川对抗日战争的贡献

自1932年1月28日上海“一·二八事变”以来，国民政府意识到与日本的全面开战不可避免，就及时调整战略，并着手后方根据地的建设。从1934年底，历经三年时间的全面整顿和苦心经营，实现了向大西南的战略转移。至1937年11月，以四川为中心的大西南已经足以承载全民族的重托；凭借西南四省人民的坚韧牺牲和不懈努力，顽强支撑起了全民族伟大的抗战事业，为抗日战争取得最后胜利做出了巨大贡献。

民族危难之时，长年进行军阀混战的四川军方实力派，毅然决然以民族大义为重，首先通电全国，力主抗战。1937年7月12日，四川省主席刘湘即致电慰问守土杀敌的二十九军全体将士。7月14日，刘湘致电蒋介

---

① 唐正芒：《中国西部抗战文化史》，中共党史出版社2004年版，第165—167页。

② 同上，第241、221页。

石对国事痛陈厉害，请早定抗敌大计。并通电全国，强调和平已到绝望，抵抗不容稍缓；战则犹有生机，不战亡可立待。呼吁各省将领急起抗战。①而蒋介石发表庐山抗战讲话，强调“地无分南北，年无分老幼，无论何人，皆有守土抗战之责任”已是1937年7月17日。时间上，刘湘的决心和行动在前。不仅在口头、文字上，刘湘行动迅速，于7月23日就召集川军各军长商议整军抗敌，各军长表示，愿在刘主席领导下，一致行动。②1937年8月，刘湘飞赴南京参加国防会议，慷慨陈词近两小时：“抗战，四川可出兵30万，供给壮丁500万，供给粮食若干万石！”会后，共产党代表周恩来、朱德、叶剑英亲临刘湘寓所访问，赞誉他积极抗战的决心。1937年10月15日，刘湘被任命为第七战区司令长官，兼任第23集团军总司令。③

1937年11月国民政府发表迁都公告后，刘湘以四川省政府名义全力支持，发表电文如下：“国民政府林主席钧鉴：顷读我政府宣言，知为适应战况，统筹全局，长期抗战起见，移驻重庆。有此坚决之表示，益昭抗敌之精神，复兴既得根据，胜算终自我操。不特可待国际之同情，抑且愈励川民之忠爱。欣诵之余，谨率七千万人，翘首欢迎，伏乞睿鉴。职刘湘叩。”④ 电文明确表示支持政府坚持抗战和迁都重庆。11月26日下午四时，林森率政府官员抵达重庆，10万川人夹道欢迎。而此时刘湘、邓锡侯、李家钰、唐式遵、杨森等川军主要将领正在率部奔赴抗日前线的途中。刘湘亲率300万川军，穿一双草鞋、扛一支“老套筒”，带着巴蜀父老的重托，走向生死未卜的前线。行前，好友劝多病的刘湘不必亲征，留在四川。刘湘说：“过去打了多年内战，脸面上不甚光彩，今天为国效命，如何可以在后方苟安！”⑤ 中央政府进川与川军出川奔赴前线，发生在同一时间的强烈对比，体现了四川人民的大义和胸怀！千秋功业，可载史册！

带病出征的刘湘，在抗战前线病发吐血。1938年1月20日，刘湘去世，年仅48岁。死前留有遗嘱：“抗战到底，始终不渝，即敌军一日不退

①② 成都政协文史办公室：《抗战八年成都纪事》，政协成都文史委编《成都文史资料选辑》（总第11辑），1985年，第7页。

③ 张老侃：《军阀刘湘的多面人生》，《重庆晚报》，2010年2月1日。

④ 四川省档案馆编：《川魂—四川抗战档案史料选编》，西南交通大学出版社2005年版，第386、387页。

⑤ 张老侃：《军阀刘湘的多面人生》，《重庆晚报》，2010年2月1日。

出国境，川军则一日誓不还乡！”此遗嘱，很长一段时间里在前线川军每天升旗时，官兵必同声诵读一遍，以示抗战到底的决心！[①] 纵横疆场20多年的刘湘，在四川拥有重兵达30万之众，如果不承诺亲自带兵出川，国民政府岂敢放心迁都重庆！而离开四川意味着“虎落平阳”，实乃兵家大忌，带兵20多年的刘湘不可能不知！由此更见晚年的刘湘以国家、民族大义为重！

抗日战争期间，四川共计出兵340万人。抗战八年，四川征募兵员260多万人，其他各种渠道征兵40万人，征兵数量占全国的20%以上，有“无川不成军”之说。川军在抗战中伤亡达64.6万余人，约占国民政府军伤亡人数的20%。[②] 川军将士以草鞋单衣、劣势装备、血肉之躯，浴血奋战，为国家民族立下了不朽的功勋。

八年抗战国民政府财政总支出为14640亿元（法币），四川负担了4400亿元（法币），占30%以上。其间，在抗战最困难的时期，四川承担了国民政府50%的财政支出。[③] 这期间，四川汇集了全国半数以上的金融机构和银行网点。为了保证抗日军粮的供应，四川人民节衣缩食，缴纳沉重的田赋。从1941年至1945年，共征收谷物8408万石，占全国征收谷物总量的三分之一以上。[④]四川各地的工厂（四川接纳了全国半数以上的内迁工厂），加紧生产，为抗日前线提供了大量的武器弹药、盐、糖、服装等各种物质（其中抗战后期全国16家兵工厂中四川占12家，盐产量占全国的40%左右[⑤]）。同时，四川各地还开展了声势浩大的捐献活动（献金运动），为抗战捐钱、捐衣、捐飞机。

为了保障抗战运输通畅，四川动员250万民工抢修川陕、川黔、川滇、川湘四条公路干线，民工们用錾子、锄头、扁担等简陋工具开山劈岭，挖土运石，昼夜赶修，付出了十分艰辛的劳动，在1940年开通了这四条公路干线。抗战期间，四川新建扩建空军基地33处，也动用了大量民工。1943年12月，为了紧急修建和扩建新津、邛崃、彭山、广汉4个战略轰炸机机场和5个驱逐机机场，四川动员了29个县50余万民工。经过半年的艰苦

---

① 张老侃：《军阀刘湘的多面人生》，《重庆晚报》，2010年2月1日。

② 四川省档案馆编：《川魂—四川抗战档案史料选编》，西南交通大学出版社2005年版，第2页。

③④ 同上，第3页。

⑤ 李仕根主编：《四川抗战档案研究》，西南交通大学出版社2005年版，第1、140页。

努力，完成了修建任务。①

八年间，日军出动了飞机7380架次，对四川66个市县进行了累积321天的战略轰炸和扫射，投下的炸弹超过26826枚。被炸伤26000余人，炸死22500余人；被炸毁的房屋23.32万间，至少损失1501亿元法币。②

八年间，四川人民敞开胸怀，先后接纳了国民政府和国民党中央机关近60个，各级公务员约5千人；迁川工矿企业约700家（占全国内迁工厂的半数以上），技术工人1万多人；迁川高等院校48所，师生2万多人，③还有许多中等学校以及没有详细统计数据的庞大的难民队伍。

抗日战争期间，四川铸就了许多气壮山河的奇迹。

1938年秋，武汉失守前夕，大量后撤重庆的人员和迁川工厂物资近10万吨，屯集宜昌无法运走，不断遭到日机轰炸。卢作孚的民生公司集中全部船只和大部分业务人员，采取分段运输，昼夜兼程抢运，不顾日机狂轰滥炸，经过40天的奋战，终于在宜昌失陷前，将全部屯集的人员和物资抢运到了四川。从而保存了中国民族工业的命脉。亲历了宜昌大撤退的晏阳初说："这是中国实业史上的敦刻尔克，在中外战争史上，这样的撤退只此一例。"④

卢作孚还在重庆北碚创建了中国最大的民办综合性科研机构——中国西部科学院，并对川康为重点的西部地区开展了一系列生物、理化、农林、地质的调查研究，取得令世人瞩目的成就。抗战爆发后，由于卢作孚和中国西部科学院的影响和鼎力帮助，一大批东部地区的科研学术机构和科学工作者内迁北碚。曾在北碚生活和工作过的著名科学家60多位，其中成为中央研究院和中国科学院院士的有40位之多。中国科学文化的国脉和精华得以保存和延续，北碚也因此成为战时中国的科技文化中心，中国西部科学院成为大后方科技事业的"诺亚方舟"而永载史册。⑤

---

① 四川省档案馆编：《川魂—四川抗战档案史料选编》，西南交通大学出版社2005年版，第3页。

② 同上，第15—16页。

③ 同上，第388页。

④ 朱福胜：《中国抗战史上的"郭刻尔克大撤退"卢作孚与民生公司"抢运"了中国民族工业的命脉》，《工会信息》，2014年第26期。

⑤ 潘洵、彭星霖：《抗战时期大后方科技事业的"诺亚方舟"——中国西部科学院与大后方北碚科技文化中心的形成》，《西南大学学报（社会科学版）》2007年第6期。

抗日战争爆发后，随着战争形势的发展，日本占领了越来越多的中国领土，同时对其所占领地区的中国文化进行野蛮的摧残破坏。在这种情况下，为了保存中华民族文化精华，大批高等院校，文化机构团体，文物图书以及文化名人，从东部沦陷区向西南地区转移，内迁文化人与四川当地文化人团结联合，共同创造了对抗战起推动作用的繁荣的四川抗战文化。

伴随着国家政治、经济、文化教育重心的西移，以四川为中心的西南大后方从文化边缘走向文化中心，抗日救亡的特殊历史环境使大后方文化发展呈现出更大的包容性和文化的互动性，大后方抗战文化发展和保护了中华民族共有的“精神家园”，培养了一大批人才，为大后方播下了文化种子，有力地推动了大后方文化教育事业的发展和人口素质的提高，极大地促进了大后方经济发展和社会进步。

对于四川人民的抗战贡献，1945 年的《新华日报》社论做了如是评价：“在八年抗战之中，这个历史上最大规模的民族战争之大后方的主要基地，就是四川。自武汉失守以后，四川成了正面战场的政治军事财政经济的中心。随着正面战线内移的军民同胞，大半居于斯、食于斯、吃苦于斯、发财也于斯。现在抗战结束了，我们想到四川人民，真不能不由衷的表示感激。四川人民对于正面战场，是尽了最大最重要的责任的。直到抗战终止，四川的征兵额达到三百零二万五千多人；四川为完成特种工程，服工役的人民总数在三百万人以上；粮食是抗战中主要的物质条件之一，而四川供给的粮食，征粮购粮借粮总额在八千万石以上，历年来四川贡献于抗战的粮食占全国征粮总额的三分之一，而后征借亦自四川始。此外各种捐税捐献，其最大的一部分也是四川人民所负担。仅从这些简略统计，就可以知道四川人民对于正面战场送出了多少血肉，多少血汗，多少血泪！……四川人民的热血洒遍了整个正面战场，滇西缅北之役，更把四川男儿的大量头颅抛掷到国境之外。……现在抗战结束了，全国规模的复员虽还在开始，但是我们对这个为正面战场出了最多力量的四川人民，决不能忘恩负义，无所报答。”①

① 《感谢四川人民——重庆〈新华日报〉社论》（1945 年 10 月 8 日），四川省档案馆编《川魂—四川抗战档案史料选编》，西南交通大学出版社 2005 年版，第 455 页。

第二章　抗战时期四川文化区形成的空间移动分析

根据杨义的观点，区域文化研究是文化地理学研究的基础。区域文化（即文化区）的形成，往往是由多种因素共同合力的结果。既有政治区划的原因，也有自然地理环境的原因，还有民族风俗、习性、信仰等原因，也还有诸如战争等强大的外力因素。抗战时期，四川文化中心区域的形成就是因为日寇的强力入侵造成的，但仍然还有政治因素、地理环境、风俗、民性、信仰的作用。而从地理与文化“二者互动出发，就有空间转移和流动的问题”。[①] 在抗战的特殊背景下，这种“空间转移和流动”正是形成四川区域文化中心地位的另一个重要原因。

抗战突然在中国发达的北方及东部沿海地区展开，国家原有的政治、经济、军事、文化中心遭受毁灭性打击。危急情势之下，国家重心全线西移，主要的政治、经济、军事、文化首脑机关从东部南京等地迁移至四川重庆。重庆成为战时陪都。随后，其他国家机关、文教机构、民间团体也纷纷西迁，来到重庆及其邻近的西南地区。由此看到，战争和政治因素起了关键性作用。而选择四川、重庆恰恰又是因为四川独一无二的地理环境优势。

在自然地理方面，群山环抱的四川盆地，自成一体，易守难攻，从盆地东面的长江进入雄伟的夔门关，就如同进入了安全闸门一样。当时宜昌“敦刻尔克”大撤退（为加快转运速度），就是通过分段完成：先进入夔门关安全区，渐次卸下人员、物质，再返回宜昌转运。盆地内物产丰富，粮食丰盈，可以应对大量的人口迁徙和前线将士的衣食。

在人文地理方面，“空间的移动”首先要依托水、陆、空各类“路径”。四川号称“千水之省”，有大小河流 1400 多条，境内水路发达。抗

① 杨义：《文学地理学会通》，中国社会科学出版社 2013 年版，第 15 页。

战时期，大多数内迁机构都是沿江河迁徙。陆路有川黔、川陕、川湘、川滇公路与省外连接，省内有成渝、成乐、川康、内乐、乐西、西祥等公路相通，又紧急抢建了十几座机场。这些成为连通省内外，以及四川直接进出印度、缅甸的国际通道。其次，是四川有5300万人口，位居全国第一，比西北五省的人口总和多一倍以上。众多的人口对于发展战时经济、补充兵力、战备物质生产等方面有着巨大的优势。

因此，战争、政治格局、地理环境是决定抗战时期四川区域文化中心形成的主要因素。所以，本课题“四川抗战文化地理学”实为抗战文化研究的“应有之义”。

在四川盆地内，由于自然地理环境、政治区划、交通、民风民情等因素，形成了相对独立的区域文化群，主要分为川东重庆、川西成都和川中“中轴线”① 三大区域。在三大区域中，又以水路交通、成渝公路为主要分布特征的文化副区，做更深入全面的研究。

众所周知，抗战前的国民政府时期，政治、经济、军事、文化中心主要分布在平津、沪宁、广东等东南沿海地区。其中文化中心主要集中于平、津、沪、宁地区，全国大部分的高等院校、中央文化机构、科研机构等都集中在这些地区。抗战爆发后，日本的军事战略也清晰地针对这个集中的区域：一路发动“七七事变”，沿平汉铁路、津浦铁路南下推进；一路策划“八一三事变”进犯上海，沿长江流域向西挺进。两路进攻直接汇合于武汉三镇。以此，中华文化累世积攒的文化根基顷刻间将遭遇灭顶之灾。值此民族生死存亡之际，为了挽救和保存中华文化，史无前例的大迁徙正是不二之选。而迁徙就面临着重新布局和整合，是原有文化中心的迁移，与新的文化中心的建立。在战争这个特殊的突发背景下，实际情况纷繁复杂，不是少数决策者可以短时间定夺的，也无法预先从容布局和安排。最后的实际结果取决于许多不可预知的多重因素，现实选择便是最优的选择。抗战中少数留守在原地如北平、上海的一些高校和文化机构，随着太平洋战争的爆发，一切努力都化作泡影。留守的文化机构要么沦为伪政府的服务工具，要么被强制解散。战争所导致的中国文化区的重新布局不可逆转。

① 四川中部的南充、遂宁、内江、自贡、宜宾呈现“中轴线”分布，后文有详述。

全面抗战爆发后，各种工作千头万绪，各种争论此起彼伏，文化大迁徙之路注定充满坎坷和艰辛。政府除了为少数几个重点文化单位做了一定的安排之外，对于绝大多数的文化机构，没有也不可能有一个统一的方案和意见，比如，迁徙目的地、迁徙路线、到达后的统一布局等等。大都是各文化机构自寻门路。因此，新的文化区就只能在大迁徙中重新“自由组合”。本章对于抗战期间众多文化机构的空间移动路径进行具体分析，从各自的迁徙中找到形成新的文化区的地理路径，探讨汇聚成中心文化区（或者文化副区）的文化地理学成因。

第一节　抗战时期文化迁徙的地理分析

中国地域辽阔，民族众多，由于广阔的地理空间和地形地貌的差异，导致东西部地区的经济发展很不平衡，加上长久的历史原因和各地方军阀混战，民国时期，这种差距继续扩大。先期结束军阀混战的华东、华中、华南、华北地区统一到国民政府旗下，休养生息，恢复经济建设。同时西方文化从沿海开放地区传入，使得这些地区也出现了文化的繁荣发展。因此国民政府时期，政治、经济、军事、文化中心完全集中在狭长的东部沿海地带。

一、抗战时期的中国地理概况

中国地势西高东低，山地、高原和丘陵约占陆地面积的67%，盆地和平原约占陆地面积的33%。山脉多呈东西和东北—西南走向。西部有世界上最高大的青藏高原，平均海拔 4000 米以上，素有“世界屋脊”之称，为中国地势的第一级阶梯。而内蒙古、新疆地区、黄土高原、四川盆地和云贵高原，平均海拔 1000—2000 米，是为第二级阶梯。大兴安岭—太行山—巫山—武陵山—雪峰山一线以东至海岸线多为平原和丘陵，是为第三级阶梯。此阶梯地势下降到 500 米至 1000 米以下，自北向南分布着东北平原、华北平原、长江中下游平原，平原的边缘镶嵌着低山和丘陵。由海岸线以东以南的大陆架浅海区，是第四级阶梯，水深大都不足200米。①

从地理上，第二级阶梯大多为抗战时期的大后方地区。第三级阶梯是民国时期的中心区域，其中大部分区域也是抗战时期的沦陷区。第三级阶梯，地形多为盆地、平原。抗战前期，从北向南，第三级阶梯依次包括：东北平原覆盖的黑龙江、吉林、辽宁、热河的东北四省；以华北平原为中心的华北地区：北平、天津、青岛三个院辖市，河北、山东、河南、山西，以及威海卫行政区；长江中下游平原地区：江苏、浙江、安徽、江西、湖北、湖南，以及上海、南京、汉口三个院辖市；华南地区：福建、广东、广西。这些地区人口稠密，经济发达，交通便利；尤其是六个院辖市：北平、天津、青岛、上海、南京、汉口，是当时的政治、经济、文化中心。他们全部集中分布在华北和华东地区，地区集中，投入产出效率高，便于发展经济。所以民国时期，也有过一段经济快速发展的阶段。对于战前中国国力的区域发展差异，可从中国地理学家胡焕庸②的研究中得到佐证。胡焕庸在1935年提出了划分我国人口密度的对比线，称为“瑷珲—腾冲一线”。即从黑龙江省瑷珲到云南省腾冲，大致为倾斜45度的一条基本直线。直线东南占36%的土地供养了全国96%的人口；直线西北占64%的土地仅供养4%的人口。二者平均人口密度比为42.6∶1。③

国民政府在1937年抗战前，经历了两个时期：一是1912—1928年的北京（北洋）政府时期；二是1928—1937年的南京政府时期。南京政府初期遭遇了极大的困难，除了财政方面收入少支出大，在政治层面，国民政府实际上只掌握长江下游的江苏、浙江几省，其他省表面上服从中央，收入却不上交。占总收入百分之八九十以上的关、盐、统三大税收，也因晚清及北洋（北京）政府向外举债而早被当作抵押而无力收回。此时，全国不少地方都没有统一，军阀内战频繁，导致军费开支庞大。加之基础设施投入低下，灾荒不断。可以说，20世纪30年代以前的国民政府处境艰难。

20世纪30年代，是中国由军阀割据局面逐步走向实质统一的阶段。国民政府在20世纪30年代才逐步获得世界大国如英国、美国、西班牙、

---

① 中华人民共和国年鉴/新华社：《中国地理概况》，中国政府门户网站。

② 1901—1998，江苏宜兴人，我国近代人文地理学、自然地理学重要奠基人，人口地理学创始人。

③ 金祖孟：《胡焕庸—中国人口地理学的创始人》，光明网2006年12月6日。

德国、法国、日本等国的承认，真正成为中国唯一合法政府。1928—1937年，国民政府在政治、军事、外交、工农业、金融、基建、文化教育、边疆民族政策等施政各方面皆取得了一定成就，整体环境为1840年以来中国较高水平。社会经济状况也呈现蓬勃发展的趋势，中国工农业产值达到了自民国创建以来的最高水平。电讯、邮政快速成长，铁路、公路、水路、民航空运在这十年间也获得了较快发展。

在文化方面，出现了许多各领域的重要人物，涌现了一批杰出的学者与学术大家。20世纪30年代，学界引发了全盘西化与中国本位文化之间的文化论战，也因此形成了关于中国文化建设路向的思考。1928年成立的中央研究院为国民政府最高科学研究机关。研究领域广涉数学、天文学与气象学、物理学、化学、地质与地理学、生物科学、人类学与考古学、社会科学、工程学、农林学、医学等学科。由于当时强调物质建设，在地质学、生物学、物理学、化学等实用学科领域相对发展较快。教育方面，1928年，国民政府大学院召集第一次全国教育会议，通过了《整理中华民国学校系统案》，决议厉行国民义务教育计划。到1936年全国共有专科以上的学校108所，其中，大学42所，独立学院36所，专科学校32所。共有272个学院，1095个系，在校生41922人。① 但直至抗战爆发，国民义务教育计划都并未推行。新闻出版方面，创立中央广播电台，中央通讯社等，东部省份的报纸、杂志较为发达，数量都在千家以上。

由于历史的原因及经济发展的不平衡，各地区间的文化差异甚大。民国时期，平、津及山东等华北地区传承深厚的传统文化底蕴，同时接纳西方外来文化。沪宁长三角地区也是文化发达之地，且租界林立，西洋文化长驱直入，与传统文化彼此互动交融。因此，平津、沪宁成为了当时中国文化最发达的两个地区。

事物都有两面性，在特殊背景下，优势有时也成了劣势。第三级阶梯所覆盖的盆地、平原地区，虽然便于集中发展经济，但却极易遭到攻击。一旦外敌入侵，可以长驱直入，无险可守。而且一旦原有的政治、经济、文化中心遭到打击，对国家元气损伤很大，短时期内很快就陷入被动的局

① 参见侯德础《抗日战争时期中国高校内迁史略》，四川教育出版社2001年版，第32—46页。

面。1937年抗日战争的全面爆发，使得国民政府在十几年间苦心经营的中国现代化的初步成效化为泡影，所有建设成果几乎毁于一旦。

二、文化迁徙的成因

1946年11月，中国代表团在巴黎召开的联合国教科文组织第一届大会上递交的报告书中指出："抗战八年间，我国教育文化，曾受敌人之重大摧残。日人认为各级学校均为反日集团，所有智识青年，均系危险分子。为欲达到其长期统治中国之目的，故极力奴化我青年之思想，摧残我教育及文化机关，欲以消灭我固有之文化。因此之故，战时我国教育文化之损失，乃至是惊人。"①

日本正是基于以上的战略目的，日军在东北、华北、华中、华南广大的占领区，疯狂地以野蛮的武力手段对中国的大中学校、科研机构、图书馆、博物馆、出版发行机构等文化设施进行轰炸、纵火、抢掠、杀害，极尽摧残破坏之能，实行了惨绝人寰的毁灭性打击。且对于搬迁到西南大后方的文化机构亦步亦趋，实施狂轰滥炸，给中华民族的文化教育事业和中华文明带来深重的灾难，造成了不可估量的损失。

战前的文化机构设置和地区分布主要位于京津、东南沿线，而战时又直接遭受到毁灭性的打击。因此，日本对中国实施军事侵略及文化毁灭战略是导致文化迁徙的首要原因。仅以高校为例，在1936—1937学年我国共有108所高校，其中有42所综合性大学（国立13所、省市立9所、私立20所），36所独立学院（国立5所、省市立9所、私立22所），30所专科学校（国立8所、省市立11所、私立11所）。拥有教职员工11850人，在校生41922人，应届毕业生9154人，共有师生约5.4万人。② 从地区分布来看，多数集中在东部沿海的沪、宁、杭与平、津等几个主要城市，以及若干通商口岸、富饶地区。在108所高校中，仅北平、天津、上海三市就占50所，在校学生人数则占全国总数约三分之二。抗战期间，中国108所

① 《一九三七年以来之中国教育》，国民政府教育部档案卷号五（1695），中国第二历史档案馆藏。转引自唐正芒《中国西部抗战文化史》，中共党史出版社2004年版，第8—9页。

② 参见侯德础《抗日战争时期中国高校内迁史略》，四川教育出版社2001年版，第30—31页。

高校中，有91所遭受到敌人破坏。[①]

正是在日军这样疯狂行为的逼迫下，为了躲避灾难，为了保存中华民族的文化血脉，中国的高等院校和文化科研机构踏上了悲壮的文化迁徙之路。仅以高校为例，魏宏远教授在论文中引用《申报》1939年6月1日的报道："全国未迁移的高校仅10余所，即四川大学、重庆大学、四川教育学院、华西协和大学、云南大学、广西大学、甘肃学院、新疆学院、湖南群治农商专科学校。"[②] 而其中的四川大学后来因为躲避轰炸而搬迁到了峨眉，广西大学也因为豫湘桂战役大溃败而搬迁至贵州榕江。实际没有发生迁徙的学校仅余8所。这样，在战前全部108所高校中，百分之九十以上的高校实施了搬迁，这是在第二次世界大战中，任何国家、任何民族所没有遭遇的文化劫难。简言之，日军的文化毁灭战略和战前文化机构的地理分布，是造成文化大迁徙的两大直接原因。从战争前线往相对安全的大后方迁徙，是保存民族文化血脉最有效的方式。

三、文化迁徙的方式和阶段划分

抗日战争期间，社会各阶层内迁大后方采取的方式各自不同，这也是各阶层所担负的使命不同所致。首先，是国家首脑机关必须尽快找到安全之地，快速安定下来，以稳定军心、民心。所以，在1937年11月20日，国民政府通告全国迁都重庆，并宣布把西南作为抗战的后方基地。11月底，国民政府主席林森率文官处、参军处、主计处等首批人员抵达重庆。随后党、政、军、国家机关工作人员，采取集中统一的优先安排，乘坐最为方便、快捷、安全的交通工具，以飞机、轮船、汽车为主，从空中直飞重庆；从水路长江沿线西进到达重庆；以及少量人员乘坐汽车南下，经长沙、贵阳辗转到达重庆。

最为艰辛的是普通民众的迁移，绝大部分都是步行逃难，少数借牲畜拉车，扶老携幼，举家长途跋涉，且没有明确的目的地，大多是随遇而安，"驿站式"（一站接一站往下走）迁徙。除了极少量的政府救济外，绝大部分民众逃难都靠自力更生、自寻活路。

---

① 参见侯德础《抗日战争时期中国高校内迁史略》，四川教育出版社2001年版，第32—46页。

② 魏宏远：《抗战时期高等学校的内迁》，《档案史料与研究》，1994年第4期。转引自侯得础《抗日战争时期中国高校内迁史略》，四川教育出版社2001年版，第71页。

文化迁徙的方式介于前面两者之间。首先，绝大多数的文化、教育机构和文化人的迁徙，都有明确的目的地，且随着战场局势的发展和战局的推进而逐次向大后方迁徙。战争前期主要依托于华中地区迁徙，战争中、后期主要是迁往四川为中心的西南地区。其次，文化、教育机构在迁徙方式上差别较大，有中央大学沿长江水路西进，也有西南联大乘坐海船到越南，从越南乘火车到云南等等。乘坐轮船、汽车、火车是战时较为幸运的迁徙方式。许多高校师生和文化机构人员不得不以步行为主，其中或统一行动，或随难民逃难的三三两两，或茕茕独行。

总的来说，文化教育机构的迁徙方式几乎涵盖了官方和难民迁徙的所有方式，其迁徙工具的飞机、轮船、汽车、牲畜车、步行等一应俱全，其方式既有统一的集中迁徙，也有三三两两结伴同行，还有独自一人的漂泊他乡。

就文化迁徙的时间跨度来说，从 1937 年到 1945 年初的八年抗战时期，随战场局势的演变而不断迁徙，几乎未曾间断。但与正面战场的三个阶段划分（本书前面有描述）略有不同的是，太平洋战争对文化迁徙的影响作用不太明显。因为太平洋战争在中国主要影响的是北平、上海狭小的“租界区”和香港地区。以高校为例，太平洋战争导致迁徙的高校有：上海的沪江大学、国立交通大学、私立立信会计专科学校、上海法学院、之江文理学院、东吴大学、上海法政学院、私立正风文学院等 8 所，北京的私立中法大学、燕京大学 2 所，以及香港的私立华侨工商学院，共 11 所学校。①

而国内的一场大战役，比如武汉会战、豫湘桂会战、长沙会战等，其战役影响的地域广度，以及战局影响所及区域的文化教育机构及其迁徙的数量而言，都与太平洋战争的影响力大致相当。比如 1944 年的豫湘桂大会战，导致的高校迁徙数量有 26 所之多。② 如是说来，太平洋战争不适宜作为文化迁徙阶段划分的重大时间节点来对待。

因此，本书在文化迁徙的阶段划分上，采取两个阶段的划分方式：

第一阶段：从 1937 年 7 月至 1938 年 10 月底武汉、广州失守。这是文

---

① 参见侯德础《抗日战争时期中国高校内迁史略》，四川教育出版社 2001 年版，第 66—68 页。

② 徐国利：《关于“抗战时期高校内迁”的几个问题》，《抗日战争研究》1998 年第 2 期。

化机构最集中迁徙的一个时期，大部分的文化机构迁徙都发生在这一时期。这个阶段文化迁徙的特点是：文化教育机构和文化人的迁徙时间较为集中，机构数量和人员众多，也多是首次迁徙和长距离跨区域的空间移动。这是因为抗战初期的战场局势变化迅急，日军进攻猛烈，广大的华北、华东、华中领土被迅速占领，短时间内需要迁移的文化机构和人员众多，形成了迅速大范围的集中迁移，且是接连不断的长距离的一步到位或分步到位，途经多地，辗转迁徙至西北或西南后方。

第二阶段：从 1938 年 10 月底到 1945 年抗战胜利。在广大的华中、华南地区的战略相持阶段，每一次较大的战役都伴随着该地区文化教育机构和文化人的空间移动（以及民众的迁移），战役不断，迁徙不止。这个阶段的文化迁徙是一个分散的、漫长的过程，而且空间移动的距离相对较短，主要以省内迁徙或者向邻省迁徙为主。同时，也是部分文化机构因交战区域的变化，发生的再次迁移，甚至是反复多次的迁移。其原因在于，武汉、广州失守后，战场局势进入战略相持阶段，中日双方在广大的华中、华南地区展开了拉锯战，而战场所及的地区才会出现文化迁徙，相对的后方（前方、后方因交战区域变化而变化）暂时“安全”，所以文化迁徙是分散的、频繁的。又因为战略相持阶段持续了长达 7 年时间，文化迁徙的过程也相对漫长。而且这一阶段的战场主要在湖南、湖北、广西等地，邻近大后方的西南，所以迁徙的距离相对较短。

四、文化迁徙的空间特征和路径概述

类比人口地理学上的“胡焕庸线”之说，本书也清晰地提出抗日战争时期具有重大战略意义的两条分界线：一是“东西分界线”（即太原—武汉—桂林一线）；二是“南北分界线”（即长江流域线）。这里不是传统地理分界线的含义，而是基于抗战期间重大战役、重大历史事件、重大的战略转移等相关事件的重要程度来定义的“分界线”。

“东西分界线”是指从太原、郑州、武汉、长沙、桂林至南宁划一条曲线。可以清晰地看到，这条线路本身集中了抗战期间许多重大战役，承担当时南北重大战略转移的重任。同时这条线基本与中国版图的东部海岸线在曲线上大致平行。这条曲线的东面是国民政府政治、军事、经济、文化的核心地带，而西面则是较为落后的西北和西南地区。同时在抗战期间，“曲线”的东面大都是被日军占领的“沦陷区”，而西面则绝大部分是中国人所掌控的“解放区”和“国统区”。

“南北分界线”就是中国的母亲河——长江。在长江沿线，集中了上海、南京、武汉以及陪都重庆等重要城市，也是国民政府的政治、军事、经济、文化中心带。抗战时期，南北两面也是“泾渭分明”，长江北面的东北地区已经沦入敌手，北平是日军首先发动“七七事变”的地方。几乎在同一个战略时段，日军发动了侵占上海的“八一三”事件。日军兵分两路，一路从北向南，一路由东向西，两路推进，尽管正面战场的国民政府军队曾殊死抗击日军，然而“南北分界线”以北、“东西分界线”以东地区在战争第一阶段就已全部沦陷。长江以南是战略相持阶段的核心区域，绝大多数著名战役都发生在长江南北两岸。

因此，上述“两条线”成为整个抗战期间最重要的“地理标志”：一是“东西分界线”以西绝大部分都是“解放区”和“国统区”；二是“东西分界线”以东、“南北分界线”以北，绝大部分地域都是“沦陷区”；三是“东西分界线”以东、“南北分界线”以南，是中日双方尚可平分秋色的“相持区”。

决定文化迁徙路径的核心因素有两个：一是战前文化中心区域的分布情况；二是日军的战略进攻方向。尤其是战争的第一阶段，整个战局都被日本控制，且随日本方面的战略意图推进。

先略述战前文化中心区域的分布情况。1937 年前，中国的文化教育机构主要分布在北平、天津、上海、南京、广州等东部沿海地区，迁徙的目的地主要分布在偏远的西北、西南地区。加之当时中国国力较弱，经济落后，交通发展极不平衡，东部地区交通较为发达，铁路、公路以及内河运输远胜西部地区。而广袤的西部地区其交通却相当落后，仅有少量的铁路、公路，水路运输也以小船为主。从沿海到西南则是一段较为漫长的旅程，在东部尚可使用便利的交通工具，到了西南地区，只有简陋的交通工具，甚至有相当多以步代车的长途跋涉。

再看看日军的战略意图。在战争第一阶段，日军分两路攻击，既迅速占领中国发达的战略要地，又两路夹击中国军队，企图在战争初期就有效消灭中国军队，其狼子野心的侵略意图昭然若揭，所以“七七事变”日军占领北平后，随即沿着同蒲路、平汉路和津浦路南下，与此同时，东面从上海沿长江西进，攻击占领首都南京，并继续西进。这样，“东西分界线”以东，“南北分界线”以北广大地区和中国军队很快就处于包围之中，这个包围圈的交汇点便是武汉！所以武汉会战成了决定初期战略目标成败的关键。而实际战略态势的发展都照着日本方面的战略部署在进行。无疑，武汉会战成了正面战场第一阶段最为关键的一次大战。国民政府军队英勇作战、顽强抗敌，抵御了日军凶猛的正面进攻，同时，八路军、游击队在敌后展开行之有效的游击战，为国民政府和普通民众的战略撤退赢得了宝贵的时间，也因此保存了中华民族的文化命脉！

抗战时期的文化大迁徙，由于路途遥远，加上西南地区的交通落后，以及日军快速的两路战略推进，呈现出“驿站式”迁徙的特征。迁徙的主要路径与日军的两条进攻路线近乎重合。在这种分段的驿站式迁徙中，有着非常明显的“枢纽中心站”，武汉、长沙、桂林便是其中最重要的“枢纽”驿站。在迁徙过程中，武汉曾在短时期内一度成为国家的政治、军事、文化中心，桂林也在一段时间里成了著名的“文化城”。

“驿站式”迁徙，实际是一种分段式迁徙。先从原地出发到达第一个目的地，后又从第一个目的地再次往下一个目的地迁徙，如此一站接一站的迁移，直至到达终点。但是在具体的文化迁徙中，大多数机构和文化人一开始并没有明确的终点站，只是随着战局的发展而被动的迁移。起先迁移到的地方原本是战场后方，但是战势迅猛蔓延，原本安全的后方很快就成了前线战场，于是又不得不向下一站迁移。在这种接连不断的迁徙中，人员、物品的损失巨大，许多高校甚至无法继续开学上课，最终只能解散或者与其他高校合并。只有极少数如中央大学一样的幸运者是一次性迁移到达终点的。艰难的“驿站式”迁徙对中华文化消耗巨大，损失难以估量。

在这种“驿站式”迁徙中，最为重要的核心中转站首推“九省通衢”的武汉。日军的两路进攻都向武汉推进，使得北面京津等地的高校和文化机构南迁武汉，并经武汉中转，一路沿长江西进入川；一路进入湖南、广西等地，并继续转移到西南各地区。同时，迫使东面的上海、南京等文化迁徙溯流而上，到达武汉。然后由武汉中转，或者直接西进四川，或者南下到长沙、桂林，再转到西南地区。甚至南面的广州、香港等地，也有不是文化人远涉武汉，再溯流西进入川。

其次是长沙。大量的文化机构、文化人云集武汉后，由于当时三峡地区正值枯水期，狭窄的三峡航道无法行走大船，只有四川民生公司的小船可以进出，水路运力极度紧张。著名的“宜昌大撤退”也只能保证中央国家机关和战备物质的运输。因此，除极少数捷足先登的文化机构外，大多数文化迁徙只能选择南下长沙，另寻出路。同时，从华东地区陆路经浙赣铁路、公路的西迁也汇集到达株洲、长沙。风云突变的战局使得原本打算滞留长沙的文化机构和文化人不得不再次迁徙。除少部分疏散到湖南本地山区之外，大部分再次南下桂林。

第三是桂林。一路迁移从长沙南下而来，一路迁移由华南的广州、香港北上而来，两路交汇在桂林。他们或者就地分散到附近山区，或者从桂林进入西南各地区，而大部分文化人则留在了桂林。因此，桂林本身成了著名的“文化城”。

通过划分“东西分界线”和“南北分界线”，综合抗战时期的铁路、公路、水路交通状况，尤其是铁路大动脉和长江航道，整个抗战时期的迁徙路线便一目了然。抗战时期的中国铁路，南北大动脉有平汉线和粤汉线（其走向大致与“东西分界线”相仿），北起北平，经武汉，南达广州。南北线还有津浦路（从天津到南京浦口），以及山西的同蒲线（大同经太原至蒲州镇以南的风陵渡）等。东西方向则有陇海线（连云港到甘肃兰州）、浙赣线（杭州至株洲）等，它们都是抗战初期的交通生命线，是空间转移、文化迁徙的重要路径。以下便是几种典型的迁徙路径。

1. 华北地区文化迁徙路线：

（1）从平、津等地沿平汉线、津浦线南下至长江沿线城市如南京、汉口等地，在汉口汇集。然后，或沿长江西进入川；或南下长沙、桂林、香港等，进入西南各地。西南联合大学、部分故宫文物等，就是南下长沙等地进入西南地区。

（2）华北各地汇集至沿海港口，如天津、青岛等，从海上到达上海，在战争初期，尚可沿长江西进，汇聚武汉；而在南京、武汉失守后，则只能转道香港，进入西南各地。战争中后期，文化人迁徙大多借用转道香港进入大后方。如燕京大学、齐鲁大学师生，以及钱穆、张大千等文化名人便是这样的迁移路线。

（3）平、津等地借公路进入山西，经同蒲线南下风陵渡，过黄河进入陕西安全区；或者辗转南下进入河南开封、洛阳等地，辗转进入潼关、西安。之后再南下四川。国立北平大学、国立北洋工学院、国立北平师范大学，省立河北女子师范学院，[①] 便是经此道进入陕西，而山西铭贤学校、燕京大学、齐鲁大学、东北大学的许多师生等则是通过这条路径迁移至四川。

2. 华东、华中地区文化迁徙路径

（1）上海、南京、汉口等长江沿线城市，沿长江逆流而上，在武汉中转，过宜昌，西进入川。以中央大学、《中央日报》、《新华日报》、国立编译馆等为代表，包括金陵大学、金陵女子大学、上海复旦大学、武汉大学、东吴大学法学院、南京国立药学专科学校、国立中央研究院（部分）等。虽然这是最便捷的方式，但因为战争时期长江入川的航道极为紧张，所以多数机构的文化迁徙无法使用。

（2）华东、华中地区长江沿线文化机构、文化人，沿长江西进聚集武汉，然后南下长沙；或者江、浙、赣等地沿浙赣线到达株洲，聚集长沙。一部分就地疏散到湖南山区；一部分沿浙赣线在江西就地疏散；一部分则从长沙继续南下广西桂林等地，或者继续西迁进入西南各地。如国立同济大学、国立浙江大学、国立上海医学院、国立中正大学、蒙藏学校、私立中法大学、私立大夏大学、中央政治学校、私立武昌华中大学、私立湘雅医学院、南京戏剧学校、江苏银行专科学校、国立杭州艺术专科学校等，[②] 以及其中一批故宫文物等都走了这一线路。

（3）华东各地聚集上海，从上海转道香港，从香港进入广西；或者转道越南，从越南进入云南及贵州、四川等地。如光华大学成都分校、金陵女子文理学院的部分师生，陆侃如、冯沅君夫妇等文化名人。

3. 华南地区文化迁徙路径

这一地区有一个共同的特点就是短距离迁移。如以广州为中心的文化迁徙主要有三个方向：一是南下香港暂避，当香港沦陷后又回迁广东内地，如岭南大学、广东国民大学等；二是疏散进入本省粤北、粤西山区，如私立广州大学、广州艺专等；三是自粤西进入广西，甚至最远到达云

①② 参见《抗战时期高校迁移一览表》，张根福《抗战时期的人口迁移—兼论对西部开发的影响》，光明日报出版社 2006 年版，第 90—97 页。

南，如国立中山大学、省立教育学院等。[①] 另有高校较多的福建省，几乎全部都是省内迁徙，国立厦门大学等6所高校都是向闽西、闽中、闽北等地山区疏散。[②]

上述种种，试图对各地入川的机构、人员的文化迁徙路径做一个分类、归纳，但抗战时期实际的文化迁徙之旅远比这些共同的路径复杂、艰辛，在后文具体个案的描述中，文化迁徙之旅将会更加丰富多彩、千姿百态！

综上所述，只要涉及跨区域的长距离文化迁徙，“东西分界线”和长江航道是主干线路，汇集到作为重要“驿站”的武汉、长沙、桂林，然后“分发式”迁徙。短距离迁徙主要分布在江西、福建、广西、广东等地的主要区域。在战略相持阶段，这些区域除了交通要道和中心城市被日军占领外，不少的县城及大部分的农村和山区都是日军鞭长莫及的，所以一度成为文化避难所。

与历史上多次从北面陕西武力入侵四川不同，抗战时期全国文化机构及文化人内迁四川，主要是从东面的长江航道，以及南面的贵州进入。借道从北面的陕西迁入者反而较少。这是由抗日战争中日军的战争策略、实际进攻路线，以及国民政府后方基地战略共同选择、决定的，也是四川人民以开放的胸襟接纳同胞的路线。在艰难的战争局势下，文化迁徙注定是一段悲壮的逃难史和涅槃重生史。许多文化人随难民潮步行，一路辗转多地。凭着一腔热血，筚路蓝缕终究入川，有的甚至献身途中。每一条迁徙之路上都留下了太多激荡人心的人与事。

通过这种复杂艰辛的迁徙，原有的平、津、沪、宁等文化中心区逐步移动到了以四川为中心的西南地区，而且集中度比抗战前更高。抗战中的四川文化区一省就集中了当时全国近半数的高校，大部分的中央文化机构、新闻出版发行机构、国家科研机构，以及民间文化艺术、科研团体。四川是名副其实的全国抗战文化中心区。抗战时期，在四川这片土地上，大量文化人的进入，打开了近现代文化烛照的光亮之门，书写了巴蜀文化的新篇章，创造且留下了一批辉煌的文化景观，留下了一段难忘的文化记

---

①② 参见《抗战时期高校迁移一览表》，张根福《抗战时期的人口迁移——兼论对西部开发的影响》，光明日报出版社2006年版，第90—97页。

忆及弥足珍贵的精神财富。

第二节　抗战时期四川文化区的总体概况

我们对抗战时期四川文化区的考察，离不开对巴蜀地域文化的分析。本节拟结合成渝特有的地域性文化和当时抗战大后方的历史背景，对四川文化区进行总的分析研究。

四川原本就具有深厚的文化传统，巴蜀文化是中华民族灿烂文明的重要组成部分。“巴蜀文化”作为一个独立概念的提出，始于抗战时期。1941 年，在国内学术界享有盛誉的《说文月刊》第 3 卷第 4 期，以“巴蜀文化专号”为题在上海问世，其中刊载了卫聚贤题为《巴蜀文化》一文，文中首次提出了“巴蜀文化”一说，同期还刊载了郭沫若、常任霞、张希鲁等文史名家关于“巴蜀文化”的论文。首开巴蜀文化研究之先。因上海沦陷而被迫停刊的《说文月刊》于 1942 年 7 月在重庆复刊。“渝版第一号”的《说文月刊》（第 3 卷第 7 期）仍以“巴蜀文化专号”为题，卫聚贤的《巴蜀文化》一文经补充完善后，再次刊载。同期刊载了入川著名学者有关巴蜀文化研究的论文。1941 年著名历史学者顾颉刚在《古代巴蜀与中原的关系说及其批判》中，首倡“巴蜀文化独立发展说”，且认为巴蜀文化融合中原文化是战国以来的事。[①] 由此，学界才逐步以一个独立的文化命题来研究巴蜀文化。旨在“巴蜀古文化发扬滋长……使巴蜀新文化衍而为中华新文化，其光华灿烂与国运日新不已”。[②]

长时间以来，人们错误地以为，成都平原文明的开端是公元前 316 年秦国派张仪灭掉古代蜀国后，将其划为秦国的蜀郡，随着华夏文明的进入，“蒙昧”的成都平原方进入文明时代。对于张仪灭蜀之前成都平原的模样，古人描述为：“不晓文字，未有礼乐。”一个灿烂辉煌的古巴蜀文明一直由于历史的误读成了被研究者遗忘的一隅。

其实早在夏商文化之前，古蜀文明就已经存在了。“四川古为巴蜀之

① 段渝编：《抗战时期的四川》，四川出版集团巴蜀书社 2005 年版，第 272—276 页。
② 金祖同：《冠词》，《说文月刊》1941 年第 3 卷第 4 期。

国，战国末年被秦所侵，其人民退居四面深山中，因其历史未曾传世，考古者亦多不注意于此。而其古代文化，遂不闻于世。其实古巴蜀自有巴蜀文化也。”[①] 巴蜀地区的古文化可分为三段，第三阶段的文化被认为是“巴蜀文化”。第一段以宝墩文化（含三星堆遗址第一期）为代表的是“先蜀文化”，相当于龙山时代。第二段以三星堆文化与十二桥文化为代表的是“古蜀文明”，相当于夏商周时代。第三段以巴蜀墓葬（一般都会出土巴蜀铜器的船棺墓、狭长土坑墓、长方土坑墓、土坑木椁墓、石棺葬、悬棺葬等）为代表的是“古巴国”和“古蜀国”境内的族群文化即“巴蜀文化”，相当于春秋战国时期，下限可延伸至秦汉。[②]

卫聚贤在《巴蜀文化》一文中开宗明义：“四川在秦以前有两个大国——巴、蜀。巴国的都城在重庆，蜀国的都城在成都。巴国的古史则有《山海经》，《华阳国志》的巴志所载，惟其国靠近楚秦，古《左传》上尚有片断的记载。蜀国的古史，则有《尚书》、《蜀王本纪》（扬雄作，已亡，他著有引）、《蜀论》（来敏本作，《水经注》引）及《华阳国志》的《蜀志》。”[③]《华阳国志·巴志》记载：周武王伐纣，实得巴蜀之师，著乎《尚书》。巴师勇锐，歌舞以凌殷人，前徒倒戈。故世出称之曰“武王伐纣，前歌后舞”也。武王既克殷，以其宗姬封于巴，爵之以子。[④] 巴国君主在西周春秋时代称为巴子，战国中叶以后巴国太子称巴王子，省称巴子。[⑤] 因而叫巴子国，简称巴国。巴国的疆域大致是：“商周时代，据有汉周东部。春秋时代，向大巴山东缘发展。春秋末叶，举国南迁长江川、鄂之间。战国时代，进入川东，兼及与鄂、湘黔相邻之地。”[⑥] 在巴国的鼎盛时期，即春秋末叶至战国晚期，巴国青铜文化发展到高峰。青铜器种类多，数量大，分布广，制作水平也日臻成熟，地方特征鲜明突出。巴国文字和符号广泛流行，都城已发展成为地域性的经济增长中心和多种产业的生长点，具有组织地区商业贸易的经济功能。因此，四川盆地东部是巴国的境域（虽有消长），在此地区之内的诸族群就可统称为“巴人”，其文化

① 于右任：《巴蜀文化研究》，《说文月刊》1941 年第 3 卷第 7 期。
② 林向：《“巴蜀文化”辨证》，《成都文物》2006 年第 3 期。
③ 卫聚贤：《说文月刊》，1941 年第 3 卷第 4 期。
④ 段渝：《四川通史》（第一册），四川大学出版社 1993 年版，第 197—198 页。
⑤ 同上，第 206 页。
⑥ 同上，第 203 页

也就是“巴文化”。①

蜀文化以成都为中心。考古发现已证明，成都平原中部就是蜀国的中心，其核心区的文化即考古发现的“三星堆文化”“金沙文化”与“十二桥文化”等，文化辐射至四川盆地及邻近地区的蜀国境内诸多发展不平衡的民族群中（统称为“蜀人”），使这些族群的文化面貌在其涵盖之下，构成了古蜀文明，共同形成了“蜀文化区”。②

巴、蜀长期为近邻。夏商周时期的四川盆地和邻近地区是以“蜀”为核心的“古蜀文明”的范围。东周时期在江汉平原的“巴”受楚逼迫，向西进入四川盆地东部，与原是蜀地的一些土著民族结合而形成的“巴文化”。“表现在考古文化上，就是巴、蜀文化的相互影响、渗透以至渐趋同一的发展趋势。”③ 于是“巴文化”和“蜀文化”一起，共同构成长江上游四川盆地的古代文明中心——“巴蜀文化区”。④

由此，以重庆为中心的“巴文化”和以成都为中心的“蜀文化”，共同演绎了四川盆地的“巴蜀文化”。一系列的考古发现证明，巴蜀文化源远流长，有着几千年的悠久历史，在中国上古文化体系中占有重要的一席之地。与齐鲁文化、三晋文化等区域文化共同铸就了灿烂辉煌的中华文明。巴蜀大地亦是中华民族的一大摇篮，是人类文明的发祥地之一。

抗日战争时期，来自北面、东部、南面的文化大迁徙，短时间涌入四川，形成了四川地区以重庆、成都为中心的抗战文化区，依然部分沿袭了几千年“巴蜀文化”的历史地理传承。但由于战争的特殊因素，重庆成为战时首都，又有首都文化区的特殊功能，成都仍然是川西平原的文化中心，同时还在四川区域内形成了相对集中的一些文化副区。1937—1945 年间，民国行政区划只有省县两级政府，中间虚设行政督察区，属准行政区，由行政督察专员公署管理。依此列述如下。

1. 重庆周边属于第三行政督察区⑤（以下简称第三区）的江津、合川、巴县、璧山以及北碚管理局等；

---

①② 林向：《“巴蜀文化”辨证》，《成都文物》2006 年第 3 期。

③ 段渝：《四川通史》（第一册），四川大学出版社 1993 年版，第 212 页。

④ 林向：《“巴蜀文化”辨证》，《成都文物》2006 年第 3 期。

⑤ 四川省档案局编：《抗战时期的四川—档案史料汇编》（上），重庆出版社 2014 年版，第 81—87 页。

2. 第九区的万县；

3. 成都周边属于第一区的新津、双流、崇宁、郫县、彭县等；

4. 新成立的自贡省辖市；

5. 第二区的内江等县；

6. 第五区的乐山、峨眉等县；

7. 第六区的宜宾、南溪、江安等县；

8. 第七区的泸县、叙永等县；

9. 第十二区的三台、射洪等县；

10. 第十三区的绵阳、梓潼、金堂等县；

11. 西康省。

本书为了行文的方便，将第三区和第九区归属重庆市及周边统一分析；第一区和第十三区的金堂县归属成都市统一分析；第六区和第七区归属宜宾地区统一分析；第十二区和第十三区的绵阳、梓潼县归属三台—绵阳地区统一分析。归并后的文化区如下：

1. 重庆文化区（含重庆市、第三区、第九区部分）；

2. 万县文化副区；

3. 江津文化副区；

4. 成都文化区（含成都市、第一区）；

5. 三台—绵阳文化副区（含第十二区、第十三区）；

6. 乐山文化副区（第五区）；

7. 自贡—内江文化副区（含自贡市、第二区）；

8. 宜宾文化副区（含第六区、第七区）；

9. 西康文化区（西康省）。

按照以上分区，将抗战时期机构的文化迁徙情况概述如下。

迁入重庆文化区的高校有：国立交通大学、国立交通大学分校（璧山县，唐山土木工程学院与北平铁道管理学院合并而成）、国立中央大学、私立复旦大学（后改国立，北碚管理局）、私立沪江大学、私立东吴大学法学院、私立之江大学、私立武昌中华大学、陆军大学、国立上海医学院、朝阳学院、江苏医政学院、南通学院医科、国立音乐学院、国立贵阳医学院、江苏省立教育学院（璧山县）、湘雅医学院、乡村教育学院、中央政治学校、中央工业专科学校、国立药学专科学校、国立艺术专科学校

（璧山、重庆）、中央国术体育专科学校（北碚管理局）、私立两江女子体育专科学校、私立医药技士专门学校、私立武昌文华图书馆专科学校（璧山县）、国立吴淞商船专科学校（后改称重庆商船专科学校）、私立立信会计专科学校、私立民治新闻专科学校、南开大学经济研究所。共30所高等院校、所。① 加上重庆原有的三所高校：省立重庆大学、省立教育学院和私立西南美术专科学校，共33所高校。抗战时期重庆文化区的高校数量居全国之首。

抗战时期重庆文化区拥有全国最多的文化团体，居战时文化中心领导地位。著名的文化团体有：国民政府军事委员会政治部第三厅、中华全国文艺界抗敌协会、中华全国戏剧界抗敌协会等。同时，重庆的新闻出版业也是空前发达，报社、通讯社达200家以上，其中包括世界著名的路透社、美联社、塔斯社等。战时重庆出版书刊的单位共有644家，出版图书8000余种，出版期刊近2000种。② 以商务印书馆、中华书局、正中书局、大东书局、开明书店、世界书局、文通书局七大书局成立联合供应处（简称七联处）。这些大多数都是内迁重庆的文化机构，以及内迁的文化人创办的。还有内迁重庆的科学研究机构，以及众多的科研协会。闻名遐迩的卢作孚先生所建立的、中国最大的民间科研机构——中国西部科学院，成为战时乃至新中国成立后影响深远的科研机构。所以文化内迁对于重庆文化中心区的形成起着核心作用。

迁入万县的有国立山东大学（后并入中央大学）、私立上海法学院、山东省立药学专科学校、山东省立医学专科学校、蒙藏学校等。

迁入江津的有支那内学院、私立正则艺术专科学校、私立武昌艺术专科学校、香港华侨工商学院等。

成都文化区内迁的高校有：金陵大学、金陵女子文理学院、齐鲁大学、燕京大学、中央陆军军官学校、中央大学医学院及农学院畜牧兽医系、北京协和医学院护士学校；另有上海光华大学设立成都分校、山西铭贤学院、北平朝阳学院（后迁重庆）、清华大学航空研究所（后迁昆明）

① 参见《抗战时期高校迁移一览表》，张根福《抗战时期的人口迁移——兼论对西部开发的影响》，光明日报出版社2006年版，第90—97页。

② 唐慎翔：《抗战时期重庆的出版发行机构及图书业》，《抗战时期西南的文化事业》，成都出版社1990年版，第448页。

一共 11 所；原有大学 2 所：国立四川大学、私立华西协和大学；新创办的 2 所：四川省立艺术专科学校和省立体育专科学校。这样抗战时期成都文化区前后共有 15 所高校、院所。另外成都战时出版的报刊，总数约在 500 种。[①] 同时，在成都先后有“四川抗敌后援会”、上海影人剧团、农村抗敌剧团、四川旅外剧人抗敌演剧队等 30 多个文化团体，其中许多是内迁高校和内迁文化人创办的。

自贡—内江文化副区地处川中陆路要道，主要有两大特点：一是自贡的“川盐济楚”再现，摄影家孙明经以高超的影像艺术保存了珍贵的历史，真实记录了自贡井盐打破日军封锁支援抗战，以及对四川经济、财政支撑；二是出生内江的著名兄弟画家张善子、张大千先生，以及著名新闻人范长江等艺术家们的爱国情怀，还有内江糖业、液体燃料等工业重地。并且是著名爱国将领冯玉祥先生在成渝之外发起“节约献金”运动的首站，也是抗战捐款最多的地区。其他如抗日团体、报刊出版、文化演出等也非常活跃。

乐山文化副区地处岷江、青衣江、大渡河三江交汇处，内迁高校有：武汉大学、江苏省立蚕桑专科学校以及新创立的国立中央技艺专科学校；还有独特的故宫文物内迁乐山、峨眉两地存放，以及由中国国学大师、“儒释哲一代宗师”马一浮先生创立的“复性书院”。乐山因此一时大师云集、群贤备至。

宜宾文化副区地处长江上游重地，金沙江、岷江两江交汇处。有内迁南溪县的同济大学、江安县的国立戏剧专科学校、泸县的东亚体育专科学校以及从昆明迁徙叙永县的西南联合大学叙永分校四所高校。更有知名的万里长江第一古镇——李庄，小小古镇汇集当时赫赫有名的中央研究院、中央博物院、中国营造学社等机构。

三台—绵阳文化副区地处川中、川北要冲，是庇护成都的最后一道屏障，抗战时期有东北大学辗转内迁三台县，以及内迁绵阳县的国立第六中学和三台县的国立第十八中学。还有全国木刻研究会三台分会，及多种报刊出版。

---

① 向纯武：《抗日时期的四川报刊》，《抗战时期西南的文化事业》，成都出版社 1990 年版，第 365 页。

西康文化区包括西康省所属的西昌、雅安和康定三大区，原有西康省立康定师范学校，新设立的国立西康技艺专科学校。抗战时期，为拱卫大后方，西康建省，引发了第一次社会学界的康藏研究高潮。先后有中央政府组织的川康建设视察团、西康社会考察团、马长寿民族考察团、西康科学考察团、川康古迹考察团、大学生暑期边疆服务团等几十个考察服务团体，尤其是庄学本、孙明经的影像资料，以珍贵写实的影像艺术再现了抗战时期中西文化融合的历史见证和藏区同胞的生活原貌。

综上所述，抗战时期，四川省共有高校约66所；报刊当在千家以上；国外著名的通讯社、国内的七大书局及大部分的出版社都设在四川。“国统区”居文化领导地位的中央文化机构和民间团体几乎都汇聚于川；珍贵的故宫文物大部分也藏身四川；多数的国家级科研机构和科研团体内迁入川。抗战期间，全国绝大部分的文化名流和科学家都曾在四川工作、生活过。正是大量机构、人员络绎不绝地迁徙入川，成就了四川战时的文化中心地位。“溯自抗战军兴，国都西徙，衣冠人物，群集渝蓉，巴蜀一隅，遂成为复兴我国之策源圣地，政治、经济、人文、学囿，蔚为中心，粲然大盛，日下风流，俨然见汉家旧典，中华崭然新文化，当亦将于此处孕育胚胎，其光华灿烂与国运日新不已。”① 抗战时期的四川文化区几乎相当于战前平、津、沪、宁四个院辖市的中心地位。

八年抗战中，四川作为全国的政治中心、经济中心、文化中心、金融中心、工业中心。四川为何具有如此强大的承载力和包容力？究其原因，大致归纳如下。

1. 四川独特的地形地貌优势。四面环山而无缺漏，易守难攻而又独成体系，千年都江堰造就了物产资源丰富、气候宜人、美丽富饶的天府之国。

2. 人口众多，居全国之首。巴蜀文化源远流长，涵养深厚。无疑，为持久抗战储备了足够的人力、物力、智力，为战时补充兵力，为加强工农业生产和文化教育等提供充足保障。

3. 首都西迁重庆，众多中央国家机构迁徙入川后，也成为文化教育机构迁徙的首选。

4. 四川地方实力派高度统一，以民族大义为重，力主抗战。以四川省

① 金祖同：《冠词》，《说文月刊》1941年第3卷第4期。

主席刘湘为首，主动请缨，亲自率军出川，抗击日寇，打消了中央政府的“后顾之忧”。

5. 四川人民以博大的胸襟和深厚的大爱，广迎八方宾客，同舟共济，救亡图存。地方豪绅和普通民众热情接待，且妥善安排外来机构和人员，共济患难。闻名遐迩的“文化四坝”：成都“华西坝”、重庆“沙坪坝”、江津“白沙坝”、北碚“夏坝”，以及宜宾李庄，在战时的四川共筑了一道亮丽的文化风景线。

6. 横断山脉独特的地形地貌，美丽的自然风光，丰富的动物、植物、矿产资源，吸引科学家、文化大家前往四川。

7. 深厚的巴蜀古文化资源，西康独特的民族文化和佛教文化资源，吸引了考古学家、人类文化学者和求道者趣入。

总之，四川广博的自然地理和人文地理生态是四川成为文化中心的基础，上至地方高层、下至普通百姓的民族大义和善良朴实是助力，外来文化与巴蜀文化、内迁文化人与四川本地文化人彼此融合，全国上下齐心协力，共同奏响了抗战期间美丽天府的宏伟华章。

第三节　重庆文化区形成的空间移动分析

一、重庆文化区的形成

抗战时期重庆文化区的出现，首先受到战争局势变化的影响。战争格局的改变，促成了陪都行政中心的出现，而随着全国各地的文化人口和文教科研机构涌向陪都，这里顿时成为颇具影响力的文化中心。所以，抗战时期中国文化中心的形成与战争局面的形成有很大的关系。战时重庆文化中心的形成有赖这块土地成为独具战略意义的战时首都。

重庆文化区的形成和重庆战时首都的出现密切相关。可以说，这个文化区就是附着在战时首都这个区域上而生长出来的。因此，它的所有特点都与首都区域的特点相关。而这个首都文化区的形成最终离不开重庆所处的特殊地理位置。

重庆，位于四川盆地的东南边缘，在东经106°35′和北纬29°34′相交处。抗战时期的重庆城主要建筑在长江和嘉陵江两江交汇处的狭长如鹅颈的半岛上。长江环绕在这个半岛的东、南两面，嘉陵江则环绕于其北面，西部与陆地相连。尽管位于两江交汇处，有着良好的水路交通，但由于重庆偏于中国的西南腹地，四周山势陡峭，地形颇为险要，与外界的交流就变得较为艰难。但是，这种地理位置上的劣势却在抗战全面爆发后成为一种绝对的优势，以至随着战线的延长，战场的扩大，这里成为全国战时首都的不二之选。

当时日军本想速战速决，对中国政府来说，在正面战场多次会战的经验教训面前，逐渐认识到击败日本的战略就是打持久战，以空间换时间。1938 年 10 月武汉沦陷时，重庆国民政府军委会发言人接见中外记者时就说明自动放弃武汉的决策：中国抗战为持久抗战，不在一城之得失，亦不在一时之进退。半年以来，消耗敌人目的已达，掩护后方之任务已毕，决定转移兵力，另作部署，与日军周旋。[①] 持久抗战的策略是抗战能取得最后胜利的基础，而以重庆为中心的四川盆地，则正是实施该战略的绝佳战略地理区。从当时的战况看来，“七七事变”后，华北平原已被日军侵占，接着上海失守，南京危急；而洛阳已暴露在日军的炮火下，西安也危在旦夕；而武汉、广州等地，更是易攻难守，在防御方面没有任何优势，敌机的空袭随时可到。这样，“要安全还得往西去，西面最适当的地方就只有四川的重庆”。[②] 相比之下，重庆的地理位置确是极适合作为首都的。早在（乾隆）《巴县志》卷一《形胜》篇中就说道：全蜀“四塞之险，甲于天下”，而重庆尤为枢要，“会三江，冲五路”，“控楚连黔”，历来是川西屏障，所谓“渝州能守，可俾锦官风雨，坐安和会”。[③] 正是说的重庆具有这种优于其他地方的绝佳地理条件，使之能够成为最好的防守之地。四川盆地内河流众多，灌溉便利，农产品富饶，物资充沛，能为长期抗战提供良好的物质条件，而南边通过缅甸又可以和国际社会联系，接受英美的支援。重庆正好在四川盆地的东南边缘，在秦岭、大巴山脉和巫山山脉、武陵山脉、云贵高原、青藏高原这些海拔一千至三千米、横跨三四百公里的险峻山脉的包围下，重庆有了天然的保护屏障。加上重庆地处长江和嘉陵

① 参见罗传勖主编《重庆抗战大事记》，重庆出版社 1995 年版，第 28 页。

② 许卓山：《中国抗战地理》，光明书局 1938 年版，第 55 页。

③ 王尔鉴修：《巴县志》，卷一《疆域》之《形胜》，第 8a—9b 页。

江的汇合口，水路交通较为方便，三峡航道为重庆和东部的交流提供了很好的条件，但三峡航道的险要却又正好阻滞了日军机械化部队的前进，这样说来，重庆真可谓有“天险”之护，比起其他城市来更适合作为全国的战时首都。所以，国府命令中称：“四川古称峨眉，山川雄伟，民物丰殷，而重庆绾毂西南，控扼江汉，尤为国家重地。”①这一重地，在战略地理位置上极具优势，能与西边内地全部联通，往西连接成都，南边和滇黔联通，还能通过云南同缅甸联通，即使广九铁路公路被敌人阻断，也能有入口输送物资。

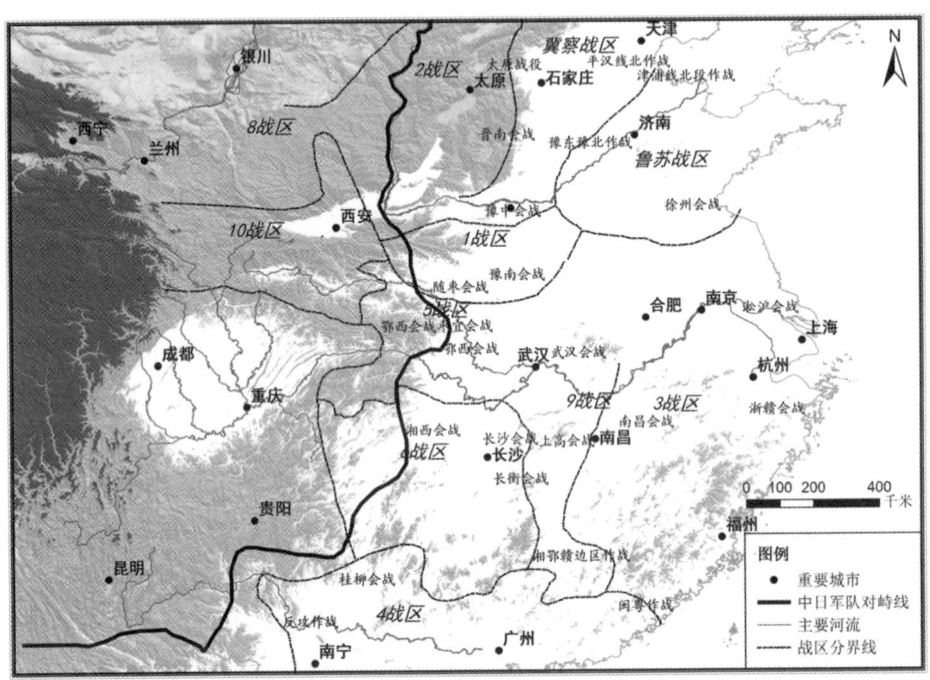

图示 2－1　抗战时期重庆战略区位图

注：此地图为马晶制作。据武月星《武汉失守后形势图》《正面战场重要战役示意图》绘制，参见《中国抗日战争史地图集》，中国地图出版社 1995 年版，第 150 页，第 287 页。

① 泉：《国府明定重庆为陪都》，《江西地方教育》1940 年第 194/195/196 期。

1937 年淞沪会战失利后，10 月 29 日蒋介石在南京作了《国府迁渝与抗战前途》的讲话。在讲话中，他明确指出“四川为抗日战争的大后方”，并且选择“重庆为国民政府驻地”。[①] 11 月 20 日，国民政府决定自即日起移驻四川重庆，并于当天发布了《国民政府移驻重庆宣言》。至此，国民政府已经做好了长期抗战的准备，将国府迁到重庆，就是为长期抗战选择了有利的根据地。

从图2－1 可以看出，国民政府选择重庆地区作为抗战堡垒后，以四川盆地为依托，进行了多次会战，抵抗了日军在晋南、豫南、随枣、枣宜、鄂西、湘西、长沙、常德、桂柳等地发动的进攻，将战线牢牢地控制在豫中平原、江汉平原、湖湘平原与西部山区的交汇处，取得了战略的主动性。迁都重庆确实是正确的决策，它绝佳的地理位置在战时发挥了很大的作用。

重庆的自然地理位置符合战略要求，选择重庆作为抗击日寇侵略的根据地，是抗日战争爆发后，中国战略地理选择的必然结果。自从重庆作为战时首都的地位得到确定，这里作为后方行政中心的吸引力马上体现出来。大量的文化工作者和文教科研机构从各地汇聚于此，重庆文化区也随之形成。由此可见，重庆文化区是依附着重庆政治行政区域的诞生而出现的。

二、重庆文化区的界定

从地理学的角度来看，抗战时期重庆文化区作为一个特定区域有自己的独特性。首先，这个区域不是按照自然地理环境的地域分异规律，为了揭示自然地理环境结构的特定性质而划分出来的自然地理区域。它是一个人文区域，但这里涉及的重庆文化区不是经过长期自我发展而自然形成的文化区域，也就是说，它不是因为这块地域的文化在长期发展中形成了某种统一特点而划分出来的区域，而是因为在特定时期依附于特定功能分区而形成的区域。它具有很多人为的因素、政治的因素。现代文化地理学将文化区分为三类，形式文化区、乡土文化区和功能文化区。其中，“功能

① 重庆市地方志编纂委员会总编辑室：《重庆大事记》，科学技术文献出版社重庆分社 1989 年版，第 157 页。

文化区是以该文化特征受政治上、经济上或社会上的某种功能而影响其空间分布而划定的”。[1] 抗战时期重庆文化区的存在正是建立在重庆市行政区作为战时首都这一特殊功能区域基础上的，可以说，它在现代文化地理学视野中应属于功能文化区。也就是说，在这段特殊历史时期内，研究更着重行政中心这一特殊地位对文化区域的影响，而较少涉及传统巴蜀地域文化的影响。

其次，这个区域的存在具有历史性。由于战时首都区域是一个在战争时期存在的特殊区域，因此，随着1945年日本投降，战争结束，国民政府还都南京，在抗战中形成的这个特殊区域的功能逐渐减弱。重庆文化区虽然由于重庆行政区的存在而继续存在，但已表现出和抗战时期所不一样的特点。所以，本研究中的文化区域有历史时段的限定。

重庆文化区作为以首都行政区为区域基础范围的文化区，首先体现在和首都的区域功能密切相连，围绕着首都的战略决策和行政规划而运行。作为功能文化区，它的边界是明确的。抗战时期重庆文化区的区域范围以重庆行政区的区域范围为基础，形成了边界明确而又独有特点的空间区域。

重庆作为首都行政区与国府内迁密切相关。从1937年11月20日国民政府迁往重庆开始，重庆成为当时中国的战时首都，1939年5月5日，国民政府明令重庆升格为行政院直辖市，1940年9月6日，国府明定重庆为陪都。至此，重庆行政区的政治地位达到顶点。而这一区域的区域范围也在八年抗战中随着时间的推移有相应的变化，呈现不断扩大的趋势。重庆城区面积在抗战爆发前只有187平方里，[2] 约46.75平方公里。国府迁渝后，大量军政、文教、工矿企业相继迁渝，重庆在几年中城市人口迅速增加，扩大城市空间成为当务之急。加上迁渝的工矿企业发展迅速，从战前重庆城区半岛部分扩散到长江和嘉陵江的两岸地带及成渝、川黔等公路线数十公里以内地区。另外，由于日寇对重庆的疯狂轰炸，政府不得不要求各企业单位及行政文教机关等向郊区疏散，多重因素作用下，重庆城市区

---

① 参见周尚意《文化地理学研究方法及学科影响》，《中国科学院院刊》2011年第26卷第4期。

② 参见重庆市政府秘书处编《重庆市一览》，1936年，第63页。转引自潘洵主编《抗战时期西南后方社会变迁研究》，重庆出版社2011年版，第273页。

域的范围迅速扩大，在战时形成了一个全国性的大城市。[①]

为了适应重庆的政治地位的提升和经济文化事业的迅猛发展，重庆市区的范围渐次扩大。1939 年 6 月，巴县地区的今小龙坎、沙坪坝、磁器口一带划入重庆市。1939 年至 1940 年巴县、江北县位于城郊的区域陆续划归重庆市。在明定陪都后，重庆市政府与四川省政府正式办理省市划界事宜，划定重庆市与四川省的边界。到 1944 年，重庆市辖十八个区。1944 年 1 月，市工务局测定市区面积为 294.3 平方公里，[②] 比战前面积扩大了 247.55 平方公里。

由于日军对重庆进行大规模空袭，为了防止日军对重庆空袭后造成首都各机构的瘫痪、行政权力的崩溃，国民政府从 1939 年 2 月上旬开始，动员全市机关、学校和商店等限期疏散。3 月底，国民党中央、国民政府各机关组成迁建委员会，决定各机关迁散至重庆附近 100 公里范围内。同时决定将成渝、川黔公路两侧，重庆周围 80 公里范围内之区域划归重庆，但其行政权仍由当地政府掌握。以后各机关陆续迁至郊区和迁建区办公，仅在市区设办事处对外联系。随着迁建区的形成，城市建成区范围逐渐扩大到西至沙坪坝、东迄涂山脚下、南抵大渡口马王坪、北达溉澜溪，在两江半岛的市区周围，形成了若干卫星城镇。[③] 从以上区域扩建可以看出，重庆市行政区辖十八个区，范围明确，迁建区由于行政权仍属当地政府，只是特殊时期中各机关的办事机构迁移办公处，不属于重庆市行政区的区域范围。

重庆文化区的范围以此为基础，但同时又有自身的特殊性。这个特殊性所涉及的区域范围包括北碚，在 1939 年，北碚划为重庆市的迁建区，直到 1950 年 1 月，北碚管理局划归重庆市，这时北碚才属于重庆市区。划为迁建区后，国民政府的许多文化科研机构，大专院校、文化团体陆续迁入北碚，加上在北碚成立的一些机构，这里聚集了复旦大学、育才学校、中央研究院的动物、植物、气象、物理、心理研究所、中国西部科学院、中国科学社生物研究所、中央工业实验所、经济部矿冶研究所、经济部中央

① 参见赵廷鑑《重庆》，商务印书馆 1959 年版，第 19 页。

② 参见重庆市地方志编纂委员会总编辑室编《重庆市志》（第一卷），四川大学出版社 1992 年版，第 724 页。

③ 参见隗瀛涛主编《近代重庆城市史》，四川大学出版社 1991 年版，第 471 页。

地址调查所、农林部中央农业实验所、军政部陆军制药研究所、军政部油料研究所、中山文化教育馆、教育部教科用书编纂委员会、国立编译馆等一大批文教科研机构，北碚也成为当时重庆周边重要的文化集镇。

由此可见，北碚是当时重庆文化活动涉及的主要区域之一。重庆文化区是以重庆市行政区为基础并加上北碚地区而共同组成的文化区域。

三、高校的空间移动分析

抗战时期，东部沿海及各沦陷区的高校纷纷内迁，以重庆、成都、昆明、贵阳为中心的西南地区成为接收内迁高校的四大集中区之一，而作为战时首都的重庆更是成为内迁高校集中的重点城市。现将战时内迁重庆的高校迁移信息列表如表 2－1。

表 2－1　抗战时期迁渝高校地址信息表

名称	原地址	迁渝时间地址
国立交通大学	上海	1940 年在重庆设分校，1942 年在重庆设总校。重庆九龙坡。①
国立中央大学	南京	抗战爆发后迁重庆，迁沙坪坝松林坡。②
国立贵阳医学院	贵阳	1940 年秋迁重庆歌乐山。③
私立复旦大学	上海	1938 年 2 月迁重庆北碚东阳镇夏坝，改为国立。④
私立沪江大学	上海	1942 年 2 月迁重庆复校，并与东吴大学法学院、之江文理学院联合组建私立法商工学院，定址社交会堂。⑤
私立东吴大学法学院	上海	1942 年迁重庆，并与东吴大学法学院、之江文理学院联合组建私立法商工学院，定址社交会堂。⑥

① 中国人民政治协商会议西南地区文史资料协作会议编：《抗战时期内迁西南的高等院校》，贵州民族出版社 1988 年版，第 353 页。

②③ 重庆市沙坪坝区地方志办公室编：《抗战时期的陪都沙磁文化区》，科学技术文献出版社重庆分社 1989 年版，第 259 页。

④ 周顺之：《抗日战争时期迁驻北碚的国民政府机关和科研文教单位》，中国人民政治协商会议重庆市北碚区委员会文史资料委员会编《抗日战争时期的北碚》，1992 年版，第 8 页。

⑤⑥ 《重庆教育志》编撰委员会编：《重庆教育志》，重庆出版社 2002 年版，第 432 页。

续表

<table>
<tr><th>名称</th><th>原地址</th><th>迁渝时间地址</th></tr>
<tr><td>私立之江文理学院</td><td>杭州</td><td>1943 年在贵阳设分校，后贵阳分校迁重庆。1944 年 12 月迁重庆。并与东吴大学法学院、之江文理学院联合组建私立法商工学院，定址社交会堂。①</td></tr>
<tr><td>私立金陵女子文理学院</td><td>南京</td><td>抗战爆发后一度在沪、汉、渝设分校。②</td></tr>
<tr><td>私立武昌中华大学</td><td>武汉</td><td>1938 年秋迁鄂西宜昌，后迁重庆南岸。③</td></tr>
<tr><td>私立武昌文华图书馆学专科学校</td><td>武汉</td><td>1938 年 7 月迁重庆江北。④</td></tr>
<tr><td>私立湘雅医学院</td><td>长沙</td><td>1938 年 6 月迁贵阳，1940 年 6 月改国立。1944 年 12 月迁重庆高滩岩。⑤</td></tr>
<tr><td>国立北平艺术专科学校</td><td>北平</td><td rowspan="2">杭州艺专在抗战爆发后首迁浙中诸暨，二迁赣东贵溪。1938 年迁湘西沅陵。与早先到达的北平艺专合并为国立艺术专科学校。1938 年 10 月迁昆明。1939 年迁滇中呈贡。
1941 年迁璧山。⑥ 1943 年夏迁重庆盘溪。⑦</td></tr>
<tr><td>国立杭州艺术专科学校</td><td>杭州</td></tr>
<tr><td>中央政治学校</td><td>南京</td><td>1937 年 9 月迁庐山。1938 年 6 月迁湘西芷江，同年 7 月迁重庆。重庆南岸南温泉。⑧</td></tr>
</table>

① 《重庆教育志》编撰委员会编：《重庆教育志》，重庆出版社 2002 年版，第 432 页。

② 张根福：《抗战时期的人口迁移：兼论对西部开发的影响》，光明日报出版社 2006 年版，第 93 页。

③⑧ 中国人民政治协商会议西南地区文史资料协作会议编：《抗战时期内迁西南的高等院校》，贵州民族出版社 1988 年版，第 353 页。

④ 同上，第 354 页。

⑤⑦ 重庆市沙坪坝区地方志办公室编：《抗战时期的陪都沙磁文化区》，科学技术文献出版社重庆分社 1989 年版，第 259 页。

⑥ 张根福：《抗战时期的人口迁移：兼论对西部开发的影响》，光明日报出版社 2006 年版，第 94 页。

续表

名称	原地址	迁渝时间地址
国立中央工业专科学校	南京	1938年夏迁重庆沙坪坝石门坎。①
国立国术体育专科学校	南京	1940年冬迁北碚金刚碑。②
国立戏剧专科学校	南京	1938年2月迁重庆上清寺。③ 1938年4月迁川南江安，后又迁返重庆北碚，改为国立戏剧学校。
国立吴淞商船专科	上海	1939年底迁重庆复校，改称重庆商船专科学校。重庆江北溉澜溪。④
国立上海音乐专科学校	上海	1939年11月，该校师生于重庆设音乐干部培训班，为国立音乐院分校。迁重庆复兴关。⑤
私立立信会计专科学校	上海	1942年秋迁重庆北碚。⑥
私立两江女子体育专科学校	上海	1938年8月迁重庆南岸。⑦
私立医药技士专门学校	武汉	1938年迁重庆。⑧
国立江苏医学院	镇江	1939年4月迁来北碚牌坊湾。⑨

① 张根福：《抗战时期的人口迁移：兼论对西部开发的影响》，光明日报出版社2006年版，第94页。

②⑨ 周顺之：《抗日战争时期迁驻北碚的国民政府机关和科研文教单位》，中国人民政治协商会议重庆市北碚区委员会文史资料委员会编《抗日战争时期的北碚》1992年版，第9页。

③ 谢增寿、张祐元：《流亡中的戏剧家摇篮：从南京到江安的国立剧专研究》，天地出版社2005年版，第90页。

④⑤⑦ 中国人民政治协商会议西南地区文史资料协作会议编：《抗战时期内迁西南的高等院校》，贵州民族出版社1988年版，第354页。

⑥ 周顺之：《抗日战争时期迁驻北碚的国民政府机关和科研文教单位》，载中国人民政治协商会议重庆市北碚区委员会文史资料委员会编《抗日战争时期的北碚》1992年版，第11页。

⑧ 张根福：《抗战时期的人口迁移：兼论对西部开发的影响》，光明日报出版社2006年版，第97页。

续表

名称	原地址	迁渝时间地址
国立上海医学院	上海	1940 年夏迁重庆歌乐山。①
陆军大学	南京	1939 年迁重庆山洞。②
私立南开大学经济研究所	天津	1937 年迁沙坪坝南开中学。③
国立北平师范大学劳作专修科	北平	1937 年迁沙坪坝，合并入重大上课。④
国立药学专科学校	南京	1937 年迁磁器口，1940 年 7 月迁歌乐山。⑤
军政部兵工专门学校	南京	1937 年迁入沙坪坝杨公桥。⑥

在这些迁渝高校中，不少学校经过跋山涉水的艰辛才来到重庆，最终选址落脚下来。从时间跨度上来看，这一迁移过程从抗战爆发时的 1937 年开始一直延续到抗战后期的 1944 年，可见，高校内迁重庆是在整个抗战时期持续发生的。另外，抗战中不少高校的迁移路线并不是直达重庆，而是有二次迁移。如 1938 年 2 月南京国立药学专科学校最初迁往武汉，武汉沦陷后，经二次转移才迁来重庆沙坪坝复课。国立北平师范大学劳作专修科最初迁万县，后又从万县迁来重庆，借重庆大学校舍复课。南京的国民政府军政部陆军大学辗转至遵义后才迁重庆山洞继续行课。总之，在高校的迁移路线形成过程中，有各种复杂的因素参与其中，并不是完全简单同一的直线迁移路线。

四、文化团体、机构、报刊及新闻出版的空间移动分析

除了高校，内迁重庆的文化团体、文化机构和报刊、新闻出版机构也数量庞大。现将其迁移信息列表如表 2－2。

①②③④⑤ 重庆市沙坪坝区地方志办公室编：《抗战时期的陪都沙磁文化区》，科学技术文献出版社重庆分社 1989 年版，第 259 页。

⑥ 同上，第 260 页。

表2－2　抗战时期迁渝文化团体、文化机构、报刊及新闻出版地址信息表

名称	原地址	迁渝时间地址
中华全国文艺界抗敌协会	武汉	1938年9月迁来重庆。① 地址在张家花园65号,② 文协分会的办公地点也曾设在北碚。
国民政府军事委员会第三厅	武汉	1938年4月1日在武汉成立，翌年春迁来重庆。1939年大轰炸后，被迫迁往歌乐山金刚坡下赖家桥的三塘院子。
国立中央图书馆	南京	1938年2月迁来重庆，1940年落成新馆，在两路口新市街。③
中华图书馆协会	北平	1943年9月，协会迁来重庆沙坪坝国立北平图书馆重庆办事处内。④
刘家班	南京	1937年末来到重庆，在中山一路246号创建得胜大舞台，1942年5月在大同路口重建得胜大舞台。⑤
厉家班	上海	1938年夏，由武汉迁入重庆，长期上演于正阳街一川大戏院。⑥
中华全国戏剧界抗敌协会	武汉	1938年秋迁来重庆，初设办公处于铁板街2号。⑦
上海影人剧团	上海	1937年10月15日抵达重庆。⑧
上海业余剧人协会	上海	1938年元月28日，抵达重庆。⑨
上海戏剧工作社	上海	1938春来渝。⑩

① 重庆市文化局编:《重庆文化艺术志》，西南师范大学出版社2000年版，第294页。

② 臧克家:《少见太阳多见雾》，重庆出版社编《作家在重庆》，重庆出版社1983年版，第89页。

③ 重庆市文化局编:《重庆文化艺术志》，西南师范大学出版社2000年版，第72页。

④ 同上，第95页。

⑤⑥ 同上，第166页。

⑦ 同上，第295页。

⑧ 同上，第266页。

⑨ 同上，第267页。

⑩ 同上，第268页。

续表

名称	原地址	迁渝时间地址
中央电影摄影场剧团	南京	1938 春迁来重庆。[①] 在南岸玄坛庙。[②]
孩子剧团	上海	1939 年元月来渝。[③]
中国万岁剧团	武汉	前身为怒潮剧社，1938 年 9 月迁来重庆，定址纯阳洞。[④]
山东省立剧院	济南	1938 年 6 月迁渝，后改为国立实验剧院，后成立国立歌剧学校，1943 年迁北碚。[⑤]
中央广播电台国乐组	南京	1939 年 3 月迁来重庆。[⑥]
大同乐会	上海	“七七”事变后，部分会员辗转来渝，组成重庆大同乐会，会址设市区曹家巷 16 号。[⑦]
中央电影摄影场	南京	1938 年初迁来重庆，定址南岸玄坛庙。[⑧]
中国电影制片厂	武汉	1938 年 9 月底迁来重庆，厂址设观音岩纯阳洞。[⑨]
中华全国美术会	南京	1937 年春在南京成立。次年移武汉，组成中华全国美术界抗敌协会。1938 年 10 月由武汉迁渝，会址设南泉国立中央政治学校内。[⑩]
中华全国木刻界救亡协会	武汉	1938 年 6 月 12 日在武汉成立，10 月 23 日由武汉迁渝东升楼。[⑪]

① 重庆市文化局编：《重庆文化艺术志》，西南师范大学出版社 2000 年版，第 268 页。

② 参见吕晓明《张骏祥传》，上海人民出版社 2010 年版。

③ 重庆市文化局编：《重庆文化艺术志》，西南师范大学出版社 2000 年版，第 269 页。

④ 同上，第 381 页。

⑤ 周顺之：《抗日战争时期迁驻北碚的国民政府机关和科研文教单位》，载中国人民政治协商会议重庆市北碚区委员会文史资料委员会编《抗日战争时期的北碚》，1992 年版，第 9 页。

⑥ 重庆市文化局编：《重庆文化艺术志》，西南师范大学出版社 2000 年版，第 340 页。

⑦ 同上，第 355 页。

⑧ 同上，第 380 页。

⑨ 同上，第 381 页。

⑩ 同上，第 442 页。

⑪ 同上，第 443 页。

续表

名称	原地址	迁渝时间地址
中山文化教育馆	南京	1937 年 11 月迁来北碚中山路。①
教育部教科用书编纂委员会	南京	1939 年春迁来北碚蔡锷路 34 号。②
国立编译馆	南京	1938 年迁至重庆，1942 年迁来北碚。③
《新民报》报社	南京	1938 年初迁来重庆。社址定中一路 49 号。④
《南京晚报》报社	南京	1941 年 12 月苍坪路 58 号。⑤
《中央日报》报社	南京	1938 年秋迁重庆。社址化龙桥，市区办事处中正路。⑥
《时事新报》报社	上海	1939 年 1 月，中正路 18 号。⑦
《扫荡报》报社	武汉	1938 年秋迁来重庆，市区小较场特 17 号。⑧
《新华日报》报社	武汉	1938 年 10 月 25 日迁重庆。社址现在市中区的西三街，被敌机轰炸后，又迁至化龙桥。营业部先设在苍坪街，后又迁至民生路。⑨
《大公报》报社	天津	1938 年 12 月，迁重庆。建设新村三号李子坝。⑩
中央通讯社	南京	1937 年 11 月迁至汉口，次年 10 月迁至重庆。⑪
中央广播电台	南京	1938 年初迁上清寺。⑫

①②③ 周顺之：《抗日战争时期迁驻北碚的国民政府机关和科研文教单位》，中国人民政治协商会议重庆市北碚区委员会文史资料委员会编《抗日战争时期的北碚》，1992 年版，第 12 页。

④⑦ 杨钟岫、文世昌编著：《风雨传媒》，重庆出版社 2006 年版，第 126 页。

⑤ 同上，第 128 页。

⑥⑩ 同上，第 124 页。

⑧ 同上，第 19 页。

⑨ 同上，第 5 页。

⑪ 重庆抗战丛书编纂委员会编：《抗战时期的重庆新闻界》，重庆出版社 1995 年版，第 71 页。

⑫ 同上，第 113 页。

续表

名称	原地址	迁渝时间地址
商务印书馆	上海	1937 年 12 月从长沙到香港，1941 年 12 月迁重庆白象街禹王庙。①
中华书局	上海	1937 年抗战爆发时，由上海迁香港，1942 年 3 月 29 号迁重庆。② 编辑部设在李子坝。③
正中书局	南京	1937 年抗战爆发后迁重庆观音岩。④
生活书店	上海	1. 民生路 157 号。2. 北碚。⑤

上述迁渝文化机构中，既包括一般的文化事业单位，也包括政府机关部门如第三厅；文化团体包括各文艺协会如文协、剧协、音乐家协会等，还包括各门类艺术社团，如话剧团，地方剧团，音乐团等；报刊及新闻出版机构则主要选取了最有影响的几家报社和书店进行统计。从时间跨度来看，文化机构、文化团体和报刊新闻出版机构的迁渝时间主要集中在抗战爆发后的前三年间。从迁移路线来看，各机构、团体的迁移路线也不是直线迁渝，中间经过许多辗转周折，其中最明显的就是很多机构团体从东部地区最先迁往中部的武汉，直到 1938 年 10 月武汉沦陷才匆匆迁往重庆。

五、科研团队的空间移动分析（政府、各协会）

抗战时期，各科研团队也随着战争局势的发展而被迫内迁。迁入重庆的科研机构迁移信息列表如表 2 - 3。

---

① 王学哲、方鹏程：《商务印书馆百年经营史（1897—2007）》，华中师范大学出版社 2010 年版，第 68—69 页。

② 钱炳寰编：《中华书局大事纪要》，中华书局 2002 年版，第 187 页。

③ 吴铁声：《对中华书局在重庆的片段回忆》，《重庆出版志》编纂委员会《重庆出版纪实》，重庆出版社 1988 年版，第 110 页。

④ 黎子遗：《国民党正中书局之见闻》，全国政协文史资料委员会《文史资料存稿选编精选 9 昔年文教追忆》，中国文史出版社 2006 年版，第 132 页。

⑤ 冯开文主编：《陪都遗址寻踪》，重庆出版社 1995 年版，第 165 页。

表 2－3　抗战时期迁渝科研团队地址信息表

名称	原地址	迁渝时间地址
中央研究院	南京	1928 年 4 月成立，总办事处于 1938 年 2 月 10 日抵达重庆。① 动物、植物、气象、物理、心理研究所陆续迁往北碚。②
中国科学社生物研究所	南京	1937 年 9 月迁北碚。③
中央工业实验所	南京	抗战期间，迁在重庆南岸黄桷垭。1940 年部分机构迁北碚。④
经济部矿冶研究所	南京	1938 年 4 月迁来北碚。⑤
经济部中央地址调查所	南京	1939 年 2 月迁北碚。⑥
农林部中央农业实验所	南京	1938 年迁北碚。⑦
军政部陆军制药研究所	南京	1939 年 5 月迁来，驻北碚北温泉。⑧
军政部油料研究所	南京	迁北碚。⑨

从科研机构的迁渝统计信息来看，迁渝科研机构都是国家级的科研机构，或隶属于政府部门的科研机构，因此，都随着国民政府迁都重庆而从南京迁移过来。

六、迁渝高校、文化科研团体机构的迁移整体情况分析

随着抗日战争全面爆发，为躲避日寇的疯狂袭击和丧心病狂的破坏，全国的文化团体和文教科研机构纷纷迁渝，可以说，在短短的几年间，重庆聚集了大量的文教科研机构。这些文教科研机构涵盖高校、科研院所、

① 程雨辰主编：《抗战时期重庆的科学技术》，重庆出版社 1995 年版，第 48 页。

②③④⑤ 周顺之：《抗日战争时期迁驻北碚的国民政府机关和科研文教单位》，中国人民政治协商会议重庆市北碚区委员会文史资料委员会编《抗日战争时期的北碚》，1992 年版，第 6 页。

⑥⑦⑧⑨ 周顺之：《抗日战争时期迁驻北碚的国民政府机关和科研文教单位》，中国人民政治协商会议重庆市北碚区委员会文史资料委员会编《抗日战争时期的北碚》，1992 年版，第 7 页。

文学、戏剧、音乐、美术、电影等文艺团体和文艺机构、新闻出版机构等。一时间，重庆文教科研机构云集，蔚为壮观，文化人口快速增长。

在以上的分类统计中，只统计了抗战期间从外地迁渝的文化团体和文化机构等，不涉及国民政府迁渝后在本地成立的文化团体和机构。另外，只统计了迁移到当年重庆文化区的文化团体和机构，以抗战时期的重庆文化区为界。

根据上述迁移信息数据，对迁移源地进行统计，迁渝文化团体、文教科研机构原驻地的数量和分布比例如表 2 -4 所示：

表 2 -4　迁渝文化团体、文教科研机构原驻地数量分布表

城市	南京	上海	杭州	镇江	北平	天津	济南	武汉	长沙	贵阳	总计
个数	32	19	2	1	3	2	1	11	1	1	73
百分比	43.8%	26%	2.7%	1.4%	4.1%	2.7%	1.4%	15.1%	1.4%	1.4%	100%

将迁移源地和迁移地重庆联系起来，按照迁移路线绘制地图如图示 2 -3。

抗战时期各文化团体、文教科研机构迁渝轨迹图：

从图示 2 -2 看来，迁移路线的迁移方向性明显，由多个城市向重庆聚集。迁移源地主要分布于东部、北部和中部三大地区，其中以东部地区迁移的文化团体和文教科研机构最多，而东部地区的迁移源地又集中于南京和上海两地，占所有文化团体和文教科研机构迁移源地总数量的 69.8%。从以上数据显示和分析可以看出，迁渝文化团体和文教科研机构的迁移轨迹体现出抗战时期各文教机构从东部文化集中区向西部迁移的整体特征。

东部沿海地区因其特殊的地理位置，经济发达，文化繁荣，在抗战前就已经是中国文化的集中区域。比如仅从抗战前中国高校的分布来看，东部沿海地区的高校占了很大比例。“抗战全面爆发前，中国共有专科以上学校 108 所，其中大学 42 所（国立 13 所、省市立 9 所、私立 20 所）、独立学院 36 所（国立 5 所、省市立 9 所、私立 22 所）、专科学校 30 所（国立 8 所、省市立 11 所、私立 11 所），教员 7560 人，在校学生 41922 人，当年毕业生 9154 人。这些高校分布在平、津、冀、晋、鲁各省市的有 30 校，分布在京、沪、江、浙、皖、赣等省市的有 45 校，分布于鄂、豫、湘

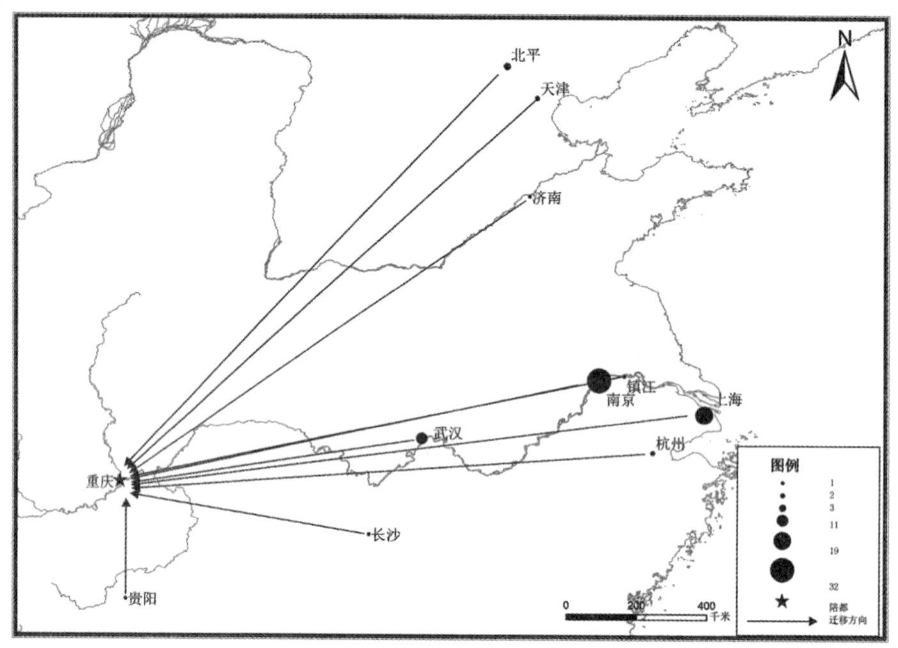

图示 2－2

注：此地图由马晶制作。

的有 17 校，而京津沪三地即有 46 校，占总数的 42.59%，学生占总学生数的 2/3 以上。可见，东部沿海地区是战前高校的主要分布区。”① 除了高校，战前中国各类文化团体和文化机构也都集中于东部沿海地区。所以，从东部迁出的文化团体和文教科研机构从数量上来看就占据了很大的比例。中部地区主要包括武汉和长沙，其中武汉成为继南京和上海后第三大文化团体和文教科研机构输出地，占所有迁渝文化团体和文教科研机构总数量的 15.1%。北部地区主要涉及北平、天津和济南三个城市，这里的文化团体和文教科研机构也在抗战爆发后集中由北向西南方向迁移。

文化团体、文化科研机构集中向一个中心城市转移，这在中国历史上是少有的。抗战时期的文化西迁与这场战争的爆发有着密不可分的联系，更与国民政府向西迁移，定都重庆有着直接的关联。这种具有指向性的迁

① 张根福：《抗战时期的人口迁移：兼论对西部开发的影响》，光明日报出版社 2006 年版，第 89 页。

都行动对抗战时期的文化团体和文化机构的迁移路线、方向以及总体进程都起着关键性的指导作用。1937 年 10 月下旬，随着首都南京的安全受到极大威胁，国民政府开始急于着手迁都事宜。11 月 20 日，国民政府决定自即日起移驻四川重庆，并于当天发布了《国民政府移驻重庆宣言》。国府迁渝，在整个抗战史上成为关系国家命运转折的重大决定，也成为抗战以来中国文化地理格局发生重大转变的终极原因。随着国民政府的各大政府机构向西迁移，各文化团体和文化科研机构也随着这种迁移方向的指向而有了明确的行动。1938 年，国民政府成立了全国战时教育协会，专门负责全国各地学校的迁建工作。在政府机构的明确指导和安排下，全国各地的重要国立、省立高校和研究所先后集中迁移到西南、西北各地，其中重庆成为重点迁移城市。除了各类高校的迁入外，一些文化机构，尤其是一些与政府机构有直接关联的文化科研机构也先后迁入重庆，如中央研究院的总办事处，国立中央图书馆，中央电影摄影场，中国电影制片厂等等，也包括一些政府媒体宣传机构，如中央通讯社、中央广播电台、国际广播电台、《中央日报》社等。所以，政府的迁移指向强烈地影响了这种迁移路径的方向形成。政府的迁移地能够集中各种资源，因此，“从教育、科技、文化、卫生等不同行业的角度看，这些行业组织机构为了自身发展的需要，特别是涉及经费、房屋土地、交通设施、信息来源、人才罗致、市场营销等因素，从东部文化源地西迁，大多以重庆为首选目的地”。[1] 这样，就出现了大批文化团体和文教科研机构集中向重庆迁移的现象。

迁移图中显示迁移源地集中在南京、上海和武汉三个城市，这与抗战历史上三个城市的特殊地位有关。南京、上海是文化团体和文教科研机构集中地区，南京是首都，上海是当时中国的文化前沿城市，所以这两大城市迁渝的文化机构最多。这些文化团体和机构分两种方式向内地迁移。一类是由南京直接迁往重庆，另一类则由于当时的战况和各方面具体情况，辗转迁往重庆，这类迁移往往在迁移源地和目的地重庆之间还涉及一个临时目的城市。如在 1938 年夏之前，武汉由于特殊的地理位置和历史传统，一度成为当时中国的抗日救亡运动中心，因此，相当一部分文化机构先选

① 民革中央孙中山研究学会重庆分会编著：《重庆抗战文化史》，团结出版社 2005 年版，第 71 页。

择在武汉、长沙等中部城市开展工作。直至武汉沦陷，这些文化机构才不得不继续西迁，最终选择在重庆落脚。再比如，战时的几大著名书店如商务印书馆、中华书局等也都是先迁香港后再迁重庆的。不管中间是否经历过周转，总之，文化源地和文化扩散地是迁移轨迹的两端，经过迁移扩散，从空间上来看，文化总会由先进地区扩散到落后地区。

总之，抗战时期迁渝文化团体和文教科研机构的迁移源地分布范围广，空间跨度大，区域集中性明显。这种迁移路线显示，抗战时期，中国文化重心由北向南、由东向西转移。

第四节　万县和江津文化副区形成的空间移动分析

作为川东的重要地区，万县和江津以毗邻重庆的地理位置成为抗战时期内迁高校和文化机构的另一重要迁移处，这也使得这两大地区成为紧邻重庆文化中心区的文化副区。

一、万县文化副区的空间移动分析

在川东区域，万县和江津临近重庆，由于和重庆相似的地理环境和一上一下紧邻重庆的地理位置，使得两地以重庆为中心形成了环绕战时首都文化区的两翼文化副区。万县地处四川盆地东缘，东边与云阳接壤，南边连接石柱和湖北的利川，西边与忠县和梁平、北边与开江和开县相邻。长江自西南向东北横贯全县，在万县形成了一处优良的港口，使得这里素有“川东门户”之称。一条长江，将万县上与重庆、下与宜昌紧密相连，水路交通发达。抗日战争爆发以来，通往华北的铁路被截断，长江中上游的交通基本全靠水运，万县在当时的重要战略地位由此凸显，它作为连接重庆和前线战区的重要地区，成为沿长江入川的首经之地。

抗战期间的万县因此工商业空前繁荣发达，一时间，内迁工矿企业如上海的沱口兵工厂、江南造船厂、南京金陵兵工厂、湖北的麻织厂、华元造纸厂、湖北机器厂、湖北造纸厂、老同兴酱园厂、民丰、允利面粉厂等都云集于此。桐油、粮食、食盐、花生、纱布、山货、药材等也都在此地集散，川中地区的花纱、布匹的供应大半依赖万县，使得万县的运销量仅次于重庆，成为川江第二大贸易市场。[1]

万县作为川东长江边的重要港口城市，不光在战时成为重要的工商业中心，这里也成为后方重要的文化区域。一大批学校和文化机构沿长江入川迁入万县，其中包括上海法学院、南京金陵中学、武汉女中、沙市职业中学、安徽旅鄂中学、山东医学院等13所大中学校。随着各工矿企业、学校、文化机构而来的大量西迁人员和疏散的难民一时间如潮水般涌向万县，仅来此定居者就高达5万余人。到1944年，万县市的人口数量已达17万以上。[2]

万县独特的地理位置使得这里成为抗战时期川东地区的重要文化区域，也成为围绕重庆中心文化区的重要文化副区之一。

抗战爆发后，内迁高校数量越来越多，一方面，重庆的土地资源有限，另一方面，万县是沿长江入川的第一个重要地区，有部分高校在内迁过程中就选择了万县作为落脚点。迁入万县地区的大专院校包括如下3所：

抗战时期迁万县高校地址信息表

机构名	原地址	迁万县时间地址
国立山东大学	青岛	1938年2月迁万县天生城，3月，奉教育部令，由万迁渝并入中央大学。[3]
私立上海法学院万县分院	上海	1943年春，商业专修科迁万县。1946年8月，私立上海法学院万县分院改名为私立辅成学院。[4]
山东省立医学专科学校	济南	1938年迁万县顺溪乡。1945年8月，更名为山东省立医学院。[5]

这三所大专院校都从东部地区迁移至此，除国立山东大学在万县复课只有一个月，就迁往重庆并入中央大学外，其余两所高校在万县办学时间较长，都坚持到了抗战胜利。山东省立医学专科学校于1946年迁回济南。私立上海法学院万县分院在抗战胜利后，和战时迁往安徽屯溪的本院先后

① 徐廉明主编：《万县港史》，武汉出版社1990年版，第89页。
② 同上，第81—82页。
③④⑤ 万县市教育委员会编：《万县地区教育志》，重庆出版社1997年版，第286页。

迁回上海。留在万县的部分师生则另组校董会，更名为私立辅成学院。①

除高校之外，万县地区在抗战时期还迁入中学11所。其中，私立安徽旅鄂中学、私立金陵大学附属中学、私立大公中学等学校办学规模较大，师资力量强，容纳学生多。此段时期，内迁学校云集，全区公私立中学、师范、职校共30所，在校学生14444人，中学教育可谓空前繁荣。②

二、江津文化副区的空间移动分析

江津，位于长江上游，四川盆地的东南部。东边紧邻巴县、綦江县，南部与贵州习水县接壤，西边靠近永川县、合川县，北边连接璧山县。江津境内有长江、綦江等主要河流，水路交通发达。最重要的是，它离重庆城区非常近，县城距重庆市中区仅63公里。这样便捷的交通和优越的地理位置，使得江津在抗战时期成为重庆周边重要的疏散地区。一大批学校、工厂、机关为避日本飞机轰炸疏散而来。以疏散而来的工矿企业、文教机构为依托，这里还直接创办起一大批厂矿和学校。如军政部武昌被服厂迁来之后，新生活运动委员会妇女指导委员会指导长宋美龄又在白沙创办新运纺织厂，夏仲实等投资兴办白沙水电厂。国民政府为了运输铁矿石、煤等战略物资，在綦江上修建水闸，并沿江铺设铁路，这一举措更加速了江津的发展，提升了这一地区的战略地位。江津当时归入重庆的工业区，工商业、金融业相当发达，银行多达十余家。③

抗战时期，大量的文教机构迁往江津白沙镇，使得这里学府林立，文化机构遍布，文化发展极为繁荣。津沙文化区也因此成为和重庆沙磁区、北碚区，成都华西区并称的四川省四大文化区之一。

相比万县，江津在抗战时期迁入的文教机构更多。江津地处四川境内，没有直接遭受炮火的威胁，尤其是其紧邻重庆又位于长江沿岸的有利地理位置，使得这里成为部分内迁高校的办学之地。迁入江津的高校主要包括如下3所：

① 万县志编纂委员会编：《万县志》，四川辞书出版社1995年版，第609页。

② 万县市教育委员会编：《万县地区教育志》，重庆出版社1997年版，第2页。

③ 江津县地方志编辑委员会：《江津县志》，四川科学技术出版社1995年版，第3页。

抗战时期迁江津高校地址信息表

机构名	原地址	迁江津时间地址
私立湖北武昌艺术专科学校	武昌	1938 年迁江津德感坝。①
私立华侨工商学院	香港	太平洋战争爆发后，迁广西柳州。1944 年秋，再次迁江津五福场。②
省立窑业专科学校	南京	1938 年西迁重庆复课，1939 年春天，又由渝迁来江津双龙场中渡办学。③

除了内迁高校外，从川外迁入江津的还包括一批中等学校。由安徽迁来的国立第九中学、国立十七中、由湖北宜昌迁来的私立旅宜四川中学、由山西迁来的私立太原友仁中学、由北平迁来的私立志诚中学、由香港迁来的私立香港华侨中学、由汉口迁来的私立汉口博爱中学和私立汉口懿德中学。教育部特设盲哑学校也从南京迁入江津。1944 年，由蒋介石亲自兼任校长的国民党陆军通讯兵学校也从贵州麻江迁来江津油溪镇。④

还有部分学校从重庆疏散来江津办学。如私立南岸中学、国立华侨第二中学、四川省立川东师范学校、四川省立重庆女子师范学校。从重庆疏散来的不光有学校，还包括国家级的文化机构国立编译馆和国立中央图书馆。1939 年 4 月，国立编译馆从重庆迁来江津，1942 年 1 月，教育部中小学教科用书编辑委员会，暨中国教育全书编纂处，合并到国立编译馆。国立编译馆在江津办公 3 年多时间，直到 1942 年 8 月才从江津迁往北碚。1939 年 4 月，国立中央图书馆也从重庆迁来江津白沙，后来同四川平民教育促进会江津实验区联合开办民众书报阅览室，直到 1944 年才迁往重庆。在这些文教机构中，有很多学校和文化机构迁入白沙镇，如四川省立川东师范学校、四川省立重庆女子师范学校、国立中央图书馆等，使白沙成为名副其实的川东文化重镇。

---

① 江津县地方志编辑委员会:《江津县志》，四川科学技术出版社 1995 年版，658 页。

②③ 王长钧:《抗战期中迁入江津各校综述》，江津市政协文史资料委员会《江津文史资料选辑》(第 13 辑)，内刊，1992 年版，第 82 页。

④ 同上，第 83—89 页。

从万县和江津内迁文教机构的空间移动情况可以看出，迁入两地的高校数量不多，主要是一批中等学校。内迁学校的迁移源地覆盖面广，包含中国北部、东部、中部和南部的许多城市，如北平、太原、青岛、济南、上海、南京、武昌、汉口、宜昌、香港、贵州麻江等。在内迁文教机构的空间移动中，还有一个特殊现象，江津地区接受了一批从重庆疏散来的文教机构，这也是江津文化副区在空间移动方面与万县文化副区存在明显差别的地方。究其原因，还与两地地理位置在战时确立的城市功能密切相关。万县是处于前线宜昌与重庆之间的前哨，作为长江入川的门户，其被轰炸的可能性远高于其他城市，而江津处于重庆的后院，安全性相对较高，而且江津距离重庆较近，水路交通方便，因此，在重庆饱受轰炸后，江津成为许多文教机构向周边县乡疏散的迁移重地。

第五节　成都文化区形成的空间移动分析

抗日战争爆发后，随着战争形势的发展，日本占领了越来越多的中国领土，同时对其所占领地区的中国文化进行野蛮的摧残破坏。在这种严峻的形势下，为了保存中华民族文化精华，大批高等院校、文化机构、文物图书以及文化名人，从东部沦陷区向大后方的战略转移势在必行。本节主要以成都特有的地域文化特征为线索，全面梳理抗战期间进入四川的文人学者、内迁高校等文化机构，分析他们入川的具体路径，揭示这一时期向大后方的文化迁移所绘制的文化版图及其重要意义。

抗战时期，全国汇聚后方的文化教育中心，主要分散在四个地方，且远近闻名。一是由北京大学、清华大学、南开大学三校联合组成的西南联合大学，在昆明城西北地台寺，条件异常艰苦，学校建筑多为土墙茅草顶，俗称“草屋大学”。另外三地有“三坝”之说：一是位于汉中古路坝的西北联合大学（由北平大学、国立北平师范大学、国立北洋工学院联合组成），校舍多是竹片泥巴墙的草屋，夜间透过房顶瓦片依稀可见星月，下雨天，师生们上课、吃饭甚至睡觉都得撑着雨伞，因此古路坝被喻为“地狱”；二是重庆的沙坪坝，是一座汇集了中央大学、教育学院、上海医学院、重庆大学等十多所高校的大学城。校舍为平房、木板房，有窗而无挡风之玻璃，四面透风，因而沙坪坝被称为“人间”；三是成都的华西坝，汇集了华西协和大学、金陵大学、金陵女子文理学院、齐鲁大学、燕京大学、中央大学医学院及农学院畜牧兽医系六大院校，是教会大学的典范，是近代成都对外开放、吐故纳新的一个地标。华西坝中西合璧的建筑群，集华丽西洋与典雅东方于一体，校舍精美，叹为观止。1941 年 7 月 26 日，西南联大的罗常培教授来到成都，“下午三点到华西坝去参观华西、齐鲁、金陵等大学，会到张凌高、刘世传、陈裕光、吴贻芳 4 位校长，高巍巍的楼房，绿莹莹的草地，看惯了我们那茅茨不翦，蒿莱不除的校舍，来到此俨然有天上人间之感”。[①] 因此华西坝被美其名曰“天堂”。

同时，抗战时期，在川内的成都“华西坝”与重庆“沙坪坝”、江津“白沙坝”、北碚“夏坝”又合称为“文化四坝”。

华西坝之于成都，犹如牛津、剑桥之于伦敦，清华、北大之于北京。

在抗战胜利之际，华西坝教会四大学迁返复员时，共同草拟了一段文字，作为华西坝历程的见证：

> 成都自古为西南明郡，文物之胜，资源之富，风土之美，冠于全国。故中原有警而西南转为人文荟萃之地，此征之既往而然者也。民国肇兴，华西协和大学于焉成立，规模宏伟，设备完善，而校园清旷，草色如茵，花光似锦，不仅为成都名胜，亦西南学府。四方人士心向往之，而蜀道艰难未迨身临其境也。
>
> 抗战军兴，全国移动。华西协和大学张校长凌高博士虑敌摧残我教育，奴化我青年，因驰书基督教各友校迁蓉，毋使弦歌中辍。其卓识宏谋固已超出寻常，使人感激而景仰之矣。既而金陵女子文理学院、金陵齐鲁两大学均先后莅止，而燕京大学亦于太平洋战起被迫解散，旋即复校成都，于是有华西坝五大学之称。而华西协和大学之校舍、图书馆及一切科学设备亦无不与四大学共之。甚至事无大小，均由五大学会议公决，而不以主客悬殊，强人就我。即学术研究亦公诸同人，而不以自秘，此尤人所难能。若持之以恒，八年如一日，则难

① 罗常培：《苍洱之间》，辽宁出版社 1996 年版。转引自岱峻《风过华西坝——战时教会五大学纪》，江苏文艺出版社 2013 年版，第 46 页。

之又难者也。诚以所得之效果言之，远方之人，得身临天府之国，一揽其名胜，又不废其学业，斯亦足以心满而意足矣。然此犹其小焉者也。夫全国基督教大学十有三而各处一隅，无由合作。今则五大学齐聚于坝上，其名称虽有不同，而精神实已一致。教会大学之合作即以五大学发其端，此则前所未有之创举，而今乃见之于颠沛流离之际，岂不感哉！行见五大学继此而益谋密切之合，即其他各校亦皆闻风而兴起，则其成就之大，又不可以道里计矣。

兹值胜利复员，四大学东归在即，咸谋所以，寄其感激欣慰之意者，爰作斯文，铸之吉金，以垂不朽。

金陵大学　金陵女子文理学院　齐鲁大学　燕京大学

中华民国三十五年六月三十日①

"成都自古为西南明郡，文物之胜，资源之富，风土之美，冠于全国。"战时又以博大的胸怀包容接纳遭受外敌入侵的同胞，给予其无私的帮助。"虑敌摧残我教育，奴化我青年……毋使弦歌中辍。"成都也因包容和接纳迎来了一个文化发展的辉煌时期。

一、学校的空间移动分析

抗战爆发以前，四川省共有高校 5 所，分别是位于成都的国立四川大学和私立华西协和大学，以及位于重庆的省立重庆大学、省立教育学院、私立西南美术专科学校。

其中，国立四川大学 1937 年的校舍主要在皇城（即今天府广场科技展览馆附近），还有一部分在南较场（今石室中学）以及外东白塔寺。② 华西协和大学的校舍位于皇城南面的华西坝。四川大学，当年设有文、理、法、农四个学院，是当时学科门类比较齐全的综合性国立大学。私立华西协和大学与上海的圣约翰大学、苏州的东吴大学、广州的岭南大学、北京的燕京大学等，并列为全国 13 所教会大学，也是整个西部唯一的教会大学。华西大学抗战前设有文、理、医牙学院。虽然学校不大，但是教育学

① 罗中枢主编：《四川大学历史精神使命》，四川大学出版社 1970 年版，186—187 页。
② 刘乔：《老川大缘何选址望江?》，《四川大学报》2014 年 7 月 8 日第 637 期。

制完整、学科门类齐全、师资优良，是同类学校的佼佼者。

抗战期间入蓉及周边地区的高校和相应机构共 11 所。其中有金陵大学、金陵女子文理学院、齐鲁大学、燕京大学、中央大学医学院及农学院畜牧兽医系、中央陆军军官学校、北京协和医学院护士学校；另有上海光华大学设立成都分校、山西铭贤学院、北平朝阳学院、清华大学航空研究所等。其中山西铭贤学院迁入金堂县姚渡镇曾家寨，当时归属四川省第十三行政督察区（现成都市青白江区）。抗战时期虽不属于成都市的行政区划，但从地理区位而言，此地宜纳入成都区域来分析。而中央陆军军官学校西迁成都的历史，以前少有涉及，此处做重点分析研究。

从地域上划分：来自华北地区的有 6 所高校，其中来自北平的有 4 所，来自山东的有 2 所；来自华东地区有 5 所高校，其中来自南京的 4 所，上海的 1 所。

1. 南京三所院校的西迁之路

(1) 中央大学医学院及农学院畜牧兽医系的迁徙

在所有的文化迁徙中，中央大学是时间把握和路径设计上最为周到精密的。因此也是损失最小的文化机构之一。

从时间上来说，中央大学医学院和农学院畜牧兽医系是最早迁来华西坝的。1937 年 7 月 17 日，中央大学校长罗家伦参加蒋介石召集的庐山谈话会后，返校便立即通知总务处做好长途迁徙的准备，8 月下旬，罗家伦在教授会上正式提出了迁校重庆的方案并获得通过。9 月 23 日，接到教育部西迁重庆的批复后，便在长江航运还算正常的情况下进行迁徙，大部分院系乘船顺利到达重庆。因在重庆找不到医学生临诊实习的医院，校长罗家伦派医学院院长戚寿南赴成都与华西协和大学商洽。华大“慨允合作”。10 月，中央大学医学院随即迁来坝上。①

但是畜牧兽医系涉及实验牲畜迁徙，情况较为复杂。据畜牧系主任陈之长教授回忆：在西迁时，根据校本部的规定，学校只负责图书仪器及师生员工的运送。我系的种畜只得自行设法，由农学院邹树文院长出面商请民生实业公司总经理卢作孚先生援助，派船到南京，装运了种牛二十头，种猪二十余头及各类种鸡、种鸭数十只，牧场职工及家属也同船护送。未

① 岱峻：《风过华西坝——战时教会五大学纪》，江苏文艺出版社 2013 年版，第 14 页。

装运完的种畜，在日寇侵占南京前夕由部分职员步行赶运，经皖北至湖北武汉，再由民生公司轮船接运到重庆。在南京尚有大量的改良杂交牲畜，无法抢运出来，实在可惜。①

中央大学农学院畜牧兽医系具体的迁徙过程及路径大致是，由中大畜牧场负责人王酉亭带人到南京城西北的三汊河江边高价雇了四条大木船驶至下关，畜牧场职工全部出动，把鸡笼、兔笼置于乳牛背上，分羊群、猪群、牛群 3 队赶出挹江门，至江边于枪炮声中匆匆上船向西挺进。这一大队家禽家畜在浦口上岸，沿南京至合肥的公路浩浩荡荡前行。南京沦陷后，这支“大军”沿大别山北麓公路西行，过平汉路，继尔沿桐柏山南麓，行程约三千里抵达宜昌，此时离告别南京已近两年。② 教职工们披星戴月辗转途中，宜昌交通部门的负责人深为他们吃苦耐劳、坚韧不拔的精神所感动，同意挤出舱位并不收运费，输运这支特殊的“大军”至重庆。对此，罗家伦在他的《抗战时期中央大学的迁校》一文中有这样一段回忆：

> 在第二年（1938 年）深秋，我由沙坪坝进城，已经黄昏了。司机告诉我说，前面来了一群牛，像是中央大学的，因为他认识赶牛的人。我急忙叫他停车，一看果然是的。这些牲口经长途跋涉，已经是风尘仆仆了。赶牛的王酉亭先生和三个技工，更是须发蓬松，好像苏武塞外归来一般。我的感情振动得不可言状，看见了这些南京赶来的牛羊，真是像久别的故人一样，我几乎要向前去和它们拥抱……③

在重庆，畜牧兽医系的教学方面虽进行了安排，但对三四年级学生的实习场地无法解决。经学校与四川省建设厅协商，同意借用省“家畜保育所”以供畜牧兽医系教学、实习用地。

1937 年 10 月底，畜牧兽医系三四年级学生前往成都，把省“家畜保育所”部分楼房改为教室，以实验室、兽医院及牧场为学生实习场所，借

① 陈之长：《抗战时期中大畜牧兽医系在四川办学情况》，《四川草原》1984 年第 2 期。

② 刘敬坤：《中央大学迁川记》，政协西南地区文史资料协作会议编《抗战时期内迁西南的高等院校》，贵州民族出版社 1988 年版，第 251 页。

③ 罗先哲：《抗战时期“中央大学的西迁”》，上海市政协主办《联合日报》，第 1170 期。

用一小院为师生员工的宿舍及食堂。中央大学医学院和畜牧兽医系皆因重庆缺乏学生的实习场所，不得不再次从重庆迁往成都，正好成都华西协和大学医学院可以供学生医学实习，四川省“家畜保育所”可以供畜牧兽医系三四年级的学生实习。在成都教学实践过程中，1938 年，畜牧兽医系教授许振英、陈之长、赵海泉等组成畜牧兽医组，参加了西康省科学考察团，对西康牧区进行科学考察。途经乾宁、卢霍、道孚至甘孜，历时三个月，考察沿途牧场、草原、牧民生活情况等，撰写了西康省畜牧兽医考察报告，送西康省政府作为发展牧区草原畜牧业的参考。①

1943 年春，美国农业部专员、窝里冈大学草原学教授蒋森，应我国教育部邀请来华讲学，为畜牧兽医系开设“草原管理学”专题讲座，并对牧区进行了考察。当年夏天，陈之长教授代表我国教育部专员邹树文陪同蒋森去西康省的乾宁（今八美镇）、卢霍及甘孜南部的理塘等地的草原进行考察，经雅江、康定返回成都。参加此次考察的还有华西大学的吕高辉、金陵大学的孙郁之等教授及西康省农业改进所的技术干部梁达新、赵海泉等。蒋森返美后写成“考察报告”呈送给了我国教育部。②

抗战时期，自贡盐井取卤，全靠耕牛来推车提取，由于饲养管理不善以及牛高强度推车，牛的体能下降，抵抗力减弱，致使牛疫频发。而此时自贡井盐支援前方抗战的生产任务极重，由此，推牛的疫病防治引起有关当局的重视，盐务管理局邀请畜牧兽医系协助。技术人员由畜牧兽医系选派。防疫机构成立后，在自贡建立了血清制造厂，开展了兽疫防治工作，控制了牛瘟、炭疽病的流行。

总之，中央大学医学院和畜牧兽医系的各自迁徙路线不尽相同。医学院的迁徙路径简单顺畅，即南京（水路）→重庆（汽车）→成都。畜牧兽医系则较为复杂，大部分师生与医学院路线一致，而部分职工和实验用的牲畜的迁徙路线则较为曲折艰辛，即南京（步行）→安徽（步行）（过大别山、桐柏山）→湖北宜昌（水路）→重庆（汽车）→成都。科学考察的路线是：成都（汽车、步行）→西康（乾宁、卢霍、道孚、甘孜）→理塘；科学实验的路线是：成都→内江；支援生产的路线是：成都→自贡。

中央大学畜牧兽医系的到来，开创了川康两省畜牧兽医业的新局面，

①② 陈之长：《抗战时期中大畜牧兽医系在四川办学情况》，《四川草原》1984 年第 2 期。

畜牧业生产、人民生活得到了较大的改善。

（2）金陵大学的迁徙

日军继1937年“八一三”进犯上海后，十月又强占苏州，逼近南京，加之敌机轰炸频繁，学校已无法上课。金陵大学校长陈裕光决定迁校入川，原打算迁往万县，并选好文、理、农三院的校址，但因初选校址分散，且无其他高校。遂与成都华西协和大学协商，当即得到华西大学同意。于是1937年11月，开始全校西迁成都。①

1937年11月19日，陈裕光致函教育部：“惟政府机关纷纷西移，交通工具一时不敷支配，致本校员生三百余人及全部设备均停滞校中。钧部对于本校素及爱护，拟恳设法商拨船舶，俾能及早成行而免危及员生安全。”② 经教育部斡旋，金大租得“长沙”“武林”“黄浦”三艘轮船，于11月25日、11月29日和12月3日，分三批驶离南京，抵达汉口。③ 随后从汉口乘船到达宜昌，经宜昌转乘民生公司轮船抵达重庆。

1937年12月，留守南京的金陵大学副校长、历史系教授贝德士等教职员与在宁的外籍教授、专家医生、职员等组织了“南京国际安全区”，尽力收容、保护中国难民和放下武器的士兵。金陵大学校园当时成为南京市民避难所。现珍藏于美国耶鲁神学院的“贝德士文献”，是真实记录当年日军罪行的原始档案。

在大部分师生直接乘轮船迁徙之外，还有一些生员步行走安徽、湖北，或至武汉，或直接至宜昌坐船入川，到达重庆。陈裕光及农学院王绶教授、理学院马杰教授，会同金陵大学校友在重庆接应，负责联系去成都的汽车。成渝公路当时只有少数烧木炭的动力汽车，到成都至少需要三天，其他如马车和人力滑竿，则需要走十天以上才能到达成都。理学院的电机工程系及电化教育专修科、汽车修理科等高年级学生由理学院长魏学

① 金陵大学成都校友会整理：《迁蓉的金陵大学》，政协西南地区文史资料协作会议编《抗战时期内迁西南的高等院校》，贵州民族出版社1988年版，第275页。

② 国民政府教育部档案：《为本校迁蓉继续上课拟恳钧部商拨船舶不致困难由》，中国第二档案馆藏，全5，卷5287。转引自岱峻《风过华西坝——战时教会五大学纪》，江苏文艺出版社2013年版，第15页。

③ 岱峻：《风过华西坝——战时教会五大学纪》，江苏文艺出版社2013年版，第15页。

仁带队暂留重庆。①

1938 年 3 月 1 日，金陵大学在华西坝正式开学，到年底学生达 557 人，教职工 197 人。② 教学场地与华西大学公用，教师宿舍则分散在华西后坝、小天竺街、浆洗街。红瓦寺等处。学生宿舍大体分三处：一是红瓦寺，利用坟地庙宇修建草房较多，中午炊事人员送饭，无论酷暑严冬，无一间断。二是在南门恒侯巷修建一楼一底的砖木结构瓦房，作为高年级男生宿舍。三是在小天竺修建草顶平房，作为女生宿舍。③

（3）金陵女子文理学院的迁徙

金陵女子大学是中国第一所女子大学，创立于 1913 年。金女大办学中设置过 16 个四年级学科，在国内外享有盛誉。从 1919 年到 1951 年，毕业人数为 999 人，人称 999 朵玫瑰。④

抗日战争爆发后，金陵女子文理学院分别在上海、武汉和成都三地办学。吴贻芳后来在《金女大四十年》中曾撰文讲述。她说："我与各方商议后，决定迁校。当时选择了三个师生比较集中而又便于与其他教会大学联系的地点，作为办学中心：一个是武昌，是华中大学所在地；一个是上海，师生人数最多，又有圣约翰大学和沪江大学可以合作；第三个是成都，是华西大学所在地，当时师生最少。"⑤ 1937 年的 12 月 3 日，吴贻芳在办公室整理好自己的随身行李后，就立刻带领师生离校。由于不少学生前期已经分散到了武昌、上海等地，所以这一批随同吴贻芳西迁的师生中，只有教职员工 13 人，学生 25 人。迁校当天遭遇日军 7 次轰炸。⑥

1938 年 3 月学校决定撤销上海、武汉分部，集中到成都华西坝。于是分布在上海、武汉的师生启程前往华西坝。武汉的迁徙路程相对较为便捷，沿长江入川，从重庆到成都。而上海的迁徙更为艰辛，因为 1938 年 1 月南京已经陷落，直接沿长江西进之路充满了危险，所以一般有两种路

① 金陵大学成都校友会编写组：《抗战时期迁蓉的金陵大学》；成都政协编：《成都文史资料选辑》（第十六辑），第 129—149 页。

② 岱峻：《风过华西坝——战时教会五大学纪》，江苏文艺出版社 2013 年版，第 16 页。

③ 金陵大学成都校友会整理：《迁蓉的金陵大学》，政协西南地区文史资料协作会议编《抗战时期内迁西南的高等院校》，贵州民族出版社 1988 年版，第 277 页。

④ 岱峻：《风过华西坝——战时教会五大学纪》（自序），江苏文艺出版社 2013 年版，第 4 页。

⑤⑥ 刘浩浩：《金陵女子大学西迁选定沪汉蓉三个城市校长吴贻芳率师生迁校当天遭遇日军 7 次轰炸》，《江南日报》2014 年 11 月 4 日。

径：一是走浙赣线到株洲、长沙，北上武汉，再走水路入川；二是从上海乘海船绕道香港，进入越南，乘火车到昆明入川，再由重庆到达成都。金陵女子文理学院的学生人数较少，许多女生随家长迁徙入川。还有少数散落在江苏、安徽、江西、湖南、湖北、福建、广东、山东等地的学生随着逃难的人群进入四川，迁徙路径除了前述两种外，还有从湖南到广西步行入贵州，再到达重庆、成都的方式。

1938 年秋，金陵女子文理学院的师生陆续到达华西坝，正式开始复课。在成都的 8 年中，金陵女大共为社会培养了 8 届 256 名毕业生。① 吴贻芳积极支持学生的抗日运动，金陵女大抗日救亡运动之热情高涨，领成都各大高校之先。

2. 上海光华大学成都分部的建立

20 世纪初，上海的复旦大学和光华大学是中国人自办的著名私立大学，两所校名都出自《卿云歌》中（《尚书大传·虞夏传》）的名句："日月光华，旦复旦兮。"复旦、光华，象征着复兴中华、反抗西方列强殖民统治的民族精神。

1937 年"八一三事变"爆发后，日军入侵上海，光华大学校舍全部为日军炸毁，但学校仍坚持租房上课，未曾间断。同时校长张寿镛和校董事会商议决定：在上海的本部不再公开招生，对外改为两个学社，一名"诚正文学社"（原文学院）；另一名"格致理商学社"（原理学院和商学院），设立壬午补习班（原附属中学）。②同时决定将一部分学校内迁入四川，成立"光华大学成都分部"。

1938 年 6 月，张寿镛先生不辞辛劳，从上海到香港、飞重庆、至成都，亲自与川中教师多方谋划光华分校的创建一事。时任上海光华大学商学院院长的谢霖受张寿庸校长之托，毅然辞去中央银行秘书长职务，衔命筹办光华大学分部。

1938 年 2 月张寿镛上报教育部呈文"私立光华大学分设川省情形"：

窃自战事发生以来，社会一切情形均与平时不同，自不得不审察

①② 刘浩浩：《金陵女子大学西迁选定沪汉蓉三个城市校长吴贻芳率师生迁校当天遭遇日军 7 次轰炸》，《江南日报》2014 年 11 月 4 日。

环境勉筹应付，是以本校于上学期开学之时，即经电呈当有第二步计划想早邀。

鉴察矣，开学以后即派商学院院长谢霖入川筹备，因历年四川学生毕业本校者不少，成绩均尚优良，蒙四川省政府会议允与补助开办费五万元，川省盐商亦许捐助万元，即与本校校董筹议聘任谢霖为副校长在川筹备。现在租赁校舍、延聘师资暨其他一切设备等，辛苦经营，幸已粗有头绪，即行从事招生，定于二月十五日开学。伏念川省人殷物阜，夙有天府之称，值此全国抗战之时，尤为后方重要之地，寿镛自当督率员生尽力教学，以期（作）育人才仰报国家于万一。至于上海，一方面本校暨他校借读学生共有五百余人，内顾则家室飘摇，前瞻则道途艰阻，既不能率以他迁自未便令其失学，况当本校创办之初，多承各界人士热心赞助，现遭兵燹破坏，尤当勉力支（持），徐图回复。寿镛亦自当竭其驽钝，多尽得一分心力是一分也，所有办理情形，理合备文呈报，仰祈鉴核。谨呈国民政府教育部部长陈（立夫）私立光华大学校长张寿镛

民国二十七年二月一日[①]

谢霖是中国第一个会计师，曾被孙中山大总统聘为孙中山陆海大元帅府的会计长，早年曾在四川工作，具有崇高威望。他先在城内王家坝租赁房屋，于 1938 年 3 月开学，接纳上海光华避难入川的学生，同时也接收流亡到成都的各大专院校肄业生。继则多方奔走集资，幸得四川知名人士张仲铭（川军少将，刘伯承元帅同窗好友）慷慨捐赠基地六十余亩，并与其兄张富安，在成都草堂寺外兴建“富铭堂”等新校舍。随后收到自流井富荣盐场和富商康宝志等人的捐款 7 万元，[②] 加上其他社会士绅的捐助，以及当局实力派刘湘、孔祥熙、邓锡侯、郑汉祥等人的资助，谢霖先生终于在不到一年的时间里，白手起家建起了一所崭新的校舍。1939 年 1 月，草

① 《1938 年 2 月张寿镛上报教育部呈文“私立光华大学分设川省情形”》，《西南财经大学档案馆》网站：dag. swufe. edu. cn，2013 年 9 月 27 日。

② 孙恭：《抗战期间的光华大学成都分部》，政协成都文史委编《成都文史资料选辑》（总第九辑），第 203 页。

堂寺新校建成，全体师生迁入，此地因而得名“光华村”。[①] 谢霖先生亲手种植的“V”字光华铁树至今仍在，已然成为“光华”精神的象征。

光华大学成都分部沿用光华大学设立的文学院、理学院和商学院，下设9个系及一个专修科。1938年至1946年，光华大学成都分部共招收学生3164人，毕业学生2352人，其中大学生1563人。[②]

另外，1938年春，中国战时儿童保育会来人到光华大学成都分部，要求接收一部分难童。谢霖副校长答应接收男女难童200名，入初中部学习，而其教养经费，由政府指定川康盐务管理局负担。并由谢霖夫人张慧卿女士担任保育生管理员，为保育生料理衣服、饮食、疾病治疗等事，前后六载，至入校儿童到高中毕业为止。[③]

3. 华北地区6所高校迁徙之路

（1）燕京大学南迁之路

燕京大学是近代中国最著名的教会大学之一，1919年司徒雷登出任校长，开启了燕京大学辉煌的历程。燕大的校训是：“因真理得自由以服务。”抗战爆发后，因北大、清华、南开等许多大学内迁，留下来的沦陷区学生，要么不上学；要么被迫进入日伪控制的学校，接受奴化教育。燕京大学留在北平的坚守满足了大批沦陷区学子的迫切需要，太平洋战争爆发之前，燕大的招生规模因而急剧扩张。燕大的坚守，成为中国北方“沙漠”中的“孤岛绿洲”，涌现出众多可歌可泣的感人事迹。

1941年12月8日，太平洋战争爆发的早晨，日军包围了燕大，把司徒雷登及一批教师关押起来，把学生赶出校园。随后，孔祥熙在重庆召开燕大校董会，决定在成都复学，聘请燕大文学院院长梅贻宝任复校筹备处主任。

燕京大学封门之后，一时学生、教授、工作人员等无处可去。失学、失业，交通阻隔。此时华北都是敌占区，要秘密离开北平，需要辗转越过封锁线，还得要有人冒着生命危险带路穿越。其中，河南亳州界首和浙江

---

① 《母实业而父教育—光华大学成都分部创办人谢霖先生小传》，西南财经大学档案馆网站2013年8月29日。

② 《私立光华大学成都十年记序》，西南财经大学档案馆2013年8月28日。

③ 莫健：《上海光华大学内迁成都》，政协西南地区文史资料协作会议编《抗战时期内迁西南的高等院校》，贵州民族出版社1988年版，第302页。

富阳是需要通过封锁线的两个关键点。①

成都复学的消息传到北平，燕大师生立即行动，学校设计了两条迁徙路线。并在沿途设立学生接待站：洛阳、宝鸡、金华、衡阳、贵阳等地，由当地校友协助。② 两条路线主要是北线和南线，北线是从北平经商丘西行，过河南、陕西转道西安、宝鸡，过汉中从北面进入四川，走北线的学生较多。一条从南面绕道进入成都，称为南线，即从天津过济南（或者走海上），到上海或南京或杭州，穿越钱塘江或富阳到达自由区的湖南、广西等地，从长沙、桂林，借道贵州从南面进入四川，经重庆到达成都。此时的整个长江以北都是沦陷区，沿途各站日军盘查甚严。当时的流亡学生较多，国民政府就派人在各主要交通要道秘密进行疏散引导，带领流亡学生走一些较为安全的路径，以便安全顺利地到达大后方。北线的线路相对要短一些，但是沿途仍要经过敌占区，甚或交战区，危险很大；而南线路途遥远，也必须经过敌占区，一路险象环生。

从北路入川的张澍智回忆道：

> 我姐妹二人和一位周女士偕同燕大的张德泽、尹葆芳和另外两位同学一行七人于7月中旬乘火车抵达河南小冀县。然后由一位老乡带路，准备步行越过日寇封锁线……不料行至新乡附近一片荒郊时，突然从草丛里窜出一伙强人，硬是将我们全部箱笼行李抢劫一空，连身上的现钞也被搜光了。带路的老乡只好领我们到近处村落一家土屋去投宿。在我们心神尚未安定下来之际，忽然村民大呼，“快跑鬼子搜村来了！”……
>
> 一名日寇猛地从刀鞘里拔出一把明晃晃的钢刀，叫汉奸翻译挨个问谁是共产党，随即用绳子将四名男同学和另外三个商人打扮的青年的双手从背后捆紧，再用一根长绳把七人串到一起，然后逼着他们和我们三个女的夹在他们队伍中间朝东面的一片田野走去。
>
> 夕阳已渐西落，一片刚收割完的芝麻地被映成金黄色。突然从斜

① 成恩元：《第一条路线》，燕京大学校友会编《燕京大学成都复校五十周年纪念刊》，第28—29页。

② 成恩元：《成都燕京大学复校初期大事记》，燕京大学校友会编《燕京大学成都复校五十周年纪念刊》，第19页。

对面一座山丘上传来一阵密集的机枪声，从未受过军事训练的我和妹妹立时卧倒在地，一梭子弹从我们发梢上飞过，落进面前的沙土里。由于芝麻地只剩一簇簇矮根，找不到藏身之处，日本兵急于逃命，就个个弯着腰朝东鼠窜……那天深夜，华姓同学把他的怀表赠予一位老乡，求他领我们连夜穿行丛林田野，绕过敌人的岗哨及碉堡。一路上，声声冷枪不时划破寂静的夜空，我们小心翼翼，心惊胆战，总算走完了那段危机四伏的路程。①

而法学院代理院长吴其玉，为了顺道回福建闽清探望父母，就选择了走南线：

同行一共九人，有一位是青年会的干事，还有好几位是银行职员。我改名吴石云，化装成茶叶商人。我们从杭州过军桥河下住的地方出发，经过六道关卡，下午三时许到达祝家村的一个富裕地主兼商人的家。……

子夜刚过，就听到村中群犬的吠声，接着是日军的铁蹄声。居停主人的仆人说，这是日军要挨户搜查。随即听见有人带着日军来到门前大声敲门，还高喊着“先生来了，先生来了”，似乎要冲进来的样子。居停主人却十分坚决，说：“不要开门，让他去敲打。”同时又派人到后门探听虚实。不一会儿派去的人回来说，日军是搜查藏匿的抗日人员，尚无意冲开居停主人之门。接着就听见远处传来枪声，日军也退走，到别处还击。当时我们对这一切都不了解，后来才知道是地下的抗日部队先鸣枪，日军不得不退走，把搜查的事放下。就在这时，居停主人来到我们中间，说：“现在好走了，要乘此机会逃出虎口，不要再迟延了。”……到了兰溪。金华，我遇到从上海方向来的一些知识分子，其中有沈体兰、盛振为、李培恩、何炳松等。②

① 张澍智：《出生入死赴成都》，燕京大学校友会编《燕京大学成都复校五十周年纪念刊》，第37—39页。转引自岱峻《风过华西坝——战时教会五大学纪》，江苏文艺出版社2013年版，第18、19页。

② 吴其玉：《赴蓉途中遇险记》，燕京大学校友会编《燕京大学成都复校五十周年纪念刊》，第25—26页。转引自岱峻《风过华西坝——战时教会五大学纪》，江苏文艺出版社2013年版，第19页。

南北两线都充满了惊险，由于敌占区范围广大，尤其是铁路沿线和城市，虽有专人引导，仍有一些路途危险重重。实际个人的迁徙还要复杂，据《燕京大学成都复校五十周年纪念刊》上的校友回忆录记载，仅北线至少有三条不同的线路：一是北平坐火车到河南安阳，从安阳进入太行山区，过封锁线进入安全区；二是从北平坐火车到焦作市，穿过封锁线渡过黄河到洛阳，洛阳西行到陕西灵宝、西安，进入安全区；三是从北平坐火车到商丘，从亳州界首绕道皖北，到洛阳。① 一路都有盘查，关键在于顺利通过封锁线。

燕大师生不畏艰险，历经种种磨难，赶往成都复学。1942 年秋，燕大在成都正式开学，注册学生共 300 多名（其中有从北平赶来的恢复学业的学生一百五十多人，另外还从抗战大后方招考了新生一百多名）。适逢美国共和党人威尔基（Wendell Werekie）作为美国总统罗斯福特使访华。10 月 2 日在成都“华西坝”足球场的草坪上发表演讲，梅贻宝率队前往。他回忆道：

> 燕大师生由陕西街整队出发，前面由校旗领导。到达华西坝时，掌声四起。乃是四友校师生表示欢迎燕大，参加五校阵容的热情流露。成都复校的燕京大学能以威氏演讲为第一课，亦是殊足纪念的趣事。至此，燕京大学在后方复校的构想，完全实现。②

于是，10 月 2 日就成了燕京大学在成都开学的纪念日。

（2）私立北平协和医学院及护士学校

1941 年 12 月 8 日，太平洋战争爆发。北京协和医学院护士学校聂毓禅③校长照常在上午六点半来到办公室。这天是三年级学生参加中华护士学会主办的 3 天毕业会考的第一天，当日考的是护理技术操作。按规定，这一门如果不及格，就不能参加后两天的考试。早上八点多钟，医院被日

① 汪洋：《为复校我走过的三条敌人封锁线》，燕京大学校友会编《燕京大学成都复校五十周年纪念刊》，第 31—35 页。

② 梅贻宝：《北平私立燕京大学成都复校始末记》，燕京大学校友会编《燕京大学成都复校五十周年纪念刊》，第 5—13 页。

③ 1903—1998 年，河北省抚宁县人。美国哥伦比亚大学理学士，密歇根大学医学院硕士学位，护理教育家，中国从事高等护理教育领导工作第一人。

军占领。聂毓禅恐参考的学生慌乱，影响发挥，遂到考场告诉学生："今日有日本军参观，这是不寻常的，大家不要慌乱，考试照常进行。"从而稳定了学生的情绪，参加会考的学生全部通过考试，获得证书。[①] 聂毓禅临危不惧的过人胆识和体谅学生的殷殷之情感动了全体师生。

1942 年，私立北平协和医学院（即北京协和医学院）被日军占领而停办。聂毓禅暗地里把学生分散到当时的道济、同仁、妇婴、中和等医院及第一卫生事务所实习，并借地方安排教师上课，使学生得以完成学业，并参加和通过了隐蔽进行的中华护士学会的毕业会考，还对教职员工出具证明，以便另谋工作。

1943 年春，北京协和医学院护士学校聂毓禅校长把学生都妥善安置后，便与三弟同行奔向内地。途中又遇到几位熟人同行。他们从北平出发，乘火车到商丘，后改坐人力架子车到沦陷区与国统区分界的亳州界首，再换乘火车到达西安。一路上风尘仆仆，每到一处都要为联系交通工具和寻找宿食而奔波。途中，聂毓禅的三弟在抵达西安前一站的东泉店时，被国民党的军队枪杀了。因人生地不熟，不宜久留，她忍痛将灵柩运到西安安葬后，又匆匆奔赴兰州。由兰州乘飞机抵达重庆，在重庆的中央卫生署暂时安顿。从沦陷区北平到达国民党的陪都重庆，沿途历两月之久。当时内迁大学齐聚成都，生源丰富，前期课程师资力量强，原协和医学院及护校的一些师生已来到成都，又恰逢成都华西大学正建筑新医院，学生实习不成问题，乃决定在成都复校。1943 年至 1946 年在成都共招收了三班学生，约 50 余名，另外还举办了一届两年制的进修班，为国家培养了急需的护理人才。[②]根据这段资料显示，护士学校的人员基本是前往成都的聂毓禅校长和少量的师生，多数是在成都重新招收的新生。

（3）北平朝阳学院和清华大学航空研究所

北平朝阳大学，也称朝阳学院，是中华民国时期位于北平的一所法律类大学。朝阳大学创办于 1912 年，校址位于北京市东城区海运仓。朝阳大学是民国时期最出色的法律院校之一。1929 年在世界法学会海牙会议上，朝阳大学被肯定为"中国最优秀之法律院校"，在中国近代法学教育史上享有"南东吴、北朝阳"之美称，以及"无朝（阳）不成院（法院）"之

---

①② 李懿秀：《聂毓禅——从事中国高等护理教育的第一人》，光明网 2006 年 3 月 13 日。

美誉。[①] 抗战时期，国民政府司法院出于培养法政人才之需，接管了该校，由司法院秘书长张本知出任院长，并将学校迁至湖北沙市，随校迁移的学生只有几十人，在张本知的家宅复课。1938 年 7 月，再将学校西迁至成都新南门外法云庵，仍设法律、政治、经济三个系。在沙市和成都招生后，全校师生增至三百多人。[②] 1941 年暑假，教育部又强令学校迁往重庆市郊巴县兴隆场，申氏宗祠和惠民宫等庙宇作为校址，随后还设立新生院于相邻的歇马场莲深湾。[③]

清华大学航空研究所成立于 1936 年，顾毓琇、庄前鼎分别担任正、副所长。1937 年在航空美籍教授华敦德（F. L. Wattendorf）、教员张捷迁主持下，开始在南昌建造远东最大的十五英尺口径航空风洞，同年底土木建筑工程基本完成，旋因南昌屡遭空袭不得不放弃垂成之功。研究所被迫于 1938 年 4 月迁成都，又于 1939 年春迁至昆明。[④]

（4）齐鲁大学迁徙之路

齐鲁大学曾颇负盛名，与当时的燕京大学有“南齐北燕”之美称。齐鲁大学是中国最早的教会大学之一，其校史可以追溯到 1864 年在登州（今山东蓬莱）建立的登州文会馆。[⑤] 齐鲁大学校长、毕业于美国哈佛大学的刘世传，曾不无自豪地说：“正如我的另一个母校，哈佛大学是美国最老的大学一样，齐大是中国最老的大学，绝对没有一个中国大学能在这一点上赶上齐大！”[⑥]

抗战爆发后，教育部建议齐大迁至西安以西的五公县，但迁资所需费用过多，学校不敢贸然行动。当得知华西协和大学愿接受医学院高年级学生，其余学生也可借读，遂动了迁川的念头。刘世传受政府之托，赴海外宣传抗战并为齐鲁大学迁校募集资金。海外之行不辱使命，筹回一笔巨款，随即启动迁川事宜。他组织教工先将仪器运到上海，再乘船到香港转

---

① 熊先觉、徐葵：《法学摇篮朝阳大学》，北京燕山出版社 1997 年版。

② 黄飞声、傅桢：《抗日时期的成都“抗大”——朝阳学院》，政协成都文史委编《成都文史资料选辑》（第九辑），第 191 页。

③ 张钧陶等：《抗战时期迁川的朝阳学院》，政协西南地区文史资料协作会议编《抗战时期内迁西南的高等院校》，贵州民族出版社 1988 年版，第 234—235 页。

④ 《抗战时期的清华大学特种研究所》，清华大学新闻网 2005 年 9 月 1 日。

⑤ 《关于征集登州文会馆资料、线索的通告》，山东大学档案馆 2014 年 4 月 10 日。

⑥ 田可新、王碧薇：《谁解了齐鲁大学的“立案之困”》，《大众日报》2012 年 6 月 19 日。

越南经昆明抵成都。①

1937 年 11 月中旬，齐鲁大学师生开始了紧张的迁川之行。由于时间仓促，齐大的迁徙几近逃难。据文学院院长杨懋春回忆：

> 教职员由济南往成都迁徙时……凡动身早的人，能幸运用上由济南→南京→重庆→成都那条路线，费时少，也不太辛苦，但这条路于战争爆发后不久就断了。那些动身迟的人，就必须改由济南先到青岛，而后经上海、广州、香港，或上海、香港、西贡（或海防）、云南昆明、重庆至成都。经这条路，用时长，花钱多，也很辛苦……②

迁徙初期，每人多少有点钱以购买食品。晚上休息或睡眠，他们便借宿城镇附近的学校、寺庙、教会、礼堂等。当地的主事者见是流亡学生，便会接纳他们，以膳食款待。战争过了一年半载后，由沦陷区逃出来的大量学生，在途中汇集成无数股流亡潮。政府就派人在沦陷区内各处秘密给予引导，带领流亡学生尽量走较安全，且能早日平安到达国统区的路径。齐鲁学生就这样一路的风雨兼程抵达成都。

跟燕京大学内迁一样，齐大除了上述两条路线外，还有第三条入川路线，即从济南到达上海后，转道杭州，经浙赣线进入湖南株洲、长沙，转道广西桂林，经贵州到重庆，到达成都。

经过几个月的长途跋涉，齐大部分师生于 1938 年秋冬之际到达成都，开始复学。但由于路途艰险，到校师生仅数十人，转道越南海防的师生晚些时候才陆续抵达。到 1941 年太平洋战争爆发，留在济南原址的西籍教授亦陆续入川，至此，齐鲁大学南迁成都才算全部完成。

（5）山西铭贤学校的南迁之路

1907 年美国欧柏林大学（Oberlin College，Ohio）委托孔祥熙先生，在山西省太谷县创办私立铭贤学校。在抗战迁川之前，铭贤学校是从小学入学到高中毕业学制 12 年的中等学校。

---

① 岱峻：《风过华西坝——战时教会五大学纪》，江苏文艺出版社 2013 年版，第 12 页。

② 杨懋春：《齐鲁大学校史》，齐鲁大学校友会编《齐鲁大学八十八年——齐鲁大学校友回忆录》，第 68—69 页。转引自岱峻《风过华西坝——战时教会五大学纪》，江苏文艺出版社 2013 年版，第 16 页。

1937年10月，铭贤学校决定搬迁。首先从太谷县到山西运城，短暂停留不到一个月，遂于11月中旬渡过黄河来到河南陕县，在短暂的三个月时间里，遂借用一破旧的庙上课。1938年春又从陕县迁往西安。学校在西安复学不到一年，因战事吃紧，敌机屡屡轰炸西安，1939年11月再度迁校，途经宝鸡沿川陕公路南下，在汉中的沔县武侯镇短暂落脚。其间，他们一路走走停停，风餐露宿，但极少停课，总是借用途经之地的教室和古庙复课，一遇轰炸或沦陷就立即转移，途中仍有多名师生在日军的枪弹下不幸伤亡。正当师生们在汉中不知所措之时，从四川传来喜讯，校方已在距成都80多华里的金堂县觅得一处办学的“桃源胜地”。于是铭贤学校的师生再次徒步翻越大山，历经20多天的艰难历程，于1939年4月，师生们到达金堂县姚渡镇的曾家寨子（现成都市青白江区光明村）。[①]“曾氏府宅”由老寨、上新寨、下新寨组合而成的一所清朝年间的“大夫第”，三寨共有大小房屋上百间，实为一所理想的办学之地。曾家寨子主人名曾道，成都高等学堂毕业、日本早稻田大学留学，留学期间他参加了孙中山的同盟会。[②]

学校在金堂期间，高、初中学生由最初的200多人增至800多人，每年高中毕业100多人。1940年，校董会在中学的基础上增设农工专科，有教授11人，教员10人，学生58人，农工两科共分6个系。1943年，经教育部批准，铭贤学校改建为“铭贤学院”，由专科改为本科，学制也从3年改为4年，学系扩大到8个，即农艺学系、畜牧兽医学系、农业经济学系、机械工程学系、化学工程学系、纺织工程学系、工商管理学系、银行学系。其间还有不少外籍教师来授课，创下了毕业学生近千人的辉煌。[③]1947年铭贤学院由金堂再迁往成都办学。所以，铭贤学校不是单纯的搬迁入川，而是在四川经历了从一个中学荣升为本科学院的发展壮大时期。

4. 中央陆军军官学校独特的空间移动分析

国民党中央陆军军官学校前身是“中国国民党陆军军官学校”（俗称“黄埔军校”）。1924年由孙中山先生亲手创办，原设址广东省广州市黄埔

① 范敬一、成一：《抗战期间迁川的铭贤学校》，成都市政协文史委编《成都文史资料选辑》（总第16辑），1987年版，第158—164页。

②③ 王茜：《老金堂曾家寨子 护佑山西铭贤学校9年整》，《华西都市报》2014年8月3日。

区长洲岛。1927 年，黄埔军校迁至武汉，宁汉合流后，再迁至南京。1928 年 3 月，黄埔军校更名为“国民党中央陆军军官学校”。1937 年 8 月抗战时期，黄埔军校迁离南京。1938 年 11 月，学校迁往成都，1946 年再更名为“中华民国陆军军官学校”。1949 年 12 月成都解放，在成都办学长达 11 年之久的“中央陆军军官学校”随即解散，部分人员前往台湾。

1937 年“八一三”淞沪会战爆发，南京遭遇敌机轰炸，中央陆军军官学校有学员在轰炸中丧生，无法正常上课。为了保存实力，进行正常训练，校务委员会紧急召开特别会议，决定全校官兵快速西迁四川成都（当时第三分校所在地），并随即报请训练总监部核准，同时命教育处制订战时教育和西迁实施方案。教育处制订的方案是：边走、边训、边招生、边毕业（迅速补充到各部队）。且随即下发各单位执行。同时在句容进行战术训练的第十一期一总队学员，立即奉命返回南京，提前毕业分发到各部队。①

1937 年 8 月 16 日晨，大部分学员整装待发，在操场听完长官训诫后，立即启程。出中华门，经雨花台，来到大胜关。随后，全队即以战备行军姿态急速前进，同时开始了路途中的行军和夜行军的训练，进行搜索、警戒等科目训练，于 18 日拂晓到达安徽芜湖，行军 116 公里。在芜湖整训三天，然后分批坐船西进，25 日到达九江。部分学员驻扎九江，其余学员继续急行军到达星子县的海会寺，并在海会寺进行各种战术训练。第十三期入伍生团在此升学，分别编成步兵 2 个大队，骑兵、炮兵、工兵各一个大队，交通兵一个中队。由于各前线部队伤亡很大，急需补充下级军官，学校决定在九江为第十一期二总队学员举行毕业典礼，立即分配到各部队服役。②

9 月下旬，军校奉命分批乘船离开九江转移到武汉，继续接受紧张的训练。1938 年 1 月 22 日，第十二期学员在武昌中华第一女子中学大礼堂，举行毕业典礼，随即奔赴前线。同时军校奉命在武汉招收第十四期一总队、二总队及第十五期入伍生团。随后，第十五期入伍生团分批乘船先期到达重庆。1938 年 1 月下旬，第十三期和第十四期二总队分批乘火车来到

---

① 苗琨、慈巨圣等：《抗战时期国民党中央陆军军官学校西迁成都记》，成都市政协文史委编《成都文史资料选辑》（第 12 辑），1985 年版，第 91—93 页。

② 同上，第 96 页。

长沙。准备沿川湘公路，步行训练入川。学校只给5—7天的准备时间。

春节刚过，连日天降雨雪，第十三期学员为前队，第十四期为后队，按时出发。部队渡过湘江，经宁乡，过资水，傍晚到达益阳县。第二天过军山铺，渡过沅江傍晚到达湘西第一重镇——常德县，行军180里。5天后，继续整装前行，当晚宿于桃源县白沙镇，次日中午到达桃源县（陶渊明《桃花源记》所在地），在桃源县遇轰炸，第十四期一学员牺牲。之后第十四期约450名学生由宜昌乘船至渝，再转送铜梁军校继续受训。其余大部学员继续溯沅江西岸前行，过沅陵向芦溪县进发，湘西山势更加陡峭。过芦溪到达所里时，遇上湘西苗族首领挡道（从矮寨至茶洞都是他们的势力范围），通过交涉，同意放行。大队人马星夜急行通过险关，到达四川省秀山县。此时已是春天，一路继续行军通过酉阳、黔江、彭水、南川、綦江县，沿途受到当地学生和民众的热烈迎送，军校也一路进行抗日文化宣传。1938年5月4日，军校学员队到达重庆市，各总队分驻海棠溪和龙门浩。至此，行程约两千里。5月14日，继续西行到达铜梁县。第十二期学员在铜梁举行毕业典礼，并分赴前线。其余学员进入了严格的上课和训练。铜梁集训约半年，1938年11月，再次奉命前往成都。各部分批行军，经潼南、遂宁、乐至、简阳，先后到达成都。①

到成都后，校部驻第三分校原址——北校场。第十四期一、二总队步兵大队分驻北校场东、西两院；第十五期总队驻西校场；特科兵种各队驻青羊宫二仙庵；第十六期总队驻草堂寺；练习团一部驻于将军衙门；其他各部分驻于南较场、皇城、新都宝光寺附近，以及双流机场。各部驻定后，遂开始紧张的战时训练和上课。②

至此，中央军校从1937年8月到1938年11月，历时约16个月，从南京经芜湖、九江、武汉、长沙，经川湘公路过湘西、黔江、綦江到重庆，经铜梁、过遂宁最后到达成都，五易驻地，途经七省，行程七千余里。③漫长的迁徙途中，训练、招生、毕业及上前线同时进行，这无疑比一般高校的迁徙更加艰辛。西迁途中，第十一、十二、十三期学员提前毕业，直接投入战斗，其英勇无畏尤为难能可贵。

---

① 苗琨、慈巨圣等：《抗战时期国民党中央陆军军官学校西迁成都记》，成都市政协文史资料研究委员会编《成都文史资料选辑》（第12辑），1985年版，第96—101页。

②③ 同上，第104页

5. 其他学校及师生迁徙成都概述

1937年8月13日，日军进攻上海，私立东吴大学被迫于10月15日迁往浙江省湖州（吴兴县）。由于战火一天天迫近，学校不得已于11月14日关闭。东吴大学生物系教授刘承钊、陆近仁及另外两名职工，带领18名学生西迁。

1937年11月14日，在日军距离湖州仅六十多公里的情况下，他们连夜逃离，辗转千里，于1938年1月27日到达华西坝。1939年这部分师生正式并入华西协和大学，刘承钊受聘为生物系教授（后来他成为中国科学院第一届院士）。因为他的加盟，华大生物系从此勃兴，尤其是两栖爬行动物的研究，至今仍在全国领先。①

1938年，华南局势进一步恶化，有一部分来自粤港澳、南洋等地的青年学子逃来华西坝。因抗战的非常时期，教育部认可他们的学历和报考资格。如今西南地区西医骨科先驱沈怀信当年就是其中之一，他这样回忆那段岁月：

> 我是1919年出生在上海。1938年6月到的重庆，从香港过来。
>
> 我家在上海……父亲沈彬毕业于圣约翰大学，是中华书局的英文编辑，跟成都的书局有交道，在文庙街的邮电学校教过书。妈妈是父亲的第三任妻子，名叫海梅丽。……
>
> “八·一三”上海沦陷交通断绝。父亲当时在南京，回不了上海，给家人带信说去了四川。我在上海圣约翰中学读高三，跟大姐住在一起。姐姐说，爸爸在四川，我们也要去四川。那时上海是孤岛，只有走黄浦江出海一条道。我们1937年下半年到香港。父亲一直想让我学医，但港大医学院学费很贵。姐姐准备留在香港读书。1938年父亲已到了重庆，在中正书局做英文翻译。从香港到四川十分不易。1938年5月到广州，广州坐火车到武汉，坐船到重庆。离开的当时，正遇广州大轰炸；到武汉，租界里已人满为患，大家争着往那里跑。那是苏联空军志愿队刚到武汉。我先到重庆，后来成都，进了华大医学院。②

---

① 岱峻：《风过华西坝——战时教会五大学纪》，江苏文艺出版社2013年版，第17页。

② 同上，第17—18页。

在1937—1945年间，华西坝“五大学”所收纳的战区借读生百余人，他们来自三十余所不同的学校。除了前面提到的学校外，还有毕业于香港各中学的学生，如香港圣司提反、华南、私立真光、英皇、兴中、九龙协恩等中学，港澳中学毕业生投考内地大学，其学历和报考资格得到中国当局的认可。经过考试合格，这部分学生为大学录取，成为华西、齐鲁等大学的注册学生。据不完全统计，在1938年至1945年间，仅在华西大学登记注册的原香港中学毕业生就有20名之多。[①]

太平洋战争爆发后，约二十余名香港大学医学院的学生，在院长（Gorden King）的带领下，撤离港岛，经过漫长的长途跋涉，历时四五个月，终于在1942年下半年抵达成都，借读于华西坝，注册成为齐鲁大学医学院的在校学生。

另有岭南大学学子，也因战乱求学于华西坝。1944年有8位学生致函华大，要求转学或借读：“曲江疏散，敝校奉令停课，生等疏散抵桂，咸感彷徨无寄。生等家本港澳南洋，自太平洋事变后随岭南大学，迁回祖国，继续在孙逸仙博士医学院修业。今逢此变，惟恐所学难成，再尝失学之痛，且贵校创立迄今，成绩卓著，生等渴望已久，故恳求钧长准予转学贵校医学院，以求继习所学”，“如不能转学，可否借读贵校医学院”。[②] 这时广州沦陷，部分学生内迁到达桂林后，彷徨不知去处时，得到华大等校的接纳，辗转从桂林到达成都。粤、港、澳、南洋的学子在太平洋战争爆发之前，尚可利用香港到越南海防的海上路线，经昆明进入成都。在太平洋战争之后，只能是经广东、广西，冒着生命危险，穿越敌占区，借道贵州进入重庆，然后到达成都。

抗战期间，求学华西坝的莘莘学子，不仅包括西南四省，涵盖东北、华北、华东、华南、西北等大部分省份的学生，还接纳了港、澳、南洋、朝鲜、日本等地区的留学生，华西坝“五大学”成了地地道道的国际性大学。

另有著名戏剧家熊佛西创建的四川省立戏剧教育实验学校。

综上所述，因为迁徙和新建学校，成都高等院校数量从抗战前的2所

① 张丽萍、郭勇：《抗战时期成都华西坝的港澳学子》，《文史杂志》2004年第3期。

② 《华西协和大学学籍档案，学生名册》；转引自张丽萍、郭勇《抗战时期成都华西坝的港澳学子》，《文史杂志》2004年第3期。

猛增到14所，增长了6倍。学科门类在原有两所高校的基础上增加了新闻学、政治学、人类学、国学、图书馆学、诗学、边政学、园艺学、家政学、会计学、银行学、戏剧、音乐、美术、军事指挥学；大大增强了文学、历史学、理学、法学、经济学、社会学、农学、医学等原有学科。其中国学、新闻学、社会学、政治学、边政学、农学、医学、畜牧兽医学、牙科学、会计学、家政学、军事学等13个学科代表了当时中国的最高学术水平。学生数量急剧增加，办学质量迅速提高。抗战时期成都的高等教育出现了空前的繁荣。

二、文化团体、报刊及新闻出版的空间移动分析

文化团体、科研院所、报刊及新闻出版等文化机构积聚了众多的知识分子，他们是文化的创造者和传播者，同时也是日军极力破坏的对象。20世纪30年代，上海宝山路两旁，著名的商务印书总馆与它的东方图书馆两相对峙。商务印书总馆有80余亩厂区，4座印刷厂，厂房之间有宽阔的水泥路相通。东方图书馆在当时是上海华界最高建筑，是那个时代上海标志性的文化建筑。1932年的1月29号，日本海军陆战队的飞机炸毁了商务印书馆。与商务印书馆同时被轰炸和摧毁的还有同济大学、交通大学、复旦大学、大夏大学、东吴大学、上海法学院等几所上海最主要的大学。有一个日本军官说过这么一句话，“如果我炸毁中国闸北的几条街，中国人半年一年就把它修起来，只有炸毁商务印书馆，中国人就不得翻身”。[①] 之后，东方图书馆也被日军炸毁，乃至整个中国的文化设施、文化机构几乎都被日军摧毁殆尽。因此，文化迁徙是保存文化血脉的必然之举。

与学校相比，文化团体除政府的常设文化机构外，大多是比较松散的组织，而且一般是应时而生，团体成员亦是缘聚缘散。各种报纸杂志和出版机构大多数亦如此，只有极少数文化机构留存下来。抗战时期，大多数的文化团体和新闻出版机构、报刊等都是因抗战而创办，随着抗战形势的变化和人员的流动，这些团体、机构存在的时间较为短暂。所以抗战时期文化团体和新闻、出版机构新旧更替非常频繁，短则几个月，长的也不过三五年。另外，由于抗战初期文化人多数集中撤退到武汉的缘故，大多数

---

① 中央电视台大型文献纪录片《抗战》（第七集），《文化血脉》2005年8月25日。

自发性的全国性文艺团体主要创立于武汉，后才迁入重庆及西南各地。

抗战爆发前后，成都的抗日文化活动由萌芽状态发展到声势浩大的群众普及运动。“九一八”至“七七”事变期间，先后成立了“成都市民反日会”“四川抗日救国大会”“抗日义勇军省总建部”“四川省国难救济会”“国民救济会四川各界民众促成会”等。①“七七事变”后，又成立了“成都各界救国联合会”，接着改组成立“成都华北抗敌后援会”，其后又改组成立“四川省抗敌后援会”，以及“四川青年救国联合会”“成都文化界救亡协会”“天明歌咏团”“中华民族解放先锋队成都部队”“大声周刊社”“星芒通讯社”“救亡周刊社”等几十个团体，共同组成了成都本地抗日文化团队的强大阵容，取得了丰硕的抗日救亡宣传成果。随着其他地区文化机构、人员的迁入，组织活动更加浩大，宣传成果更加丰硕。

1. 文化团队的迁徙

抗战期间，迁入成都的文化团体大约有十多个，以下是影响较大的团体情况。

（1）上海影人剧团

上海“八一三事变”爆发后，在著名导演蔡楚生的倡议下，成立了上海影人剧团，进行抗日救亡活动。上海影人剧团入川时的经理是夏云瑚，总务部主任孟君谋，剧务部主任沈浮，编导部主任陈白尘。成员有白杨、吴茵、杨路茜（路曦）、施超、谢天（添）、燕群、刘莉影等青年演员，也有王献斋、龚稼农、徐莘园、孙敏、汤杰、王征信、袁竹如等艺术家。1937 年 9 月 23 日，影人剧团从上海出发，24 日清晨到达南京，因敌机轰炸，转道芜湖去武汉。然后改乘民生公司江轮在宜昌上岸，在此为战士们募捐演出。1937 年 10 月底，上海影人剧团到达重庆，受到了当地文化、新闻界的热烈欢迎，他们是第一个入川的外地剧团。在重庆演出大约一个月后，于 11 月底到成都。② 剧团到达成都时，在牛市口汽车站受到了文艺界、新闻界代表的热烈欢迎。1938 年 1 月 16 日上海影人剧团更名为“成都剧社”。1938 年 4 月，上海业余剧人协会到达成都，“成都剧社”与其合并。剧社的陈白尘、沈浮、白杨、施超、谢天、吴茵、路曦、燕群、高步

① 葛诗雄：《记义勇军敢死队成都第一队出川抗日救国活动》，成都市政协文史委编《成都文史资料选辑》（第 9 辑），1985 年版，第 14 页。

② 燕群：《关于“影人剧团”的回忆》，《抗战文艺研究》1981 年第 1 期。

霄，梁笃生、严皇和学员熊淳、孟加、宇青等，加入了改组后的上海业余剧人协会。至此，原上海影人剧团正式结束。

（2）上海业余剧人协会

上海业余剧人协会1935年6月成立于上海，是由中国的左翼戏剧家联盟组织的主要剧团。“八一三事变”爆发后，剧团一分为三：一部分参加了抗日救亡演剧队第三、第四队；一部分直接加入前线的宣传工作；一部分成立了职业化的剧团。参加职业剧团的人员包括：赵丹、魏鹤龄、贺孟斧、沈西苓、宋之的、叶露茜、章曼苹、陈鲤庭、赵慧深、顾而已、陶金、朱今明、钱千里等二十余人，于1938年1月28日到达重庆，进行公演。于1938年4月中旬到达成都，4月底至9月中旬，在成都演出近200场。1938年10月返回重庆，不久进行改组，剧团撤销。[①]

（3）抗战剧团

抗战爆发后，1937年9月，熊佛西以“平教会”的名义在长沙组织了一个“抗战剧团”，成员除了北平艺专戏剧系的学生，基本都是他在定县培养的新人。11月在长沙举行了公演，因受四川平教会之邀，遂从武汉、重庆，于1938年1月上旬到达成都。在成都进行了长达8个月的公演，于1938年8月与四川省立戏剧教育实验学校合并。[②]

（4）四川旅外剧人抗敌演剧队

四川旅外剧人抗敌演剧队（简称旅外剧队）是抗战爆发后，由护送难民返川的吴雪，在滞留武汉时，与当时在武汉的刘湘侍从室副官王少燕一起商量、提议并创建，于1937年10月在武汉正式成立。由吴雪主持队务，王少燕负责对外联系，初期经费由刘湘出资。初期成员由旅外剧队（也不仅限于四川人）组成，如周峰、陈光、方声、黄忆年等大约十几人。1938年1月，四川旅外剧队迁入重庆，在成渝两地巡回演出。后人员变动，在成都进行改组，人员渐趋稳定，最多时达到30多人。由王少燕任队长，吴雪任副队长。[③] 之后，在川内进行了两次大型的巡回演出。

---

① 孙晓芬：《上海业余剧人协会》，《抗战文艺研究》1985年第4期。

② 上海戏剧学院熊佛西研究小组编：《现代戏剧家熊佛西》，中国戏剧出版社1985年版，第198—200页。

③ 戴碧湘：《忆四川旅外剧人抗敌演剧队》，中国政协西南地区文史资料协作会议编《抗战时期西南的文化事业》，成都出版社1990年版，第203—205页。

1938年5月，开始了第一次下乡演出，第一次演出路线是：由成都沿岷江而下，经彭山、眉山、青神、乐山、牛华溪、五通桥、犍为、清水溪入长江至宜宾、柏树溪，东行过江安、纳溪、泸县。再由泸县乘轮船去重庆参加全国第一届戏剧节。之后，沿成渝公路步行，经璧山、永川、荣昌、隆昌到内江，去自贡，再由内江、资中返回成都，历时半年多。[①] 第二期流动演出于1939年春节期间出发，演出线路是：郫县、温江、崇庆、灌县，然后经简阳转至乐至、遂宁、蓬溪、南充，再由合川至北碚，转广安、岳池、南充，于1939年11月下旬回成都。在这期间，创作了著名喜剧《抓壮丁》。

1939年12月8日，全队以第二战区动员委员会第三大队之名去山西，跟第二战区民族革命大学在四川招的学员（将近200人）同行，从灯笼街西北电影公司出发。行进路线沿着川陕公路步行至宝鸡，再乘火车至咸阳，北上至洛川，因晋西事变，于茶坊转道，于1940年2月2日到达延安。历时50多天，行程近2000里，实到人数25人。后与西北青年战地工作团的部分人员合并，组成西北青年救国会总剧团（延安青年艺术剧院的前身）。[②] 旅外剧队的历史到此结束，存续时间大约两年半。

（5）中华剧艺社

中华剧艺社是1941年由中共南方局在重庆成立的一个戏剧演出团体。理事会以应云卫为理事长，理事有陈白尘（兼秘书长）、辛汉文（兼管艺委会）、刘郁民（兼剧务）、贺孟斧、陈鲤庭（兼导演）、孟君谋（兼总务）。兼职社员先后有白杨、舒绣文、张瑞芳等。专职社员先后有赵慧深、秦怡等。1941年10月至1943年6月主要在重庆演出。1943年夏至1946年春，中华剧艺社暂离重庆先去成都公演，继而去乐山、泸州、自贡、内江巡回演出，然后重返成都租赁三益公戏院作长期演出。1946年春应云卫带领中华剧艺社全体回到重庆。[③] 此后，剧社离重庆顺江而下，沿途演出，于1947年1月抵上海，7月重演《棠棣之花》，随后宣告解散。

---

① 戴碧湘：《忆四川旅外剧人抗敌演剧队》，中国政协西南地区文史资料协作会议编《抗战时期西南的文化事业》，成都出版社1990年版，第205—206页。

② 同上，第211—218页。

③ 张逸生：《抗战中战斗在成渝等地的中华剧艺社》，成都市政协文史资料研究委员会编《成都文史资料选辑》（第9辑），1985年版，第225—242页。

除此之外，还有在重庆成立的中电剧团、神鹰剧团、怒吼剧社、国立剧专校友剧团于1942—1945年先后到成都进行演出。①

2. 新闻发行、出版机构的空间移动分析

整个抗战时期，成都先后大约有50家报纸，400多种刊物，② 且多数存续时间较为短暂。新闻历来与时政紧密相连，当社会处于一个相对稳定的时期，新闻发行出版机构也相对稳定。而抗战期间是社会最为动荡的时期，是民族矛盾、社会派别之争、党派之争最为频繁的时期，所以新闻发行出版机构亦更迭频繁。战时的成都文化区更是如此。

抗战时期，成都受国民党中央的控制相对较弱，受四川地方实力派的影响较大，加之四川的共产党组织活跃，进步文化人士颇多，所以成都的出版发行良好。抗战时期，成都新闻出版发行机构主要集中于“祠堂街”，是战时著名的文化一条街。而外迁入川的学校、新闻出版机构、文化人荟萃于此，令祠堂街流光溢彩。

按照成都本地报刊、迁入报刊和新创办报刊三个类别来划分的话，以新创办报刊的数量最多，成都战前原有报刊数量居中，整体迁入的报刊数量较少。原因是新闻报刊时效性强，固定资产较少，尤其是经过日军的大轰炸后，几大出版机构损失惨重，所以无须整体搬迁。

据资料显示，外地整体迁入成都的报纸主要有：《四川日报》、《新中国日报》、《党军日报》（后改名《黄埔日报》）、《南京早报晚刊》（后改名《成都晚报》）等不到十家。③ 其中，《四川日报》1936年8月在重庆创刊。1938年3月，由重庆迁至成都华兴正街9号。④《新中国日报》1938年6月15日在武汉创刊，同年7月31日停刊。1938年9月18日迁成都出版，为中国青年党机关报。社址先在北新街51号，1939年迁至春熙路东段31号。⑤《党军日报》原是国民党中央陆军军官学校的内部刊物，1931年6月在南京创刊，为校内4开报纸。抗战爆发后，随校西迁，曾在铜梁等地

① 陈美英、季滨：《抗日战争时期大后方话剧活动大事记》（续），《抗战文艺研究》1984年第1期。

② 向纯武：《抗日时期的四川报刊》，中国政协西南地区文史资料协作会议编《抗战时期西南的文化事业》，成都出版社1990年版，第365、369页。

③ 同上，第366—367页。

④ 毛幼熙：《毛畅熙与抗战时期的四川日报》，《四川日报》2005年3月11日。

⑤ 《老成都报社地址一览》，巴蜀全书网，2011年4月10日。

发行。1939 年 1 月 1 日随军校迁蓉后开始向社会发行。社址先在西东大街 6 号，后移祠堂街 133 号。由军校政治部主办，读者对象主要是各军校学生。1945 年 7 月 10 日改名为《黄埔日报》，社址在江汉路 143 号，并在祠堂街、春熙路、东大街分设第一、二、三营业处，由该校政治部主任邓文仪任社长。[①]《南京早报晚刊》前身是 1933 年 9 月创刊于南京的《南京早报》，1940 年 3 月 1 日在成都复刊，1941 年 6 月 17 日更名为《南京夜报》。1943 年 10 月更名为《成都晚报》继续出版，社址在新半边街 2 号，办事处在春熙路南段。[②]由于整体内迁的新闻报刊出版机构较少，约占成都整个报纸数量的十分之一，对成都文化区的影响较小。

另有外地来蓉报纸在成都设立分版，如成都《新民报》（也称《新民晚报》）是南京《新民报》内迁重庆后在成都的分版；《新华日报》成都办事处；《中央日报》的成都分版。[③]现在著名的三联书店（生活书店、新知书店、读书出版社）其中两家：生活书店、读书出版社先后在成都设有分店，并于 1944 年成立了三家联营的分店，即成都联营书店。[④] 而这些新创办的书店与本地及内迁文化人合作新创办的各类报刊，不仅数量众多，而且参与人群众多。既有国民党中央官方，也有地方实力派、军方，还有共产党四川省委，各大学、中学的老师、学生，实业家，职业新闻人等共同搭建了社会各阶层共享的新闻平台。而且报刊形式多样，有正规版面的大报，也有油印、石印的小报，都以宣传抗日救国为主基调，掀起了空前繁荣的抗日文化宣传大潮。而且在成都原有文化中心祠堂街的基础上，催生了一个新的文化中心——华西坝。

华西坝有当时中国最强大的燕京大学新闻系，也有至今仍为学界所公认的人类学、社会学的“华西学派”，华西边疆研究所、东西文化学社，齐鲁大学国学研究所等，以及各大学活跃的学生团体等，新创办的刊物有数十种之多，给华西坝带来了兴旺蓬勃的文化活动。由沦陷区迁入成都的文化人新创办的新闻报刊、学术论著等，对成都的文化生态影响很大，这些将在后面的章节中给予详细的讨论。

---

①②③ 《老成都报社地址一览》，巴蜀全书网，2011 年 4 月 10 日。

④ 张毓黎：《抗战时期成都的图书发行情况》，成都市政协文史委编《成都文史资料选辑》（第 9 辑），1985 年版，第 96—106 页。

三、文化名人的空间移动分析

在抗战时期这样的大动荡年代，全社会都处于一个不断迁变的过程中，上至国家领导、下至黎民百姓在心里都缺乏稳定感。尤其是处于思想文化前沿的中国文化人，“居庙堂之高则忧其民，处江湖之远则忧其君”，他们从师承与流派的传统的营垒中走出来，集聚在民族解放的旗帜下，利用文化的武器英勇地投身到民族解放战争的洪流中。为了保存文化实力，他们辗转迁徙，前往大后方。或是随机构迁移入川，或是个人辗转入川。这其中大部分是外地人士，也有一部分是从外地回川的川籍文化人。

抗战时期的成都，名家荟萃，随着外来文化的涌入，对于成都本土首先吸引眼球的是，在城南的华西坝出现了一群操着流利英文、西装革履的外地人，迅速在成都形成了一个新的文化区——华西坝。岱峻先生认为，其办学规模和教学质量并不逊于迁到昆明的西南联合大学。西南联大学生规模3000人左右，有5个学院，26个系。而华西坝上五大学有学生3000人左右，5个学院，60多个系。[①] 在战争这样极其艰苦的条件下，华西坝培养出了众多的国家栋梁之材，实属中国教育史上的奇迹。在这中间，堪称教育家的大学校长群体功不可没，是我们聚焦的第一个文化名人方阵。

1. 教育家群体的文化迁徙

大学校长是学校的灵魂，他聚集怎样的教授，招收怎样的学生，是决定大学未来前途乃至国家命运的关键。中国现代史上著名的大学校长梅贻琦言：“所谓大学者，非谓有大楼之谓也，有大师之谓也。”但严格说来，梅贻琦本人并不算大师，“梅贻琦的文字著述，除了校务报告和演讲词外，只有《大学一解》等寥寥数篇。但梅先生的通才教育观念，重视教授的‘大师论’，提倡‘从游’的师生关系等，对中国大学现代教育理论有所建树”。[②] 他如磁石一般吸引了一大批“大师”积聚清华，缔造了近现代史上清华大学的辉煌。所以他是不容置疑的大教育家。抗战时期的成都华西坝也有这样的校长群体。

梅贻宝（1900—1997），出生于天津，梅贻琦的胞弟。1928年在美国

---

① 岱峻：《自序》，《风过华西坝——战时教会五大学纪》，江苏文艺出版社2013年版，第1页。

② 孟凡茂：《咏梅贻琦校长》（注6），清华大学校史馆·人物春秋网站。

芝加哥大学获得哲学博士学位，华西坝上燕京大学代理校长。一生五十年服务于大学教育，前二十年在燕京大学，后三十年在国外大学执教。曾著有《大学教育五十年》一书。抗战前后，梅贻宝足迹历经西北、华北、西南。1934年秋，他受孔祥熙之托代理山西铭贤学校校长，扩建了工农两科，争取到了教育部的拨款，兴建了科学楼、图书馆等建筑。1936年回到北平，任燕京大学文学院院长。1936年8月梅贻宝与中央大学校长罗家伦、管理中英赔款董事会代表英国人戴乐任、燕京大学教授顾颉刚等人组成的西北教育考察团赴西北考察。考察团提出了建立甘肃省科学教育馆的建议。1938年春，梅贻宝被聘为馆长，8月初赴兰州开始筹备，1939年1月1日正式开馆，梅贻宝担任首任馆长。理顺之后随即辞去馆长职务仍回燕大教书。太平洋战争爆发后，北京燕大被迫关闭，1942年初，校董事会推举梅贻宝为成都复校筹备处主任。[①] 其间，他辗转从北平，经重庆来到成都，筹备燕京大学复校事宜。由于华西坝已有教会四大学和中央大学医学院，据他自己写道：

> 战前华西大学有五百学生，战时华西坝四校学生总数达两千五百。在这样拥挤局面之下，华西坝校园，实在无法容纳第五所大学再来“挂单”。……适巧近来敌机轰炸频繁。政府通令后方都市的中小学，一律疏散外县，减轻损失。成都城里竟有若干所腾空的学校校舍。就燕大复校立场来说，这是“天助我也”。遂向业主卫理公会请商，租妥华美女子中学（月租一千五百元），及启化小学（月租五百元）。[②]

复校工作千头万绪。梅贻宝带领先期到达人员，租下校舍，为学生床一事，购买原木，找工匠赶做，还派人四处购买教学书籍。同时准备招生考试，计划招收学生共三百，其中北平旧生一百五十，转学生五十，招新生一百。实际成渝两地投考生竟逾三千人。临时连夜赶印考题，增设考场等事宜逐一妥帖安排。学校经费是校长的头等大事。1942年冬，常年资助

---

① 岱峻：《风过华西坝——战时教会五大学纪》，江苏文艺出版社2013年版，第34—35页。

② 梅贻宝：《北平私立燕京大学成都复校始末记》，燕京大学校友会编《燕京大学成都复校五十周年纪念刊》，第5—13页。

燕大的洛氏基金远东代表包尔弗大夫（Dr. M. C. Balfour）到重庆，恰逢梅贻宝因公到重庆，于是前往拜访谈及经费事宜。约定年后到成都详谈。年后，包大夫前往成都，梅贻宝无意中的一出“苦肉计”,[①] 为燕大争取到了成倍的资助资金。美国共和党人威尔基（Wendell Werekie）作为美国总统罗斯福特使访华。1942 年 10 月 2 日在成都“华西坝”足球场的草坪上发表演讲，梅贻宝以一口流利的英语做现场翻译。

1944 年底，陈寅恪教授眼疾发作住院，燕大极为重视，请当时最好的眼科专家为陈寅恪会诊，并实施手术，期间燕大学生轮流值守，同时还安排照顾他的家人。陈寅恪感动不已，遂向梅贻宝致谢，“未料你们教会学校，倒还师道有存”。[②] 几十年后，身在美国的梅贻宝言，“至今认为能请动陈公来成都燕京大学讲学，是一杰作，而得陈公这样一语评鉴。更是我从事大学教育五十年的最高奖饰”。[③] 当年坝上校长与大师间的一段佳话演绎了战时的“师道有存”。

到 1945 年抗战胜利时，成都燕大有教职员约一百人，学生约四百人。拥有文理法三个学院十个学系。研究员的学科计有政治学、历史学，方言研究所。在较短的时间里，梅贻宝使一所驰名的综合大学复校上课，坚持四年办学，且保持了高质量的教学水平，可谓教育史上的奇迹。[④]

陈裕光（1893—1989），浙江省宁波人，化学家、教育家。1922 年获美国哥伦比亚大学有机化学博士学位。1927 年 10 月被聘为金陵大学校长，直至 1950 年卸任。他是第一位担任教会大学校长的中国人，也是上任最早、历任最长的大学校长之一。他毕生致力于教育事业，为国家培养了大批人才。

抗战爆发，陈裕光果断做出搬迁入川的决定。由于提早准备，南京沦陷之前，大部分师生已顺利迁入华西坝，减少了不必要的损失。迁徙途中，陈裕光在重庆接应，还一一落实前往成都的交通工具。由于他的运筹帷幄，妥善安排，学校于 1938 年 3 月复课，且在成都安营扎寨长达 8 年之

① 梅贻宝：《北平私立燕京大学成都复校始末记》，燕京大学校友会编《燕京大学成都复校五十周年纪念刊》，第 12 页。

② 同上，第 9—10 页。

③ 同上，第 8—13 页。

④ 岱峻：《风过华西坝——战时教会五大学纪》，江苏文艺出版社 2013 年版，第 36 页。

久。迁校所需经费都需要陈裕光校长等多方周旋筹措。其间，陈裕光与父母、兄弟、子女同住在坝上明德楼北面的一栋宿舍。1939 年 6 月 11 日，日机轰炸成都，他家也被炸。但第一时间他赶到学校去安抚师生们，学校只停课两天就复课。1944 年秋，美国国务院邀请中国六所名校访美，其中有陈裕光、梅贻宝。1945 年 5 月，在纽约召开的中国基督教联合董事第十三届年会决定，在华的十三所教会大学中，选定金陵大学和燕京大学两校扩充和加强研究院，“这是他平生最得意的一件事”。[①]

吴贻芳（1893—1985），江苏泰兴人，生于湖北武昌，获美国密执安大学生物学博士学位。中国第一届女大学生，第二位大学女校长。[②] 1928 年受聘于母校金陵女子大学，先后主校 23 年。1945 年，出席联合国成立大会，成为在《联合国宪章》上签字的第一位女性。1979 年获美国密执安大学为世界杰出女性专设的“智慧女神”奖。冰心说：“我没有当过吴贻芳先生的学生，但在我的心灵深处总是供奉着我敬佩的老师——吴贻芳先生。”在民国时代的教育界，还有着“男有蔡元培，女有吴贻芳”之说。[③]

抗战爆发后，吴贻芳及校委会初定武昌、上海和成都三地办学。随后自己带领部分师生于 1937 年 12 月 3 日撤离南京，途中他们遭遇了 7 次轰炸，还目睹了惨遭轰炸的老百姓，生灵涂炭，泪如雨下。[④] 到达武汉后，与武汉分校师生会合，随即撤离武汉，经重庆直奔成都。在吴贻芳的苦心经营下，学校平安地度过了最危难最艰苦的时期。开始了正式的秋季开学。

1938 年 7 月 6 日，以参政员身份赴重庆出席第一届国民参政会。她和邓颖超、史良等建议，为纪念“七七”抗战一周年，全体参政员一律献金。此议案带动了全国的抗战献金活动。同年底，吴贻芳作为中华基督教协进会执行主席、中国基督教教育委员会主席，率团参加了印度马德拉斯举行的国际基督教协进会十年大会。期间两次回上海参加基督教会议和礼拜主持。1941 年 3 月 1 日，第二届国民参政会在重庆开幕，主席团成员有

① 岱峻：《风过华西坝——战时教会五大学纪》，江苏文艺出版社 2013 年版，第 27—28 页。

② 1924 年，杨荫榆被任命为北京女子师范大学校长，是近代历史上第一位女子大学校长。

③ 巩一璇：《吴贻芳：终生未婚的中国首位女性大学校长》，新华网 2012 年 6 月 23 日。

④ 刘浩浩：《金陵女子大学西迁选定沪汉蓉三个城市校长吴贻芳率师生迁校当天遭遇日军 7 次轰炸》，《江南日报》2014 年 11 月 4 日。

蒋介石、张伯苓、左舜生、张君劢、吴贻芳五人。1942 年 7 月第三届国民参政会上，吴贻芳再次当选为主席团成员。那段时间，大后方的大报小报纷纷发表社论和文章，盛赞吴贻芳的风采。中共元老董必武也说："像这样精干的主席，男子中也少有！"①

1945 年 6 月，吴贻芳以无党派人士的身份，与宋子文、顾维钧、胡适、董必武等组成中国代表团，出席在旧金山召开的联合国制宪大会。身着旗袍、戴一副金丝眼镜、梳中式发髻的吴贻芳，用纯正的英语侃侃而谈。她的发言受到了与会代表们的高度赞扬。6 月 26 日中午十二点整，50 个国家的代表出席了《联合国宪章》签署典礼，吴贻芳是签字的第一位女性。太平洋彼岸的成都华西坝广场，架起了高音喇叭，五大学的师生集体收听了此次大会对国内的广播，② 聆听了吴贻芳校长精彩的发言。

堪称女界领袖的吴贻芳，在华西坝的办公都极其简陋，校务办公室只有 15 和 7 平方米的两小间，稍大的一间办公室有秘书 3 人，训导 1 人，教务 4 人；7 平方米的小间是吴贻芳的办公室，内有一桌一椅一书架。吴贻芳的生活食宿极其简单，住在普通的宿舍，吃在学生食堂，外出坐一辆黄包车。每月总是拿出大部分工资接济亲友和师生，对学生有着母亲般的慈爱。有一天，吴贻芳散步时偶然看见窗下有把椅子，原来是因恋爱晚归的学生被关在门外，借此爬窗而进。吴贻芳担心学生安危，便将宿舍楼下的会客室划出一部分，很人道地隔成许多半封闭的小间，内设桌椅供恋人闲聊。甚至晚九点前，女同学可与男同学在宿舍交谈。吴贻芳曾定下严格校规，不收已婚学生，在校生结婚就得自动离校。学校曾有一女生和爱国军人私下结婚，被学校知道后，吴贻芳带着她最喜爱的一枚胸针到学生家，一方面向他们表示新婚的祝贺；另一方面则委婉地告诉她不要到学校来了。后来这名女学生的丈夫在南京保卫战中牺牲了，她向吴校长表达了重回金陵女大的愿望，吴贻芳接受了她的请求，破例让她继续学习，她的子女也由学校共同抚养。③

张凌高（1890—1955），华西协和大学校长。四川璧山县人，美国德鲁大学研究院哲学博士。抗战期间，南京中央大学医学系、金陵大学、金

① 岱峻：《风过华西坝——战时教会五大学纪》，江苏文艺出版社 2013 年版，第 36 页。
② 同上，第 30 页。
③ 《吴贻芳：终生未婚的中国首位女性大学校长》，新华网 2012 年 6 月 23 日。

陵女子文理学院以及济南齐鲁大学医学院，苏州东吴大学生物系，先后急电华大，请求迁往华大。张凌高以大局为重，代表学校慷慨允诺，动员学校各单位腾出教室、礼堂、过道、走廊、实验室，甚至教职工的住房，接纳五校师生。在他积极奔走下，纽约联合托事部也同意拨款5000美元，张凌高用这笔钱协助五校建起了各自的校舍。1938年，张凌高倡议组织五校大学校长定期会议，联合办学，不久，华大与五校的联合医院成立，医院名医云集，治病救人，在成都名扬一时。①

鉴于华大师资力量薄弱，张凌高四处聘请学者，请来学校任教。一时间，龚向农、李培甫、庞石帚、魏时珍、周太玄、毕天民、沈嗣庄、李思纯、朱少滨等一批著名学者纷纷来到华大。数年后，一些来到大后方的学者，诸如陈寅恪、蒙文通、顾颉刚、钱穆、徐中舒、梁漱溟、何鲁之等人也在张凌高的邀请下来到华大。②近现代历史上，许多著名学者来到成都，与张凌高不遗余力的奔走协调有极大的关系。

张凌高在华大近20年间，华大学校规模不断扩大，图书馆、教育学院、育德宿舍、女子宿舍、制药厂相继建成；文学院、理学院、医学院陆续成立，学校又增设了农业、染色、制革等专业。同时，《华大校刊》《华西边疆学会杂志》《华西学报》等刊物也纷纷问世。在张凌高主持下，华西大学成为西南乃至全国著名的专业大学。③张凌高虽没经历艰难的迁徙，但是他一心牵挂在艰难跋涉的师生身上，他为逃难的师生们撑起了遮风避雨、求学问道的安宁之地，他宽厚、博大与温情，慰藉了学子们身心俱疲的战争创伤。

此外，同时期国立四川大学的任鸿隽校长，成都光华大学的谢霖校长，四川省立戏剧音乐教育学校的熊佛西先生等亦是著名的教育家。他们大都求学海外，志存高远。在抗战期间，他们足迹遍布海内外，从中国的西北、华北、华东、西南，远达美国及印度，所到之处皆播下文明的种子，使学生们在良好的文化氛围中学习成长。他们在艰难的战争岁月中，披肝沥胆，不辞辛劳办学，感召一代大师，薪火相传，为国家民族，培养了万千栋梁之材。坝上五大学作为国内十三所教会大学的代表集中亮相华西坝，令世人瞩目。难怪1947年出任北大校长的胡适慨叹：“假如国立大

①②③　戚亚男：《张凌高：华西协合大学首任华人校长》，《成都日报》2006年11月13日。

学不努力，在学术上没有成就，很可能是几个教会大学取而代之。”胡适的紧迫感印证了坝上五大学的骄人成绩。①

既有卓越的校长群体，必然吸引一群别样的大师。

抗战时期的成都，人文、科研学者星光灿烂。人文学者有：陈寅恪、吴宓、萧公权、李方桂、顾颉刚、钱穆、徐中舒、罗忠恕、蒙文通、牟宗三、周文、李劼人、熊佛西、陈白尘、沙汀、叶圣陶、朱光潜、何其芳、罗念生、谢文炳、刘盛亚等；理工科有生物学家刘承钊，植物学家方文培，地理学家刘恩兰，数学家柯召、赖朴吾、魏时珍、李华宗，天文学家李晓舫，皮革学家张铨，医学家戚寿南、病理学家侯宝璋等。

2. 学术大家的文化迁徙

由于战争无情，枪炮驱赶着大师们居无定所、辗转流离。天府之国的成都府邸幸得天佑，远离灾祸，权且居为后方福地，有幸值遇大师们的眷顾，成全他们一个安宁的为学育人之地。成都的学府和文化机构也抓住这难得的机遇，敞开胸怀，广纳天下英才。成都一时间群贤备至，南北青年才俊云集。

（1）陈寅恪（1890—1969），字鹤寿，江西修水人，是 20 世纪中国最杰出的诗人、历史学家、古典文学研究家、语言学家。其父是清末著名诗人陈三立，祖父是著名维新派政治家陈宝箴。因其出身名门，而又学识过人，在清华大学任教时被称作“公子之公子，教授之教授”。

卢沟桥事变爆发后，其父亲陈三立在北平义愤绝食，阖然长逝。在为父亲守孝 49 天后，右眼失明的陈寅恪携妻带雏，离开了沦陷中的北平，踏上了漫长的流亡之路。在离开北平之前，陈寅恪把他的藏书先寄往长沙，但人到长沙，藏书却未到，陈寅恪先生一家匆匆随清华大学南迁云南，而抵达长沙的书竟悉数被毁于战火中。

1939 年春，牛津大学曾正式聘请陈寅恪担任该校汉学教授，并于此后数年一直虚位以待。当时夫人唐筼带着三个女儿避难香港。1939 年夏，陈寅恪结束西南联大的教学即飞抵香港，与家人一起等候去英国的船期。但 1939 年 9 月 1 日，德国入侵波兰，第二次世界大战爆发，陈寅恪望“洋”

---

① 岱峻：《自序》，《风过华西坝——战时教会五大学纪》，江苏文艺出版社 2013 年版，第 5 页。

兴叹，只得独自返回西南联大。[1] 1940 年 3 月，中研院院长蔡元培先生逝世，陈寅恪作为评议委员前往重庆参会推选新院长。1940 年夏再飞香港，寄望侥幸碰上去英伦的海船。1941 年 12 月太平洋战争爆发，日军占领香港，日本当局持日金四十万元委任陈寅恪创办东方文学院，他毅然拒绝。因为经济拮据，想离开香港又步履维艰。1942 年春，日方再次请他到沦陷的上海授课，陈寅恪再度拒绝，并迅即离港，经陆路于 6 月 18 日抵达桂林。[2]次日即向中研院代院长朱家骅及叶企孙、王敬礼、傅斯年等叙说艰难旅程：

> 当俞君大纲临离港，曾托其友人资助还国路费，乃其人绝不践诺言，弟当时实已食粥不饱，卧床难起，此仅贫病而已；更有可危者，即广州伪组织之诱迫，陈璧君之凶妄，尚不足甚为害，不意北平之伪"北京大学"亦来诱招，香港倭督及汉奸复欲以军票二十万（港币四十万）交弟办东亚文化协会及审定中小教科书之事，弟虽拒绝但无旅费离港，其苦闷之情不言可知，至四月底忽奉骝公密电，如死复生，感奋之极。然当时尚欠债甚多，非略还一二不能动身，乃至以衣鞋抵债然后上船，到澳门晤周尚君始知已先后派人五次送信，均未收到，闻送信之人，有一次被敌以火油烧杀一次，凡接信者皆被日宪兵逮问，此亦幸而未受害也……[3]

暂留桂林期间，在中研院地质所所长李四光的推荐下，陈寅恪去广西大学任教。其间，已到宜宾李庄的中研院史语所的傅斯年先生多次催促，但因陈寅恪及家眷身体原因，未成行。1943 年 8 月，战火逼近湖南，形势危急，此时陈寅恪已得到梅贻宝的聘书。8 月中旬，陈寅恪一家搭乘货车离开桂林，途中唐筼染疾，在贵阳治病月余才乘车抵达重庆，暂住时任兵工署署长俞大维家。稍事停留后，便乘俞大维找的运军火的大卡车，仓促上路。到内江宿了一晚，第三天（12 月底）到达成都九眼桥附近的南光机械厂。[4]

---

[1][2] 岱峻：《风过华西坝——战时教会五大学纪》，江苏文艺出版社 2013 年版，第 229—230 页。

[3] 陈寅恪著、陈美延编：《陈寅恪集·书信集》，三联书店 2001 年版，第 85 页。

[4] 岱峻：《风过华西坝——战时教会五大学纪》，江苏文艺出版社 2013 年版，第 231—232 页。

在成都燕京大学期间，陈寅恪家先住陕西街，后搬坝上的广益学舍。开设了“魏晋南北朝史”“唐史”及“元白刘诗”等课。除了五大学的学生，还有教授也常听他的课。[①] 他上课无闲言，入座即开讲，开宗明义：“前人讲过的，我不讲；近人讲过的，我不讲；我自己过去讲过的，我不讲；现在只讲未曾有人讲过的。”[②]学生李涵珍藏着一本听课笔记。陈师提出研究唐史的两个基本观点：“唐代与外国、外族之交最为频繁，不仅限于武力之征伐与宗教之传播，唐代内政亦受外民族之决定性的影响。故须与看待现代国际关系的观念来看唐史，此为空间的观念。其次是时间上的观念，近百年来中国的变迁极速，有划时代的变动，对唐史亦应持此态度。从武则天掌权到唐玄宗时的安史之乱是重要转变时期，总之盛唐时期是变动极剧的过渡时代，此点务须牢记。”[③] 陈寅恪于1944年春节期间，拜访了华西大学文学院教授林山腴老人（林山腴为其父三立先生的诗友），陈寅恪口称“伯父”，纳头便拜。并于1月31日正月初七“人日”游草堂。[④] 20年之后，1964年2月旧历人日的那天，蜗居岭南康乐园的陈寅恪仍挂念成都。一首七绝诗从心中流出：“昔年人日锦官城，曾访梅花冒雨行。/嶺南今朝头早白，蔬枝冷蕊更关情。”[⑤]

1944年底，陈寅恪眼疾发作，燕大倾力聘请了华西名医，但手术仍未成功。1945年9月，陈寅恪应牛津大学邀请前往讲学，并在伦敦治疗眼疾，但仍未好转。1946年4月，他搭乘海轮绝望地离开英伦回到南京。在成都一年零九个月中，陈寅恪撰写了《长恨歌笺证》等十二篇论文，可谓他的学术高产期。[⑥]

抗战期间，一代大师的陈寅恪历经艰辛，辗转迁徙，先从北平→长沙→昆明（西南联大）；后去香港，又从香港→桂林→贵阳→重庆→成都（燕京大学）；再经成都→昆明→香港→英国伦敦（牛津大学）→南京。

成都燕京大学素有陈寅恪、吴宓、李方桂、萧公权“四大名旦”之

①② 岱峻：《风过华西坝——战时教会五大学纪》，江苏文艺出版社2013年版，第231—234页。

③ 石泉、李涵：《一代宗师　风范犹存——深切怀念陈寅恪师》，燕京大学校友会编《燕京大学成都复校五十周年纪念刊》，第139页。

④ 岱峻：《风过华西坝——战时教会五大学纪》，江苏文艺出版社2013年版，第231—233页。

⑤ 雷文景：《华西坝　陈寅恪眼中最后的清晰世界》，巴蜀全书网2013年5月25日。

⑥ 岱峻：《风过华西坝——战时教会五大学纪》，江苏文艺出版社2013年版，第236—237页。

说。[①] 他们博古通今、学贯中西，常吟诗作赋，酬唱应和，颇为风雅。这种人文景观几成绝响。故人已远去，难再现于今了。其中之一的萧公权当时受聘于成都光华大学，兼任燕京大学教授。

（2）萧公权（1897—1981），江西泰和人。1920 年毕业于清华大学，后赴美留学，就读于密苏里大学新闻系和康奈尔大学哲学系。1926 年取得康奈尔大学博士学位。1948 年当选为第一届中央研究院院士。

萧公权与四川缘分甚深。在四川度过了十二年的童年和少年时光。因少失父母，1902 年，随经商的大伯父在四川崇州上私塾。1905 年，9 岁迁往重庆，13 岁开始接触英语、日语，1914 年 18 岁离开四川前往上海跟随二伯父。[②]

1938 年初至 1946 年，整整八年萧公权都在成都，受聘于成都光华大学、国立四川大学、燕京大学教授。其著名的《中国政治思想史》就脱胎于这段时间，其写作在四川（成都），出版印刷在四川（重庆）。萧公权在四川耳濡目染，故而讲课都操一口流利的川版普通话。

抗战爆发，在清华大学讲学的萧公权没有直接跟随清华南迁，而是暂留北平静观其变。当得知三校在长沙成立西南联合大学的消息，他判断日本的目的不会仅仅是占领沿海各省，长沙绝非安全之地。此时正好教育部次长杭立武聘请他为四川大学中美庚款“讲座教授”，他立即应允。[③] 毕竟是研究政治学的，对于局势的判断确实胜人一筹，所以他是战时少数几个没有经历大周折的学者。

1937 年 10 月 9 日，萧公权率家人与同事结伴从北平出发，先到天津。考虑从天津去成都路途遥远，一家人前往困难重重，遂决定萧公权先只身南下。家人乘船去上海暂避。与家人分手后，他从天津沿津浦路南下抵达南京，从南京沿长江西进在武汉转船，经宜昌上行到达重庆，稍事停留后，转乘汽车到成都。他对有“小北平”之称的成都颇有好感。

受聘于四川大学任教后，1938 年夏，萧公权才到上海接来家眷，租下皇城附近的东御河沿街 9 号住下。[④]1939 年四川大学南迁峨眉山，萧公权没有再随迁，而是再度受聘于成都光华大学，居住在西郊铁门槛租赁农舍。

① 岱峻：《风过华西坝——战时教会五大学纪》，江苏文艺出版社 2013 年版，第 217 页。

② 汪荣祖撰：《萧公权学术年表》，萧公权著《中国政治思想史》，商务印书馆 2012 年版。

③④ 岱峻：《风过华西坝——战时教会五大学纪》，江苏文艺出版社 2013 年版，第 220 页。

在铁门槛居住期间，开始撰写《中国政治思想史》。1940 年夏，他完成书稿，交由重庆商务印书馆出版，任国立编译馆编纂。该书被国民政府教育部审定为“部定大学用书”。1941 年迁入成都光华大学新建的新职员住宅。1942 年夏，燕京大学成都复校，萧公权应邀兼任燕大教授，讲授“中国政治思想”和“西洋政治思想”课。1944 年冬，与钱穆、冯友兰、钱端升、陶孟和到重庆复兴关，同任中央训练团高级班第三期教官，讲“各国政治思想”。①

学政治的萧公权一生都远离“政治”，潜心学术。1939 年，国民党第五届中委设立最高国防委员会，张群延揽学者进入这个机构，萧公权也在受邀之列。他写信给吴国桢，请代为回绝。1943 年冬，他到重庆出席宪政实施协进会，见到老友陈布雷。陈欲介绍他加入国民党，萧公权当即婉拒。第二年，他任中央训练团高级班第三期教官时，陈布雷再度动员他参加国民党。他固执己见，“仅可作在野之净友，不能为朝上之党官”。② 他力倡民主与自由并重：政治民主注重个人自由，偏于意志解放；经济民主注重人类平等，偏于物质满足。什么是民主？我们的简单回答是：人民有说话的机会，有得到一切言论和消息的机会，有用和平方式自由选择生活途径的机会，有用和平方式选择政府和政策的机会。③

1949 年，应台湾大学校长庄长恭之约，萧公权赴台讲学。9 月下旬离台赴美，出任西雅图华盛顿大学访问教授。后转为专任教授 19 年，讲授“中国政治思想”“中国社会制度”以及“中国政治思想及制度资料阅读”等课程。1960 年获美国学术团体协会（American Council of Learned Societies）评选的第三届“人文学术卓著成就奖金”。获奖的十人中，他是唯一的东方学者，同时也是第一位获此殊荣的东方学者。④

晚年的萧公权将平生所作的诗词辑为《小桐阴馆诗词》出版。关于命名，他在一首《桐阴》诗下注：“成都寓庐庭中有稚桐数株，颇饶清致，辟小室为读书之所，故曰小桐阴馆，走笔记之。”原来“小桐阴馆”是他

① 岱峻：《风过华西坝——战时教会五大学纪》，江苏文艺出版社 2013 年版，第 220—223 页。

② 同上，第 222—223 页。

③ 萧公权：《宪政与民主》，（台北）经联出版事业有限公司 1982 年版，第 174—194 页。转引自岱峻《风过华西坝——战时教会五大学纪》，江苏文艺出版社 2013 年版，第 223 页。

④ 岱峻：《风过华西坝——战时教会五大学纪》，江苏文艺出版社 2013 年版，第 223 页。

在成都光华大学所住的职员住宅。《小桐阴馆诗词》收录诗词七百多首，其中抗战时期流寓成都的诗作占了多半，① 由此足见萧公权对成都的忆念之情。

抗战期间，萧公权的空间移动相对较少，从北平→天津→南京→武汉→重庆→成都，期间去上海接回家小。以最短的线路来到成都，其间除了短暂的出差重庆开会、培训上课之外，八年间没再迁徙，免去了诸多的辗转之苦。抗战期间，成都是大后方物质条件、生活环境、学术氛围最理想的地方之一。在此期间，他完成了一生中最重要的学术著作《中国政治思想史》。他前后在四川生活了整整20年的时间，四川已然成为他的第二故乡。也难怪萧公晚年仍然惦记着四川，惦念着成都。

（3）顾颉刚（1893—1980），江苏苏州人，毕业于北京大学。中国现代著名历史学家、民俗学家，古史辨学派创始人，现代历史地理学和民俗学的奠基人。顾颉刚成名较早，著述颇丰。

“七七事变”后，顾颉刚告别家人，离开北平赴西北工作。9月，任甘肃“老百姓社”社长。编印《老百姓》旬刊。1938年春曾先后赴甘肃省的临洮、渭源、康乐、岷县等地考察。1938年10月，顾颉刚结束考察经重庆前往昆明，任云南大学文史教授，在《益世报》上辟办《边疆》周刊。12月，国立北平研究院史学研究所在昆明重新成立，顾颉刚仍被聘为历史组主任（1935年在北平出任过该职）。②

1938年初，齐鲁大学刚迁到成都，就着手恢复国学研究所。历史社会学系主任张维华向校长刘世传举荐了自己的老师顾颉刚。此时的顾颉刚早已闻名学界，齐大校长刘世传立发聘书，附寄搬迁费。1939年夏，顾颉刚携家人赴成都，就任齐鲁大学国学研究所主任。③

他上任即雷厉风行，制定研究所规程，预算研究经费，延揽研究人员，招录研究生等。他争取到哈佛燕京学社提供的五万元研究基金，先后向胡厚宣、张维华、钱穆、汤吉和、孙次舟、王育伊、韩儒林等人发出

① 岱峻：《风过华西坝——战时教会五大学纪》，江苏文艺出版社2013年版，第223—224页。

② 参见顾潮《顾颉刚年谱》，中国社会科学出版社1993年版。

③ 岱峻：《风过华西坝——战时教会五大学纪》，江苏文艺出版社2013年版，第198页。

邀请。①

顾颉刚最为看重钱穆。为了挖来钱穆，费尽心思。他致信刘世传，盛赞钱穆“慎密谨严，蜚声学圃，实为今日国史界之第一人”。“而宾四（钱穆字）先生之来，亦不可泄漏消息，否则北大方面绝不允可，尊处之聘将徒成虚语。刚意而宾四先生老母在堂，拟请其以侍养为由，到苏之后而向北大辞职，而不即来成都。在此期间，校课由人分代，似较不着痕迹……汤先生则迟一二年再说，只要钱先生来，汤先生必无不来之理也。”②

钱穆自然不会罔顾顾颉刚的“知遇之恩”。1929 年，顾颉刚回苏州养病时，发现了钱穆的新著《先秦诸子系年》，粗读之后谓钱穆：“君之《系年》稿仅匆匆翻阅，君似不宜长在中学中教国文，宜去大学中教历史。”并向北大文科学长胡适力荐：“我想，他如到北大，则我即可不来，因为我所能教之功课他无不能教也，且他为学比我笃实，我们虽方向有些不同，但我尊重他，希望他常对我补偏救弊。”晚年钱穆忆及此事，仍心存感激：“颉刚不介意，既刊余文，又特推荐余至燕京任教。此种胸怀，尤为余特所欣赏。固非专为余私人之感知遇之恩而已。”③ 于是钱穆向西南联大告假回苏州侍母，先请假一年，背地里受聘齐鲁大学。

起初，顾颉刚一家住在成都状元街青莲巷。来客不断，倍感打扰。1939 年 6 月，日机轰炸成都后，顾颉刚租下新都县崇义桥镇的赖家园子，年底率家人及齐大国学所全体人员搬了过去。1940 年，到达赖家园子的研究员胡厚宣写道：“国学研究所一九三九年成立，地址于成都北郊二三十里崇义桥乡下一座地主庄园新院子。研究所长由齐大校长兼，主任为顾颉刚先生。赖家花园于乡野田畴间，有竹林溪水环绕，乃读书佳境。研究所人数则至多时只二三十人。”④ 此处有藏书家罗氏因躲避轰炸移来的数万册藏书，顾颉刚向罗氏商借，主人慨然应允，“藏是为用，学术乃天下之公

---

① 《齐鲁大学国学研究所在蓉（1939—1945）》。山东省档案馆馆藏，卷宗号 J109—03—3。转引自岱峻《风过华西坝——战时教会五大学纪》，江苏文艺出版社 2013 年版，第 198 页。

② 顾颉刚：《致刘书铭》，山东省档案馆馆藏，卷宗号 J109—03—2。转引自岱峻《风过华西坝——战时教会五大学纪》，江苏文艺出版社 2013 年版，第 199 页。

③ 钱穆：《八十忆双亲师友杂忆》，三联书店 1998 年版，第 152 页。

④ 胡厚宣：《齐鲁大学国学研究所回忆点滴》，《中国文化》（学术季刊），1996 年 12 月总第 14 期。

器”。经顾颉刚、钱穆二位过目，皆谓“版本不俗”。[①] 在此期间，顾颉刚成立了《齐鲁学报》编辑委员会，创办了《齐大国学季刊》，后合并改办为《责善》半月刊。

顾颉刚偏重于历史地理和民俗研究。两年中，他带着弟子们还先后到了郫县望丛帝陵、温江鱼凫城考察，以及对双流县、新津县文庙、石碑、遗址的考察。他还遍览四川方志，系统研究四川的古史传说。其间，发表了许多极有见地的论文。如《古代巴蜀与中原的关系说及其批判》《虞幕》《乘龙》《丽江禹迹》《秦汉时代的四川》，等等。

1940 年 4 月，被聘为教育部史地教育委员会委员，与蒙文通、萧一山等创办《史学季刊》，受聘担任《十三经注疏》整理处主任。还参与发起成立“中国边疆学会”的工作。在国民党中组部长朱家骅的多次邀请下，1941 年春，顾颉刚赴重庆任《文史杂志》主编。又兼任中组部下属边疆语文编译委员会副主任委员。8 月，任中央大学出版部主任并兼中文系、历史系教授。冬，迁往北碚，任中国史地图表编纂社社长、中国史学会常务理事、复旦大学教授等职。[②]

1944 年秋，顾颉刚再次受校长汤吉和聘，回成都再任齐鲁大学国学研究所主任，同时考察大足、合川等地。1945 年 1 月发生学潮，齐大校长汤吉和被迫辞职。顾颉刚只得返回重庆，任交通书局总编辑。

抗战期间，顾颉刚的入川路线较为特殊，抗战爆发后，他离开北平远赴西北到兰州，在甘肃境内，一路考察临洮、渭源、康乐、岷县，然后由陕西进入四川，借道成都、重庆，南下昆明；又从昆明受聘齐鲁大学到成都，考察成都附近的郫县、双流、新津、温江等地，然后赴任重庆，在北碚、大足、合川等地授课或考察。抗战胜利后，辗转西北兰州大学、上海复旦大学等地。

（4）钱穆（1895—1990），江苏无锡人。著名历史学家、教育家。台湾“中央研究院”院士，故宫博物院特聘研究员。

海内外知识界称梁漱溟为“最后一个儒家”，称钱穆为“最后的国学大师”。如果把催动“维新变法”的康有为、梁启超称作“千年之大变

① 岱峻：《风过华西坝——战时教会五大学纪》，江苏文艺出版社 2013 年版，第 200 页。

② 参见顾潮《顾颉刚年谱》，中国社会科学出版社 1993 年版。

局”中思想文化之变的揭幕人，那么，梁漱溟、[1] 钱穆、冯友兰[2]三位，则可以被视作这变局的落幕人。[3] 随着三位世纪学人分别于1988年、1990年的相继远去，生于19世纪末的一批国学大师，已全部归隐历史。中国近代史上一代知识分子孜孜以求发扬光大的“国学”，由此衰颓不振。

钱穆仅以高中肄业，被识才爱才的顾颉刚推荐到燕京大学任教，1931年受聘北京大学历史系。成为世所公认的国学大师，他以中学学历成为大学老师，进而成为大学名师，成为学术界一则美谈。

抗战爆发后，1937年11月，钱穆、汤用彤、贺麟三人，从北平到天津，在天津法租界六国饭店邂逅了吴宓、毛子水及陈寅恪夫妇等人。11月10日，钱穆一行乘船离开天津，绕道上海去香港到广州，大约在11月底，钱穆等人沿粤汉铁路到达长沙。由于校舍紧张，文学院暂驻南岳圣经学院。他们在长沙住了三天后，乘火车赴南岳。12月4日到达圣经学院。

南京失守之后，日军沿长江西进，进逼武汉，轰炸长沙，教育部决定将长沙临时大学迁往昆明。临时大学由长沙向昆明的撤退共分三路：一路沿粤汉铁路至广州，到香港乘船至越南海防，再乘滇越铁路火车抵昆明。第二路组成湘黔滇旅行团，步行入滇，徒步经湘西、贵州前往昆明。这一路人数最多，为了安全起见，步行团由东北军师长黄师岳中将任团长，临时大学军训教官毛鸿任参谋长，采取行军的编制和管理，于2月19日踏上征程。第三路由广西入滇，钱穆、汤用彤、贺麟、冯友兰、朱自清、陈岱孙等随行，他们乘汽车沿湘桂公路经桂林、柳州、南宁等城市，出镇南关，绕道河内，再沿滇越铁路经蒙自入昆明。

1938年4月，钱穆赴蒙自为学生讲授《中国通史》。1938年秋，钱穆除上课外，其他时间则居宜良山撰写《国史大纲》。钱穆恐书稿毁于战火，决定把书稿交商务印书馆。而此时商务印书馆已由上海迁往香港。1939年夏，钱穆与汤用彤同行，由河内至香港，将携带的书稿亲自面呈商务印书馆王云五。[4]

---

① 梁漱溟（1893.10.18—1988.6.23），蒙古族，生于北京；中国著名的思想家、哲学家、教育家、社会活动家、国学大师。

② 冯友兰（1895.12.04—1990.11.26），生于河南省唐河县，哥伦比亚大学博士，中国著名哲学家、教育家。

③ 同道：《钱穆：最后的国学》，《文学报》2006年12月8日。

④ 《钱穆：西南联大铸辉煌》，中国网2009年4月7日。

1939 年，钱穆告假一年回苏州侍母。1941 年，从苏州辗转到达香港，并在光华大学校长张寿镛的帮助下，从香港乘飞机到重庆，再到成都。[①]到新都县赖家园子与齐鲁大学国学研究所会合，除了国学所研究及带研究生的工作，还要到华西坝齐大上课。在赖家园子著述完成了《清儒学案》与《中国文化史导论》两部重要著作。《清儒学案》原有徐世昌所辑 208 卷。钱穆承编此书，成书后寄重庆国立馆编译，不幸掉入江中遗失，实为学界憾事。[②] 1941 年，钱穆曾应武汉大学之邀，前往乐山讲学。

1943 年，钱穆受聘为华西大学教授。据钱穆《师友杂忆》记载："民国 32 年秋，齐鲁国学研究所停办，华西大学文学院院长罗忠恕，邀余转去华西大学任教。……忠恕来邀余，余提唯一条件，余谓闻华西各教授宿舍均在华西坝四围附近，惟校长住宅乃在华西坝校园内，华西坝内南端有洋楼四五宅，乃西籍教授所住，中西教授宿舍显有高下不同。倘适坝内南端洋楼有空，余愿住去，俾开中西教授平等待遇之先例。忠恕商之校长，意允所请。亦适华西坝内南端最左一所洋楼空出，此楼乃各楼中之最大者，而余则惟一身，遂召齐鲁研究所研究员五六人随余同居。时老友蒙文通任四川省立图书馆馆长，兼华西教授，由其移借一部分图书寄放坝南余宅，供余及同居五六人研读之用。……是年（1943 年）冬，又应召赴重庆复兴关，为高级训练班（中央训练团高级班）讲学，同赴讲学者凡四人：一冯芝生，一萧公权，一萧叔玉，同居一室中。"[③]

钱穆还兼四川大学教授，"时四川大学迁回成都，校长黄季陆屡来邀余，不得已，勉允之。……遇假期，则赴灌县灵岩山寺，或至青城山道院，每去必盈月乃返。青城山道院中有一道士，屡与余谈静坐，颇爱其有见解有心得"。[④]钱穆以"气候"为由，拒中央大学前往重庆之邀。偶知该校研究生黄少荃"以一女性而擅于考据，益喜其难得"，且有意师从钱穆，后随学指导。[⑤]

为配合"号召青年从军"，作《中国历史上青年从军先例》万言文，"历举史实，虽亦尚有疏漏，在当时刊之报端，亦不无影响"。又赴成都军

① 岱峻：《风过华西坝——战时教会五大学纪》，江苏文艺出版社 2013 年版，第 199 页。

② 同上，第 210—211 页。

③④⑤ 钱穆：《师友杂忆》，《四川大学档案馆·故事川大》：archives. scu. edu. cn，2012 年 12 月 18 日。

官学校作讲演。“抗战胜利，余因病体弱，仍留华西坝一年，又不敢乘长途汽车，经剑阁由陆路归，遂于民国35年夏乘飞机赴重庆，再乘飞机直达南京转苏州。”①

综上所述，抗战期间钱穆历尽艰辛，辗转多地迁徙。初期，钱穆随迁西南联大之行颇费周折，一是从北平→天津→上海→香港→长沙到南岳（学校驻地）；二是从长沙→桂林→南宁→越南镇南关→河内→蒙自→昆明。在昆明期间没带家眷，只是暂时停留。三由昆明→蒙自及昆明→宜良，往返教学及撰稿；从昆明→越南河内→香港，送书稿至商务印书馆成书。其后，由昆明→河内→香港→上海→苏州；苏州→香港→重庆→成都，受聘齐鲁大学国学所。在成都期间往来各地，成都←→新都赖家园子、宝光寺、桂湖，乐山；成都→重庆；成都←→灌县灵岩山寺。在抗战后期则相对稳定。抗战胜利后，由成都→重庆→南京，回到苏州。从1941—1946年，钱穆在成都，先后任教于齐鲁大学、华西大学、四川大学，曾到成都北较场中央军校、乐山武汉大学、“复性书院”讲学。他一路风雨兼程，辗转他乡，坚持不懈地教书育人，著书立说，弘扬国学。

3. 文化学者的空间移动分析

罗忠恕（1903—1985），四川武胜县人。1931年获燕京大学研究生院文学硕士，1939年获牛津大学文学副博士学位。罗忠恕的空间移动与抗战时期入川文人截然不同，是典型的“走出夔门”。1937年他曾留学英国，精通英、法及德语。先后任华西大学教授、哲学系主任、文学院院长、教务长，发起成立“东西文化学社”，以促进中西方文化交流，对于西方了解中国抗日战争，支持中国抗战，起到了积极的推动作用。

1934年，罗忠恕代理华西大学教务主任，后接任文学院院长。他发起设立国际关系研究会，自任主席。1934年秋接待了第一位德国学者埃尔文·普朗克。② 当埃尔文得知罗忠恕将留学欧美，特地介绍他去拜访自己的父亲马克斯·普朗克——世界著名的物理学家、量子力学之父。

1937年5月，抗战爆发前，罗忠恕离开成都前往重庆，出夔门，沿江而下赴上海，乘海轮前往英国伦敦。轮船经过印度洋，绕过非洲好望角，

---

① 钱穆：《师友杂忆》，《四川大学档案馆·故事川大》：archives. scu. edu. cn，2012年12月18日。

② 岱峻：《风过华西坝——战时教会五大学纪》，江苏文艺出版社2013年版，第180页。

终抵欧洲。

他先到牛津大学参加世界基督教大会，7 月中旬又前往法国巴黎出席国际哲学会。8 月 7 日，乘车离巴黎赴瑞士日内瓦，参加牛津大学国际关系教授齐尔门博士主办的国际关系研究社。9 月 17 日，由雅典经过罗马去捷克，持牛津大学所遇的捷克友人汝伯尔的介绍信，得往捷克第一任总统女儿亚利丝·马沙利克博士家。……再去布拉格查理大学，访问哲学教授拜查克博士，互谈中西哲学思想。9 月 20 日，持埃尔文·普朗克的介绍信去访问他父亲物理学家马克斯·普朗克。他家常住的科隆，是德国文化保留得最丰富的地方之一。临走时，普朗克为他写了一封介绍信，在适当的时候去美访问爱因斯坦。①

罗忠恕此行的目的是到英国牛津大学彼得学院深造。两年多的寒窗苦读，1939 年 11 月，罗忠恕通过学位考试，获得了牛津大学文学副博士学位。11 月 15 日，罗忠恕举行了一个简单的“谢师会”，邀请了牛津大学校长林则、诸灵学院院长亚当姆斯、基督圣体学院院长利文斯顿，教授巴登、林伍德、齐门尔等。除感谢师长们三年的教导之恩，重点在于附议加强中英两国文化交流。众人赞许。11 月底，牛津大学英中文化合作委员会正式成立，消息在《牛津日刊》（*Oxford Mail*）发表时，配了一幅照片，一袭长袍马褂、温文尔雅的罗忠恕跻身在一群西装革履的西方人中，自信满满。此时中央立法院院长孙科刚到英国，看到此报道，他高兴地约见了罗忠恕。② 这不单纯是一个“文化事件”，也是配合中国政府，争取西方同情和支持中国抗战的外交努力。

剑桥大学也闻风而动，希望与中国大学进行文化合作与学术交流。罗忠恕回忆录记载，“剑桥有一科学家李约瑟期望到中国，叫我便中访问。我到剑桥看望了他。他也见到《牛津日刊》所载成立中英文化交流委员会的报道。他即约请院长、教授十余人在剑桥校长家中茶聚，与我见面，共商剑桥与中国大学文化交流事”。③

---

① 罗忠恕：《忠恕生活的回忆》，未刊稿，由罗义全提供。转引自岱峻《风过华西坝——战时教会五大学纪》，江苏文艺出版社 2013 年版，第 180—181 页。

② 岱峻：《风过华西坝——战时教会五大学纪》，江苏文艺出版社 2013 年版，第 181—182 页。

③ 罗忠恕：《忠恕生活的回忆》，未刊稿，由罗义全提供。转引自岱峻：《风过华西坝——战时教会五大学纪》，江苏文艺出版社 2013 年版，第 182 页。

12月8日，剑桥大学英中学术合作委员会成立，会长为剑桥大学皇后学院院长费恩博士，书记为李约瑟博士，委员有该校各专门学科的专家、教授二十多人。牛津、剑桥两校的英中文化合作委员会分别致函中国各大学，表达了加强文化合作与学术交流的意向。①

1941年春，罗忠恕回到成都，续任华西大学文学院院长。钱穆对罗忠恕也颇有赞赏，“忠恕留学英国，闻即终年御长袍不穿西装。漫游欧美归后，仍穿长袍。设立一东西文化协会，提倡中国文化。英人李约瑟亦常与会。他年李约瑟之撰写《中国科学史》，亦不得不谓其受有当时之影响”。②几乎在所有的留学访问照片中，罗忠恕都一袭长袍在身，在处处彰显中国人的“中华民族认同”，令人感佩！

1942年11月19日，罗忠恕创办的“东西文化学社”在坝上事务所礼堂举行成立大会。社长罗忠恕，副社长倪青原，总干事何文俊，常务委员有钱穆、施友忠、蒙文通、何鲁之等，社员都是各学院的专家教授，还有社会知名人士王云五、杭立武、张君劢、于斌等。后又吸收艾格斯顿、李约瑟、巴登、达兹、齐门尔等外国学者。1945年初，联合国宪章制宪会议召开前夕，我国曾广泛收集各党派各阶层意见。罗忠恕组织“东西文化学社”讨论宪章内容，后起草行文，分送即将出席联合国会议的代表吴贻芳、张君劢、李璜等人。③

抗战胜利后，1946年12月至1948年春，罗忠恕应英国、法国等国的邀请，前往欧美，考察战后的西方大学教育。他先后参访了牛津大学、雷丁大学、英国皇家音乐学院、伦敦经济学院。拜访了物理学家、诺贝尔奖获得者以及大哲学家罗素等。1947年5月，罗忠恕参访法国斯塔拉斯堡大学、里昂大学、格勒格布尔大学等，并前往联合国教科文组织拜见了秘书长朱利安·赫胥黎（世界著名生物学家赫胥黎之孙），并受聘担任该组织的哲学顾问。1947年代表联合国教科文组织出席了在瑞典斯德哥尔摩举行的世界哲学会，结识了世界著名的物理学家波尔。11月联合国教科文组织的任期届满后，罗忠恕又被国内选为代表，与赵元任等一道参加了在墨西

① 岱峻：《风过华西坝——战时教会五大学纪》，江苏文艺出版社2013年版，第182页。

② 钱穆：《师友杂忆》，《四川大学档案馆·故事川大》：archives. scu. edu. cn，2012年12月18日。

③ 岱峻：《风过华西坝——战时教会五大学纪》，江苏文艺出版社2013年版，第182—184页。

哥召开的联合国教科文组织年会。会后前往美国，12 月 16 日，拜访了著名的物理学家爱因斯坦。1948 年春，罗忠恕回到成都。[①]

抗战期间，罗忠恕作为一个文化使者“逆风飞扬”，从成都→重庆→上海→英国伦敦→法国巴黎→瑞士日内瓦→希腊雅典→捷克→德国科隆→返回伦敦。在牛津、剑桥参与发起设立“英中文化（学术）交流合作委员会”，创立“东西文化学社”，搭建东西文化交流的平台。抗战胜利后，继续作为中西文化交流的使者，从成都前往英国→法国→瑞士→瑞典→墨西哥→美国→成都。先后结识了当今最伟大的物理学家，即爱因斯坦、波尔、普朗克。罗忠恕是抗战时期最重要的中西文化交流的社会活动家、文化学者。

周文（1907—1952），四川荥经人。16 岁在西康军阀部队当文书。1930 年首次出川，前往上海。1932 年参加革命，在安徽安庆任左翼文化总同盟安徽分会组织部长。主办《安庆晚报》副刊，并撰稿。后到上海加入“左联”，1933 年加入中国共产党，1934 年被选为左联常委，任组织部长。[②] 周文是成都抗战文艺运动的主要发起者和领导者之一，也是延安“解放区”抗战文艺的领导者和主要参与者。

1933—1934 年，周文创作发表了大量小说、诗歌、散文、评论。1936 年 10 月 19 日，鲁迅先生逝世，周文是为鲁迅抬棺的十六位青年之一。其后鲁迅的每一个忌日，在上海、成都、延安，周文都是先生纪念活动的主要发起者和组织者，撰写了大量悼念鲁迅先生的文章。

除写作外，周文从事了许多党的秘密工作。营救丁玲出狱，并护送到延安，受鲁迅先生之托购买生活用品，借道西安，再转送延安，又从西安夹带密件、经费返回上海。在鲁迅先生和冯雪峰、胡风之间做联络员，联系斯诺去延安采访，采买延安方面需要的一些急需用品，为掩护长征中受伤的政治局委员王稼祥去苏联治病，秘密在上海做掩护。妥善保管方志敏著名的《清贫》《可爱的中国》两份手稿。[③] 因此，周文同时兼有革命家和文学家的双重身份。

---

① 岱峻：《风过华西坝——战时教会五大学纪》，江苏文艺出版社 2013 年版，第 184—185 页。

② 四川省地方编纂委员会编：《四川省志·人物志》，四川人民出版社 2001 年版，第 509 页。

③《周文：现代文学和革命史上的失踪者》，名人传记编辑部《名流沧桑》，河南文艺出版社 2009 年版。

上海“八一三事变”后，身在上海的周文被派回四川，一路沿长江溯流而上，经南京过武汉到重庆，1937 年 10 月回到成都。得知周文回来，成都文艺界为他举行欢迎会。周文利用自己和组织的关系，积极与成都的文化人士联系，还主动结识了四川大学的一些教授和文化名人，如朱光潜、罗念生、谢文炳、陈翔鹤等。周文将二十余位知名作家、教授等知识文化界人士，组成“成都文艺界联谊会”，推动他们出版文艺刊物。组建了七八十位文艺界青年的“成都文艺工作团”。周文加入了“成都文化界救亡协会”，负责艺术委员会的文艺组，积极在成都开展抗日救亡宣传工作。①

1937 年 8 月 15 日，“成都文艺工作者协会”创刊发行了《金箭》月刊。周文 10 月 9 日到成都，参与了《金箭》第三期的编辑工作，并主编《新民报》副刊的《国防文艺》。1938 年 1 月 1 日，周文等人发起成立“文艺界联谊会”，同时联合文艺青年，成立“成都文艺界抗敌协会”。1938 年 3 月 6 日，周文、弧萍、蔡天心、岱辉等人在成都学道街省济难一小，发起筹备“成都文艺青年抗敌工作团”。周文任大会主席。但成都市国民党党部不予立案，终未正式注册成立。②

1938 年 3 月 27 日，“中华全国文艺界抗敌协会”在武汉正式成立，由理事会建议，五月份由姚蓬子写信与周文，“推周文、李劼人、朱光潜、罗念生、马宗融等为成都分会筹备员”，并“请各地筹备员在指定时间内，成立各地分会，推进文艺宣传工作”。③ 于是，在原“成都文艺青年抗敌工作团”的基础上，筹备“文协成都分会”。

1939 年 1 月 14 日，借冯玉祥将军和总会老舍来蓉之机，“中华全国文艺界抗敌协会成都分会”举行成立大会。大会选举李劼人、周文、肖军、罗念生、谢文炳、刘开渠为理事，叶麟、肖蔓若等为候补理事。总务部由周文、刘盛亚负责，出版部由肖军、肖蔓若负责，研究部由刘开渠、邓钧吾负责。会刊为《笔阵》，编委成员有周文等人。④

---

① 《周文：现代文学和革命史上的失踪者》，名人传记编辑部《名流沧桑》，河南文艺出版社 2009 年版。

②④ 王开明：《“文协”成都分会和它的会刊》，《抗战文艺研究》1983 年第 1 期。

③ 《中华全国文艺界抗敌协会组织概况》，《抗战文艺》第 4 卷第 1 期。转引自王开明《“文协”成都分会和它的会刊》，《抗战文艺研究》1983 年第 1 期。

从1939年2月到1944年5月，上百家文艺刊物如雨后春笋般涌现，成都抗战文艺运动得以蓬勃开展。1937—1940年，周文与刘盛亚、沙汀、任钧合作创办了《战旗》《战潮》《文艺后防》，支持了《工作》《散文》《群众》《惊蛰》等刊物的工作。还写作了小说、论文、杂文、通讯、特写、散文等，新中国成立后多数被编为《周文选集》。[①]

1939年，设于抗战前线二战区的山西民族革命大学聘周文任教授。1939年12月10日，周文带着妻子郑育之、女儿和一百多名在川招收的民大新生，以及四川旅外剧团，从成都出发，出剑阁，翻秦岭，过汉中，在宝鸡短暂停留，在西安附近，听闻阎锡山和共产党闹摩擦。在鄜县（今陕西富县）周文决定秘密改道去延安。[②] 1940年2月2日，经过五十多天的汽车颠簸，三千多里的长途跋涉后，周文和他的队伍终于到达延安。

在延安，他们受到了老朋友丁玲、柯仲平等人的热情接待。周文到延安的第三天，在延河边遇见了毛泽东。毛泽东希望周文办一个大众读物社，以提高边区军民的政治文化水平。本想到延安后安心写作的周文，几乎没有任何犹豫就遵从毛泽东的安排，迅即到边区党委报到。[③] 延安时期，周文主要从事文化、教育、新闻、出版及意识形态宣传的组织和领导工作。先后任《抗战日报》《大众社》社长，同时还兼职“中华全国抗敌协会延安分会”“新文字协会”“延安反侵略分会”等社团。此后又先后担任陕甘宁边区政府文教、宣传部门的重要领导职务。[④]

抗战期间，周文的迁徙路线有两次，一次是从上海→南京→武汉→重庆→回到四川成都；另一次是从成都→绵阳→广元→汉中→宝鸡→洛川→延安，走出四川。他是少数几个同时在“国统区”“解放区”主要参与、组织、领导抗战文艺运动的文化人之一。抗战胜利后的1946年，周文到重庆任新华日报社副社长兼主笔。

李劼人（1891—1962），生于四川成都，是具有世界影响的中国现代文学家，也是现代重要的法国文学翻译家、社会活动家、实业家。1919年赴法留学，1924年回国。先后任《四川群报》主笔、编辑，及《川报》

①④ 四川省地方编纂委员会编：《四川省志·人物志》，四川人民出版社2001年版，第510页。

② 刘传辉：《郑育之同志忆周文》，《抗战文艺研究》1982年第2期。

③ 《周文：现代文学和革命史上的失踪者》，名人传记编辑部《名流沧桑》，河南文艺出版社2009年版。

总编，国立成都大学教授、文科主任兼预科主任。新中国成立后曾任成都市副市长、四川省文联副主席等职。代表作有《死水微澜》《暴风雨前》和《大波》。翻译了多部法国长篇小说和大量中短篇小说。①

1939年，原先居住在成都市区指挥街的李劼人，为躲避日军轰炸，选址东郊，用黄泥、木材和茅草修建了“疏散房”。因屋前有一汪状如菱角的堰塘，李劼人便在门楣上自题“菱窠”。李劼人在“菱窠”居住生活了近23年。抗战期间，李劼人除短暂到乐山经营嘉乐纸厂外，绝大部分时间在成都，是成都本地作家的典型代表。

当时成都的新闻出版发行参与者主要有三类人员：一是外地来蓉的文化人，如肖军、任钧、陈白尘、熊佛西、陶雄、李广田、蔡天心、丁易、叶圣陶、牧野、朱光潜等；二是外地回蓉的川籍文化人，如周文、沙汀、马宗融、罗淑、刘开渠、邓钧吾、刘盛亚、段可情、何其芳等；三是在蓉的本地文化人，如李劼人、罗念生、谢文炳、陈翔鹤、杨波、车辐、肖蔓若、戴碧湘、陈思苓等人。还有华西坝五大学和川大的部分师生。整个抗战期间，他们齐心协力，共同推动了成都的抗日救亡文化活动。

1939年，李劼人同周文等共同参与发起了“中华全国文艺界抗敌协会”成都分会的工作，连续四年被推举为成都分会理事，1941年被推选为文协总会理事。“中华全国文艺界抗敌协会”成都分会从成立之日起至抗战胜利才终止活动。其间，在为争取抗战胜利和深入开展民主活动的斗争中，它团结了后方战线上的进步文艺工作者，做了大量的工作。

李劼人作为会刊《笔阵》的编委，在出版遇到经费困难时，李劼人慷慨捐出嘉乐纸厂的纸张，并筹集款项，尽心尽力扶持刊物发行，就这样，《笔阵》艰难维持到了1944年5月（中间有停刊）。② 由此便知，李劼人当之无愧是抗战时期成都文艺活动的重要代表。

郭沫若称李劼人的《大波》是“写实的大众文学家”“小说的近代《华阳国志》”“中国的左拉”。③ 巴金曾叹道：“只有他才是成都的历史家，

① 四川省地方编纂委员会编：《四川省志·人物志》，四川人民出版社2001年版，第547—548页。

② 王开明：《“文协”成都分会和它的会刊》，《抗战文艺研究》1983年第1期。

③ 四川省地方编纂委员会编：《四川省志·人物志》，四川人民出版社2001年版，第548页。

过去的成都都活在他的笔下。”[①] 中国社会科学院杨义的《中国现代小说史》，将李劼人作为四川乡土作家群中的大家之首。明确指出，李劼人是“具有全国影响的重要小说家”，“在三十年代作家的艺术气魄方面，李劼人是屈指可数的”。“李劼人的成功，正在于把外国近代的小说意识，不着痕迹地融解在东方文学的趣味和手法之中，从而形成一种开放的而且又具有民族特色的创作个性。”[②] 因此，李劼人是最能代表成都本土文化的作家。

4. 科学家的空间移动分析

20 世纪初，完整意义上的现代科学体系才传入中国，中国现代科学研究也发端于此。它首先发轫于民间团体，如 1913 年成立的中华工程师会，1915 年成立的中国科学社。同时也出现了政府设置的零星的研究机构，如中央农事试验场（1906 年始）、地质调查所（1916）、中国科学社生物研究所（1923）、黄海化学工业研究社（1923）等。[③] 随着国民政府正式统一中国，现代科学研究才渐入正轨。1928 年 6 月 9 日，中央研究院第一次院务会议在上海召开，蔡元培主持宣告中央研究院正式成立，研究范围包括数学、天文学与气象学、物理学、化学、地质与地理学、生物科学、人类学与考古学、社会科学、工程学、农林学、医学 11 组科学，这是中国政府第一个现代科学研究机构。宗旨是“实行科学研究，并指导、联络、奖励全国研究事业，以谋科学之进步，人类之光明”。因此，到抗战爆发时，中国现代科学和技术还处于比较稚嫩的发展阶段。

但是中国的科学家们不甘落后，以科学强国为己任。在艰苦卓绝的抗战岁月里，涌现了许多优秀的科学家。其中，以重庆、昆明、成都、贵州遵义等地的科学家群体较为集中。张澜先生曾感叹：“蜀中不乏专长文史的国学名家，为缺少在新兴自然科学和数理基础科学方面学识丰富的专家。”[④]

在抗战时期的成都，以国立四川大学和华西坝为主，不乏自然科学和技术领域学识丰富的专家。如数学家何鲁、柯召、李华宗、李国平等；医

① 黄里：《四川隆重推出 17 卷〈李劼人全集〉》，《四川日报》2011 年 9 月 6 日。

② 杨义：《中国现代小说史》（第二卷），人民文学出版社 1988 年版，第 431—447 页。

③ 路甬祥：《中国近现代科学的回顾与展望》，《科学新闻》2002 年第 9 期。

④ 白苏华：《柯召传》，科学出版社 2012 年版，第 42 页。

学家戚寿南、侯宝璋、蔡翘、陈耀真、黄克维、董秉奇、叶鹿鸣、荣独山、程玉麐、张查理、张汇泉、郑集、童第周等；动植物学家刘承钊、方文培；地理学家刘恩兰等。

（1）柯召等四川大学数学家群体的空间分析

柯召（1910—2002），生于浙江省温岭市。先后就读于厦门大学、清华大学数学系。1935年考取中英庚款的公费留学生，赴英国留学，师从著名数学家莫德尔（Mordell），1937年获博士学位。1938年回国，在四川大学任教。1955年被聘为中国科学院学部委员。柯召院士是中国杰出的数学家、教育家和社会活动家，中国科学院资深院士、九三学社中央名誉副主席、原四川大学校长。

柯召是研究数论、组合数学与代数学领域的一代数学宗师，他是中国二次型研究的开拓者，是中国近代数论和组合论的创始人之一。他关于不定方程卡特兰问题的研究结果，在国际上被誉为柯氏定理，他创造的方法，至今仍被广泛引用。爱尔特希与柯召及拉多三位同窗好友合作，在20世纪60年代有关有限集合的研究工作，即所谓的爱尔特希—柯—拉多定理，在文献上被称为一条里程碑式的定理。①

李华宗（1911—1949），出生于广州市。中山大学天文数学力学系毕业。1935年，李华宗考取中英庚款公费到英国爱丁堡大学（University of Edinburgh）深造，师从斯楚克（D. J. Struik），主攻微分几何，1937年获博士学位。1937—1938年在法国巴黎大学庞加莱研究院（Poincaré Institute）学习。他在微分几何，在克黎福特代数（CliffordAlgebra）及其表示、二次型合成的胡尔维茨—拉冬（Hurwitz—Radon）问题，以及量子力学中的本征值和埃尔米特（Hermite）算子问题也做出了重大成果。在1937—1949短暂的12年间，李华宗在中、英、法、美以及荷兰出版的著名的数学杂志和物理学报上发表了31篇高水平的论文。②

李国平（1910—1996），生于广东省丰顺县。1933年毕业于中山大学数学天文系；1934—1936年，日本东京帝国大学研究生。1937年，经熊庆来提名推荐任中华教育文化基金会研究员，派赴法国巴黎大学庞加莱

① 白苏华：《柯召传》扉页（内容简介），科学出版社2012年版。

② 白苏华：《柯召传》，科学出版社2012年版，第49页。

(Poincaré）研究所工作。1939 年回国，任教于四川大学、武汉大学。1955 年当选为中国科学院学部委员。主要研究复变函数论、微分方程等，建构了半纯函数（有限级与无限级）的波莱尔（Borel）方向与填充圆的统一理论，就填充圆与波莱尔方向，得出了较瓦利隆与米洛的定理更为精密的结果。研究了复变量的闵可夫斯基—当儒瓦函数问题。在唯一性问题、有理函数表示问题、整函数论在函数序列的封闭性问题上的应用、伴随外尔斯特拉斯（Weier-strass）函数及强伴随外尔斯特拉斯函数等方面也颇有研究。①

1938 年夏，李华宗从巴黎回国，到四川大学任数学系教授。柯召也同期抵达川大。1939 年，从巴黎归国的李国平应四川大学之邀到峨眉讲学。三位数学大师一同来到川大，与魏世珍、胡少襄等一起，构建了四川大学强大的数学家方阵。川大数学系在国内声名鹊起。李华宗、柯召、李国平分别讲授数学系的几何、代数和微分方程分析的主要课程。他们志同道合，又都年富力强，在矩阵代数和数学分析方面成果卓著。

柯召、李华宗、李国平都曾留学欧洲。其中李华宗、李国平是大学同班同学，先后从法国回国；柯召从英国回来，与李华宗同期入川。根据柯召的回忆，1938 年七八月份，东部沿海地区已经大部分沦陷，他们当时的归国路线只剩一条路：从英国（法国）→非洲→香港→越南海防→昆明→成都。②

1939 年夏，川大迁到峨眉，当时三位年轻的“海归”（柯召 29 岁、李华宗 28 岁、李国平 29 岁），志趣相投，与同在乐山的武汉大学数学系精诚合作，开创了四川乃至全国数学研究的全新时期。

（2）医学家的空间移动分析

戚寿南（1893—1974），浙江省宁波人，著名医学家、医学教育家。中国现代内科医学的奠基人。1916 年毕业于南京金陵大学，1920 年获美国约翰·霍布金斯医学院博士学位，任职美国麻省总医院，一年后回国。1922—1934 年任教于北京协和医学院，并任该附属医院的内科主任。1934 年任中央大学医学院院长，同时担任南京中央医院总住院医师。出版了

① 《李国平教授》，《武汉大学学报》（自然科学版），1986 年 02 期。

② 白苏华：《柯召传》，科学出版社 2012 年版，第 41 页。

《内科学》《输血原理与技术》《体格检查学》《学习生作业规范》等学术专著。其中《内科学》及《体格检查学》被列为大学医学教材。①

1937年8月13日，日寇进攻上海，危及南京。戚寿南随校迁移，从南京经武汉到重庆。由于重庆缺乏医学教学基地，医学院院长戚寿南等力排众议，争得国民政府教育部同意，乃将中大医学院迁至四川成都。1937年10月，中央大学医学院迁入成都，成为第一所到蓉的沦陷区大学。随着齐鲁大学医学院的到来，华西大学原有的教学设施和临床实习场地不敷使用。经协商后，1938年，原华西的仁济男、女医院、牙症医院以及存仁眼耳鼻喉专科等四所教会医院改组为“华大、中大、齐大三大学联合医院”，由中央大学医学院院长戚寿南担任联合医院总院长。随着东吴大学刘承钊带队的生物系师生的到来，以及香港大学医学院院长Gorden King带领的20多名医科学生的加入，当时的成都会聚了全国最顶尖的医学专家，如内医科专家戚寿南、生理学家蔡翘、生化学家郑集、病理学家侯宝璋、内科学家黄克维、外科学家董秉奇、放射学家荣独山、神经病和精神病学家程玉麐、胚胎学家童第周、眼科学家陈耀真、解剖学家叶鹿鸣、张查理、组织学家张汇泉，等等。②他们共同铸就了抗战时期成都西医学的繁荣和发展。

总医院在戚寿南的统一领导下，统一管理、统一财务、共同使用病床，还建立了从住院总医师、住院医师、主治医师到科主任，从助理护士、护士、护士长到总护士长，一整套规章制度，完善了医院管理。成为现代医院管理的典范。

戚寿南医术精湛，国民党“四大家族”及政府高官多次请他诊断，并派专机接送，戚寿南本着治病救人的人道主义精神前往医治，因而有“御医”之说。1944年8月20日，美空军58联队执行重大军事任务，从四川直飞日本本土进行轰炸。这次轰炸机组伤亡巨大，负伤的飞行员全部送往成都“三大学联合医院”救治。戚寿南院长在医院内安排了特别医疗区，对每一伤员均亲自诊疗或会诊。痊愈后重返战场的空军英雄一直感念戚院长的救命之恩。③

侯宝璋（1893—1967），安徽省利辛县人。中国著名的病理学家、医

---

①②③ 朱晓剑：《戚寿南：当之无愧的“大医”》，《成都日报》2012年11月12日。

学教育家，是中国近代病理学先驱者之一。1920 年毕业于齐鲁大学医学院并留校工作。1926 年起，先后留学美国芝加哥大学、德国柏林大学及英国伦敦大学。任齐鲁大学医学院病理学系教授、主任，齐鲁大学医学院代院长；香港大学医学院病理系教授、主任、代院长。著有《病理组织学图谱》《中国牙医史》《中国天花病史》《疟疾史》等专著及论文五十余篇。①

1937 年抗日战争爆发，侯宝璋随齐鲁大学迁至成都。任华西齐鲁联合大学病理系教授及主任，并代理齐鲁医学院院长，1938 年教育部任命他为部聘教授，兼任中央大学医学院病理系教授。

1938 年抗日战争最为动荡和艰苦阶段，侯宝璋以公而忘私和献身医学的精神亲赴贵阳，筹建贵阳医学院并担任病理学科研教学工作。1941 年，侯宝璋发现一例来自山区的黑热病患儿，曾两次翻山越岭到四川西北部地区实地调查，研究黑热病传染媒介白蛉子的分布以及利什曼原虫感染流行病学。侯宝璋是一位文理贯通、博学多才的医学家，与齐鲁大学文史学科诸教授如顾颉刚、钱穆、吴金鼎、商承祚等是金兰之交。他善于以医学切磋文学艺术，又以文化研究医学，科学与艺术相互融通。② 作为抗战大后方的成都滋养、庇护着这些国家的精英。

四、东西文化交流的空间分析

抗战期间，除了国内的文化机构、文化团体、文化人迁徙入川外，成都还有着独特的、与世界文化交流的机会。一是因为成都毗邻陪都重庆；二是因为在抗战前的 13 所教会大学中，大部分因为战乱流离失所，成都华西坝教会五大学是硕果仅存的杰出代表。所以，教会五大学得天独厚的全球视野，即便在战争的艰苦条件下，也没有中断与世界文化的交流互动。

20 世纪初，以英美为主的国家利用庚子赔款的返还教育基金推动了中国的教育事业。美国基督教会派到中国来的传教士甚多，他们一面传教布道，一面创办学校，先后在中国设立了 13 所高等学校，包括燕京大学（北京）、齐鲁大学（济南）、圣约翰大学（上海）、沪江大学、东吴大学（苏州）、之江大学（杭州）、金陵大学、金陵女子文理学院（南京）、协

① 《利辛名人：侯宝璋》，利辛县人民政府网站 2013 年 11 月 9 日。

② 《山东大学历史名人侯宝璋：中国病理学先驱》，腾讯教育专题网—山东大学 110 周年校庆 2010 年 3 月 31 日。

和大学（福州）、华南女子文理学院，岭南大学（广州），华中大学（武汉），华西大学（成都）。教会大学的数量和学生人数都不多，但是教育质量普遍较高，而其学科的科学设置对于中国教育的现代化发挥了很好的作用。

教会大学的空间布局，从北到南依次是：北平、济南、上海（2 所）、苏州、杭州、南京（2 所）、福州（2 所）、广州，武汉、成都。除武汉、成都外，学校都分布在东部沿海地区，成都是教会大学在西部唯一办学的城市。教会大学在长三角共有 6 所，几乎占据半壁江山，与当时国民政府的政治布局和社会状况非常吻合。日本全面入侵中华，中国东部大部分地区沦陷。东部沿海的这些大学也岌岌可危。其中圣约翰大学、沪江大学、东吴大学、之江大学、华中大学在抗战中几经合并、分离、辗转迁徙，损失巨大。协和大学、华南女子文理学院、岭南大学也是在省内及附近流动，原有校舍毁于一旦，正常的教学也难以为继。唯有华西坝上教会五大学，在抗战中取得了长足的进步和发展。英美教会和教育界很重视坝上大学的发展，从经费、师资、生源、学术交流等方面给予了极大的支持。

1938 年 6 月 20 日，世界学联访问成都，亦是抗战中到访成都的第一个国际友好团体。代表团住在华西坝的外籍教师家，日常活动由金女大的周曼茹、中央大学医学院的张涤生担任翻译。6 月 23 日国际学联代表团团长克鲁曼（Krugman）一行来到华大事务所，出席成都文化新闻教育界的茶话会。会上作了《中国青年运动与世界青年运动问题》的报告。[①]

1941 年 4 月，诺贝尔文学奖获得者、美国作家海明威携夫人访问中国，先在重庆拜访了蒋介石、周恩来等，随后前往成都。海明威夫妇参观了修建中的新津大型飞机场，这是当时亚洲最大的轰炸机机场。在施工现场，约 8000 名民工拖着 10 吨重的石碾子在碾压跑道，劳动号子像海浪拍打礁石般发出低沉雄壮的声音，那气势如虹的场景令海明威夫妇感动得泪流满面。[②] 海明威在华西坝体育馆发表了慷慨激昂的演讲。

1942 年 5 月，澳大利亚首任驻华公使艾格斯顿爵士来到华西坝，与学者进行广泛的学术交流，还进行多次公开讲演。1942 年 10 月罗斯福总统

---

① 岱峻：《风过华西坝——战时教会五大学纪》，江苏文艺出版社 2013 年版，第 188 页。
② 同上，第 189 页。

的特使代表威尔基受成都各大学的邀请，来到华西坝广场，面对5000多名师生发表演讲。1942年12月，以埃尔文爵士为团长的英国议会访华团访问成都，华西大学东西文化学社举行茶会，招待英国访华团一行，双方就互派访问学者及留学生，组织两国文化互访，推进战后维护和平及建设世界新秩序的研讨，翻译中英文化典籍，加快出版物交换等多方面，达成共识。①

1943年5月3日下午，英国驻华使馆科学参赞及英国文化协会驻华代表李约瑟博士，在东西文化学社社长罗忠恕的陪同下，来到华西大学体育馆。发表了题为《科学与社会》的演讲。随后还分别在体育馆、化学楼、生物楼、医科楼、事务所礼堂等处所，对师生、对社会民众作了12场讲座。同时借此机会，为撰写《中国科学技术史》四处收集资料。在罗忠恕帮助下，与成都石室中学交换了一套古籍《道藏》。20多天的成都之行收获颇丰。②

1944年6月下旬，美国副总统华莱士访华。6月26日抵达成都，五大学师生邀请华莱士发表演讲，梅贻宝现场翻译。为一睹国际头号同盟国副总统的风采，成都市民万人空巷，纷纷来到华西坝听讲演。1945年12月1日，印度加尔各答大学教授、研究东方美术的甘戈里博士来到华西坝，围绕印度佛教艺术主题，做了大约一周的讲座。此外，先后来到成都访问的西方学者还有澳大利亚首都大学的普兰校长，牛津大学教授陶德思以及牛津大学英中文化学术委员会秘书修忠诚，英国著名学者斯坦贝克、费德林，美国《时代》周刊总编辑卢斯、自由法国作家层里、著名的汉学家费正清夫妇，以及法国、波兰驻华大使和印度驻华公使，等等。③ 抗战时期的成都文化交流活动，给正处于战时中的成都人民打开了通向世界的门户：我们的抗战事业不是孤立的，是与世界人民的反法西斯战争紧密联系在一起的。

---

① 岱峻：《风过华西坝——战时教会五大学纪》，江苏文艺出版社2013年版，第188—191页。
② 同上，第188页。
③ 同上，第191—192页。

第六节　三台—绵阳文化副区形成的空间移动分析

现在的绵阳市下辖2区6县1市，包括了绵阳市区和三台县。抗战时期，绵阳县属于第十三行政督察区，是行政督察专员公署所在地，下辖10县。而三台县属于第十二行政督察区，同属于遂宁专员公署辖区。所以此处讨论的文化副区地域包括：绵阳所属的第十三行政督察区（其所辖金堂县已在前文列入成都文化区）和以三台县为主的第12行政督察区。

三台—绵阳文化区（以下简称绵阳文化区）地处川西平原的北端，与川西平原南端的乐山遥相对应。是省府成都在北面的最后一道屏障。抗战前，三台—绵阳地区没有专科以上的高等院校，也没有中央、省级的文化机构。抗战时期，国立东北大学内迁三台、国立第六中学内迁绵阳，以及三台尊经国学专科学校、国立第十八中在三台成立。这些学校为绵阳地区培养了大批人才，极大地推动了当地的文化教育，一大批知名学者荟萃于此，形成了蔚然成风的好学风尚。而学校的各种文化宣传活动，极大地鼓舞了人民的抗日斗志，丰富了当地人民的文化生活。

一、学校的空间移动分析

1. 东北大学的空间移动分析

东北大学的迁徙是抗战时期高校迁徙中较为特殊的一个，它迁徙时间跨度最长，过程较为曲折。迁徙之前，东北大学由张学良任校长，一批知名教授，如黄侃、章士钊、梁漱溟、罗文干、刘仙洲、梁思成、林徽因、陈雪屏、萧公权、周传儒等在此任教。1931年达其鼎盛时期，全校设有6个学院，24个系，8个专修科，教授200多人，在校生3000人，东北大学跻身国内一流大学之列。①

高校的内迁始于抗战全面爆发后。而东北大学早在“九一八事变”后，随着沈阳的沦陷便迁入关内，1931年11月在北平复课。

1931年10月18日，东北大学借北平南兵马司旧税务监督公署（该处

① 程丕来：《抗战时期东北大学内迁三台研究》，四川大学2007年硕士学位论文。

后为女子家政专修科用，称为东校）为校舍，勉强复课。经校方接洽，高年级学生分别到北大和清华借读，而农学院各系学生则全部到开封的河南大学借读。因条件所限，部分系科停办，同时增加边疆政治系、家政系等实用学科。1932 年 2 月，校方又从北京师范大学借得彰仪门大街原国货陈列所旧址，收容锦州东北交通大学逃难学生，暂设立交通学院（后改为工学院），称为南校。当时从沈阳迁到北平的私立冯庸大学因经费短缺，张学良遂派员接管了冯庸大学，并以冯庸大学校址为东北大学校部和文、法两学院院址，称为北校。就这样形成了以东北大学为主体，合并冯庸大学、东北交通大学等的北平东北大学。[①] 从 1931 年至 1936 年间，东北大学在北平办学 5 年，因校舍分散，学科特色又不突出，盛况远不如在东北沈阳时期。

1936 年初，工学院和补习班迁往西安，成立西北分校，由林耀山任主任。西北分校于 1936 年 2 月 24 日在西安正式开课。1937 年 3 月，国民政府委派藏启芳接任东北大学校长，接收东北大学西安分校。5 月 17 日，更名为“国立东北大学”。6 月西安新校舍竣工，原在开封的师生全部迁入西安。8 月，在南京和陕西分别招考了新生。9 月 9 日正式开学。[②]

1938 年春，敌机空袭西安，潼关戒严，东北大学校长藏启芳决定将学校内迁，并派文学院长李光忠先行入川寻找校址。觅得四川省三台县旧试院与杜甫草堂寺及三台所属联立中学各一部分。1938 年 3 月，东北大学师生从西安坐上了陇海路的西去列车，到达宝鸡，并从宝鸡启程入川。途经草掠驿、凤县、留凤关、南星、枣木栏、留坝、马道之褒城。4 月 13 日，东北大学第一、第二中队到达三台；第三中队于 4 月 23 日到达三台。当地政府和各界群众召开了欢迎大会，有 3000 人到会。[③]

东北大学在四川三台“安家”，获得了三台县长郑献征[④]的大力支持。郑献征是一位开明人士，1937 年调任三台县县长。得知东北大学在四川寻觅相对安全的校址，便热诚相邀，且提供良好条件以助东大迁往三台，东大校长藏启芳认为，迁址三台极为难得。为此写下诗句：“寄迹潼川巧遇君，亦狂亦涓亦温文。照人胆似秦时月，对我情如岭上云。万念悲天寰海

①②③ 程丕来：《抗战时期东北大学内迁三台研究》，四川大学 2007 年硕士学位论文。

④ 1900—1969，生于四川荣昌县。北平国立政法大学毕业。曾任卢作孚创办的兼善中学校长，重庆大学秘书长，代理校长，三台县长，四川省水利厅长等。

困，片心忧国一身勤。寇公奉召林胡灭，应共高歌尽日醺。”① 感激郑献征对东北大学的无私奉献。

1938 年 4 月，东北大学在四川三台正式复课。1938 年暑假，在西安的东北大学工学院并入西北工学院，并将文学院改为文理学院，增设化学系，加上原有的中国文学系和史地系共四个系；法学院则仍为政治系和经济系。两院六系共有学生 283 名，教职员 86 人。到了 1944 年 1 月，东北大学共有文、理和法商三个学院，计有十个系，教员总数为 98 人，职员总数为 84 人，学生总数共为 713 人。②

东北大学从 1931 年迁出沈阳开始，经历了北平的 5 年，1936 年在西安、河南开封短暂办学，1938 年迁入四川三台，至 1946 年返回沈阳。从始至终，东北大学在外流离长达 15 年时间，是漂流时间最长、迁徙过程和迁移路线最复杂的内迁高校之一。

2. 国立第六中学的空间移动分析

自 1938 到 1946 年，根据抗日战争的发展趋势，国民政府教育部改变了过去不设国立中学的惯例，陆续设置了 22 所国立中学。其中内迁或者新设四川的国立中学有 8 所。而设在三台—绵阳地区的国立中学就有 2 所。国立第六中学主要接收山东籍和四川当地新入学的学生。

国立中学的社会地位比较高，校长均为知名人士，且职级高。例如国立八中的校长是原安徽省教育厅厅长杨濂，国立二十二中的校长是二十八集团军李仙洲司令等。所以国立中学在当地极受重视，许多学生亦成长为国家之栋梁。比如共和国总理朱镕基就曾是国立第八中学的学生。

1937 年冬，日军侵入山东，根据山东省教育厅的安排，省内一些即将成为沦陷区的中等学校师生，于 1938 年初春，陆续集结于河南开封、许昌等地。后全部迁至河南南阳赊旗镇（今社旗县），组成了“山东联合中学”，正式复课。

1938 年初，随着战局的发展，河南许昌等地已临前线，“山东联合中学”师生三千余人，再次身背行囊，继续向西南方向迁徙，1938 年四五月间抵达湖北郧阳（今郧县）、均县，学校奉教育部命改名为“国立湖北中

① 郑碧贤：《重修郑泽堰记》，《南方周末 · 如戏人生》2013 年 6 月 22 日。

② 绵阳市志编纂委员会：《绵阳市志》，四川人民出版社 2007 年版，第 1781 页。

学”，由国民政府教育部直接管理。①

1938 年夏，日寇溯长江而上，武汉告急，教育部下令学校迁至四川。于是，师生再度跋涉西进，从湖北郧阳县沿着秦岭山脉，越巴山，过安康、汉中，穿越剑门关。他们经历了鲁、豫、鄂、陕、川五省，行程数千里，历尽艰辛。不少师生殁命途中。终于在 1939 年春，分别抵达四川绵阳、德阳、梓潼、罗江、新店子等地。校本部设在四川绵阳，被教育部正式命名“国立第六中学”。“国立六中”设校本部（高中、高职、高农），在绵阳城外原民生工厂旧址搭草棚若干间作为校舍。下有四个分校：一分校在梓潼（师范）；二分校在德阳（初中，后增设师范）；三分校在新店子（初中）；四分校在罗江（初中）。到 1941 年，校本部设高中 12 个班，第一分校设高中 7 班，师范 2 班，第二、三、四分校各设初中 6 班，第四分校另设地方自费班 2 班，同时为了实施生产教育，又设置了初级染织应化 2 班和高级农职 1 班。1942 年后梓潼分校单独成立梓潼师范，四分校撤销。德阳分校为一分校，新店子分校为二分校。从 1943 年 12 月起，共计有 186 名学生参加了中国远征军。②

“国立六中”在抗战期间，有孙维岳（著名教育家）、李广田（作家，新中国成立后任云南大学校长）、陈翔鹤（被鲁迅誉为“挣扎得最久的文学团体”“沉钟社”的创始人）、方敬（诗人，后任西南师范大学校长）等文化名人曾在这里任教。培育出激光专家马祖光，驻外大使章署等一大批精英人才，当代诗人贺敬之当年就是从这里启程奔赴延安。③

“国立六中”始于山东境内各中等学校。首次迁徙到河南许昌、开封等地，并转至西南方向的河南南阳赊旗镇。战局发展很快，继续西迁湖北十堰附近的郧阳县，这里已经背靠大巴山山区。但武汉失守，必须继续迁离战场，最后一次是长距离翻越大巴山、秦岭山脉，全程步行至四川绵阳。期间在山区曾遭遇大雪封山，不得不在结冰的路面蹒跚而行。一群稚气未脱的中学生们克服了种种难以想象的困难，终于抵达四川绵阳的“国立六中”复学。

3. 三台尊经国学专科学校

1944 年，由东北大学教授孔德、丁山等人倡议，得到四川大学教授蒙

①②③ 陈波、巩强：《颠沛流离 生生不息——抗战内迁绵阳的国立第六中学校纪实》，《四川档案》2010 年第 5 期。

文通及三台有关人士支持，在三台潼川镇北门外袁家花园，设立了一所学院。初名“草堂书院”，后因教育部认为“书院之名不合现实体制”，改为三台尊经国学专科学校。由孔德任校长，著名书法家谢无量任名义董事长。初招生 150 人，1945 年秋又招生 100 人。教学均有一批著名教授担任，如丁山，陆侃如、冯沅君、叶丁易、姚雪垠、李子雄，杨荣国、陈术、蒙文通，赵纪彬等。1945 年孔德离任，由蒙文通接任校长。1946 年东北大学迁返后，学校失去师资，遂于 1947 年迁往成都金牛坝，改名为成都尊经国学专科学校。1950 年并入成华大学（今西南财经大学）。①

二、文化名人的空间移动分析

1. 陆侃如、冯沅君夫妇的空间移动分析

陆侃如和冯沅君是古典文学研究领域的一对佳人，他们的结合被称作充满“爱、自由与美”的结合。他们既是情感的结合，又是学术的结合；他们的结合，揭开了中国古典文学研究史上崭新的一页。

陆侃如（1903—1978），江苏海门人。1924 年北京大学毕业，考入著名的清华大学国学研究院专攻中国古典文学。1932 年留学法国巴黎大学研究院，1935 年获博士学位，著名的文学史家、楚辞专家、古典诗论家，文学一级教授，曾任山东大学副校长。②

冯沅君（1900—1974），原名淑兰，河南唐河人，是著名哲学家冯友兰和地质学家冯景兰的胞妹。她自幼“绝顶聪明”（冯友兰语），熟读四书五经。1922 年毕业于北京女子高等学校，以优异成绩考入北京大学研究所，成为中国第一位女研究生。1929 年与陆侃如结婚。1932 年夫妻双双留学法国巴黎大学，1935 年同获博士学位。她是驰名五四文坛的著名作家，对于古典文学研究以及古剧研究造诣颇高，是著名文学史家、戏曲史家、作家，文学一级教授，曾任山东大学副校长，是新中国第一位一级女教授。③

“七七事变”，北平沦陷。陆、冯夫妇离开北平，开始了颠沛流离的生活。他们先到天津，沿津浦线南下到达南京，从南京乘船，于 1937 年底进

---

① 绵阳市志编纂委员会：《绵阳市志》，四川人民出版社 2007 年版，第 1781 页。

② 《陆侃如》，山东大学文化网。

③ 《冯沅君》，山东大学文化网。

入安徽省安庆，安徽大学校长杨亮功力邀陆侃如、冯沅君赴安徽大学执教。1938年春，战局进一步恶化，地处长江口的安庆已是战区前沿，陆侃如、冯沅君遂离开安徽大学乘船至上海，再转道香港，从南中国海，到达越南海防。1938年秋，踏上归国之路，乘火车到昆明。在昆明时，接中山大学邀请，两人遂赴广州。陆侃如任中山大学师范学院教务主任，兼中文系主任。①

1938年初冬，冯沅君接到在四川乐山的武汉大学校长王星拱的邀请，赴武大中文系执教。不久，广州被日军占领，中山大学搬至广东西部山区罗定县，后又迁至云南澄江，一个离昆明仅50公里、风景秀丽的小镇。1939年夏，冯沅君受武汉大学叶圣陶的委托，前往云南澄江，与中山大学的陆侃如团聚，并商议辞职转投武大之事。但日机突然轰炸乐山，到乐山之事便由此作罢。冯沅君便留在了澄江，和陆侃如一道在中山大学任教。1940年夏，中山大学迁至广东韶关北面的小镇砰石，陆侃如任中山大学师范学院院长。1941年底，砰石小镇沦陷，两人被迫从砰石转移。经广西桂林，过贵阳，到重庆，转成都，1942年春到达三台县。应邀到东北大学执教，陆侃如任中文系主任，冯沅君任中文系教授。②居住在三台县东门陈家巷。从1942年至1946年迁返沈阳，陆侃如、冯沅君夫妇在三台东北大学执教长达4年的时间。

陆侃如和冯沅君夫妇抗战期间历经坎坷，从北平→天津→南京→安徽省安庆→上海→香港→越南海防→昆明→广州。再各奔东西，冯沅君从广州→桂林→贵阳→重庆→乐山武汉大学；陆侃如从广州→罗定县→云南澄江。随后夫妻二人从云南澄江到广东韶关的砰石镇。再从砰石镇→桂林→贵阳→重庆→成都→四川三台县（东北大学）。虽然1938—1942年陆侃如一直在中山大学任教，但中山大学居无定所，一直处于迁徙之中；只有在1942—1946年的4年里，夫妇二人总算在东北大学所在的四川三台县落脚。

2. 贺敬之的空间移动分析

贺敬之（1924—），山东峄县人。1938年就读于国立第六中学，1942年毕业于延安鲁艺文学系。现代著名诗人和剧作家。历任鲁艺文工团创作组成员，华北联大文学院教师，中央戏剧学院创作室主任，《人民日报》

①② 黄元：《陆侃如与冯沅君》，山东大学新闻网2011年10月27日。

文艺部副主任。1945 年和丁毅执笔集体创作我国第一部新歌剧《白毛女》，获 1951 年斯大林文学奖。先后担任文化部副部长、中宣部副部长、文化部代部长等。①

1937 年，小学毕业的贺敬之投考不收取学费的滋阳简易农师。在投考的 2000 名考生中，贺敬之的考试成绩名列第四，不收学费。“七七事变”后，随着形势日益恶化，滋阳简师被迫南迁，同时学校决定一些年龄小的学生返乡。贺敬之正是要求返乡学生之一。②

强烈的求学愿望让贺敬之不甘于在家乡等待，千方百计打听可以结伴去找母校的同学。最终，贺敬之联合几个青年，于 1938 年初，一同踏上了南寻之路。他们风雨兼程，于 1938 年春，他们到了位于湖北郧阳县（今郧县）的母校。此时学校已改名为“国立湖北中学”。在郧阳县期间，诗人臧克家率领第五战区文化服务团来到学校，这是学校的一大盛事。贺敬之首次目睹文化名人，崇敬之情油然而生。③

1938 年底，贺敬之随着流亡的师生由湖北郧阳县出发，翻越大巴山，沿着秦岭山脉，经过陕南，绕道进入四川绵阳，有不少同学和老师永远地长眠在大巴山、秦岭山脉里。在绵阳，学校改名为国立第六中学，贺敬之所在的一分校驻梓潼县城内。经过战火洗礼的贺敬之已渐趋成熟，在梓潼，他积极地投身抗日救亡活动。他开始学习写散文、小说、诗歌，向重庆、成都的报刊投稿，一些作品被采用刊登，这无疑激发了贺敬之的文学热情，也坚定了贺敬之一生不变的文学追求。

1940 年 4 月的一天下午，贺敬之正在学校办墙报，学写诗时认识的一位校友李方立从重庆来到梓潼，找到贺敬之及其他两位同学，四人相约到延安投考“鲁迅艺术学院”。第二天大清早，四个人踏上了迷雾中的征程。④一路向北，出剑门关，过广元、汉中，经西安，出铜川，到达延安。在延安，贺敬之考入了鲁迅艺术学院文学系，受教于著名诗人何其芳。1944 年，贺敬之与丁毅等创作了闻名全国的新歌剧《白毛女》。直至 1945 年抗战胜利，贺敬之才离开延安奔赴新的岗位。

抗战期间，贺敬之从山东枣庄峄县出发，一路朝西南方向，通过江苏

---

①② 晓雪：《贺敬之：与人民同心》，《人民日报》2013 年 8 月 22 日。

③④ 阎丽生：《时代歌手 人民诗人——访革命抒情诗人贺敬之》，中国煤炭新闻网 2008 年 12 月 16 日。

北面，过河南，进入湖北西北角的郧阳县（今郧县）。又从郧阳县，跟随学校，翻过大巴山，进入陕西，过安康、汉中，翻越秦岭，入剑门关，到达四川绵阳梓潼县。十几岁的贺敬之和同学们一路奔波，幸运地到达绵阳。尔后从绵阳一路向北，过广元→宝鸡→西安→到达延安，在延安开始了人民诗人的辉煌历程。

三台—绵阳文化区地处四川西北地区，主要以陆路与成都和陕西贯通，是抗战期间文化机构和文化名人到达四川的“极限之地”，再往北面的广元地区已经罕见文化机构和文化名人的迁入。几经磨难的东北大学和国立六中能觅得此方宝地，已属不易。外来新文化进入偏僻的三台—绵阳地区，丰富了本土文化，民众受益良多。

第七节　乐山文化副区形成的空间移动分析

乐山古称嘉州，位于成都平原南端。国民政府时期属于四川省第五特别行政督察区，乐山是行政专员公署所在地。抗战前，乐山没有专科以上的高等院校，乐山的高校都是抗战时期内迁和新建的。其中内迁高校有：武汉大学、江苏省立蚕丝专科学校；新建一所国立中央技艺专科学校。抗战期间，故宫文物有三批南迁，除了一批迁往贵州安顺外，其余两批国宝级文物迁往乐山、峨眉两地存放。乐山还有全国独一无二的“复性书院”，由国学大师、“儒释哲一代宗师”马一浮先生创立，并招收学生，不少弟子后来也成为国学教授。乐山“文化区”由小到大，一个小小的县城因为抗战时期高校、文化团体、工厂的内迁汇聚，一时大师云集、群贤备至，成为川西平原南端的文化中心，时有“小重庆”之美称。

一、高校的空间移动分析

内迁乐山的高校都是长江沿线的东部省份前来，分别是江苏省和湖北省，从苏州和武汉沿水路过来，新设立的中央技专创任校长也是长江沿线的安徽人。

1. 武汉大学的空间移动分析

1938 年初，武汉已岌岌可危。武汉大学于 2 月 21 日召开第 322 次校务会议，商议迁校事宜。会议决定迁至四川乐山。[①] 与中央大学一样，武汉大学也是一次搬迁到位。

1938 年 3 月，武大教职员工与一、二、三年级学生共 600 余人，采用自由组合方式分批乘船，搭载部分图书仪器设备，从武汉出发，走长江水路经宜昌、巴东、万州、重庆，到宜宾，从宜宾沿岷江溯流而上，一路栉风沐雨，几经辗转，抵达乐山。此外，也有部分教职员工独自前往的迁徙之路。

朱东润教授是著名传记文学家、文艺批评家。1937 年 8 月，抗日战火纷飞，武汉大学已逐步停课。寒假，在中文系任教的朱东润回到江苏泰兴老家。第二年，朱东润接到一封辗转从上海来的电报：武汉大学已迁四川乐山正式上课，希望能在 1939 年 1 月 15 日赶到。于是，1938 年 12 月，朱东润启程，先到上海，再至香港，绕道越南，再经云南贵州，到达重庆，最后到达乐山。[②]

漂泊流离中的武汉大学在乐山当地政府、士绅、百姓的鼎力协助下，在文庙落脚。将乐山最好的建筑“大成殿”作为图书馆；崇圣祠作为校务办公室；在崇圣祠后山腰新建大礼堂，主要的集会、各种讲座都在这里举行；尊经阁是法学院；崇文阁是文学院；三育学校是武大工学院；李公祠是武大理学院；九龙巷的龙神祠是武大学生第二宿舍；白塔街的进德女校是武大女生宿舍。4 月 29 日，武汉大学正式在乐山复课。武大迁川分部暂定名为“国立武汉大学嘉定分部”。至 1938 年 7 月，珞珈山本部余下的教职员工随王星拱校长抵达乐山。“嘉定分部”正式易名为“国立武汉大学”。[③]

从决定迁校到乐山复课，不过两月有余。在当时全国内迁高校中，能在如此短的时间内找准了自己的迁徙地，且一步到位。迁徙途中图书仪器设备保全得也最为完整，战时实属难得。1946 年，武大“复员”回武昌时，学生从西迁时的 600 余人，增加到 1700 人；教职工则由 200 人增加到 600 人。[④] 乐山办学八年，在武大校史书写了的辉煌一页，使之成长为当时

---

①③ 顾海良：《武汉大学西迁乐山的记忆》，《中国教育报》2008 年 11 月 21 日。

② 陈四四：《一所大学与一座城市的抗战八年——大师们的乐山往事》，《四川日报》2011 年 11 月 18 日。

④ 王君华、陈运旗：《一所大学与一座城市的弥久“情缘”》，《乐山日报》2008 年 11 月 28 日。

国内最完整的一所大学。跻身于当时中国“4 大名校”[①] 之列。

2. 江苏省立蚕丝专科学校的空间移动分析

江苏省立蚕丝专科学校的前身是报业企业家史量才于1904 年创办的上海私立蚕桑学堂，1912 年迁苏州浒墅关（今许关镇），改建为江苏省立女子蚕业学校。1922 年升格为江苏高级蚕丝科职业学校（大专），仍保留江苏女子蚕业学校名称，继续招收中专学生。1937 年改称江苏省立蚕丝专科学校。

上海“八一三事变”后，女蚕校和蚕丝专科学校校舍，以及校办制丝实验厂大多被毁，开弦弓村生丝精制合作社及震泽、平望、玉祁制丝所都焚烧殆尽。1938 年初，江苏省立蚕丝专科学校校长郑辟疆带领全体教师和部分学生从苏州避往上海租界。蚕专蚕业推广部主任费达生（社会学家费孝通的姐姐）带了一批蚕丝技术人员西撤重庆。[②]

1937 年 12 月南京沦陷，1938 年初，苏州、上海西进重庆的水路已无法通行，唯有两条路可抵达重庆：一是从上海坐海船绕道香港、越南海防，经昆明到重庆；二是从上海、杭州经浙赣线到株洲、长沙，经桂林、贵阳到重庆。第一条海上通道费时长、费用高；第二条陆上通道时间短、费用低，但路途艰辛，许多地方需要步行经过。从时间来推断，费达生带领的技术人员到重庆的路径以第二条路径的可能性较大。

1938 年，“新生活运动妇女指导委员会”会长宋美龄任命女教育家俞庆棠担任下设的生产事业组组长。俞庆棠计划在四川展开蚕丝技术改造，聘请费达生主持这一工作。费达生受聘后即去川南乐山一带调查，看到川南一带自然条件极好，这里的桑叶比苏南的湖桑叶大得多，且气候宜人，她认为，开发蚕桑的潜力巨大，未来的蚕丝业可以发展得很好。遂从乐山乘船回到重庆，向俞庆棠汇报了视察情况。经妇女指导委员会和四川省政府洽商决定，以乐山、青神、眉山、峨眉、井研、犍为、夹江七县为川南蚕丝实验区。1938 年 9 月 14 日，实验区正式成立，经费由行政院农林部拨款，费达生被任命为实验区主任，郑辟疆为顾问。[③]这期间，费达生还兼任在成都的四川丝业公司制丝总技师。

有了初具规模的川南蚕丝实验区，1939 年 5 月，郑辟疆从上海租界率

---

① 四大名校：指抗战时期的西南联合大学、中央大学、浙江大学、武汉大学。

②③ 魏奕雄：《江苏蚕丝专科学校迁在乐山》，《乐山广播电视报》2013 年 4 月 11 日。

领江苏蚕专的师生们来到乐山，先是借住于苏稽蚕种场，尔后在乐山县政府大力支持下，购买了柏杨坝普贤寺附近的十多亩地，建起了教室、宿舍、办公室；开辟了操场，用竹篱作围墙。当年秋季开始招收新生，生源主要来自川北、川南，有不少是南充蚕丝职业学校的毕业生。由于蚕专仍然附设江苏蚕丝女子学校，也招收了女子蚕丝班数十人（中专）。迁乐山的蚕专，分设教务处、训导处、事业处，校长仍然是郑辟疆，教务长王干治，实习场长陆辉俭，会计曾岳生，教职员工近 50 人。①

1939 年，战争进入相持阶段，江南大部分地区和主要的交通要道都已落入敌手，郑辟疆带领大部分师生集体通过封锁线，此时最安全的线路应该是：由上海→香港→海防→昆明→贵阳→重庆→宜宾→乐山。长途跋涉，历尽艰辛，辗转来到乐山。

到 1945 年底，学校共有大专蚕桑专业三年制专科学生 264 人和中专三年制蚕丝科学生 113 人毕业。期间学生主要在川南蚕丝实验区实习和就业。学校在峨眉山半山的初殿，修建了一座冷库，又在峨眉山清音阁附近利用黑龙江水建了浸酸池和凉种室，走一百多里山道，不辞辛苦来往运送蚕种。②

江苏省立蚕丝专科学校在乐山七年间，培养出许多专业人才。还在川南七县分设了蚕桑指导所，配备了指导员，负责配发良种、指导消毒、育苗、栽桑、嫁接苗木，共同催青、稚蚕共育，还对桑农进行培训。蚕专的学生往往随同指导员下乡实践，极大地推动了川南乃至于整个四川的蚕桑、丝绸事业的发展。

3. 国立中央技艺专科学校的设立

20 世纪 30 年代，一批倡导“实业救国”的有识之士，提出创办培养工业技术人才的专门学校，以振兴中华。为此，国民政府于 1937 年初批准教育部在南京筹办一所学制较短的轻工业和纺织工业的中央技艺专科学校。不久，抗战爆发，筹办工作就此搁置。

国民政府迁都重庆后，中央技专的筹建再次提上议程。1939 年 1 月 23 日，教育部长陈立夫命曾经担任安徽省立工业专门学校校长的经济部专门委员刘贻燕负责筹建，筹备处设在重庆雷公嘴 8 号。为选校址，刘贻燕走

①② 魏奕雄：《江苏蚕丝专科学校迁在乐山》，《乐山广播电视报》2013 年 4 月 11 日。

访了四川许多市县，最终确定在乐山县城。[①]

1939 年 2 月 21 日，全国各大报纸刊登了中央技专的招生广告。学校设立造纸、皮革、农产制造、染织和蚕丝五科（系），招收高中毕业生，学制二年。当时流亡四川的学生数以万计，报名者甚多，分设了乐山、成都、重庆、汉中、桂林和贵阳六个报名专区。首批录取了 230 人，实际报到入学 215 人。1939 年 4 月 24 日正式开学，刘贻燕为首任校长。[②]

1940 年秋，中央技专租用嘉属联合中学校舍和华新丝厂的茧库作为校舍。收回了外校办的两个科。校本部、造纸科、农产制造科、纺织染科、皮革科设在嘉属联中原校舍内，蚕丝科设在丝厂茧库，各科实验室设在江云庵。民国 31 年（1942 年）秋，由于皮革科报考学生少，教师奇缺，学校决定停办皮革科，增设了化学工程科。此时学校仍设 5 科，学生约 500 人，教职工 200 余人，各科学制由原来两年制改为三年制。中央技专办到新中国成立前，共培养了两千多名学生。学校很重视实验、实习、科研和发展生产：蚕丝科附设蚕种场，农产制造科实习工厂对“全华酱油”、“乐山口里酥”（一种甜酒）的酿造和研究做出了贡献，纺织科以空军保险伞制造厂为实习基地，造纸科以嘉乐纸厂作为实习基地。[③]

4. 国立四川大学南迁峨眉

抗战爆发之初，四川大学的校舍主要在皇城，还有一部分在南校场以及外东白塔寺，学校主体所在的皇城校区是敌机轰炸的主要目标之一。同时，这期间也因为川大的校舍不仅分散，而且年久失修，虽经整修但仍破败不堪。校长任鸿隽在很多公开场合都感慨校舍的破旧，他在给蒋介石的报告中这样写道：“川大校舍一部分在皇城贡院旧址，一部分在南较场旧址。所有建筑，多属三十年前旧物，而且屡经兵燹，残破不堪，其甚者至于不蔽风雨……”[④] 几经周折，学校和政府决定川大校址迁往九眼桥边的望江楼附近，政府收回极具商业价值的皇城校区，拨划望江楼附近圈地近两千亩作为交换，并承诺帮助修建校区和给予补助经费。1937 年 6 月 16 日，川大望江新校舍开始动工修建。[⑤]

1939 年 4 月，国立四川大学校长程天放先生呈准教育部，决定将校本

①② 魏奕雄：《乐山中央技艺专科学校十三年》，《乐山广播电视报》2013 年 6 月 20 日。
③ 乐山市地方志编纂委员会编：《乐山市志》，四川巴蜀书社 2001 年版，第 1502—1503 页。
④⑤ 刘乔：《老川大缘何选址望江?》，《四川大学报》2014 年 7 月 8 日第 637 期。

部和文理法三院迁至峨眉，成都只留望江楼侧的农学院及理学院的应用化学研究处、测候所和植物园。5 月中旬，学校提前放假，程天放率员先赴峨眉考察，决定利用峨眉山麓各大寺院为校舍，同时在峨眉山搭竹棚作为补充校舍。程回蓉后，立即成立了临时迁校委员会，负责迁校事宜。①

1939 年“七二七”成都遭遇大轰炸，国立四川大学皇城校本部和南校场理学院、法学院均中弹着火，至公堂、明远楼一带的办公区、教学区，留青院、菊园一带的宿舍区，图书馆、博物馆等，共 127 间房屋瞬即变成废墟。据目击者回忆，“从国立四川大学缀有‘为国求贤’匾额的正方进去，但见一片残垣破瓦，竹林还在冒烟，血迹斑斑，触目惊心”。② 这次轰炸后，学校加速向峨眉的迁校进程，终赶在开学复课前搬迁完毕。搬迁后的文、法两院设于伏虎寺，理学院设于保宁寺和万行庄，新生院设于鞠槽的将军府，校本部、教职员住报国寺、红珠山等庙宇。1939 年 6 月到 1943 年 3 月，国立四川大学在峨眉山度过了将近 4 年的艰难岁月。这期间，四川大学坚持在峨眉开办小学，举办运动、书画展，创立各种社团，带来了战时乐山峨眉文化繁荣的大好局面。

抗战中，乐山文化区从无到有，短时间涌入四所高等院校。其中两所国立综合性大学，两所专业工科学校。四所院校汇聚乐山，使乐山受新精神之滋养，新文化之洗礼，影院林立，如蜀光、新生、大岷等；还经常进行话剧演出，传播新文化、新知识和新技术。

二、文化团体的空间移动分析

1. 马一浮及“复性书院”的空间分析

乐山独特的文化魅力，还吸引了“儒释哲一代宗师”的马一浮先生，创立了当时全国独一无二的“复性书院”。“复性书院”属于官方资助、民间承办的文化团体，是独立于当时教育体制之外的特殊经典式“书院”。从诞生到结束始终与马一浮个人息息相关。

马一浮（1883—1967），浙江会稽（今浙江绍兴）人，出生于四川成都市。早年赴美国、德国、西班牙、日本留学，通晓法、英、德、日、俄、拉丁六种外语。中国现代思想家、理学家，国学大师。

---

①② 黄文记、陈运旗：《抗战时期“川大”在峨眉》，《乐山日报》2008 年 9 月 26 日。

1898 年，16 岁的马一浮赴绍兴县应县试，位居榜首，同考者有鲁迅、周作人等。从此闻名乡里。其父、母、妻子先后离世，多次经历生死别离之苦。从 1905 年到 1937 年的三十多年间，粗茶淡饭，读书写作，修身养性。他在杭州寺庙或陋巷的隐居生涯中，生命的盛年在浩如烟海的儒学、佛学的研习中度过，广闻博学，渐至声名鹊起。苏曼殊、李叔同、丰子恺、梁漱溟、熊十力、汤用彤、宗白华等许多文化名人都曾向他问学。李叔同盛赞他的博学："马先生是生而知之的。假定有一个人，生出来就读书，而且每天读两本，而且读了就会背诵，读到马先生的年龄，所读的还不及马先生之多！"① 1918 年，马一浮亲自陪李叔同到杭州灵隐寺受戒。

1937 年抗战爆发，浙江大学校长竺可桢再次登门（1936 年曾经相邀），恳请马一浮出山任教，以国家民族危亡之际，以保存民族文化命脉、弘扬国学为由，劝说马一浮复兴国学。马一浮认为，民国以来，非儒疑古思潮盛行，中国文化精神逐渐沦于虚无，而目前这场面临亡国灭种危机的大变局，或许正是中国文化复振的一大契机，于是破例同意到浙大担任"特约国学讲师"。1938 年 4 月，马一浮随校迁移到江西省泰和县。一个学期后，战火波及赣北，浙大又迁往广西宜山县，马一浮又在宜山做了一个学期的讲学。后来这两个学期的讲稿被辑成《泰和宜山会语》出版。②

浙大的西迁历经艰难曲折，先后多次、多地迁徙。初迁浙江建德，后经兰溪、金华、常山、玉山、南昌、樟树，到达吉安，在吉安短暂上课考试后，再次抵达泰和县。泰和办学一学期，于 1938 年夏，浙大师生分水陆两路迁徙到广西宜山县。

在大学做教授并非马一浮所愿，他毕生向往古典式"书院"。中国的书院有一千多年的历史，它发轫于民间。朱熹、陆九渊、王阳明等大儒都曾在书院讲学，正是体制独立、学术自由、学风淳厚的书院赋予了传统文化长久的生命力。晚清以来，随着西式教育的兴起，书院也被废止。马一浮对此甚为抱憾，早年以来，他就想要建立一所融会中西文化的"通儒院"，企图在传统书院的基础上，吸收西方现代教育理念，成为中西文化

① 李俊：《末代大儒书院梦——马一浮与复性书院》，《南方周末》2008 年 3 月 21 日。

② 丁敬涵：《马一浮先生年谱简编》，吴光主编《马一浮全集》（第六册上），浙江古籍出版社 2013 年版。

会通和发展的制度基础。①

1938年底，一个难得的契机出现了。抗战以来，不少马一浮的朋友和弟子在重庆活动，倡议成立书院，最终竟传到了蒋介石的耳中。很快，国民政府拨了一笔款项，作为创办书院的基金，由行政院院长孔祥熙发电报到宜山请马一浮入川主持。1939年春，马一浮从宜山经贵州入蜀，享受的是“以大汽车二乘迎于宜山，意殆如古之所谓‘安车蒲轮’也”的殊荣。② 马一浮到重庆后，受到了蒋介石的亲自宴请。于是提出了建立书院的三个先决条件：一、书院不列入现行教育系统；二、除春秋释尊于先师外，不举行任何仪式；三、不参加任何政治活动。国民政府竟一一应允，并拨开办费三万金，月给经常费三千金。③

1939年3月，在教育部主持下，书院筹委会成立（后改为董事会），成员包括沈尹默、熊十力、梁漱溟、谢无量、贺昌群等名士。马一浮被聘为“主讲”，实际主持书院工作。书院的地点选在风景秀美的乐山县乌尤寺，定名为“复性书院”。因为“复性”二字代表了他思想的精髓。马一浮在给行政院提出的《书院之称旨趣及简要办法》中说：“学术，人心所以纷歧，皆由溺于所习而失之，复其性则然矣。复则无妄，无妄即诚也。自诚明，谓之性，自明诚，谓之教。教之为道，在复其性而已矣。今所以为教者，皆囿于习而不知有性。故今揭明复性之义，以为宗趣。”④

1939年9月15日，复性书院在乌尤山举行了朴素而庄重的开讲礼。书院开设课程包括：“群经大义”，阐发六经的精义，用六艺统摄一切文化。然后是玄学，义学，禅学，理学，这四科融合了儒、释、道三教的思想精髓。另外，书院还拟开设西方哲学，企望对西方的哲学思想也有所触及。书院运行不久，由于国民政府钳制教学、克扣经费，同时艰难的战争岁月等所带来的诸多困扰，书院遇到了重重困难。1941年5月，马一浮决定停止授课，遣散学生。至此，结束了他一年零八个月的书院讲学生涯。⑤

但书院并没有就此倒闭，马一浮转而以刻书为主，且多是刻印经典注疏和儒学语录。经费除了断断续续政府供给外，还靠他写书法，卖字补贴。这样维持到1946年5月，马一浮离开乐山返回杭州为止，他在乌尤山

①⑤ 李俊：《末代大儒书院梦——马一浮与复性书院》，《南方周末》2008年3月21日。

②③ 叶圣陶：《我与四川》，四川人民出版社1984年版，第110页。

④ 马镜泉、赵士华：《马一浮评传》，百花洲文艺出版社1993年版，第80、81页。

居住了长达6年的时光。1948年秋，由于国民政府经济崩溃，复性书院也正式宣告结束，此时离书院的开始筹建，正好十年。在艰难的抗战岁月中，“复性书院”作为一个“独特的存在”，寄托了马一浮回归传统、回归人“本性”的精神追求。[①]

2. 故宫文物南迁乐山峨眉的空间分析

抗战期间，日军铁蹄所至，不仅是生民荡析，而且文物燔毁。为了保存并珍藏故宫文物，便有了“故宫文物南迁”之壮举。

“故宫文物南迁”是指民国时期故宫博物院组织的文物保护行动。时间从1933年到1949年，历时15年，行程上万里，穿越大半个中国。上百万件文物中没有一件丢失，也几乎没有毁坏，堪称世界文化史上的奇迹。整个故宫文物南迁的完整过程应该包括以下四个大的阶段。[②]

第一阶段——南运：1933年2月6日起，由北平西站经郑州到上海后，转运存放于南京博物院，共打包文物13491箱。

第二阶段——内迁：由于卢沟桥事变战事告急，于1937年8月14日到12月8日分北、中、南三条路线将文物运往四川大后方。

北线为陆路，运7286箱文物到峨眉存放。

中线为水路，运9369箱文物到宜宾、乐山。

南路运80箱精品文物到安顺，后迁重庆巴县。

第三阶段——复员：抗战胜利后，将四川各地文物先汇集于重庆，后运往南京，拟返回北平。

第四阶段——运台：由于战争形势发生逆转，加上交通运输线的破坏，原拟运回北平的部分文物被分3批运往台湾，先暂存于台湾水沟库房，后移入台北故宫博物院。运台文物共分三批：

第一批：1948年12月22日，220箱；

第二批：1949年1月6日，1680箱；

第三批：1949年1月29日，927箱。[③]

“故宫文物南迁”中的文物既不是所有的故宫文物，同时也不仅限于故宫的文物，还有古物陈列所、颐和园、国子监的部分文物，总计19557

① 李俊：《末代大儒书院梦——马一浮与复性书院》，《南方周末》2008年3月21日。

②③ 据视频专题《故宫文物南迁全记录》，凤凰网2011年6月。

箱。第二阶段“内迁”时还包括了南京中央博物院的文物。第四阶段的“运台”只是部分文物，留在南京的部分文物后来运回了北平故宫。[①] 至此，迁出故宫的大批文物，在中国游走了15年之后，终于有一部分文物幸运地返回故居。而部分文物至今再没能回到她的“故居”北平。

下面主要分析抗战时期第二阶段文物内迁的情况。

1937年，“八一三事变”直接威胁在南京的故宫文物安全，当局决定再次将文物运往内地安放。此时南京中央博物院也有部分文物需要内迁，所以此时内迁的文物要多于当初“南迁”的故宫文物。

自1933年4月国民政府教育部设立中央博物院筹备处以来，文物的收藏工作依次展开，从未停止。综其主要，有如下数批收藏。

1. 1933年购自福建闽侯何叙甫先生收藏的两千余件瓷器、铜器、佛像、南北朝石刻等。

2. 庐江刘氏善斋藏品百余件，东莞容氏颂斋藏品三十二件，多为青铜器。

3. 1935年3月，接收斯文·赫定在新疆考察时的标本两箱。同年春夏，接收甘肃出土品一批，江宁出土品一批。

4. 1935年11月，奉教育部令合并北平历史博物馆，入藏北平馆各类文物二十一万余件。

5. 1933年10月5日，国民政府中央政治会议第三十七次会议决定，将内政部所属古物陈列所归并中央博物院。该所藏品原藏于前清内府，乾隆年间分储于奉天、热河两行宫。民国初年，由内务部运归北京，陈列于故宫文华、武英两殿等地。“九一八”后装箱南运，随故宫文物先后藏于上海租界，后入中央博物院的南京朝天宫库房，共有5304箱之多。[②]

经过大量收藏，到抗战前，中央博物院已跻身于中国两大博物院之列。故有“北有故宫，南有中博”之称。

1937年8月，保存在南京的故宫南迁文物和中央博物院文物再次奉命西迁。李济先将中央博物院所藏珍品分装多箱，一部分藏品经江西进入湖南，藏于长沙；另一部分藏品和故宫文物一起藏于朝天宫库房；而将部分

---

① 刘薇：《故宫文物南迁路线谜团揭开》，《京华时报》2005年6月22日。

② 李茘：《抗战时期的中央博物院文物西迁》，《中国文化遗产》2009年第2期。

珍品藏于兴业银行。严防一处受损，文物尽损。[①]

文物起运分别于1937年8月14日到12月8日分北、中、南三条路线运往西南大后方。

第一批文物于1937年8月14日运出南京，藏品是故宫和中博两院赴英国参加伦敦展览的80箱精品，以及为筛选这80箱文物进行初选、复选时剩下的其他藏品，如散氏盘、王羲之《快雪时晴帖》等国宝，经由水路出发，向西迁移。由故宫庄尚严、那志良、曾湛瑶三人负责护送文物，这条迁移路线，史称南线。

"南线"文物一共是80箱最精华的文物，首先乘"建国号"轮船，由水路溯江而上，直抵汉口。短暂停留后，由汽车陆路运输到长沙，短暂存放于湖南大学图书馆。并同时在岳麓山爱晚亭一侧开凿山洞以备情况紧急时贮存。1938年8月，长沙朝不保夕，护送人员预感文物将有危险，于是紧急安排卡车启运桂林。卡车队刚离开长沙，湖南大学图书馆即遭日机轰炸，瞬间被夷为平地，幸好转移及时！而桂林也非安全之地，文物继续向西南迁移。当时湘西土匪出没，只能绕道而行，同时由湖南、广西、贵州三省分段派兵护送，终于安全到达贵阳。文物在贵阳暂存放一公馆内，仍担心不安全。只在这里短暂停留了一段时间，1938年入冬，文物由贵阳转运至安顺，存放在安顺南门外读书山下的华严洞整整6年。为此成立了故宫博物院安顺办事处。1944年独山失守，故宫文物又再次启程，由安顺运抵重庆巴县，直至抗战胜利。

第二批、第三批文物几乎同时离开南京。这两批文物数量颇多，运输更为困难。

第二批"中线"的文物，通过水路运输。1937年12月初，搭上英国轮船"黄浦"号，由南京运至汉口，这是三路文物中最多的一批，共9369箱。在汉口集中作短暂停留后，搭乘民生公司的"民生2号"轮船，从汉口出发，于1938年3月到达宜昌，等待江水上涨，并换乘小火轮。秋天，文物转运重庆，悉数到达重庆已是1938年2月。这批文物被放置在安达生洋行和川康银行两处。1939年5月，日寇轰炸重庆，行政院令限期转移。于是先用平底船运抵宜宾，因滩多搁浅，难以前行，遂在宜宾真武山下的

① 李荔：《抗战时期的中央博物院文物西迁》，《中国文化遗产》2009年第2期。

山洞里存放了一段时间。调集运盐马车千余辆，陆路先将文物运抵乐山县马鞍山码头。然后又用民用木船运到安谷乡。其中故宫文物放在安谷乡宋、赵、陈、梁、易五家祠堂内，中央博物院文物则存放在“朱、潘、刘”三姓公用的祠堂。1939 年 8 月，“中线”文物存放于乐山郊外安谷镇的“河湾儿”，存放时间长达 7 年。①

第三批“北线”文物的迁移过程尤为惊险。

1937 年 12 月南京沦陷前夕，两院 7286 箱文物才由浦口车站乘专列连夜北上。一夜疾驰后停于郑州车站，护送人员进城办理相关事宜，此时突然响起防空警报，车站工作人员见车厢上贴满国防部和内政部的封条，情急之中立即下令列车启动，开离车站。几分钟后敌机凌空掠过，投下雨点般的炸弹，车站顿时笼罩在烈火和浓烟之中。敌机离去后，车站已是满目疮痍。待两院护送人员踉跄赶到，运货列车早已不见踪影，中博院尹焕章等人痛不欲生，连呼“罪人”！车站人员闻讯后告之，方知他们急中生智，已化险为夷。经此一劫，运送人员不敢疏忽，日夜兼程到达刚通火车的宝鸡。卸车时，宝鸡全城戒严，用人力车将文物运至文庙和关帝庙，军警全程守护。②

本以为北线文物在宝鸡可以安放一段时日，未料日军由山西进犯，行政院电令改迁汉中。隆冬时节，秦岭大雪封山，由宝鸡至汉中全程 450 公里，均为崇山峻岭的盘山公路，行车十分困难。到 1938 年 2 月下旬，文物始由卡车起运汉中，一路上颠簸摇摆，险象环生。押运人员战战兢兢，如履薄冰。车至秦岭深处，时有风雪，山路又遭冰封，沿途不断停下查看路况。甚而一停数日，须修好路面才可缓慢前行。有些路段桥梁已中断，车辆上的文物须卸下来才能涉水而过。历经千难万险，这批文物终于在 1938 年 6 月安全抵达汉中，暂分散存放于四地：汉中文庙、范氏祠堂、张寨大庙和马家祠堂。

在汉中停留数月后，文物奉令继续向南转移。1939 年 2 月，这批文物运至成都大慈寺短暂存放。7 月，继续前往此行的目的地——峨眉，分别存放在峨眉东门外的大佛寺和西门外的武庙。1942 年 4 月最终将文物存放

---

① 参见视频《故宫文物南迁全记录》，凤凰网 2011 年 6 月。

② 据视频《故宫文物南迁全记录》，凤凰网 2011 年 6 月；李菡《抗战时期的中央博物院文物西迁》，《中国文化遗产》2009 年第 2 期。

于峨眉山麓的土主祠和许氏祠堂，直至1946年返迁重庆。[①]

故宫文物迁徙的北、中、南三条路径，也是整个抗战期间文化迁徙的典型路径。文物在途中几经寄放、几经辗转、几多被炸，郑州、武汉、长沙、汉中等地存放过文物的图书馆、文庙和途径车站都曾惨遭轰炸，但终究是有惊无险。数量最多的北线7286箱文物和中线9369箱文物分别存放于乐山和峨眉，乐山虽遭遇大轰炸而文物安然无恙。时任故宫博物院院长的马衡先生感动不已，在报请行政院批准后，遂代表民国政府向六家祠堂各颁赠了一块由他自己亲笔题写的“功侔鲁壁”大木匾额以示表彰。加上峨眉绥山镇的一块，乐山文化区有七块“功侔鲁壁”匾额。[②]“功侔鲁壁”隐含一段历史典故，据史料记载，西汉前期，鲁恭王刘馀拆毁孔子故宅，在墙壁中发现孔子后代藏匿的数量巨大的竹简文献，使得孔子典籍得以躲过秦始皇的“焚书坑儒”和战火浩劫而传于后世。这正是“鲁壁”的功绩所在。借此赞叹乐山安谷镇及峨眉绥山镇为保护故宫国宝做出了与“鲁壁”相同的贡献。人杰地灵的乐山、峨眉在战乱中为珍藏中华民族的瑰宝做出了独特的贡献，这些珍藏对中国乃至世界文化史都有不可估量的重大影响。

三、文化名人的空间移动分析

抗战前，名不见经传的乐山、峨眉小县城，在抗战短短的八年间，突然间迎来了许多文化名人驻足，一个偏僻的川西小城镇，专家学者荟萃于此，盛极一时。其中包括：历史学家吴其昌，国学大师马一浮、熊十力、章太炎、钱穆、谢无量，美学家朱光潜，以及李约瑟、吴宓、叶圣陶、高亨、钱歌川、郭沫若、黄炎培、徐悲鸿、关山月、丰子恺、刘贻燕，冯沅君及珞珈“三女杰”凌叔华、苏雪林、袁昌英，陈源、杨端六、周鲠生、王星拱、王世襄，数学家柯召、李华宗、李国平，蚕丝专家郑辟疆、费达生等，以及国民党元老重臣吴稚晖也曾经造访乐山。这样的文化盛况，是乐山文化区自古以来少有的，即便是当今文化最发达的县城也无此殊荣！

---

① 据视频《故宫文物南迁全记录》，凤凰网2011年6月；李荔《抗战时期的中央博物院文物西迁》，《中国文化遗产》2009年第2期。

② 陈柯江：《文化抗战　功侔鲁壁——故宫文物南迁乐山的历史记忆》，《乐山日报》2010年9月3日。

略举几例以分析他们的文化迁徙之旅。

1. 叶圣陶的空间移动分析

叶圣陶（1894—1988），江苏省苏州人。现代作家、教育家、出版家和社会活动家，有“优秀的语言艺术家”之美称。抗战前，叶圣陶在“开明书店”从事编辑出版工作。他主办的《中学生》杂志，在20世纪三四十年代广受青年学生欢迎，且产生了广泛的社会影响。①

抗战爆发后，叶圣陶在四川重庆、成都、乐山等地居住了8年之久，新中国成立后又两次入川。他与四川有着甚深的文化渊源。

1937年秋，叶圣陶举家逃离苏州（有老母亲、夫人胡墨林及至善、至美、至诚三儿女，还有夏丏尊的幼女满子，老少共七人），经杭州、芜湖到达汉口。原打算在汉口继续建立“开明书店”的出版基地，因印刷机器在镇江白莲港被日军抢劫了，而且，武汉本身也岌岌可危，只好再次上路，继续前行，扶老携幼经宜昌到重庆。到重庆后，叶圣陶先后在巴蜀学校、国立戏剧学校及北碚复旦大学任教。② 然后启程前往乐山武汉大学任教。

根据叶圣陶《嘉沪通信》日记记载：他们全家于1938年10月22日从重庆出发，分别在江津、合江、纳溪各住了一晚，第四日方到达宜宾，在宜宾等候了一天，换乘小汽轮溯岷江而上，前往乐山。当时水位已低落，是最后一班，之后只能乘坐白木船了。③ 由此可见，当时的交通极度不畅。宜宾到乐山要花七八天时间，途中伴有风寒、滩险、盗匪之虞。途经幺姑渡、犍为，在观音场，因为水浅，雇一划子和四个纤夫拉纤，逆流而上，夜晚到达嘉定。这次水上行程共计一千三百余里。④ 当时叶圣陶已然成名，所到之处总受到关照，尚且有如此艰苦难行的旅程。一般人迁徙的艰辛便可想而知了。

1939年8月11日，叶圣陶应四川省教育厅的邀请，从乐山到成都，为暑期讲习班作演讲。8月19日，日本军队出动36架飞机，在乐山城内狂轰滥炸，圣陶先生第二天赶回乐山，知“全家避难城外贺昌群家，突火

① 《叶圣陶生平简介》，新华网2007年11月27日。

② 《叶圣陶抗战时期的日记》，《中华读书报》2005年11月23日。

③ 叶圣陶：《我与四川》，四川人民出版社1984年版，第76页。

④ 同上，第77—78页。

而出，幸免于难，屋庐衣物书籍悉付一炬”，圣陶先生“感极而涕，天已太厚我矣”。[①] 1940 年 7 月，叶圣陶受聘于四川省立教育科学馆任专门委员。1941 年 2 月 1 日，举家从乐山搬到成都，从此做了成都人。抗战期间，叶圣陶在乐山住了近 3 年时间，在成都住了“四载馀”。先是住在新西门外罗家碾王家冈农舍，后来迁到城内陕西街。正值日寇飞机对成都实行“疲劳轰炸”和“恶性轰炸”。

1942 年 4 月傅彬然从桂林来成都，邀请叶圣陶去桂林商量开明编辑方针，并拟请叶圣陶主编《国文杂志》。5 月 2 日，叶圣陶开启了蓉桂之行。因交通落后，竟像坐老牛破车，整整走了“一个月又三天”。[②] 在滞留贵阳的五月二十七日，叶圣陶作了一首五言诗《公路行旅》，对这次旅行的艰辛作了生动的描写，诗道：“自古行路难，今难倘有余。/临程谈黑市，过站上黄鱼。/蚁附颠危货，麇推老病车。/抛锚愁欲绝，浑不傍村墟。”[③]

从成都到达重庆，叶圣陶乘坐的是敞篷载货卡车。战争时期，汽车难找，滞留重庆近 10 天，才乘汽车前往贵阳。由重庆到贵阳，又在贵阳滞留后，才到达广西金城江，换乘火车。当时交通秩序相当混乱，司机一路随叫随停，而且票价奇贵（黑市价），上上下下，车上的乘客就更加拥挤，人就像一群蚂蚁颠簸在高垒的货物上，随时有被甩下来的危险。而且汽车一旦出了故障，乘客还得下来一起推车，真是苦不堪言。在桂林期间叶圣陶广会朋友，工作一段时间后，再返回成都。在成都期间，前往附近郊县郫县、崇宁、彭县、灌县调查中学教学情况，指导学校教学工作。

抗战期间，叶圣陶举家从苏州→杭州→芜湖→汉口→重庆；又从重庆→宜宾→乐山；从乐山→成都；然后只身前往桂林，即从成都→重庆→贵阳→桂林；又从桂林→贵阳→重庆→成都，成都→郫县→崇宁→彭县→灌县，返回成都。他在重庆、成都、乐山等地生活了长达八年之久。后来，一部凝聚叶圣陶对四川情怀的散文集《我与四川》，于 1984 年集辑出版。

2. 朱光潜的空间移动分析

朱光潜（1897—1986），安徽桐城人，美学家、文艺理论家、教育家、

① 《叶圣陶抗战时期的日记》，《中华读书报》2005 年 11 月 23 日。

② 叶圣陶：《我与四川》，四川人民出版社 1984 年版，第 174 页。

③ 同上，第 409 页。

翻译家。先后就读于桐城中学、武昌高等师范学校、香港大学文学院。1925年出国留学，先后在英国爱丁堡大学、伦敦大学，法国巴黎大学、斯塔斯堡大学学习，获文学硕士、博士学位。1933年回国，在国立北京大学任教。筹办北京《文学杂志》，并任主编。

1937年6月，川大校长任鸿隽辞去校长职务，推荐时任文学院院长、中国第一位获牛津大学博士学位的哲学教授张颐代理校长。张颐原是北大教授，哲学系主任，他很赞赏朱光潜渊博的学识，正式上任之前的6月20日，他发电报力荐朱光潜任川大文学院院长，为此专门写信给北大校长蒋梦麟和文学院长胡适，希望得到他们的支持。原本朱光潜还犹豫，但“七七事变”后，北平沦陷，朱光潜考虑到家庭——其妻奚今吾是四川南充人，于是决定接受张颐邀请，前往四川大学任教。[①]

1937年8月12日，朱光潜与杨振声、沈从文等一行，从天津乘海船到青岛，再从青岛至济南，沿津浦路南下到南京，随后与同行分手，朱光潜独自西行，[②]从南京，经汉口、宜昌，到重庆，转乘汽车到成都，就任国立四川大学文学院院长，兼英文系主任。

1938年12月，国民政府宣布免去张颐的校长职务，由刚刚卸任驻德大使的程天放接任校长。朱光潜联合理学院院长魏时珍、农学院院长董时进发起“拒程运动”，有60多位教授联名上书教育部、四川省主席，并亲自拟定电文，成为这场“拒程运动”的领导者。这场运动以失败告终。朱光潜遂于1938年底辞去四川大学教职，受聘乐山武汉大学，任外文系教授、系主任，后兼任教务长。

从1938年底到1946年武汉大学迁返，朱光潜在乐山工作了近8年时间。

1940年冬，国民党政府教育部长陈立夫来武汉大学，决定把一向主张学术自由的校长王星拱调走，命程天放任武汉大学校长。消息传到乐山后，一些有正义感、有爱国心的教授们，立即发起了“挽救王星拱，抵制程天放”的运动。朱光潜、叶圣陶、冯沅君等教授纷纷与进步学生一道发表声明，成功阻止了这次任命。1942年，武大校内湘皖两派内讧，遂以朱光潜出任教务长来调和，因为他是皖人而和湘派较友好。按国民党规矩，

①② 王攸欣：《朱光潜成都经历对其学术历程的影响》，《中南大学学报》2012年第3期。

学校“长字号”人物都须参加国民党，朱光潜名义上被拉入国民党（后挂名三青团中委和国民党常务监委）。[①] 他和马一浮、熊十力、钱穆、刘永济、徐天闵、叶瑛等交往甚多。朱光潜有时和朋友张颐、叶麐、刘永济或前来讲学的钱穆等一道，拜访当时在乌尤寺创办复性书院的马一浮、熊十力，谈诗说理，别有意趣。[②] 据 1942 年在武大学习的学生杨静远在日记中写道：“朱先生的英诗课果然讲得好，上他的课，是一种快乐。”“在物质匮乏的战时，书，尤其是外文书，是十分难得的。……不过上英诗课，我们却人手一卷《英诗金库》（Golden Treasury），自然是翻印本。”[③]

1943 年春节，刘永济、朱光潜、叶麐、程千帆等均在成都，李劼人得一好酒，邀请他们到其成都东门郊外豪宅——菱窠相聚，[④]吟诗作赋，对酒豪饮，一扫战时的紧张。抗战期间，除了少数几次去重庆出差外，朱光潜大部分时间都在乐山、成都两地，足不出川，这在内迁文化名人中算是比较少见的。

3. “珞珈三女杰”及家人的空间移动

珞珈三女杰，是人们对国立武汉大学外文系教授袁昌英、中文系教授苏雪林和文学院院长陈源（西滢）的妻子凌叔华这三人的尊称。私下里三人是很要好的朋友，同时也都是自“五四”以来的中国文坛上颇负盛名的女作家。

上海社科院研究员、著名女作家赵清阁对她们评价甚高，1990 年她撰写的《隔海学林贺寿星》一文中说：“没有她（苏雪林）和冰心、庐隐、冯沅君、凌叔华、袁昌英等先驱们的奋斗，便不会有后来妇女们的觉醒，也不可能争到妇女的解放、自由、平等；尤其利用文艺学武器而获胜，取得文坛一席之地，因此她们的贡献是可贵的，卓有成效的。”[⑤]

袁昌英（1894—1973），湖南省醴陵人。1916 年、1926 年两度出国，入英国爱丁堡大学、法国巴黎大学学习，获文学硕士学位。袁昌英集学

---

① 陈运旗：《朱光潜在乐山》，《乐山日报》2009 年 1 月 9 日。

②④ 王攸欣：《朱光潜之乐山交游及其学术转向》，《中国现代文学研究丛刊》2011 年第 7 期。

③ 杨静远：《朱光潜先生的英诗课》，陈小滢、高艳华编著《乐山纪念册》，商务印书馆 2012 年版，第 149 页。

⑤ 皮公亮：《珞珈三女杰》，陈小滢、高艳华编著《乐山纪念册》，商务印书馆 2012 年版，第 311 页。

者、作家和翻译家于一身。沈从文称袁昌英是“湖南留法女作家最露面的一位”，也是“目前治西洋文学女教授中最有成就的一位”。[①] 三女杰中，袁昌英年龄最大，学历最高，资历最深，是武大首批受聘的教授。

在留英期间，结识同在伦敦学习的杨端六，1921 年回国，与杨端六在上海完婚，后任教于北平女子高等师范学校。1926 年，只身前往法国巴黎大学读研，1928 年回到上海，在上海中国公学任教，到抗战爆发，她已发表大量散文、小说、学术论文，以及家喻户晓的戏剧《孔雀东南飞》。1929 年受聘为新创建的武汉大学首批教授。[②] 在此期间，她结识了凌叔华、苏雪林，并相识相知成为终生朋友！

1938 年春，袁昌英与杨端六一起随武汉大学西迁乐山，乘船从武汉经宜昌，转重庆，过宜宾到乐山。杨端六主持武大“迁校委员会”，负责组织将全部图书、教学仪器打包装箱，运至重庆改由木船转运乐山，再雇人肩挑背扛，安放于乐山武汉大学本部所在地——文庙。

杨端六（1885—1966），生于湖南长沙。1906 年赴日留学，先后就读于宏文书院东京第一高等学校、冈山第六高等学校。在日本参加了孙中山、黄兴领导的同盟会。1913 年初，杨端六等人受黄兴资助到伦敦大学政治经济学院攻读货币银行专业。在英国留学七年，曾去过法国、德国。1920 年罗素、杜威在华巡回讲学，杨端六和赵元任担任翻译，在停留长沙期间，毛泽东通过杨端六的妹妹杨润余，邀请杨端六到第一师范演讲，后以“杨端六讲，毛泽东记”发表在长沙《大公报》上。[③]

1928 年任中央研究院社科研究所代理所长，1930 年受聘为武汉大学教授。1933 年 4 月经人推荐为蒋介石讲授经济学，遂有“蒋介石的老师”的名号。随后被蒋介石任命为军事委员会第三厅（审计厅）厅长，成为唯一不穿军装的陆军上将，又被选为国民参政会参政员，1945 年当选国民党第六届中央执行委员。但他的主要职业还是武汉大学经济学教授、法学院院长、教务长等职。

---

① 赵菲菲：《被遗忘的民国才女袁昌英》，《株洲晚报》2013 年 9 月 5 日。

② 皮公亮：《珞珈三女杰》，陈小滢、高艳华编著《乐山纪念册》，商务印书馆 2012 年版，第 311 页。

③ 杨静远：《我的父亲杨端六》，陈小滢、高艳华编著《乐山纪念册》，商务印书馆 2012 年版，第 81 页。

1938—1946 年的八年间，袁昌英一家主要居住在乐山。

1938 年初次搬至重庆南岸暂住，随后到乐山，住在城中心的鼓楼街十六号。1939 年 8 月 19 日乐山遭遇大轰炸，袁昌英家被毁。为逃避空袭，袁昌英携家人在离城 40 里的敖坝（今属市中区通江镇）乡间租了一处农舍暂住，同住的还有工学院院长邵逸周先生。秋季开学后，为便于上课，杨端六在北郊岷江边成乐公路旁一个叫“石乌龟”的地方买下一处农舍，稍事修整后住下。这里到武大本部的文庙步行需要一个多小时。①

1942 年 8 月底，袁昌英一家又搬回城内，住进城西陕西街尽头四十九号，一处名叫“让庐”的中式楼房。从此，袁昌英一家在“让庐”安住了下来，一直到抗战胜利后武汉大学返回武汉。其女杨静远说：“让庐浓缩着我从少女到青年的成长过程。这就是我把‘让庐’作为我的日记的题名原因。”②

“让庐”是一座中式二层楼房，坐北朝南，楼上楼下都有宽大的走廊，可摆几张藤椅，是个冬天晒太阳、夏天乘凉的好处所。楼下正中一间堂屋，西边各有几间厢房。武大文学院的苏雪林先生住东侧，外加楼上二、三间，杨静远家住西侧，包括堂屋。一年后，杨静远的干妈凌叔华带着女儿陈小滢，迁进陕西街尽头万景山上的万佛寺旁一所自建的小木楼。凌叔华新居离苏雪林、袁昌英所住“让庐”很近，三位女作家往来更加频繁，“珞珈三女杰”自然成了“让庐三女杰”。在“让庐”期间，“三女杰”的友情更加绵密、醇酽。③

苏雪林（1897—1999），她是“三女杰”中的老二，是婚姻最不幸的一位。先后进入安庆省立初级女子师范学校、北平女子高等师范学校学习。1921 年秋赴法国留学，因病提前回国。她一生从事教育，先后在沪江大学、安徽大学、武汉大学任教。后到台湾师范大学、成功大学任教。她一生跨越两个世纪，执教 50 载，创作生涯 70 年。被喻为文坛常青树。20 世纪二三十年代，苏雪林与冰心驰名文坛，有“冰雪聪明”之称。④

1931 年，苏雪林受聘于武汉大学任教。抗战期间，随武大迁移到乐山。苏雪林于乐山较偏僻处的陕西街寻到一处名“让庐”的中式楼房。苏

①②③ 张在军：《〈西望乐山〉背后的事儿》（上），《乐山日报》2009 年 7 月 10 日。

④ 皮公亮：《珞珈三女杰》，陈小滢、高艳华编著《乐山纪念册》，商务印书馆 2012 年版，第 319—322 页。

雪林和她姐姐及侄儿侄女等共七人居住，很是热闹。乐山遭遇大轰炸时，所幸“让庐”逃过一劫，完好无损。1940 年秋，因物价飞涨，“让庐”二房东提出加租，难以为继，遂在距此地不远的一个小丘上租到 3 间小屋，外带两亩空地。①

两年之后，苏雪林重回“让庐”，与袁昌英、韦从序教授一起合租。抗战胜利后，当时武大同人分作两部分，因交通工具的缺乏，行政工作者先回珞珈山，其余人仍留四川乐山一年，同住“让庐”的杨家、韦家夫妇先回去了。苏雪林一家一直住到 1946 年初秋才返回珞珈山。②

凌叔华（1900—1990），出生于北京大宅门。先后就读于天津直隶第一女子师范学校和燕京大学。她是“三女杰”中最小的，现代知名的作家和画家。

1924 年 5 月，印度诗人泰戈尔访问中国，促成了凌叔华与丈夫陈源的第一次见面。1926 年 6 月，凌叔华从燕京大学外文系毕业，以优异成绩获该校金钥匙奖。1926 年 7 月，她与陈源结婚。第二年初秋，夫妇同往日本作短期旅行，后凌叔华留京都一年，研修日本艺术。

1929 年，陈源离京赴武汉大学任教授兼文学院院长及外国文学系主任，凌叔华也随先生到武大。论学识凌叔华本可以在外文系或中文系任职，但身为文学院院长的陈源为避嫌并没有聘用她。所以在武大期间凌叔华一直是一位家庭妇女。抗战爆发后，1938 年 4 月凌叔华一家随校迁往乐山，安家城北嘉乐门外半边街 57 号。1939 年日军大轰炸，凌叔华家得以幸免。

1939 年底，因母亲过世，携女儿陈小滢回到沦陷区北平，先住在北平史家胡同，后因凌叔华执教于燕京大学，便在燕京大学南门外的羊圈胡同住下。1941 年秋天，凌叔华决定带着女儿返回四川。从北平经天津乘船到上海，再乘海船绕道香港，从香港转到广州湾，到达广州湾时，香港已经沦陷。乘坐小火轮，挤上破旧的汽车，再转乘小火车，经广西柳州、桂林、金城江，再到贵阳、重庆，最后回到乐山。此时已经是 1942 年春天，旅途花去了约大半年的时间。1942 年 8 月凌叔华携女儿寄居乐山白塔街。1943 年，凌叔华接连在成都、乐山等地举办了几次个人画展。1944 年 10

①② 张在军：《〈西望乐山〉背后的事儿》（下），《乐山日报》2009 年 7 月 24 日。

月，凌叔华前往重庆，12 月回到乐山。[①] 抗战胜利后，凌叔华带着女儿先到重庆，再从上海回北平停留。然后又到上海乘船经美国转英国，与在英国的陈西滢相聚。

陈源（1896—1970），笔名西滢，江苏无锡人，文学家。陈西滢曾被评为“现代评论派”的主将之一。梁实秋将陈源与胡适、周氏兄弟、徐志摩并称为“五四”以来五大散文家之一。[②] 早年留学英国，在爱丁堡大学和伦敦大学政治经济学专业学习，获博士学位。1922 年回国，任北大外文系教授。1924 年，在胡适的支持下与徐志摩、王世杰等共创《现代评论》杂志，主编《闲话》专栏。在此期间，陈源与鲁迅结怨，两人曾多次笔战。

1929 年，陈西滢任武汉大学文学院院长。1938 年，携家人随武汉大学迁移乐山。期间除公干去重庆、成都外，主要在乐山武汉大学任教。1943 年，陈西滢赴伦敦，在中英文化协会工作，其间曾帮助李四光摆脱英国政府阻挠，安全回国。1946 年，陈西滢被中华民国国民政府任命为驻联合国教科文组织首任代表，常驻法国巴黎。

“珞珈三女杰”及其家人在抗战期间，多数时间安居乐山，其中袁昌英和苏雪林几乎是定居乐山，杨端六只暂时去重庆开会。而凌叔华一家则迁徙频繁，先是凌叔华带着女儿回北平奔丧，途中历经天津→上海→香港→广州→广西、桂林→贵阳→重庆→乐山；然后是去成都办画展，去重庆办事。陈源则更是在 1943 年远涉英国伦敦，并常住海外，生前没能再回中国。

乐山文化区在抗战中接纳了四所高等院校、一所“复性书院”和两批珍贵的故宫文物，还有国民政府财政部盐务总局以及众多工厂、实业家的内迁。其中最富传奇的是，乐山作为战时我国珍贵文物的栖身之所，承载了民族的重托。故宫博物院、中央博物院近 17000 箱文物，几乎浓缩了中华 5000 年文化之精华，辗转几千里，横跨大半个中国，来到了大佛的故乡——乐山、峨眉，足见此地的地理优势，更见乐山人民在民族危难之时义不容辞的担当。国宝命系民族文化之根，是一个民族文化传承和发展的

① 张在军：《〈西望乐山〉背后的事儿》（下），《乐山日报》2009 年 7 月 24 日。

② 散木：《陈西滢与李四光关于回国问题的不同抉择》，《党史博览》2012 年第 1 期。

根本。房屋垮了可以重建，文化之根若断则难以为继。而乐山在抗战中妥善保存大量珍贵文物，实则保存了中华文化之根脉，民族精神之命脉，其影响至深至远。

第八节　内江—自贡文化副区形成的空间移动分析

自贡设市之前，分属于第5行政区富顺县的自流井和第二行政区荣县的贡井。抗战时期，东部沿海沦陷，食盐供应紧缺，但分属两区、两县的弊端却阻碍自贡盐业的进一步发展。为适应经济发展的需要和战时军需、民食及支援抗战，国民政府决定设自贡市。民国28年（1939年）8月，经四川省政府批准，划出第五行政区富顺县和第二行政区荣县的产盐区，取自流井和贡井第一字合称自贡市。9月1日，自贡市政府成立，直接隶属四川省政府。因此，自贡市因盐、因抗战而成立。内江属于第二行政区，与自贡比邻，两城同为川中重镇。

处于川中腹地的内江—自贡地区在抗战期间，没有高等院校和大型文化机构迁入该地区，但有许多文化名人往来于本地区，且内江是著名的文化之乡，许多文化名人和文化大师出生于此。如张善子、张大千兄弟，“五老七贤”之一的赵熙，书画家晏济元、梅鹤年，著名社会活动家吴玉章，著名记者、社会活动家范长江，著名学者、翻译家罗念生，等等，他们都是抗战时期活跃的文化名人。更为难得的是，同为名画家的晏济元与张善子、张大千兄弟都是内江县人，其父辈是世交。他们打小相识，情逾骨肉，谊同手足，共同书画了内江地区独特的文化风貌。

一、张善子的空间移动分析

张善子（1882—1940），四川内江人，号虎痴。早年留学日本明治大学经济科，后改读美术专修科。因不满《马关条约》日本对中国的宰割，遂立下宏愿：以画猛虎提倡国民尚武之举。他加入孙中山在日本创立的“中国同盟会”，与廖仲恺、何香凝、于右任、张群、许世英、张治中等熟识，是四川最早的同盟会会员之一。国民政府时期，张善子风云军、政两界，任过少将旅长、县长、总统府咨议等职。[①]

张善子、张大千兄弟先后拜李瑞清[②]、曾熙[③]为师学画。李瑞清、曾熙在书画界声名显赫，世有“南曾北李”之称。

1925 年，其父怀忠在江苏松江逝世，回松江奔丧。到上海与弟张大千磋商弃政专攻书画，以笔墨为生。1926 年，张善子、张大千在上海西门路创立著名的“大风堂”画派，[④] 传道授艺，所有弟子皆称为“大风堂门人”，是中国综合性绘画流派之一。从此走上了职业画家生涯。张善子工诗、善文，精鉴定，山水、人物、花鸟画无所不精，尤精于虎，以“虎痴”著称中外艺坛，有“东方艺术代表”之誉。其艺术创作和成就及在抗战中所做出的贡献，感动了中国美术界及一个时代。[⑤]

张善子表现的抗战情怀，应当追溯到 1931 年 12 月。据上海《申报》载，因 1931 年“九一八”事件，何香凝在上海为抗日而发起筹备救济国难书画展览会，时张善子被推为展览会常委，除捐画若干，还在现场与其他画家合作表演。在救济国难书画展览会上，诚恳表示：“日本帝国主义者袭我辽吉，陷我黑龙江，扰吾津沽，浪人横行都市。此而不抗，何以图存？将历年所作，举办展览，标价出售。所售之款，供反日扶伤工作之费用。”[⑥]1936 年双十节，张善子与张大千兄弟在《大公报》上发表《天保九如》祖国万里山河长卷，极大地唤起国人的爱国热情。[⑦]

1937 年“七七事变”前夕，张善子主要居住上海，并往来于上海、南京、苏州、杭州、北平、天津之间，举办画展。因张善子为人豪爽，仗义行谊，被公推为四川旅沪义济善会会长，在艺术圈中享有“风雅领袖”的盛名。[⑧] 其间短暂回安徽郎溪伺母、葬母。

1937 年 7 月抗战爆发，已经离沪到苏州的张善子，经庐山到南京，并

---

① 内江市东兴区县志编纂委员会：《内江县志》，四川巴蜀书社 1994 年版，第 792 页。

② 1867—1920，江西抚州人，中国现代美术教育的先驱，著名书画家、教育家。

③ 1861—1930，湖南衡阳人，中国杰出的书画家、教育家。

④ 汪毅：《千秋正气，一代虎痴——张善子先生艺术年表》（上），《文史杂志》2012 年第 3 期。

⑤⑥ 汪毅：《千秋正气，一代虎痴——评张善子的虎痴情结与抗战情怀》，中国社会科学网 2012 年 3 月 21 日。

⑦ 内江市东兴区县志编纂委员会编：《张善子》，《内江县志》，四川巴蜀书社 1994 年版，第 793 页。

⑧ 汪毅：《千秋正气，一代虎痴——张善子先生艺术年表》（下），《文史杂志》2012 年第 4 期。

返回安徽郎溪老家，为抗日救亡作画。他表示："丈夫值此时会，应卫国而忘家……恨我非猛士，不能执干戈于疆场，但当以画笔写出吾之忠愤，来激励志士，为海内艺苑同人倡!"① 1937 年 9 月，他完成了著名的《正气歌像传》。该画传集中展示了历史上 20 多位文武之士的爱国英雄事迹。1937 年 12 月，《正气歌像传》由战争图书丛书社出版后，引起轰动。蒋中正亲自为书封人物文天祥题字"正气凛然"，并安排《正气歌像传》挂在中央政治学校，以鼓励学员。画传在当时全国引起了较大反响。随后他冒着敌机的扫射，离开郎溪。乘坐小火轮到达芜湖，又坐轮船到安庆，再换木帆船经九江到达武汉。在武汉，张善子常与郭沫若等人聚会，并准备构思创作《怒吼吧，中国》，画面二十八只怒虎（代表 28 个行省），直扑一个落日（象征日本），表达中华全民抗战的决心。因武汉空袭不断，张善子与家人退至宜昌，暂住在三弟张丽诚开设的振华布店中，在宜昌终于完成了《怒吼吧，中国》图。1938 年初，到达重庆，被国民政府赈济委员会聘为委员。1938 年春，到昆明，住弟子章述亭家。5 月份，再到武汉，创作巨幅画作《中国怒吼了》。8 月，从武汉经宜昌到重庆，途经三峡作画若干。②

1938 年 11 月，在周恩来、林森、许世英等人支持下，参政会议决定派基督教于斌主教出国谢赈，并决定派张善子以国民政府赈济委员会委员名义出国宣传。12 月，张善子携《正气歌像传》《忠孝节义》《怒吼吧！中国》及与张大千共同创作的《春骢图》等 180 幅作品，以及大量印有法文、英文的作品宣传资料，从重庆出发。经贵阳、昆明到越南，乘海船越过印度洋、非洲，到达法国。途中，在昆明，非洲短暂停留期间，一路都有画作。1939 年初到达法国，在巴黎国家博物馆举办《张善子、张大千兄弟画展》，首开中国画家在巴黎国家博物馆举办个人展览先河。法国总统阿尔贝·勒布伦前往观展，为其颁授勋章，并赞誉张善子系"近代东方艺术代表"。1939 年 3 月，在法国出版画册《张善子、张大千法国画展》。1939 年 4 月，从法国出发，抵达美国，在纽约、芝加哥、费城、三藩市、

① 内江市东兴区县志编纂委员会编：《张善子》，《内江县志》，四川巴蜀书社 1994 年版，第 793 页。

② 参见内江市东兴区县志编纂委员会编《内江县志》，四川巴蜀书社 1994 年版，第 793 页；汪毅《千秋正气，一代虎痴——张善子先生艺术年表》（下），《文史杂志》，2012 年第 4 期。

波士顿等地相继举办画展，在多所大学及若干社会团体作数场演讲，期间的所有收入全部交给中国政府用于抗战。[①] 罗斯福总统久慕其名，多次邀请他到白宫做客，待为上宾。在此期间，张善子得知罗斯福总统为了向日本施加压力，特宣布废除《美日商约》。为表示对罗斯福总统这一正义行为的支持，张善子专门画了几张巨虎图，到白宫分赠给罗斯福总统和国务卿赫尔先生。这些画由美国国家博物馆收藏，至今仍视为至宝。[②]

1940 年，在美国纽约期间，张善子听说陈纳德将军拟在美国组建空军志愿队援华，为此创作了《飞虎图》赠送陈纳德。战后，《飞虎图》为美国国家博物馆收藏。[③]

1940 年 8 月，张善子结束募捐工作回国，在法国、美国募集的所有款项全部寄回国内。9 月 2 日搭美国至菲律宾的远洋轮船，抵达香港。就在他回重庆 15 天后，即 1940 年 10 月 20 日，这位蜚声中外的画坛巨匠，由于过度操劳，在重庆歌乐山宽仁医院辞世，享年 59 岁。国民政府大员于右任、张治中等参加出殡并撰挽联。美国芝加哥、纽约、费城侨胞均举行追悼会，重庆、上海分别举行隆重的公祭活动。[④]

张善子是中国抗战时期最有影响力的画家之一，其“文化抗战”表现最独特，传播最广泛，影响最深远。[⑤] 抗战中，张善子从上海→苏州→庐山→南京→安徽郎溪停留，完成大型画作《正气歌像传》。从郎溪→芜湖→安庆→九江→武汉→宜昌，在敌军的轰炸与炮火中创作了《怒吼吧！中国》。从宜昌→重庆，重庆→贵阳→昆明，昆明→重庆→武汉，其间创作巨幅作品《中国怒吼了》。从武汉→宜昌→重庆。随后开始了长达两年的国外募款、宣传抗战活动，从重庆→贵阳→昆明→越南→越过印度洋→非洲→法国巴黎，法国总统为其颁授勋章。接着从法国→美国纽约→芝加哥→费城→三藩市→波士顿，数次受邀进白宫，是中国画家进入白宫第一

---

① 参见汪毅《千秋正气，一代虎痴——张善子先生艺术年表》（下），《文史杂志》2012 年第 4 期。

② 张海山：《张善子在美国》，《文史杂志》2006 年第 5 期。

③ 内江市东兴区县志编纂委员会编：《内江县志》，四川巴蜀书社 1994 年版，第 793 页。

④ 汪毅：《千秋正气，一代虎痴——张善子先生艺术年表》（下），《文史杂志》2012 年第 4 期。

⑤ 汪毅：《千秋正气，一代虎痴——评张善子的虎痴情结与抗战情怀》，中国社会科学网 2012 年 3 月 21 日。

人。在纽约创作《飞虎图》赠送陈纳德将军。从1937年至1940年，短短的3年时间，张善子创作了大量以抗战题材为主的画作，并辗转奔波于大后方的广大地区，还漂洋过海远到大洋彼岸的欧洲和美国为抗战募捐，旅途的劳顿奔波，忘我的工作，致使曾经身为军人的张善子，终至积劳成疾，英年早逝！

张善子一生，骨子里有一种大忠、大孝、大节、大情、大悲，滋养了其独特的文化个性，而且不乏体验及表现，故所画人物除佛教题材外，更多地为古代忠勇之士和孝悌之人。① 他性格刚强，天性疾恶如仇，同时受传统儒释道的文化影响，富有理想化的人生愿景和追求。既有“领袖”之风范，又独具风雅。他的画作大部分都是为抗战而作，洋溢着强烈的爱国情怀。

二、晏济元的空间移动分析

晏济元（1901—2011），四川内江人，是中国书画界最长寿的艺术家。晏济元与张善子、张大千兄弟是世交，还有远房姻亲关系。晏济元幼年和老乡张大千是“穿叉叉裤的朋友”（四川方言，发小），从小学习书画。早年立志科技兴国，毕业于成都机械专门学校。1928年赴上海求学，与张善子、张大千同住上海法租界西门路西城里号。20世纪30年代赴日本留学，就读于日本铁道讲习所、早稻田大学、东京大学。学习机械工程、铁路工程等专业。后来回到故乡暂住的晏济元，为内江家乡土糖房压榨甘蔗的石辊设计并安装“滚珠轴承”，大大减轻了石辊转动的摩擦力，节省了人畜动力。1964年晏济元在北京办画展时，朱德元帅题词曰：“海外有个张大千，国内有个晏济元。”② 由此可见晏济元的书画成就和影响力。

1937年底，远在日本的晏济元历经周折回到中国，此时，张大千已到天津码头迎接。以后的半年多，晏济元就住在北平罗贤胡同的张大千家。当时，北平在日本人的控制下，环境十分险恶，伪北平艺术专科学校送来聘书敦请张大千当校长，晏济元极力劝阻，张大千遂决定坚决拒聘。在北平期间，晏济元结识了黄宾虹、溥心佘等许多京派画家。1938年4月底，

①② 汪毅：《千秋正气，一代虎痴——评张善子的虎痴情结与抗战情怀》，中国社会科学网2012年3月21日。

晏济元与张大千决意离开沦陷区北平，回到四川。由晏济元带着张大千的两个孩子及收藏的书画作品先走。[①] 离开北平，经天津，乘船到达上海；又从上海乘海船到香港，从香港经越南、昆明、贵阳，由贵州进入四川。到达重庆后，将张大千的两个孩子及书画等交与张大千三兄张丽诚后，晏济元即返老家内江。

1938 年与张大千在重庆交通银行举办抗日募捐联展。[②] 画展后两人由重庆赴蓉，下榻友人严谷孙家中，严为清咸丰、同治时名人，家藏古典书籍名画不少，得以观赏，获益良多。后因城内常有空袭干扰，遂前往青城山上青宫居住，两人分住上下殿。每当天气晴朗风和日丽之时，两人一道出游，以窥青城之全貌，遇到好的景点，便写生留稿，生活过得十分惬意。

1941 年因抗战时期书画纸张匮乏异常，安徽宣纸断供。只有购用“夹江连四”或“对方”以代宣纸，效果不佳。晏济元遂托公路局李雅髯求夹江县罗县长相助，介绍当地造纸槽户。由机械工程专业出身的晏济元协助指导工人配方加工，试制宣纸。张大千和晏济元当时住夹江县槽户石子清家，两人同他们一起实行改良制造。约半月左右，试生产了一小批，带回试用，效果甚佳，墨色亦颇理想，由此解决了用纸之困难。后来两人和工人们继续改良，试制成了有名的夹江书画纸。

由于整天奔忙，操劳过度，晏济元在青城山上青宫患了一场大病，卧床不起。晏济元病愈后复患脚疾，行动困难，不得已便回内江老家（张大千随后也回到内江）。不久张大千由内江重返成都，而晏济元脚愈后由内江移居重庆。

1944 年晏济元到昆明旅游，以写生作品 60 余幅，于昆明南屏电影院展出。1944 年夏初，经孙中山挚友刘禹生介绍，晏济元与潘蜀新在重庆柏林餐厅结婚，于右任先生作证婚人。1945 年于成都中华书局与张大千举办联合展出。展出前因病返家治疗。部分未完之作，由张大千代替完成并题款。[③]此后，晏济元主要定居重庆，直至抗战胜利。

抗战期间，晏济元由日本→天津→北平，再由北平→天津→上海→香

---

① 王德润：《张大千与晏济元的情谊》，四川新闻网·内江频道。

②③ 《晏济元先生 110 年艺术活动年表》，人民网·文化频道 2010 年 12 月 6 日。

港→越南→昆明→贵阳→重庆，期间在香港和贵阳短暂停留。后由重庆→内江→重庆，回过一趟内江老家。由重庆→成都→青城山，与张大千在青城山定居了约 5 年的时间。由青城山→成都→内江→重庆，后抱病回内江老家，病愈后前往重庆居住；期间去昆明短暂旅游作画，重庆→贵阳→昆明→重庆。此后长期定居重庆。

与多数文化人抗战期间迁徙不同的是，晏济元的迁徙始于侵略者的老家——日本东京，随后到达全面抗战的起点——北平，一路辗转迁徙到大后方国统区的中心——四川重庆，回到了自己的家乡。然后以重庆为活动中心，来往于大后方广大的西南地区：四川、贵州、云南，而活动的核心轴线在成渝一线，延伸至青城山，中间节点是内江老家，大部分时间与张大千一路同行。因此，晏济元走过了一段特殊的文化迁徙之旅。

三、范长江的空间移动分析

范长江（1909—1970），四川内江人。先后就读于中法大学重庆分校、中央政治学校、北京大学。参加了“八一”南昌起义。杰出的新闻记者、新闻家、社会活动家。先后担任新华社总编辑、新闻总署副署长、人民日报社社长，为创建和发展我国新闻事业做出了巨大贡献。每年的 11 月 8 日，即范长江创建“中国青年记者学会”的日子，被国务院确定为“中国记者节”。而“范长江新闻奖”则是我国新闻界的最高奖项。

在“九一八事变”后，年轻的范长江就亲身参与各种抗日救亡活动。1932 年春天，“辽吉黑热民众抗日后援会”在北平成立，主要负责对东北各地抗日义勇军和各地方抗日部队的粮饷、枪械、弹药、服装、医药和款项的筹集与运输。1932 年秋，范长江进入北京大学哲学系学习。在北大期间，范长江广泛涉猎哲学、政治、经济、英语等领域，扩大视野增长阅历，并时刻关注抗日形势的发展。1933 年 1 月，范长江加入了朱庆澜将军领导的抗日后援会。随后，抗日后援会组织了一批抗日物资运往热河。运输车队从北平出发，刚到热河的凌源县，遭遇日军攻击，物资、人员、车辆损失惨重，国民党政府军队望风而逃。范长江一个人沿途讨饭，徒步横穿热河，西入察哈尔，克服诸多困难回到北平。[①]

---

① 徐向明：《范长江传》，南京大学出版社 2002 年版，第 32—35 页。

回到北平不久的范长江，发起组织“北京大学学生前线视察慰问团”。他们先后去喜峰口、古北口、冷口、独石口等地慰问，慰问结束回到北平，范长江认为日本全面侵华战争是迟早都要发生的事，他需要认真研究军事问题，于是他埋首北平各大图书馆，详细查阅资料，进行针对性的研究。随着研究的深入，1933 年冬，范长江拟了一个“研究大纲”，和张镜航等商量，想发起组织一个研究团体，他们暂时把团体定名为“一九三六”（因为他们认为第二次世界大战会在一九三六年爆发）。[①] 但由于复杂的派系斗争等原因，研究团体无果而终。

1934 年 10 月，范长江联合北平《世界日报》《北方日报》等几家报纸在北大学生中的通信记者，策划了一起同日本留学生对话的活动。当时日本留学生均为帝国大学、东京大学、早稻田大学的学生，他们对于中国的文化、政治、经济等问题均有相当研究，而他们进入北大主要是受日本军部派遣，负有某种特殊使命。范长江他们主要是想通过这种迂回的办法，用中日学生对话这种形式，通过他们的口，暴露日本的真面目。到会的北平各报和北大通信记者共 6 人，日本留学生 4 人。范长江先以主席的身份致辞，随即就青年问题、政治问题、社会问题等开始一对一的恳谈。范长江把这次谈话内容整理出来，第二天发表在北平《晨报》教育版的头条位置上。稿子发表出来后，日方很不满意，因为它揭露了日本欲进一步侵略中国的野心，给国人以警示。[②]

范长江是少有的具有远见卓识的新闻记者。得益于他多年的研究积累，他敏锐地意识到：中日一旦开战，沿海一带必不可久守，抗战的大后方肯定在西北、西南一带，因此，对这些地方进行考察和研究很有必要。1933 年 7 月，范长江提出西部考察计划书，并向各界发出呼吁，希望得到经济资助，但应者寥寥，只有大公报欣赏他的采访计划，拨出经费给予支持。大公报总经理胡政之特地到北平约见范长江，希望他专门为大公报写稿，每月由报社付给他 15 元固定稿费，而不再按稿计酬。[③] 范长江后来说：“大公报那时在全国声望很高，有了大公报的正式名义，又经常在报上发表我署名的通讯，还有大公报在全国的分支机构可以依靠，虽然我的

① 徐向明：《范长江传》，南京大学出版社 2002 年版，第 38—41 页。

② 同上，第 49—54 页。

③ 同上，第 100 页。

经济情况那时还很困难，常捉襟见肘，但我活动的局面已经打开了。”① 范长江在新闻界的崛起与大公报追求“真确之发现与忠实之报道”的办报精神是分不开的。在当时的局势下，大公报显示了一家老牌报纸的承担力和责任感，给了范长江施展才华的机会，同时也承担了一定风险。要冲破国民党的新闻封锁，在国统区客观真实宣传中国共产党的主张和路线。正因为有了这样一个公共平台，青年范长江才能以他富有才情的笔调写出真实的中国一角，铸就诸多新闻史上的经典之作。②

从北平到西北，需要一笔不小的费用，正当范长江焦急之时，恰好四川工商团即将离开北平返川。经过范长江积极争取，工商团同意他随行回川。范长江以《大公报》特约通讯员的名义，随四川工商团从北平到天津，乘船南下。沿途采访烟台、青岛、上海、杭州等地。后从上海出发沿长江西上，经南京、武汉、宜昌，到达重庆，短暂停留后，前往成都。沿途一路采写，在《大公报》上发表了20多篇“旅途通讯”。在成都进行补充休整后，开始了他著名的西北之行。③

1935年6月，他从成都出发，经绵阳、江油、平武、松潘，甘肃西固、岷县等地，两个月后到达兰州。在兰州稍事休整后，他又向西深入敦煌、玉门、西宁，向北到临河、五原、包头等地进行采访。

范长江的这次西部之行，历时10个月，历经四川、陕西、甘肃、青海、宁夏、内蒙古6省，行程6000余里，取得了丰硕的成果。他沿途写下了大量的旅行通讯，真实地记录了中国西北部人民生活的困苦，对少数民族地区有关宗教、民族关系等问题做了深刻的阐释。尤为重要的是，他在通讯中记载了红军长征的情况，这是当时内地报刊第一次以写实的笔法，公开、客观地报道红军长征的消息，字里行间洋溢着他对红军的同情与敬佩。范长江的这些报道陆续发表于《大公报》后，在全国引起了强烈的反响。他的报道，对于内地民众正确及时地了解红军，认识和了解共产党的正确主张，起到了很大的促进作用。不久，当这些通讯汇编为《中国的西北角》一书后，竟出现了读者抢购热潮，在数月内，连续再版了7次，一

① 转引自《〈大公报〉做伯乐识良马范长江　成就中国新闻史佳话》，大公网2014年8月3日。

② 参见《〈大公报〉做伯乐识良马范长江　成就中国新闻史佳话》，大公网2014年8月3日。

③ 徐向明：《范长江传》，南京大学出版社2002年版，第63—66页。

时风行全国。[①]

1936 年 8 月底，刚刚结束西北之行的范长江，决定前往蒙古西部考察。他从归绥（今呼和浩特市）从发，乘坐一队汽车，经百灵庙，往北顺着蒙古边沿，向西穿越大戈壁，绕过居延海，前往额济纳旗。一路上都能遇见日本兵，日军已经有侵占蒙古的打算。大约 20 多天后，范长江结束考察，回到天津，此时他已经被《大公报》聘为正式记者。紧接着，1936 年 10 月，他又马上深入绥远前线，将整个绥远抗战的战况，以及傅作义将军和士兵的英勇顽强等进行了详细、生动的报道。[②] 范长江的报道引起了全国人民极大的关注，社会各界纷纷向绥远抗战将士捐款捐物。绥远抗战，是“九一八事变”以来所取得的最大一次胜利，极大地鼓舞了全国人民的抗战斗志。

1936 年 12 月，“西安事变”发生后，范长江毅然决定涉险去西安、延安等地进行采访。当时西北对外交通完全断绝，范长江利用各种私人关系，冒险飞赴兰州。他采访了甘肃省主席兼 51 军军长于学忠，又乘坐一辆大货车前往西安。1937 年 2 月 2 日傍晚，范长江终于在乱军中，顶风冒雪，抵达西安。2 月 4 日，在《大公报》西安分销处同仁的协助下，通过陕西省主席邓宝珊的介绍，范长江来到杨虎城将军的公馆。周恩来热情地接待了这位冒着生命危险闯进西安，年仅 27 岁的战地记者——范长江。第二天，他采访了周恩来后，范长江对西安事变的真相以及中国共产党关于和平解决西安事变的主张有了深刻的了解。[③]

为深入了解陕北的情况，范长江向周恩来提出去延安采访的请求，得到了同意。1937 年 2 月 9 日，在中国共产党高级领导人博古和罗瑞卿的陪同下，范长江到达延安。当天下午，“抗日军政大学”举行了热烈的欢迎仪式，范长江先后见到了林彪、廖承志、朱德等。晚上，毛泽东在他工作的窑洞里会见了范长江，就中国革命的性质、任务和当时共产党的总路线、总政策，抗日民族统一战线等问题做了精辟的分析，并建议范长江立即回上海，利用《大公报》的影响，宣传抗日民族统一战线政策。范长江

① 参见徐向明《范长江传》，南京大学出版社 2002 年版，第 66—93 页。

② 同上，第 116—123 页。

③ 同上，第 125—132 页。

是除美国记者埃德加·斯诺外，第一个正式以新闻记者身份进入延安的人。[①] 采访一结束，他随即回到上海，立即写出《动荡中之西北大局》新闻稿，在胡政之[②]的帮助下，赶在国民党五届三中全会之前，发表在《大公报》上。[③] 范长江的报道在全国引起了极大的震动，他是第一位向全国公开报道西安事变真相，以及中国共产党抗日民族统一战线正确主张的新闻记者。他的报道，无疑对抗日民族统一战线的最后形成，实现历史的重大转变，起到了重大的促进作用。

“卢沟桥事变”爆发，范长江立即投入紧张的战地采访工作，往来奔波于各抗日战场，写出了《卢沟桥畔》《血泊平津》《西线风云》等大量战地通讯，宣传抗日。范长江在《我的自述》中回忆：1937 年，他主要到过三个战场，在卢沟桥，他见过当时抗日风云人物吉星文；在河北南口战场，他见过汤恩伯、王仲廉等；“八一三事变”以后，上海抗战爆发，他从北方回到上海战场，见过张发奎、胡宗南、宋希濂等。1938 年，范长江又先后进入多个抗日战场进行战地采访。如徐州战场、江北战场、江南战场，其中在徐州战场待的时间最长。此外，他还到湖北南部的阳新、大冶一带战场，进行战地采访。[④]

1937 年上海“八一三事变”后，上海新闻界同人为加强进步新闻力量的团结，推动新闻战线的抗战斗争，由范长江和夏衍、胡愈之、章汉夫、恽逸群等人一起商议，于 1937 年 11 月 8 日在上海发起成立了中国青年记者协会（简称“青记”），范长江等 5 人被选为总干事。同时决定，出版发行《新闻记者》的会刊。1938 年 3 月，该协会在武汉更名为“中国青年新闻记者学会”。范长江被选为三位常务理事之一。[⑤] “青记”是现在中国记者协会的前身，11 月 8 日已然成为现在的中国记者节。无疑，“中国青年记者协会”的成立是中国新闻史上的一个重要里程碑。

1938 年 9 月，由于政见上的不合，范长江离开了《大公报》。于 1938 年 10 月在长沙创立了“国际新闻通讯社”，范长江担任国新社社长。他带

---

① 徐向明：《范长江传》，南京大学出版社 2002 年版，第 136—147 页。
② 1889—1949，四川成都人，《大公报》创办人之一，任总经理兼副总编辑。
③ 参见徐向明《范长江传》，南京大学出版社 2002 年版，第 149—153 页。
④ 包中强、唐小博：《抗战时期的范长江》，《内江日报》2014 年 9 月 23 日。
⑤ 参见徐向明《范长江传》，南京大学出版社 2002 年版，第 196—201 页。

领“青记”和国新社从武汉撤退到长沙，又从长沙迁移到桂林。[①]

1939年5月，在国民党特务机关严密监视下的重庆曾家岩五十号“周公馆”里，由周恩来作为介绍人，范长江秘密地加入了中国共产党。1941年皖南事变后，范长江根据党的指示转移到香港，与张友渔、廖沫沙等人在香港创办《华商报》，报道国内外形势，宣传党的主张。1942年，香港沦陷后，范长江于当年经澳门辗转回到桂林。很快从桂林一路秘密前往武汉、上海寻找党组织，接应进入苏北阜宁县的新四军军部。[②] 在苏北解放区，他主要负责新华社华中分社的领导工作，直到抗战胜利。

综上，“九一八事变”后，从1932年起，年仅23岁的范长江开始了文化抗战之旅。在北京大学读书期间，加入朱庆澜将军领导的抗日后援会，并跟随支援抗日义勇军的运输车队去热河，遭到日军伏击，横穿热河→察哈尔→北平。后加入天津《大公报》，1935年开始了著名的西北之行。从天津→烟台→青岛→上海→杭州，又从上海沿长江西上，从上海→南京→武汉→宜昌→重庆→成都，一路南下西进沿途采访。从成都出发，成都→绵阳→江油→平武→松潘→甘肃西固→岷县→兰州。再从兰州→敦煌→玉门→西宁→临河→五原→包头等地，进行了长达10个月的采访，成为第一个客观、正面报道红军长征的中国记者。西北之行结束后，冒险由归绥→百灵庙→居延海→额济纳旗，报道了日军侵占蒙古的情况。从西蒙回到天津后，马不停蹄前往绥远前线，实况报道了绥远抗战胜利过程，鼓舞了全民抗战的斗志。1936年12月“西安事变”爆发后，范长江冒险从北平（乘飞机）→兰州→西安，并从西安→延安，成为国统区第一位采访毛泽东等中共领导人的记者。“七七事变”后，作为战地记者，奔赴卢沟桥战场、北平城西北45公里燕山余脉与太行山的交会处的南口战场，以及“八一三事变”的上海战场。紧接着从上海进入徐州战场、武汉会战的江北战场和江南战场，以及湖北阳新县和大冶一带的战场。武汉沦陷后他进入重庆。此后到过香港和新四军的苏北解放区。

抗战期间，范长江足迹遍布广袤的中国大地：东北、内蒙古、华北、华东、西南、西北、华南，具有历史意义的长城义勇军抗战战场、卢沟桥

① 参见徐向明《范长江传》，南京大学出版社2002年版，第216—223页。

② 同上，第270—279页。

战场、“八一三”战场、徐州战场、武汉会战，等等，以及具有历史意义的红军长征、西安事变、革命圣地延安等重大历史性场景，他都是在场者和亲历者。如此全面地亲身经历几乎所有与抗日战争相关的重大历史场景，他应该是第一人。他的足迹遍及祖国各地，他客观还原真实、记载历史、及时报道、鼓舞民众。“手无寸铁兵百万，力举千钧纸一张。”这是范长江所作《纪念鲁迅》诗中的两句，[①] 这何尝不是范长江自己的人生写照！

四、吴玉章的空间移动分析

吴玉章（1878—1966），四川荣县人（今属自贡市）。他早年留学日本，就读于日本陆军士官学校的预备学校——成城学校，后考入岗山第六高等学校电气工科，[②] 并在日本加入孙中山先生创立的同盟会。之后赴法留学，进入巴黎法科大学，主修政治经济学。回国后在北京创办留法俭学预备学校，选送留法学生近两千人。其中周恩来、邓小平、王若飞、陈毅、聂荣臻、赵世炎、蔡和森等留法学生，后来都成为中国革命的栋梁之材。

吴玉章经历了戊戌变法、辛亥革命、讨袁战争、北伐战争、抗日战争、解放战争、新中国建设而成为跨世纪的革命老人，与董必武、徐特立、谢觉哉、林伯渠一起被尊称为“延安五老”。他是卓越的无产阶级革命家，也是著名的教育家、历史学家、语言文字学家。

1927 年 11 月初，吴玉章乘苏联商船“安迪吉”号赴苏。在苏联学习和工作长达 11 年（其间，再次赴法），直至 1938 年才回国。1937 年“七七事变”爆发后，身在莫斯科的吴玉章受共产国际和国民政府委托，前去欧洲进行抗日宣传工作，因此从莫斯科前往法国巴黎及比利时的布鲁塞尔、英国伦敦等地做抗日宣传。[③]

1938 年 3 月，吴玉章从巴黎启程回国。乘海船过非洲，经新加坡、西贡，抵达香港，会晤蔡元培、廖承志等。4 月 24 日，从香港乘机到武汉。在武汉会晤国共两党重要人士，并在《新华日报》发表多篇抗战文章。5

---

① 李元鸿、王德润：《力举千钧纸一张——范长江诗歌对联作品介绍》，《内江日报》2013 年 12 月 15 日。

② 刘文耀、杨世元编写：《吴玉章年谱》，四川人民出版社 1998 年版，第 20 页。

③ 同上，第 187—217 页。

月，《吴玉章抗战言论选集》由中国出版社出版。1938 年 6 月 4 日，他由汉口飞往重庆，介绍在国外宣传抗战的情况，会晤同盟会老朋友、国民党要员。6 月 12 日飞赴成都，下榻西御河沿街 14 号。在成都会晤川军将领、家乡各界新老朋友。6 月 20 日由成都回到家乡荣县，进行抗日救国宣传。6 月 24 日由荣县经重庆飞赴汉口。① 1938 年 8 月初在汉口因病住院，8 月 8 日由武汉乘机飞赴西安，住七贤庄八路军办事处。9 月随傅连璋同车到延安。9 月底出席中共中央六届六中全会，被选为中共中央委员。10 月下旬为参加即将召开的国民参政会一届二次会议，由延安经西安飞抵成都，下榻纯阳观静安别墅。10 月 28 日乘车抵达重庆，参加国民参政会一届二次会议。期间秘密回成都参加中共四川省委工作委员会扩大会议。②

1939 年 3 月，吴玉章离开重庆回荣县探亲。月底返回重庆。5 月初，因重庆大轰炸，周恩来派人将生病住院的吴玉章接往北碚北温泉夏观楼疗养。1939 年 7 月下旬，由重庆再返延安。8 月下旬从延安经西安到重庆。1939 年 11 月乘车由重庆，夜宿资中，到成都，在成都秘密出席中共川西特委会议，会晤川军将领。经川陕路，夜宿剑门关，到达西安八路军办事处，住两日后，回到延安。出任鲁迅艺术文学院院长。1939 年 12 月，吴玉章撰写的《斯大林传》在《新华日报》上连载。1940 年 1 月下旬，在延安的中央各机关单位，庆祝吴玉章同志六十寿诞，毛泽东亲自讲话，李富春宣读中共中央贺辞。③ 从 1939 年 11 月起，直至 1945 年 8 月抗战胜利的 6 年间，吴玉章长期居住在延安，并担任鲁迅艺术文学院院长、延安大学校长，以及陕甘宁边区各种文化协会会长等职。

综上，抗战期间，身在苏联莫斯科的吴玉章受委派前往欧洲做抗战宣传活动，从莫斯科→巴黎→布鲁塞尔→伦敦→巴黎。再从巴黎启程回国，途径非洲→新加坡→越南西贡→香港→武汉。又从武汉→重庆→成都→家乡荣县→重庆→武汉。1938 年 8 月，由武汉→西安→延安，出席中共中央六届六中全会，当选中央委员。1938 年 10 月下旬，由延安→西安→成都→重庆，参加国民参政会一届二次会议。1939 年 3 月，从重庆回荣县探亲。月底返回重庆。5 月，到北碚北温泉疗养。其后，由重庆→延安，从

① 刘文耀、杨世元编写：《吴玉章年谱》，四川人民出版社 1998 年版，第 216—222 页。

② 同上，第 223—239 页。

③ 同上，第 230—285 页。

延安→西安→重庆。1939 年 11 月，从重庆→资中→成都→剑门关→西安→延安。从此，直至抗战胜利的 1945 年，长达 6 年时间居住于延安。

抗战爆发，吴玉章从欧洲回国，先期在武汉从事抗战活动，然后多次往返于重庆—延安之间，参加国共两党的会议及工作。他以延安为中心，足迹遍及欧洲战区、国统区和延安文化区。他文化活动空间广阔，且文化活动丰富多彩，他对中国的抗战事业贡献卓著。1940 年，吴玉章六十寿诞时，中共中央的贺寿词如是评价：他是中国革命的老前辈、可贵的历史学家、是中国教育界文化界的前辈、是青年男女的导师、是中国新文字的创始人之一。①

第九节　宜宾文化副区形成的空间移动分析

本节讨论的宜宾文化副区（以下简称宜宾区），包括抗战时期的第六、第七行政督察区，涵盖了涉及文化迁徙的宜宾、南溪、江安、泸县、合江、叙永等县。重庆沿长江逆流而上，便是长江上游水网密布的宜宾区域，赤水河、沱江、岷江在此汇入长江，它是四川境内除重庆外内河航道最为发达的地区。也正因为如此，抗战时期，同济大学、国立戏剧专科学校、东亚体育专科学校、西南联合大学叙永分校四所高校汇集于此，而在小小的李庄古镇，更是容纳了中央研究院、中央博物院、中国营造学社等著名的文化科研机构。

一、学校的空间移动分析

宜宾文化区在战前没有高校，抗战期间迁入了四所高校。抗战胜利前夕，私立东亚体育专科学校自皖南辗转来到四川，在泸县复校。它也成为抗战期间，最后一所内迁大学，但因经费不足而很快停办。其余三所院校的迁徙情况如下。

1. 同济大学的艰辛之旅

同济大学于 1907 年由德国人在上海创立。民国时期，同济经历了从学

① 刘文耀、杨世元编写：《吴玉章年谱》，四川人民出版社 1998 年版，第 243—244 页。

堂到私立，再到国立的转型，有着典型的德国文化传统，素以医学和机械工程著称。抗战时期，同济大学的迁移过程颇为曲折，历经六次迁徙，是高校迁徙中最为坎坷、损失最大的高校之一。

抗战前，国立同济大学设有医、工、理三个学院，校址位于上海吴淞镇北。抗战爆发后，同济将主要教学设备、仪器、图书等迁入上海公共租界地丰路（今乌鲁木齐路）121 号。地丰路房屋狭小，图书、仪器和设备都只能堆放，当时正值暑假期间，全校共有 1200 多人都挤住在这里。同济原来计划搭建临时房屋，10 月 14 日正式上课，但战事越发吃紧，学校决定，除医学院后期因临床实习仍留在上海宝隆医院上课外，其余院系均于九月迁往金华，学校人员于 10 月 20 日前在金华报到。① 同日，同济在金华如期开学，但战事发展超过预期，11 月 12 日，上海沦陷，日军紧逼杭州，不断空袭金华，学校无法正常上课。同济决定再迁江西赣州，而医学院后期则直接从上海迁往江西吉安。迁徙路线是从金华乘火车到南昌，再经水路乘木船溯赣江而上到赣州。由于战事紧张、军运频繁，部分押送校产的师生历时 20 多天才到达赣州。学校总办公室、图书馆和教室集中在赣州镇台衙门旧址，学生宿舍在武圣庙，教职工宿舍则在城里分散租借住房。同济于 1938 年 1 月底正式上课，一直上课到七月。在吉安的医学院则选址在文天祥祠，于 1938 年春开始复课。②

到 1938 年 7 月，九江局势危急，同济再次决定迁到广西贺县八步镇。这次迁校，学生组织了两支步行队：一路从赣州出发，到达韶关后，改乘火车到广州，跨上拖驳小船沿西江到广西都城、梧州，再肩负行装，翻山越岭，徒步几百里，抵达八步镇；另一路从赣州步行到韶关后，搭车到衡阳，改乘还未竣工的湘桂线火车至全且，再步行到桂林，然后乘木船溯漓江而上到平乐，再步行至八步镇。前后共花了两个月的时间。在八步，学校借到一所中学作临时校舍，正在进行维修、准备复课时，10 月下旬，日寇进攻华南，广州沦陷，学校不得不决定迁往昆明。③

1938 年冬，当第一批校产历经艰难运到八步江边时（这批校产是由赣州沿章水用木船装运，约半月到大庾，后装汽车运往广东南雄，再装木船

① 翁智远主编：《同济大学史第 1 卷（1907—1949）》，同济大学出版社 1987 年版，第 76 页。

②③ 同上，第 76—78 页。

由浈水经韶关到三水，然后换船到广西贺江，北上到贺县八步），还没来得及卸下即改道沿贺水南下，经过西江到南宁，沿左江西上到龙州，经过越南，再运昆明。此后的各批校产，直接从赣州用木船运到吉安，再装汽车至衡阳，经湘桂铁路到桂林后，用小木船运到平乐，再换大木船经梧州到龙州，然后运往昆明。

学校师生的迁移则分为两路：一路为毕业班、女同学和患病学生组成，乘汽车经柳州，停留约一个月，再乘汽车到南宁，大部分同学换乘小轮船（即电船），小部分同学仍乘汽车到龙州。另一路由男同学组织成步行队，编为一个先锋队和六个大队。每个大队分设四至六个小队，每个小队二三十人不等。从八步分批出发约半个月到达柳州，休息月余，步行至南宁，再改乘小轮船到龙州。所有同学到龙州集中后，由学校派汽车送到凭祥，再出镇南关（今友谊关），到越南同登，换乘火车，经谅山、河内、老街至河口，进入国境到云南，于1939年春节前分批到达昆明。在昆明两年，同济校舍极为分散，历经变动，在管理、教学和生活上都遇到诸多困难。学校原计划在昆明海口自建校舍，但因经费筹措困难，未能实现。①

1940年初夏，昆明物价飞涨，加之入秋之后日机不断侵扰，同济一学生在躲避空袭时不幸遇难，师生员工人身安全受到威胁，同济决定另找一安全办学之地，四处托校友打探。四川宜宾中元造纸厂是抗战后的内迁厂，厂长钱子宁是同济大学校友，接同济大学电告后，四处张罗。幸得南溪县李庄士绅罗伯希、王云伯及罗南陔等人大力促成，遂发出邀请电文："同大迁川、李庄欢迎，一切需要，地方供给。"② 简短而温馨，给彷徨中的同济大学找到了安身立命之所。

9月30日，同济确定迁往李庄和宜宾，并在重庆至圣宫七号、泸州峨眉体育会、宜宾下西街九号分别设立办事处。10月，大学部先停课（附中和高职仍在昆明上课，直到1942年方迁李庄），开始了第六次迁校。这次迁校，经川滇公路和滇黔公路入川。山陡路险，汽车经常失事，1941年3月4日，同济装运测量仪器的卡车，在贵州威宁附近翻车。李庄庙宇很多。同济大部分安排在镇上庙宇中，小部分租用私人房屋。校总部办公室设在

① 翁智远主编：《同济大学史第1卷（1907—1949）》，同济大学出版社1987年版，第77—80页

② 岱峻：《发现李庄》，四川文艺出版社2004年版，第37页。

禹王宫，工学院在东岳庙，理学院在南华宫，医学院前期在祖师殿（原李庄小学），图书馆在紫云宫，大地测量组在文昌宫，体育组在曾家院子，实习工厂在官山，工学院男生宿舍在东岳庙东侧和羊街，女生宿舍在慧光寺，教师宿舍在大夫第、羊街、可颐园、肖家院等处。教授新村及门诊部在官山，职工宿舍在麻柳坪巷及救济会院。附设高职在罗家祠，后迁官山教授新村后面；附设高中先在羊街肖家院，一年后迁官山；德文补习班先在紫云宫，后迁官山实习工厂侧，改名新生院后，迁至夏麦坝新漏棚。医后期在宜宾女学街县立女中，附属医院住院部在西郊花园，门诊部设在女学街前都司衙门，南门诊所在黄州馆，附设助产护士班在医学院后期内。[①]

很明显，同济大学的抗战迁徙没有整体的战略规划，主要是随着战局的变化而被动跟随迁徙。经历了：从上海吴淞镇北→上海租界地丰路→浙江金华→江西赣州→广西贺县八步镇，然后南下柳州→南宁→越南→昆明，途中还多次分批沿铁路、公路、水路、步行而辗转迁流，最终抵达目的地——四川李庄。旅途艰险，损失惨重。

2. 国立戏剧专科学校的空间移动

国立戏剧专科学校创建于1935年，是当时的戏剧最高学府。办学十四年，培养千余学生，人才辈出，取得了令人瞩目的成就，蜚声海内外。[②]

剧专由中国现代话剧的奠基者之一，戏剧教育家、理论家、剧作家、翻译家、导演余上沅先生创办。自1935年到1949年长达14年的时间，余上沅一直担任校长。他亲手将剧专打造成为中国戏剧界的最高学府，培养了一大批戏剧和电影方面的优秀人才。如戏剧家、著名编导：杨村彬、章法、贺孟斧等；电影导演凌子风、谢晋等。

国立戏剧专科学校于1935年在南京建校，迁徙前在南京招收了第三届学生，而第一届学生刚好于1937年7月毕业，故迁徙之初教职员工及学生不多。剧校于1937年的暑假开始迁徙，迁徙的第一站是长沙的稻谷仓，由于战事吃紧，交通困难，走的是水路。据剧作家吴祖光回忆，当时他还是一名19岁的大二学生，在此期间帮表姑丈即剧校校长余上沅的忙，做校长秘书，随校迁徙："全体师生和员工是雇了五六只木船，沿长江西行，过

① 翁智远主编：《同济大学史第1卷（1907—1949）》，同济大学出版社1987年版，第85—86页。

② 曹禺：《剧专十四年·序》，中国戏剧出版社1995年版。

洞庭湖，迁到长沙。这是一次原始方式的旅行，也是我此生唯一的一次木船旅行。由南京到长沙走了二十几天，横过洞庭湖全靠人力划桨，行近江边逆水而上时则要登岸拉纤。我们坐船的高兴了也和船工们一起划桨背纤。”①

在南京招收的第三届新生则是自行到长沙报到。剧校在长沙停留虽短，但正常的教学并未受太大影响，由于“远离抗战前线，虽然战火方殷，却不闻枪炮之声……仍是弦歌不绝”。②

由于战事迅即蔓延，1938 年 1 月上旬，剧校奉命迁徙到重庆。全体分乘五艘大木船从长沙出发，“这五艘木船，一艘是‘教师号’，一艘是‘职工号’，另三艘分别为‘二届同学号’‘三届同学号’和通称‘研究女生号’（研究班和女同学合乘），每船约 20 人不等，浩浩荡荡大队人马从湘江码头启碇……船行的路线大致是从临资口入洞庭湖，经杨林寨、沅江、汉寿、安乡，过藕池口沿公安、松滋、枝江……而达宜都；再由宜都逆长江到达宜昌，前后共行 23 天”。③ 宜昌船票极其紧张，教职员生分批入川，有些只能在万县中转。这样，剧校第一批人抵达重庆是 1938 年 2 月 18 日，至 2 月底方陆续到齐。④ 新校址位于上清寺马路边的一栋楼房。

在重庆，原有的教师已不多，但由于大批文化人涌入重庆，使得剧校师资达至其历史上的黄金时期：余上沅教戏剧概论，卢冀野教中国戏剧史，张平群教近代西洋戏剧，曹禺教编剧，演出法由英国留学归来的黄作霖（即佐临）任教，指导表演基本训练的是其夫人金韵之（即丹尼），他们在英国都是专学戏剧，教语文是复旦大学教授方令孺，教化妆是金毅，教发声是著名男中音歌唱家应尚能。由于剧校离院校云集的沙坪坝较近，余上沅、曹禺的老朋友也应邀前来作专题讲演：肖孝嵘教授讲心理学，孙本文教授讲社会学，张圣奘教授讲东西文化艺术，戈宝权讲苏联戏剧，梁实秋讲莎士比亚；还请重庆电力公司总工程师、业余戏剧爱好者、重庆怒吼剧社主要负责人余克稷主讲舞台灯光。⑤ 这一时期的剧校，是“人丁两

---

① 国立剧专在粤校友编：《情系剧专》，国立剧专在粤校友印，第 129—130 页。

② 《剧专十四年》，戏剧出版社 1995 年版，第 37 页。

③ 何之安：《国立剧专五迁琐记》，《剧专十四年》，中国戏剧出版社 1995 年版，第 142 页

④ 李乃忱：《国立剧校三进山城》，《情系剧专》（内刊），第 184 页。

⑤ 同上，第 187—188 页。

旺”“校运亨通”。[①]

日军占领汉口之后，重庆不断遭到空袭轰炸，正常教学极受影响。1939 年 4 月，剧校决定迁往宜宾江安。图书教具雇佣民船运输，师生们则乘坐民生公司的小轮船到达。

江安是地处长江上游的一个安静小城，剧校以江安文庙为校址，“文庙就在城内西南部城角，紧靠南城墙。院落三进，门在东首。前院西厅为教务处和校长室，东厅是总务处。中院两庑作为教室，大成殿前丹墀作为演出舞台；后院大殿就作图书馆之用，同学们分别住在东西两个跨院里，虽室内潮湿阴暗，但间数却不少，足敷应用”。[②] 这里比南京的薛家巷校址和重庆的上清寺校址宽敞，学校就此安顿复学，只是师生们都不曾料到，剧校在此住下便长达五年半之久。

3. 西南联合大学叙永分校的空间移动分析

1940 年日军进攻中、缅、印边境，昆明局势趋紧，学校计划将西南联大迁移四川，经反复寻址，最后定址叙永。1940 年底，学校首先将一年级新生六七百人迁至叙永上课。其他年级也随时局情况将陆续迁川。一部分师生，组成入川旅行团，从昆明徒步行军，决心在漫漫路途中磨炼自己，同时也沿途作些抗日宣传。[③] 师生们主要沿川滇公路沿线的小路进发。他们每人背一把大油伞，身挎干粮袋、水壶，翻山越岭，横渡激流，晓行夜宿，有时借住荒村野店，有时在破旧古庙里歇脚。沿途一边行军一边还做抗日宣传。所经之处，他们写标语，作演讲，表演文艺节目，以青春的热情聚集起广大民众。这段徒步行军历时近两个月，行程一千多华里，是联大叙永分校不同寻常的开端。

其他师生主要分两路到达叙永：一是沿着川滇公路北上，从昆明→曲靖→宣威→咸宁→毕节→到达叙永；二是沿着川黔公路从昆明→曲靖→富源县胜境关→贵州晴隆→安顺→贵阳→息烽→遵义→越娄山关→过桐梓县，到达重庆，再由重庆乘舟逆流而上，从泸州经川滇公路到达叙永县。家境富裕的学生可从昆明乘飞机到达重庆，由重庆乘水上飞机到宜宾。

叙永分校的大本营在叙永县城内文庙和关帝庙，女生宿舍在帝王宫，

① 何之安：《国立剧专五迁琐记》，《剧专十四年》，中国戏剧出版社 1995 年版，第 145 页。

② 同上，第 146 页。

③ 刘廷远：《叙永：曾经的西南联大》，四川在线 2005 年 9 月 2 日。

男生宿舍兼教室在南华宫和春秋祠，其他上课和做实验的地方以及图书馆兼自修室都在各大庙宇中。课程设有国文、英文、中国通史、普通化学、微积分等。教师阵容相当强大，都是从昆明本校来的一级教授。如吴晗、朱自清等。分校校长是“五四”时期就蜚声文坛的杨振声教授。一年后，时局渐趋稳定，叙永分校再迁返昆明本校。

二、文化机构的空间移动分析

中央研究院于1928年6月9日在上海成立，蔡元培首任院长。中央研究院是民国时期中国最高学术研究机构，并列于国民政府的立法、司法、行政、监察、考试五大院。到抗战爆发前，中央研究院已设立物理、化学、工程、地质、天文、气象、历史语言、心理、社会科学及动植物等十几个研究所。历史语言、社会科学等人文学科所设在北平，理、化、工三个研究所设在上海，其余各所均设于南京。其中，历史语言、社会科学及体质人类筹备处3个研究所迁入李庄。同期入川的还有中央博物院、中国营造学社等。中央研究院其余各研究所分别内迁至重庆、昆明两地。

历史语言、社会科学及体质人类3个研究所，以及中央博物院、中国营造学社，由于人员交往频繁、交叉兼职，抗战迁徙除了前期行动路线外，中后期（在长沙集中）的迁徙都是一起行动，办公场所也同处一地。

早在“九一八事变”后，中央研究院就化整为零，以所为建制，陆续迁徙。历史语言研究所是中央研究院中最大、人数最多的一个所。先是由北平北海静心斋迁至上海曹家渡小万柳堂、南京的北极阁。1936年春，中央研究院院长蔡元培提议，由朱家骅担任中央研究院总干事。不久，朱家骅奉命出任浙江省政府主席，无暇顾及这个学术机构。蔡元培又身患重病在沪治疗，院中具体事务更无力过问。故中央研究院的大小事务，均由傅斯年代为处理。“七七事变”后，中央研究院决定南迁。7月，傅斯年部署将研究院的文物转运至南昌及长沙。[①]

1937年8月，将历史语言研究所从南京先迁至武汉，再迁湖南长沙，分别安置于长沙韭菜园的圣经学校及南岳的圣经学校。10月傅斯年又将存于南昌的文物运到重庆大学。此时，北大、清华、南开三所高校也迁到长

① 岱峻：《发现李庄》，四川文艺出版社2004年版，第29—30页。

沙，在傅斯年的倡议下，合组为“国立西南联合大学”。史语所所长傅斯年兼北大文科研究所所长，许多研究员也在北大兼课。因此，史语所参与了西南联大出长沙撤退至昆明的共同行动。兵分三路迁移昆明。第一批从广州、香港，坐海船由越南海防到昆明；第二批是沿长沙经贵阳至昆明的公路徒步行军；史语所选择的是第三条路线，搭汽车先到桂林，再到龙州，经镇南关到越南谅山，后再搭火车经河内转窄轨火车到昆明。[1] 史语所图书资料仪器设备，以及其他工作人员，则沿长沙南下桂林，经贵州转至昆明。到达昆明后，选定拓东路与靛花巷为所址。10 月，为躲避敌机空袭，将史语所迁至昆明郊外，安置于龙泉镇的响应寺和龙头书场。[2]

国立中央博物院筹备处于 1933 年 4 月在南京中山门内挂牌成立，中研院史语所所长傅斯年出任首任主任，傅斯年请翁文灏、李济、周仁分别担任自然馆、人文馆和工艺馆筹备专员。1934 年 7 月，由李济接任中博院主任，并成立中央博物院建筑委员会，梁思成任专门委员。1936 年，第一期工程开工。抗战爆发后，已经完成近 3/4 的中博院第一期工程被迫停工，收藏的文物紧急装箱，待命转移。[3]

1937 年 8 月 13 日，日军进攻上海，翌日，保存在南京的故宫南迁文物和中央博物院文物奉命西迁。李济先将中博所藏珍品分装多箱，一部分经江西进入湖南，藏于长沙，另一部分藏品和故宫文物一起藏于朝天宫库房，另又将部分珍品藏于兴业银行，防止一处出事，文物尽损。[4] 然后将文物分北、中、南三种路线分别转移至四川和贵州存放。

待中博院文物安顿妥当后，同时兼任史语所考古组主任的李济随中央研究院史语所同事一同迁入昆明。其他同事也陆续到达昆明，迁徙路线与西南联大的路线类同。

中国营造学社的成立事出有因。1919 年“南北合议”时，朱启钤[5]作为北方政府的代表，无意间在南京江南图书馆，发现丁丙氏抄本的宋朝李诫所著《营造法式》。这是一本研究中国古建筑的无价之宝，《营造法式》

---

①② 岱峻：《发现李庄》，四川文艺出版社 2004 年版，第 29—30 页。

③ 岱峻：《消失的学术城》，百花文艺出版社 2009 年版，第 3—4 页。

④ 李菡：《抗战时期的中央博物院文物西迁》，《中国文化遗产》2009 年第 2 期。

⑤ 1872—1964，祖籍贵州，生于河南信阳。北洋政府交通总长、代理国务总理，古建筑学家、工艺美术家。

立即引起了学术界的广泛关注。为了更好解读《营造法式》，在朱启钤的倡导下，于1929年创办了“中国营造学社”。最初的社址，就在朱启钤自己的寓所——北平东城宅珠子胡同，后得到“庚子赔款”的赞助，就迁入中山公园入口旁的一排老房里。之后，朱启钤聘请梁思成、刘敦桢分别担任法式部、文献部的主任，林徽因为校理。①

“九一八事变”至“七七事变”前，营造学社在全国各地开展了大规模的古建筑考察和修缮工作。1932年春，梁思成等人首次赴河北蓟县调查独乐寺。期间，营造学社受故宫博物院委托，拟定故宫一些阁楼的修理计划及维修工作。1933年，梁思成等人赴山西调查大同古建及云冈石窟、河北正定赵州桥。1934年连续赴河北、陕西考察古建筑。1935年开展山东曲阜孔庙的修葺计划及建筑考察，调查河南安阳古建筑、苏州古建筑、北平古建筑。1936年又连续赴河南调查西北13个县，赴山东调查中东11县，赴山西调查晋汾建筑，调查陕西古建筑。1936年4月在上海市博物馆举行中国建筑展览会，展出历代建筑图片300余幅，及观音阁模型，历代斗拱模型10余座，古建实测图60余张。并由梁思成作题为《我国历代木建筑之变迁》的讲演。1937年3月，学社为保护正定隆兴寺佛香阁宋塑壁，向中英庚款董事会申请4千元专款修葺，并设计保护方案。多次赴河南、山西调查，赴山西五台山佛光寺及榆次永寿寺雨花宫考察。②

“七七事变”爆发后，梁思成、林徽因夫妇从山西五台山考察现场赶回北平。朱启钤、梁思成、刘敦桢三人商量决定，将多年来学社测绘研究积累的丰富资料迅速转移，全部存入天津市英资麦加利银行的保险库中。朱启钤因年老打算留在北平，梁思成、刘敦桢等其他同人决定离开北平。1937年9月5日，梁思成、林徽因和母亲、儿子离开北平到达天津，当时女儿梁再冰和姑姑已经从北戴河先期到达。梁家准备和刘敦桢一家结伴而行。他们从天津出发，先乘轮船到达青岛，然后乘火车经济南、徐州、郑州到汉口，过摆渡到武昌，再乘火车到长沙。随后西南联合大学的大批人马也陆续到达长沙。③

中研院史语所、中央博物院、中国营造学社等一群人，在长沙集中

① 郭黛姮等编著：《一代宗师梁思成》，中国建筑工业出版社2006年版，第42—45页。

② 《营造学社历史》，清华大学建筑数字图书馆2010年1月1日。

③ 郭黛姮等编著：《一代宗师梁思成》，中国建筑工业出版社2006年版，第105—110页。

后，就一起随西南联大迁徙昆明。这是一条漫长而艰辛的旅途，翻山越岭，长路漫漫，林徽因途中生病差点丢了性命。历尽艰辛万苦，终达彩云之南的昆明。

起初，他们都在昆明市区落脚，不久，敌机轰炸昆明，各机构一同迁往北郊的龙泉镇。到1938年秋，撤退到龙泉镇的文教机构云集，中央研究院社会学所和北平研究院历史所迁到落索坡，中央博物院筹备处在竹园村，北平研究院在黑龙潭，营造学社在麦地村，中央地质调查所在瓦窑村，史语所和北大文研所暂住棕皮营的响应寺。①

安顿之后，各研究机构开始正常的科研考察工作。1938年冬，史语所考古组前往滇西一带调查古迹。考古组历经大理、邓川、洱源、鹤庆、丽江、滨川等县，在大理境内发现史前遗址。② 同时，营造学社在昆明调查古建筑，刘敦桢率莫宗江、陈明达二人赴安宁、楚雄、缜南、下关、大理一线进行古建考查。③

但是好景不长，1940年，随着战局的发展，敌机频繁轰炸昆明，同济大学及各大研究机构决定向四川迁徙，据说，傅斯年希望能搬到一个地图上找不到的地方。④ 经过一番论证，他们都选择了宜宾李庄。

这一次的迁徙路线比较单纯，主要由两条公路：一是川滇公路；二是川黔公路。川滇公路由昆明→曲靖→宣威→咸宁→毕节→叙永→纳溪→泸州，从泸州乘船上行到达宜宾，由宜宾乘船到李庄。川黔公路是要先经昆明→曲靖，从云南富源县胜境关进入贵州，经晴隆→安顺→贵阳→息烽→遵义→越娄山关→过桐梓县→重庆，由重庆乘船沿长江上行到达宜宾，由宜宾乘船到李庄。这两条公路盘山道九曲十八弯，异常险峻，翻车是常有的事。从1940年秋，一直到年底，各大研究机构的搬迁才算完成。

因为同济大学先到，占据了李庄有利的位置，后来的各研究所只好另谋出路。史语所安置于李庄镇外板栗坳的张家大院；社会学所分住两处，一处在石崖湾，另一处门官田；中央博物院和营造学社在李庄上坝的月亮

① 岱峻：《消失的学术城》，百花文艺出版社2009年版，第12—13页。

② 同上，第14、15页。

③ 《营造学社历史》，清华大学建筑数字图书馆网站2010年1月1日。

④ 岱峻：《消失的学术城》，百花文艺出版社2009年版，第17页。

田。1942 年中央博物院搬到镇上的张家祠堂。①

综上，迁入李庄的中央研究院两个研究所和一个筹备所、中央博物院、中国营造学社，由于三大机构的人员之间交往频繁，甚或是多年老友，机构成员互有兼职。因此除前期因分布在北平和南京两个地方，迁徙路线不同外，中期在向后方集结，到达集中地——长沙后，就从长沙统一向昆明、李庄迁徙了。大部分的中后期迁徙路线都是统一行动、结伴前行，而且办公场地也在一处。加上同济大学的迁入，自然成就了抗战时期小小李庄作为文化中心区的必然结果。

三、文化名人的空间移动分析

傅斯年（1896—1950），山东聊城人。先后就读于北京大学，英国爱丁堡大学、伦敦大学，以及德国柏林大学哲学院。著名历史学家、古典文学研究专家、教育家，民国时期著名的学术领导人。五四运动学生领袖之一、中央研究院历史语言研究所的创办者。傅斯年曾任北京大学代理校长、国立台湾大学校长。

早在青少年时期，傅斯年就有“黄河流域第一才子”之美誉。早年流传一趣事，说俞大维很聪明，原本也搞文史，颇有成就。自结识傅斯年后，便毅然弃文学理，因俞大维认为“搞文史的人中出了傅胖子，我们便永无出头之日了!”胡适先生亦称赞傅斯年是“人间最难得、最稀有的天才”。由此可见傅斯年才气之高。②

1926 年傅斯年回国后到广州中山大学任教授，担任文学院院长。不久就在中山大学创办“语言历史研究所”。1928 年 10 月，傅斯年又在中山大学语言历史研究所的基础上，筹备建立了中央研究院历史语言研究所。一直到 1950 年去世，担任了 23 年的历史语言研究所所长。他以史语作为基础，对中国近代学术研究事业做出了重大贡献。

首先，他聚集一大批著名学者到史语所潜心研究。如：陈寅恪、徐中舒、赵元任、李方桂、罗常培、李济、董作宾、梁思永等。1927—1937 年可谓史语所的鼎盛时期，傅斯年收罗大量青年才俊，其中不少人后来成为

---

① 岱峻：《消失的学术城》，百花文艺出版社 2009 年版，第 22—25 页。

② 《傅斯年》，新华网山东频道 2010 年 10 月 19 日。

大家，如：陈槃、石璋如、丁声树、劳榦、胡厚宣、夏鼐、周一良、高去寻、全汉升、邓广铭、张政烺、傅乐焕、王崇武、董同和、马学良、张琨、逯钦立、周法高、严耕望，等等。这些人大都接受过傅斯年的教导，秉承了他严谨的重材料、重考证的学风。①

其次，傅斯年领导史语所同人对河南安阳小屯殷墟进行科学发掘，从1928年到1937年的十年间，殷墟发掘大小共进行15次。傅斯年数次到小屯视察指导。在中国近代科学考古史上，傅斯年是第一功臣，贡献甚大。②

“七七卢沟桥事变”发生时，傅斯年正在北平。北平市长秦德纯邀请胡适、傅斯年、梅贻琦等到市政府，报告了北平的严峻局势。随后，傅斯年去庐山参加了蒋介石召集的谈话会，7月下旬，傅斯年回到南京。8月17日，在南京召开国防会议，出席会议的有周恩来、蒋百里、胡适、傅斯年、梁漱溟、张伯苓等人。傅斯年与胡适住在南京新住宅区北平路中央文化协会。③

1937年秋后，傅斯年组织中央研究院各所西迁长沙、昆明、重庆。傅斯年则在南京、汉口、重庆等地参加各种会议。1938年秋，傅斯年移家昆明。10月，迁历史语言等研究所至昆明郊外。1938年至1940年秋，主要在昆明主持史语所工作，期间多次赴重庆出席国民参政会等会议。1940年秋，兼任中央研究院总干事。1940冬，组织搬迁历史语言等研究所至四川南溪县李庄镇。1941年春，傅斯年因病在重庆歌乐山中央医院住院治疗。1941年10月，他母亲在重庆去世，这对一向孝顺的傅斯年打击甚大。11月，在重庆出席国民参政会。1941年冬，移家李庄。1942年至1945年间，傅斯年春秋两季常去重庆开会，常年往返于李庄与重庆之间，因此，史语所所务暂由董作宾代理。④

1945年7月1日，在王若飞的陪同下，傅斯年与储辅成、冷遹、黄炎培、章伯钧等代表国民参政会访延安，商谈团结事宜。因傅斯年和毛泽东旧曾相识，故二人单独谈了一夜。谈话中，毛泽东高度赞扬傅斯年“五四”期间在反帝、反封建方面做出的贡献。傅斯年回答说：“我们不过是陈胜、吴广，你们才是项羽、刘邦。”毛泽东当时对此未作正面回答。长

---

①② 何兹全：《傅斯年的史学思想和史学著作》，《历史研究》2000年第4期。

③ 参见马亮宽、李泉著《傅斯年传》，红旗出版社2009年版。

④ 据岱峻《消失的学术城》，百花文艺出版社2009年版，第17—46页。

谈结束时，傅斯年提出想要一幅毛泽东的亲笔手书，毛泽东欣然应许。5日返渝，毛泽东赴机场送行，将亲笔手书托人交给傅斯年，上书："竹帛烟消帝王虚，关河空锁祖龙居，坑灰未尽山东乱，刘项原来不读书。"① 傅斯年在重庆迎来了抗战胜利。1945 年秋，代理北京大学校长。

李济（1896—1979），湖北钟祥郢中人，人类学家、中国考古学之父。早年考入留美预科学校清华学堂，后官费留美，进入克拉克大学，获得社会学硕士学位，又转入美国哈佛大学，获哲学博士学位。1923 年，李济回国任南开大学人类学、社会学教授、文科主任。1925 年，李济受聘清华，任清华学校国学研究院人类学讲师，与梁启超、王国维、赵元任、陈寅恪同执教鞭。

1926 年，李济主持山西夏县西阴村发掘，是率先独立主持现代考古发掘的中国人。1928 年，李济辞去清华教职，受中研院院长蔡元培之聘，出任中研院史语所考古组主任。从此，李济一生与中央研究院，与史语所密不可分。李济一生最大的学术贡献是，从 1928 年至 1937 年主持安阳殷墟 15 次发掘及殷墟发掘资料的研究和出版。正是这些资料的整理和研究，确立了殷商文明是整个东亚地区有文字记载的第一个文明，为中国古代史奠定了科学的基础，并为其向史前的延展、为中华民族文明史的研究奠定了基础。李济是中国近现代考古学发展史上开一代先河的大师，并以"中国考古学之父"而光耀史册。②

1928 年的春天，还是学生的吴金鼎（考古学家）在山东省历城县龙山镇发现了举世闻名的城子崖遗址，即报告老师李济。1930 年 11 月和 1931 年 10 月，在李济的主持下，"史语所"两次对山东章丘龙山镇城子崖遗址进行了发掘。发现了以精美的磨光黑陶为显著特征的文化遗存，这就是著名的"龙山文化"。③

抗战爆发后，史语所考古组主任李济同时兼任中央博物院筹备处主任，将宝贵的博物院大批文物负责安全转运到后方。1938 年秋，李济受教育部英国庚款董事会派遣，到贵州、重庆、乐山、峨眉等地调查故宫和中博院文物搬运及存放情况。无暇顾及家人，老父、妻子及三个子女，只好

① 岱峻：《消失的学术城》，百花文艺出版社 2009 年版，第 41—42 页。

②③ 周红梅：《中国考古学之父——李济生平介绍》，钟祥市政府网站 2012 年 6 月 11 日。

随大部队由长沙、桂林到昆明。在昆明，1940 年 6 月，李济的二女儿病逝。1940 年冬，李济携家人随迁到李庄。在李庄，李济大女儿身染伤寒，因缺医少药，不治身亡。他一度心灰意冷，想辞去史语所和中博院的职务，幸得傅斯年竭力抚慰，遂逐渐平复丧子之痛。

1941 年春，经李济倡导，由史语所、中央博物院筹备处（南京博物馆前身）、中国营造学社三家机构联合组成川康古迹考察团，考察团以吴金鼎为团长，重点开展了彭山汉代崖墓的发掘和成都永陵的清理发掘工作，取得重大成果。1943 年下半年，中博院又在成都、重庆等地举行了“远古石器展”。李济还为展览专门写了《远古石器浅说》,[①] 以方便观众理解展览内容。

除了傅斯年、李济外，梁思成、林徽因基本是全程随同三大机构迁徙。同期迁徙到李庄的人员还有：陶孟和、梁思永、董作宾、李方桂、吴金鼎、吴定良、马长寿、李霖灿、夏鼐、向达、王世镶、刘敦桢、莫宗江、董同龢、马学良、李光涛、劳干、石璋如、曲万里、周法高、周均时、罗尔纲、芮逸夫、曾昭燏等，他们或者是当时的学界名流，或者后来都成长为各领域的学界名家。

第十节　西康文化区形成的空间移动分析

西康从 1939 年建省到 1955 年撤销省级行政区划，仅仅存续了 16 个年头，是四川乃至中国近现代上一个特殊的存在。

西康建省之议发端于清朝末期。至 1935 年 7 月 22 日，西康建省委员会成立，前后历经 20 多年的时间。“西康东界川省，南接缅、滇，北连青海，西邻藏、卫，当国防之重镇，位西陲之中心。……溯自逊清末叶，因应国情倡议建省，迁延岁月，竟以无功。民国成立以还，复值政象靡宁，迄未实现。迨我国民政府重奠邦基，统一五族，民十七经中政会议始复决定为省单位之一，迄今七年间恒以事会多虞，未遑建置。迩来国难日深，开发西北既为国家重要政策，参与政治复为康民新兴要求，建省实行，不

① 参见岱峻《消失的学术城》，百花文艺出版社 2009 年版，第 165—166 页。

容再缓。”[1]

西康地区历来为西部边陲之国防重地。“九一八事变”以来，强敌入侵，国难日深，要想经营四川这个重要的后方战略基地，必须有稳固的西部边陲。抗战全面爆发后，国民政府迁都重庆，四川为后方，而康区与之唇齿相依，建省固边迫在眉睫，因之西康的建设与开发被中央和地方提到了相当重要的位置。但由于西康主要是康巴藏区，又紧邻卫藏，政治、军事、经济、疆域、民俗等各方面困难重重，使得西康建省千头万绪、颇耗时日，从 1928 年民国中央政治会议通过建省决议，到 1939 年 1 月 1 日正式成立，前后耗时长达 11 年之久。

西康省行政区划包括康、宁、雅属三大区域合计 33 县、3 设治局。宁属（今西昌市）、雅属（今雅安市）即原四川省第 17、18 行政督察区所辖除名山县外共计 14 县、2 设治局划入西康省。[2]

西康地区以藏传佛教文化为主，康区全民信教，喇嘛寺庙就是主要的文化中心。起初外来文化主要由西方探险家引入，后来西方传教士、医生、护士、教师、社会学工作者等也随其后趋入。20 世纪 30 年代，在四川军阀混战中，兵败退守雅安的刘文辉，带来了西康地区最直接的格局变迁。至 1935 年西康建省进入实质运作阶段，各类考察人员陆续进入西康。抗战全面爆发以至 1939 年元旦正式建省，西迁人员更多进入康区，外来文化大量涌入。较为典型的有国民政府军事委员会委员长西昌行辕、国立西康技艺专科学校、西康省农业改进所、华西边疆研究所、川康建设视察团，以及其他个人、团体考察团等。

与四川其他区域的文化迁徙不同，西康文化区的空间移动情形较为复杂，时间跨度也较长。以下分为四类来描述：

1. 内地政府官员进入西康主持军政事务或取道西康进入西藏；

2. 机构或个人进入西康的各种考察活动；

3. 西康地区本地青年前往内地求学，学成后返回康区服务；以及本地僧人往来内地与康区之间的活动；

4. 内地进入康区修学藏密，并将藏传佛教带入内地的僧众。

---

① 四川省档案馆编：《抗战时期的四川——档案史料汇编》，重庆出版社 2014 年版，第 5 页。

② 同上，第 39 页。

一、西康本地精英的空间移动分析

1930 年代以前，中国内地军阀混战，无暇顾及西部边疆，导致新疆、西藏成分割之势，西康、青海几乎成为无主之地。那时候，英国人插手西藏事务，藏军占据西康金沙江以西全部地区，并多次越过金沙江侵占西康。此后刘文辉从四川退守西康，打退藏军，局势才得以稳定下来。

1931 年，南京国民政府为了发展边疆教育，建设国防，大力号召边疆青年到内地求学。为此，国民政府中央政治学校专门附设了蒙藏班，招收边疆青年。蒙藏班共办了两期，每期学习三年。之后蒙藏班由教育部接办并多次改名。抗战全面爆发前，西康地区先后有五批青年分别于 1926 年、1930 年、1931 年、1932 年及 1933 年前往内地求学。据不完全统计，大约有 150 人前往雅安、成都、南京、北平等地求学。这些康区旅外人士中，既有王天化（格桑泽仁），刘家驹（格桑群觉），杨仲华等藏族青年和明正土司的后人甲联芳和甲联升，也有废土司，如原泸定沈边土司余锡禄等。这些旅外青年的来源、身份、个人经历和家庭背景各不相同，大体可分为以格桑泽仁和刘家驹为代表的康南巴安（今巴塘）和以杨仲华、马裕恒为代表的康东两大区域类型。[①] 这些青年毕业后，大多回到康区，为西康的开发与建设做出了贡献。

刘家驹（1900—1977），藏名格桑群觉。格桑泽仁（1905—1946），汉名王天华。两人都生于康区巴安县。同在巴安县本地学校上小学和初中，有同窗之谊。

格桑泽仁（1905—1946）。1920 年，格桑泽仁到云南昆明学习，1926 年在四川雅安考入刘成勋创办的西康陆军军官学校。留居雅安时结识了九世班禅额尔德尼的侍从贡登扎西。之后格桑泽仁来到南京。贡登扎西通过九世班禅额尔德尼将格桑泽仁推荐到蒙藏委员会任藏文翻译。不久，经考试院院长戴季陶推荐，格桑泽仁于 1928 年夏被任命为蒙藏委员会委员兼藏事处处长，并兼任蒙藏委员会所办的《蒙藏周报》社副社长。其间，格桑泽仁组织了“藏族青年励进会社”，自任会长，鼓励西康青年到南京等地

① 郭建勋、朱茂青：《抗战时期康东旅外青年笔下的“康区”》，《西南民族大学学报》2014 年第 3 期。

学习。①

1932年蒋介石亲自接见格桑泽仁，国民党中央党部任命格桑泽仁为党务特派员，回康区从事党务工作，以加强中央对康区的领导。1932年初，格桑泽仁率领巴安籍的学员从南京经云南返回家乡巴安县。途经昆明时，受到云南省政府主席龙云和党政官员欢迎，龙云还授予格桑泽仁“滇边宣慰使”职衔，并调派一个营的兵力及武器装备。② 格桑泽仁抵达巴安时，受到家乡人民热烈欢迎。刘文辉对格桑泽仁代表中央的到来甚为忌惮，24军所属巴安驻军处处刁难，甚至枪杀了中央所派党部干事戴良晞。自恃获得中央、龙云及西康地方势力支持的格桑泽仁提出“康人治康”，并宣布五条政纲：①实行地方自治；②主张民族平等；③废除乌拉制度；③ ④改进耕作技术；⑤发展文教事业。④

格桑泽仁乘着藏军占领甘孜、瞻化，刘文辉与刘湘联军混战、腹背受敌之际，强缴巴安县刘文辉驻军第42团的武器，成立了“西康边防司令部”，建立了西康民族自卫军，格桑泽仁任司令，并任命巴安、得荣等县县长。格桑泽仁还命令盐井县的贡嘎喇嘛上缴第42团驻盐井部的武器，被贡嘎喇嘛拒绝。格桑泽仁遂率军征讨贡嘎喇嘛，贡噶喇嘛投靠西藏噶厦政府，并带领藏军一同进攻巴安，包围了巴安县城。格桑泽仁指挥巴安县军民坚决抵抗，使藏军未能攻破巴安县。此即历史上的“巴安事变”。格桑泽仁和藏军战斗之时，刘文辉调第24军马成龙团到巴安县进行弹压。马成龙团到达巴安县后，首先击退了藏军。然后迫使巴安军民上缴武器，并捕杀了格桑泽仁手下几位干将。格桑泽仁在此之前便潜往农村，躲过一劫，此后经云南返回南京。至此，“巴安事变”以格桑泽仁失败，藏军溃退回金沙江以西，刘文辉继续统治巴安县而告终。⑤

1932年10月，回到南京的格桑泽仁仍任蒙藏委员会委员兼《蒙藏周报》社副社长等职务。他募资购置巨幅释迦牟尼像，赠给巴安县丁宁寺

① 四川省地方志编纂委员会：《四川省志·人物志》，四川人民出版社2001年版，第181—182页。

② 同上，第182页。

③ 指从元朝开始，历代中央政府在西藏建立的驿站制度。政府人员往来藏区的交通运输，所需劳力、马匹、口粮全部由驿站所辖范围内的百姓无偿提供。它给藏区人民带来了沉重的负担。

④⑤ 协饶益西：《近代康区著名政治活动家——格桑泽仁》，《康定民族师范高等专科学校学报》2005年第6期。

（后称康宁寺）。1934 年夏，他奉蒙藏委员会及参谋本部委派，到甘肃、宁夏、青海三省蒙藏区域视察。①

抗日战争爆发后，格桑泽仁被任命为国民政府局势委员会中将参议。1938 年，他从南京来到重庆，与康区人士青攘呼图克图、政府官员刘曼卿等人发起成立“康藏民众抗敌赴难宣传团”“西康民众慰劳前线将士代表团”，到各战区宣传、慰劳前线将士。1939 年，格桑泽仁同巴安籍人士成立“东隆会”（得名于巴安县城东的东隆山）并担任会长，以团结西康的青年，促进西康地区的建设。同时，格桑泽仁在重庆与刘文辉达成了“国难当头，应团结对敌”的共识，消除了双方隔阂。

1941 年，格桑泽仁携妻自重庆经云南回巴安县，受到各界欢迎。1942 年，格桑泽仁在龙王潭建成“抗战建国纪念馆”——这是藏族地区第一座也是唯一一座抗日战争纪念建筑。不久，康藏贸易公司在康定成立，格桑泽仁任董事长兼总经理。1943 年，格桑泽仁从巴安来到康定，他与西康省高层频繁往来，并多次发表促进民族团结的演讲。1944 年，国民政府以格桑泽仁“功勋卓著”，特授予他一枚金质勋章。1945 年，他任国民参政会参政员和中国国民党第六届中央监察委员。1946 年，格桑泽仁病逝，终年 42 岁。国民政府在重庆召开隆重追悼大会，蒋介石手书“勤贤足示”白色绸布挽联。②

刘家驹（1900—1977）于 1920 年至 1923 年担任巴安县华西学校校长，任西康巴安国民协进会副会长和巴安县教育科长等职。先后开办巴安平民益智书报社及平民儿童俱乐部，大力发展家乡平民教育事业。③

1929 年，刘家驹应格桑泽仁之邀赴南京，入国民政府蒙藏委员会工作，兼任《蒙藏月报》报社藏文股主任。参与格桑泽仁创办的《西康青年》杂志社，担任南京蒙藏学校藏文教师、西藏班禅驻京办事处教务科科长及藏文秘书。1931 年，刘家驹加入国民党，成为中国国民党的早期藏族党员之一，还担任蒙藏委员会藏事处第三科科长，兼中央党校藏文教师。在出席国民政府在洛阳召开的国难会议期间，将自撰的《康藏的过去和现在》一书送给与会人士，呼吁重视康藏工作。1932 年，刘家驹任蒙藏委员

---

①② 协饶益西：《近代康区著名政治活动家——格桑泽仁》，《康定民族师范高等专科学校学报》2005 年第 6 期。

③ 政协甘孜州巴塘县委编：《巴塘县文史资料（第二辑·刘家驹专辑）》，2005 年。

会委员及九世班禅参议兼随行秘书，并同村晓堪布翻译了藏文典籍《时轮金刚》。①

1932 年 7 月，随九世班禅赴内蒙古乌兰察布盟百灵庙举行第五次时轮金刚法会。1932 年 10 月，应段祺瑞邀请，随班禅在北平国立故宫博物院太和殿举行第六次时轮金刚法会。1933 年随班禅前往内蒙古，劝说王爷德穆楚克栋鲁普停止自治。1933 年 1 月，应戴季陶、居正等人邀请，随班禅在南京宝华护国圣化隆昌寺为 500 多名出家、在家弟子灌顶。1933 年 4 月，随班禅在浙江杭州西湖灵隐寺举办第七次时轮金刚法会。1933 年，担任九世班禅的“西陲宣化使”公署秘书。1934 年，担任西康建省委员会委员。1934 年 6 月，应上海市市长吴铁城之邀，随班禅赴上海参加三十万人欢迎大会。1935 年 1 月，刘家驹随班禅到内蒙古阿拉善旗定远营，宣布西陲宣化使公署成立。1935 年 3 月，随班禅在青海塔尔寺举行第八次时轮金刚法会。1936 年 5 月，随班禅在甘肃拉卜楞寺举行第九次时轮金刚法会。1932 年至 1937 年间，九世班禅参加的所有政治会议，以及同蒋介石、戴季陶、陈诚、张群、程潜等人会面时，均由刘家驹担任翻译。1936 年，刘家驹先后被任命为驻玉树、青康藏三边办事处副处长。②

1937 年，刘家驹随九世班禅开始西行前往后藏。但英国人和西藏噶厦拒绝九世班禅入藏。“七七事变”后，国民政府无暇他顾，遂令班禅暂驻康定而不入藏。九世班禅积郁成疾，于 1937 年 12 月 1 日在青海玉树圆寂。当时，班禅私人的珠宝、翠玉、金银元宝便有六千驮，此外还有张学良、刘湘及国民政府赠送，以及从意大利自购的手枪、步枪一万多支。而班禅卫队仅有不足一个营的兵力。班禅堪布会议厅经研究决定，为防止青海马步青劫夺班禅遗产，将九世班禅灵柩迁至西康甘孜县暂时停放。并派刘家驹代表班禅行辕赴重庆汇报情况，请示国民政府办理善后事宜。国民政府决定委派考试院长戴季陶前往西康处理善后事宜。刘家驹被戴季陶任命为简任机要秘书兼翻译随同，自重庆出发前往西康。由于前方战事吃紧，国

---

① 甘孜州志编纂委员会编:《甘孜州志》，四川人民出版社 1998 年版，第 2095 页。

② 参见《巴塘县文史资料（第二辑・刘家驹专辑)》2005 年版；甘孜州志编纂委员会编《甘孜州志》，四川人民出版社 1998 年版；巴塘县地方志编纂委员会编《巴塘县志》，四川民族出版社 1993 年版。

民政府决定班禅灵柩暂存西康甘孜县，不宜急于送往西藏。[①]

刘文辉见班禅行辕长驻甘孜县，又有一个营的卫队兵力，还有大量武器，与康北民众有着共同的宗教信仰，恐班禅方面同康北方面结合成一股强大的反对力量，动摇自己对西康的统治。恰逢此时，班禅行辕卫队长益西多吉（孔撒益西）与孔撒土司德钦旺母相恋。刘文辉遂认为班禅方面欲勾结康北方面地方实力派，长期盘踞康北。遂决定进行武装干预，以致引发了班禅行辕同刘文辉二十四军的武装冲突，即著名的“甘孜事件”。刘文辉手下的甘孜驻军团袭击班禅行辕时，班禅行辕卫队毫无防备，匆忙中撤离，故班禅行辕的财物和枪支遭遇严重损失。半年之后，班禅行辕率部联合康北的各土司头人，武力夺回甘孜，并攻下炉霍、道孚两座城市，势将夺取康定。刘家驹提出了“康人治康”的口号。刘文辉随即电告蒋介石，请其阻止班禅行辕继续前行。班禅行辕接国民政府电报后，随即停止行动。不久，中央派要员抵达康定，顺利平息了“甘孜事件”。1939 年 12 月 29 日，刘家驹同班禅随行将班禅灵柩迁回青海玉树。[②]

1940 年，刘家驹奉行政院电令，回重庆述职，并改任蒙藏委员会顾问。1941 年，刘家驹被任命为国民政府军事委员会少将参议，被安排住在重庆北碚暇光楼，编撰《班禅大师集》。1941 年 11 月，刘家驹返回巴安县。1942 年，刘家驹接军事委员会电令返回重庆，在行至巴安附近的盐井县至云南叶枝地区时，借口母亲病重而推掉了职务，留在云南，被第十一集团军总司令宋希濂任命为高级参议。1943 年，刘家驹在云南叶枝兴办滇康工业社。1944 年，巴安驻军 816 团团长傅德全在刘家驹和刘文辉之间进行调解，刘文辉遂重新任命刘家驹为西康省政府顾问，留驻康定。[③]抗战胜利后刘家驹回到巴安县，并往来于南京、成都、巴安县各地之间，成功化解了民族矛盾，为维护西康社会稳定做了大量有益的工作。

格桑泽仁和刘家驹是西康青年才俊的典范，他们先在本地接受小学、初中的基础教育，然后进入内地接受高等教育。然后从康区→成都→到南京，进入中央权力阶层，同时鼓励、引荐更多康区有为青年进入内地学习。然后从南京→昆明（成都）→康定→巴安县，带领家乡有志青年回到

①②③ 参见《巴塘县文史资料（第二辑·刘家驹专辑）》2005 年版；甘孜州志编纂委员会编《甘孜州志》，四川人民出版社 1998 年版；巴塘县地方志编纂委员会编《巴塘县志》，四川民族出版社 1993 年版。

康区，服务家乡，建设家乡。这些争取本民族权利的斗争不可避免地与地方统治阶层发生了激烈的矛盾冲突。

综上，格桑泽仁和刘家驹作为西康重要的文化人物，直接参与了西康众多重大历史文化事件，如“巴安事件”“甘孜事件”都与他们息息相关。他们承载了将内地近代文明带入康区，发展现代民众教育，加快西康社会融入中国近现代化的进程，加强维护西康社会的团结稳定，使西康成为维护国家大后方、支持抗战的重要基地。同时他们也将西康的藏传佛教文化、民族文化引入内地，加深了内地民众对康区社会和民族文化的认识、了解及尊重。

二、地方军阀、政府官员流动对西康文化区的影响

刘文辉（1895—1976）等四川军阀及中央派驻康区的官员主持西康军政事务，促成西康建省，是西康文化区形成的核心力量。

1927 年，四川省主席兼 24 军军长刘文辉所部占领西康，将西康正式纳入其势力范围。1928 年国民政府通过了建立西康省的决议，但当时刘文辉重点放在对四川的地盘争夺上，并不重视偏远贫瘠的西康。1932 年国民政府令刘文辉和青海马步芳收复被西藏分裂势力占领的康区领土。刘文辉所部击败藏军，收复了邓柯、德格、白玉、石渠 4 县。马步芳夺取青科寺，迫使藏军退至金沙江以西，双方隔岸对峙。迫使藏军签订了“岗拖协议”，双方以金沙江为界，使康区领土得以稳定。[①] 1933 年川军“二刘大战”（刘文辉与刘湘联军的战争），刘文辉败退雅安，从此专心致力于西康省的筹建和治理。1934 年至 1949 年，刘文辉进行了长达 15 年的西康统治和治理工作。前期，刘文辉将“省府”设在雅安。随着建省工作的推进，宁属西昌地区和雅属雅安地区划归西康省，刘文辉将省政府定在康定。从 1939 年 1 月 1 日西康正式建省，刘文辉被任命为西康省主席，到 1949 年底宣布起义为止，刘文辉是西康建省 16 年中任期最长的省主席，是当之无愧的“西康王”。

刘文辉治理西康期间，招抚原来的半独立县，包括金沙江以西的盐井县，建立县政权，逐步完善政治治理，而且加强边关军事实力，终民国之

① 甘孜州志编纂委员会编：《刘文辉》，《甘孜州志》，四川人民出版社 1998 年版，第 2125 页。

时，藏军未敢再越界。同时刘文辉在西康锐意经营，如整顿吏治，开矿山，办农场，兴学校，团结僧俗大众，对藏传佛教维护备至，个人虔诚信佛，开会办公，手不离念珠，家中设有小经堂，早晚念诵佛经。同时与中国共产党暗中一直有联系。[①] 藏军退守金沙江以西后，西康局势趋于稳定，抗战时期成为盟国援华军事物资的重要通道，以弥补驼峰运输之不足。西康长达15年的苦心经营，不仅稳固了抗战大后方，亦为解放军1950年进军西藏打下了坚实的基础。

借助于稳固的西康省，中央政府不断派专员借道西康前往藏卫联络，以避免西藏受英人控制而遭分裂。他们于往来途中对西康社会都有详尽的考察和记录。

刘曼卿（1906—1941），藏文名雍金，戴季陶为其拟名德美西，西藏拉萨人。1928年，十三世达赖喇嘛派五台山堪布罗桑巴桑作为代表赴南京，会见南京国民政府官员，并面见蒋介石。刘曼卿应罗桑巴桑之邀出任翻译。在南京之行中，刘曼卿的语言能力颇受蒋介石赞赏，遂被任命为国民政府行政院文官处一等书记。1929年6月，刘曼卿申请自愿到康藏调查当地现状，获国民政府批准，令其以文官处书记官名义赴西藏拉萨与十三世达赖喇嘛、龙厦·多吉次吉等人进行接触，并派藏族人孔党将村、叶履观随她一同前往。1930年2月到达拉萨，获得了十三世达赖喇嘛两次会见。同年，他们由印度经海路回到南京。1931年，刘曼卿获得国民政府颁发的褒奖。1932年，她第二次考察康藏。1933年11月，她所著的《康藏轺征》出版。此后，她还参与创建了中国边疆学会。抗战爆发后，她和康藏爱国人士发表支持中国人民抗日的宣言，并对西康民众宣传抗日。[②]

唐柯三（1882—1950），山东邹城人，回族。毕业于京师大学堂。1938年与王曾善、时子周、王静斋等创办“中国回教救国协会”，当选为驻会副理事长。组织领导中国回民抗日救国运动，宣传抗日救国。

1930年出任南京政府蒙藏委员会委员、直隶国民政府蒙藏委员会总务处长，兼参谋本部边务处专门委员。1931年，因为西康甘孜县大金寺与白利寺之间的私斗，当地主官处理失当，遂演成了康藏之争，情势严峻。他

① 甘孜州志编纂委员会编：《刘文辉》，《甘孜州志》，四川人民出版社1998年版，第2126页。

② 《刘曼卿23岁毛遂自荐成近代首位藏地“女钦差”》，新华网·重庆频道2014年4月9日。

奉命为赴康调查专员。由南京过武汉、成都而入西康。当时康藏两军正激烈交战，他到达炉霍县，遂调停开战双方。唐柯三根据甘孜县知事朱宪文的介绍，以及他对当时情形的调查了解，撰写成《赴康日记》，详述处理大白事件的经过情形，另有西康当地的地理、民俗、教育等记载。[①]

在整个调处纠纷的过程中，唐柯三认清了西藏政府借大白事件图谋解决康藏划界问题，他要求藏军先退出甘孜和瞻化等地。在面对藏军拒不后撤的强硬态度时，毅然与刘文辉致电中央，主张由刘文辉用武力解决康藏纠纷。应该说，唐柯三此行为维护民族团结和祖国领土完整做出了较大的贡献。

马鹤天（1877—1962），山西芮城人，毕业于日本早稻田大学。归国后，主要在西北等地担任要职。1935 年，奉命担任国民政府蒙藏委员会驻藏大员，并任九世班禅回藏专使行署参赞。马鹤天由南京经西安至兰州，经过了西宁、结古（玉树），但在接近西藏边境时，班禅却因病圆寂，入藏被迫中止。于是只好护送灵柩到康北边区的甘孜县，停留数月。为迎接戴季陶，马鹤天来到康定。到康定后，他对倮倮族（今彝族）的生活颇感兴趣并做了考察，之后又随戴季陶重返甘孜，处理完事务后就经康定到成都，转往重庆。从 1935 年到 1938 年，马鹤天由陕甘到青康川，由西北到西南，马鹤天对三年的康藏之行做了真实的记录，不仅记录了此次西行的缘起和行程，而且对途中所经历的第九世班禅额尔德尼在拉卜楞寺举行金刚法会的盛况，以及沿途的民风民俗都做了大量的写实性描述，写有《康藏行》一书。[②]

刘文辉代表的地方政府与中央政府频繁派出的官员，对于动荡的西康政局，以及鞭长莫及的卫藏地区，不断采取武力与怀柔政策。尽力维护西康省政局的稳定，妥善处理民族矛盾，基本维持了西康政局的稳定。而稳定的西康政局，不仅有助于维护四川等大后方的稳固，而且有助于中央政府频频示威于卫藏地区，保持西藏不致脱离中央政府的管辖，不落入西方势力手中。这对于整个抗战大局有着重要的稳定和促进作用，维护了国家主权和领土完整。

---

① 张现涛：《近代回族社会精英——唐柯三》，2011 年 11 月 24 日。

② 参见李锦萍《马鹤天：康藏三年行》，《中国民族报》2013 年 11 月 8 日。

三、机构及个人考察对西康文化区的影响

研究机构以及个人对康区的探险和考察，早期主要是西方人的活动较为频繁。大约在20世纪20年代以后，国人才渐至康区进行科学考察。民国时期的“边疆”是个高频率词汇，从政府要员到学界泰斗再到地方民众，都在轰轰烈烈的现代民族国家的建设中视边疆为国之屏障。30年代以后，国人的科考逐渐增多，及至抗战时期，大批文化机构、文化人迁川，于是许多机构和个人进入西康，加之西康建省，掀起了康藏考察和民族学研究的高潮。任乃强便是较早对康区进行全面考察和系统研究的学者之一。

1. 任乃强（1894—1989），四川南充县双桂乡人，毕业于北平农业专门学校，著名藏学家、民族史学家、历史地理学家

1927年任乃强被刘文辉委任为川康边区视察员，负责西康建省前期调研。自1929年5月到1930年4月，他在西康地区进行了为期一年的考察，先后考察了泸定、康定、丹巴、道孚、炉霍、甘孜、瞻化（新龙）、理化（理塘）、巴塘、雅江10县，风餐露宿，行程千里。在考察过程中，途径瞻化县（今新龙县）时，与上瞻对甲日土司之外甥女罗哲情措结婚，[①] 从此与康区结下不解之缘。“所至各县，皆周历城乡，穷其究竟。无论政治、军事、经济、宗教、民俗、山川风物，以至委巷琐屑鄙俚之事，皆记录之；益以自所观察造化之所现示者。”[②]

在这次考察中，任乃强有三项突出的贡献：一是通过实地踏勘，运用圆锥投影法测绘了各县的地图14幅，使这些地区第一次有了较详尽和准确的现代地图，各县有了明确的行政区划、标识及较准确的地形图，为西康建省设县区划提供了可靠依据。二是这次考察中，他详细调查和分析了各县的自然环境、地质、土壤、气候、物产、农牧业、商贸、交通、财政、教育和人口、民族、社会、土司、吏治、城镇、宗教等情况，评估了各县的发展潜力，表明交通问题是西康开发的关键；改良传统生产方式，引进和推广优良品种是西康农牧业发展的途径。除了将“视察报告”详陈当局

① 甘孜州志编纂委员会编：《甘孜州志》，四川人民出版社1997年版，第2130—2131页。

② 任新建：《任乃强先生对西康建省的贡献》，《西南民族大学学报》2010年第10期。

外，还在《边政》杂志上公开发表，引起各界关注。三是他根据调查研究提出了《改善雅龙江渡船计划书》《道、炉行船计划书》《开办康、泸、丹三县茶务计划书》四项建设计划，并对西康邮政、电信、公路，甚至铁路建设的可行性进行了全面论证。①

这次考察后，任乃强相继撰成一部重要的《西康图经》，被当世誉为"开康藏研究之先河"，素无交往的国民政府考试院长戴传贤，亲笔为书作序，誉为"边地最良之新志"。②

1935 年 7 月，西康建省委员会在雅安正式成立。委员长为刘文辉，委员诺那、张静、刘家驹等 6 人。不久张静委员病故，刘文辉遂推荐任乃强候补为建省委员。随后任乃强从四川江安县经成都到雅安正式就职，第二次到西康。任乃强从历史沿革、地理、经济、文化、交通等方面，以有力论据，为宁、雅两属地区划入西康省提供依据，充分论证西康已具备必要的建省条件。③ 经刘文辉多次上报中央政府，促成了西康建省行政区划和建设纲略的形成。

1939 年西康省建立后，他退出政坛，担任西康通志馆筹备主任，专心致力于西康文化事业。他先后对汉源、泸定、天全、芦山、宝兴等地进行了详细的考察研究，发掘了王晖石棺等汉代文物，记录下了许多珍贵的地方风物资料。此后他不仅撰修了第一部《西康省通志》，还发表了西康历史、社会学、地理、医药等领域一系列研究论文，引起国内外学术界的广泛重视。期间任乃强将藏族史诗《格萨尔王传》介绍到国内外。他以自己步测手绘所得，绘成当时最精确、最具权威性的万分之一康藏标准全图和西康各县分图，后来成为中国人民解放军进军西藏的用图蓝本，为和平解放西藏做出了贡献。1942 年任乃强告别西康，到成都华西大学担任社会学教授。1944 年，任乃强与李安宅率华西大学考察团重返西康做短暂考察。④此后，再未涉足西康，但他一生有着甚深的康巴情结。

20 世纪 30 年代，各类政府机关、学校、团体等组织考察团赴西康等

---

① 任新建：《任乃强先生对西康建省的贡献》，《西南民族大学学报》2010 年第 10 期。

② 岱峻：《风过华西坝——战时教会五大学纪》，江苏文艺出版社 2013 年版，第 265 页。

③ 任新建：《任乃强先生对西康建省的贡献》，《西南民族大学学报》2010 年第 10 期；甘孜州志编纂委员会编《甘孜州志》，四川人民出版社 1997 年版，第 2130—2131 页。

④ 甘孜州志编纂委员会编：《甘孜州志》，四川人民出版社 1997 年版，第 2130—2131 页。

边疆地区考察，其中也有个人前往。政府、学校等考察团，先后有西康省政府资助的西康社会考察团，马长寿民族考察团，华西五大学组织的凉山抗战劝导团，中央政府组织的川康建设视察团（李璜为团长，黄炎培为副团长），四川省政府组织的“边区施教团”，中英庚款川康科学考察团（摄影家孙明经拍摄了大量珍贵的影像资料），中央研究院历史语言研究所与中央博物院联合组成川康古迹考察团，国立西南联大组织川康科学考察团，中央行政院派遣的康昌旅行团及康青考察团，教育部组织的大学生暑期边疆服务团，（成都）燕京大学边区考察团，任乃强、李安宅率领的华西大学社会学系考察团，沪记者组织的川康考察团，申报记者考察团，中华边疆考察团等几十个团体先后进入西康考察与服务。在1930—1945年，兴起了一股边政学、民族学的研究高潮。

2. **摄影家庄学本①、孙明经纪实考察的空间移动分析**

1934到1941年的7年间，庄学本先后进入青海、甘肃、四川、西康等地进行考察，拍摄大量珍贵的照片，举办了多次展览。使国内学者和民众了解藏区人民的生活，饱览了藏区美丽的风光。庄学本主要从康藏地区的北面进入康区，而孙明经主要是经雅安，从南面进入康区。两人于1939年11月在义敦县相遇，孙明经拍下了这富有历史意义的照片。②

首先，庄学本1934至1935年，第一次进入藏区。他从青海进入果洛藏区，及西康北部地区。在长达九个月的旅途中，从青海→阿坝→马尔康→理县→茂县→松潘，考察了5个县的藏民聚居地区，拍摄了大量人物肖像照片和民族风情图片。1935年，庄学本回到南京。1935—1937年，庄学本作为班禅回藏专使行署的摄影师第二次进入藏区。从南京→西安→兰州→西宁→果洛→玉树。利用旅途间歇考察了蒙、藏、土、撒拉等少数民族。③ 上海“八一三事变”爆发后，庄学本便匆匆由西康通天河水桥南下，经炉霍→道孚→泰宁→康定，意图回到上海参加抗战。在康定得知上海已经沦陷，只好留在康定。1938年庄学本受聘任西康建省委员会参议，次年改任西康省政府顾问，从事民族考察。

---

① 1909—1984，上海浦东人，中国影像人类学的先驱，纪实摄影大师。

② 孙明经摄影，孙建三撰述：《定格西康——科考摄影家镜头里的抗战后方》，广西师范大学出版社2010年版，第2页的照片。

③ 李媚、阮义忠主编：《中国摄影家丛书——庄学本》，中国工人出版社2006年版。

1938 年到丹巴县，考察大金川流域的嘉绒藏族和越西田坝的彝族。1939 年初在冕宁、西昌，进入时称“彝族奴隶社会中心”的昭觉城。又经盐源县进入极富神秘色彩的“喇嘛王国木里”。南行到素有“女儿国”之称的永宁泸沽湖。返程经九龙回康定，然后西行经理塘草原，到有“关外苏杭”之称的巴塘拍摄藏戏，又顺金沙江南行到得荣，再从白松折返，经义敦到巴塘。1940 年从巴塘冒着春雪回康定。① 1941 年他回到内地。

孙明经也是两次进入西康，分别是 1939 年和 1944 年。途径天全→荥经→汉源→兴隆镇→冷碛→泸定→咱里，到达康定；从康定→俄日→丹巴→八美→可卡→道孚→甘孜→德格→白玉→巴安→义敦→雅江→康定，经雅安返回成都。历经 13 个县，走过了雅属、康属几乎一半的县区。

庄学本是从北到南，从青海、四川进入西康，并横穿整个西康进入川滇交接地的泸沽湖。而孙明经则是从南往北进入西康腹地。两人几乎跑遍了整个西康省，拍摄了大量具有史料价值的影像资料，留下了珍贵的第一手资料。

3. 柯象峰②、徐益棠③的考察活动

1938 年夏天，在西康省政府的资助下，金陵大学社会学教授柯象峰和徐益棠率领考察团前往西康考察。考察团从成都乘汽车经双流、新津、名山等地到达雅安，换乘滑竿经汉源、泸定，由泸定桥跨过大渡河，再到瓦司沟，最后到达西康首府康定。在康定雇了工人、翻译及必备的交通工具，组成了一个完整的考察团，计划由康定跨越折多山出关，前往甘孜、炉霍、道孚、泰宁、康定、泸定、汉源等地，考察人口、风俗、宗教、教育、经济等多个项目。由于得到西康省的协助，考察团获得很多便利。沿途各县派员（翻译、护兵）保护考察团，并负责安全接送。考察团带有西康建省委公文，每到一地，先提出调查内容，由县长派人协助，或直接咨询县政府，或到农牧区做实地访问，记录了农耕收获、畜牧、交通、宗教活动、沿途风光、手工业、淘金、文化娱乐、学校等情况，考察对象有农牧民、土司、头人和喇嘛等，共收集文物标本 52 件，拍摄照片 283 张。根据调查情况，考察团为西康建省委员会提供了书面报告材料，建议西康大

---

① 李媚、阮义忠主编：《中国摄影家丛书——庄学本》，中国工人出版社 2006 年版。

② 1900—1983，安徽贵池人，法国里昂大学社会学博士，社会学家。

③ 1896—1953，浙江崇德县人，法国巴黎大学博士，当代民族学家。

力普及文化教育、提高藏民文化水平，积极发展藏区交通，运用丰富的自然资源振兴民族工业。[①]

1940年夏，四川省政府组织了边区施教团，由柯象峰和徐益棠分任正副团长，率20余人赴雷波、马边、屏山、峨边等县进行社会调查。此次调查成果编成《雷马屏峨纪略》一书，由四川省政府教育厅出版。考察结束后，徐益棠又考察了雷波小凉山地区，收集了数百件民族学文物。[②]

四、佛教僧团的空间移动分析

近代以来，内地入康藏修学密法者大多与民国时期的“留藏学法团”有关，“留藏学法团”的创始人大勇法师以及学法团成员对近代汉地密宗的复兴和传播做出了重大贡献。

1. 大勇法师（1893—1929），四川巴县人，俗名李锦章，曾任川军第八师军法处长。1919年随中国佛教宗师太虚法师剃发出家。学习中，他发现中国密宗几乎失传，而日本自唐代密宗传入以后，代代相传，至今仍兴盛，遂决定远赴日本留学。1922—1923年，入日本高野山密宗大学，专修密教。一年之后，又从金山穆昭阿阇黎学习金刚、胎藏二部曼荼罗大法，受传法大灌顶，得大阿阇黎学位，名为“东密”。但他认为“东密”还欠完备，于是想赴西藏继续学修。1924年他组织北京佛教藏文学院的学生，前往藏区修学佛法，他提议将“藏文学院”改为“留藏学法团”，并被推举为团长。[③]

1925年，大勇法师率领“留藏学法团”从北京启程，沿平汉铁路南下，抵达汉口，再由汉口乘船到达重庆，由重庆前往峨眉山，在此让僧众学习藏语，做好入藏的准备。成都当地军政界和民众得知大勇法师驻锡峨眉上金顶的消息，欢喜踊跃，连函恳请法师莅蓉讲经传法。大勇法师欣然应允。将“留藏学法团”的大部分成员安置在乐山乌尤寺学习藏语，自带6名弟子前往成都。法师先后在大慈寺、文殊院、宝光寺等设坛传法，并在少城说法堂、学校等处为居士大众广讲佛理，扩大了佛教的受众面。[④]

①② 徐畅：《中国民族学研究的先行者——回忆先父徐益棠的治学之路》，《中国民族报》2010年11月12日。

③ 任继愈主编：《佛教大辞典》，凤凰出版社2011年第二版，第137页。

④ 魏明生：《大勇法师》，巴蜀网2005年1月7日。

大勇法师在成都得到了刘湘、邓锡侯等军政要员的支持，促成了四川佛学会的成立，这对于佛法、密法在成都的传播奠定了良好的基础。

1925 年 11 月大勇法师返回乐山，与“留藏学法团”成员一起前往康定。此次进藏学法团成员，有恒演法师、观空法师、观严法师、法尊法师、能海法师等，他们后来都成长为一代宗师。“留藏学法团”于年底到达康定，西藏方面怀疑学法团有政治意图，多方阻挠，不允入藏。学法团只好在西康打箭炉（康定）停留下来，依止大格西洁尊者修学藏文经典。1927 年春季，大勇法师再率一部分团员前进，拟赴拉萨。法师行至藏边甘孜县，复为守军所阻，不得已在甘孜停留下来。甘孜县札迦寺大喇嘛道隆德劭，为全藏人所崇仰。大勇法师领着学法团，依止道隆德劭大法师，穷研密宗，勇猛精进，大勇法师得阿阇黎法位。[①] 1929 年 8 月，大勇法师终因积劳致疾，在甘孜札迦寺圆寂，年仅三十七岁。

2. 法尊法师（1902—1980），俗姓温，河北深州人。1920 年于五台山玉皇庙落发出家，随后师从太虚法师、大勇法师。参加了“留藏学法团”。[②] 1925 年秋，从乐山出发，经洪雅、雅安，几经波折到达康定。在康定期间，法尊法师在跑巴山依止慈愿大师住了一年，喜得《菩提道次第广论》传承。1927 年春，法尊法师和朗禅法师搭上骡帮，佯装普通僧人进藏，到了甘孜，就住在商人家里。随后，法尊法师随大勇法师，移住甘孜对河的札迦寺，亲近札加大师学习大乘经典。法尊法师主要依止格陀诸古上师，学习多种佛学经典。1928 年秋天，通过格陀诸古上师引荐，见到了他久仰盛名的安东恩师。1929 年大勇法师圆寂后，他继续留在甘孜札迦寺修学密法。1931 年春前往昌都地区依止安东上师修学，1931 年 10 月法尊法师随恩师前往西藏拉萨，学习《因明总义论》《菩提道次第广论》等大论。[③] 这期间，虽然生活极其艰苦，但法尊法师沉浸在殊妙的法喜之中，收获巨大。

1933 年法尊法师几次接到太虚法师信函，催促速归办理汉藏教理院。于是法尊法师辞别安东恩师，在回到内地之前，从拉萨转道印度，朝拜释

① 任继愈主编：《佛教大辞典》，凤凰出版社 2011 年第二版，第 137 页。

② 同上，第 846—847 页。

③ 参见法尊法师《著者入藏的经过》，原载《现代西藏·附录》，武汉印书馆 1937 年版。转引自弘善佛教网 2015 年 2 月 3 日。

迦牟尼佛圣迹。同时拜游尼泊尔、缅甸等圣地，直到1934年5月间，才乘船回到上海。后经上海到南京，从南京北上五台山到北平。1934年7月底开学之前赶到武汉主持汉藏教理院的教学工作。1935年，为了迎请上师绛热仁波切（即安东上师）到内地弘法，法尊法师决定再次入藏。阴历9月份出发，乘船经香港、新加坡，到达缅甸仰光，然后从印度入藏，大部分路程都是步行，行李雇骡帮驮运，历经艰辛于1936年初到达拉萨。在拉萨惊闻上师示现圆寂，赶紧随管家等前往拿墟。在止公地界遇天降大雪尺余，艰难前行。于正月三十日到达上师驻锡地绒波寺，并加入代恩师修法的团体。四十九日法会圆满后，于旧历二月初三日，结伴三人，返回拉萨，并在拉萨养病数月。1936年旧历十月从印度乘船回到香港，从香港到广州，乘火车到达汉口。在武昌住了半个月。旧历冬月二十五日偕法舫法师、雪松法师、契惺法师乘船西行。二十九日到宜昌，三十日买到轮船票。旧历十二月初一日开驶，初三日船在兴隆滩触礁，几乎葬身鱼腹，水手们七忙八乱地涂了些洋灰，勉强走到盘沱住宿。初四开到万县，初七晚才到重庆。1936年腊月初十平安回到缙云山，继续主持汉藏教理院的工作。①

法尊法师历经艰辛，两次入藏。第一次随“留藏学法团”，从北平出发，沿平汉路抵达汉口，从汉口→宜昌→重庆→乐山、峨眉山；从乐山→雅安→康定，在康定跑巴山依止慈愿大师处住了一年，然后启程前往甘孜，在甘孜学法四年。然后甘孜→昌都地区→拉萨，依止安东恩师。花了8年的时间，完成了第一次进藏学法的目标。1933年启程回国，从拉萨→印度→尼泊尔→缅甸→香港→上海；从上海→南京→五台山→北平；然后由北平→汉口，主持汉藏教理院工作。1935年9月再次进藏迎请上师，从汉口→广州→香港→新加坡→缅甸→印度→拉萨；惊闻上师圆寂，从拉萨→昌都拿墟，在绒波寺参加法会后，返回拉萨养病数月。从拉萨→印度→香港→广州→汉口。乘船汉口→宜昌→盘沱→万县→重庆→缙云山，继续主持汉藏教理院的工作。从1925年到1936年的11年间，9年入藏，其艰难险阻远远超过一般世间文化学者。自古学佛法者历来如此，如唐玄奘西

① 参见法尊法师《著者入藏的经过》，原载《现代西藏·附录》，武汉印书馆1937年版。转引自弘善佛教网2015年2月3日。

天取经般艰难。本著中其他法师情况亦基本如此。

法尊法师一生译、著甚多，论文、论著、译著、讲记共一百二十余部（篇）。法师通晓显密佛法，几乎涉及了佛学的各个方面。如戒律、般若、中观、唯识、菩提道次第、密宗道次第、因明、历史、语言。精通西藏语文，能藏汉互译，是佛教界著名的大译师。法师著作《西藏民族政教史》《现代西藏》，编译的《宗喀巴大师传》和《阿底峡尊者传》等，对于了解藏民族历史、文化、社会风情等具有重大的学术价值及现实意义。法师一生对于佛教文化的弘扬传播做出了巨大贡献。

3. 能海法师（1886—1967），俗姓龚，四川绵竹县人。早年入陆军学校速成班，后任云南讲武堂教官，学生中有朱德、杨森等人。1924 年从佛源法师出家，法名能海，继赴新都宝光寺从贯一老和尚受具足戒。曾两次入藏学法。①

1925 年第一次前往康藏学法。正月自雅安出发，三月抵达里塘，跟随朵哇格西学藏文。大勇法师率北京佛教“藏文学院”学生二十余人赴藏，与能海法师相遇，同住康定跑马山，依止降巴格西修学显密佛法。1926 年能海法师与永光法师同至理塘那摩寺，依止降阳清丕格西学六加行、朵马仪轨等。学习一年后，1927 年降阳格西盛赞拉萨佛法殊胜，希望法师前往修学，格西还为此修书致康萨格西。但因费用不足，能海法师返回成都筹措。先后在成都大慈寺、文殊院、昭觉寺及重庆等地讲经传法。1928 年 5 月筹足资费后返回康定，此时降阳格西已圆寂。随后于 1928 年 9 月前往拉萨。1929—1932 年，依止著名的大格西康萨仁波切（近代藏传佛教格鲁派教法集大成者），修学《现观庄严论》等显密诸法，获得大格西密法的清净传承。1933 年，取道印度回国，在印度期间朝礼菩提道场等佛教圣迹。回国后，在上海、五台山等地辗转传法，1935 年经太原返回四川，再次进入西康康定，跟随降巴格西学《中论》，不久返回成都。1936 年到上海，在班禅办事处讲经后，前往五台山闭关。②

1937 年抗战爆发后，回到成都。1937 年冬，在成都南郊创建近慈寺根本道场。然后辗转绵竹、德阳、成都、峨眉山、彭县、自流井、重庆等地

① 任继愈主编：《佛教大辞典》，凤凰出版社 2011 年第二版，第 1058 页。

② 成都市地方志编纂委员会编：《成都市志·宗教志》，四川辞书出版社 1998 年版，第 304 页。

传法。1940 年，能海法师决意前往西藏迎请上师康萨仁波切到内地讲经传法。9 月到达拉萨，继续从师学修密法，得传承衣钵。康萨仁波切此时因病不能离藏，能海法师只得于 1941 年 10 月经康定过雅安，回到成都。1942 年能海法师在近慈寺举行大威德金刚大灌顶，四众云集，盛况稀有。此时清定法师、隆莲法师等大德开始依止能海上师修学密法。从此直至抗战胜利，能海法师主要在成都及周边讲经传法，如开办绵竹西山云雾寺，修缮彭县佛塔，以及恢复重建成都南郊近慈寺。期间，拒绝了蒋介石请求出任国民参政会参政员，以及美国总统罗斯福函邀赴美传法的邀请。①

在民国时期的近代化进程影响西康之前，西康藏区几乎全民信教，从“九一八事变”到抗战胜利，内地与西康为了维护西康的稳定和繁荣，巩固大后方，中央与地方、学者与喇嘛之间，各阶层人士不畏路途艰辛、盗匪横行而频繁往来，极大地推动了汉藏政治、经济、文化的深层次交流，促进了西康省的建立、稳定和繁荣发展。

中央政府疲于应付外患，无暇自主经营康区，遂频繁派出使者，在各地方实力派之间怀柔平衡，意图维持边疆的稳定，同时借助于康区的稳定，借道进入西藏，维持西藏的和平稳定，维护国家领土完整。各地方军阀则以“枪炮”为主，以实力控制康区，并从藏军手里争夺地盘，维持自己的实际统治和地方稳定；同时也派出能言善辩者频频示好中央，力图获得中央认可和道义支持。随着近代化进程不可逆转的到来，以及国民政府不断加强康区边疆的统治，康区有为青年意识到外来势力进入西康是必然的。为了迎接近代化的到来，有志青年纷纷走出康区，来到北京、南京、上海、成都等内地，吸取先进知识技能和先进文化，学成归康，服务家乡，促进家乡发展；同时也把康区的民俗、文化引入内地，引发了内地对康区的探索热情与浓厚兴趣。

由于抗战爆发，大批学者内迁入川，利用近距离之便，前往西康藏区实地考察，欲获取大量第一手资料。为此各相关政府机关、科研团体、高等院校，以及个人学者、游人纷纷进入康区，或者借道康区进入西藏，做更深入的田野考察；同时也向内地官方、民众大量介绍西康，让民众认识

① 参见四川省地方志编纂委员会《四川省志・宗教志》，四川人民出版社 1998 年版，第 199 页；成都市地方志编纂委员会编《成都市志・宗教志》，四川辞书出版社 1998 年版，第 304 页。

西康。最贴近康藏文化的是矢志不渝的求法者，大勇法师率领的“留藏学法团”是其中杰出的代表，后世许多佛教领袖、高僧大德都与此有关，他们为藏传佛教在中国内地以至在全世界的复兴和广泛传播做出了巨大贡献。可以说，抗战时期的西康文化区与中国内地出现了全方位的互动交流，首次掀起了西康等边疆民族文化研究和文化交流的高潮，成就了民国时期的“康藏热”。

结　语

在成功侵占“满蒙”以后，日本又经过6年的战争准备，于1937年发动“七七事变”，开启了全面侵略中国的战争。战争之初，一切按照日本大本营的战略格局运行。日军迅速沿两路进军，一路由平津南下，另一路沿长江西进，直接强力攻击民国时期最为发达的战略重心——平、津、沪、宁迅即沦陷，分布于此的政治、经济、文化中心迅速崩塌。日军采取险恶的文化灭绝政策，专门攻击重要的文化机构，如高校、研究所、新闻出版、电台、通讯社等等。危急之下，文化迁徙是保存文化血脉的不二之选。于是，平、津、沪、宁等东部沿海地区的文化机构迅速向西部地区转移。

然而，文化迁徙之路充满艰辛和坎坷。首先，最高当局一开始并没有明确的应对策略，是否迁徙、如何迁徙、迁徙路径、迁徙目的地等等都没有具体的部署。其次，各文化机构本身对于整个战局难以把握，也无从判断，大都是自谋出路，且行且珍惜。最后，日军进攻速度很快，没有充裕的准备时间，文化迁徙大都是匆忙间的临时举措。

从整个文化迁徙的结果来看，短时间的“自谋出路、自由组合”式的迁徙，绝大多数的布局还是比较科学合理的。当时，整个中国可以作为迁徙目的地的有西部9省和江南地区。西部含西北5省和西南3省（西康纳入四川省来讨论）。路途太过遥远而政局不稳的新疆、青海首先被排除在外，宁夏、甘肃路途遥远，经济、文化较为落后，且无天然的地理屏障，一旦陕西失守，就完全失去了与内陆的联系，成为陆上孤岛。而陕西与山西仅有黄河相隔，无险可守，战争初期很快就受到日方威胁，敌机轰炸不断。尽管如此，少数华北高校因为路途较近，还是选择了陕西作为迁徙之地。但8年间的发展状况不尽如人意，西北联合大学最终被分拆成为西北大学、西北工学院、西北师范学院和西北医学院，各奔东西，独立成校，并没有如西南联合大学一样，成为一代名校。

江南地区原本是许多文化机构迁徙的首选地，在1938年10月武汉失守以前，许多文化机构就选择了江南地区的湖南、江西和广西三省作为迁徙目的地。但很快武汉、广州失守，湖南、江西和广西的大部分地区成了日军攻击的目标，转移到三省的文化机构只好另寻出路，前往安全的西南三省。迁入西南三省的高校在逆境中求生存，规模较大的国立、私立综合性大学如西南联合大学、中央大学、浙江大学、武汉大学、复旦大学、成都华西坝教会五大学、同济大学、东北大学等不仅保存了实力，而且在极艰苦的条件下得以发展壮大。

根据张根福统计的《抗战时期高校迁移一览》表，[①] 全国发生迁徙的高校共有136所，其中57所为省内流动迁移。在79所跨省迁徙中，有51所进入了四川，占跨省迁徙的65%，如果再除去相邻省份在山区之间的流动迁移（因为流动迁徙只能是小规模学校求生存，招生、科研等很难发展壮大），四川接纳长距离跨省迁移的比例会更高。

国家级文化机构，如中央研究院、中央博物院、故宫文物、七大出版机构、通讯社、电台等，以及各类科研团队、协会、文化学会，等等，绝大部分跟随中央国家机关迁入以战时首都重庆为主的四川地区，少部分选择了云南、桂林。尽管在严酷的战争条件下，但这些文化科研机构在四川都获得了稳定的发展。

迁徙路径主要以安全、交通便利作为首选条件。少数目光敏锐的文化机构，一开始就选定了地理位置优越、文化基础雄厚的四川，如中央大学在国府迁都重庆之前，就于1937年10月初，利用便利的长江航道先期到达重庆，成为迁徙时间最短（不到2个月）、损失最小的文化单位。而大部分文化机构是在国府于1937年10月29日发表内迁重庆的公报以后，才明确了迁徙的方向。而此时，便利的长江航道已拥挤不堪，大量军备战略

① 张根福著：《抗战时期的人口迁移——兼论对西部开发的影响》，光明日报出版社2006年版，第90—97页。

物资等待内迁。于是文化迁徙不得不辗转几千公里，“驿站式”到达武汉集结，然后绕道湖南、广西、云南、贵州等地，他们或者沿途留在当地，或者选择继续西进，并北上四川。最终“自由选择”的结果是，大部分的文化机构由东面的长江航道，或者从南面的云贵进入四川；少部分文化机构则留在了云南、贵州。而试图留在湖南、广西等地的文化机构最后都被迫进入西南地区或者疏散到当地偏远山区。同时少数迁到陕西、河南、湖北北部的文化机构，也因为战局发展被迫从北方进入四川。至此，一张完整的文化机构迁徙图就清晰呈现了。

除了文化机构通常的“中线、南线和北线”① 的迁徙路径外，一些国家级代表性文化人士的迁徙路径却要鲜活复杂得多。因为各种原因，他们的空间转移和流动更加多姿多彩：①有前往西北甘肃考察工作后，从陕西进入四川成都、重庆，到云南昆明落脚，后又返回进入成都、重庆的路径；②有从北平→上海→香港→昆明→贵阳，进入重庆和成都，中途又前往甘肃敦煌工作，再返回成都、重庆；③有亲历了“九一八事变”以来几乎所有重大历史事件，辗转于长城抗战→红军长征到达陕北→西安事变→绥远抗战→“七七卢沟桥事变”→上海“八一三事变”→“台儿庄战役”→徐州战场→南口战场→武汉江南站场、江北战场→桂林→香港→苏北新四军根据地，进行鲜活的战地报道；④有走出夔门走向世界的“外迁”，从成都、重庆→上海→香港→非洲→欧洲→美国等通往世界各地，进行文化交流和文化抗战；⑤有不远万里回归祖国的“内迁”。或从欧洲→非洲→香港→越南→昆明，回到四川；或从侵略者老家的日本东京→北平→上海→香港→越南→昆明，回到四川，融入抗战洪流之中。他们以各自的文化影响力从事文化活动，支援抗战，报效祖国。正是有了个体充满爱国热情的空间转移，迁徙路径才千姿百态地完整呈现。也正是这些国家级的代表性人士在多姿多彩的地理区域和文化领域里流动，使得中国人民的抗日战争与世界人民的反法西斯战争有了更深层的连接纽带。由是，我们也不难发现文化在地理生态中运行的复杂曲线和网络，以及因此构建的独特的文化生态。

---

① 参见前述“乐山文化副区”一节中，“故宫文物南迁”中对于北线、中线、南线的详细描述。

在民族危亡之际，四川承担了复兴民族的历史重托，一如它在两千多年的南北纷争中，“谁得巴蜀，谁得一统”的历史规律一样。四川不仅承载了政治、军事、经济上的抗日战争，更承载了文化上的抗日战争。归根结底，文化抗战的影响更为深远，是中华民族的立基之本。正如国学大师钱穆完成于抗战时期的《国史大纲》和《中国文化史导论》中反复强调，凡文化必有其传统的历史意义，文化是一个国家民族之根、之生命；没有文化，便没有国家民族之生命。[①] 因此当今的民族争存，归根到底是一种文化争存。无文化便无历史，无历史便无民族，无民族便无存在。这是凝聚民众全民抗战的根本。因此，文化界对抗日战争，不仅视为争取国家独立、复兴中华民族的斗争，同时也是保卫中华文化、复兴中华文化的斗争。四川作为抗战时期内迁文化的中心，保存了中华文化的命脉和复兴的根基。

① 钱穆：《引论》，《国史大纲》（上），商务印书馆2014年版，第31—34页。

第三章　抗战时期四川文化区的地理生态分析

抗战时期，四川文化中心区的形成与四川特殊的地理位置有着重大的关系。来自东部沿海地区的文化迁徙，除了少部分国家级重点文化机构由政府统一规划外，绝大部分的文化迁徙都是“自谋生路”。最终迁徙的结果是大部分文化机构都来到了四川，究其原因，主要是四川有着得天独厚的自然地理和人文地理优势，作为大后方基地足以支撑全民族持久抗战，也足以给辗转来此的文化机构、文化人提供充分的生存、发展空间，提供一方为学、为文的安宁之地。

四川盆地是中国四大盆地之一，总面积约26万多平方公里。盆地北缘米仓山，南据大娄山，东靠巫山，西邻邛崃山，西北边缘为龙门山，东北边缘背靠大巴山，西南边缘接大凉山，东南边缘相望于武陵山。这里的岩石，主要由紫红色砂岩和页岩组成。这两种岩石极易风化发育成紫色土。紫色土含有丰富的钙、磷、钾等营养元素，是中国最肥沃的自然土壤。四川盆地是全国紫色土分布最集中的地方，素有“紫色盆地”的美称。[①] 群山环峙的四川盆地，西面是与世隔绝的世界屋脊，北东南面的出入通道有雄关险道据守。在交通不便的20世纪30年代以前，四川与华北和发达的东部地区远隔千山万水，基本处于独立、封闭和边缘的状况。在盆地内部，由东向西是特色分明的三大地理分区。

第一，川东平行岭谷地区：进入绵延的巫山山脉后，从东向西，首先是东北走向的一条条平行的山岭与河谷相间的地带，以西边的华蓥山为界，地理上称为川东平行岭谷，面积为5.3万平方公里。这些平行的山岭是四川盆地东缘主要山系，北起于大巴山南麓，南到云贵高原北侧，是世界特征最显著的褶皱山地带，与美洲的阿巴拉契亚山、安第斯—落基山脉

---

① 《自然地理特点》，四川省人民政府网。

并称世界三大褶皱山系。这里汇集了30多条山脉，皆作北偏东走向，并与河流依次平行排列。川东平行岭谷地表褶皱紧密，地貌上多表现为背斜成山，向斜为谷，山谷相间，彼此平行。山地长可达300千米，宽仅有5～8千米，相对高度多不足1000米，其中华蓥山脉的高登山海拔达1704米，为四川盆地底部的最高峰。岭谷地形出现多条平行的狭长平原（谷地），一般宽数十千米，当地人称之为"坝"，多为城镇所在地。重庆便位于嘉陵江和长江交汇的谷地上。坝与坝之间彼此相距100里—180里，故有"县过县，一百八"之语。这里就是以重庆为中心的古"巴国"人主要生活的川东地区。

第二，川中丘陵地区：由华蓥山向西，到龙泉山为界，是广阔的川中丘陵地区（也称盆中丘陵）。北起大巴山麓，南抵长江以南，面积约8.4万平方公里。丘陵广布、溪沟纵横为其显著地理特征。经嘉陵江、涪江、沱江及其支流切割后，地表丘陵起伏，沟谷迂回，南部多浅丘，北部多深丘，为四川丘陵集中分布区，也是盆地面积最大的一个板块。

第三，川西平原（也称成都平原，俗称川西坝子）：位于龙泉山脉与龙门山脉、邛崃山脉之间。平原由涪江、沱江、岷江、青衣江、大渡河冲积平原组成。总面积约2.3万平方公里，属中国西南地区最大的平原，其地势平坦、水域遍布、河网纵横、物产丰富，自古就有"天府之国"的美誉。

虽然同在盆地内，但是三大地区的地形地貌相差较大，这导致了盆地内各地区生活习性的差异，也由此造成文化的差异。

四川盆地地形相对封闭，气温高于同纬度其他地区。最冷月份平均温度5℃—8℃，较同纬度的上海、南京、武汉及纬度偏南的贵州高2℃—4℃。但盆地年日照仅900—1300小时，是我国日照时间最短的地区，所以，冬季阴冷潮湿。盆地夏季最热月份的气温高达26℃—29℃，长江河谷地区高达30℃。故盛夏连晴高温天气极易造成盆地东南部严重的夏伏旱，出现极端高热天气。夏天温度较同纬度的上海、南京、武汉等城市偏低3℃—4℃，但湿度较大，闷热难忍（尤其是以重庆为主的河谷地区）。

四川人口众多，1936年统计约为5296万人，居全国第一，比第二位的江苏省3650万[1]多了整整1646万人，相当于当时排名前十的人口大省。四川人口主要分布在三大区域：以重庆为中心的川东岭谷地；以丘陵、河流水网地为主的川中、川南地区；以成都为中心的川西平原地区。当时的经济发展也遵从了川东、川西和川中三大地块的分布特点。而文化中心的分布则在此三大区域的基础上出现了一些新的变化。

第一节　重庆文化区的地理生态分析

一、重庆文化区的地理生态分析

1. 山水交融与浓雾环绕

重庆作为长江上游的城市，与长江下游地区的自然地貌相差巨大。对于从长江下游迁移到重庆的人来说，最先感受的是自然地理面貌的变化。重庆城建在华蓥山余脉上，两面也为高山，坐船沿长江三峡而来的感受就是“如蝼蚁穿珠，终日在山缝中觅路。……直抵重庆，形势依然。冬季水枯，长江一线，深陷山底，而两岸乃益拔峭”。[2] 山的高大和挺拔是这一空间的首要特点，而这里的山峦之独特在于与水的亲密无间，以至许多到重庆的外地人首先描绘的便是这江与山的结合，对重庆的定义便也如此：“在扬子江嘉陵江交流着的所在，有一个众峦纠合的浮丘，那便是重庆。”[3] 可见，位于两江交汇处的重庆有着山水交融的自然地理风貌，这也是这块区域最突出和明显的自然地理特征之一。

当然，这山水之城的重庆却还有个很突出的气候特征，那就是浓雾。每到秋冬季节，江边水汽升腾，城中浓雾弥漫，如同厚重的白纱将这座山城紧紧包裹起来。重庆的雾既浓持续时间也长，整个秋冬季节难以见到晴朗的天气。“惜冬季天气，常布阴霾，有谓此种雾罩，乃天然防空设备，但初莅山城者，辄感沉闷不快，昔人有蜀犬吠日之句，殆非虚构。重庆冬

---

① 民国内政部统计处《全国选举区户口统计》，《内政统计季刊》1936年10月，转引自张根福《抗战时期的人口迁移》，光明日报出版社2006年版，第21页。

② 张恨水：《重庆旅感录》，《旅行杂志》1939年1月号。

③ 范放：《世界谛听重庆》，《新青年》1940年第4卷第1期。

季欲求晴朗天气，颇不易得，犬见日出而诧为怪事，狂吠尚尽情理，但冬日可爱，重庆失此可爱之冬日，终使人不值留恋矣。”[①] 这种气候特点是别具特色的，成为这个区域的代表性自然气候特征。

山与浓雾是重庆自然地理中重要的组成部分，给初次来到这里的人们留下了深刻的印象。张恨水在《重庆旅感录》中就对这种印象做过描述："客子过蜀者，虽走马看花，亦必有二点印象，不可磨灭。其一为山，其二为雾。"[②] 可见，重庆的山与雾能够给人留下不可磨灭的印象与其独特性密不可分。山水交融和浓雾环绕成为重庆相对于异质空间而言的独具特色的自然地理特征。

2. 从西南边陲升级为战时首都

抗日战争全面爆发后，随着中国政治地理格局的巨大转变，重庆由政治边缘城市变成政治中心城市。这一转变彻底改变了抗战时期重庆文化区的整体面貌。

在中国政治地理版图上，重庆历来处于边缘地位，它从边缘发展到中心经历了一个循序渐进的过程。从 19 世纪 70 年代起到 20 世纪 20 年代的半个世纪里，重庆逐步发展成为四川及西南地区的商业、金融中心，具有近代资本主义性质的工商业体系也初步建立。它的建立与发展，加强了重庆对邻近区域、四川盆地乃至整个西南的辐射力和吸引力，逐渐强大起来。尽管如此，在抗日战争爆发前，重庆在全国的政治影响力却仍很微弱，形成这种局面的主要原因是它的地理位置。远离中原的地理位置使得重庆成为中央政权难以直接管理的地区，沦为川、滇、黔三省军阀角逐的场所。从行政级别上也可以看出当时重庆的地位，1934 年 10 月 15 日，国民政府明令定重庆为“乙种市”，只属于四川省的一个普通城市。直到 1935 年 10 月设立了军事委员会委员长重庆行营，重庆才摆脱了地方军阀的控制而直属中央，由一个普通的工商城市转变为全国性的大城市，成为西南地区的军事、政治中心。但抗战前的重庆在中国政治地理版图上的地位仅止步于西南区域的中心。作为长江上游的大埠，它当时的位置实际是处在“我国东部发达地区的后方和西南不发达地区的前沿”。[③] 虽为西南地

① 陆思红：《新重庆》，中华书局 1939 年版，第 38 页。
② 张恨水：《重庆旅感录》，《旅行杂志》1939 年 1 月号。
③ 隗瀛涛主编：《近代重庆城市史》，四川大学出版社 1991 年版，第 378 页。

区的前沿，但比起东部发达地区来说，仍然较为落后。然而，这种连贯东西的天然地理优势又使得“在走向全国的过程中，确立了重庆作为我国东西部结合点的战略枢纽地位”。①

重庆从边缘到中心的最终一跃是在战争逼迫下国民政府迁都重庆的举措中实现的。这种对特定城市的政治聚焦使得重庆这座本来僻居西陲的古老城市在抗战烽火的八年中，真正成为了全国的政治、军事、经济、文化中心。

重庆全国政治中心地位的出现是在国民政府迁都以后。随着国民党中央党部、国民政府等重要机关的迁入，重庆代替南京成为战时的全国首都，全中国的人民都把重庆当作复兴民族大业的政治重地。“大家都喊着四川为民族复兴的根据地，重庆遂为根据地的中心。”② 到1940年国民政府明令重庆为陪都后，重庆的崇高政治地位可以说真正从法律上得到了确定，因为“它意味着即使抗战结束国民政府还都南京，重庆的政治地位仍然是全国仅次于首都的大城市。这是民国时期重庆政治地位发展的顶峰”。③ 作为首都，行政上的表率力就尤为受到重视，比如国民政府实行新县制，就因重庆是首都，在国内有表率作用，所以极为重视。“重庆为战时首都，江北巴县邻近重庆，皆为国内观瞩所系，新县制之得失利弊如何，亟应有实验之区，以为考核之标准。”④

政治上崇高地位的确立使得重庆在经济、文化、军事各个方面也得到飞速发展。在当时的人们看来：“重庆不再是旧日的重庆，却已渐渐变为全国的中心了。”⑤ 从人文地理学的角度来说，首都作为全国的政治中心，中央政府的所在地，必然会汇集政府各部门、各机构和各国使馆，成为国家政治权威体现之地，形成复合核心区，是“国家的人口、交通、工商业、资源等高度聚集的‘心脏’地区”。⑥ 因此，与重庆政治中心地位的确

---

① 隗瀛涛主编：《近代重庆城市史》，四川大学出版社1991年版，第378页。

② 程步高：《漫话重庆》，《抗战戏剧半月刊》1938年第2卷第1期。

③ 张国镛、陈一容：《为了忘却的纪念：中国抗战重庆历史地位研究》，西南师范大学出版社2005年版，第54页。

④ 中国国民党中央执行委员会宣传部：《抗战六年来之内政》，国民图书出版社1943年版，第6页。

⑤ 鲁悦明：《后方的重庆》，《抗战（上海）》1938年第50号。

⑥ 王恩涌等：《人文地理学》，高等教育出版社2000年版，第292页。

立相连的是重庆在各方面的聚集性特征，这其中尤为突出的是文化人口的聚集性。自从重庆成为战时首都，全国各地的文化精英、各抗战文化机构与团体、高校相继内迁至此，至1938年底，迁渝的各科研单位、各学术团体已近100个。① 当时的刊物上就有这样的描绘："全国的文化人和东南的学校陆续地向重庆集中，这里每日都向'文化重心'的基点上迈步"，一时重庆人才荟萃，"各家旅舍的门外写着重重叠叠的知名之士"。② 这种情况在战争前是不可想象的。当时文化人以北平上海为据点，重庆作为文化边缘地区，文化精英几乎难觅踪影。但是到了战时，这里的局面完全改变，重庆的文化人已"多至不可胜数……现在不论海派京派一股脑儿都聚汇到陪都里来，各显本领，互相竞争，造成一个很热闹的场面"。③ 尽管当时桂林、昆明、成都也都是人才集中之地，但仍"以重庆——国民党陪都文化人最多最集中"。④ 正因为重庆文化人的集中，重庆的文化艺术活动也因此增多，"在街头巷尾随处皆能看到巨幅的漫画、壁报和标语还有巡回戏剧之演出，均出自他们之手，使大重庆显现得严肃而有生机，此外每星期尚有名人之学术讲座"。⑤ 也就是在这一过程中，重庆作为全国文化中心的地位开始确立。

同时，各工矿企业也随着内迁集中于此。除去政治中心的有利地位外，重庆因为有着长江航运的便利条件，加上附近又拥有较充足的燃料和原料，大部分的内迁工厂都选择落户于此。其中包括许多规模较大的工厂，大鑫钢铁厂、金陵兵工厂、永利硫酸铔厂和家庭工业社等数百家工厂，先后在此开工。"这时期，重庆拥有的工厂数额、工人人数、各项设备等，几乎都占战时国民党统治区总数的一半，仅以它的工厂数额来看，就比战前增加了16倍以上。"⑥ 至1938年10月工矿企业内迁暂告一段落，

---

① 参见重庆市地方志编纂委员会总编辑室《重庆大事记》，科学技术文献出版社重庆分社1989年版，第170页。

② 鲁悦明：《后方的重庆》，《抗战（上海）》1938年第50号。

③ 徐泽人：《从上海到重庆》，《时与潮副刊》1943年第3卷第5期。

④ 陈白尘：《戏剧的过去、现在和未来——在重庆首届雾季艺术节上的讲话摘要》，重庆市文化广播电视局编《中国话剧的重庆岁月：纪念中国话剧百年文集》，西南师范大学出版社2007年版，第219页。

⑤ 钧：《重庆杂话》，《决胜》1940年第4卷第24期。

⑥ 赵廷鑑：《重庆》，商务印书馆1959年版，第18页。

迁入四川的工矿企业共计 245 家，其中有 90% 以上的分布在重庆、巴县、江北一带，包括来自上海、武汉、南京、杭州、无锡、香港、天津、石家庄、郑州、长沙、株洲等地的军工、钢铁、机械、电器、化工、纺织、食品等行业。①

重庆在战前还只是川康的工商业中心，而随着东部沿海地区的相继沦陷，金融界工商界也纷纷西迁，交通银行，上海银行，浙江兴业银行等都在重庆设立了分行；使重庆成为名副其实的后方金融中心。

而在对外的联系中，苏、英、美、法、德、波、荷、比、韩等 30 多个国家在重庆设立了大使馆、公使馆以及领事馆。有 40 多个国家和地区同重庆建立和保持着各种经贸关系，同时重庆开辟了通往苏联、印度、缅甸、河内等国家和地区的航空线和通信线。由此可见，重庆作为各种资源的核心聚集区地位已经确定无疑。正是在抗日战争时期，在政治中心的确立过程中，这座城市由边缘转变为中心，从区域性发展为全国性，甚至在国际上都占有一席之地，成为世界反法西斯战场上的重要城市。难怪当时从上海到重庆的人们惊呼："重庆现在已不是重庆人的重庆，是四川人的重庆，是全中国人的重庆，是世界的重庆了，重庆是国际化了的大都市，国际化了的大都会，是全世界战场的大本营的一个。"② 这种地位的确立不得不说是重庆在抗战爆发后最华丽的一次转身。

作为战时首都，重庆的政治环境处处都打上了全国政治中心的烙印。它是国民政府和国民党中央所在地，国民党一党专政的政治权威形态影响一切。同时正因为这座城市地位的重要性，它也成为中共力量努力发展的区域，1939 年，周恩来担任书记的中共中央南方局在重庆成立。南方局是中共中央在南方的最高领导机构。尽管只是以秘密领导机关的形式存在，但共产党在重庆各方面事物的参与力度很大，影响不小，常常形成和官方政治意识形态的抗衡。重庆，这个特殊区域，成为国共两党权力代表机构的所在地，并且在一党专制、国共合作的表面之下两股政治势力暗中交锋与对立，致使它形成了有别于沦陷区和解放区各城市，也不同于国统区其他中心据点的独特区域特征。

---

① 参见重庆市地方志编纂委员会总编辑室《重庆大事记》，科学技术文献出版社重庆分社 1989 年版，第 167 页。

② 徐泽人：《从上海到重庆》，《时与潮副刊》1943 年第 3 卷第 5 期。

3. 本土与外来文化的强烈冲突与融合

随着抗战全面爆发，战争形势日益严峻，国府迁渝，大量相关人员和从各地逃难来的人们纷纷挤到重庆这座小小的山城。在人口急剧增加的同时，也面临着另一个问题，外来人口的比例超过本地人口，外来文化对本土文化进行着猛烈的冲击。山城已经在文化地理状态上发生着巨大的变化。同一个地理空间，在不同历史时期由不同的人口相继占据，在人文地理上的改造是非常强烈的，抗战八年中，迁移到重庆的外来人口所携带的文化因子和本土文化因子在同一地理空间强烈碰撞着，冲突之中出现了某些融合，形成重庆这一空间所独有的特色。

随着各地人口的聚集，重庆成为一个各色文化汇聚之地。短短八年间，重庆文化地理状态在本土文化和外来文化的冲突和交融中展现了独有的特色。重庆已经不是原来重庆本地人独有的地域，而成为全国各地人民的共同生活空间。在这里，本土和外来文化的冲突非常明显，同时各种文化又迅速包容并存，使得重庆文化区在抗战期间展现了与以前迥异的文化地理面貌。

首先，突出表现为本土文化和外来文化之间的剧烈冲突。

从内迁重庆的人口大量增多开始，重庆本地人就以生活地理空间的不同区分自我与他者，欲以此来明确人与地理空间的亲疏关系，确立自己在重庆的主人地位。长江对于重庆人有着重要意义，是他们赖以生存的最基本地理环境，于是，他们以所处长江的地理位置来对本地人和外地人进行界定。由于重庆地处长江上游，他们自称是“上江人”，而把从东南沿海长江下游来的人称为“下江人”。当然，由于突然移入重庆的外省人大量增多，连不在长江下游位置的外地人也并入此称呼中。“黄河流域，珠江流域，辽河流域，松花江流域甚至长江发源地青海之人，亦莫不名为下江人。犹香港人口中之‘上海佬’也。”① 从这里可以看到，人对地域的认同有着明显亲疏远近体验。因为四川方言把“上方”称为“高头”，“下方”称为“脚底下”，“故川人恒自曰，我们是高头的人”。②而“下江人”则是“脚底下人”。当融入了方言后，这种表达更具有特色，只是不懂方言的外来人们容易产生误会，以为有瞧不起，侮辱之意，其实不然，这不过是重

---

①② 《四川人心目中的下江人》，《大美周报》1940 年 4 月 7 日第 10 版。

庆本地人对空间地域位置方向的理解。张恨水客居重庆一段时间后，就解释道："苟客不悉其由，乍闻之，必当勃然色变。其实习惯如此，固无侮辱之意也。"①

这种区分是本土地理空间居住者的典型自我认同，以人与地理空间的近远来衡量人与空间的亲疏关系，在这种自我与他者的界定中，可以看出人对地域的敏感，尤其对有别于本土的外来空间事物的无形排斥之感。因此，"人既有上江与下江之分，其间即无形有畛域之分，因之川省社会中，交易往来，本地人对于下江人，永难泯歧视之心"。② 重庆当局曾对这种颇有地域歧视的称呼下令禁止，然"长江不能使其倒流，下江人总被目为下江人也"。③

这种冲突当然还表现为外来文化对本土文化的冲击。重庆本来只是四川东部的一个商业城市，长江上游的一大商埠，虽然开埠较早，但由于深处西南腹地，总体来说发展较为落后。由于抗战中和政府机关、工商业、教育部门有关的民众迁入山城，这座城市的街头巷尾已经挤满了从"下江"的都市迁移来的人们，虽然重庆人以本土自居，然下江如上海、南京等外地人携带的文化却如潮水般涌入山城，冲击着这一区域固有的文化传统。

就饮食方面来说，城市里充斥着的川菜馆让位于下江菜馆，街市上到处都是广东叉烧、镇江饼肉、天津包子、北平茶叶。连吃饭分几餐，什么时候吃，吃稀饭还是干饭，江苏人和湖北人、重庆人都是各有区别，争论不休的。④

就服饰方面来说，也有很多不同的风俗。对"川人无论男女，喜头缠白布"⑤的做法许多下江人是不明白的，听说是头惧风寒，却又见许多"中下阶级男子，十九赤脚草履"，⑥无论如何，这种和全国大多数地方风俗相反的做法都难以使外来人接受，难怪张恨水说："唯国人旧习最忌白色上头。而川人缠白布，陆放翁已形之于吟咏，未悉始于何时，而独与全国习俗相反也。"⑦另外，在女性的着装风格方面，重庆人和下江人也各有看法，还因此引起过几次笔战："四川人怨下江人入川以后，给他们败坏了风俗；

①⑤⑥⑦　张恨水：《重庆旅感录》，《旅行杂志》1939 年 1 月号。

②③　《四川人心目中的下江人》，《大美周报》1940 年 4 月 7 日第 10 版。

④　参见杜若之《旅渝向导》，巴渝出版社 1938 年版，第 5 页。

下江人就说四川人本来是骄奢淫逸的。”① 但是街市上却争奇斗艳，暗中较起劲来。

就依山而筑的房屋来说，更是让平原来的人们感觉惊奇。重庆的许多房屋都是依山势而建，基本上是用竹子捆绑起来作为房子的支撑物悬吊在半坡上，这就是所谓的吊脚楼。由于沿着坡建屋，这些房子在平面上没法拓展，就上下堆叠。有的是坡下建个悬阁，上面还要架楼二三层，超出地面。“故他处出门必须下楼，而此地上楼乃得出门，亦为常事。骤睹此项建筑者，无不引以为怪。”② 可见，这独特的建筑结构使得日常的生活也展现出独具特色的方面，不熟悉这种地理文化的外地人当然会觉得奇怪了。

其次，本土与外来的融合则表现为重庆原有的狭隘的文化视野让位于海纳百川的文化气魄。

抗战前，重庆只是四川省的普通中心城市，流动人口不多，居民以本地人口为主，在这个地区占主导地位的自然是本土文化，外来文化的冲击力并不大。在各种外地人相继汇聚重庆，各种文化交流碰撞之时，重庆这一地理空间的人文状态在悄然发生着改变。原先狭隘的、单一的文化面貌被开阔的、多元的文化样式所替代。重庆城市的文化包容性顿时凸显。在这之中，外来文化对本地文化的优势占领和本地文化对外来文化的悄然渗透同时存在，各种文化都能在这个地理空间中找到一席之地。

一方面，外来文化以异彩纷呈的姿态在各个方面铺洒开来，使得重庆文化在外来文化的冲击中呈现多元化的姿态。重庆在战前主要还只有川康的工商业企业，而随着东部沿海地区的相继沦陷，金融界工商界纷纷西迁，交通银行、上海银行、浙江兴业银行等都在重庆设立了分行，外地各家银行纷纷抢占重庆金融市场。一部分工矿企业也被迫纷纷内迁，来自上海、汉口、南京、杭州、无锡、香港、天津、石家庄、郑州、长沙等地的钢铁、机械、电器、化工、纺织、食品等行业的企业都集中到重庆来了，跟外来的金融机构、工矿企业的遍布重庆相应的是外来商业文化的多样性。

从饭馆到各种名目的商店，重庆的街头应有尽有，就地方菜馆而言，

① 默僧：《镇定安详的重庆》，《宇宙风》（乙刊）1939 年第 1 期。

② 张恨水：《重庆旅感录》，《旅行杂志》1939 年 1 月号。

早年城市里充斥着的清一色的川菜馆有许多已经悄悄让位于下江菜馆。不同风味的菜馆同时繁荣起来，“从北平到广东的，从故都的众所周知的鸭宴到南方海岸的美味的珍馐，从苏州的糖食到四川的辛辣的食物，这些各省最有名的烹调，都可以在这里找到。虽然那些菜馆有着很大的分别，但是他们的营业并不完全依靠自己本省的人们，而常常有着他省人们的光顾，他们是在领受这个能够享受到各省的不同区域的调味的机会”。① 各种知名品牌的商店矗立街头，“大三元、小有天等吃食店，兄弟、三友等商店，冠龙、大都会等照相馆，精益、亨得利等眼镜公司，此地莫不应有尽有，沪杭绸缎点，京苏小食店，更到处都是”。② 名目繁多的态势完全有大上海的宏大气魄。

在重庆街上，也很容易看到不同服饰的混杂。“一顶北方的皮帽，很容易和南方难民的竹笠，或是和四川的瓜皮帽混杂起来；来自东方海滨的教授底非常适合的洋服，肩上披着西方喇嘛的红袈裟。从南京来的穿着最华贵的服装的少女们的旗袍，和从山谷里来的妇女的短裙相摩擦。”③从这些饮食和服饰文化中就可以看到重庆当时文化的多元性，也看到本土文化对外来文化最大的文化包容性。

当然，在语言运用方面也能看出来，人们用各种语言互相交流着，“上海话、北平话、英国话、苏联话、法国话甚至日本话，你在重庆都可听到。你说任何一种话，也有人来听懂你”。④ 在重庆，原有的地域概念变得模糊起来，全国各地乃至世界各地的人都拥挤在这个地理空间，难怪当时人们感叹“重庆现在真变成了消除一切界限的熔炉了”。⑤这种地域的模糊是重庆文化地理走向多元特征的必然。

在重庆成为各种文化交融的都市的同时，另一方面下江文化在重庆已有替代本土文化的势头，成为战时重庆文化的代表。这其实是一个文化移入的过程，文化在互相接触时具有这一规律性，当在同一空间中两种不同程度的文化发生接触时，较强的文化就会在各方面占据优势，对较弱的文化产生影响，甚至赋予较弱的文化某些特征。战时重庆区域的文化状态就是这样一种态势，下江地区由于属于东部沿海区域，文化发展处于强势姿

---

①③⑤ 《战时重庆素描》，《译丛周刊》1939年第62期。

② 雪人：《战时首都的重庆》，《时代生活（上海）》1939年第5期。

④ 徐泽人：《从上海到重庆》，《时与潮副刊》1943年第3卷第5期。

态，在和属于西部内陆地区的重庆文化接触时，自然对这里的文化产生巨大的冲击力。

随着下江人的大量内迁，强势文化特别如上海、南京等地的文化随着人口迁移在重庆形成一种铺天盖地之势。“招牌上‘上海’‘南京’等字样，益发有满山遍野之势。”① 尤其是上海、南京等地的各种商铺几乎抢占了重庆的所有商机，以致从下江迁来的很多人，都有置身在南京和上海的错觉。王平陵初到重庆时就有这种感觉。“在南京比较出色的商店，也像南京的出色的机关一样，都迁移到这里来了。眼睛里所见的，是熟悉的人，熟悉的商店，耳朵里所听的，都是不觉得在这美丽的山城里行走，而是恍然到了我们的首都了！”② 随工厂内迁至此的工人也有同感：“街旁的店铺，在招牌上都喜欢冠以‘上海’‘南京’等名字，路上跑的人也以讲‘阿拉’‘侬’‘伊’的话为多。初到重庆仿佛到了上海一样亲切。”③ 可见，重庆的商业文化已在不知不觉中被上海、南京的商业文化所替代。

街上走的人，不论是穿着还是谈吐，大多是京华沪滨的风范，商铺里卖的货也尽是下江特产。难怪当时张恨水对下江文化反客为主的趋势已有觉察。“自去年十月起，脚底下人与脚底下货，充溢重庆市上。市招飘展，不书南京，即书上海。而小步五支衢头，南北方言，溢洋盈耳。客主之势既移，上下江之别殆亦维持不易矣。”④ 外来文化随着外来人口的到来使得重庆地域文化在多元中呈现主导的趋势。

更有特点的是，重庆的整体城市风格也在变化。街市上的繁荣，人口的稠密，比起战前的大都市绝不逊色。1938 年的时候到重庆的汉口人就不无感叹：“说到重庆的市面，已是发达到足与汉口并驾齐驱了，街上车辆络绎不绝行人有若过江之鲫，市场之繁盛，虽黄浦江头，也不过如是。”⑤ 初到重庆的人，满眼都是大都会的景象，柏油马路、汽车、黄包车、霓虹灯、咖啡馆和电影院，应有尽有，以致感叹“重庆不愧为抗战时的首府，

---

① 雪人：《战时首都的重庆》，《时代生活（上海）》1939 年第 5 期。

② 王平陵：《重庆——美丽的山城》，《抗战文艺》1938 年第 2 卷第 2 期。

③ 戚尔斯：《生活在后方的重庆分厂同人》，《半月瞭望》1940 年第 1 卷第 3 期。

④ 张恨水：《重庆旅感录》，《旅行杂志》1939 年 1 月号。

⑤ 陈斯英：《从汉口到重庆》，《时事类编》1938 年特刊第 9 期。

有大都会的风采”。[①] 当然，更多的人把重庆和上海相比，认为两种地理空间在城市风貌上有太多的相似性。“的确在重庆，会使你疑心是置身在上海：如梭的汽车，似蚁的行人；招展的商标，闪眼的红灯……除了没有洋租界外，她真是大上海的一个缩影。”[②] 张恨水曾颇为认同当时游览过四川的人对重庆如同上海的判断。“重庆如小上海。以人情风俗言，大抵近是。”[③] 当然，如果说重庆和上海相同，也可以从文化面貌上来看，这样的理解基于两方面，一是文化的多元及兼容并包，二是都市的摩登与现代。战时的重庆以它的文化的多元、城市建设的摩登，都市的繁华热闹成为替代上海形象的最好符号。当然，当时的重庆也还兼有香港的风姿。“重庆是一座山城正如香港一般，迂回的柏油马路，高矗的洋房大厦，都是建在山峦的上面，她正扼着四川进出口的咽喉，为大江上游最重要的都市，繁华热闹，并不亚于港沪，四川人是向称她为‘小上海’。”[④] 无论是拿重庆和香港比还是和上海比，都可以看出战时重庆文化地理的面貌发生着巨大的变化，重庆已经成为另一地域空间文化的空间载体。人口的迁移带来了重庆城市文化的变化，使得这个“古老的，狭隘的内地城市”摇身一变而为具有“一股活泼的都会的气质”[⑤] 的首都。

当然，重庆的本土文化是根深蒂固的，不管外来文化的势头多么猛烈，本土文化仍然能够固本守元，并在无意识中渗透到外来文化中。俗话说，入乡随俗，尽管下江人在重庆的数量超过本土重庆人，但依据本土自然地理空间的优势，本土的文化也必然在外来文化中产生影响。就像进入了重庆这一地理空间躲不开热和雾一样，外来人口也无法完全无视重庆本土风俗人情，在不知不觉中会受到影响。从语言的运用方面就可以看出，人们对于当地语言的感觉是，“语言特别普通，容易懂，也容易模仿，不像福建广州话那样地难于使人了解”。[⑥] 人们对于一些最常用的四川方言，不但能听懂，而且能够模仿，这是入乡随俗最明显的体现。老舍先生在散

① 殷一鸣：《到首都重庆去》，《现世报》1939 年第 43 期。
② 雪人：《战时首都的重庆》，《时代生活（上海）》1939 年第 5 期。
③ 张恨水：《重庆旅感录》，《旅行杂志》1939 年 1 月号。
④ 雪人：《战时首都的重庆》，《时代生活（上海）》1939 年第 5 期。
⑤ 《战时重庆素描》，《译丛周刊》1939 年第 62 期。
⑥ 杜若之：《旅渝向导》，巴渝出版社 1938 年版，第 5 页。

文写作中都直接用“杀锅”两字来表示“结束”的意思，[①] 这些都是生活在重庆这一地理空间会不可避免地受到本土文化影响的结果。

在这样一种本土与外来的冲突和融合中，重庆的文化地理状态迅速改变，在这里，国家统一和团结的观念也更加坚定了。“那古老的，狭隘的四川的乡土观念，很快地让路给较广大的观念，并且理解到民族是整个的。随着人民和金钱的流入中国的西部，重庆变成了民族的新的熔炉，在那里，乡土观念是消灭了，但更大的团结却发生了。”[②]

4. 从远离战场到饱受轰炸的军事环境

抗战时期的重庆，作为大后方中心城市，远离前线的地理位置使得这里经历着后方短暂的安宁与平静，但作为战时首都，时代所赋予这座城市的就不可能是繁华和安定。从日机肆意空袭开始，重庆在整个中国抗战军事地理格局中的地位发生了剧变，一座后方的中心城市由后方走向了空战意义上的前线，由繁华热闹转变为人心惶惶，逃难至此的人们本以为可以安然地进行抗敌的工作，却不料只能在终日的躲避疏散中继续着抗战救亡的事业。

1937 年全面抗战爆发，重庆作为深处西南腹地的内陆城市，离东部战区遥远，从它所处的地理位置看，背靠青藏高原，东南北三面的大巴山、巫山和大娄山，平均海拔高度均达 1000 公尺以上，组成了一道雄奇险峻的天然屏障，能够安全地将敌人阻挡在外，没有马上卷入战争的危险。另外加上长江三峡是进入重庆的门槛，长达数百公里的川江航道，滩险流急，峭壁悬崖，敌人更是不敢贸然挺近，所以，重庆在抗战爆发初期阶段一直处于相对安全的状态，人民生活也相对安定。随着 1937 年 11 月 20 日国民政府迁都重庆，各个政府机关部门、学校、工厂相继来到这个后方的战略要地，大批的各地难民也涌向这座古老的山城。尽管来到这座城市的人口越来越多，也带来不少战争的消息，但是毕竟没有直接的炮火硝烟的威胁，这里仍然呈现一派平和安详的生活场景。

从刚从炮火洗礼中逃出来的人眼中看来，过了夔门，仿佛来到了世外桃源一般。“在‘堪察加’的四川，世外桃源的重庆里，呈现着升平繁荣

① 参见老舍《“七七”抗战五周年纪念》，《老舍全集》（第 15 卷），人民文学出版社 1999 年版，第 445 页。

② 《战时重庆素描》，《译丛周刊》1939 年第 62 期。

的气象，一切还是和往常一样的平静，人们都安闲自在，过着醉生梦死的生活。”① 特别是一些有钱人，仍然把这里当作上海、南京一般，尽情挥霍，极尽享乐。“自从国都迁来以后，重庆的街市更显着热闹繁华，大人先生们的流线型式的‘京’字汽车一辆一辆地加多了，摩登小姐太太们的奇装异服一天一天地层出不穷，电影院，饭馆子的兴隆，游览车的拥挤，还不是靠他们那些人在维持着，现在的种种情形和往常的南京，上海有什么两样呢？也许没有报纸，无线电频频传来的战息，他们一定会忘记了我们的东北方有着血肉的战争，这是一般所谓上层有闲阶级的情形。”②重庆作为战时后方的中心城市，却是这样一派热闹繁华的景象，实在是和当时前线浴血奋战的场景形成了太大的反差。

不少逃难到重庆的人们只能惊讶地感叹重庆确实平和安静，连在武汉长沙等地终日不宁的空袭这里也完全没有。“只有这重庆，在经年的多雾的万山丛中，市民们至今还浸融在和平的雾围里，度着闲适的生活。无怪一般逃难来川的朋友们，一见面就很惊异地说，‘你看，四川人的镇静多么有工夫！前线战斗的那样激烈，战区人民逃命那般苦痛；那种情形，无论谁见了都要感动得流出泪来！就是在后方的武汉长沙宜昌等城市的居民，也无日不在空袭警报中过着紧张的生活；然而一入夔门，正如进了桃花源一样，什么事都平静下来了！……’”③ 这里的人们享受着安闲的生活，“戏院，电影院，说书场，饭馆，终日全告满座，说着南腔北调的方言，熙熙攘攘”。④

连阔别家乡多年，终于有机会回川来准备为抗战事业大干一番的阳翰笙都颇为不满重庆这后方的疲软。“重庆所给我的印象，却正如重庆的天空一样，实在太灰暗了！天色是昏昏沉沉的，人是忧郁的，我在这儿瞻不见像武汉那样的紧张，像长沙那样的生动，像广州那样的热情，像徐州那样的严肃而坚毅！”⑤

对于后方这些泰然自若的情形的出现，人们只能这样推测：“在浓雾中生活着，迷迷糊糊听不到前线将士的喊杀声，嗅不到炮火连天的火药

①② 顺之：《在重庆》，《妇女生活（上海 1935）》1938 年第 6 卷第 2 期。

③ 沧一：《重庆现状》，《宇宙风》1938 年第 69 期。

④ 默僧：《镇定安详的重庆》，《宇宙风（乙刊）》1939 年第 1 期。

⑤ 阳翰笙：《还乡杂感》，《新蜀报》1938 年 2 月 23 日第 3 版。

味，贪图苟安的民众们都想重庆离前线太远了；其实亦不远，许是重庆的周围，都是崇山浓雾把抗战的紧张空气阻隔了吧。”① 其实原因正在此，正是因为这独特的地理位置把它和前线阻隔得太过严实，那些崇山峻岭的天然屏障像保护罩一样将这块区域层层保护起来，重庆这大后方的中心区域自然是什么战争的气息也感受不到，本地民众对于抗日战争的到来，是完全没有概念的，往成都去，都能看到坊间流传的唱本，用四川土语写着些：“涅死有我‘求’‘先’干”（意为兵士在前线打仗，打死了关我屁事）”② 的句子。

随着日军大范围的进攻，并迅速占领了北平、天津、石家庄、保定、张家口、太原、上海、南京，控制了北宁路、平绥路、正太路，以及同浦路、平汉路、津浦路北段，中国战时的军事地理格局也随之迅速改变。尤其是在 1938 年 10 月，日军攻占了武汉之后，全国的抗战形势更加急迫。日军停止了正面战场的战略进攻，把进攻的重点转向中国内地，开始了所谓的“制空进攻战”——轰炸内地的战略要地。为打击中国军民的抗战士气，日军不仅轰炸中国的军事设施，还开始对中国的大后方主要城市进行轰炸，作为战时首都的重庆自然成为轰炸首选之地。以武汉为日军的空中基地，对相隔较近的重庆进行轰炸，这对于重庆来说，犹如灭顶之灾。尤其是日军实施的是无差别轰炸，根本不是只针对战略要地，而是疯狂地对普通民居进行轮番轰炸，以期摧毁民众的抗战意志，造成政府的恐慌心理。所以，在所有被轰炸的后方城市中，重庆被轰炸次数最多、规模最大，损失最为严重。于是，前一阶段的安全而平和的环境迅速被打破，重庆由后方变成了直接接受炮火洗礼的空战意义上的前线。1939 年的“五三”“五四”大轰炸可以说真正摧毁了重庆的平静和安宁，把这座城市由后方带到了前线，市区房屋被毁 1200 余栋，市民死亡达 4400 多人，有 3100 余人受伤，③ 这一系列触目惊心的数字证明重庆人民开始长期生活在炮火硝烟之中，开始在空袭的警报中过着紧张的生活。从空中对垒的角度来说，轰炸中的重庆切切实实地进入了抗击侵略的战斗前线了。当时的人

---

① 程步高：《漫话重庆》，《抗战戏剧半月刊》1938 年第 2 卷第 1 期。

② 宋之的：《四川的文化动态》，《抗战文艺》1938 年第 1 卷第 8 期。

③ 参见武月星主编《中国抗日战争史地图集 1931—1945》，中国地图出版社 1995 年版，第 151 页。

们也感叹重庆切实进入了战斗的状态："重庆在多少记者作家的笔下被誉为'战时的首都'，连续的轰炸确使重庆改样了，可以更确切地当得起'战时的'荣誉。"①

准确地来讲，从1938年2月18日的试探性轰炸到1943年8月23日，重庆经历了5年多的大轰炸，史称"重庆大轰炸"。但主要集中在1939年日军占领武汉后和太平洋战争爆发后的1941年之间，这期间日军对重庆轰炸最为频繁、猛烈，尤其是在六、七、八、九几个雾少的月份里轰炸最盛。期间，日军出动飞机9千多架，投弹2万余枚，炸死炸伤近3万人，毁房2万幢，损失财产无数。

自从重庆面临大规模空袭以来，后方的平静终被打破，战时首都的城市生活在发生着巨大的改变。以前的安然闲适的生活被紧张躲避的生活所取代，街市的繁华热闹也都难觅踪影。"政府忙于疏散，百姓急着下乡，繁盛的情形，是大煞了。"②

首先，空袭频繁发生，人们的生活与空袭紧密相连。"跑警报"和"躲轰炸"成为重庆人每天的日常生活。重庆的街市上会出现悬挂"红球"的情景。挂红球是根据重庆特殊的山多路不平的地形特点设置的，在当时空袭中不能用电，手摇警报效果也不佳的情况下，只能选择在高处挂红球的方式。一旦挂起红球，所有的重庆市民都必须立刻停止正在进行的工作，银行、商店关门停业，学校停课，甚至手术台的伤员产妇，都要立刻停止动作，人们在这饱受轰炸的首都已经知道要怎么去面对这一次又一次手忙脚乱的躲轰炸生活。有些市民是待到每次警报发出后才跑到附近郊区去，等警报解除时才返回城里，于是，每当红球挂起，街市上往出城的方向人流如织。"有的乘轮渡木船、过南岸上山躲藏，或顺流东下，到溉澜溪等地避难；陆上出口，只有一条沿嘉陵江西行的公路、阔佬的小轿车与客车、人力车挤在一块各奔生路，顿时车水马龙，人喊马叫川流不息。"③在轰炸季节，城区的市民们需要每天重复这样早出晚归的生活。"倘在晴朗的日子，早晨，从城内吐出了成千成万的居民，提着包裹皮箱，散到遥

---

① 仲昂：《在建设中的重庆》，《战时青年》1939年第2卷第1期。

② 雪人：《战时首都的重庆》，《时代生活（上海）》1939年第5期。。

③ 淦康成：《日机轰炸下的市民生活》，中国人民政治协商会议重庆市委员会文史资料委员会编《重庆文史资料》（第43辑），西南师范大学出版社1995年版，第140页。

远的乡镇，午后，当太阳落山以后，又像长蛇一样地弯转回来。这时没有遭难的通衢大街，商店开了门，人们挤出来，强烈的灯光把这些地方改造成白昼。在每一家店铺门前可以看到‘营业时间：上午七钟前，下午×时后’的条子。”[①] 在重庆刚进入轰炸的头几年，由于缺少防空洞，市民们主要通过这种方式来“躲轰炸”。而随着大量开挖防空洞初见成效，防空洞的数量增多，在空袭即将来临时，直接跑到防空洞躲起来成为主要的一种“躲轰炸”方式。防空洞的生活，也并不轻松，有时敌机数百架，不分昼夜地对市内外“疲劳轰炸”，市民们就只能在防空洞里度日如年。这就是战时重庆空袭威胁下市民生活的真实写照，这里不再是世外桃花源，而是随时遭遇空袭威胁的中国战时首都。

政府也大力疏散市民。为避免人口集中，在空袭中遭受更大的损失，政府积极疏散人口。因为重庆城区是敌机轰炸的最显著目标，所以政府要求非公务人员设法迁往周边乡村居住。1938 年 11 月 5 日重庆防空司令部再次晓谕市民防空。重庆附城四乡，极为安静，粮食低廉，住居方便，非公务人员应设法赶速迁往居住。[②] 为了送市民下乡，许多服务机构准备了汽车免费送市民下乡，“大汽车，一九三九年式的小汽车，都贴上了‘免费输送难胞下乡’的白纸条”。[③] 而国民政府的重要机关也都迁往郊区。“在扩大的市区中，政府各机关均分散于市郊各处。合计有四十一个单位要分别散处于翻造的庙宇或昔日富绅之家。”[④] 在这种疏散中，重庆城的面积也随之扩大。

其次，城市面貌随着空袭而不断改观。重庆遭空袭以后，城市到处都是断壁残垣，伤痕累累，“凡是几条热闹的街道，如都邮街，陕西街，白象街，商业场，大樑子街等都已成了碎瓦颓垣，又加之政府明令拆火巷，就把原有的好房子也拆去了多少。现在的重庆，并不是先前那样完美，繁华了。加以疏散人口，并必需留城者不得居住其间，所以城外，江北，南岸，弹子石一带地方倒也人多起来了。在城中是一个好像受了重创而垂死

① 仲昂：《在建设中的重庆》，《战时青年》1939 年第 2 卷第 1 期。

② 参见《国民公报》1938 年 11 月 5 日第 3 版。

③ 华农：《怒吼了重庆》，《国讯》1939 年第 205/206 期。

④ 《重庆·东京·南京》，《教战导报》1940 年第 1 卷第 19—20 期。

的病人”。[①] 尽管如此，重庆在轰炸后，十分积极地建设，每到雾季安全时期，国民政府大量开挖防空设施。到处在修防空洞，开辟火巷，狭窄阴暗的巷子顿时变成宽阔的马路。修出漂亮的，合乎现代城市建设法的道路网。政府规定每一座城市的道路所占的面积，不得少于全市总面积的30%，改造以前的重庆道路顶多不过占全面积的10%。这样，在轰炸后的改造中，重庆的道路反而增多加宽了。扩大了的重庆，在山间林间生长出一栋栋新的房舍，道路一条条开出来，公共汽车和轮船增添了从城内到乡间的新线路。[②] 这一切面貌的改变，都是在“一面抗战，一面建国”的主导思想下建设出来的，这种思想让在轰炸笼罩下的重庆市民更多出几分乐观的精神，有了这种思想的支撑，也难怪重庆在轰炸中仍然屹立不倒，以至从外地至轰炸后的重庆来的人也不得不感叹这座城市的精神面貌。“从昆明来，一路上想，重庆经过那么多回轰炸，景象该很惨罢。报上虽不说起，可是想得到的。可是，想不到的！我坐轿子，坐洋车，坐公共汽车，看了不少的街，炸痕是有的，瓦砾场是有的，可是，我不得不吃惊了，整个的重庆市还是堂皇伟丽的！”[③]

再次，空袭影响文化生活的正常开展。空袭季节为了避免人员集中，活动开展少。许多活动都在遇到轰炸后立即疏散人员。自从孩子剧团来渝后，重庆市的儿童活动开展得甚为顺利，各种公演、歌咏大会，宣传活动开展得如火如荼，但自从日军的轰炸一开始，重庆的儿童团体也只能分散到各处去，严重影响了他们工作的开展。[④] 而连日的轰炸和损失对重庆的新闻业、出版业的影响更加巨大。轰炸后，重庆纸张极度缺乏，报刊用纸都无法正常保证。在渝全部报纸只出了一张联合版，用的也是土纸，印刷极不清晰。同样，轰炸使得重庆的印刷器材大量毁坏，许多期刊，也都无法正常发行。“最初，来渝的印刷机很多，连年轰炸损失亦复不少，于是几架老牛破车已成了宝贝。刊物脱期二三个月不足为奇，一本新书广告出

① 鸿左：《由重庆到贵阳》，《摩登半月刊》1939 年第 1 卷第 3 期。

② 参见仲昂《在建设中的重庆》，《战时青年》1939 年第 2 卷第 1 期。

③ 佩弦：《重庆一瞥》，《抗战文艺》1941 年第 7 卷第 45 期。

④ 参见孩子剧团史料编辑委员会《在战火纷飞的年代：孩子剧团史料汇编》（内刊）1996 年，第 305 页。

来，距离它印好装订完成的日子，也许还有半年。”[1] 可见，重庆在轮番的轰炸中，物资奇缺，使得本在艰苦条件下正常进行的文化活动更是雪上加霜。

二、万县文化副区的地理生态分析

万县地处四川盆地东缘，县内多低山、丘陵。在气候方面，和重庆相似，四季分明，冬季温暖多雾，夏季炎热。长江横亘全县，由于优良的港口条件，这里的水路交通便利，素称“川东门户”，距离重庆327公里。

抗日战争爆发以来，重庆成为全国的政治、经济、军事、文化中心，而万县则是下川东地区的政治、经济、军事、文化中心。尽管文化机构和团体迁移的数量和类别不多，但作为与重庆相邻的地区，这里的文化状况在抗战爆发后也相继改观。

在民国以前，万县地区并无大专院校，可以说，三所大专院校的迁入改变了万县没有高校办学的历史。从某种程度上来说，大学的所在地能够成为各方面专业知识人才的会聚之地，抗战时期的万县由于这些高校的迁入，会聚了一批医学、政治、经济、法律人才，使得当地的文化面貌大为改观，也使得万县在抗战时遇到的许多困难能得到专门人才的帮助。如1940年万县遭遇日机轰炸，不少重伤员都靠医专师生全力救治，有的甚至用担架抬回学校医治。[2] 同时，这些高校在当地办学，也为万县地区培养了一批专门人才，相应地改善了当地的文化实力。比如山东省立医学专科学校在万县办学8年，学生中除了一小部分为山东迁入万县的外，其余大部分学生都是在万县招收的，这一批学生中有很多成为后来万县地区医院中的顶梁柱。如原万县专区人民医院院长丁履宜（主任医师）、副院长许大衡（主任医师）、内科主任医师王景林、孟维勋、妇产科主任刘同晖及万县地区卫生学校副校长李尚直（主任医师）等都是当时山东医专的学生。[3]

除高校之外，万县地区在抗战时期还迁入中学11所。此段时期，内迁学校云集，全区公私立中学、师范、职校共30所，在校学生14444人，中

---

① 子冈：《陪都文化风景》，原载《大公报》1942年8月27日，转载自陈雪春编《山城晓雾》，百花文艺出版社2002年版，第270页。

②③ 万县志编纂委员会编：《万县志》，四川辞书出版社1995年版，第608页。

学教育可谓空前繁荣。1941 年四川省教育厅确定万县为全省国民教育示范区之一，拟“树立县级单位国民教育优良标准，实验有关国民教育实际问题”，并规定示范区所在的省立师范（万县示范区为省四师）校长担任辅导。截至 1944 年，全区共有乡镇中心校 326 所，学生 65853 人，教职员 3153 人；保国民学校发展到 2856 所，学生 145018 人，教职员 4531 人。中学 30 所，师范 5 所（含简师 3 所）。①

抗战时期，万县的整体人文环境仍然是以抗战救亡为主题。随着迁移文化机构的增多，许多东部发达地区的书店也相继迁到万县继续营业，万县的图书出版业随之繁荣起来。“县城各类书局、书馆、书店一时多达 34 家，发行书刊一般在 200 种左右。”② 这其中有如新生书店一般经营抗战救亡书刊的书店，在抗战期间起到了很好的宣传作用。

这一时期，万县的报刊业发达，不少作家在战时仍然笔耕不辍，为抗战宣传不遗余力。一大批万县籍和外籍的作者如何其芳、方敬、杨吉甫、向云鹄、田稼、碧野、臧克家、姚雪垠等，常在《万州日报》《川东快报》《川东日报》《精报》《万县日报》《朝暾》《诗前哨》《文化旬刊》《太阳》《江声》《文地》《展望周刊》等刊物上，发表宣传统一抗日、团结救国等思想进步的文学作品。③ 文学创作活动的活跃也促使了文学类刊物的出现，抗战后期，一批文学期刊如《朝暾》《江声》《诗前哨》《文化旬刊》等纷纷创刊出版。万县的文学活动在战时可以说达到了前所未有的高峰。

话剧演出活动的频繁使得万县的抗战救亡宣传更加热烈，这里由戏剧活动的荒地变为生机勃勃的热土。一批批剧社纷纷成立，1937 年 10 月，以欧阳克明、刘孟伉、李英才为领导，组成了“三一剧社”，成为万县第一个话剧团。1938 年 10 月万县人贺镜铨主办了“响雪剧团”，1938 年万县青年学术研究班组成话剧团，1941 年夏，万县青年剧社成立。这些民间剧团的出现，标志着万县的话剧活动进入了自觉发展的阶段，改变了这里原有的文化面貌。战时，这里还出现了话剧界的联合公演。1938 年 10 月，万县话剧界第一次联合公演《古城怒吼》。同一时期，抗敌后援会主办全

---

① 万县市教育委员会编：《万县地区教育志》，重庆出版社 1997 年版，第 2 页。

② 万县志编纂委员会编：《万县志》，四川辞书出版社 1995 年版，第 645 页。

③ 同上，第 636 页。

市话剧界联合劝募寒衣公演《中国民族的子孙》。由于当地剧团的踊跃参与，万县文艺界的话剧创作开始发展，一系列以抗战救国为主题的作品开始涌现。在这些以揭露日本侵略暴行，鼓励国人团结为主的剧目中，影响较大的有《九·五血》、李学名的《动员》、程天竺的《歧途女师》、谢君里的《百万佳人》等。临近首都的便利使得重庆汇聚的优质文化资源向万县扩散，为当地话剧活动水平的提高提供了良好的保障。在这里，可以接触国内一流的话剧演员和剧作家。1938 年 8 月国立戏剧学校师生来万县演出了《晓雾与春寒》的话剧与歌剧，并且租佃砧洞子石竹轩别墅作为临时教学场所，开展话剧人才培训，戏剧家曹禺、陈白尘等亲自培训学员，使得万县的话剧活动水平迅速提升，学员们学习后，就出演了著名的街头剧《放下你的鞭子》等。[①] 尽管当地话剧组织的成员多为当地人，但由于受到了这种熏陶和培养，戏剧演出的剧目也逐渐变化，出现了一系列影响较大的剧目，如《中华民族的子孙》《后防》《回春之曲》《古城怒吼》《塞上风云》《国家至上》《野玫瑰》等都成为当时各剧团争相演出的剧目。这些都体现了向中心文化区靠拢的特点。

战时，万县的书画活动也有一定发展。1943 年，万县诗书画人士组成“川东文艺促进会”，开展诗书画义卖活动，收入全部存入银行作该会活动基金。

战时的万县政治环境仍然复杂，各种政治力量斗争激烈。报刊业的发达也与政治环境密切相关，各种政治力量争相占领舆论阵地，使得战时创刊的报纸数量大增。一些文艺期刊因刊载作品的政治倾向等问题，使得官方严密追查，如《朝暾》杂志第 3 期稿件交万县图书杂志审查处审查时，听到警备司令部要捕人的消息后，编者匆忙逃亡，刊物也至此停办。《诗前哨》同样如此，第 3 期集稿引起当局注意，主办人王文琛仓促撤离致使刊物停刊。

和重庆相似，抗战期间的万县饱受日机轰炸。“1939 年至 1944 年，共受到空袭 407 次，被日机轰炸 42 次。”“在日机的 42 次轰炸中，日军出动飞机 679 架次，投弹 2353 枚，炸死 1343 人，炸伤 1336 人，炸毁房屋 6778

① 何朝俊：《抗日时期万县的宣传活动》，中国人民政治协商会议四川省万县市龙宝区委员会文史资料委员会编《万县市龙宝区文史资料》（第一辑），1993 年版，第 68—72 页。

间，炸沉轮船4艘、木船28艘，炸毁木桥1座，据1945年万县警察局统计，财产损失计法币2700万元。”① 由于日军的狂轰滥炸，文化活动的开展也因此受到不少的限制和影响。如当地的电影放映就受到破坏性的摧残，1938年夏，刚开办三年的平平电影院就被日机炸毁，为了保证电影放映的正常，当年，袁今甫、夏云珊在万安桥侧重新组建了国光电影院，但好景不长，1943年又被日机炸毁。1944年吴季之、施雨苍、江明洁等集资将环城路万寿宫改建为介寿电影院。②

三、江津文化副区的地理生态分析

江津地形南高北低，属川东平行岭谷褶皱区。南部四面山是四川盆地川东褶皱带与贵州高原大娄山的过渡地带，北部华盖山等系华蓥山的支脉。江津全年气候温和，四季分明，雨量充沛。冬天由于周围环山，北方冷空气不容易进入，因此水汽不易散失，雾气大，日照少，夏天则常常干旱少雨，酷热难耐。和重庆的气候极为相似。

抗战后，许多沦陷区的机关、学校选择内地合适的地点作为迁移点，江津位于长江上游，水路运输方便，许多内迁机构选择在此地落户。同时又由于江津毗邻战时首都重庆，在日机狂轰滥炸重庆后，重庆的许多文教机构也开始向周边县乡疏散，江津以紧邻重庆的地理位置，自然成为迁移重地。从1939年起，江津白沙镇接纳了大量疏散人口，从不过两万人骤增至三万几千人。中央图书馆、国立编译馆、审计部、战区教师服务团以及大学、师范、中小学、幼儿园等二十几所学校都聚集于此，白沙也由川东的商业重镇一跃而成为全川的四大文化区之一。一时间，学府林立，人才荟萃，在此居住的蜚声海内外的教育界、文化界名家有二十多位。这一时期的江津，配合抗日救亡的主题，文化活动异常活跃，成为名副其实的文化区。

各门类的艺术活动都随着抗战内迁而发展起来。音乐文化活动繁荣。由于内迁和新创立的学校较多，江津聚集了一批音乐教育者和爱好者，同时这里的青年学生人数众多，青年人要求通过歌唱的方式来宣传抗战，抒

---

① 陆露峰、金娅兰：《日机轰炸万县》，中国人民政治协商会议四川省万县市龙宝区委员会文史资料委员会编《万县市龙宝区文史资料》（第一辑），1993年版，第79页。

② 万县志编纂委员会编：《万县志》，四川辞书出版社1995年版，第647页。

发心中的爱国情怀。于是，1942 年 3 月 29 日在江津县立简易乡村师范学校操场，举行了一场盛况空前的音乐月万人大合唱。这一活动以“教育部音乐教育委员会”“白沙音乐教育推进委员会”的名义主办，参加大合唱的有国立女子师范学院、教育部附设大学先修班、国立十七中学校校本部分部、国立十七中女初分部，国立女师学校附中、四川省立川东师范学校、四川省立重庆女子师范学校，江津县立简易乡村师范学校，江津县立白沙女中、私立聚奎中学、私立新本女中、私立修平中学和私立至德初级中学等十三所院校。[①] 大合唱的总指挥是国立女子师范学院音乐系主任，著名音乐家吴伯超。可以说，这次万人音乐活动在江津历史上是绝无仅有的，甚至在整个旧中国的音乐史上都是唯一的一次。如此规模庞大的音乐集会将江津推向全国文化的前沿。

而高等美术学校的内迁则使江津的美术活动繁荣起来。自从 1938 年武昌艺术专科学校迁入江津德感坝以来，这里的美术活动就发展起来。美术活动配合抗战救亡的主题，使得江津的抗战文化氛围更为浓厚。艺专师生经常上街宣传，画出的很多抗战宣传画有的在江津展出宣传，有的送到重庆等处流动展览。自从艺专迁来，江津经常举办画展，连县图书馆也积极为画展提供场地。师生们还组织成立了“五·一三”木刻研究会，举办了延安木刻和苏联版画艺术展览。[②] 1944 年春，冯玉祥将军到四川各地为抗日的前方将士募捐，艺专发动全校师生作了一百多幅画在江津义卖，作为捐献。[③]

川剧作为本土戏剧艺术形式，在外来人口猛增的情况下，也得到了发展。内迁人口的快速增长，增加了观赏川剧的观众。江津新建了一座新华舞台，为川戏的发展提供了条件。由于和重庆之间相隔很近，在渝的川戏名角都跑到江津来献艺，每天午、夜两场，卖座经久不衰。一时间，一大批名师名角汇聚江津，有利推动了抗战时期江津的艺术生活。[④] 为配合抗

---

① 陈思平：《一次盛况空前的音乐大合唱——忆抗日战争时期白沙音乐月万人大合唱》，载江津县政协文史资料研究委员会编《江津文史资料选辑》（第 5 辑），第 78—79 页。

② 江津县地方志编辑委员会：《江津县志》，四川科学技术出版社 1995 年版，677 页。

③ 邓云烟：《武昌艺术专科学校在江津》，江津县政协文史资料研究委员会编《江津文史资料选辑》（第 4 辑），第 147 页。

④ 钟志海：《江津县的早期川剧活动》，江津县政协文史资料研究委员会编《江津文史资料选辑》（第 7 辑），第 171 页。

战宣传，江津的话剧活动也开展得如火如荼。学校纷纷组织学生参与抗战话剧演出活动。武昌艺专经常组织学生到江津县城和德感街上开展抗日宣传活动，每次演出的话剧更是轰动整个县城。这种话剧宣传抗战的效果非常明显，能够极大地调动老百姓抗战救国的情绪。1940 年艺专校庆时，师生的化装游行队伍到德感坝，正逢赶集，学生往台上一站，宣传抗日，反对投降，当时镇上的男女老幼，像潮水似的涌来，台上高呼抗日口号，台下也同仇敌忾地举手高呼，情绪十分激烈。①

为了宣传抗战，平民教育促进会江津实验区还成立了实验小学剧团和驴溪剧团。通过这种宣传方式，剧团经常深入农村等地巡回演出，使普通民众受到了抗日救国的教育。1944 年 9 月，实验区又与国民政府教育部社教工作队合作，在城乡推行戏剧教育。②

除了大量内迁学校迁入江津，政府还就地创立了一大批学校。

内迁学校在当地的办学，使战时江津的学校教育发展迅速，当地的青年人也获得了国内一流的教育和升学条件，这些都大大提升了江津的文化水平。武昌艺术专科学校在江津县办学，当地就有 10 余青年考入艺专，获得深造机会。③ 同时，教育部直接在此创办了一系列学校，1940 年 9 月，在江津白沙镇新桥创立了国立女子师范学院。1942 年女师规模进一步扩大，在白沙红豆树创立女子师范学校附属中学和附属小学，在白沙黄泥咀创立女师学院附属师范部。为了培养体育人才，于 1941 年 12 月在江津县城南郊武城创立了国立体育专科学校，成为我国第一所公立的培养体育人才的专门学校。④ 为解决流亡学生失学问题，教育部又在县境内新建了一些以中山中学命名的学校，1940 年 9 月，在县城关文庙建立国立教育部战区教师第三服务团附设儿江女子中学。1940 年，教育部在白沙红豆树开办第八中山中学。这一系列学校的创立使得江津的教育发展在战时达到顶峰。“据 1942 年县内有关资料统计，当年已迁入县境的各类大中学校连同

① 邓云烟：《武昌艺术专科学校在江津》，江津县政协文史资料研究委员会编《江津文史资料选辑》（第 4 辑），第 147 页。

② 程智铭：《四川平民教育促进会江津实验区史略》，江津县政协文史资料研究委员会编《江津文史资料选辑》（第 7 辑），第 179 页。

③ 江津县地方志编辑委员会：《江津县志》，四川科学技术出版社 1995 年版，第 677 页。

④ 王长钧：《抗战期中迁入江津各校综述》，江津市政协文史资料委员会《江津文史资料选辑》（第 13 辑），1992 年版，第 82 页。

县办的竟达47所之多。”[1] 不光办学数量多，江津的办学档次也在这种大环境中自然得到提升。为了帮助流亡到后方的青年学生完成学业，教育部专门为这些青年开设的大学先修班落户江津白沙镇，这所全称为“教育部特设大学先修班”的大学预备学校每年暑假在重庆和江津等地招考一次，[2] 使得这里的很多学子能够接受高水平的教育。

以提升普通平民文化水平为目的的平民教育促进活动也在江津设立了实验区。实验区办起了乡师校，白沙修平初级中学，修平小学和县师附小各一所。1937年7月，实验区又与国立中央图书馆在白沙镇上的大官山新建房屋一处，联合开办了白沙民众书报阅览室，以便民众阅读学习。[3] 这些举措都推动了江津地区整体人口素质的提升。战时江津从幼儿园至高等学府一应俱全，1945年上期的国民教育调查统计显示：“全县有中心校74所，学生25427人；国民小学560所，学生51817人；私立完全小学15所，学生7231人，私立初小92所，学生4653人；幼儿园4所，学生354人。全县合计755所，学生89473人。”[4] 可以说，在当时江津县境内已经形成了现代教育的完整体系。同时，教育的水平和档次也达到国内较高水平。国立女子师范学院、武昌艺术专科学校这样高等学府的存在，容纳了一大批学有所长的国内著名学者，如女子师范学院的胡小石、朱光潜、卢冀野、顾颉刚等，都是国内学术界的泰斗，还有许多像佘雪曼、詹锳这样三十岁上下的中青年学者。[5] 女师当时的音乐系主任吴伯超也是著名的音乐家。这样一大批精英知识分子的存在无疑使江津的整体文化教育水平提升到了全国一流的水平。

---

① 王长钧：《抗战期中迁入江津各校综述》，江津市政协文史资料委员会《江津文史资料选辑》（第13辑），1992年版，第89页。

② 王树仁：《白沙漫忆——记抗日战争时期白沙的两所国立学校》，江津县政协文史资料研究委员会编《江津文史资料选辑》（第7辑），第186页。

③ 程智铭：《四川平民教育促进会江津实验区史略》，江津县政协文史资料研究委员会编《江津文史资料选辑》（第7辑），第178页。

④ 王长钧：《江津教育发展简况》，江津县政协文史资料研究委员会编《江津文史资料选辑》（第12辑），1991年版，第87页。

⑤ 王树仁：《白沙漫忆——记抗日战争时期白沙的两所国立学校》，江津县政协文史资料研究委员会编《江津文史资料选辑》（第7辑），第185页。

第二节　成都文化区的地理生态分析

以成都为中心的川西平原（也称成都平原），介于龙泉山脉和龙门山脉、邛崃山脉之间，北起江油，南到乐山五通桥。它主要由三大平原组成：北部绵阳、江油、安县间的涪江冲积平原；中部岷江、沱江冲积平原；南部青衣江、大渡河冲积平原。成都平原历史上统属于古蜀国，是蜀文化的发源地。历史上，古蜀国蚕丛、柏濩、鱼凫、杜宇、开明，以及三星堆、金沙遗址等都分布在川西平原上，且大多出现在成都及其邻近的周边地区。抗战时期，川西平原北端的涪江冲积平原形成了以三台—绵阳为中心的抗战文化副区，南面青衣江、大渡河冲积平原则形成了以乐山为中心的抗战文化副区。

一、成都文化区的地理生态分析

成都地处川西平原腹地，扼守川西要冲。川西地区既汇集高山峡谷、雪峰冰川、高原湿地、森林草甸、湖泊瀑布、地热温泉等壮美奇观；也有小桥流水、古镇园林似的江南水乡风光；还有独特的川西民居“林盘”相伴。考古发现证明，西蜀文化独成体系，深厚的远古文明绵延流长，遂成就川西大地厚重的历史文明。直到硝烟四起的抗战时期，川西仍有众多饱读诗书的文人学士群体，尤以“五老七贤”闻名于世。抗战内迁，东学西渐，不仅文史大家蜂拥而至，盆地一度群贤备至，亦促成现代科学文明入蜀，现代数理学家、医学家、地质学家、动植物学家等名家荟萃蓉城。

1. 成都文化区的自然地理生态分析

成都平原文化区域，以都江堰为顶点，附以成都市区为中心的岷江、沱江冲击扇形平原为其主体。成都平原地势平坦，由西北向东南微倾，平均坡度仅3.1‰—10.3‰，地表相对高差在20米以下，有利于自流浇灌。成都平原地表松散，沉积物巨厚，平原中心地带沉积物厚达300米，沉积物之上主要覆盖有粉砂和黏土，结构良好，宜于耕作，是四川乃至全国最肥沃的紫色土壤。境内水域遍布，河网纵横。特别是千年都江堰水利工程，将沱江、岷江水源，一分二，二分四……分散到广袤的成都平原。又在下游地区，将河流逐步汇入岷江，温柔灌溉着广阔的川西平原，给世世代代的川西人民带来安宁富足的生活。以后它经眉山到乐山，经乐山到宜宾，与金沙江汇合注入长江。成都平原形成的众多分支河流有：从都江堰分流经温江到双流的江安河；分流经郫县到成都的清水河；分流经彭县到金堂的青白江；分流经郫县三道堰流入成都市区的锦江等。而沙河、府南河又是锦江的分支，清水河注入锦江；锦江与江安河在华阳汇合形成府河，府河在彭山重新汇入岷江。如此高度发达的水利工程，由此造就了四川境内丰沛的物产资源和典型的鱼米之乡，“水旱从人，不知饥馑”，素有“天府之国”的美誉。

成都属亚热带季风气候，具有春早、夏热、秋凉、冬暖的气候特点，年平均气温16℃，年降雨量1000毫米左右。成都气候的显著特点一是多云雾，日照时间偏短。民间谚语中的“蜀犬吠日”① 正是这一气候特征的形象描述。二是空气潮湿。因此，夏天虽气温不高（最高温度一般不超过35℃），却异常闷热。冬天平均气温在5℃以上，但阴天居多，空气潮湿，十分阴冷。成都的雨水集中在七八两个月，冬春两季干旱少雨，罕见冰雪。

成都平原位于四川盆地西部的岷江中游地段，境内海拔387米—5364米，高差较大。境内兼有山川、平原和丘陵等自然景观之美，自古颇受文人墨客的青睐，故成都历来都是中土文人乐于访游之地。

（1）优厚的自然地理生态对成都文化区的影响

成都平原和川西山区丰富的自然地理可说是“冠绝天下”。这里分布着五大世界自然文化遗产，即九寨沟、黄龙和大熊猫栖息地的三大自然遗产，青城山与都江堰文化遗产，以及峨眉山与乐山大佛自然与文化的双遗产，它们是自然山水的绝妙契合以及人类文化的智慧结晶。

首先，川西山区毗邻青藏高原，山峰林立。从北向南主要有龙门山脉、横断山脉。重峦叠嶂分布着九峰山、青城山、峨眉山、瓦屋山、四姑娘山、大雪山（贡嘎山）、岷山、巴颜喀拉山、雀儿山，等等。而嘉陵江、沱江、岷江、金沙江、大渡河、青衣江等，环绕其间，山水交融、相映成趣。这里是世界上罕见奇特的自然风光最为繁复、最为丰富的地区之一。

---

① 意思是四川阴天多，那里的狗不常见太阳，出太阳就觉得奇怪，就要叫。

区域内有著名的九寨沟、黄龙、若尔盖、米亚罗、卧龙、四姑娘山、卡龙沟、稻城、海螺沟、贡嘎山、新都桥、丹巴、九龙、色达、德格、木里、泸沽湖等名胜之地。川西地区蕴藏着丰富的矿产资源、地质资源和动植物资源。

其次，地势平坦、水网密布、土地肥沃的成都平原堪比江南富庶的鱼米之乡。不仅物产丰富、美丽丰饶，而且房屋建筑、居民村落独具特色，历史文化积淀极其深厚。这里是人类文明的发源地，丰茂的文化源地之一。

最后，拥有丰富的世界文化遗产的青城山与都江堰的道家文化，峨眉山与乐山大佛的佛教文化；神秘而绵长的远古蜀文化；以及川西地区多姿多彩的民族文化特色。

①自然地理生态对成都人文学的影响

成都自古为华西重镇，川西之中心。欲访游川西名胜，必先经成都。20 世纪三四十年代，虽然交通落后，有“蜀道难，难于上青天”的艰辛，也挡不住慕名而来的文人雅士。饱读诗书的文人学士，于秀美山川无不趋之若鹜。

“九一八事变”后，较早入川的有“南黄北齐”之称的大画家黄宾虹。[①] 1932 年秋，时年 69 岁高龄的黄宾虹，欣然接受四川艺术专科学校赴川讲学的邀请，因为他对元代绘画中“以屋宇林壑层峦叠嶂胜”的巴蜀山水神往已久，所以不畏路途之艰、时局之乱，毅然西行入蜀。临行前他还专门画了详细的长江西进线路图。从上海过南京、武汉，经宜昌，过夔门关至重庆，接着由泸县、宜宾往嘉州，登峨眉，观雪山，11 月到达成都，下榻陈泽霈[②]西门三道街之“一庐”。1932 年 11 月，黄宾虹被四川艺术专科学校聘为该校校董，兼中国画系主任。

在川期间，黄宾虹遍访蜀中名士，时“五老七贤”尚部分健在，黄宾虹常与林山腴、方旭、龚道耕等人唱和，吟诗作画。尤其在游历青城、峨眉等山川期间，创作了大量画作。《蜀游峨眉山水册》《青城烟雨图》以及“瞿塘夜游”月光下的写生图等尤为珍贵，为他日后画风的转变起到了关

① 1865—1955，浙江金华人。

② 1885—?，四川巴县人，民国早期授陆军中将。

键作用。

黄宾虹最为传神的访游经历莫过于“青城坐雨”与“瞿塘夜游”。1933年早春的一天清晨，70岁的黄宾虹带着干粮和写生本，只身一人前往青城山。登山途中突降大雨，无处藏身的黄宾虹索性坐在雨中细观山色的变幻，尽情地享受“烟雨行”的乐趣。待回到住处，早已是万家灯火。回想白天所见雨景，黄宾虹激情挥毫，画下了十几幅《青城烟雨图》，笔墨攒簇，层层深厚，水墨淋漓并写诗题记：“泼墨山前远近峰，米家难点万千重。青城坐雨乾坤大，入蜀方知画意浓。”① 1933年夏，黄宾虹在段虚谷等人陪同下，出灌县，逾龙泉驿，渡嘉陵江，下渠河，由合川至重庆，从重庆沿长江乘船返回上海。途中路过奉节县。晚上黄宾虹沿江边朝白帝城走去。他要去寻找杜甫当年笔下的“石上藤萝月”。月光下的大山厚重，虚实掩映，整体感强。黄宾虹迅即取出写生本，在月光下写生，当他第二天看画稿时，惊叹：“月移壁，实中虚，虚中实。”②

遍游巴蜀山水，让黄宾虹在大自然造化中印证了古人笔墨的韵味。他在巴山夜雨中看到了山的沉郁，雨下得恢宏、苍茫，由此，用积墨、渍墨、破墨、泼墨、宿墨画出他所见的“黑”山水，创造出属于黄宾虹的独特风格。自此，黄宾虹将“师古人”与“师造化”融为了一体，其作品也由“白宾虹”成功转型到了“黑宾虹”时期。蜀中山水直接促成了黄宾虹绘画艺术的转型和升华！

相比之下，“北齐”齐白石先生入川，则不免有些遗憾。

齐白石（1864—1957），生于湖南湘潭。1936年5月，应王缵绪③邀请，携宝珠及良止、良年三位美女和孩子翩然入蜀。从北平到汉口，坐船过宜昌、万县，经重庆抵达乐山，从乐山乘汽车到成都，住南门文庙后街王缵绪府邸治园。园中既有戏台、假山、水池，还有开阔的茵茵草地，活动天地极为广阔，有山可望、有湖可游、有水可涉，树木参天，花草丛中、鸟语花香，是画家喜爱之地。④

齐白石的一生和蜀中书画家缘分甚深，一些著名的书画篆刻家早年曾拜师齐白石。20世纪30年代齐白石接纳了一批蜀人作为弟子，知名者有

①② 沈俊东：《一代宗师黄宾虹》，《中国纪检监察报》2012年12月18日。

③ 1885—1960，四川西充人，四川省主席，川军抗日将领，民国陆军上将。

④ 青青：《齐白石在成都》，《成都日报》2011年1月4日。

罗祥止、余中英、姚石倩、肖友于、夏静渊、蔡淑宜等。这些弟子在篆刻绘画上继承了齐白石的衣钵，有较好的艺术造诣，后来大都成了书画、篆刻名家。

因齐白石与王缵绪间有些许误会，导致此行在成都只停留了短短三个月时间，1936 年 8 月就匆匆离开成都。所以未见齐白石访游青城山、峨眉山的记载，也未见此次描绘青城山、峨眉山的画作出现，不免有些遗憾。

徐悲鸿（1895—1953），江苏宜兴屺亭镇人。抗战期间，任教于中央大学艺术系，随校迁来重庆。1943 年夏天，徐悲鸿带着初创的中央美术学院的研究生从重庆到青城山写生。当时就读于华西坝金陵女子文理学院化学系的廖静文陪同前往。两人的第一张合影拍摄于青城山大门口的大炉边，那株有 2500 年历史的参天银杏，也成为徐悲鸿传世经典油画之一。在青城山，徐悲鸿创作了许多作品，包括：《国殇》《山鬼》《湘夫人》《云中君》《孔子讲学》《大银杏树》《青城道中》等。

抗战期间，徐悲鸿常以骏马、雄狮为题，作品多强健奔放。《群马》和《会师东京》是其代表作。画作造型准确，笔墨饱满，笔法苍劲，所画骏马动静皆宜，妙笔天成。《会师东京》与张善子的《雄狮》有异曲同工之妙。画面有七头猛狮盘踞于雪山之巅，怒视东方，仰天咆哮，天空中乌云翻滚，云层深处，隐约可见一米阳光，将破云而出，朗照乾坤，作品寓意中华民族不畏强暴、英勇抗战以及战无不胜的坚定信念。

国画《老杜诗意》是徐悲鸿读杜甫《茅屋为秋风所破歌》有感而发，与同在成都的张大千合作画成。二人以古树、柴门为组合。徐悲鸿以苍劲有力的笔法刻画参天大树，张大千则以洒脱简练的笔法绘出茅舍，大树与茅屋相映成趣。《梅花》也是徐悲鸿在成都生活期间创作的。他画梅不同于古人，古人画梅多用线条去勾勒花朵的轮廓，徐悲鸿却是在灰色的底纸上用白粉画出梅花，画面枝干自然穿插、姿态奇崛。梅花的淡洁、轻盈与枝干的浓重、粗壮形成强烈的对比，尤为彰显梅花的清傲高洁的气质。徐悲鸿将西方素描的基础与中国的水墨技法进行混搭，形成了独具特色的徐氏艺术特点。[①]

张大千（1899—1983），四川内江人。1938 年张大千携家人离开北平，

---

① 《妻子忆徐悲鸿：只要我喜欢，他就立刻画上题字》，《四川新闻网》2014 年 4 月 27 日。

前往上海，后经香港、桂林、贵阳回到重庆，不久来到成都，举家在灌县青城山上清宫安定下来。“万里飘蓬一叶轻，劫来犹得住青城。”[①] 抗战时期，张大千前后在青城山居住了约 3 年的时间。青城的山山水水，草木丛林，张大千一一揽入心中，化为了他的思想、感情、艺术创作和艺术生命的一部分。

在张大千的艺术生涯中，青城山可算得上是他攀越艺术高峰的一个重要驿站。青城山草木葱茏，绿荫蔽日，冠“天下之幽”，远离了战火硝烟，住在这样的幽静清雅之地。刚经历了战乱的张大千，在此潜心习画。两年时间，创作了大量以青城山、峨眉山为题材的作品。[②] 张大千这一时期的诗词和绘画，呈现清新雅丽、绚彩多姿的艺术特点。与此同时，张大千与青城山上好客的道士、淳朴的山民，也结下了深厚的友谊。青城山俨然成为张大千生命中不可分割的一部分！

在青城山，张大千创作了几十首诗词和上千幅绘画作品。《洗桐图》《青城山红叶彩蝶图》《仿石溪山水》《蜀山秦树图卷》。张目寒夫人朱紫虹因家乡杭州被日寇占领，常怀思乡之苦，先生遂作《雷峰夕照图》一幅相赠。作《墨荷》图赠上清宫道长冯南瑄。[③]

张大千的《青城山十景》甚为震撼。其十景为：《朝阳洞》《上清宫》《青城第一峰》《迎仙桥》《高简槽》《降魔石》《丈人峰》《大岩窝》《望坡岩》《观日亭》。还有《宋人觅句图》《翠竹仕女图》《红叶小鸟图》等也堪为佳作。张大千在上清宫为道观作《花蕊夫人像》，图成之后，国学家林山腴为之配诗：“青城辇道尽荒烟，环佩归来夜袅然。/笔胜南唐小周后，宋宫犹得记张舜。”[④]

据《青城山志》记载，该山共有 36 峰、72 洞、108 处胜景。白天，张大千率家人、携朋友到处观山赏景、寻奇探幽。晚上或读书、绘画、写诗，或与朋友、家人、道士谈天说地。生活得十分惬意。张大千在青城山期间，正是他诗画创作的顶峰时期。青城山的草木山水都融入他的心间，化作他生命中不可分割的一部分，成为他艺术创作永不枯竭的源泉。

1944 年 11 月，张大千一家离开青城山。临行前几个月，将他从甘肃

---

① 李永翘：《张大千传》，中国青年出版社 2014 年版，第 222 页。

② 张心智：《回忆父亲在抗战中的旧事》，《张大千生平和艺术》，中国文史出版社 1988 年版。

③④ 潘永固整理：《张大千与青城山之恋》，中国政协都江堰委员会网站 2009 年 9 月 12 日。

带回来的十多只心爱的红爪玉嘴鸦亲手放入青城密林，让其在此自然繁殖生长，以添“鸟鸣山更幽”的空灵。同时率领家人、子弟、门人，亲自在青城山上清宫附近种植了许多梅树，成为了青城的一道景观。1945 年抗战胜利，正在成都昭觉寺的张大千创作了《巨荷四连屏》以表欣慰之情，画中题诗：“忽报收京杜老狂，笑嗤强寇漫披猖。/眼前不忍池头水，看洗红妆解佩裳。”①

自此，离开青城山的张大千，虽未再回来，但青城山常出现于他的笔端，成为他永恒的艺术记忆。20 世纪 50 年代，他旅居印度，作《红叶小鸟》图，题诗曰：“夺眼惊秋早，熊熊满树翻。/坐花甦病客，溅血泣孱魂。/绛帐笙歌隔，朱楼燕寝温。/青城在万里，飘梦接灵根。”60 年代，旅居巴西时，先后作了巨幅《青城山全图》和《青城全景墨笔山水》，还连续作了几首诗，以此来抒发他浓郁的乡愁，其中《怀乡》诗云：“不见巴人作巴语，争教蜀客怜蜀山。/垂老可无归国日，梦中满意说乡关。”②1962 年，张大千赴法国，在友人家中画了四幅通景山水巨屏《青城全景图》，作诗云：“沫水犹然作乱流，味江难望蜀醪投。/平生梦接青城宅，掷笔还羞与鬼谋。”③

1968 年，古稀之年的张大千在巴西八德园费时 18 天，创作了《长江万里图》长卷，画面从都江堰索桥开始，经宜宾、重庆、三峡、武汉、庐山、南京、上海，一直到吴淞口流入东海，一气呵成，气势恢宏。众所周知，地理学上，长江的上游为流经攀枝花的金沙江，而非流经都江堰的岷江。张大千此时把都江堰索桥作为长江的起点，借以寄托老画家的心灵皈依。70 年代初，张大千的厨师杨明欲在美国开办四川菜馆，张大千挥毫一幅《青城第一峰》的巨画，高悬在菜馆大厅的正中壁上。去世前，他创作了巨幅画《泼墨青城山水》，把对家乡一生的思恋最后定格在《泼墨青城山水》画作上。“寰海风光笔底春，看山还是故乡亲；平生结梦青城宅，蜡屐苔痕画里情。”④

如今，张大千当年在青城栽种的一百多株梅树，早已高过屋顶，在上清宫旁蔚然成林。每当寒冬腊月，便傲雪绽放，峭立枝头，暗香浮动，笑

① 包立民：《张大千》，湖北美术出版社 2003 年版。

② 李永翘：《张大千传》，中国青年出版社 2014 年版，第 355、406 页。

③④ 潘永固整理：《张大千与青城山之恋》，中国政协都江堰委员会网站 2009 年 9 月 12 日。

迎游人。而张大千当年放养的红爪玉嘴鸦等雀鸟，如今也是子嗣繁盛，翔集林间，鸣声婉转，给青城山增添了无限生趣。现如今游人来此，流连在张大千当年留下的字画碑刻前，驻足观赏。既是欣赏其遒劲潇洒的书法和秀美飘逸的造像，更是表达对一代艺术大师的景仰与怀念！

1938—1945 年期间，旅居青城山的张大千，有近 2 年居住成都。一是在今成都市和平街 16 号的四川省图书馆宿舍，是当年收藏家严谷声[①]长住成都的私人藏书楼——贲园。1944 年春，在严谷声的鼎力帮助下，曾在成都提督西街举行了规模浩大的“张大千临抚敦煌壁画展览”。另一处是为躲避轰炸，张大千先生经林山腴介绍来郫县团结镇钟家院子居住。他在此也创作了不少的佳作，至今民间还流传着张大师卖画济贫，与民同乐的故事。第三处是在 1944 年至 1945 年，居住于成都昭觉寺，专事整理敦煌描摹壁画。抗战胜利后的 1947 年，他在金牛宾馆居住了 2 年。张大千先生在此整理敦煌壁画，以巴山蜀水题材创作了大量作品，收获了他一生中的第二个艺术高峰。[②]

张大千住青城山时，还以此为根据地，偕同画家黄君璧、张目寒等人去过剑门关、峨眉山。1939 年 5 月 20 日，三人结伴游览剑门关。张大千即兴赋诗：“北去南来问石牛，蜀王引领五丁休。/荡摇百日龙蛇怒，椎凿玄天神鬼愁。/自是山川据形胜，谁言关塞限矛戈。/诸公忍作新亭泣，一战犹堪扼此州！”[③] 随后，三人继续沿川陕公路北上，到达川北重镇广元，游览了皇泽寺、千佛岩摩崖造像，后继续前行越过川陕分界的七盘关，到达陕西宁强县，至此返回。乘舟沿嘉陵江南下，观看了明月山、飞仙岭。沿途风光或群山巍峨、绵延起伏，雄关对峙；或峡谷壁立千仞，苍翠挺拔、清幽秀丽。张大千回到青城山，根据游览胜景，创作了一系列“剑门组画”。《剑门雄关》《翠云廊》《西秦第一关》《明月峡》《清风峡》《石牛道》[④] 等等。

1938 年至 1946 年，张大千先生前后多次游览峨眉山。其中有著名国画家黄君璧先生同行，张大千、黄君璧于接引殿合写《峨眉山水图》赠予

① 1889—1976，陕西渭南人，图书收藏家，四川省文史馆馆员。

② 王嘉：《张大千辞世三十周年两岸纪念展开幕》，《成都日报》2014 年 3 月 14 日。

③ 李永翘：《张大千传》，中国青年出版社 2014 年版，第 226—227 页。

④ 同上，第 227 页。

寺庙。张大千画《峨眉金顶合掌图》赠黄君璧。据已故峨眉山佛教协会会长宽明法师介绍，张大千在峨眉山接引殿先后创作了描绘峨眉山的国画与书法数十幅，然接引殿在1953年毁于一场大火。目前，峨眉山仅留存张大千先生作于1946年的3幅画作，深以为憾。①

成都平原的乡村民居极有特色，通常是农家院落和周边高大乔木、竹林、河流及外围耕地等自然环境有机融合，形成了一个天人合一的居住生态，被学界称为“川西林盘”。正是这无数的“林盘”共同构成了川西地区的居民生态环境。林盘聚落中的大量乔木、果树、竹林等，不仅提供了木材与林副产品，又是土壤和水分的保持者，为四川地区农业的持续发展提供了充分的保证。

难怪出生于川西平原的苏东坡感慨：“宁可食无肉，不可居无竹。无肉令人瘦，无竹令人俗。”② 独特的“林盘”生态也得到了抗战时期文化人的青睐。华西坝齐鲁大学顾颉刚、钱穆等人就把国学研究所搬到了这样的“林盘”中——新都县崇义桥乡下的赖家园子。据当年在研究所读研究生的严耕望回忆：

> 院子本为一赖姓富家住宅，占地甚广，旧式庭院三进，后为花园，花木甚多。院之右前部有大荷花池，池外围墙内植杨柳数株。池中有大型水榭，曰消夏亭。池后厢房多间。屋宇花园外有围墙，竹树环护，甚为畅茂。墙外小溪绕之，溪外农田，一望无际，只有稀疏的独立村庄点缀其间，好一片宁静气氛。③

钱穆尤爱池中消夏亭：“园中有一亭，池水环之，一桥外通。池中遍植荷，池外遍柳树。余尤爱之。风日晴和，必一人坐亭中读书。”此情此景，弟子严耕望铭记心间：“消夏亭长方形，占地约八九百平方呎，中间置大型长桌，供集会之用；前端临池，横置小型长桌，即先生平日读书、写文之处。四周空阔，夏日清风徐来，荷叶飘香，有些山林习读之趣。”④

---

① 熊锋：《张大千何时首游峨眉山》，《乐山日报》2009年3月6日。

② ［宋］苏轼：《于潜僧绿筠轩》。

③ 严耕望：《怎样学好历史——严耕望的治史三书》，辽宁教育出版社2006年版，第267页。

④ 岱峻：《风过华西坝——战时教会五大学纪》，江苏文艺出版社2013年版，第203页。

生长于江南水乡的钱穆先生尚沉醉其间。何况战争年代，有如此清幽之地可共徜徉，真乃人生之快事！

综上，从“九一八事变”至抗战胜利，美丽的川西风光吸引了大批文化、艺术大家，先后来到成都及其周边的青城山、峨眉山等地。黄宾虹因感悟“青城坐雨”与“瞿塘夜游”，灵感迸发，以致画风大变，由“白宾虹”脱胎为“黑宾虹”，艺术造诣已臻化境。抗战时期张大千旅居青城山、成都长达 8 年之久，一生作品都与青城有不解之情缘。他们一方面以自己渊博的学识开坛论教，“传道授业解惑”，培养人才；另一方面流连忘返于秀美山川，醉心于独特的川西“林盘”，感悟于奇异风物的天地造化之间，激发创作灵感，创作出大量的艺术精品，为大后方构筑了新的艺术生态，同时，四川的风土人情，巴山蜀水的自然风光与巴蜀文化的人文地理，也滋养了他们的艺术。

②自然地理生态对成都自然科学的影响

川西地区连绵无尽的高山，蕴含了丰富的地质资源、动物资源和植物资源。但因为地处内陆腹地，交通不便，地理位置险要，自然灾害频发，所以被人们视为畏途，常年人迹罕至，很少有专门的科学家前来。但国外的冒险家们却捷足先登，先后多次冒险进入这些无人区。到了 20 世纪三四十年代，我国的有识之士也逐渐认识到了川西地区丰富的科学资源。先行者是四川大学植物学家方文培教授。

方文培（1899—1983），出生于四川省忠县。植物学家，教育家。先后就读于南京东南大学生物系、中国科学社生物研究所（研究生），1937 年获得英国爱丁堡大学博士学位，荷兰皇家学会会员、英国皇家学会会员。1950 年英国皇家园艺学会授予银质奖章。1990 年世界名人传记中心（剑桥）授予他金质奖章，并为他立传。1991 年美洲名人传记研究所又颁发“突出贡献金质奖”,[①] 以表彰其学术贡献。

方文培在英国期间，先后考察了伦敦、巴黎、柏林、维也纳、罗马、佛罗伦萨等地植物标本馆（室）的模式标本。一生撰写了《峨眉山植物图志》、中国大百科全书（生物卷）、《四川植物志》、《中国植物志》、《中国四川杜鹃花》等植物学专著 15 部，论文 80 多篇。发现植物新种 100 余种，

① 张峥：《川大教授父子　书写巨著传奇》，《成都晚报》2010 年 1 月 12 日。

其中由他命名的有 40 多种，他是世界上公认的槭树科、杜鹃花科专家。①

抗战爆发后，1937 年 9 月回国，10 月被聘为四川大学理学院生物系教授，讲授植物学和植物分类学。1939 年夏随校迁到峨眉山，方文培任生物系主任。教学之余多次进山考察，潜心研究峨眉山植物并撰写《峨眉山植物图志》。

作为植物学家，方文培深知中国幅员辽阔，植物种类繁多，亟待研究开发。而他所在的四川尤其是川西地区连绵的崇山峻岭，正是他梦寐以求的植物宝库。在 1928 年至 1932 年的四年间，方文培先后独闯人迹罕至的大娄山、横断山脉，收集了上万种植物、十几万份植物标本。

早在 1928 年，方文培考察南川县金佛山（而 1891 年德国人即已来此山采集标本）。为了掀开此山植物神秘的面纱，方文培从东到西、从南到北穿越整座山。首次发现了金山杜鹃、尖叶杜鹃、川南杜鹃、长穗鹅耳枥、金山安息香等一批新种植物。同年考察峨眉山，虽然从 1875 年起此山植物就陆续被外国人采集，但方文培仍发现了尚无记载的新种：冷箭竹（Sinarundinaria fangiana）。他先后进入瓦屋山、大凉山等地区，途经南川、乐山、峨眉、荥经、汉源、美姑、泸定、康定、越隽、冕宁、西昌、会理、盐源、盐边等县，徒步行程数万里，历尽艰辛共采集标本 1.2 万多号、约 15 万多份，分存于北京、南京、广州、昆明等大标本馆，成为中国最早最宝贵的一批植物标本，为发展中国植物学事业打下了坚实的基础。

总之，方文培一生采集植物标本 11 万多号，约 50 万份，发现植物新种 100 余种，命名 40 多种。这些标本中的绝大部分，方文培都无偿捐赠给了四川大学，现如今川大植物标本馆的标本储量居全国高校之首，这些成果凝结了方文培毕生的心血。②

刘恩兰（1905—1986），出生于山东安丘。先后就读于南京金陵女子大学，美国克拉克大学，英国牛津大学，获得牛津大学自然地理博士学位，成为中国自然地理首位女博士。后来也成为中国首位女海洋学家。

1932 年回国创建金女大地理系，并担任第一任系主任。抗战爆发后，她于 1938 年初随校迁移成都华西坝，同年赴英国牛津大学攻读博士学位。1941 年，乘海船从英国回到成都。1942 年夏，华西坝组织“五大学学生

①② 张峥：《川大教授父子　书写巨著传奇》，《成都晚报》2010 年 1 月 12 日。

暑期边疆服务团”，考察岷江上游的高山河谷地带。刘恩兰率领地质组一行五人，从灌县沿岷江行进。一路向北，溜索道过江，在汶川萝卜寨3天测绘后，一路行至理番县，竟发现陆军测绘局画错了两条山脉的走向，对此进行了重新测绘订正。还勘察了当地的水晶矿，在县城以南的“雪龙包”上找到几条水晶矿脉。①

然而，川西高原丰富的活化石般的地质地貌，对于科学家而言极具诱惑。刘恩兰凭借翔实的田野调查，积累了大量的第一手资料，在此基础上撰写了极有学术价值的研究成果，如《中国雨量变率的研究》《四川之天气》《四川盆地之形成及其历史》《中国雨量变化》《理番县之水土保持问题》《川西之高山聚落》等论文。刘恩兰勤奋耕耘，新中国成立后，又投身海洋研究中，成为我国功勋卓著的海洋科学家。

刘承钊（1900—1976），山东泰安县人。著名的动物学家，教育家，我国两栖爬行动物学的主要奠基人之一。1927年毕业于燕京大学生物学系，获学士学位，1929年又获理学硕士学位。1934年获美国康奈尔大学哲学博士学位。长期从事两栖类自然史的研究并发现大量新种属，对横断山区两栖动物的分类区系与角蟾亚科的分类系统有深入的研究和独创的见解。② 曾任四川医学院教授、院长。1955年选聘为中国科学院学部委员。抗战爆发后，刘承钊带领东吴大学22位师生辗转迁移到成都。受聘为华大生物系教授。后来又兼任华大自然历史博物馆馆长。

在成都期间，刘承钊利用所有假期，带领华西协合大学生物系部分师生到川西山区去采集蛙蟾蜥蛇。只因“千姿百态的两栖爬行动物，使我忘掉所有的艰难与险阻”。③1938年到1944年，共进行野外调查11次，主要到川康一带，兼及陕、甘、青的部分地区，许多地方都是步行。

这一期间，刘承钊共发现两栖动物29个新种，并建立了1个新属，尤其是对许多种类两栖动物的生活史做了详尽的观察，为此积累了大量宝贵的第一手资料。在“华西两栖类自然史的研究”这一专题下，他撰写了12篇有创见的论文，美国著名动物学家James D. 拉塞尔（Lazell, Jr.）博士在《刘承钊的足迹》一文中，对他的工作给予高度的评价。说：“刘承钊

---

① 岱峻：《风过华西坝——战时教会五大学纪》，江苏文艺出版社2013年版，第359—361页。

②③ 赵尔宓：《我国两栖爬行动物学的主要奠基人之一：刘承钊》，光明网2005年9月20日。

在其著作中始终保持着一位才华横溢的两栖爬行动物学家的优良气质。譬如对有尾类，他不仅记述了它们的犁骨齿数及前后肢间的肋沟数，而且还作了详尽的形态和习性方面的描述。对于标本的采集地，不仅记述经纬度和海拔高度，而且还对凛冽的急流险滩、光滑的鹅卵石堆、湿热的雨林乃至霜冻的冷杉林等生态环境进行描述。”“1937 年刘承钊踏上了一次极其重要的旅程。这一旅程使他跻身于举世闻名的两栖爬行动物学家的行列。”①

川西地区生态环境的多样性，也给种类众多的两栖动物提供了良好的生存环境。刘承钊在研究中亦注意到地理分布与区系及物种形成的关系，尤其在对横断山区两栖动物区系的研究中，他指出：“从动物地理学角度讲，四川与西康处于从北边的古北界向南边的东洋界过渡的地区；从生态学角度讲，则是由东部的低地向西部的高原过渡。此两省之间的山脉南北走向提供了地貌及生态条件的极大多样性，其间的小生境则富有各种各样的适应类群。在调查所到之地，两栖动物区系最丰富者莫过于峨眉山。”他又指出：“中国西部的地形取决于与青藏高原的关系以及川康间的横断山脉。中国西部的海拔高度从成都的 1750 英尺到西康省贡嘎山的 25000 英尺。……古北界与东洋界的过渡地区南北区系成分的交汇显然有利于物种的形成。”②

刘承钊院士对于川西地区横断山脉独具魅力的地质环境、独特的地形地貌、生态环境的多样性以及由此带来的动植物生态多样性，独有精辟论述。川西地区动物物种的种类繁多，植物品类的齐全，在我国的地理生态环境乃至世界生态环境中都属罕见，无疑为科学研究提供了大量难能可贵的实物标本。

（2）气候对成都文化区的影响

成都平原地势低洼，河道众多，河水多来自西部高原山地的冰雪融水，故气温、水温和土温均较川内、全国同纬度的其他地区低。在寒冷的冬季，多以阴雨雪天气为主。而且成都平原日照时间短，尤在冬季，罕见阳光。外地人较难适应成都冬季的阴冷潮湿。

抗战时期，即使美之名曰“天堂”的华西坝，在极度艰苦的条件下，

---

①② 赵尔宓：《我国两栖爬行动物学的主要奠基人之一：刘承钊》，光明网 2005 年 9 月 20 日。

阴冷的冬天也实在难熬。陈寅恪之女陈流求回忆父亲在华西坝的时光。“记得我家初到就住进陕西街的一座中式院落里……初到川西平坝，父母还不大习惯这里冬天气候阴冷，阳光稀少，夜间灯光昏暗，又常停电。……在寒冷的冬日一天早晨，父亲突然感到两眼前一片漆黑，完全失去光明，先叫我快去通知他当天不能上课，随后住进在陕西街的存仁医院（眼耳鼻喉专科医院）……”① 气候的阴冷加上生活条件的艰辛，成了诱发陈寅恪眼疾的导火索。更有的甚至于死亡，著名社会活动家、教育家黄炎培的长子黄方刚，时为金陵大学教授，因为生病无钱购买新药，于1944年1月17日病逝，年仅44岁。

事物都有两面性，也正是这异样的“阴冷”促成了一笔“补助费”。抗战相持阶段，大后方通货膨胀，物质匮乏，办学经费困难。燕大梅贻宝校长决定为了抗战中的燕京大学勇敢“求人”。1942年底，适逢洛氏基金远东代表包尔弗大夫来蓉考察。梅校长对此有详细的回忆：

> 包大夫到成都燕大参观（实际是视察）的那天早晨天气奇寒，近乎结冰。燕大没有一处火炉。客人先到校长室坐了坐。我看他的样子很不宁帖，又怕他冻出病来。我想起了我们在隔壁启化小学里两间房的“校长公馆”外间屋有个壁炉。我对生火这一道又毫无技巧。再怎么捣鼓，亦生不出火来。客人还帮了一把，亦无效。……包大夫去后，不久就有洛氏基金会来信通知，燕大补助费一九四三年至四四年原订三千元，现增订为六千元；四四年至四五年增列为一万五千元。四五年以后，届时再议。②

在美学家朱光潜眼里，成都冬季的“阴霾”也打下了深深的烙印，“成都整年难得见太阳，全城的人天天都埋在阴霾里，像古井阑的苔藓，他们浑身染着地方色彩，浸润阴幽，沉寂，永远在薄雾浓云里度过他们的悠悠岁月……”但是成都的春季也有另一番情致，“阳春三月，风光却特

① 陈流求：《忆先父陈寅恪在成都燕京的日子》，燕京大学校友会编《燕京大学成都复校五十周年纪念刊》，第51页。

② 梅贻宝：《北平私立燕京大学成都复校始末记》，燕京大学校友会编《燕京大学成都复校五十周年纪念刊》，第5—13页。

别明媚。春来得迟，一来了，气候就猛然由温暖而热燥，所以在其他地带分季开放的花卉在成都却连班出现。梅花茶花没有谢，接着就是桃杏，桃杏没有谢，接着就是木槿建兰芍药。在三月里你可以同时见到冬春夏三季的花……"①

最让朱光潜难忘的还不是遍布成都的各色花卉，而是川西平原的壮丽柔美。"三月间登高一望，视线所能达到的地方尽是菜花麦苗，金黄一片，杂以油绿，委实是一种大观。在太阳之下，花光草色如怒火放焰，闪闪浮动，固然显出山河浩荡生气蓬勃的景象。有时春阴四布，小风薄云，苗青鹊静，亦别有一番清幽情致。这时候成都人，无论男女老少，便成群结队出城游春了。"②

半个世纪过去了，时在成都燕京大学上学的高林对成都的秋天仍记忆犹新，"从陕西街本部上课回来，还没走到宿舍门口，就听见一片巨大的'沙沙'声，时起时伏，潮水般不绝于耳。原来是文庙里边矗立着众多的参天古树，正不停地迎风摇曳。跨进大门，迎面是一块开阔的空地。一条石板路通向后面的大殿，路旁还点缀着两座大小相同的拱形石桥。阳光从盖顶的枝杈缝隙中漏落下来，把整个文庙染上一层淡淡的斑斓。成都的秋日天气是高爽的，在沙沙的高树摇曳声中，人们仿佛生活在秋天的梦幻里"。③

"一方水土养育一方人"，成都抗战时期的文化成为百年来最为辉煌的时期，大师云集，呈一时之盛，给封闭的成都带来深远的影响。

2. 成都文化区的人文地理生态分析

成都自古为西南明郡，是西南地区的政治、经济、文化中心之一，迄今仍是中国西部的文化中心。成都及周边地区，是历代部落、独立国家的都城所在地。三国时期的蜀国、五代时后蜀国均在成都建立都城。

成都是蜀文化的发祥地，古蜀文明源远流长。古有"汉赋四大家"中的司马相如、扬雄，晋代史学家《华阳国志》作者常璩、唐代女诗人薛涛、音乐家段安节、五代词人欧阳炯、绘画大师黄筌、宋代学者《资治通鉴》副主编范祖禹、理学家魏了翁、医学家唐慎微、明代文学家杨升魔、

①② 雷文景：《朱光潜 诗酒花香蜀中行（上）》，《成都日报》2014年8月9日。

③ 高林（卓顽麟）：《犹记文庙古树声》，燕京大学校友会编《燕京大学成都复校五十周年纪念刊》，第102页。

清代著名的“儒将”岳钟祺；今有现代文学大家巴金、艾芜、李劼人、沙汀。成都历来是文化名士汇集地。大诗人李白、杜甫、岑参、高适、韦庄、陆游、大文豪苏轼等人，以及近现代的“五老七贤”、郭沫若、黄宾虹、齐白石、徐悲鸿、张大千、傅抱石、陈寅恪、顾颉刚、萧公权、钱穆、蒙文通、徐中舒、南怀瑾等都曾寓居这里。历史上第一个翰林国画院，著名的画史《益州名画录》亦在成都问世。成都这座美丽的城市培育、滋养了大批蜚声海内外的文化大家，创造了大量杰出的文化成果。

成都也是历史上著名的工艺之乡。漆器以制作精美、工艺独特成为传世名品。蜀绣、蜀锦亦誉满天下。唐代出产的“雷琴”，载誉全国，被声乐界视同珍宝。早在宋代成都印刷业发达，是全国三大印刷业基地之一，享“宋时蜀刻甲天下”的美誉。造纸业亦很发达，唐代成都造“益州麻纸”是官方规定的诏书、册令用纸，女诗人薛涛制作的薛涛笺被文人墨客视为上品。成都的金银丝制品、竹编、草编有近千年的历史。成都茶文化更是由来已久。唐宋时期，成都是全国茶叶的主要产区和贸易集散中心，清代，成都的茶馆文化别具一格，延续至今。

成都作为四川的省会城市，从建城至今一直是座文人会聚的文化名城。成都素有深厚的传统文化底蕴，但因地处内陆腹地，交通闭塞，外来文化的引进和吸纳相对滞后。所以抗战时期的东学西渐为成都打开了通往世界的大门，引生了作为大后方的四川抗战文化繁华似锦的大好局面，形成了中国文化史上罕见的四川抗战文化中心的特殊文化格局。

（1）历史文化对成都文化区的影响

19 世纪末至抗战前夕，在成都有一群著名的文人学士，俗称“五老七贤”。他们是活跃于川西地区的文人学士群体。他们中有前清状元、进士、举人、翰林、御史。为政者，清廉刚正，循声卓著；为教者，德才兼备，经世致用。代表人物有赵熙、颜楷、骆成骧、方旭、宋育仁、徐子修、林山腴、邵从恩、刘咸荥、曾鉴、文龙、衷冀保、吴之英、陈钟信、尹昌龄、卢子鹤、庞石帚等。“五老七贤”著述颇丰，且有相当的文化学术价值。

“五老七贤”处于近现代历史的急剧变革时期，新旧文化冲突异常激烈。他们不仅有极高的学术造诣，又有极强的现实关怀，针砭时弊，仗义执言。赵熙在清末就是有名的“铁面御史”。他们以社会贤达的身份介于官民之间，沟通政令舆情。既为官方尊重和忌惮，又为民众敬仰。

其中赵熙[①]的故事尤为感人。据四川大学李兴辉记述："民国前期四川军阀割据，战乱频频，成都尤其是征战之地，'五老七贤'常居间斡旋、调解，以弭干戈，客观上为市民减少了战祸之苦。某年，军阀部队在荣县打仗，当时赵熙住在东门，双方军官以赵熙德高望重，未开战之前先定下'君子协定'，不在东门开火，以免使老先生受惊吓。川中人感其事，把荣县城东称为'郑公乡'。"[②]

"五老七贤"的名望、学识和人品，为民所爱，必然为恶势力所不容。李兴辉记叙，1924年，军阀杨森踞成都，北洋政府任命他"督理四川军务善后事宜"。杨森次年在成都推行"市政建设"，强令拆民房扩建马路。民房要市民自拆自建，不予补偿，以致民众流离失所，怨声载道。以徐炯（徐子休）为首的"五老七贤"联袂至督署交涉、抗议，为民请命。此事弄得杨森甚为难堪，又不好发作。事后恼羞成怒，蛮横扬言："我才不信你'五老七贤'的脑壳是铜打铁铸，我就要试试看砍得落砍不落?""五老七贤"们为社会主持公道，军阀背地里咒骂"五老七贤"是"五个烧火佬，七个讨人嫌"，[③]足见"五老七贤"不只在象牙塔里吟诗作画、谈古论今，而是用自己的声望、名誉、学识为民请命，甚至不惜身家性命。

不仅如此，"五老七贤"还大力开展文化教育和公益事业。现代许多大学者，如郭沫若、李劼人、蒙文通、周太玄，以及当时军政人物戴季陶、谢持、熊克武等，都曾是"五老七贤"的门人。1933年，方旭与刘咸荥发起创建了成都第一个研究学术和美术的组织蓉社，积极开展诗文、美术创作活动，培养美术人才，举办书画展，义卖助赈。尹昌龄主持成都有名的慈善机构慈惠堂，为老百姓提供就业机会，扶危济困，廉洁奉公，为时称颂。[④]正如著名民主革命家黄炎培所赞："劫后民劳未息肩，每闻政论出耆年。蜀人敬老尊贤意，五老当头配七贤。"[⑤]

成都地处西南偏远之地，四川军阀又连年战乱，川政统一直到抗战前才完成，正是深受四川主政当局倚重的"五老七贤"们的存在，大军阀不敢肆意妄为、鱼肉人民，使成都乃至四川保持了文化礼仪之邦的传统。他

① 1867—1948，四川荣县人，清朝进士。光绪十七年，乡试中举人。光绪十八年进京殿试朝考列二等，授翰林院庶吉士。光绪二十年，赵熙应保和殿大考，名列一等，授翰林院国史馆编修。

②③④⑤ 李兴辉：《老成都的五老七贤（上）》，《成都日报》2010年4月12日。

们的经世致用深刻影响了抗战时期内迁的文化人，他们纷纷驰骋于抗战文化领域，在文化抗战和救国强国方面发挥了独特而强大的作用。

（2）经济发展对成都文化区的影响

1933年底，四川军阀混战基本结束。1935年1月，国民政府正式任命刘湘为四川省政府主席，并敦促川军各部废除防区制。从此，全川军政走向统一，四川经过20年的战乱，才开始进入新的发展阶段。而且把四川的省会设在成都，结束成都、重庆分治的局面，成都由此进入新的历史发展时期。

1928年成都由市政公所改设为成都市政府，[①] 成都市遂步入现代意义上的城市发展期。成都历来是一个商业城市。抗战以前，成都的工业比较落后，工业基本以手工业为主。如染房街的骨、角、竹、木器业，福兴街的帽铺，三倒拐的鞋铺，昌福馆的银匠铺，科甲巷的绣花铺等。[②] 比较成形的近代化机器工业，大致有官办的电厂、兵工厂、造币厂、火柴厂、制茶厂，民办的启明电灯公司、四川制革厂、肥皂厂等。[③]

抗战爆发以后，由京津、沿海等地迁来四川的工业较多，大部分迁入重庆，成都也有部分迁入。抗战期间成都新建、外迁的工厂大致有裕华、申新、宝星、大昌、大经、中和等纱厂，建成、大新、兆丰等面粉厂，以及民康染织厂、华兴电机弹化厂、纸烟厂、制药厂和肥皂厂等。[④]虽然总体数量不多，规模也不大，但这是成都从商业城市转型为工业城市的标志。从此成都由落后的手工业进入了机器工业时代。

成都的商业渐至繁荣源自春熙路建成以后。春熙路北起总府街、商业场延伸到提督街，南靠东大街，这一城市地理空间形成了一个典型的商业中心。尤其是抗战以后，内迁人口由战前的40多万猛增到1941年的83万。[⑤] 春熙路商业中心，银行钱庄如雨后春笋，先后开设了七八十家。其中安乐寺的黄金、白银、纸烟市场，东大街的棉纱市场，大安市的米

① 乔曾希等：《成都市政沿革概述》，成都市政协文史委编《成都文史资料选辑》（第五辑），1983年版，第7页。

② 同上，第19—20页。

③④ 杨忠义：《从抗战前线疏散内迁成都的工厂》，成都市政协文史委编《成都文史资料选辑》（第十二辑），1985年版，第115—126页。

⑤ 乔曾希等：《成都市政沿革概述》，成都市政协文史委编《成都文史资料选辑》（第五辑），1983年版，第20页。

市，城守东大街的匹头市场等。另外，据 1935 年 1 月 11 日的《新新新闻》，成都市的茶馆有 599 家。[①] 茶馆是成都自古以来最重要的文化景观之一。

成都平原历来是重要的粮食产地，抗战期间四川的粮食征收及其对抗战的贡献巨大。四川人民无私奉献，饿着肚子供应了全国三分之一以上的粮食，积极支持抗战。

在交通方面，以成都为中心，大力修建公路。1935 年 8 月，省政府下令征集民工 15 万人，赶筑四川境内从绵阳至广元一线的川陕公路，以及成都至绵阳一段公路的加宽加固工程。川陕公路在川陕两省协同努力下，于 1937 年 5 月全线通车。同时还大力扩建成都至重庆、成都至乐山的公路。这些公路的修筑和扩建，对于成都地区的经济影响较大。之前成都由于交通运输困难，经济发展远较重庆落后，一切外来物质都依赖于重庆进口，然后通过人力和木船辗转运输，耗时十多天，甚至一个月才能到蓉。成渝公路扩建之后，汽车运输只需几天时间，大大加快了货物的运转进程及资金的周转速度。事实上，川滇、川陕两条公路于抗战期间繁忙的物质运输、人员迁移，起到了非常关键的作用，也极大地推动了成都的经济发展与繁荣。

刘湘主持的省政府成立后，国民政府下达命令：撤销防区制，各川军防区的民政、财政等大权一律交由省政府统一管理，取消各军防区内的苛捐杂税和道路关卡，施行全省统一税制、统一筹款，各军军费由省财政统一开支。为了加强统一金融实行了统一的法币制度，为了强化稳定统一的金融秩序，各中央国家银行、局先后在川设立分行、分局。除中国银行于 1915 年已经在成都设立分行外；中央银行率先于 1935 年 6 月设立成都分行；中央信托局于 1935 年 11 月设立成都办事处，1943 年改设为分局；中国农民银行于 1936 年 1 月设立成都分行；中国交通银行于 1938 年 6 月设立成都分行；1940 年 7 月，在成都设立西川邮政储金汇业分局，1943 年改名为成都邮政储金汇业分局。至此，6 大国家金融行局全部在成都设立分支机构。四川当局于 1935 年 11 月将原四川地方银行改为四川省银行，总

---

① 乔曾希等：《成都市政沿革概述》，成都市政协文史委编《成都文史资料选辑》（第五辑），1983 年版，第 20 页。

部设在重庆，成都设立分行。1938 年，成都市发起设立成都市民银行，后仿效重庆，于 1939 年 8 月获批改为成都商业银行。1943 年发起设立成都市银行。1942 年、1943 年还发起设立成都县银行、华阳县银行。[①]

鉴于成都的经济发展和大后方的重要地位，抗战期间，其他省外银行也纷纷在川设立分行。1938 年金城银行（民国著名的"北四行"之一）设立成都分行；1938 年陕西省银行设立成都办事处；同年西康省银行设立成都办事处；1938 年上海商业储蓄银行设立成都分行，为方便五大学子，专门设立华西坝办事处。此外，40 年代先后有刘文辉的济康银行，山西阎锡山的裕华银行，龙云的云南兴文银行，宁波的四明商业储蓄银行，杜月笙的中国通商银行，以及重庆银行、永利银行、建业银行、云南实业银行等在成都设立分支机构。此外还有名目繁多的银号钱庄，春熙路安乐寺当时有发达的黄金、白银、现钞等银钱市场。为了适应成都繁荣的金融市场，还成立成都银行公会和银钱业公会，最多时会员单位达到 30 多家。[②]在抗战期间，发达的成都金融业加强稳定金融，积极扶助工商业的生产经营活动，发行救国公债、带头积极参加节约献金救国活动，极大地支援了抗战前线，推动了成都经济发展与建设。

良好的经济基础是战时成都度过艰难时光的保障。川政统一，财政统一、税收统一、币制统一，发展交通及工商业，稳定农业，这系列经济举措使得成都在短短的两三年间休养生息，经济快速发展，无疑为艰苦的抗战后期，应对通货膨胀、物质匮乏等经济困难打下了坚实的基础，直至赢得抗战胜利。

（3）人口、教育对成都文化区的影响

根据国民政府内政部的规定，人口在 30 万以上才能设立市政府，成都在 1926 年为设市作的人口统计为 31 万人，[③] 遂于 1928 年获批建市。以后人口逐年增长，到抗战爆发的 1937 年，人口已达 46 万人，到 1940、1941 年，人口达到顶峰的 83 万人。[④] 据《四川抗战档案研究》，将成都市 1937

①② 成都市政协文史委、工商联等：《民国时代成都金融实况概述（中）》，《成都文史资料》（第 20 辑），1988 年版，第 101—177 页。

③ 乔曾希等：《成都市政沿革概述》，成都市政协文史委编《成都文史资料选辑》（第五辑），1983 年版，第 7 页。

④ 同上，第 12 页。

年至1946年的人口统计如下：[①]

公元（年）	民国（年）	户数（户）	人口（口）	备注
1937	26	81 171	463 154	
1938	27	84 580	453 476	
1939	28	67 607	303 104	
1940	29	80 867	834 371	注①
1941	30	97 935	834 371	注①
1942	31	97 473	456 536	
1943	32	102 963	缺	
1944	33	108 057	562 838	
1945	34	239 631	742 118	
1946	35	233 774	724 702	

注①：表中所列“户数”情况比较均衡一致，较为可信。而1940年、1941年的人口数量在“户数”均衡的情况下，突然暴增一倍多至83.4万人，与前后年份的数据相差极大，该数据有待考证。

1937到1940年期间，人口大幅变化与如下重大事件相关：一是川军出川抗战，1937年9月至10月，首批川军陆续出川，共计15万人。[②] 此后四川不断输出兵员，8年间出兵总计340万人。二是1938年至1940年，为应对日军大轰炸实施的城市人口大疏散。“四川省疏散重要城市人口临时委员会召开紧急会议，决定盛会各学校限于5月15日前一律停课疏散。5月9日，成都市拆除各道城门，规定沿城墙房屋限期拆除。5月10日，成都市民开始昼夜疏散，一周间达15万人。5月18日，川康绥靖主任公

① 乔曾希等：《成都市政沿革概述》，成都市政协文史委编《成都文史资料选辑》（第五辑），1983年版，第12页。

② 王晓春：《简述川军出川抗战》，李仕根主编《四川抗战档案研究》，西南交通大学出版社2005年版，第85页。

署、四川省政府令省会各商店限期一律疏散出城，在乡村自行建筑市场营业。截止到 1939 年 6 月 11 日，成都全城已有 20 万人疏散出城区。”①

抗战时期的成都人口是双向流动的：沦陷区人民的内迁与川军出川、城市人口疏散。因此，1938 年的人口略减是因川军出川作战，1939 年成都人口锐减是为了应对大轰炸下的人口疏散，1940 年、1941 年的人口激增而户口数均衡的原因，大致如下：一、行政区划的大幅变动，扩大了城区范围；二、疏散人口的大幅回流，而户口还来不及迁入；第三，大量内迁人口增加，统计数据延后累加；第四，数据统计有误。

人口的大量增加必然面临生活、就业问题，水、电、燃料、道路交通等公用事业的供给，以及文化教育支出等系列挑战，但也带来消费增长和经济发展的机遇，成都也因此在这样的挑战与机遇中发展壮大。

在 20 世纪 30 年代，成都已有专科以上学校十几所，如国立四川大学、私立教会华西协和大学、四川省立工科学院、四川省农学院、民本体育专科学校、东方美术学校、警监专门学校、西南无线电信学校、四川医科专科学校、四川高等国医学校等。② 因战乱学校存在时间偏短。同时还有公私立中等学校 40 多所，如四川大学附属高中一部、二部，附属初中男、女部，华西协和高中，成都县中，华阳县立中学，西蜀中学，大成中学，协进中学，蜀华中学，市立中学等。抗战前成都的中高等学校比较完备，覆盖范围较广。但因四川军阀连年混战，各类学校逐渐消失。然而到了抗战期间，随内迁中高等学校的骤然增加，四川文化教育事业进入了一个全新发展时期。

抗战期间，怀抱极大爱国热情的成都人民，积极捐款捐物，投入各种公益活动，全力支援抗战。由冯玉祥将军所倡导的“节约献金”救国运动，率先在成都的中国基督教团体中兴起，后逐渐发展为四川社会各界普遍参与的爱国运动，且持续两年半之久（1942 年 9 月—1945 年 2 月）。③

抗战时期四川民众爱国热情高涨，纷纷以实际行动支援抗战。各种官方、民间的捐钱捐物、支援前线的义举层出不穷。1937 年 8 月，四川省抗

① 张洁梅：《日机大轰炸下的四川城市人口疏散》，李仕根主编《四川抗战档案研究》，西南交通大学出版社 2005 年版，第 168—169 页。

② 同上，第 13 页。

③ 王京强：《张雪岩与抗战时期的节约献金救国运动》，《社会科学研究》2010 年第 2 期。

敌后援会决议，彻底抵制日货；1937 年 10 月，为慰劳前方将士，成都女青年会捐内衣四百件，成都市商会捐棉衣 2 万套；本市各娱乐场所捐献一日所得支援前线；全市募集救国公债 80 万元；出川将士多着单衣、穿草鞋，四川抗敌后援会决定发起募集皮毛丝絮御寒品及布鞋的活动；11 月，川大学生赶制棉衣棉鞋，赠送前方将士；战地服务团将成都募集的二万五千多件皮棉背心运往前线。

1938 年 2 月 25 日，各界民众在少城公园举行反侵略大会；1938 年 7 月 7 日，十万群众在少城公园举行抗战建国纪念大会，现场自动献金，以后，少城公园先后组织了多次的捐献、纪念活动。10 月底，成都募集 25 万件寒衣。期间，多次捐粮、捐飞机。1940 年捐献粮食 41924 石，献金八十万七千元。1941 年 7 月 22 日，全川征购粮食一千二百万石。1942 年 12 月 25 日，劳军献金竞赛活动，当场献金 113000 元。1944 年多次开展节约献金运动（缺统计数据）。1944 年 6 月 27 日，成都市第四届防空节结束，献金 328750 元。1944 年 12 月成都市冬令救济会募集救济费五百万元。1945 年 1 月，四川大学劳军献金二百万元，商会献金已募集四百万元。①

抗战期间，中央陆军军官学校负责训练成都的青年学生军，补充供给印缅远征军前线。这些学生军都是各高校、各大中学的学生，四川占绝大部分。他们为远征军大反攻，并为最终取得抗战胜利立下大功！

（4）休闲文化对成都文化区的影响

近现代以来，地处内陆的成都没有迅即跟上工业革命的步伐，虽有抗战期间的工厂内迁，但也甚少大型重工业，而以轻工业和手工业为主。所以，抗战期间，成都还是没有彻底改变以商业贸易和消费型城市为主的特征。与消费相伴而生的是成都休闲文化，最能体现成都休闲文化的莫过于慢节奏的茶馆文化。

中国是茶的故乡，种茶、制茶、饮茶最早源于巴蜀。公元前 1066 年，周武王伐纣时，巴蜀茶已作为进贡周室的贡品。而北方人饮茶则是秦以后的事，顾炎武在《日知录》里说：“自秦人取蜀后，始有茗饮之事。”② 抗战期间，成都尽管处在战备状态，其地域文化特征和久而习之的生活习惯

① 据成都市政协文史委办公室《抗战八年成都纪事》，成都市政协文史委编《成都文史资料选辑》（第 11 辑），1985 年版，第 6—42 页。

② 《四川茶之道》，《成都商报》2014 年 6 月 1 日。

是不会轻易改变的。

在华西坝，学生集中之地是图书馆和茶馆，茶馆乃是图书阅览室的延伸。位于华西坝的簧门街，街道不宽，却店铺林立，茶馆尤多。齐大历史社会学系学生陈旗海（原名陈嘉勋）回忆："我在课余时间大部分就是在茶馆度过的，坐在有靠背的小竹椅上，一杯盖碗茶，有茶博士不断续水，可以喝一天，看一整天书；累了、困了，还可以躺靠在椅上'眯'一会儿。中间外出或回校吃饭，只要在茶盖上套一小片纸，就绝无人动它或占去座位，这是人人都自觉遵守的'规矩'。"[①] 茶馆作为独特的城市文化空间，自有其奥妙之处。

茶馆亦成为报馆、通讯社编辑、记者的工作场地。位于闹市区的濯江茶社、锦江茶社、二泉茶楼、紫罗兰茶亭、西南茶亭、饮涛茶社、正娱花园是记者们经常聚集之地。"这里热闹极了，记者茶座设在内堂正中靠墙处，茶座可容纳百人。从早到晚，谈笑风生，报社、通讯社记者都涌向茶社，主要是来交换新闻或洽谈工作，但有价值的新闻始终为几家大报记者所捷足先登。"[②] 当时《中央日报》《新新新闻》《华西日报》《工商导报》《黄埔日报》等几大报纸，在此形成了"濯江茶会"。主要人员有《黄埔日报》总编辑章伯怀、副总编辑张君特，《中央日报》采访部主任薛熙农，《工商导报》记者曾沈方，《新新新闻》记者刘伟等七八人。他们私交甚密，常在茶馆针砭时弊，撰写新闻稿。鼎盛时期，"茶会"多达百人，这引起了川康绥靖公署主任邓锡侯的关注，邓锡侯的副官王席儒亦成为"茶会"常客，并通过支付津贴、提供保护等手段与成都新闻界加强联系。[③]

茶馆既是普通市民、干力气活的工人，在劳累闲暇之余，休息放松的好场所，也是各行各业生意人商务洽谈的好去处。不同行业聚会、活动，都有自己较为固定的茶馆。如棉织业、丝绸缎业，主要在上东大街"沁园""留芳"，下东大街"闲居"，城守东大街"掬春楼"，春熙南段"清和茶楼"。帽业在华兴街"复一茶社""可休茶楼"。鞋业在忠烈东街"妙

① 陈旗海（陈嘉勋）：《也谈在齐鲁大学的日子》，《老照片》（第33辑），山东画报出版社2004年版。转引自岱峻《风过华西坝——战时教会五大学纪》，江苏文艺出版社2013年版，第63页。

② 文枢：《〈新新新闻二十年〉一文补遗》，《成都报刊史料专辑》（第8辑），第58页。

③ 王伊洛：《〈新新新闻〉报史研究》，四川出版集团巴蜀书社2008年版，第164—165页。

高楼”、提督街“魏家祠茶社”，木材业在月来商场内“品香”、北门外“玉河岛”。图书文具业在“安乐寺茶社”。印刷业在安乐寺对门“新商场茶社”、春熙东段“十二楼茶社”、大科甲巷“观澜阁”、汽车业在交通路“交通茶社”、忠烈祠东街“妙高楼”。茶叶业在提督东街“三义庙茶社”、沟头巷“中心茶社”、城守东大街“华华茶厅”。戏剧界的茶馆，京剧演员在春熙路“第一楼”，京剧票友在走马街“祥光”，川剧演员在“三益公”。少城公园的六家茶馆中，“枕流茶馆”是学生，“鹤鸣”是校长和教师，“绿荫阁”是政界人士和士绅，“永聚”是上层人和有钱人，“射德会茶社”是军政界上层人物居多、也有大袍哥，“文化茶园”是游园的人小憩之所。花市在东门外铁门坎一家茶馆，主要是买卖烘茶叶用的茉莉花市场。为便于茶叶铺买回去当天熏茶，茶馆是半夜三点钟开门营业，天亮就散市。①

老舍《在成都》一文，把对成都的印象概括为“街平、房老、人从容”，古典城市的氛围呼之欲出。茅盾也认为，成都“是一个古色古香的中国城市，它所受到资本主义渲染的色彩很少”。②

旅居成都的朱光潜对成都的休闲生活深有感悟。成都的生活是逍遥自在的，这里不仅有老朋友卞之琳、何其芳、罗念生、徐中舒等人时相过往，谈诗论道。川西平原丰饶，相比其他城市成都的物价也便宜许多，经历过流离之苦，一家人仿佛就进了天堂。这里是妻子奚今吾之家乡，岳父的家就在离川大不远的横小南街 1 号，房子是租得的，名叫傅宅，出门走不远的路，就可以走到成都有名的少城公园。他最爱到祠堂街少城公园里面的“鹤鸣”茶社和“绿荫阁”茶馆吃茶，喜欢那里清雅而又不失枯寂的氛围，在与朋友们的谈天说地之间，还时不时拿成都与北平来对比一番。③在这个大后方的城市中享受宁静祥和的快乐。

不仅吃茶，朱光潜还好饮。他周围的诸多文人雅士也皆是杜康之徒，成都许多酒肆餐馆都留下过他们把盏临觞的身影，徐中舒、叶圣陶、刘永

① 陈茂昭：《成都的茶馆》，成都市政协文史委编《成都文史资料选辑》（第 4 辑），1983 年版，第 178—193 页。

② 茅盾：《成都——“民族形式”的大都会》，《茅盾全集·第十二卷》，人民文学出版社 1986 年版，第 62 页

③ 雷文景：《朱光潜　诗酒花香蜀中行（上）》，《成都日报》2014 年 8 月 9 日。

济、程千帆、叶麐、蒙文通、顾颉刚、罗念生、吴宓、朱自清、钱穆等人都曾是座上客。老南门的“枕江楼”、西御街的“王胖鸭”、“至德元”、“矮子斋”，这些当年成都的老字号餐馆他们没少光顾过，还有青石桥的“吴抄手”、总府街的“赖汤圆”、“郭醪糟”这些小吃店。[①]

朱光潜与妻子奚今吾带着孩子去青羊宫花会。琳琅满目的各色玩意儿，尤其是风车、泥人、木马、小花篮让孩子流连忘返，他也兴致勃勃地侧身其间。转到古董与书画摊前，忍不住就会躬下身子去浏览一阵，并感叹这个古都的文化之风。那时候，品尝了太多流离之苦的朱光潜久违了和平的温暖，而成都的确是“景物居然似旧京”的，同时也是“‘天边光景一时新’，你纵是老年人，也会是年轻十岁了”。[②]老舍《在成都》[③]一文所描绘的成都的可爱之处，大致类似：华西坝的大学“地旷”、“静寂”、“清洁”，武侯祠和望江楼的“树好”、“竹好”，街上的鲜花“又多又好又便宜”，成都的吃食“精美”而“价廉”。

抗战时期流落大后方的知识分子，胸中郁积着沉重的家园之思。沦落的故土，漂泊的处境，成都则为外来文化人提供了陶情山水、饮酒赏花的闲散时光，置身宁静悠闲的成都茶馆中，感受这个城市的怡然自得，心态自然平和松弛，便“把所有的秀丽春情，一齐流浪到了成都”！[④]

然而，也有一些文化人对成都的闲适从容与战时中国的不协调颇有微词。华西坝金陵大学中文系副教授程千帆[⑤]认为：“当时成都有西人主办之教会大学五所，其四所在华西坝。学生习于西俗，虽在国难深重之际，诸女生犹每年进行姿势比赛，优者为姿势皇后。至于荒嬉学业，崇拜欧美，以能操外语为荣者，滔滔如是，故词云尔……”[⑥]陈寅恪曾写有一诗《咏成都华西坝》：“浅草方场广陌通，小渠高柳思无穷。/雷奔乍过浮香雾，电笑微闻送远风。/酒醉不妨胡舞乱，花羞翻讶汉妆红。/谁知万国同欢地，却在山河破碎中。”[⑦]以针砭的态度来书写歌舞升平的成都形象。

---

①② 雷文景：《朱光潜　诗酒花香蜀中行（上）》，《成都日报》2014年8月9日。

③ 老舍：《在成都》，《国民公报》，1939年1月31日。

④ 易君左：《锦城七日记》，易君左等著《川康游踪》，中国旅行社1943年版，第179页。

⑤ 1913—2000，湖南宁乡人，毕业于金陵大学，著名文史学家、教育家。

⑥ 程千帆：《劳生志略》，《桑榆忆往》，上海古籍出版社2000年版。转引自岱峻《风过华西坝——战时教会五大学纪》，江苏文艺出版社2013年版，第46页。

⑦ 岱峻：《风过华西坝——战时教会五大学纪》，江苏文艺出版社2013年版，第46页。

对此，金大女学生曾星华有不同观点："饱受战争创伤，历尽生活磨难的中国人，懂得国难期间必须万事从简。然而，从简不等于办学可以马虎草率。金陵女大哪怕失去了战前办学的优越条件，却始终保持着自己独特的办学传统。用稀稀疏疏竹子编成的篱笆墙，把一间间狭小的钢琴室和一间面积不甚宽敞的体育馆圈起来，与校中的人行小道隔开。每当人们走过时，总能听到叮叮咚咚的练琴声，咿咿啊啊的练嗓声和体育馆内教舞蹈发出的钢琴声。……"金女大每年 5 月照例选举"五月皇后"，这种"场面"出现在国难当头的后方学校，引来不少非议，曾星华继续写道："但是，有远见卓识的教育家们认为，四周越是惊涛骇浪，越要坚定乐观；国家越是歌舞升平，越应具有居安思危的忧患意识。"①

其实，战争是为了和平，艰苦奋斗是为了明天更美好的生活。就如国民政府抗战时期的高校政策指示"战时应作平时想"一样。如果这一辈人只有仇恨、拼杀、吃苦耐劳，没有淡定、从容、优雅，甚至是闲适的人生情趣，如何教会下一辈人在和平优裕的生活中，去品味生活呢？更何况女子大学的学子恰恰是未来的母亲，她们决定了下一代人的生活情趣与生活质量。

抗战时期，平静的街道，低矮的房屋，宽阔的马路，花木掩映的独门小院，日落而息日出而作的店铺，悠闲缓慢的生活节奏，花样繁多、价格低廉而精美的饮食，文雅富有情趣的市民，让成都"隔离"了战争的硝烟。天府之国优越的生存环境，成都人悠闲的生存艺术，五方杂处的市民构成和自由松散的人际关系，也使得成都的文化个性趋于从容闲适。

因此，茶馆也好，"小资"也罢，一面是广大民众长久以来自发而朴素的生活追求；一面是远见卓识者洞达未来的世界眼光。殊途同归，着眼的正是民族的未来。大度、从容、优雅、闲适的民众生活，正是一代代人追求的生活梦想，也是人们生活的动力源泉。

成都地处川西平原中心地带，是进入川西山区、远赴康藏、西北的交通枢纽。美丽的青城、峨眉、川西风光、川西林盘，都是文人墨客难以忘怀之地。抗战时期，现代著名画家黄宾虹、齐白石、徐悲鸿、张大千、晏济元、黄君璧、关山月等，学术大家冯友兰、钱穆、蒙文通，佛学家南怀

① 曾星华：《回首往事——忆抗战期间的华西坝》，《金陵女儿》（第二集），第 90 页。转引自岱峻《风过华西坝——战时教会五大学纪》，江苏文艺出版社 2013 年版，第 47 页。

瑾等，都在青城、峨眉及美丽的川西大地留下了深深的足迹，也带给他们难以忘怀的记忆。成都丰饶的物产和经济基础解除了内迁学人的饥寒之忧；原本厚重的历史文化、风土人情也给远道而来的文化人一片安宁的为学之地。

二、三台—绵阳文化副区的地理生态分析

三台—绵阳文化区地处川西平原的最北端，是从北面进入平原腹地的最后一道屏障，历来为兵家必争之地。境内有闻名的嘉陵江及其最大支流之一的涪江。历代用兵，以陕甘南部作为进攻四川路线时，大多以嘉陵江为漕运路线。抗战时期，西南与西北之间的物资来往运输，皆取道四川，嘉陵江的货物航运曾起了重要作用。陆路交通，三台—绵阳地区地处川陕咽喉要道，是西北地区往来西南运输的黄金通道。

绵阳地区历史悠久，古名“涪城”“绵州”。自汉高祖六年（公元前201年）设置涪县以来，已有2200多年历史，历来为郡、州治所，后因城址位于绵山之南而得名“绵阳”。这里是人文初祖黄帝的元妃——丝绸之母嫘祖的故乡，中华民族建立的第一个国家——夏王朝的缔造者、治水英雄大禹的诞生地；还是中医针灸鼻祖涪翁、大诗人李白的故乡。[①]

川西平原北部的涪江冲积平原本身就是成都平原的一部分，也是著名的产粮区，足以接纳大批外来流动人口。抗战期间，从北面入川的文化机构首选之地就是三台—绵阳地区，所以东北大学、国立六中几经辗转迁徙，最后落户这里。

1. 三台—绵阳文化副区的自然地理生态分析

三台—绵阳文化区（以下简称绵阳地区）地处川西平原最北端的涪江冲积平原。地势为西北部高，东南部低，地形起伏很大。西北部面对四川盆地的第一列山脉为东北西南向的龙门山脉，海拔1000米至3000多米；再往西的岷山山脉和北面的摩天岭山脉，海拔多在3000米以上，最高海拔在5000米以上。东南部属四川盆地盆中丘陵，一般海拔400—600米，最低点位于三台县建中乡郪江河谷的短沟口，海拔307.2米。[②]

---

① 绵阳市志编纂委员会：《绵阳市志》（概述），四川人民出版社2007年版，第1—3页。
② 同上，第2页。

受地貌影响，绵阳地区降水丰沛，径流量大，江河纵横，水系发达。所有河流、溪沟都分别注入嘉陵江支流涪江、白龙江与西河，属嘉陵江水系。嘉陵江流域位于中纬度地带，历来是南北气团相遇地区，因而暴雨频繁。暴雨区呈块状分布，暴雨区形成多在边缘山区的南麓，其移动方向常沿盆地边缘由西向东推移。最大暴雨区多出现在涪江龙门山南麓的安县、北川、江油一带和渠河大巴山南麓的巴中、南江一带，有时也出现在嘉陵江干流的广元、昭化、苍溪县等地。该流域内洪水由暴雨造成，常出现在6月中旬至9月中旬，七八两月最频繁，由于流域呈扇形，涨势凶猛，历时短、洪峰高。①

涪江发源于四川省松潘县与平武县之间的岷山主峰雪宝顶。涪江向南流经四川省平武、江油、绵阳、三台、射洪、遂宁等县，以及川东潼南县等区域，在合川县汇入嘉陵江。涪江是嘉陵江右岸的最大支流，全长700千米。涪江流域人口稠密，农业发达，是四川开发较早的地区。雄踞川北的重镇绵阳位于阴平、金牛两条古道的会合之处，西北倚龙门山、摩天岭，东北临剑门山，据两山之险要，扼百川之要冲，自古为囤粮驻兵的重地。自汉、晋以来，涪县（绵阳）就是涪江流域政治、经济、军事的中心，涪江也因此得名。

涪江支流郪江位于四川三台县，是三台文化的发祥地，位于郪江边的郪江镇，四周群山环抱，风景秀丽，文化悠久。

作为川西屏障的秦岭、剑门雄关，路途险峻异常。燕京大学奔赴成都复校的殷书训同学，1942年春夏之交，曾亲历此途，“过秦岭经常有所谓十八盘、三瞪眼。峰回路转，路上常看见翻在深谷里的汽车。秦岭高峰直插云霄，谷深万仞，险不可测。真是‘蜀道难，难于上青天’。我们走的路线大致是宝鸡到凤县，经过庙台子到褒城，沿定军山的左麓插到广元。一入川，景色就与陕西大异了。四川的确是天府之国，连高山栈道都披着绿装。汽车驶到剑门关略停，剑门关的石碑豁然入目。在那样的地方眺望，真有‘前不见古人，后不见来者，念天地之悠悠，独怆然而涕下’之感”。② 但山川之秀，也别有洞天。“车行至剑阁过夜，住在这里的有名的

① 根据《川江的四大支流》整理，《央视国际》，2004年6月7日。

② 殷书训：《铁马金戈入梦来》，燕京大学校友会编《燕京大学成都复校五十周年纪念刊》，第36—37页。

宝刹里。这座寺好像是古代皇帝驻跸的地方。……寺内高檐重瓦、金碧辉煌，寺外青松翠竹、绿树成荫，好一个所在！清晨在寺外第一次品尝到川味的醪糟蛋。从这里经绵阳到成都。绵阳也是个秀丽的小城。公园里泉水淙淙、草木成林，有苏州之雅。"[①] 历经险峻的秦岭盘山道、剑门关，入关即见苍松翠竹、绿树掩映之处的皇家寺院，以及秀丽如苏杭的雅致城阁。不论从南面的嘉州乐山、还是从北面的绵州绵阳进入川西平原，都能立即感受到富庶的"天府之国"的不负众望。

2. 三台—绵阳文化副区的人文地理生态分析

（1）交通运输对三台—绵阳文化副区的影响

抗战时期的绵阳地区交通可谓发达，海、陆、空交通齐备。

1935 年 1 月，民国军事委员长行营参谋团入川，将川陕公路列入"四川剿匪公路建设计划图表"，同年 7 月，四川公路局派出 7 个测量队同时分段测量，选定由绵阳经广元至陕西宁强县，公路走向基本沿金牛古道的路线。1935 年 8 月开始征调民工，采取全部义务征工，于 9 月正式动工修建，到 1936 年 1 月绵阳境内段完工。[②] 川陕公路是民国时期绵阳地区陆路交通的主要通道，也是四川北面出川的黄金通道。

抗战时期，绵阳、江油、三台、盐亭涪江沿岸 4 县均有水路航道，是川北地区主要的军粮运输通道。[③]

1931 年 7 月，第 29 军在三台县城东门外猪市扣至刘家屯租用 350 亩地修筑军用小型机场。名为三台东关机场，1938 年停用。1938 年 12 月，因东关机场受地形限制无法扩建，遂在三台刘营石鼓坝重新修建飞机场。有机库和飞机跑道，仅供小型飞机起降。此为三台刘营机场，于 1946 年停用。1944 年 3 月，又在绵阳县塘汛乡甘草坝修筑机场。征调民工 1.5 万人，于同年 5 月建成，占地 418 亩，机场建成后未投入使用。[④]

从以上交通布局可以看出，该地区一直被国民政府作为川北重要的军事重地，短短几年间，修通川陕公路，前后修建了三个军用机场。

---

① 殷书训：《铁马金戈入梦来》，燕京大学校友会编《燕京大学成都复校五十周年纪念刊》，第 36—37 页。

② 绵阳市志编纂委员会：《绵阳市志》，四川人民出版社 2007 年版，第 1326 页。

③ 同上，第 1331 页。

④ 同上，第 1310 页。

（2）历史文化对三台—绵阳文化副区的影响

三台—绵阳文化区是中华文明的发祥地之一。从黄帝的元妃嫘祖到夏朝国家建立者大禹，再到汉高祖刘邦、三国蜀汉文化中刘备与刘璋聚会的富乐山，到抗日名将宋哲元将军墓地，历史古迹众多。而三台县郪江镇远至战国时代的郪王城和传说的郪王墓，以及遍布全镇的汉代至两晋时期的崖墓群、唐宋时代的摩崖造像，明清时期的古建筑、民居、街道、寺庙和石桥，这些都是该文化区标签式的文化景观。

抗战期间，迁移三台县的东北大学非常重视这些文物古迹。为此，东北大学历史系专门组织了一个“古迹考察队”，考察了三台千子乡一带古迹。如云台观、千子坟、汉邦王城故址和云台山新发现古岩墓，以及“十里长洞”与“景福院”。关于千子乡二冢之性质及时代，文学院长金毓黻撰文《千子坟考》论及“千子”乃“千石”之伪，二冢当系后汉邦人王堂一族家墓。[①] 而该校张培林则认为：因为根据翻阅县志，“千子乡”亦名“千总乡”，千总系明京营官，世宗嘉靖二十九年（公元1550年）置，有随征千总及随营千总之分，位阶甚崇。清亦有千总之官，为州县武职，从五品，居巴总上，若谓“千子坟”为“千总坟”之伪，为明清某千总之家墓，则时代当不如是之晚，若谓所露出之子母砖即为汉砖，遂确定二冢为汉墓则又不然，盖二冢距古邦城既远，而邦城故址至今古砖垒，似无不可移用之理。且两汉距今两千余年，而二冢似甚完好，故余疑焉。[②]

文学院陆侃如教授也在《采薇出车六月三诗的年代》中对三首诗的年代进行了考证，从而证明“采薇”与“出车”实同叙一事，三首诗所作年代大约为周宣王十二年（公元前816年）。[③] 而在《四川三台物价特刊》中，东北大学经济系师生分别对三台的零售物价及指数进行了调查和分析，从而更清晰地展现了国民政府在抗战的影响下，物价飞涨，大学师生生活的艰难困苦。

东北大学为了抗战胜利之后更好地建设东北，于1940年8月，在三台城西的马家桥设立了东北史地经济研究室，聘东北史专家金毓黻为研究室主任，史地学系拆分为历史学系和地理学系。1942年，奉国民党政府教育

①③ 程丕来：《抗战时期东北大学内迁三台研究》，四川大学2007年硕士学位论文。

② 张培林：《千子乡一带古迹考察记》，《国立东北大学校刊》1945年7月第12、13期合刊。

部令：改东北史地经济研究室为文科研究所，研究生毕业给予硕士学位。东北大学的研究生教育由此发端。文科研究所成立后，培养了一批高素质研究人才，取得了许多研究成果。相继设立史地学部，设立东北建设设计委员会，聘请校内教授为委员，该会分调查、研究和设计三组，以规划东北收复建设等事宜。[①]

东北大学教授大多住在由学校统租的大学巷（陈家巷居民住宅）。土木老屋，用白木条镶成牛勒巴窗户，夏天通风，冬天则用纸糊上挡风。学校外出交通不便，假期去成、渝都得央求商人经营的烧木炭货车权当“黄鱼”（高价搭车）。

1938 年台儿庄大捷传来，身在三台的历史学家蒋天枢，[②] 这样描述自己当时的心情：“余暇则偕友泛舟涪江，或登东山吟啸，或上牛头山寺拓碑。每诵杜工部‘剑外忽闻收蓟北，初闻涕泪满衣裳。却看妻子愁何在，漫卷诗书喜欲狂’之句，不自知其泪下也。”[③] 蒋天枢因贫困无钱接连失去两个儿子，自己也差点因病丧失生命。

尽管条件艰苦，教师们依然专心治学。萧一山[④]是我国老一辈清史专家。1938 年他随东北大学流寓四川三台，时任东北大学文理学院院长。他利用闲暇，撰写了《清史大纲》（经世学社，1944 年版）、《清代史》（商务印书局 1945 年版）和《曾国藩传》（胜利出版社，1944 年版）。洋洋数十万言，详尽阐明关于清代史一些重大问题的认知及对曾国藩的评价。任东北大学文理学院院长期间，他曾延请著名史学家如丁山、蒙文通、金毓黻、何鲁之、贺昌群等任教。

萧一山卸任后，姜亮夫任文学院长，他是有民主风度的学者，他聘请了陆侃如、冯沅君夫妇，而陆侃如任文学系主任，又聘请了赵纪彬、向林冰、董每敏、姚雪垠等。当时精英荟萃、大师云集东北大学，陆侃如、冯沅君、金毓黻、高亨、杨荣国、萧公权等先后来校任教。[⑤]

---

① 程丕来：《抗战时期东北大学内迁三台研究》，四川大学 2007 年硕士学位论文。

② 1903—1988，江苏丰县人，在清华大学国学研究院师从陈寅恪，资深教授、古代文学专家。与恩师陈寅恪演绎了一段现代版恭敬执师礼的佳话。

③ 蒋天枢：《论学杂著序言》，中州古籍出版社 1985 年版。转引自程丕来《抗战时期东北大学内迁三台研究》，四川大学 2007 年硕士学位论文。

④ 1902—1978，江苏徐州人，北京大学毕业，历史学家。

⑤ 程丕来：《抗战时期东北大学内迁三台研究》，四川大学 2007 年硕士学位论文。

一批受过现代文明熏陶的文化精英的到来，不仅改变了闭塞小城的文化氛围，而且促进了精英文化与地方文化，东北文化与川西文化的相互交融，构筑起多元发展的文化生态。据陈芳德老人回忆："抗日战争时期，不少东北流亡学生来三台象山农校就读，师生一下子有五六百人之多，学校中的救亡活动非常活跃。平时学生上街搞宣传，贴抗日救亡标语，每逢端午节、中秋节、观音庙会，他们就把'文明戏'搬到王爷庙台上去公演。农民们过去只看过川戏，对这种穿普通服装只说不唱的话剧感到很稀奇。……一批热心又有演技的师生就要求组织一个剧团为抗日宣传做点贡献，命名为'抗敌剧团'。……乡坝头的抗敌剧团至今已事隔几十年，不少人对它已没有了记忆。但它确实对抗日宣传和普及'文明戏'做出了贡献，老一辈的人至今还在怀念它。"①

三、乐山文化副区的地理生态分析

在川西平原南端的冲积平原上，大渡河与岷江、青衣江汇合处，有一座3000多年的历史文化名城——乐山。旧称嘉州，又称嘉定，位于四川盆地的西南边陲之上。在汉代称作南安，后又改称平羌、嘉州，其地自古盛产"色香并胜"的海棠，故有"海棠香国"之称，素以风景秀丽著称。在此，有一座始建于唐代的世界上现存的最大的佛，由岸边的山壁雕凿而成，高71米，气势恢宏，面容慈悲安详，闻名海内。乐山地处四川盆地向西南山地的过渡地带，这里触目皆是青山绿水，放眼可见浪飞滔涌。乐山是川西平原经岷江入长江的水路出口，是成都进入长江的水路交通要道，同时也是民国期间，陆路向西经西昌进入云南，经缅甸通向国际的交通要道。由于同时拥有水、陆、空的交通便利，抗战期间乐山是主要的工业、文化机构内迁之地。

抗战期间，时任武汉大学校长王星拱派人前往四川考察校址，最后选定乐山。在乐山师范学院"武汉大学乐山纪念堂"，有一份保存完好的王星拱毛笔书稿，讲述了武大搬迁乐山的六大原因：乐山没有专科以上的学校，水陆交通便利，物产丰富，民风淳朴，市民的文化程度也不低于其他

① 陈芳德：《抗战时期三台乡坝头的抗敌剧团》，《绵阳晚报》2013年11月9日。

大城市……[1]这里物产丰富、交通便利、人杰地灵、钟灵毓秀，是一个依山傍水，风景如画的好地方。这里曾孕育了中国文学史上的两位文豪，一位是北宋的苏东坡，另一位是近现代的郭沫若，两位文豪相隔800余年，却同饮一江水。“大渡河和南下的岷江在城的东北隅合流而东行，和城相对的北岸有凌云山、乌尤山、马鞍山，鳞次而立，与西南面的峨眉三峰遥遥相对。在凌云山上有唐代韦皋镇蜀时海通和尚所凿成的与山等高的石佛，临江而坐。山顶又有苏东坡的读书楼。因此这个地方一向便成为骚人墨客所好游的名地。”[2]

1. 乐山文化副区的自然地理生态分析

乐山及第五行政督察区（其下以“乐山”代称）地处岷江、青衣江、大渡河中下游，是川西平原的最南端。北连第四区的眉山等县，东邻自贡市，南接第六区的宜宾等县，西靠当时西康省的雅安和西昌等地。

乐山地处四川盆地向西南山地过渡地带，总体趋势西南高，东北低，高差悬殊大。最高处为峨边县马鞍山主峰，海拔4288米，最低处是犍为县新民镇马厂坝岷江出口，海拔307米，相对高差3981米。地形地貌有山地、丘陵、平坝三种类型，以山地为主。山地主要分布于境内峨眉山、峨边、马边、沐川一线的西南部，是凉山高原与四川盆地过渡地带。丘陵主要分布于峨眉山、沐川一线的东北部。河谷平原主要沿岷江、大渡河、青衣江两岸分布。

乐山属中亚热带气候带，具有四季分明的特点。雨量丰沛，无霜期长。是水稻、小麦、油料、糖料、水果、棉花等农副产品的高产区。其西南山区气候垂直差异明显，从山麓至山巅依次分布着中亚热带——暖温带——温带——寒温带的完整气候带，气候条件十分复杂，盛产木材、茶叶、中药材等作物。境内旅游资源丰富，有高山峡谷、雪峰冰川、湖泊瀑布、地热温泉等优美景观；不仅有乐山大佛、峨眉山世界文化遗产著名旅游景区，也有乌尤寺、凌云寺、万景楼、犍为文庙等深藏文化底蕴的景点。同时该地区还是丰富的动植物王国，为科学研究提供了丰富的素材。

拥有得天独厚自然环境的乐山及素有普贤道场之美誉的峨眉，其自然

---

① 陈四四：《一所大学与一座城市的抗战八年——大师们的乐山往事》，《四川日报》2011年11月18日。

② 《郭沫若全集·文学编》（第20卷），人民文学出版社1990年版，第176—178页。

风光的美丽和深藏的文化底蕴，对文人有着磁石一般的吸引。生长于斯的郭沫若对此有着深深的眷念，尤其是“峨眉山上的白雪”成了他魂牵梦绕之所在。“峨眉山上的白雪/怕已蒙上了那最高的山巅？/那横在山腰的宿雾/怕还是和从前一样的蜿蜒？//我最爱的是在月光之下/那巍峨的山岳好像要化成紫烟；/还有那一望的迷离的银霭/笼罩着我那寂静的家园。//那山下的大渡河的流水/是滔滔不尽的诗篇。//大渡河的流水浩浩荡荡，/皓皓的月轮从那东岸升上。/东岸是一带常绿的浅山，/没有西岸的峨眉那样雄壮。//那渺茫的大渡河的河岸/也是我少年时爱游的地方；/我站在月光下的乱石之中，/要感受着一片伟大的苍凉。//啊，那便是我的故乡，/我别后已经十有五年。/在今晚的月光之下，/峨眉想已化成紫烟。”① 如梦如幻的峨眉山成了诗人一生美的记忆。

乐山江河纵横，水网密布，素有“三江七河”之说。岷江、青衣江、大渡河“三江”，人们耳熟能详，位于三江并流处的乐山大佛更是世界闻名。而所谓七河，是指竹公溪、剑峰河、凌云河、磨池河、临江河、峨眉河、泥溪河。能完整得知“七河”的人并不多。其中，“最有文化”的河流当属穿城而过的竹公溪。从汉朝以来，历代文人雅士都有竹公溪的吟诵；地方志也有对于竹公溪的记载，竹公溪俨然是乐山的“母亲河”。

1938 年 11 月，叶圣陶一家迁往乐山，1941 年初离开此地前往成都，一住就近三年。1939 年 9 月，叶圣陶一家入住竹公溪旁小山前之瓦屋。“瓦屋三间，竹篱半围，靠山面水。所谓山，至多只有今日一般住宅的四五层楼高，水也不过是条小溪，名字挺秀美，竹公溪，只在涨水的日子稍有点儿汹涌之势。”②

叶圣陶之子叶至诚回忆道：“房屋虽然简陋，客人倒还常有。父亲的客人多半是武汉大学中文系的同事，其中朱东润、朱光潜、陈通伯几位先生，更来得勤些……一天，父亲和朱东润先生出去。通常的走法，总是，出篱笆门左转，沿竹公溪边的小路到岔路口，下一个小土坡，从沙石条架成的张公桥跨过溪水，对岸不远的竹林间有个十来户人家的小镇，有茶馆可以歇脚。这一天，他们改变了路线，到岔路口不下土坡，傍着左手边的

① 《郭沫若全集·文学编》（第一卷），人民文学出版社 1990 年版，第 407—408 页。

② 叶至诚：《关于父亲》，张胜友、蒋和欣主编《中华百年经典散文·情感世界卷》，作家出版社 2004 年版，第 347 页。

山脚，顺山路继续向前，乐山的山岩呈褚红色，山岩上矮树杂草野藤，一片青翠，父亲有过‘翠丹崖为近邻’的诗句。山路曲曲弯弯，略有起伏；经过一个河谷，也有石板小桥架在溪上，只因远离人家，桥下潺潺的溪水，仿佛分外清澈。望着这并非常见的景物，朱先生感叹地说：‘柳宗元在永州见到的，无非就是这般的景色吧！他观察细致又写得真切，成了千古流传的好文章！’父亲很赞赏朱先生这番话，将其写在他当天的日记里。”①

叶圣陶常游乐山最负盛名的大佛凌云寺与乌尤寺，“昨日下午始出游山，渡江访凌云寺，观大佛，登东坡楼。山深秀，多树木。大佛雕刻殊平常，而其大实可惊，以弟目测，其耳朵等于二人之身高。可游之处甚多，以后拟徐徐访之”。② 因审美情趣的不同，各有喜好。“乌尤耸翠接凌云，石磴虚亭并出尘。”他更钟情于“乌尤”，“嘉定名胜首推乌尤，次为凌云。前一信已曾略述凌云，今请告乌尤大概。乌尤土名乌牛，象形也，黄山谷嫌其不雅，改为乌尤。然乌尤何义，迄今尚未之知。是亦见于《史记·何渠书》名离碓。及《汉书·沟洫志》名离隼，为蜀守李冰所凿，兀立大渡河与岷江交会处，四面环水，秋冬水落，则有一滩与凌云相连，可由此而之彼。全山蒙密树，尤多楠木，大者五六围。（此间楠木不以为奇，寻常家具多用楠木制……）从树隙外窥，则江水安澜，峨眉隐约云表”。③

郭沫若对乌尤也甚为喜爱，“乌尤山本名乌牛山，以山木葱茏、青翠之极有类于乌，而形则似牛，故名乌牛。一说秦时蜀郡太守李冰所凿离堆即此。它是与岸隔绝了的一座孤耸的岛屿。由乌牛而乌尤，是王渔洋使它雅化了的。山上有乌尤寺，有汉代郭舍人注《尔雅》处的尔雅台。论山境的清幽，乌尤实在凌云之上”。④

叶圣陶与武大生物系教授章韫胎还是奇石爱好者，尤喜“嘉州石”。章韫胎撰文，把“嘉阳石”分为“八采”“八品”，影响颇大。叶圣陶也盛赞“嘉阳石”：“此间石子至可爱……蓄于盆中，映日光视之，灿烂

---

① 叶至诚：《关于父亲》，张胜友、蒋和欣主编《中华百年经典散文·情感世界卷》，作家出版社 2004 年版，第 347 页。

② 叶圣陶：《我与四川》，四川人民出版社 1984 年版，第 80 页。

③ 同上，第 83 页。

④ 《郭沫若全集·文学编》（第 20 卷），人民文学出版社 1990 年版，第 176—178 页。

娱心。”①

朱光潜到乐山不久，就开始了较系统的陶渊明研究，其身世、交游、思想、情感生活、人格和诗歌风格皆是研究所及，一直持续了四五年，陶渊明对朱光潜影响至深至远。朱光潜住在乐山城郊外，家门外是一片清新的田园，这让他时感陶渊明的“诗情画境”历历在目：“有风自南，翼彼新苗”；“久在樊笼里，复得返自然”；偶逢佳节，他邀几位亲密朋友，一起浅斟低吟，“漉我新熟酒，只鸡招近局”，流露出忧患生活中的片刻安适。在朱光潜看来，陶渊明诗足以为他写心写意，而“采菊东篱下，悠然见南山”达观自在的人生境界，尤为他心向往之，构成了他的人生和诗歌理想。②

1938 年深秋，冯友兰的胞妹冯沅君来到乐山武大，讲授中国文学史。她在课余闲暇游山玩水中，不但阅美景无数，也留下了不少佳作，如《嘉州乌尤寺》《望峨眉》《嘉陵江》《川西见杜鹃花》等，“辞家王粲久无家，盈声鼓鼙阅岁华。照眼枝枝红似火，嘉州初见杜鹃花”。③

乐山的温润、美丽，不仅在于著名的景点，还在于普通的一草一木、一山一水。武大学生杨静远（袁昌英之女）在日记中写道：“下午我们一同到山上去看武大正在盖的教职员宿舍（于陕西街尽头山坡上的万佛寺）。那山上风景却是美极了。站在城墙上，一眼望去是寂寥的群山，山间和峪中垦着梯田，像一层层的楼梯，山上的梯田好像盘在头上的发辫。田边，镜子般发光的一小片，是一口小塘。城墙下是草地。城上的红土、石阶，引人遐想。……背后，远处的山巅上就是老宵顶，有一个灰色的圆形堡垒，颇富中古传奇故事的神秘森严意味。我简直疯狂地爱上了这地方！”④

武汉大学迁校委员会主任杨端六教授等人先赴四川各县踩点，最后寻到介于重庆与成都之间的小城乐山。“以大佛闻名于世的乐山城，原是一处得天独厚的风景古迹胜地。初来时，市容整齐，商业繁荣，物价低廉，生活安定，是个远离战火潜心学术的清静福地。”⑤

① 叶圣陶：《我与四川》，四川人民出版社 1984 年版，第 107 页。

② 王攸欣：《朱光潜之乐山交游及其学术转向》，《中国现代文学研究丛刊》2011 年第 7 期。

③ 陈德忠：《冯沅君的乐山情缘》，《乐山日报》2009 年 4 月 26 日。

④ 杨静远：《让庐日记》，武汉大学出版社 2003 年版，第 92 页。

⑤ 杨静远：《母亲袁昌英》，转引自张在军《〈西望乐山〉背后的事儿（上）》，《乐山日报》2009 年 7 月 10 日。

抗日战争中，国破家亡，一群知识分子背井离乡，来到陌生的嘉定山水，爱上了这里的宁静、优美，还有寄情于山水间的恬淡和闲适。大师们没有辜负这里的山水，他们潜心教育与研究。在乐山期间，无论是武汉大学、江苏蚕校、国立技专，还是立志于复兴国学的复性书院，都培养了国之栋梁，教授们也进入了一个学术高产期，呕心沥血撰写出版了许多学术著作。

2. 人文地理对乐山文化副区的影响

战时的乐山虽是一个小小县城，因为地处战略要地，抗战中多次招致敌机轰炸。乐山是成渝两地经西昌至云南，连接滇缅公路、史迪威公路，而进入国际通道、获取国际援助的起点。同时因为国民政府预计：如果重庆一旦失守，国民政府将迁都西昌。连接西昌重地的乐山，就成了四川腹地至西昌的战略要冲。

抗战中抢修的乐西公路，以及内迁的能源、军工企业等，都赋予乐山鲜明的战备特色。乐山三江流域历史悠久，文化底蕴深厚、民风淳朴，名士人才辈出，这正是战时吸引文人雅士，吸引学校、故宫文物齐聚乐山的重要原因，也是影响乐山文化区形成的重要原因。

(1) 地理交通对乐山文化副区的影响

抗日战争中，日本为迫使中国投降，封锁了我国的粤汉铁路、滇越铁路、滇缅公路等战略交通线。为了抗击日本帝国主义，中国、美国、英国等同盟国在中国、缅甸、印度之间开辟了驼峰航线，修筑了史迪威公路。史迪威公路自印度东北部雷多为起点，跨越了怒江、澜沧江、伊洛瓦底江等河流，穿越了野人山、高黎贡山等山脉，终点至中国云南昆明，以“二战最伟大的军事工程”而闻名于世。故驼峰航线和史迪威公路成了抗战时期中国获取国际支援的仅有的两条通道。

在川滇之间，战略物资需要借道昆明、贵阳到达重庆，即使修筑了川滇东路，也要从昆明经沾益、威宁、毕节，才能到达四川的泸州。所以，兴建乐西、西祥公路无疑是四川通往缅甸国际公路的又一方便快捷的举措。鉴于国民政府还有重庆一旦失守，将迁都西昌的考虑。国民政府于1939 年 2 月，即西康正式建省的第二个月，成立了“国民政府军事委员会委员长西昌行辕”，以防患于未然。1946 年 3 月才撤销西昌行辕。这是蒋介石所有行营行辕中存续时间最长的。由此可见国民政府对于西昌的重视。

连接乐西公路的西祥公路，起于四川省西昌市，止于云南省祥云县下庄，与滇缅公路、史迪威公路相连，全长548.7公里。四川境内一段长260公里，云南境内一段长289.4公里。[①] 连接西昌至成都的既有公路，从西昌沿安宁河谷向西，经今德昌、会理、攀枝花，进入云南省。在云南，公路线穿永仁、大姚、姚安、祥云四县，从下庄村后松林里如青龙一般腾跃而出，进入云南驿坝，在下庄街与"史迪威公路"汇聚。

乐山位于重庆、成都、西昌三角形区域的核心地带上，是四川腹地经西昌进入云南的战略要冲。所以，国民政府令：乐西公路必须在1940年内竣工，否则以贻误军机论处。

乐西公路起自四川省乐山县，跨青衣江，经峨眉、龙池，沿大渡河经新场、金口河、越蓑衣岭，至岩窝沟，进入西康省，偏西南行抵富林（汉源县），沿大渡河至石棉，继续南行经冕宁、泸沽等，止于西康省西昌。全程525公里。[②] 其终点与西祥公路衔接。经西祥公路与滇缅公路、史迪威公路相连，打通了与缅甸、印度相通的国际通道。

成渝公路由内江经内乐公路（内江—乐山），途经自贡、荣县、井研、五通，到达乐山。内乐公路全程205公里，1940年底即已峻工。内乐公路连通重庆—乐山。与乐西公路衔接，则连通乐山—西昌。向北经成嘉公路连通成都，经川陕公路可以直达陕西。至此，重庆、成都可以顺利接收从缅甸、印度国际通道源源不断的国际援助物质，并迅速向北、向东转送各前线战区。

在连接国际大通道的这些公路中，一是抗战前已经通车的成渝公路、成嘉公路；二是抗战中修筑的，如滇缅公路、内乐公路、史迪威公路、乐西公路和西祥公路。其中乐西公路和西祥公路是专门作为迁都西昌的战略准备而修筑的，也成了国际大通道进入四川连通各战区最重要的环节。

西祥公路于1941年上半年全程修通。而乐西公路因为极其复杂的地质条件，于1941年底全程修通。据统计，乐西公路自1939年5月勘查到1941年底通车，共征集了川康地区彝汉等筑路民工24万余人，全线动土

---

① 胡子龙：《抗战时期的西祥公路》，《云南政协报》2010年12月2日。

② 先云仲：《乐西公路："褴褛开疆"写史诗》，《乐山日报》2010年9月3日。

850多万立方米，凿石240多万立方米，架设桥梁2600米，铺设路面117万平方米。由于缺粮、疲劳、疾病、工伤等原因，伤亡人数竟高达3万人，乐西公路也因此被称为“血肉筑成的长路”。

乐西公路通车时，与詹天佑、茅以升并称为“中国交通工程三杰”的施工总队长赵祖康感慨良多，亲笔撰文并题写了悲壮的“褴褛开疆”纪念碑：“蓑衣岭乃川康来往要冲，海拔二千八百余公尺，为乐西公路之所必经，雨雾迷漫，岩石陡峻，施工至为不易。本年秋祖康奉命来此督工，限期迫促，乃调集本处第一大队石工，并力以赴，期月之间，开凿工竣，蚕虫鸟道，顿成康庄。员工任事辛苦，未可听其湮没，爰为题词勒石，以资纪念。”[①] 于1942年9月立于乐山金口河与雅安汉源县交界的蓑衣岭至今。[②]

西祥公路、乐西公路通车后，立即投入了抗战物资的运送。大量的援华物资经过滇缅公路和“驼峰航线”在祥云中转后，上车疾驰，抵达西昌，再经西昌至乐山，经成嘉公路、内乐公路运往成都、重庆，源源不断地送往各抗日主战场。

此外，1938年3月，中航公司开辟渝嘉（即重庆—乐山）水上航空线，由重庆沿长江经宜宾转岷江，直达嘉定，试飞约一小时行程。同年5月20日正式通航，先载运邮件。两周后，方才载客（同时开通的有渝泸线、渝宜线）。中航公司在乐山城东任家坝设立办事处，每周一、五航行两次，当天来回，客运价格，渝嘉线为一百元，货运价格，渝嘉线每公斤一元。[③] 这条航空线的开辟，便利了乐山的交通。但在1939年8月乐山遭敌机“大轰炸”后停飞。

抗战期间，武汉沦陷后，随着各类人员机构的内迁、川军出川抗日以及军需民用物资运输量的加大，国民政府对川江航运进行了多次大规模整治，形成了川江航运“黄金水道”。乐山可以经万渝叙嘉（万县—重庆—宜宾—乐山）航运段直达重庆、万县，水路交通十分便利。

综上，乐山有渝嘉航空线，便捷的叙嘉、万渝叙嘉水路航道，以及发达的公路交通：乐西公路、成嘉公路、内乐公路。水陆空一应俱全，交通

---

①② 先云仲：《乐西公路：“褴褛开疆”写史诗》，《乐山日报》2010年9月3日。

③ 四川档案局编：《抗战时期的四川——档案史料会编》（下），重庆出版社2014年版，第1571页。

运输畅达。为人员出行、机构往来，军需、民用物资的运输提供了极大的便利。至此，极具地利优势的乐山小县城成为名副其实的文化区，吸引了众多的学校和文化机构的迁入。

(2) 轰炸对乐山文化副区的影响

乐山因战略地理位置的特殊性，屡屡招致敌机轰炸，对乐山城区毁损严重，造成了很大的人员伤亡，极大地影响了人们正常的生活与学习，但总体上尚没有造成灾难性的影响。

1939 年 8 月 11 日，叶圣陶应四川省教育厅的邀请从乐山到成都，为暑期讲习班作演讲。8 月 19 日，日本出动 36 架飞机，在乐山城狂轰滥炸，大儿子叶至善急中生智，砸开封死的后门，带领一家老少冲出火海，到城外贺昌群[①]家，全家脱身幸免于难，但房屋、衣物、书籍全部毁于一旦。第二天一早，四川省教育厅雇了辆汽车，送叶圣陶和另外几位武大教授一起赶回乐山。车到嘉乐门，叶圣陶正巧遇到一个熟人，方得知全家幸免于难。他急忙跑到贺昌群家，见到了劫后余生的一家人。

第二天，叶圣陶在日记中详述此事："昨日之轰炸，下弹时间不过一分钟，而热闹市区全毁。死伤者殆在千数以外。小墨（即叶至善）曾见四个焦枯之尸体相抱于路中。较场坝一带，烧死者甚多。右邻一家仅余一儿，此儿与三官（即叶至诚）为同学，路遇三官，言父母兄弟俱烧死矣。军警于救火救人均束手无策。武大同学与艺专同学皆立时出动，拆房子，抬伤人，奋不顾身。余闻传述如是，觉青年有此行动实前途之福，不禁泣下。武大仅第二宿舍中一弹，他处均无恙。死同学六人（文健在内，此人上余之课，为一优秀学生，闻之又不禁下泪），校工二人。同事全家被毁者二十余家，杨端六、刘南陔两家在内。余不胜记。"[②]

傍晚时，叶圣陶致书上海友人，信云："昨日敌人狂炸乐山，诸翁今日见报，必然大惊。今敢告慰，弟家老幼破后门而逃出，火已及于前间，在机枪扫射下趋至江滨，雇舟至昌群兄家作难民。身体皆安好，精神亦不异常。所有家物器用书籍悉付一炬。乐山城内已炸去三分之二，死伤甚众。"[③] 此时乐山城内已一片颓垣瓦砾，几如废墟。

---

① 1903—1973，乐山马边人，参与了"复性书院"的创建和教学，著名历史学家。

② 叶圣陶：《我与四川》，四川人民出版社 1984 年版，第 145 页。

③ 同上，第 141 页。

叶家从火海中逃出时，刚入秋，天转凉，衣服被褥成了一大问题。在城外安顿下来后，夫人胡墨林焦虑地为全家七口人准备冬衣。单的、夹的、长袍、短袄、棉裤，总共得几十件。各种衣服都是胡墨林琢磨着裁剪的，全家连老母亲在内，一齐上阵，就连叶圣陶也抽空缝上几针。“夫妻两个，你提我负，虽然吃力，却又别是一趣。……过往之事不大去想它，对于未来往往做美好之憧憬。……今虽入秋，在此犹弥望皆绿，及于来春，庭前开些花朵，更足乐矣。”① 虽然艰苦至极，依然乐观面对。

乐山先后遭遇过6次大轰炸。其中，仅1939年8月19日一次，日军就出动飞机36架，投弹100枚，燃烧弹数万枚。城区街道有12条全部被炸烧毁，房屋损毁3500余幢，2050户居民被炸，死亡838人，受伤980余人。②

1939年，杨端六与教务长周鲠生、经济系教授刘秉麟三家也遭遇了“8月19日”的这次大轰炸。午饭时，空袭警报大作，几十架敌机压顶而至，夹杂着炸弹和机枪的声响。大家来不及外逃，匆忙躲进堂屋里用沙袋垒起的小防空棚。飞机来来去去，数度盘旋，不停地投弹和扫射。熬到敌机远去，3家人顾不上抢救财物，狂奔逃命，只有杨端六随手抢出一部《货币与银行》手稿。整座院子夷为平地，全部家产荡然无存。杨家几口人一度衣食无着，只得分散寄宿朋友家，仰仗各家接济，渡过难关。③

为逃避空袭，杨端六家先在离城40里的敖坝（今属市中区通江镇）乡间租了一处农舍暂住。秋季开学后，为便于上课，杨端六在北郊岷江边成乐公路旁一个叫“石乌龟”的地方买下一处农舍，稍事修整后住下。随着太平洋战争节节展开，日军首尾难顾，空袭渐少。杨端六家于1942年8月底又搬回城内，住进城西陕西街尽头四十九号，一处名叫“让庐”的中式楼房。④ 大轰炸后，杨家曾三次搬家。

1941年8月23日，杨静远《让庐日记》记载：“今天天阴，雾气很浓，敌机在头上盘旋了30分钟左右，投弹不多，大概十多枚左右。一会去了，一会又来了，来来去去一共三次。……警报解除后，妈妈进城去。回

① 叶圣陶：《我与四川》，四川人民出版社1984年版，第147页。

② 乐山市地方志编纂委员会编：《乐山市志》，四川巴蜀书社2001年版，第48页。

③ 张在军：《〈西望乐山〉背后的事儿（上）》《乐山日报》2009年7月10日。

④ 杨静远：《让庐日记》，武汉大学出版社2003年版，第82页。

来告诉我们，烧了半条县街，炸了白塔街、陕西街、土桥街、河街等，死伤人不多。朋友们家都无事。”[①]

叶圣陶为照顾冯沅君，曾建议其先生陆侃如来武大任教，朋友们一致唱和。于是暑假冯沅君怀揣叶圣陶的邀请，到云南的中山大学新址，与陆侃如商议办理辞职来乐山武大之事。突遇日机轰炸乐山，县城变成一片焦土，死伤惨重。“闻嘉州被炸”，冯沅君夫妇遂断绝了来乐山的念头。但冯沅君对乐山这片土地的宁静美好却留下了深刻的印象。

乐山原本是一个远离战火的“世外桃源”，适宜于做学问的清静之地，但在残酷的战争下，“谁道年时游赏地，而今城郭半成灰”。[②] 敌机肆意的轰炸，使得处于后方的乐山也成了战火硝烟的“前方”，不但家园被毁，更有生死离别。幸存的人们为了躲避轰炸，几易其家。战争极大地破坏了人们正常生活工作的秩序，轰炸对于学术文化活动的戕害也显而易见。

(3) 工农业经济对乐山文化副区的影响

乐山地处成都平原南端的水陆交通枢纽，一向以缫丝产地及盐产地而闻名。

五通桥旧称犍乐盐场，五通桥的历史“因盐而聚市、因盐而成邑、因盐而兴衰”。从公元前250年中国历史上最早的“凿井煮盐”，已有两千多年的历史。1521年明朝时期，嘉定红岩子以钻井采卤凿成一口石油竖井，深达几百米，为当时世界之最；1522年犍为县金石井设立盐课司副使，管理盐业产销。[③] 清朝后，五通桥的盐业日渐兴盛。咸丰年间，太平天国战争爆发后，江浙一带受其影响，长江阻断、盐产降低，自顾无暇，无法保证湖北一带的食盐供应。于是朝廷下诏命，“川盐济楚”。四川最大的两个盐场：自流井和五通桥便担此重任。抗战期间，长江中下游南北大部分国土沦陷，沿线居民及前线将士面临“盐荒”，出现了第二次“川盐济楚”。国民政府中央财政部盐务总局先于1937年迁重庆，1938年迁至五通桥，1941年再迁重庆。1938—1941的三年间，五通桥成了名副其实的“盐都”。

迁到五通桥的“盐务总局”，其公职人员大多是上海、江浙等地受过

① 杨静远：《让庐日记》，武汉大学出版社2003年版，第8页。

② 陈德忠：《冯沅君的乐山情缘》，《乐山日报》2009年4月26日。

③ 乐山市地方志编纂委员会编：《乐山市志》，四川巴蜀书社2001年版，第34页。

高等教育、甚至不乏海外留学的精英阶层。办公地点选在五通桥公园竣工刚两年的“中山堂”。这是当时五通桥最豪华的一幢西式风格建筑，身处葱茏菩提山之山腰，前瞻蜿蜒茫溪河，风景清雅。盐务总局仿英国文官制度，其待遇和福利在民国政府部门中算是最好的。一个近千人的中央机关突然来到城镇人口不足万人的小城五通桥，迅速刺激了五通桥的房租和物价的上涨，消费娱乐等服务业也很快火爆起来。

盐务总局有两个独特的科室，一是税警科。当时的税警科长是孙立人①。一名小小的“盐官”，却管理着全国几万名武装税警，鼎盛期，拥有数十个税警团，是当时中国唯一一支采用美军军事理念和美械武装的精锐武装力量。孙立人随盐务总局迁至五通桥后。1938 年至 1941 年间，在五通桥和贵州都匀练兵，逐渐将税警总团扩充为六个团。1941 年 12 月，国民政府军事委员会将其中三个团改组为新 38 师，孙立人任少将师长，出征缅甸。因战功卓著，孙立人将军有“中国军神”“丛林之狐”“东方隆美尔”之称。二是督察室。该室设一名督察长，有数十名督察员，虽名列盐务总局序列，但实际上完全由“军统”掌控，督察人员也均为“军统”或“中统”人员，负责全国盐务区域的特别勤务活动。

一大批高素质的“下江人”的突然到来，搅碎了五通桥的一池春水。银行、餐饮、娱乐、教育等迅速兴盛起来，电影、话剧、京剧等闻所未闻的“新生事物”让五通桥人大开眼界。这对于长期封闭，而文化、教育和科技都相对落后的千年盐城产生了不可估量的影响，对五通桥和乐山的地方经济、文化教育、文化心理都产生了巨大的促进作用。

由于特殊的地理和交通位置，乐山是战时重要的工业基地。早在 20 世纪初，乐山所属的彭山县青龙场创办了同益曹达厂，是四川最早的化工厂，同期开办乐山协议火柴厂。1915 年，陈宛溪在乐山创办的新华丝厂，生产出闻名全国、质地优良的生丝。之后，创办乐山嘉裕碱厂；李劼人、王怀仲、陈晓岚等人在乐山创办四川第一家机制纸厂——嘉乐造纸厂；乐山县麦利面粉厂、乐山嘉裕实业股份有限公司（及附设的电灯公司发电厂）、乐山民生汽车公司等，另有电报、电话分局等。② 还有清朝年间就有

① 1900—1990，孙立人毕业于清华大学、美国普渡大学、美国弗吉尼亚军事学院，国民党陆军上将。

② 乐山市地方志编纂委员会编：《乐山市志》，四川巴蜀书社 2001 年版，第 37—42 页。

的萧凤来煤矿、嘉定煤矿、铅字印刷厂、犍为县张沟玻璃厂等，乐山工业广涉能源、电力、化工、交通、通信、建筑、造纸、印刷、粮油、丝绸等领域，就一县而言，这样的工业门类堪称齐全。

抗战期间，除了原本比较扎实的工业基础外，又有一部分新建工厂，如1938年12月川康毛纺厂在金粟镇建成，1939年华嘉水泥公司在乐山成立等。但更多的是大批内迁工厂，沿岷江两岸分布，重点区域在五通桥。

作为“中国民族化学工业之父”的范旭东，[①] 先后创办了天津久大精盐公司、永利化学公司（永利碱厂、永利宁厂）、黄海化学工业研究社，在南京创立全华化学工业公司等。抗战爆发后，工厂全线内迁，范旭东在自贡设立久大川厂，在乐山五通桥桥沟镇老龙坝设立永利川厂，将黄海化学工业研究社迁入五通桥，将全华化学（酱油）公司迁入乐山城区的王浩儿。

1939年，永利川厂改名为“新塘沽”。侯德榜[②]为了探索制碱原料再利用问题，经500多次循环试验，在分析了2000多个样品以后，他创造性地设计了“把氨厂和碱厂建在一起、联合生产制取纯碱和化肥氯化铵”的全新工艺，这就是被国际化工界所称道的“侯氏联合制碱法”。新工艺不仅使食盐的利用率从70%提高到96%，[③] 而且把原无用的生产废渣氯化钙转化成化肥氯化铵，解决了氨碱法制碱废渣占地毁田、污染环境的难题，把世界制碱技术水平提高到一个崭新的高度。侯德榜也因此被誉于“中国制碱第一人”。在抗战的艰苦岁月里，五通桥的“新塘沽”人不仅坚持生产，还有了创造性的科学发明，在抗战内迁的历史上写下了辉煌的一笔。

1938年10月，武汉失守，危及长沙，“空军保险伞制造所”便于1938年冬迁入乐山的半边街护国寺。“乐山保险伞制造所”编制上隶属于国民政府军委航空委员会，业务上由成都空军第三路司令部领导。制造所由制伞部和织绸部组成。制伞部下设铁工房、剪样房、缝纫房，主要在护国寺正殿里。织绸部由上海普益经纬公司承包，本部驻扎在护国寺后殿。

① 1883—1945，湖南湘阴县人，毕业于日本京都帝国大学，杰出化工实业家，中国重化学工业的奠基人。

② 1890—1974，福建省侯官县人，毕业于美国麻省理工学院，哥伦比亚大学博士，中国科学院学部委员，近代化学工业的奠基人之一，世界制碱业的权威。

③ 乐山市地方志编纂委员会编：《乐山市志》，四川巴蜀书社2001年版，第702页。

织绸部分为准备科和织绸科两部分，准备科负责缫丝和返丝，地点在兑阳湾，织绸科负责织绸、织宽带和窄带（绳）。织绸、织宽带的地点在三圣桥惠民宫，织窄带的地点是里仁街。整个制造所常有200多名工人，最多时接近300名。1939年至1945年的7年间，全国只有这一家降落伞厂。中国空军飞行员所用的降落伞，绝大部分都由乐山制造所提供，“乐山保险伞制造所”在抗日战争时期做出了巨大的贡献。[①]

抗战爆发后，身为河南焦作中福煤矿股份有限公司总经理的孙越崎做出一个大胆决定：煤矿宁愿拆掉也不给日军使用！他力排众议，千里迢迢将煤矿机械设备辗转运到乐山犍为县芭蕉沟。“嘉阳”由此诞生。实际迁徙地点首次定在湖南。在孙越崎的组织下，中福公司员工全力以赴拆卸地面及井下的机器设备。通过铁路运输的协助，冒着敌机轰炸的危险，将机器设备分批装车抢运至湖南湘潭谭家山。1938年5月，战势危急，孙越崎再一次组织撤退，从湖南经广西、贵州，从陆路入川。至1938年10月底搬迁完成时，中福公司共抢运煤矿机器设备和材料1000余吨，撤退员工近400人。[②]

1939年1月1日，乐山的嘉阳煤矿股份有限公司正式挂牌。董事会推荐翁文灏为董事长，聘请孙越崎为公司总经理。嘉阳煤矿公司总部设在重庆，矿厂办事处设在马庙溪，后迁至芭焦沟。1940年11月，成立嘉阳营运处，具体负责煤炭营销事宜。整个抗战期间，嘉阳煤矿承担了四川近50%的煤炭供应，[③]为抗战时期四川的能源供应做出了巨大贡献。

1941年，上海美亚绸厂迁到乐山五通桥桥构镇，并在乐山城区牛口耳桥附近建了一家练染厂，有200多工人，17台电织绸机，是乐山最大最先进的织绸厂，生产的30多个产品远销南洋和英国等地。[④]

农业方面也成果卓著。1938年9月，新生活运动妇女指导委员会与四川省政府商议，由江苏蚕丝专科学校的费达生、郑辟疆主持成立了“川南蚕丝实验区”，实验区范围包括乐山、青神、峨眉、井研、犍为、夹江和眉山七县。向农民传授栽桑养蚕新技术，帮助农民改良种蚕。还建了缫丝车间、蚕茧冷库、消毒灶，大量改良蚕种，并在峨眉河畔苏稽镇建立蚕桑

①③ 据魏奕雄《抗战时期的乐山保险伞制造所》，《乐山日报》2010年3月26日。

② 代世和、孙雁鸣整理《抗战中诞生的“嘉阳”》，《乐山日报》2010年9月3日。

④ 王建锋：《工厂内迁，一幕波澜壮阔的“内迁大戏”》，《三江都市报》2010年9月2日。

基地，推广江苏春秋两季蚕的经验。蚕丝学校和实验区的技术人员通过消毒灶进行严格消毒和蚕室封闭，基本上消灭了白僵蚕病。1942 年江苏蚕丝学校及“实验区”将研制成功的复摇式丝车，安装在乐山华新丝厂和凤翔丝厂，生产出了高级生丝，不但提高了产品质量，也极大提高了生产效率。

从 1937 年起，内迁到乐山的企业有几十家，加上战前乐山原有的企业，乐山的各类工厂有数百家之多，出口亦较战前有明显增长。抗战时期，内迁乐山的大批工厂，把乐山、五通桥一带变成了发达的工业区。在乐山原有工业门类：能源、电力、化工、交通、通信、建筑、造纸、印刷、面粉、丝绸的基础上，增加军工、酿造业，极大地增强了化工、能源等生产制造。抗战时期，乐山成长为名副其实的工业重镇，其工业生产成果为赢得抗战的胜利提供了坚实保障。

（4）历史文化、民情等对乐山文化副区的影响

乐山所处的三江交汇地带，中心城区的古城分布着先秦至明清的历代文化遗存，众多文物古迹组成一幅绚丽的人类文化活动的历史画卷。秦蜀守李冰为“避沫水之害”在城东南三江汇流处开凿离堆，是为今日之乌尤山。唐中期历时九十余年开凿的弥勒菩萨坐像（乐山大佛）高达 71 米，成为世界之最。此外，古城内外散布着寺庙、塔阁、碑刻、城垣、门巷、桥涵、崖墓、古民居，彰显辉煌的历史风采。嘉州山水的特色在于以古城为主体，三江回环，凌云乌尤映衬，远眺峨眉三峰，背依群山。自然与人文交相辉映，现实与历史一脉相承，古城、江河、大佛、群山融为一体。

抗战时期，叶圣陶对于乐山的人文风情有着深刻的印象。乐山汉墓具有极高的历史文物价值，当时乐山城区附近沿山随处可见。在《嘉沪通信》中，叶圣陶介绍说：“此地沿山，多见‘蛮洞’，凿山深入，高可容人，广五六尺，中有石台壁穴，相传是昔日‘蛮子’所居。（蛮洞之说，系乐山人以讹传讹）据专家考证，‘则是汉代及其后之墓葬。’其证为（一）偶见有雕刻之罘思（古代一种网状屏风雕饰），其图案与汉代无殊；（二）曾于其中发现瓦棺之碎片，遂推断石台所以陈馆，壁穴则安置明器。二说未知孰是。要之，即为墓葬，而蛮子据而居之，亦可能也。”①

① 叶圣陶：《我与四川》，四川人民出版社 1984 年版，第 93—94 页。

乐山市区的宁静也给叶圣陶留下了极深的印象。据叶圣陶回忆："街道亦柏油马路，有街树，不甚修剪；无上坡下坡之麻烦，无汽车奔驰，仅有少数人力车往来，闲步甚安静。人口五万，现在多了一万，不见拥挤。除抽壮丁以外，全无战时气氛。"①

叶圣陶于乐山的物美价廉尤为记忆深刻。"我们所买器具均具低廉者。木床三具，价四元。旧方桌一张，1 元半。竹椅六把，或三角，或二角。竹书架每架 1 元半。此间生活便宜，肉二角一斤；条炭二元一担；米七余元一担（100 斤），蜀中鱼少，惟此间鱼多，今日买小白鱼三条，价一角八分，在重庆殆须六角。昨与两位书店朋友吃馆子，宫保鸡丁、块鱼、鸭掌鸭舌、鸡汤豆腐，大曲半斤，饭三客，才 1 元 8 角。而味绝佳，在苏州亦吃不到也。大约吃食方面，一个月六十元绰绰有余矣。"② 乐山地处三江交汇，水足鱼肥，品种繁多，价格便宜。乐山人喜吃辣椒，多少改变了来川外省人的饮食口味。叶圣陶感慨，"小菜中时放一点辣椒，且渐用韭蒜，居然四川人矣"。③

乐山夹江手工书画纸历史悠久，始于唐，继于宋，兴于明，盛于清。康乾时期成为"贡纸"和"文闱卷纸"，抗战时期达顶峰，年产万吨，品种、品质位居全国之首。其中还与绘画大师张大千缘分甚深。

1939 年，张大千寓居成都。他在安徽特制的宣纸"大风纸"即将告罄，且因战乱无法供应。于是用夹江的"粉连史"纸作画，但难达理想的绘画效果，张大千决意对"粉连史"进行彻底改造。他邀约好友晏济元一道来到夹江县马村石堰山中，找到大槽户石子青。在仔细观看了纸的配料和生产过程后，开始与晏济元配制新纸药料。经两个多月艰苦摸索，通过当地工匠们反复实验，新一代的夹江纸终于试制成功。新纸洁白如雪，柔软似棉。张大千亲自设计纸帘、纸样，帘纹比宣纸略宽，在纸的两端做有荷叶花边，暗花纹为云纹，设在纸的两端四寸偏内处，一边各有"蜀笺"和"大风堂造"等字样的暗纹。④ 伴随着夹江手工纸业的发展，以原纸为载体，带动了染纸、木版印刷、年画、帖札、装裱、纸札等行业的兴起和

① 叶圣陶：《我与四川》，四川人民出版社 1984 年版，第 79 页。
② 同上，第 78—79 页。
③ 同上，第 85 页。
④ 李永翘：《张大千传》，中国青年出版社 2014 年版，第 228—230 页。

发展。

1939 年 7 月至 1946 年 5 月，故宫国宝 7000 多箱安置在峨眉山脚下的大佛殿、武庙等处存放了 6 年又 10 个月。1939 年 7 月到 1947 年 2 月，9000 多箱文物保存于乐山安谷镇宋氏、赵氏、易氏、陈氏、梁氏、朱潘刘三氏宗祠和古佛寺 7 年又 7 个月。善良淳朴的安谷镇人，把自己家族神圣的祖先牌位请出来，存放于低矮潮湿的小屋，而将宽敞明亮的祖先祠堂留给远道而来的故宫文物。不仅如此，峨眉和安谷镇人还踊跃参与文物搬运、晾晒、协助安全保卫等工作。如是深明大义，先国后家，令人动容！

当年的安谷乡长被故宫博物院乐山办事处聘为顾问，许多安谷乡亲或参加文物的搬运，或当文物库房保管工，或成为制作木架修缮木箱的木工，或将自家的田地让给警卫国宝的部队种菜。甚至大家自觉形成了不成文的规矩：赶场时不能从文物库房旁路过，必须绕道去场镇。在兵荒马乱的岁月里，乐山和峨眉的民众，默默无闻地长年与故宫文物工作者、守卫士兵一起尽心保护着珍贵文物，终使所有南迁国宝完璧归赵。

文化在和平中产生、发展，文化亦在灾难中经受考验而发扬光大。在极度残酷的战争岁月里，故宫人、卫兵与众多默默无闻的乡亲，以极缜密的策划、极严密的组织和极隐蔽的方式，保存了 5000 年华夏文明的文化硕果，珍藏了千千万万件价值连城的文物精品，让劫后余生的瑰丽国宝在中华大地和世界各地重放异彩！对华夏博大精深文化的深切热爱，是我中华民族生生不息最深沉的原因。

第三节　川中、川南文化区的地理生态分析

川中丘陵位于华蓥山脉与龙泉山脉之间，是四川盆地面积最大的区域。从地图上看，广袤的川中丘陵大地，以遂宁、内江、自贡、宜宾（南充也在北延长线附近）划线，正好位于重庆、成都之间的“中轴线”上。这条“中轴线”历来就是成渝两地的连接线，也是“巴蜀文化”的纽带和连接线。拥有发达的交通枢纽，它承接长江、岷江、沱江航道，是成渝公路、川滇东路、川滇西路的枢纽中转站。

抗战时期，这条“中轴线”成为成渝两地的疏散地。从东面迁徙进入

四川的沦陷区民众，在川东重庆人满为患时，遂沿着成渝公路和长江水路继续西行，前往内江、自贡、宜宾地区；或者以“中轴线”为中转站，继续西进，进入川西平原绵阳、成都、乐山等地。因此，抗战时期，遂宁、内江、自贡、宜宾“中轴线”是重要的水陆交通枢纽带，成了大量的人员疏散地和川内最重要的中转地。

当时川内最主要的公路干线就是成渝公路，内江恰好处于成渝公路的中点，是成渝干线公路上最大的中转站。此后修通的内乐公路、乐西公路、西祥公路，以及川滇东路，可以从内江、隆昌、泸州直达缅甸边境，所以内江是陆上直通海外，接受国际物质援助的重要中转站，也是国民政府预备重庆失守迁都西昌的重要转接点。由于“中轴线”地区河流众多、水网密布，有岷江水系、沱江水系、涪江水系、嘉陵江水系等。所有水系下行都可以入长江，直达重庆及长江中下游。通过岷江水系上行可达乐山、成都、都江堰等地；沱江水系上行可达成都金堂；涪江水系上行可达三台、绵阳；嘉陵江水系经南充上行可达广元，甚至上达陕西阳平关一带。整个“中轴线”地区人口众多，是重要的抗战兵员补充之地；该地区也是重要的战争工业生产地和重要的财政经济收入来源地，盐、糖、纺织，尤其是作为汽油替代品的液体酒精燃料，是抗战急需物质；还有外来人员的迁入，多数兵员、人员和重要战略物资的运输，都通过“中轴线”发达的水陆交通运输来完成。此外，抗战期间还开通了重庆至宜宾、泸州等地的水上飞机客运航线，以缓解紧张的交通压力。

一、内江—自贡文化副区的地理生态分析

内江—自贡地区就是川中丘陵的典型代表。内江—自贡地区正处于川中“中轴线”的核心地带，也在成渝两地的中心位置，扼守川中水陆要道，是成渝公路必经之地，也是内乐公路的起点，素有“川中枢纽，川南咽喉”之称。

内江位于沱江下游，因县城及部分地域在沱江环抱之内，遂得名“内江”。内江—自贡地区所处的沱江流域，涌现了一批文化大师，是近代有名的“书画之乡”，是以产糖远近闻名的“甜城”，还是战时工业酒精的生产重地。自贡则是闻名遐迩的“盐都”，其采盐业距今已有两千多年的历史，所以有“千年盐都”之称。而抗战期间，“川盐济楚”，“千年盐都”

既解决了前线将士和湖南、湖北、广西及西南四省民众的“淡食之苦”，又为国家带来了大量的税收收入，帮助中华民族度过战时的困顿。我国著名的摄影家、摄影艺术开拓者之一的孙明经，把这历史性的时刻留存了下来。而沱江水系的一级支流釜溪河（自贡的母亲河）上那一排排整齐的“歪脑壳”木船，承担了运输大批食盐到前线的重任。

1. 内江—自贡文化副区的自然地理生态分析

内江—自贡文化区地处川中丘陵腹地。东临华蓥山脉，西接龙泉山脉，南靠宜宾、连长江，北面连接川中丘陵中北部腹地的遂宁和南充。从北向南，广大的川中丘陵依次是南充、遂宁、内江、自贡，由东北向西南略微倾斜。遂宁、南充主要属于嘉陵江流域；内江—自贡则属于沱江流域，中心城区都位于沱江下游。

沱江位于四川省东部，有东、中、西三条源头：东源头出自茂汶县界、海拔3664米的茶坪山南麓，向南流过绵竹县汉旺镇称绵远河，西南流经德阳、广汉等县境，至金堂县汇合中源头。中源出自什邡县北、茂汶县南，海拔4969米的九顶山南麓，沿什邡与绵竹两县之间南流，称石亭江，至广汉县与东源头汇合；西源出自彭县北部茶坪山南麓，南至新兴镇附近，流至金堂县流入北河。一般以东源为主源。三条源头至金堂县赵家渡汇为沱江干流，始称沱江。由于从岷江内江引水分出的柏条河和青白江，也于金堂流入沱江，故沱江又与岷江共称为“双生”河流。主河道南经金堂、简阳、资阳，资中、内江、富顺，于泸州注入长江。全长700千米，流域面积2.79万平方千米，天然落差2.354米。沱江流域内有成都、德阳、内江、自贡、泸州5座大中城市，是四川工业城市最集中的河流。沱江流域又是四川最大的棉、蔗等农作物产地。正是由于工农业生产的发达，使沱江流域人口密度之高冠于四川其他各河流。① 沱江在自贡段，主要有一级支流釜溪河。抗战时期是繁忙的航运通道，据四川省档案馆资料统计，沱江流域航道计有483千米，有船只1300多艘。②

内江—自贡地区的地貌类型属于低山丘陵。由低山地貌、丘陵地貌、平坝地貌和沟谷地貌组成。低山呈条带状，分布面广，沟谷纵横交错，穿

① 《川江的四大支流》，央视国际—国家地理网站2004年6月7日。

② 四川省档案馆编：《抗日战争时期四川省各类情况统计》，西南交通大学出版社2005年版，第136—138页。

插于丘间。整个地形以丘陵为主，平坝地面积十分狭小，且分布零散，一般多为沿河阶地、丘陵间之平地。境内没有高山深壑，高低落差不大。

内江—自贡地区属亚热带湿润气候区，具有春早、夏热、秋凉、冬暖的气候特点，四季分明。雨量充沛，雨季多半在炎热的夏秋季节。该地区主要的自然资源是驰名中外的盐矿，探明岩盐资源储量高达70多亿吨，还有煤矿和天然气资源，它们是井盐生产中不可或缺的能源。

我国盐有海盐和井盐之分。自贡虽是井盐，盐卤也来自古代海洋变化形成的海盐岩石。质地优良，含多种元素。自贡岩盐成盐时期起源于亿万年前的侏罗纪三期。① 自贡盐井大都年代久远，钻深地下千米，触及岩石，可获得黑卤，这即是含盐量最高的卤水。自贡地势西北高而东南低，西场贡井出产盐卤，而东场的自流井出产天然气。所以西卤东输，移卤就煎。东气西送，自流井许多井是气卤皆丰，就地煮盐。市井之中屡屡见笕管翻山、过街、下河的奇异风景。笕管用楠竹通节，接逗合榫后，用竹篾箍扎而成。釜溪穿境，运盐船五只一儎，插有儎旗，分出船家商号。浩浩荡荡、排列成行齐下沱江，每年往返六次。

自贡地区的自然地理得天独厚，既有品质优良的岩盐，还有煮盐所需的天然气；同时当地所产的楠竹可以做成运输卤水和天然气的笕管，还有釜溪河运输成盐之便利。

对于自贡井盐的情况，时为成都金陵大学教师的摄影家孙明经②有较为深入的研究。他为了完成拍摄宣传自贡盐业的任务，查阅了大量专业资料，加之物理学专业背景，最终拍摄出了完美的科教宣传片，同时还撰写了论文《自贡井盐场产改进建议》。③ 论文共四部分：第一，统制煤气；第二，统制盐卤；第三，提炼副产；第四，开辟新场。

第一部分“统制煤气”详尽考察了岩盐和煤气的具体情况：“查自贡盐场之地层，全为水成盐所构成，且为中生代所生成：最上层为白垩纪之自流井，系砂石、石灰石，及紫砂岩层，相间迭置，每于公路两侧，河岸

---

① 孙建秋、孙建和编著：《孙明经手记》，世界图书出版公司北京公司2013年版，第63—64页。

② 1911—1992，祖籍山东，生于南京，毕业于南京金陵大学物理系。中国电影教育家，中国高校电影教育奠基人之一。联合国教科文中国委员。拍摄过50余部教育电影。

③ 原载于1938年《四川月报》第十三卷，第一二期，转引自孙建秋、孙建和编著《孙明经手记》，世界图书出版公司北京公司2013年版，第113—117页。

深处见之。次为较古之侏罗纪底层，黄卤[①]及少量煤气与黑滴积存其间。再深入下层，则为更古之三叠记，大部分黑卤及煤气存焉，且为自贡岩盐仅存之矿床。川南地层在自贡一带特别隆起，其形如一肉包，惟沿东北以及西南之方向则稍长耳。煤气、卤水及岩盐在此底层底部，正如肉包之肉馅，地层在此既经隆起，故失水平状态，而成倾斜之面。卤水重，易于流至层内低处，煤气轻，自必浮于高腔疏松岩石之间。……开盐火井二百余丈即得火气，但不甚旺，此为侏罗纪下层近三叠记部分底层所蕴藏。至二百八九十丈以至三百一二十丈，则火气大盛，已达三叠记层中矣。”[②]

在第二部分“统制盐卤”中继续描述道：“自贡地下蕴藏之盐有三种形式：一为黄水，比重在1.10左右，含氯化钠自百分之十以至百分之十五，凡井深百余丈以至二百丈左右之井多产之；一为黑水，比重在1.18左右，含氯化钠可达百分之二十以上，凡井深二百五六十丈以至三百丈左右者产之；三为岩盐水，岩盐藏于深达三百丈左右之底层，自一井灌水溶之，可由若干井汲取其溶液。岩盐水比重在1.10至1.20之间，最浓者含氯化钠百分之二十五六，已去饱和程度不远。”[③]

孙明经在“提炼副产”中，对于当时盐卤中珍贵元素的浪费，甚为可惜：“灶户煮卤成盐后，取出淋之，其流出之汁水谓之礷水，黄卤水制盐所得之礷水含镁，钙，溴，碘等极丰富质，岩盐水内则含钾盐成分甚高。以之分别提炼，更取以制造，可成多种贵重化学药品。在贡井方面，礷水产量最多，当地人利用之法有二：一为售于自井灶户，在煮岩盐水时加入少许，使易结晶；一则煎为巴礷出售，以点凝豆腐，并充肥料。”[④]

孙明经在第四部分更是推而广之，“开辟新场”，扩及川南、川中更多地方。“盐、石油、煤气，系流体矿物，其蕴藏之情形至为相似，其在川南之矿床，多存之侏罗纪与三叠纪之地层内，考四川为以盆地，其中心为冲积平原，外缘为古生代地层，介乎两者之间，即为中生代之侏罗、三迭二纪所分布。自重庆、合川之间，西南至富顺，荣县转西北之犍为、乐山，更北而至井研、彭县、绵阳、西充各县，适成一环状地带。川中现有

---

① 原注：色黄之盐水。

②③ 孙建秋、孙建和编著：《孙明经手记》，世界图书出版公司北京公司2013年版，第113—114页。

④ 同上，第113—117页。

主要盐场，大概俱在此地带内。但地带区域辽阔，可资钻探之处甚多。又盐、煤气及石油之蕴藏不必尽在此项地层之内，故探凿更深之井，亦为研究必要途径。抑或就不同地带，成就更深之地层探测，皆需地质之切实考察。往昔来场参观，走马看花之地质学者固不乏人，但长川驻守，精研细查，尤为重要。”①

孙明经的论文将盐层、煤气层的地下分布情况，黄水、黑水、岩盐水三种盐水的地层分布，含盐比重、成分，副产品微量元素的提取利用，以及采制中的改进方法，都做了较为详细的描述和探讨，并提出切实改进的方法。

釜溪河是自贡市的母亲河，与盐运输休戚相关。釜溪河在沱江下游右岸。上源威远河（清溪河）发源于威远县两母山。流域面积 3472 平方公里，河长 190 公里。流经威远县、自贡市，于富顺县釜溪口汇入沱江。釜溪河流域为西北、东南走向，流域形状近似菱形，水系呈树枝状展开，左、右岸支流分布比较均匀。有一级支流 15 条，其中主要支流有新场河、泥河、龙会河、旭水河等。

自贡“因盐设市”，这里的一切无不打上盐的烙印。因此，这里最典型的自然地理生态就是“盐”。

2. 内江—自贡文化副区的人文地理生态分析

（1）轰炸对内江—自贡文化副区的影响

日军对中国西南井矿盐生产基地的大规模空中攻击，即通称的“盐遮断”轰炸行动，是日军统帅部所推出的具有“战略意义”的专项轰炸，②其企图是摧毁中国内地的产盐基地并切断盐的运输通道。而自贡盐场就是日军“盐遮断”轰炸行动的核心战略目标。

1939 年自贡设市后，其经济战略地位日显突出，作为全国主要盐业生产基地，自贡市就被日军称之为“军需大工厂”，成为日军在我大后方的重要轰炸目标。1939 年 10 月 10 日，距自贡建市仅一月零十天，日机首次对自贡盐场实施轰炸。上午 10 时 30 分，17 架日机飞临自流井上空，轮番对盐场厂房和闹市区进行狂轰滥炸，在伍家坝、张家沱、双牌坊、上桥、

① 孙建秋、孙建和编著：《孙明经手记》，世界图书出版公司北京公司 2013 年版，第 113—117 页。

② 徐勇：《日军对自贡井盐基地的轰炸与中国的防御》，《抗日战争研究》1998 年 1 期。

高硐、雨台山、袜子石、缪沟井、海潮寺等地共投下110枚炸弹，炸死炸伤居民107人，损毁房屋170间，破坏制盐锅、晒盐台、木皇桶房等10余处，史称“双十轰炸”。①

随后，日军于1940年7月5日、1940年8月12日对自贡前后进行了2次轰炸，每次死伤超过了200人以上，其中1940年8月12日，被敌机炸死92人、炸伤烧伤157人。② 当时大型坚固的防空洞很少，轰炸时大量人员只能躲进简易避难壕内，上桥石滩坝钟森荣祖孙三代13口全部被炸死于简易避难壕里。③

最为密集的大轰炸是在1941年。1941年7月28日、7月29日、8月17日、8月19日，仅不到两个月时间就集中进行了四次大轰炸。这与日本实施“百二号作战”相关，在1941年5月，日本陆海军航空部门决定发动称为“百二号作战”计划的第5次大规模内地轰炸。主要内容是：“第一期（8月上旬）以中、近距离的城市、交通要地为目标；第二期（8月中下旬）以内地的飞机场、制盐所（自流井等）为目标；第三期（9月上、中旬）持续攻击重庆。”④

照此计划，自贡盐场已经作为中国最主要的产盐地而被规定为第五次内地轰炸的重点目标，日军的“盐遮断”轰炸行动正式出台。日军提出这一专项轰炸的基本依据主要是日军所获情报，认为中国内地盐供给不足，已造成困境。再则，日本本土盐产较低，近代工业发展以来，日本是盐的进口大国。所以，日本对盐格外重视。⑤

关于这一决定的执行情况，日军战史有较为明确的记述：“该时期的中心课题，是基于派遣军的指导而切断其盐的补给。四川省的自流井地区使用卤枧的盐卤井灶数量很多，在轰炸这一地区的同时，要大量攻击盐的

① 四川档案局编：《抗战时期的四川——档案史料会编》（中），重庆出版社2014年版，第1181页。

② 同上，第1185页。

③ 陈星生：《肩负挽救民族危亡重任的光荣城市》，《自贡日报》，2010年11月24日。

④ 日本防卫厅防卫研修所《战史丛书·中国方面陆军航空作战》，朝云新闻社，1974年3月，第221页；转引自徐勇《日军对自贡井盐基地的轰炸与中国的防御》，《抗日战争研究》1998年1期。

⑤ 徐勇：《日军对自贡井盐基地的轰炸与中国的防御》，《抗日战争研究》1998年1期。

集散城市。”[①]

日军分别于1941年7月28日和29日，连续两天对自贡市区和盐场进行狂轰滥炸。7月28日上午10时20分，130架日机分五批次在自流井的新街、石塔上、张家沱等地和贡井的多处居民区进行了长达3个多小时的轰炸，共投下375枚炸弹（其中燃烧弹140枚）。第二天上午11时30分，又有73架次日机向自流井繁华商业区轮番实施轰炸，正街、光大街、王家塘等街区被194枚炸弹炸得遍地焦骨血尸。两天的大轰炸，有113人被炸死烧死，伤者不可计数，损毁房屋1800多间，多处盐场设备受损，史称“连日大轰炸”。[②] 称8月17、19日的轰炸为“隔天轰炸”。

日军的“盐遮断”轰炸使自贡盐场的普通民众遭受了灾难性的打击。其中自流井盐场“西北方向”的光大街、郭家坳等地被炸，居民们无家可归，无食可进。其后由郭家坳盐灶熬粥赈济，每餐多达600余人。受灾的除普通民众外，还有担负救灾任务的防空指挥部所属消防大队官长死3人、伤1人，兵士死34人、伤23人，消防车被炸毁2部。加拿大人所办仁济医院房屋家具被炸甚多，炸毁地下室3处，财产损失估计150万元。[③] 日军在七八两月实施4次轰炸造成的损失，占整个抗战时期自贡遭日机7次轰炸所造成总损失的87%。[④]

从1939年10月10日到1941年8月19日，日军共出动7次17批次483架次飞机，入侵自贡盐场和市区，实施狂轰滥炸，共投炸弹1544枚（其中燃烧弹465枚），日军惨绝人寰的大轰炸，造成了自贡人民生命和财产的巨大损失。据现存档案不完全统计，日机轰炸自贡，共炸死365人、炸伤773人；炸毁房屋1101间、炸塌房屋354间、烧毁房屋1330间。[⑤]

毗邻自贡的内江等地也多次遭遇敌机轰炸。1941年8月22日，敌机9

---

① 日本防卫厅防卫研修所《战史丛书·中国方面陆军航空作战》，朝云新闻社1974年3月，第221页；转引自徐勇《日军对自贡井盐基地的轰炸与中国的防御》，《抗日战争研究》1998年1期。

② 陈星生：《肩负挽救民族危亡重任的光荣城市》，《自贡日报》，2010年11月24日。

③ 自贡市档案局藏，市档3—5—232，41—1—1305。转引自徐勇《日军对自贡井盐基地的轰炸与中国的防御》，《抗日战争研究》1998年1期。

④ 徐勇：《日军对自贡井盐基地的轰炸与中国的防御》，《抗日战争研究》1998年1期。

⑤ 四川档案局编：《抗战时期的四川——档案史料会编》（中），重庆出版社2014年版，第1179—1193页。

架窜入内江上空，投下炸弹44枚，燃烧弹7枚，炸伤123人，死亡72人，损毁房屋763幢。[①]

为阻击日军的“盐遮断”轰炸，国民政府也加强了相应的反击措施，尽最大力量配置防空火力，强化自贡盐场的防空能力。为改善自贡地区防空力量，国民政府1940年初将陪都重庆装备的德式75mm口径的高炮连调往自流井盐场磨子井附近的山上。这种高炮精度较好，灵活性高，是当时第一流的作战高炮。除自贡之外，“大后方仅重庆防空区装备此新式高炮”。[②] 因此，在防空作战方面，自贡盐场是国民政府所特别关注的地区，其防空作战力量仅次于陪都重庆，是国统区中最为强大的。

自贡盐场防空力量加强后，确实发挥了重要作用，减少了损失。日机后来在轰炸过程中被迫采取高空飞行，有时候因无法对目标投弹而将炸弹扔向其他地区。据日军战史记载：日机8月19日轰炸时，“街市周边的对空炮火很猛烈，一机受伤以单发动机飞投宜昌，不意在飞机场外坠毁，火焰上冲，三人战死，四人受伤”。[③] 不难看出，自贡防空力量在对付日军轰炸中发挥了较为出色的作用。

在加强防空作战的同时，国民政府还强化社会动员，组织民众防空，以安定民心，保障生产与生活秩序，提升抗战士气。当轰炸警报拉响，民众迅速躲进防空洞或其他设施，但生产岗位则尽最大限度坚持生产，待“紧急警报拉响才扎灭炉火，复盖井口，进入附近掩体，而在熬盐岗位，即使轰炸之时也不熄火，坚持煎盐”。[④] 一旦轰炸结束，便动员各方力量及时抢救伤亡，补修房屋，清扫环境，恢复生产。

日军的“盐遮断”专项轰炸，旨在切断盐的生产和供应，造成民众的厌战情绪，以达成迫使中国屈服的战争目标。日军轰炸前后持续约两年左

---

① 四川档案局编：《抗战时期的四川——档案史料会编》（中），重庆出版社2014年版，第1190页。

② 肖国柱：《抗战时自贡高炮对日作战忆述》，政协自贡文史委编《自贡文史资料选辑》（第25辑），1995年，第59页。

③ 日本防卫厅防卫研修所：《战史丛书·中国方面陆军航空作战》，朝云新闻社，1974年3月，第225页。转引自徐勇《日军对自贡井盐基地的轰炸与中国的防御》，《抗日战争研究》1998年1期。

④ 德铨：《抗战时期自贡盐工的贡献》，政协自贡文史委编《自贡文史资料选辑》（第25辑），1995年，第16页。

右，造成了自贡地区的巨大人员伤亡和财产损失，但日军并未能实现其战略目标。恰恰相反，日军对自贡这一和平城市的野蛮轰炸，进一步激化了中国人民的义愤并强化了各阶层的抗日决心。国民政府通过抗战募捐等各种办法实施宣传鼓动，不但有效地募集了巨额资金，还起到了安定人心，恢复正常秩序的作用。自贡盐场的捐资热潮表明，日军“盐遮断”轰炸的企图彻底被挫败，它不但没有使中国人产生日军所期望的“厌战心理”，而是团结一心，共同抗敌，客观上促进了国民政府有效完成了战时动员。

（2）内江工业经济生态分析

在抗战时期，内江加紧生产，不仅在财、粮方面尽力保证了战争需要，还提供了蔗糖、酒精、夏布等重要战略物资，为争取抗战最后胜利做出了贡献。

首先是蔗糖、酒精生产。内江素有“甜城”之称，沱江流域的内江、资中、简阳和资阳等县历来就是传统的产糖区。据史料记载，1911 年，内江的甘蔗“种植面积达二十二万二千市亩。总产量达十一亿九千八百万斤，甘蔗面积占全县总土面积的百分之五十左右”。资中、简阳和资阳等在沱江西岸 30 华里以内的地区，甘蔗种植面积达到总土地面积的 70%—80%。[①]

1937 年抗战爆发，中国其他产糖省区相继沦陷，四川成为我国最重要的产糖基地。首先，由于日军进攻、封锁，中国重要的产糖省区福建、广东、广西相继沦陷，无法正常生产、内运；其次，国民政府迁都重庆，四川人口陡增，对糖的需要量大增；最后，大批厂矿迁来四川，交通和国防均需要大量的燃料，因汽油严重缺乏，当时多以酒精代替，而糖的副产品漏水又是很好的酒精原料。因此，四川沱江流域尤其是内江承担起了生产液体燃料的重任。

1940 年，内江地区的甘蔗种植面积由抗战初期的 111040 市亩发展到 125000 市亩。总产量达 876.5 万市担。糖产量也相应增加到 7486.875 万市斤。[②]同时因为抗战，省外一些糖商和制糖技术人员迁流进入四川，带来了经营糖业的先进经验和技术上的进步，促进了制糖业的发展。

①② 《内江蔗糖发展简况》，内江市档案资源网。

抗战期间，内江出现了几家大的新式制糖厂。①

第一，华农糖厂：1940 年 4 月四川省政府以内江圣水寺甘蔗试验场之试验厂设备与大华实业公司及一部糖商合组华农糖厂股份有限公司，当年冬季开工出货。1941 年 4 月合并于大华公司，改为大华实业股份有限公司华农糖厂。资本额最初为“五十万元，嗣后迭次增加，至三十二（1943）年运用资金达一千余万元”。“该厂具有压榨设备，兼购甘蔗及糖清为制造原料，每年购进糖清约六十余万公斤。设备最高生产能力每月可制糖清壹万公斤。白糖九万公斤。”

第二，中国联合炼糖厂：“由经济部资源委员会及中国银行及商人合资创办中国联合炼糖股份有限公司，于内江三元井设立糖厂，二十九（1940）年十月动工建筑，三十（1941）年十二月试车，三十一（1942）年正式出货，酒精设备亦告完成，九月出货。”“资本总额国币百万元，至三十二（1943）年运用资金达五千余万元”，“该厂购糖清为原料，加工制成各号晶糖，每年购用糖清约二百余万公斤，制造能力每日可出糖七千公斤及酒精五百加仑”。

第三，沱江糖厂：“沱江实业瓮于三十一（1942）年冬季在资中设立制糖厂，名为沱江实业公司，制糖厂资本五百万元，成立伊始，先制造土白糖，同时购置新式机器，预计于三十二（1943）年冬季，机器设备完成，开工制造精糖。”估计每年产糖量约为 4200 市担。

上述三厂均为官商合办。除此之外，还有规模较小的，诸如华原、一六、西南、晶星、太极、利丰亨等当地民办糖厂。抗战期间：“内江的糖除供应全川各地外，还要上运陕西、河南、甘肃等地。”湖南、湖北、贵州和云南等地也有行销。②1942 年，国民政府为了保证军需民用，特别是满足对来华盟军的供应，实行了糖类专卖和征实。自此，作为重要蔗糖产区，内江时常会接到“十万火急”的要糖命令。③

更为重要的是，内江地区提供了抗战急需的战备“液体燃料”，大量生产紧缺的汽油替代品——动力燃料酒精。“液体燃料”包括石油、动力酒精、生物质油、煤炼汽油等。抗战爆发前，中国尚未建成自己的石油工

①② 《内江蔗糖发展简况》，内江市档案资源网。

③ 包中强、周瑶慧：《抗战中的内江：十万男儿上前线　全民献金援抗战》，《内江日报》2014 年 9 月 4 日。

业，所需全部依赖进口。1932 年至 1936 年，平均每年从国外输入汽油 36298541 加仑，柴油 350498 吨，润滑油 10974885 加仑，煤油 1 亿加仑以上。[①] 抗战爆发后，国民政府大力开发甘肃玉门油田，但产油量远无法满足战备所需。其他如新疆、陕北的零星开采，更是少得可怜。

为了抗战需要，国民政府把目光投向了动力燃料酒精。所谓“动力酒精”：是指酒精浓度在 90% 以上的酒精，可以代替汽油作为燃料使用。无水酒精掺和汽油在国际上被公认为合格的液体燃料，当时在美国、德国等都得到了广泛的推广和运用。但在中国抗战前并没有这样成功的试验。抗战爆发后，国民政府紧急部署动力酒精、煤炼油厂、植物油提炼汽油等试验。仅在内江地区就成立了四川酒精厂（内江）、四川第二酒精厂（资中）、四川第三酒精厂（简阳）。其他地区还有云南酒精厂（昆明）、贵州酒精厂（遵义）、甘肃酒精厂（兰州）等。

抗战时期，后方液体燃料工业从地域分布看，除石油外，酒精、代汽油、煤炼汽油工厂，以四川最为集中。1941 年经济部核准登记的酒精厂有 68 家，每年生产能力 750 万加仑，四川、重庆两地共计 48 家，占工厂总数的 70%，生产能力每年达 580 万加仑，占总生产能力的 75%。[②] 1943 年在经济部登记的植物油炼油厂有 67 家，四川及重庆占 44 家，[③] 占总数的 66%。四川甘蔗和桐油产量的丰富，是酒精厂和植物油厂集中的主要原因。

其中，1937 年筹建于内江椑木镇凿坝滩的“四川酒精厂”，就是一所规模较大的动力酒精厂。我国著名酒精专家魏岩寿[④]担任第一任厂长。1937 年到 1945 年，他任国家资源委员会酒精工业总工程师，研究用甘蔗榨汁后产生的副产品——糖蜜，提取高纯度酒精获得成功，成为中国以甘蔗废物制造酒精第一人。[⑤] 建成于 1938 年 7 月的“四川酒精厂”，在大后方起到了示范性的作用。之后一段时间，一个以内江为中心的酒精生产基

---

① 资源委员会经济研究室：《动力油料厂筹办经过及现状》，《资源委员会月刊》第 3 卷第 1 期。

② 欧阳仑：《后方之酒精工业》（1941 年 2 月 26 日），《中华民国史档案资料汇编》第 5 辑第 2 编（6），第 130 页。

③ 《经济部关于 1942 年下半年至 1943 年上半年工作报告》，《中华民国史档案资料汇编》第 5 辑第 2 编（5），第 338 页。

④ 1900—1973，生于浙江鄞县，日本京都大学化学工程系毕业，是我国著名的微生物学家，应用化学家，是中国近代工业微生物的先驱。

⑤ 李建友：《魏岩寿与四川酒精厂》，《内江日报》2011 年 8 月 8 日。

地随之形成。沱江流域先后建有颇具规模的酒精厂23家，日产量最高可达上百吨。其中，内江县境内就建有12家，如白马庙的“军政部酒精厂”，三元井的“中国联合制糖公司酒精厂”，蛤蟆石的“中国胜利酒精厂”等。仅1942年到1944年，“四川酒精厂”生产的酒精数量占整个资源委员会提供给抗战所需酒精的13.8%。[①] 同时，四川泸州、云南、贵州等产糖区，陆续按照魏岩寿提出的生产工艺建立了酒精厂。

在任期间，魏岩寿还办了一所培养技术后备人才的“四川省立内江实用职业学校”，任第一任校长。这所学校以酒精厂的技术骨干为依托，由省教育厅出资，购与厂相邻的糖房为校址，酒精厂作学校的实习基地。这所学校不但为酒精厂培养了人才，还为整个四川化工及酒精行业培养了上百名技术骨干。[②]

（3）自贡市盐业经济对内江—自贡文化副区的影响

自贡盐业有着两千多年的悠久历史。早在东汉章帝时期（公元76—88年），古代人就在今天的富顺县城开凿了自贡地区第一口盐井——富义盐井（后称富世盐井），开始了井盐生产。至北周武帝时（561—578年），在旭水河畔开凿了著名的大公井。并在大公井所在地设公井镇。这是自贡地域最早出现的行政建制。[③] 此后经过唐宋两代的大发展，北宋时期出现了世界上第一个机械钻井的“卓筒井”，被称为“中国古代第五大发明”。到了公元1835年，自贡地区凿成一口深达1001.42米的燊海井，它是当时世界上第一口超过千米的深井。[④] 1853年，太平军监督天京（南京），控制了长江中下游一带，淮盐不能西运，清政府钦准“川盐济楚”。自贡盐业因此出现了空前的繁荣。

千百年来，自贡人与井盐打交道，通过不断的积累和总结，从找井、打井、“汲卤”、“煎卤”，仓储、运输等各个环节，都有一套非常成熟、完整、科学合理的制盐工序。如打造钻探深达千米的各种式样的钻头，架设钻井的天车，制作密封良好的笕管，制定严密的采盐工艺，因河道狭窄便于运输的“歪脑壳”船等，彰显了自贡人民勤劳奋发、勇于探索的集体

①② 李建友：《魏岩寿与四川酒精厂》，《内江日报》2011年8月8日。

③ 孙明经摄影，孙建三等撰述：《遍地盐井的都市——抗战时期一座城市的诞生》，广西师范大学出版社2005年版，第14页。

④ 《千年盐都——深井下的宝藏》，中央电视台CCTV－4《国宝档案》，2014年10月20日。

智慧。

1937年抗战爆发后，全国大部分产盐产区被日军控制，海盐内运受阻。原来靠海盐供应的两湖军民食盐断绝，不得不仰赖川盐接济，于是出现了第二次“川盐济楚”。作为四川盐业中心的自贡盐场，便承担了供应川、康、滇、黔、湘、鄂、陕各省7000多万军民食盐的重任，其战略意义极为重要。

为此，国民政府决定因盐设市。1938年5月，四川省政府正式决定：“爰经本府省务会议议决，仿照各省先例，先行成立自贡市政筹备处，设处长、副处长各一人，积极进行筹备工作。”[①] 6月16日，自贡市政筹备处正式成立，直隶四川省政府。1939年8月8日和8月15日，四川省政府召开第330次和第331次委员会议，决定正式成立自贡市，任命筹备处处长曹任远为首任自贡市市长。1939年9月1日，自贡市政府在市政筹备处（珍珠寺王氏宝善祠）宣告正式成立，[②] 成为四川省继成都、重庆后第3个省辖市。自贡这座因“盐”而兴的城市终于“修成正果”，完成了重大的历史跨越。

同一时期，国民政府盐务总局将四川盐务局改称川康盐务管理局，设于自贡。其下分设富荣东西两个盐业公署，以加强管理。

1938年3月，国民政府明令增产川盐，增加产量首先从富荣东西两场着手。各项政策有：取消战前所规定的限产政策，开放各场废井，鼓励开凿新井，鼓励增产加运。由四川盐务管理部门与各银行订立增产贷款合约，以低利贷款解决井灶商家资金不足的困难。据《盐业志》统计：“增产加运前1938年1月，自贡盐场有生产卤井122口，1941年有生产卤井188口，到1945年有井505口，制盐锅口数从战前的6300余口增加到1941年的13300余口。盐产量1937年为16139万吨，1938年即达22184万吨，1941年更增至26132万吨。抗战八年自贡盐产年均24145万吨。战前的自贡盐产量在四川盐产总数中的比重已下降至45%，到1939年即上升到54%，而1945年已占全川盐产量的60%”。[③] 在增产基础上所谓加

① 政协自贡市文史委编：《自贡文史资料》（第25辑），1995年版，第48页。

② 孙明经摄影，孙建三等撰述：《遍地盐井的都市——抗战时期一座城市的诞生》，广西师范大学出版社2005年版，第21页。

③ 自贡市盐务管理局：《自贡市盐业志》，四川人民出版社1995年版，第14页。

运，即确保运输安全与扩大销售，包括兴修公路，强化江海船只管理，增强运力；建立税警武装，保证运输安全；防止私商囤积，缉拿私盐，保障盐价稳定，此外还对盐工缓征兵役，免拉壮丁，保证劳动力队伍的稳定。①

此外，国民政府还以诸多手段提高生产力，广泛推广机械化，采用新工艺。如推广蒸汽机车及电力机车采卤。据记载1940年“自贡两场月产卤水85万标担，由蒸汽机车汲卤占80%以上”。② 这些措施对提高自贡地区的盐产量发挥了很大作用。

抗战时期，随着盐产量的激增，盐税收入也大幅度增加，自贡盐业为国家财政收入，为抗战筹集资金做出了卓越贡献。特别是盐实行专卖后，1942年就达到143737万元，为关税收入的9倍多，跃居国税首位。1944年国税收入为5374860万元，盐税、盐税附加和盐税附加征收的国军副食费共计达到3201525万元，约占国税收入的60%。1942年，政府为了应付战时浩繁的财政支出，将“从价计征”改为“盐专卖利益”，并附加在盐价之中征收，自贡盐场每担盐缴纳专卖利益高达100元，到1945年已达110元一担。另外还有各种名目的附加税。自贡盐场每担盐负担的赋税总额，1942年为100元，到1944年增加到1480元，仅两年多的时间就增加14倍。③

在抗日增产前期（1938—1940年），自贡盐场的盐税平均每年收入6615万元，占全省相当大的比重，以后稳步上升，到1945年自贡盐税收入149320万元，占全省盐税的55%。在抗战八年中，自贡盐税总收入达206318万元，占全省盐税总收入的41.67%。④

为了更直观地说明问题，不妨将用于前线军队抗战的款项按当时的物价作如下对等换算。

抗战八年，自贡年均产盐480万担，若按当时最低税率每担5.6元作估计，每年征收盐税达2700万元，它可以支持27个标准编制陆军师一年的军饷；若将此款购黄谷，可购1350万石（每石150斤），折合大米14亿5千万斤，可供270万人的军队一年的军粮。随盐附征的“国军副食费”每担2元，以年平均量480万担计，附征年收入为960万元，按当时四川

① 徐勇：《日军对自贡井盐基地的轰炸与中国的防御》，《抗日战争研究》1998年1期。

② 自贡市盐务管理局：《自贡市盐业志》，四川人民出版社1995年版，第80页。

③④ 张国钢：《自贡盐产税收在抗日战争中的历史贡献》，《四川档案》2005年第3期。

物价“斗米称肉”计，2 元钱可购肉 10 斤，此项附征可供 40 万军队一年之副食费用。此外战时的军盐系定量免费供应，各部队按标准向附近盐务机关领取，军盐供给数量按整编师 1 万人估算，每日食盐 5000 斤，每年则 6 万斤，八年抗战一个整编师即食用约 50 万斤盐。当时的五、六、九战区若以百万军队计，八年抗战所供之盐 5000 万斤。①

抗战八年的 3000 个日日夜夜，自贡这座城市及其 22 万人民，用“汗与泪、千万良心”（冯玉祥语）奋战支撑着这场反侵略战争，齐心协力把自贡盐场建成了每年能生产 500 万担食盐之基地，并在八年抗战中为国家财政创造了 206318 万元税收，②为国家民族做出了不可磨灭的历史性贡献。

（4）历史文化、民俗对内江—自贡文化副区的影响

①内江书画、糖文化

内江书画文化源远流长。从东汉的摩崖石刻到唐宋的摩崖造像和书法题记；从唐朝状元范金卿，至明清两代的赵贞吉、王三锡、张应登、杨所修、丈雪等名家的书画作品，到近现代的余夔阳、公孙长子、张善子、张大千、晏济元、尧文藻等大家的艺术成就，完美展现了内江精湛的文化艺术造诣，传承了内江深厚的文化底蕴，造就了内江“书画之乡”“文化之乡”的美誉。③

内江—自贡地区拥有人们日常生活中必不可少的盐、糖，在千百年的历史长河中，也形成积淀了各自独特的盐、糖文化。

内江甘蔗的种植早在唐朝就已经开始了，蔗糖的生产制作始于南北朝时期（公元 420—581 年）。旧时制蔗糖的方法主要有两种：一种是曝晒，另一种是熬炼。榨糖由最初的木棍人推，改为较大的木辊用一头牛推挽，继又改为石辊三牛推挽。从人力推拉，到牛拉，再到半机械化，最后到自动化的生产流水线。从土法熬糖到自动化制糖，从粗造红糖到精制白糖、到冰糖，再到精制蜜饯。从清朝福建汀洲府商人曾达一迁徙内江，带来内江蔗糖业的复兴，到代代相传的精细保密的蔗糖熬制方法（古有“熬糖烧酒，充不得老手”，熬糖家族“传媳不传女”的旧风俗），④ 无不倾注了历代内江人的心血和智慧。因此也成就了内江“甜城”的美誉。甜城超市、

①② 张国钢：《自贡盐产税收在抗日战争中的历史贡献》，《四川档案》2005 年第 3 期。

③ 田映丽等：《〈内江历代书画名人〉首发》，《四川日报》2011 年 8 月 10 日。

④ 《内江蔗糖发展简况》，内江市档案资源网。

甜城大厦、甜都大道、甜城湖……走在内江的大街小巷，“甜城”这一内江的文化符号至今仍随处可见。

②自贡盐文化

自贡地区采盐两千多年的历史，因盐成邑，深刻地打上了盐的“烙印”。自贡世世代代骨子里流的都是“盐的血液”。

首先，“自”“贡”两个字就是由“自流井”和“贡井”两个著名的盐井名字合称而来。同时，自贡以“井”为地名的地方可以说是多如牛毛。比如“磨子井”是自贡有名的一口高产气井，被称为“火井王”。另外还有如高山井、路边井、古缸井，等等。此外，从“咸涌井”“洪海井”“玉涌井”“燊海井”的取名，我们可以看出井主对“咸泉玉涌”水丰火旺的祈求；从“永富井”“恩流井”“长发灶”的取名，又表达了企盼富贵长久和感恩大自然的美好愿望和良善品格。①

其次，除了“井”以外，自贡以“笕”为地名的地方也特别多。清朝开始出现了竹管输送卤水的笕管和经营卤水运输的“笕号”。民国时期，自贡已有了“裕昌笕”“大生笕”“大昌笕”等十大笕号。并且“大昌笕”“大生笕”“余庆笕”“全富笕”等笕号名称都已作了地名。盐场上烧盐的地方叫“灶房”，也用作地名，如“一心灶”　“合兴灶”　“长灶房”等等。②

最后，在地名中还有“盐店街”“盐马路”“进盐坝”等与盐运销有关的字眼。竹子在盐场中用途十分广泛，从锉井、采卤、输卤、制盐、运销这些产盐过程中无处不在，因此制作、销售竹制品的店铺非常多，店铺集中的地方就叫“竹棚子”。抗战时期，牛是盐场的主要动力，采卤、运输都需要它，地名中用“牛”的名字也特别多。卖牛的地方叫“牛市坝”，喂牛的地方叫“放牛山”，处理牛的地方叫“皮匠坡”“老皮行”“皮行街”等等。③ 这些五花八门的地名，都集中反映了自贡地区“盐”文化的价值取向和地域文化特质。

抗战时期，自贡城里城外遍满井盐天车群，输卤、输气笕管群，盐井、石圈、钻井锉，还有灶房、盐仓、歪脑壳船、堰闸、码头、街道、私

①② 《文化典故》，自贡市人民政府网。

③ 《文化典故》，自贡市人民政府网。

宅、会馆、行会宫庙建筑等。还有因盐而起的盐工、行业帮会、堂号、枧号、井灶契约、盐商等，以及相关的手工工艺、饮食文化、文艺作品等。如今的釜溪河九景：“自流古井”看天车，“河府人家”寻民俗，“盐道遗风”觅担夫，“名城华彩”显气派，“古庙苍凉”添幽怨，“龙池唤鱼”流传说，“水涯晓渡”泊盐州，“釜溪牧歌”笛悠悠，“雷公码头”品香茗，也都与盐文化有关。

自贡较为独特的还有运盐的歪脑壳船。由于釜溪河从自流井到邓井关河段，一些河道弯曲狭窄，水流湍急，间杂有险滩。为了适应河道盐业运输，当地人制造了一种奇特的船：船头向左方稍微歪曲，船尾向右方稍稍歪曲，形成船头船尾相反方向的小倾斜，被称为歪脑壳船或者歪屁股船。歪脑壳船的船长为4丈2尺，船底宽6.8—7尺。有一条比船身更长，长达4丈8尺的船橹，全船分为6个船舱，船头部分叫剪子，至船尾依次为：走舱、桅台舱、前宫舱、后宫舱、太平舱、火舱，以及船尾后剪子。船的载重量在9万—10.8万斤。制造船头向左歪的船，是为了在狭窄的釜溪河上，上下行船只即使迎头相撞，撞的结果也是“各归左手”，都向左边偏走，不会卡在河道中间；同时左歪的船头在激流中行驶，也不易向右歪到相对而来的航道上去。同理，右歪的船尾被后面同向行驶的左歪的船头撞上，也会很好地“回到左手”，[①] 不会造成卡船。

夏秋雨季，釜溪河水丰满，运盐十分顺畅。到了冬春枯水季节，满载盐的船吃水较深就无法行驶了。聪明的自贡人想出了好办法，枯水季节，就在盐帮会馆王爷庙的下游河道上修筑一条临时的拦水坝，将釜溪河水蓄起来，当水蓄到足以把拦水坝上游的全部运盐船只冲入沱江时，就开坝放水。每当开坝时节，官府要事先张榜告示，众船家奔走相告。开坝当天，官府相关部门、人员，各家盐商、运盐商行会、运盐工人行会，以及四面八方涌来看热闹的人们，一起聚集在王爷庙下的釜溪河拦水坝两岸，锣鼓喧天，人声鼎沸！拦水坝一开，千百条满载白花花成品盐的船只被水冲着快速地顺流而下，千船竞发，壮观无比，60多公里的水路一天便可到达。年复一年，开坝放水便成了自贡人冬春季节的头等大事，也成了自贡当地

① 孙明经摄影，孙建三等撰述：《遍地盐井的都市——抗战时期一座城市的诞生》，广西师范大学出版社2005年版，第100—108页。

最重要的节日之一。①

由于充满智慧的歪脑壳船和拦坝蓄水等措施，使得抗战时期满负荷的井盐生产有条不紊，很好地完成了军民的食盐供应，极大地促进了财税收入的增加。

自贡盐商富甲一方，热心文化和公益事业。抗战期间，自贡盐商积极帮助书画家来自贡办书画展，包括：徐悲鸿、张大千、陈浩东、何香凝、叶浅予、丰子恺、梁中铭、梁幼铭、张聿光、张振铎、钟道泉、董寿平、冯建吾、关山月等近20位国内知名画家先后来自贡办画展，鬻画献艺和写生创作，他们创作的画作，亦大多被自贡盐商收藏。

1938 年 8 月，以盐商张泽敷、余述怀等人为代表的贡井盐场各盐业团体负责人，筹建“自贡私立旭川初级中学”，川康盐务局缪秋杰局长批准在局存公益金中拨 3000 元，作为学校基金。1939 年初，川康盐务局拨出“济楚”津贴 30 余万元、公益款 10 万元，将蜀光初中扩建为一所完全中学，并由盐务局在每载盐中附加 10 元作为学校经常费用。1941 年，鉴于自贡盐场发展的需要，自贡盐商募资 300 万元，特请教育部在自贡市设立一所专科学校。1943 年 6 月批准建校。盐商余述怀、李云湘、王德谦、侯策名、曾子郁、王绩良、颜心畬、刘瀛洲等为筹委会成员。筹委会募集了经费 5000 万元，于 1944 年 10 月，“国立自贡工业专科学校”正式成立。设化学、机械、土木建筑三科。②

1944 年，在抗战最艰苦的时候，冯玉祥将军来自贡盐场进行第二次节约献金救国运动，经过一个月的动员，仅 22 万人口的自贡市抗日捐款达 1. 2 亿元法币，人均约 600 元，创下了全国城市抗战捐款之最。当时重庆人口达百万，捐款金额却只有自贡的 2/3。盐商王德谦个人捐款 1500 万元、余述怀个人捐款 1000 万元，个人献金数目居全国之首。自贡盐场创下了 22 项节约献金救国运动全国纪录，表现出自贡盐商和盐场工人在民族危难时期的民族大义。③ 在冯玉祥写给爱国朋友的信中，非常激动地描述了

---

① 孙明经摄影，孙建三等撰述：《遍地盐井的都市——抗战时期一座城市的诞生》，广西师范大学出版社 2005 年版，第 108—112 页。

② 陈茂君：《自贡盐商的崇儒情结》，自贡网 2014 年 9 月 27 日。

③ 四川档案局编：《抗战时期的四川——档案史料会编》（中），重庆出版社 2014 年版，第 839—841 页。

以上这些数字的诞生经过。许多数字的记录都是在自贡与内江之间的竞争中产生的，内江的许多献金统计数据都是紧随自贡，位居第二，这两个兄弟城市为抗战工业生产、抗战献金立下了汗马功劳！

盐业生产极大地影响了盐都人的饮食习惯，形成了自贡人独特的饮食文化。“自贡盐帮菜”花色品种丰富多样。比如牛肉食品（因为盐场大量使用牛力推卤），如火鞭子牛肉、红烧牛肉、红烩牛肉、炖牛肉、凉拌牛肉、炒牛肉、牛肉蒸笼、牛肉汤、牛鞭汤、蹄花汤、水煮牛肉、牛肉粑儿、豇豆牛肉，等等。饭食中，比如帽耳头、鸡婆头、锅盔、馓子、油茶（牛油）。还有自贡独一无二的“露水菌”（盐工们称为“牛屎菌”）。“露水菌”的生长极为独特，需要在秋天把新鲜的牛屎加水调和，均匀泼洒在背阳的山坡上，经过一秋、一冬、一春，到了春末露水菌才“破屎而出”，整座山仅可收获几斤而已。每株菌只有儿童手指头大小，杆短，色白，且极为细嫩，采摘时只能由十二三岁的小女孩来采，极为名贵。或做汤，或烧肉，味道鲜美无比。抗战时期，春天里富豪家谁能端出露水菌这道菜，那可是极有脸面的大光彩事。①

沱江流域历来是四川工业集中之地，域内有成都、德阳、内江、自贡、资阳、绵阳、遂宁、泸州等重要城市，人口密度高于境内其他各流域。内江—自贡地区是川中门户，位于沱江流域的核心地带，有上至成都金堂、下至泸州进入长江的发达水路运输。抗战时期，内江的食糖、酒精工业，与自贡的盐业，在民族危难之际成为了支撑国家经济，支援民族抗战的命脉。

二、宜宾文化副区的地理生态分析

宜宾地区（含第六、第七行政督察区）位于四川盆地南缘，地处川、滇、黔三省接合部。从南面的云南、贵州翻越大娄山的崇山峻岭，便是川南重地的宜宾。该地区东临重庆外缘第三行政区的永川、江津县，南接云南昭通、贵州赤水、毕节、仁怀等县，西界第五行政区的犍为、沐川等县，北靠自贡市及第二行政区的内江等县。

---

① 孙明经摄影，孙建三等撰述：《遍地盐井的都市——抗战时期一座城市的诞生》，广西师范大学出版社2005年版，第157—174页。

宜宾地区地形为西南高、东北低，由西南向东北倾斜，西南是大娄山和小凉山等山脉，东北是河流纵横的川中丘陵。在短距离的长江上，该地区先后有赤水河、沱江、岷江三大河流汇入长江。金沙江、岷江在宜宾汇合后始称长江，故宜宾有“长江第一城”之美称，是长江零公里之处。

水是人类生存的源泉。水网发达的宜宾地区，距今4万年前已有人类生息，公元前三四千年已有氏族部落出现。这里是古代南丝绸之路的重要驿站，被誉为“西南半壁古戎州”。[①] 宜宾—泸州扼西南交通要道，进可驰援巴蜀，退可守卫康藏，左右则能与滇黔策应，历来为兵家必争之战略要地。自古就是蜀汉南陲门户，一些长江沿线城市历来就是川南重镇。

抗战时期，宜宾地区有发达的长江水道、川滇公路，以及直达重庆的水上飞机；有丰饶的物产；有古老的文化传统、开明的文化士绅和淳朴的民风，吸引了大批文化机构前来。

1. 宜宾文化区的自然地理生态分析

大娄山是四川南面的天然屏障。历史上，只有很少几次外来势力通过南面的云南进攻四川，而且是借道乐山进入四川腹地。几乎没有经贵州大娄山直取宜宾地区从而进入四川腹地的战例。但大娄山却是南丝绸之路的重要驿站，由此向南通过贵州、云南到达出海口，而进入海上丝绸之路。这里受战争影响较小，是一条和平通道。

宜宾地区南面为高山地形，北面是浅山丘陵，中间沿长江是狭长的河谷地带。最高点为海拔两千多米的屏山县五指山主峰老君山，为川南最高峰。最低点在合江县长江流出境内的河谷区。在地图上，如果把成都—重庆—贵阳—昆明，西南地区的四大城市连成四边形，宜宾—泸州地区正好位于成都—贵阳，重庆—昆明对角线的交叉点上。依此我们也可以认为，宜宾地区是西南三省重要的地理中心。抗战时期，四川乃至整个西南的人文地理和文化分布与此有较大的关联度。

宜宾地区最大的地理特色是水网密布。在不到200公里的长江沿线上，有三条主要河流汇入长江：岷江、沱江、赤水河。岷江在四川省中部，因发源于岷山而得名。岷江的源头有东西二源，分别出于四川境内西北部岷山南麓弓长岭和郎架岭，于松潘附近红桥关会合后，向南流经都江堰市，

---

① 《宜宾历史特点》，宜宾政府网站。

穿越成都平原，至乐山与大渡河、青衣江汇合后，继续向东南，于宜宾汇入长江。干流全长 735 千米，总落差 3560 米，平均坡降 4.83‰，流域面积约 135000 平方千米。上游右岸山势陡峻，主要支流有黑水河、杂谷脑河、大渡河、青衣江和马边江、呈不对称的树枝状水系。[①] 岷江是川西平原的生命之源、母亲河，上游的都江堰水利工程是造就“天府之国”的重要源泉。岷江流域是川西平原最核心、最发达的地域，它是万里长江上游的第一条一级支流。

抗战时期，沱江下游内江、自贡与长江交汇的泸州地区，是重要的盐、糖、棉、布及工业酒精生产地，生产出来的战备物质和生活用品经发达的沱江、长江水路运输到达重庆，源源不断地运往各战区和其他后方基地。

岷江和沱江都是长江的左岸支流，赤水河则是位于长江右岸的一级支流，发源于乌蒙山北麓云南省镇雄县。赤水河流经云南、贵州、四川 3 省，于四川省合江县城注入长江。因河流含沙量高、水色赤黄而得名。流域面积约 2 万平方公里，河长 520 余公里，落差 1588 米，平均坡降约 3‰。一般以二郎镇以上为赤水河上段，二郎镇至复兴场为中段，复兴镇以下为下段。[②] 赤水河有美酒河之称，是著名的茅台等名酒的原产地。这里曾是中央红军“四渡赤水出奇兵”的地方。

宜宾地区最重要的河流是长江，从宜宾经泸州可以直达陪都重庆。宜宾、泸州段的长江航道，是抗战时期川南最繁忙的航道。这里北面辐射内江、自贡工业重地，“川盐济楚”、工业酒精等战略物资川流不息由此运往重庆、各战区和大后方基地。长江南面可辐射云贵，遵义、毕节、昭通的货物北上，以及国际援助物质进入长江水道，源源不断运往华北和华中各战区。宜宾沿岷江而上，可达乐山、成都等地，是川西平原的水路出口。泸州沿沱江而上，可达内江、金堂，连接四川最集中的工农业生产基地。因此，宜宾地区是四川长江航道的“黄金水道”，是抗战时期四川工业、经济、军事（兵工厂和川军兵员）和文化的生命线。国立戏剧专科学校迁入江安县就是走长江水路运输，迁入李庄的同济大学、中央研究院、中央

① 《川江的四大支流》，央视国际—国家地理网站 2004 年 6 月 7 日。

② 遵义市文明办：《赤水河》，中国文明网 2011 年 12 月 21 日。

博物院、中国营造学社从昆明迁入时，先走川滇公路到泸县，从泸县由长江水道西进入宜宾，从宜宾行船到李庄。

2. 人文地理生态对宜宾文化区的影响

（1）交通对宜宾文化区形成的影响

抗战时期的宜宾地区是四川交通最为发达的地区之一，公路、水路、航空运输，海陆空一应俱全。陆路交通主要是公路，1938 年紧急抢修通车的川滇公路，北起四川第七区的隆昌县，与成渝公路相连，经泸州、叙永，跨川黔交界之赤水河而进入毕节，再折西南向赫章、威宁、宣威，经过威宁所辖杉木箐南下云南宣威，止于沾益县所属天生桥，与滇缅公路相接，全长 726 公里。这条沟通川、滇、黔三省的要道，打通了与滇缅公路国际大通道的连接，使援华战略物质源源不断进入云南、贵州、四川，运往陪都重庆和各前线战区。迁入本地区的高校和文化机构也大规模使用了这条运输通道。

航空运输主要指中航公司渝嘉线，由重庆—泸县—乐山，或者重庆—宜宾—乐山的水上客运飞机，于 1938 年开通。中航公司分别在乐山、宜宾、泸州设有办事处，后因 1939 年乐山“8・19”大轰炸停开，通航时间仅一年多。

抗战时期，川江航运是大后方交通运输主干，军事运输、军粮调拨以及生产生活物资主要靠川江运输。而宜宾地区则是重庆上游最主要的水运中心，金沙江、岷江、沱江、长江，以及沱江支流釜溪河等都是一派繁忙的景象。1939 年夏，交通部令驻重庆的汉口航政局设立造船处，筹办造船事宜，以增强川江航运能力，共设造船工厂 10 家，长江上游有重庆、泸县、宜宾 3 家，并成立了许多修船厂。1940 年，国民政府经济部扬子江水利委员会在宜宾成立岷江水道工程处，对岷江进行分段整治，其中乐山至宜宾段整治了竹根滩下河段险滩。1940 年，国民政府在屏山成立“金沙江工程处”，连续五年对金江街至宜宾段航道进行整治，使宜宾至屏山 60 公里可通客轮，屏山至新市镇 45 公里可通木船。[①] 宜宾、泸县、江安县、合江县、李庄等沿江城镇水运发达，因而有许多文教机构、中央政府机关迁入。

---

① 谭刚：《抗战时期大后方的内河航运建设》，《抗日战争研究》2005 年第 2 期。

李庄镇位于宜宾以东的长江南岸，属四川南溪县，背山临水，是一块沿江的狭长平原，为宜宾东下泸州、重庆的水路门户，也是附近庆符县等山区农产品外运的中转站。该镇街区东西长约一公里，南北宽半公里。它距西面的宜宾市和东面的南溪县城均为25公里。交通上，除有重庆、宜宾之间定期班次轮船经过李庄外，宜宾至南溪还有小火轮每天往返途经李庄镇，出行较方便。[①] 李庄当时是一个在地图上看不见的小镇，可以避开日军的轰炸。而李庄附近的较大城市如宜宾、泸县、合江县城等都曾遭遇敌机的多次轰炸。

（2）轰炸对宜宾文化区的影响

1938至1944年间，日军对四川境内各县进行了大规模的轰炸。其中宜宾地区的宜宾、泸县、合江县城多次遭遇轰炸，损失较大。

1939年1月10日，8架敌机窜入泸县上空，投弹19枚，瞬间火光冲天，死亡7人，伤20人，毁房屋10余栋，民生趸船被炸。1939年9月11日，敌机分两批共36架，在泸县繁华市区及机关衙署往返狂炸，并机枪扫射，投弹及燃烧弹185枚。这次轰炸损失惨重，死亡303人，伤446人，房屋被毁3326幢。由于县衙被击中，大部分珍贵文档被毁，损失惨重。此次轰炸后，县衙搬迁到城西忠山武侯祠内办公。1939年10月2日，敌机六批，共八十余架经过泸县上空，第四批在城内投弹20多枚，死4人，伤14人，毁房40余幢。同日，敌机两批18架在宜宾投炸弹300枚，亡6人，伤4人，房屋损毁10余幢。此后，泸县分别于1940年7月5日、8月2日、8月12日，1941年7月28日遭遇了四次轰炸。宜宾分别于1940年4月22日、5月20日，1941年6月2日、8月11日遭遇了四次轰炸。[②]

根据四川省档案局资料统计，抗战时期，泸县（泸州）总计遭遇了敌机7次大轰炸，宜宾总计被轰炸6次，主要集中在1939年1月至1941年8月的两年多时间里。共计造成730人死亡，948人受伤，[③]导致泸县县衙搬迁，珍贵文档被毁，许多家庭流离失所、无处安身。从经济发展和社会生活来说，抗战时期宜宾、泸州是本地区最好的城市，但是几乎没有大的文教机构迁入这两个城市，这与两个城市受到密集而惨烈的轰炸不无关系。

① 翁智远主编：《同济大学史 第1卷（1907—1949）》，同济大学出版社1987年版，第85页。

②③ 四川档案局编：《抗战时期的四川——档案史料汇编》（下），重庆出版社2014年版，第1137—1193页。

由此看来，傅斯年强调要“搬到一个地图上找不到的地方”，一个可以安静做学问的地方，还是有先见之明的。

（3）文化、民风对宜宾文化区的影响

水是生命之源，处于大江大河流域的宜宾—泸州地区，远古时就有人类在此繁衍生息。1980年从筠连县“拱猪洞”出土的古人类臼齿化石和南广、越溪、横江20多处石器采集点采集的40余件石斧、石铲、石锛等石器，说明宜宾人类活动的历史可追溯到4万年前的原始社会的旧石器时代晚期。公元前三四千年，宜宾已出现氏族部落，从事原始耕作、狩猎和渔猎。据《华阳国志》记载，生活于宜宾一带的僰人性情温和，习仁道，勤劳、聪明，善事农牧，尤为善种水稻、荔枝、姜、蒟、豆之类的作物。到唐代贞观六年（632年），在戎州僰道置戎州都督府，管辖今云南文山、蒙自、曲靖和贵州的威宁、六盘水一带，地域广阔，“西南半壁”由此得名。①

“西南半壁”处于长江上游水陆交通枢纽，自古就是商贸重镇，是“南丝绸之路”的重要驿站。特别是明清以来，川滇商贸交往频繁，致使宜宾商贾云集，舟楫如林，茶马互市，马帮不断。有“搬不完的昭通，填不满的叙府”之称。大江润泽了宜宾地区的山川原野，大江也塑造宜宾的原初文化。数千年来，奔腾不息、浪卷千秋的金沙江、岷江、沱江、长江，为宜宾—泸州的先民创造了肥沃的冲积河洲，源源不断的江水是生生不息的生命源泉。因此对大江的崇拜和敬畏，始终是萦绕于宜宾先民心中的“神曲”。大江容纳百川、奔向海洋的气魄，塑造了宜宾—泸州人民兼容并包、开放开明、崇尚自由、勇往直前的精神气质。② 也正是这种开放包容的大胸怀，在同济大学、中央研究院、中央博物院、中央营造学社等有难时，宜宾人民倾其所有慷慨相助。

李庄是个有一千八百年历史的古镇，有厚重的历史文化积淀。秦以前属僰候国，秦以后划归僰道县。梁代置戎州（今宜宾市），兼置六同郡，辖僰道、南广两县，李庄属南广县。北周时期，南广县迁移至李庄所在地。后因避讳隋炀帝，改南广县为南溪县，县治仍在李庄镇。因为这个缘故，史语所把在李庄时期的论文集命名为《六同别录》。晚唐期，战乱不

---

① 宜宾市志编纂委员会编：《宜宾市志》（总览），中华书局2011年版，第1—3页。

② 《大江文化》，宜宾日报金江网2008年12月9日。

断。李庄地处平坝，多受侵扰，南溪县治遂迁大江北岸的奋戎城，即今南溪县城。李庄结束了为县为州的历史，却积淀了丰厚的历史人文遗产。明清之际，“湖广填四川”，两湖、两广、福建、陕西、江西、云南、贵州先民纷至沓来。南方移民，多是沿着长江水道，逆流而上，分散到川西平原。作为长江上的李庄必然会成为移民的重要集散地。①

奎星阁是李庄镇尾高高挑起的一座临江楼阁，为全木结构三层建筑。梁思成曾评价它是长江上“从上海到宜宾两千公里中，建筑最好的亭阁”。与奎星阁隔江相望的是逶迤起伏的桂轮山。山石壁上有黄庭坚遭贬戎州时留下的“大桂轮山”四个大字，山腰处屹立着一根石笋。人们传说它是李庄的风水。也有人认为那就是李庄（里桩）的得名。长江南岸，从奎星阁一字形排开，建有东岳庙、王爷府、张爷庙、天上宫、慧光寺、禹王宫、巧圣宫、川祖寺等数十座寺庙。庙多香火盛。晨钟暮鼓，梵唱呗乐，声声不绝。每年从旧历三月东皇会开始，戏剧演出也很少间断。往往这边庙会歇台，那边锣鼓又开，整个李庄就宛如一个大舞台。②

史语所的王利器见证了李庄的古风犹存：“李庄为南溪巨镇……始悉在我未来李庄之前，在南溪县政府旧库房里发现有段玉裁手批公牍，以段氏曾任南溪知县也。”段玉裁为乾嘉大师，著有《说文解字注》，他的手迹既为文牍也有学术价值。③

傅斯年流寓李庄时，也对这藏在大山之中的文明之珠感佩不已：“斯年漂泊于西南天地之间数年矣，滇池巴渝不遑宁居，闻其雅正之音，观其甲部之学，知今日西南之系于中国者，盖远过于巴蜀之于炎汉矣。晚来南溪（李庄），暂获栖止，益惊其一邑中人文之盛，诗人辈出，后先相踵。”④

李庄镇文物古迹众多，人文景观荟萃，古建筑群规模宏大，布局严谨，比较完整地体现了明清时期川南庙宇、殿堂建筑的特点。李庄古镇最具有代表意义的文化符号是被建筑大师梁思成称为“李庄四绝”的张家祠百鹤祥云窗、文昌宫（旋螺殿）、禹王庙九龙碑和奎星阁。

---

① 岱峻：《发现李庄》，四川文艺出版社 2004 年版，第 38—39 页。

② 同上，第 40 页。

③ 《李庄忆旧》，《新学术之路》，台湾中央研究院历史语言研究所，1998 年，第 791 页。转引自岱峻《发现李庄》，四川文艺出版社 2004 年版，第 40 页。

④ 《亟庐诗钞叙》，《南溪县志》，四川人民出版社 1992 年版，第 610 页。转引自岱峻《发现李庄》，四川文艺出版社 2004 年版，第 41 页。

在李庄亮眼的文物古迹之外，我们不能忘记同济大学校友钱子宁，罗伯希、张鼎臣、罗南陔、李清泉等宜宾、李庄本地士绅，以“同大迁川，李庄欢迎。一切需要，地方供应”。十六字热情相邀，以及那些不知名的、淳朴的李庄民众，全部让出了世代居住的“九宫十八庙”，把家族的祠堂、祖屋无私让给了远道而来、颠沛流离的文化学子们！

第四节　西康文化区的地理生态分析

西康地理位置极其险要，不在边疆却胜似边疆。历史情形复杂，时而独立、时而为外族统治、时而归附中央，属历史上的“蛮荒”之地。人口稀少，民族众多，政治体制落后，经济衰微，民众生活困苦。20 世纪 30 年代以前，对于内地而言，那是一个“未开化”的神秘之地。

“查西康地位，内屏川、滇，外控藏、卫，北通青海、新疆而密为支援，南接缅甸巫山而直当冲要，诚我国西陲国防之重心，在历史上与国家安危相关联者，盖千余年于兹矣。唐代吐蕃、南诏屡酿巨患，而边筹棘手。宋代西番寖衰，而西夏勃兴，劳师縻饷，国力大耗，遂为契丹所乘；南诏分裂，大理继起，大渡河外悉为捐弃之地。元代乃先平大理，返定西番，分其地以为郡县，封其高僧而为帝师，由是西陲少靖。明清因之，赖以宁谧，然皆袭用羁縻维系一时，未尝采积极政策彻底治理。故惟清代盛时，尚有廓尔喀之侵入、金川酋之据乱，用兵至数年之久，耗帑达万万之巨，国家所费既多，后患仍难尽弭。时无强邻，犹可暂安。逮乎近世，国家多故，经营不及，边民携贰，政府之鞭长莫及；外人乘隙，侵略之野心未已。边患潜滋，隐忧日广。兼以消息不灵，平时不为国人所注意；交通未便，临变复感救济之困难。是以深识世界潮流及亚洲情势者，每谓由大陆背面袭击之侵略，其为患我国，实有甚于由海洋直捣之侵略，诚非过论。故复兴中国，必先巩固西部国防，早日健全西康省制，始可以言内卫外攘也。”①

---

① 四川省档案局编：《抗战时期的四川——档案史料汇编》，重庆出版社 2014 年版，第 12—13 页。

"由大陆背面袭击之侵略，实有甚于由海洋直捣之侵略"确实高见，很有战略眼光。由此，西康确系"我国西陲国防之重心"，假如真是背面攻击，结果确实难料。元代采取了高明的"怀柔"以用的策略，稳固西部边陲达数百年之久，以至明清。到民国时期，俄人虎视新疆，英人插手藏、卫，东临强敌日寇，无暇他顾，致使西康、甘、青边地成为无主之地。以此，中央、地方军阀利益攸关，遂达成西康建省之共谋。

"西康建省之议，创自清末，早在热、察、绥、青、宁夏建省之先。但……清室已倾，遂归搁置。民国已还……对于边疆尤极注意，乃于十七年九月五日第一五三次中央政治会议决议：'热河、察哈尔、绥远、青海、西康，均改行省；……'嗣又于十八年九月二十五日第一九七次中央政治会议决议：'咨请国民政府迅行规划组织西康省政府。'"[①] 早在1928年、1929年中央两次通过建省决议，但此时四川正处于军阀大战时期，实际占据西康的刘文辉对于偏僻蛮荒的西康不感兴趣，直到1933年败退雅安时，才想起"西康建省"这根救命"稻草"，于是强力推动西康建省。中央"仍以积极建设西康省治为务，在未建省以前先设西康建省委员会以为过渡办法，乃由二十三年十二月二十五日第一九二次行政会议简派西康建省委员会委员，并于二十四年二月二日由国民政府正式公布西康建省委员会条例在案"。[②]

1939年1月1日，西康省正式成立，省府设在康定。四川省原属第十七（西昌地区）、十八（雅安地区）行政督察区所属县份划归西康。至此，西康省辖宁、雅、康三属。合计三十三县、三设治局，分为五个行政督察区。宁属（西昌）地区下辖越西、冕宁、盐源、盐边、会理、西昌、昭觉、宁南共八县，及宁东设治局。雅属（雅安）地区下辖雅安、芦山、宝兴、天全、荥经、汉源共六县（原雅属名山县仍隶于川），及金汤设治局。康属下辖康定、泸定、丹巴、雅江、瞻化、九龙、巴安、德格、石渠、德荣、白玉、炉霍、义敦、道孚、理化、甘孜、定乡、稻城、邓柯共十九县，及泰宁设治局。[③]

---

① 四川省档案局编：《抗战时期的四川——档案史料汇编》，重庆出版社2014年版，第12—13页，第16页。

② 同上，第12—13页。

③ 同上，第65页。

一、西康文化区自然地理生态分析

西康省全境地形大致可分东、中、西三个部分：西部为青藏高原的一部分，地势高耸，海拔皆在3000米以上；西北部大多在4500米以上，地表起伏较小，属高原地形，为藏北高原之一部分。中部为纵谷地形区，高大山脉呈南北走向，平行排列，两山间之谷地则有多条大河奔流。东部则为四川盆地边缘，地势较低平。这里将西部和中部并称为西康高原，西康高原与成都平原的分界线便是邛崃山脉。

整个西康高原地势由西向东倾斜，分为丘状高原和高平原。丘谷相间，谷宽丘圆，排列稀疏，广布沼泽。根据切割深浅可分为高山原和高山峡谷区。西康高原上群山争雄，主要山脉有岷山、巴颜喀拉山、牟尼芒起山、大雪山、雀儿山、沙鲁里山等。大雪山的主峰贡嘎山海拔7556米，它不仅是西康第一高峰，也是世界著名的山峰。这里江河奔流，岷江、金沙江、大渡河、雅砻江等，长江源头及主要支流在此，共同孕育了古老而神秘的藏、羌、彝族文明。这一地带地形地貌变化明显，有极高山峰，低海拔冰川，深澈峡谷，湍急河流，高寒草原，溪沟清泉。有美轮美奂的自然风光，纯朴的藏、羌、彝民风民俗。

西康高原高山与峡谷毗连，落差大，形成了河谷亚热带、山地寒温带、高山寒带等几种气候垂直分布带，植被和自然景观亦呈垂直分布。同时季节和昼夜温差大，地质环境典型，地表生态脆弱，而使得这一地区易发生泥石流等自然灾害。

高山与峡谷复杂多样的自然带催生了众多的民族和多彩的文化。费孝通[①]曾指出横断山区是“藏彝大走廊”，是民族迁移、分化、演变的大通道。横断山区一个重要特征就是少数民族众多，生活方式多姿多彩，仅是藏族就有康巴藏族、安多藏族、嘉绒藏族、木雅人、西番人、鱼通人、扎坝人等分支，虽然都划归藏族，但他们的族源、语言、服饰、歌舞等又各不相同。同时还有彝族、羌族，民族文化精彩纷呈。这里被人们誉为“香格里拉”——人类心灵的净土和生活的理想王国！

---

① 1910—2005，江苏吴江人，毕业于燕京大学、清华大学、伦敦大学，哲学博士，中国社会学和人类学的奠基人之一。

1933年，英国著名畅销书作家詹姆斯·希尔顿James Hilton（1900—1954），发表了著名小说《消失的地平线》，一部描写香格里拉传奇的畅销书，在西方社会引起极大轰动。1937年、1944年，好莱坞先后将小说搬上银幕，从此“香格里拉”名声大振。小说描绘了一个隐藏在中国西南部（西康）的净土乐园：充满祥和、宁静、永恒和神秘色彩的藏族生息之地，一个美丽的王国。在那里，三条河流交汇在一起，群山高耸入云，山顶白雪皑皑，地上绿草成茵。人与人、人与自然和谐相处。由此引发了西方乃至全世界长达半个世纪的寻找香格里拉的热潮。

许多人认为，希尔顿的小说受同时代一位名叫约瑟夫·洛克的奥地利探险家的启发。从1922年到1949年，洛克在中国长达27年的时间里，来往于四川、西康、西藏、云南、甘肃等地的崇山峻岭之间。1923年至1924年他被美国《国家地理杂志》派往中国，被任命为“美国国家地理协会云南省探险队长”。从1924年到1935年，在《国家地理杂志》上，洛克用9篇有关中国的文章和大量的黑白和彩色照片，将这个神秘国度呈现给了世界。[①] 尤其是洛克对贡嘎岭的三座雪山——仙乃日、央迈勇、夏诺多吉的探险经历，给“香格里拉”的奇幻境界，提供了丰富的素材和蓝本。也就是在这一次探险中，洛克首次发现了蜀山之王——贡嘎山（当时地图上还没有标注）。[②] 贡嘎山区，即便不包含垭拉山及莲花山地区在内，其独立山峰海拔在6000米以上的就有20余座，它们都是攀登者和冒险家们所景仰的神圣之山。同时，据统计，贡嘎山也是高山攀登死亡率最高的山峰之一，登顶死亡率高达90%。[③]

西康高原是抗战时期“驼峰航线”的必经之地，“驼峰航线”也是世界上最危险、死亡率最高的航线。1942年，日军占领缅甸，切断了同盟国援助中国抗击日本的唯一通道——滇缅公路。中国政府代表宋子文和美国陆军部长史汀生、陆军参谋长马歇尔商议，决定在中国航空公司原来的昆明—加尔各答航线的基础上，开辟后来称为“驼峰”航线的空中补给走廊，以这条航运线代替滇缅公路，继续为中国提供抗战物资。不久，日本

① 甘肃省迭部县宣传部：《神秘百年前 奥地利探险家约瑟夫·洛克》，新华网·甘肃频道2012年6月19日。

② 范晓：《洛克的香格里拉之旅》，《中国国家地理》2004年第7期，第124、126页。

③ 蒋峻、空山：《王者之峰：贡嘎》，《中国国家地理》2004年第7期，第149、151页。

陆军第5飞行师团战斗机队进驻缅甸密支那，专门拦截这条航线的美军运输机群。航线被迫向北绕行，飞越“世界屋脊”喜马拉雅山脉，全长700多英里。由于山峰太高，飞机只能在其间穿绕飞行，飞行路线好似驼峰，故称“驼峰”航线。这条航线飞越印度、缅甸和中国，途经高山、冰川、热带疟疾区、原始森林和日军占领区，是世界上最艰险的一条航线。许多中美飞行员为此献出了宝贵的生命。

据不完全统计，“驼峰”航线损失飞机563架（其中有107架为失踪），损失的机组人员超过1500人。此数据还不包括中国航空公司损失的飞机和人员。第二次世界大战时期美国陆军航空队司令长官阿诺德将军（General Henry Arnold）曾经说过，“驼峰”航线是二战最伟大的空运行动之一，飞机的损失率超过轰炸德国时的飞机损失率。当时空运总队的飞机损失率高达20%—30%，而中国航空公司的飞机的损失率超过了50%，也就是说全部90多架飞机损失了50多架。①

稳固的西康对建设抗战后方基地、确保西南国际交通运输线的畅通起到了重要作用，但复杂的地形地貌也给后方运输造成了极大困难，甚至付出了惨重代价和巨大牺牲。

二、西康文化区人文地理生态分析

“西康建省之议，创自清末”，至1939年正式建省，前后历经30多年的时间始得成功，由此可见情形之复杂。建省之初，政局依然反复，经济落后，交通不便，文化教育底子单薄，百废待兴。但淳朴的民众依然不忘家国兴亡之责，艰难中奋起，为抗战尽力尽责。

1. 复杂的政治角逐对西康文化区的影响

清末，西康建省虽经川滇边务大臣赵尔丰和傅嵩炑的先后奏请，但因清室倾覆而作罢。民国之初，国民政府忙于内地军阀混战、国家统一而无暇他顾。1928年、1929年，国民政府虽然两次通过西康建省决议，但四川军阀混战，实际控制西康的刘文辉着眼于富庶的川省，对偏远贫瘠的西康不感兴趣。及至1933年败退雅安，始极力推动西康建省。此时藏军又频繁

① 重走中国军队远征之路组织委员会：《驼峰航线——中美两国飞行人员飞行的伟大壮举》，新华网·新华军事2008-04-08。

进击西康，占据了西康的大片土地；虽被刘文辉阻于金沙江，但原本所辖33县的康区，只剩下金沙江以东的19县，西康已非昔日之完整西康！实力有限的刘文辉也无法过江夺取已然失去的14县。从此以后，金沙江就一直成了康藏两地的分界线。

但仅以区区19县建省，基础太薄弱，人口稀少，经济基础几乎为零。于是刘文辉遂邀请任乃强等博学之士出谋划策，并四处活动，希望得到四川省的西昌、雅安两地区作为建省的坚强支柱。几番论证几经周旋，中央批准了刘文辉的方案，划入宁、雅两属，加上原来的康属，至此形成了完整的西康省。疆域为："东至雅安金鸡关，与四川分界；西至德格、巴安一带，暂与藏人划金沙江为守；南至会理、盐边各县，与云南毗连；北至石渠一带，与青海接壤。"①

以为大功告成的刘文辉，省主席的位子还没坐热，就在西康省正式成立的第二个月，即1939年2月，蒋介石宣布成立"国民政府军事委员会委员长西昌行辕"。"西昌行辕"设在原四川省第十八行政督察专员公署内，西昌城内府街。随着抗战形势的变化，西南成为背靠同盟国的重要后方，而西昌恰恰处于西南的中心地带，距印度、缅甸较近，战略位置十分突出。蒋介石打算，若日寇继续西犯，重庆失守，就退据西昌，依靠英美继续与日本周旋。于是设立西昌行辕，并下令抢修西昌机场、川滇西路，限期设立西康广播电台，连续派遣国民参政会、行政院等组团到西昌考察，调嫡系部队驻防川滇西路沿线。同时声称"辅导西康省政"，实则监视西康的刘文辉、云南的龙云等地方实力派。"西昌行辕"于1946年3月撤销，前后存在了七年，是蒋介石所有行营、行辕中历史最长的。② 以此可见他对西昌战略地位的重视。与此抗衡，1939年6月，刘文辉在西昌设立"西康省宁属屯垦委员会"，以便对付西昌行辕。该委员会作为西康省府的派出机构，代表西康省政府处理宁属的经济、建设、民族、教育等事务，刘文辉自任委员长。

在蒋介石、刘文辉的明争暗斗之外，还有西昌、康区本地的地方实力派，以及少数民族的头人、土司，西康省的政治格局异常复杂，各种矛盾

① 四川省档案局编：《抗战时期的四川——档案史料汇编》（上），重庆出版社2014年版，第65页。

② 参见赵乐群《蒋介石西昌行辕概略》，中国黄埔军校网。

冲突不断。同时，中国共产党也在加强对西康省的影响力，一直保持与刘文辉等高层交往。1937 年 9 月，毛泽东在延安接见原川军将领张志和，要他利用在四川的地位和关系，策动四川实力派支持抗日。张志和返川后，回到刘文辉部下任职，任第三十集团军参谋长，作为刘文辉的军师和助手，成为共产党联系四川实力派的桥梁。1938 年 4 月，刘文辉赴武汉面见蒋介石，中共中央派吴玉章与刘文辉在汉口会晤。同年 8 月，董必武、林伯渠等从延安到武汉参加国民参政会，途经成都时，在刘文辉的住所与他秘密会谈。1939 年夏，刘文辉又与董必武和林伯渠在重庆潘文华公馆里会晤。① 不久，吴玉章受中共中央委派来川与刘文辉商量救亡图存，由此结识了许多进步文化人，政治立场更加转向共产党。1942 年 2 月，经张志和安排，周恩来在重庆机房街民族人士吴晋航公馆与刘文辉会见。同年 7 月，周恩来指派王少春夫妇赴雅安设立与延安直接联系的电台。②此后，中共中央派代表华岗到西康做统战工作，受到了刘文辉等人的热情接待。

由此可见，西康省有省主席刘文辉 24 军及其家族势力，也有代表中央政府的“国民政府军事委员会委员长西昌行辕”，还有共产党的积极影响力量，也有宁、雅、康属本地实力派以及少数民族土司、头人，各种政治势力和政治斗争的形势错综复杂。政局维持在一个内部动荡的相对平衡状态。西康省府虽然在康定，但焦点在西昌。

2. 交通、农业等经济发展对西康文化区的影响

抗战以前，西康地区只有成都至雅安的公路。随着抗战局势的深入和西康建省，作为连接西南国际运输大通道的西康急需发展交通运输。

在航空运输方面先扩建西昌小庙机场。该机场位于西昌城西部约 6 公里的天王山下的小庙乡。机场始建于 1932 年，是国民党川康边防军修建的军用简易机场。随着战局的深入，中央政府设立“国民政府军事委员会委员长西昌行辕”，并决定扩建西昌小庙机场。西昌行辕动员了一万多汉、彝民工，耗时近一年，将机场改建成 700 米 ×50 米的泥结砾石跑道，开辟了飞机疏散道，利用天王山坡地形挖掘了几十个飞机掩体战壕。把一个临时性军用小机场，扩建成西康境内唯一的军民两用机场，开辟了西昌对外

①② 四川省档案局编：《抗战时期的四川——档案史料汇编》（上），重庆出版社 2014 年版，第 377 页。

航空运输线，以后又成为中印航线（“驼峰航线”）的重要场站。[①]

在公路方面，一是川康公路。起于成都，止于康定，全长370公里。其中成都至雅安段，已于民国22年（1933）通车。抗战期间，重点修筑雅安至康定段。该路段长219公里，沿途自然条件恶劣，施工难度很大，据川康公路工程处1939年5月报告书称：雅安康定段，长二百二十五公里又九百公尺，为土方者二百九十一万公方，为石谷者四十七万公方，为石方者一百一十一万公方，而且雅安、天全、泸定、康定4县人口稀少，壮丁不过4万，劳力和粮食均需外地征调。[②] 川康公路之雅安至康定段，从1936年兵工兴筑算起，历时4年半，耗资650万元，征集民工数十万人，在施工期间的员工伤亡人数就有9000多。这条线路于1940年试通车，因塌方严重，经改善后至1942年2月才勉强通车。这条路是进入西藏的主要交通线，也是一条通过西北连络苏联的国际通道。[③]

二是康青路。起于康定，止于青海玉树，途径营官寨、太宁、道孚、炉霍、甘孜、玉龙、石渠、止于青海玉树，全长约790公里。其中在四川境内长约760公里。1941年，国民政府饬令交通部开始动工修建，至1944年11月全程勉强打通。但由于地质环境复杂，国力维艰，试车结果不理想，路况质量未达预期目标。

三是西祥公路。西祥公路是著名的“史迪威公路北线”。起于西康省西昌，止于云南省祥云县下庄，全线计长548.7公里，四川境内一段长260公里，云南境内一段长289.4公里。连接西昌至成都的既有公路，从西昌沿安宁河谷向西，经今德昌、会理、攀枝花，进入云南省。在云南，公路线穿永仁、大姚、姚安、祥云四县，从下庄村后松林里如青龙一般腾跃出来，进入云南驿坝，在下庄街与正线“史迪威公路”汇聚。西祥公路全线在崇山峻岭和大江峡谷中蜿蜒延伸，翻越了几十座海拔两千米以上的大山，跨越了安宁河、金沙江、渔泡江等一条条急流大川。金沙江两岸还是典型的泥石流多发区，路线落差极大，从江边拉乍村到江对岸的过道丫口，海拔相差将近1500米，工程浩大而艰巨。1941年上半年西祥公路修

---

① 参见赵乐群《蒋介石西昌行辕概略》，中国黄埔军校网。

② 四川省方志编纂委员会：《四川省志·交通志》（上册），四川科学技术出版社1995年版。

③ 刘杨：《抗战时期康定城市的繁荣与发展》，《四川文理学院学报》2013年第3期。

通后，立即投入了抗战物资的专门运送。[①] 大量的援华物资经过“史迪威公路”和“驼峰航线”在祥云中转后，上车转运。车队盘旋翻越一座座高耸入云的大山，越过一条条波涛翻滚的大河，千里疾行，川流不息地到达西昌，再经过西昌、乐山至成都、重庆的公路，从成渝两地源源不断地送到各抗日战场。

1942 年，位于澜沧江西岸的腾冲、龙陵相继失守，滇西抗日战场告急。为防止日军渡过澜沧江，利用“史迪威公路”便利的交通条件长驱直入中国内地，奉重庆最高当局命令，一镐一镐开凿出这条公路的云南四县各族人民，又出动民工数万，在短短的几天内，将这条公路损毁得残缺不全，难以通行。为抗日战争立下了汗马功劳的西祥公路——“史迪威公路北线”，从此终止了运送抗战物资的历史使命，一直到抗战胜利都没有再恢复启用。[②]

综上，西康省有了航空运输和较大改善的公路运输。随着西祥公路、川康公路的通车，国际援华物质通过西南国际交通运输线，源源不断进入内地，运往各战区以支援抗战。

在农业方面，1940 年 1 月，“西康省农业改进所”的成立，标志着康藏民族地区农业近代化的开始。该所设有农艺、畜牧兽医、森林园艺、农业经济及总务五组。农艺组于康定驷马桥设一农事试验场，以高寒地带食用作物之试验研究为中心工作，期获良种良法推广民间，藉增生产；畜牧兽医组于康定头道桥设一乳牛场，引进纯种荷兰公牛，改良乳牛，并举行乳产加工试验及家畜病疫调查；森林园艺组引进良种林木蔬果，从事繁殖推广。农业经济组特约农情报告员，举办农情通信网，求解各地农情及农村经济之动态。“农业改进所”隶属建设厅，管理人员和核心骨干大多是农业院系的专业人士。到 1945 年兴盛之时，“康农所”统辖了 10 多个农场、牧场、林场或办事处，共约 265 人。[③] 抗战胜利后，康农所、建设厅“上至厅长，下至科、秘、技正、技士多来至安徽、江苏、浙江一带，所

---

①② 胡子龙：《“史迪威公路北线”——西祥公路》，《大理日报》2011 年 2 月 23 日。

③ 参见王川《“西康省农业改进所”的设立始末及其历史意义》，《西藏大学学报》2005 年第 1 期。

以都要离职返乡”。[①] 由此可见，抗战时期，在西康康定等地也有许多来自江、浙一带的“下江人”。

“康农所”的具体工作包括：①推广良种。康农所就粮食（青稞、小麦与水稻）、蔬菜、花卉、果木、林木种子等进行选种试验，试验取得成效之后再向各地推广，而尤以推广良种最为重要。②发展畜牧业。繁殖优良牧草，“繁殖牛羊，酪品制造，毛革加工，驮运经营”；血清制造，杀菌消毒，防疫宣传，巡回治疗。因地制宜，各有侧重。③进行省内农牧业领域的专题调查，健全各县下属的农业改进机构。④与中央直属各机构及省内外相应机构（如与中央大学农学院、四川大学农学院、国立西北农学院、金陵大学农学院、华西协合大学农业专修班等）进行的业务往来及学术交流活动。[②]

康农所取得的某些成绩，在西康地区是空前的。如直属康定农场生产机制麦片，这种康定以前未见过的新产品一投放市场，便大受欢迎；在九龙县“沿雅砻江一带产麦区域”，利用山泉灌溉，“试种冷水稻，略有成效”；同时，“改进良用作物，举办水稻、小麦、青稞、马铃薯等育种试验”、“增加粮食生产”、“改进牲畜，防治兽疫，栽培牧草”、“培育果苗，试种美国菜蔬推进园艺事业”等。康农所在农、林、牧等方面进行的努力和尝试，即以近代科学技术手段改造传统农业在一定程度上进行了较有规模有组织的实施，取得了实际成效。可谓西康藏、彝等民族聚居地区农业、畜牧业近代化的开始，在中国农业发展史上功不可没。[③] 无疑，这些增加农牧生产的成果，对于稳定后方、改善民众生活、支援抗战有着较大的积极作用。

3. 历史文化、民族教育等对西康文化区的影响

几千年来，康巴藏区的核心文化就是佛教。“西康教育普遍成为佛教教育，文化为五明文化，人生为出世人生；普通民众有好善恶恶，勤苦耐劳，寡欲知足之美德；优秀分子多具深广智慧、博大胸襟与峻洁行为，故

---

① 王德安：《解放前西康省建设厅概况》，甘孜州政协文史委员会《甘孜州文史资料》（第11辑），1990年，第179—190页。

② 王川：《“西康省农业改进所”的设立始末及其历史意义》，《西藏大学学报》2005年第1期。

③ 据王川《“西康省农业改进所”的设立始末及其历史意义》，《西藏大学学报》2005年第1期。

虽地带荒寒而社会极为安定，推本寻源，实在于此。”① “康人信奉佛教，久而益虔，万众身心，全系于此，盖其人生乐于出世，文化基为五明。”②而“西康智识阶层多数即为喇嘛，故喇嘛亦即地方绅士，其中学行并美更能系属一方人心者，所在多有。虽平时不甚措意政治，而世出世智，类皆圆融”。③

抗战时期的西康藏区，几乎全民信教，因此，藏传佛教和喇嘛是西康社会的根本。一切政治制度、经济发展、文化教育等政策都须围绕这个中心来考虑。刘文辉等西康管理当局深知此理，“今后当本康民旧有信仰，尊崇佛教为精神教育，以作康民指导人生行为之原动力，而以职业教育补其生产能力之不逮，用树新省文化之初基。”同时，不问僧俗，广揽人才。“故本会为广求俊彦计，于中枢领导之下，当不分僧俗一致延揽，供图治理，既期措施悉当于人心，复为新省网罗多数之人才。”④不仅如此，刘文辉夫妇还皈依了佛教。正是由于方法得当，在刘文辉治理西康期间，虽然也有小冲突发生，总体上尚能维持西康社会的安定，也有不少领域如交通、教育、工业等得到了较大的发展。

对于民族关系，刘文辉也深得要领。“民族之意义，在边区关系最大。苟善用之，足以划异为同，增长整个国家之民族力量；不善用之，则徒以养成封建思想，增长各地民族之部落纷争。”在具体措施上，“以先进区域之民族扶植后进而视若兄弟，共同奋力于政治、文化、经济之发展，则汉人既不以隶于边省为耻、边民亦不以化于汉人为羞，同心同德，无猜无忌，相勖相助，共存共荣，则设施自易、开发自速。互相通婚而生子女，亦可以居于上流地位，而奏同化之功。此诚民族文化发展之要者也”。⑤

在教育方面，刘文辉的措施更是细致周到。“西康为喇嘛教盛行独尊之地，僧侣为特殊阶级，固守积习，一般人民之精神生活、物质生活亦多仰其指导、受其支配。盖以土司威力所摄，一切更难自由，同化之功已多梗阻，且语言不同，好尚有别，更使内地文物难期水乳。然礼义廉耻之观

---

① 四川省档案局编：《抗战时期的四川——档案史料汇编》（上），重庆出版社 2014 年版，第 5 页。

② 同上，第 54 页。

③④ 同上，第 6 页。

⑤ 同上，第 23—24 页。

感虽殊，仁爱忠信之趋向则一。苟善于因势利导，崇其教而渐易其俗，厚其生而渐移其习，稍假时日，亦未始无可收之效。……故边地教育，当注意广义的教育，而不宜专求诸形式。……故今后办理西康之教育，应当力矫前失。举凡与康人生活习惯相违反之教材、教法，不宜遽然采用。应先多用康语设法善诱、广为宣传，增设学校，汉、藏语同时并重，举办电化教育，使能了解近代文化及科学之威力，以期逐渐破除神权高于一切之传统思想。"[①] 对于刘文辉主政西康办教育，民间早有流传，刘文辉曾严令：哪里的县政府房子比学校好，哪里的县长直接就地正法！一直以为这仅仅是民间传说，结果在孙明经1939年的西康考察中，传说得到了证实。孙明经每到一地都发现，最好的房地都腾给了学校，而政府的办公地往往破旧不堪，有的甚至摇摇欲坠，全无衙门应有的气派。经当地官员证实，刘文辉确实有此严令。[②] 在孙明经所拍摄的图片中见证了这种反差。[③] 孙明经后来评价说，偏远的德格县立小学，就是北平、南京、上海、广州、天津这些全中国最发达的大城市，在1939年，也很难找出这样宏伟的小学校舍。[④] 为表明对发展教育的重视，有的县长（如巴安县长赵国泰等）还在繁忙的政务之余，到学校去义务兼课，以弥补师资的缺乏。同时，在许多县立学校，还有来自西方的教会人员在兼课教英语，巴安小学甚至还成立了时髦的棒球队，这在当时大城市的学校都极其罕见。[⑤] 正是这种罕见的、非常规的对教育的重视程度，吸引了大批有识之士来到偏僻的西康。

1939年初，李书田[⑥]博士率北洋工学院教职工，携带图书、仪器等设备内迁，南下川康寻觅办学地点。认为西昌地处安宁河宽谷平原，是建校办学的好地方，经向教育部部长陈立夫与西康省政府主席刘文辉共同申报，国民政府行政院于1939年8月1日批准在西昌泸山创建国立西康技艺

① 四川省档案局编：《抗战时期的四川——档案史料汇编》（上），重庆出版社2014年版，第28页。

② 孙明经摄，孙建三撰述：《定格西康——科考摄影家镜头里的抗战后方》，广西师范大学出版社2010年版，第180页。

③ 同上，第162、168、169、174、180页与第184—199页照片对比。

④ 同上，第190页。

⑤ 同上，第183页的照片。

⑥ 1900—1988，河北省昌黎人。毕业于北洋大学，随后赴美国康奈尔大学研究院，获得土木工程专业博士学位。1935年发起设立"中国第一水工试验所"，是中国近代水利科学事业的开拓者和奠基人。

专科学校，简称“康专”，这是当时西康省历史上第一所高等学府。李书田是该校创任校长。[①]

其间，名不见经传的国立西康技艺专科学校迎来了不少科学家：曾炯之、柯召、刘芝祥等。1940 年农学专家徐孝恢[②]担任该校校长。

曾炯之（1898—1940），江西省新建县人，1933 年毕业于武昌高等师范学校，由江西省官费选派德国进入世界数学的中心——哥根廷大学，师从抽象代数的奠基人、世界著名的女数学家艾米·诺特，获数学博士学位，1935 年回国，1939 年聘任康专首席数学教授兼训导长。他是我国抽象代数的奠基人，在可除代数的研究中，被称为“曾定理”！可惜的是，1940 年，曾炯之在西昌英年早逝。他与数学家柯召是莫逆之交！[③]

刘芝祥教授，北洋大学矿冶工程系毕业，任康专校矿冶科教授、科主任、总务处长。1940 年康专派刘芝祥教授等与西康省建设厅合作，共同组成康滇边境地区矿产资源调查组。历经数月调查康滇 10 多个县和沿金沙江地区，发现盐边县攀枝花一带磁铁矿蕴藏量在千万吨以上，著有《宁属北部之地址与矿源》一书，绘制了康滇边境矿产分布图，受到西康省政府表彰，教育部授予光华奖章，为新中国成立后大规模勘探和开发攀钢奠定了基础。[④]

抗战时期，西康独特的地理区位、复杂的地理环境，错综复杂的政治格局，独特的喇嘛、寺庙佛教文化，刘文辉细致周到而又强力推进的文化教育，是影响西康文化区的几个关键因素。

结　语

抗日战争时期，四川具有独特的地理区位优势。它东与湖南、湖北相连，向东出巫山、大巴山脉，直接虎视战略要地——武汉；也可顺江而

---

①④　杨斌、史良玉：《揭秘国立西康技艺专科学校档案》，《凉山档案》daj. lsz. gov. cn，2014 年 6 月 17 日。

②　1889—1962，四川华阳县人，成都名士徐子休之子。毕业于东京帝国大学农学部，农学专家。历任西康省宁属屯垦委员会垦务处处长，西康农业改进所所长。

③　白苏华：《柯召传》，科学出版社 2010 年版，第 57—58 页。

下，出华中、华东，直达海上；南接云贵，经滇缅公路、史迪威公路连通国际大通道；西靠青藏高原，有群山护卫，可高枕无忧。北面与陕西接壤，既可经广阔的大西北接受来自苏联等国的国际援助，又可北出陕西直达中原，威胁华北。因此，在民族危难之时，四川担负起了中华民族的复兴重任。

不仅是抗战时期，在两千多年的历史长河中，四川对中华文明的历史进程都起过决定性作用。“两千多年南北纷争有一个规律，谁得巴蜀，谁得一统。”[①] 曾几何时，英勇的合川钓鱼城军民，顽强抗击强大的蒙古铁骑，致使蒙古大汗蒙哥重伤而逝，使蒙军在东线南宋，以及远达阿拉伯战场的西线军队，立即回撤。原本受到攻击的埃及军队、欧洲军队趁势反攻。钓鱼城之战不仅暂时保住了南宋江山，也改变了世界历史的进程。

抗战时期，四面环山的四川盆地、易守难攻的地利优势，使内迁重庆的国民政府得以喘息。依托四川庞大的人口资源，丰足的物产，强有力地支撑全民抗战，赢得了与强大的日寇长久周旋的资本和转圜的战略纵深余地。

四川盆地内，以重庆为中心的川东平行岭谷地，以南充、遂宁、内江、自贡、宜宾为“中轴线”的川中丘陵，以成都为中心的川西平原，在此自然地理的基础上，各自形成了独具特色的人文地理优势。川中“中轴线”地区处于成渝两地的中间，是四川重要的工业重地，有着发达的交通枢纽作用，它承接长江、岷江、沱江航道，是成渝公路、川滇东路、川滇西路的枢纽中转站。

以重庆为中心的川东地区，是战时陪都所在地，是全国政治、经济、文化中心，积聚了半数以上的文化机构，有上百家的银行、钱庄等金融机构。同时重庆独一无二的首都区位优势直接辐射其下游的万县，及上游的江津、合川甚至泸县、宜宾等地，直接影响了这些地区的人文地理生态变化。

川西平原有着深厚的历史文化根基。自成体系的“巴蜀文化”，发达的商业文化，以及特色鲜明的休闲文化，外来文化的融入是抗战时期成都文化区与文化生态形成的重要因素。一大批卓有影响的文化机构、文化人迁移至川，不仅改变了中国文化地理的空间格局，而且促进了外来文化与

① 杨义：《文学地理学会通》，中国社会科学出版社2013年版，第42页。

本土文化的相互交融，构筑起了全新的四川抗战文化生态。

1940 年 12 月 5 日，国民政府军事委员会成都行辕做了“附四川省沿江沿公路各重要城镇疏散概况一份”，可以看到当时四川省重要城镇的人文地理概况。

四川省沿江沿公路各重要城镇人口、学校、银行钱庄、工商业概况①

城　市	人　口	机关、学校	银行、钱庄	工商业	备　注
重庆	缺	缺	缺	缺	
成都	50 余万	184	缺	缺	
乐山	41326	49	10	5212	
犍为五通桥	8296	20	2	867	
宜宾	79025	116	10	2305	
泸县（泸州）	74925	51	10	20	注①
合川	4 万余	39	9	3143	
江津	23054	46	6	1550	
万县	约 10 万	55	14	3000 余	注②
奉节	29783	42	0	850	
资阳	12364	缺	缺	缺	
资中	27500	60	9	2800	
内江	34045	35	14	3415	
自贡市	53704	39	11	5000 余	
隆昌	12894	20	5	1549	
简阳	10439	缺	缺	缺	
遂宁	45200	23	3	500	
南充	47080	50	6	3911	
广元	15042	缺	4	427	
绵阳	16620	23	5	419	
三台	22730	54	3	653	

注①：泸县“工商业”一栏原数据为二十余家，可能是笔误，据推断应为二千余家。

注②：“机关学校”栏 55 家中，学校为 23 所，中央统辖之机关有 32 家。

① 据四川档案局编《抗战时期的四川——档案史料汇编》（中），重庆出版社 2014 年版，第 920—929 页。

另外，重庆是战时首都，数据单列，此表没有列入。

表中所列名为“四川省沿江沿公路各重要城镇”，应该是四川省当时最为发达的地区，因为这些城镇本身处于发达的交通要道，有代表经济、文化发达程度的城镇人口、学校机关、银行钱庄、工商业等情况。依照本章前面的分析以及本表格，我们发现，抗战时期四川省重点城镇的人文地理生态分布情况是：以长江、岷江沿线南北两岸，以及成渝公路沿线，以重庆、成都为重要节点，有一个形如“弯弓”的人文地理中心区。万县是重庆沿长江的延长线，绵阳则是成都沿川陕公路向北的延长线。同时以宜宾、自贡、内江、遂宁向南充延伸，连成一条近似的直线，恰如这“弯弓”上的“箭”。这就是抗战时期，四川重点地区人文地理生态分布图。

对照第二章的文化迁徙路径，以及本章分析的自然地理、政治、经济、轰炸、工农业、交通、历史文化等人文地理生态状况，我们发现，地理生态状况是影响抗战时期四川各文化区（包括文化副区）形成的直接原因。四川抗战时期的文化重镇：万县、重庆（含北碚、合川）、江津、宜宾（江安、李庄）、乐山、成都、绵阳（含三台）完全落在了前述地理生态分布的“弓箭”形区域内。而且由于轰炸（直接导致成渝两地文化疏散和李庄文化重镇的形成）、交通便利等核心因素，各文化区和文化副区清晰呈现沿长江、岷江两岸集中分布。从万县→重庆→宜宾→成都→绵阳，其形状类似于一条抛物线，而各重要文化城镇就好比这条线上的一串串珠玉。因此，四川的文化区（文化副区）分布呈现明显的“抛物线串珠式”分布。

第四章 抗战时期四川文化区的文化活动与传播

在抗战的特殊背景下，我国发达的东部沿海地区各种思想观念、科学文化知识、生活习俗等在短时间内，集中向以四川为中心的西南地区急速迁移扩散，使得原本落后的西南地区迅速接纳了各种先进的思想观念、科学文化，并迅速融入衣食住行等生活的各个方面，在短时间内就发生了突变式的转变。起初，这种迁徙扩散一般是先在文化机构所在的中心城市，当地人受到先进文化的影响和熏陶，通过人群交往扩散到邻近地区，再由邻近地区向外扩散；或者外迁文化机构和文化人，开展由近及远的文化、教育、科研活动，由此带来的文化传播；或者由于外来文化机构的增加，促使本中心城市的原有的文化机构和文化人向外迁徙，由此给邻近地区带来的文化影响和文化传播。本书将这种突变式的文化传播方式称为“浪涌模式”。

文化传播的“浪涌模式”：是指在外来文化传播到某一地区（主要是重庆、成都等中心城市），再以本地区为核心，继续向周边地区扩散传播，像一个个同心圆一样，逐级向外扩散。亦如波浪一样，逐浪向外传递。抗战时期，文化以“浪涌模式”传播的特征非常明显。

抗战时期，国民政府西迁重庆，大批东部、北部地区的工商、金融、文化教育机构团体随之西迁，使得四川中心城市的社会生活首先发生了较大程度的变化，包括思想观念、文化教育、衣食住行、生活习俗等都有不同程度的变革。随后，在中心城市周围以及文化教育机构迁徙到达的地方，民众的社会生活也逐步发生变化。正如近代著名社会学家孙本文[①]指出，东部民众移入西部，“使得东西两部风俗得接触的机会，不仅使一般

① 1892—1979，江苏吴江人，毕业于北京大学、纽约大学，社会学博士，著名社会学家、社会心理学家。

人民知道全国风俗的不同，而且因相互观摩，而得接触和改良的利益。加诸，抗战期间，生活上一切因陋就简，可以省却平时的许多繁文缛节。我国社会上不少礼仪或可得合理化或简单化的机会”。[①]

在饮食方面，粤菜、湘菜、苏杭菜、京菜、鲁菜等纷纷进入四川，丰富了四川的饮食文化。在重庆，西餐馆从抗战初期的5家，增至1943年的30多家；在成都，战时餐馆发展到3000多家。[②] 对外来风味的吸收乃至西式糕点、餐饮的喜爱，已成为成、渝等城市饮食习惯的一个特色。如重庆沙坪坝，“早上吃干饭的人日少，代之以豆浆、油条、点心，学生早上吃稀饭，中晚两餐仍食大米饭，也有的吃面条。场镇上除川菜馆外，还有江浙馆、广东馆、北方馆，饮食结构趋于多样化”。[③]

在服饰方面，抗战前的成都，“因交通不便，对于京沪流行之时装，鲜少接触。故男女服装，多以布为原料，男常着海昌兰布或灰色布，女常着阴丹士林布，朴素之风亦自可尚”。抗战期间，大量迁移人口带来了新的服饰装扮，美丽、方便的装束促使四川民众纷纷效仿。在成都，“省外人士来蓉日众，西服旗袍时时翻新。成都人性固乐新异，男女服装遂日新月异，今昔相较，迥然不同。一般时髦仕女，亦有以电影时装资为楷模者，服装更不统一”。[④] 尤其是华西坝五大学，携欧风美雨，开风气之先，带来了服饰的大变化。其中最瞩目的自然是女大学生，只要有学生穿出一种新衣服，第二天就会在同学中出现复制品；再一天，市民中也必定有了，彼此争奇斗艳，几乎天天更新。[⑤]

在婚姻习俗方面，抗战前尽管有“五四”新风的洗礼，但偏居一隅的西南，仍沿袭旧的习俗，“父母之命，媒妁之言”还是主流。抗战时期，“新式学校内迁及外来人口的涌入，带来了开放的现代文化风气，大量宣传婚姻自由的书籍报刊被介绍到西南，教授也在大学讲台上引导学生为反

---

① 孙本文：《现代中国社会问题》（第一册），商务印书馆1942年版，第261页。

② 张根福：《抗战时期的人口迁移——兼论对西部开发的影响》，光明日报出版社2006年版，第231页。

③ 重庆市沙坪坝区志编纂委员会编：《重庆市沙坪坝区志》，四川人民出版社1995年版，第855页。

④ 周芷颖编：《新成都》，成都复兴书局出版1943年版，第144页。转引自张根福著《抗战时期的人口迁移——兼论对西部开发的影响》，光明日报出版社2006年版，第232页。

⑤ 张丽萍、郭勇：《抗战时期成都华西坝的港澳学子》，《文史杂志》2004年第3期。

对包办婚姻而抗争，校园内男女同学自由广泛地自然交往，已成为普遍性的常事。这种新气象、新观念给西南人极大的震动”。[1] 由此带来了西南地区的婚姻观念及行为的显著变化。抗战前，四川地区交通落后、观念封闭，民众的婚姻圈是较为稳定的，半径也很有限。随着战时大规模的人口内迁，“于是本地居民与移民间接触渐多，感情渐洽，不知不觉间渐渐互通婚姻，使我国东部与西部人民间，血统上发生融和的现象，此乃大移民必然的结果”。[2]

抗战时期，众多文化机构迁入偏僻的宜宾李庄，使李庄的风气渐趋开化。当地士绅罗南陔的几个子女结婚，都采取了移风易俗的新式婚礼，不坐花轿，不拜堂，不搞旧礼仪。他的女儿罗筱蕖嫁给了中央研究院的逯钦立，侄女张素萱嫁给了史语所的李光涛。中央研究院的大龄青年，先后娶了在栗峰小学教书的罗家表姊妹，还有中央研究院的杨志玖、王志维与张景云、张彦云堂姐妹的联姻。[3] 他们开风气之先，被李庄人作为“佳话”广为传诵。

在民风民俗方面，原四川人称呼外省人常为下江人或脚底下人，与人谈话，多以“老子”自称。抗战开始后，大量外省人入川，携雄厚的经济实力、先进文化，来到四川，使得成、渝两地市民耳濡目染，以至外来影响渐染渐深。亦如张恨水在《重庆旅感录》中所写，“自去年十月起，脚底下人与脚底下货，充溢重庆市上。市招飘展，不书南京，即书上海。而小步五支衢头，南北方言，溢洋盈耳。客主之势既移，上下江之别，殆亦维持不易矣”。[4]

抗战期间，中央研究院所属的历史语言研究所、社会科学研究所和体质人类研究所筹备处迁徙到李庄，其间体质人类学研究所筹备处解剖用的人体和对古人类骨骼、化石进行研究的情景，偶然被当地人远远地窥见。加之当地房屋采光不好，于是“中央研究院吃人”的谣传便在附近农村传播开来。这“生命攸关”之事，不仅关系众多科学家的安全，且关系中央

---

① 张成洁、莫宏伟:《论抗战时期高校内迁对西南地区观念近代化的影响》《贵州文史丛刊》2002 年第 3 期。

② 孙本文:《现代中国社会问题》(第二册)，商务印书馆 1943 年版，第 264 页。

③ 参见岱峻《消失的学术城》，百花文艺出版社 2009 年版，第 180—193 页。

④ 张恨水:《重庆旅感录》,《旅行杂志》1939 年 1 月号。

博物院及中央研究院上千箱文物、十几万册图书资料的安全！傅斯年等人认为，过不在民众，实乃内地偏僻、教育落后、民智不开所致。于是决定公开举办一次科学展览。展览在偏僻的李庄小镇立即引起了轰动，周边各县民众也趋之若鹜，就连远在成、渝两地的学者、学生都络绎不绝地前往参观、学习。①“中央研究院吃人”的谣传便不攻自破。以后，这样的展览还举办过多次。这些展览为传播科学知识、开启民智方面起到了不可估量的作用。

在日常交往礼仪上，重庆沙坪坝地区战前“农村中仍行拱手礼，磁器口等商业发达的场镇受外来风气影响，逐渐代之以鞠躬礼”，“亲族往来，同辈相互行拱手礼；幼辈见尊长则幼辈先作揖或行鞠躬礼，尊长颔首还礼。远出或远归，幼辈向尊长行跪拜礼或三鞠躬礼。”抗战期间，大量人口迁入沙坪坝地区，“人际交流频繁，握手成了最时兴的社交礼仪”，“跪拜、作揖、拱手在农村的部分人中还保留着，在城镇几乎全部废弃，鞠躬礼也大大减少”。②

因此，抗战时期的文化活动与传播，极大地影响了四川本地民众的社会生活，从基本的衣、食、住、行，到思想观念、民风民俗、行为习惯，再到整个的商业、工业、市容、建筑、交通、文化教育，等等，方方面面皆因新的文化元素的融入带来新的生机。

抗战时期，平津、东部沿海地区发达文化迁入内地，也受到了四川盆地自然地理和人文地理的影响，基于各文化中心区位的地理分布、空间活动与传播交流等考虑，将抗战时期四川文化中心区的文化活动与传播分为四大区域来讨论。

第一，以重庆为中心的川东平行岭谷地是古代“巴文化”的代表，重庆战时从省辖市跃升为院辖市进而直接成为战时陪都，是全国的政治、经济和文化中心。是内迁文化的首选之地。故以重庆为中心的川东地区称为“重庆文化区”；

第二，川西平原北起绵阳江油，南到乐山五通桥，是“蜀文化”的发源地。成都位于川西平原中心，历来是西南重镇和历史文化名城。抗战时

① 岱峻：《消失的学术城》，百花文艺出版社2009年版，第72—75页。

② 重庆市沙坪坝区志编纂委员会编：《重庆市沙坪坝区志》，四川人民出版社1995年版，第855页。

期，成都作为四川省省府，素有“小北京”之称，是战时重要的经济、文化中心。故以成都为中心的川西平原作为“成都文化区”来讨论。

第三，四川盆地面积最大的是川中丘陵，其中尤以涪江、沱江流域以及沱江与长江交汇的大片区域较为发达。该地区主要沿南充、遂宁、内江、自贡、宜宾为“中轴线”，是抗战时期重要的工业、财政经济中心，是重庆、成都外迁人口和各类文化机构的集散地，是重庆、成都文化中心区的连接带和补充。故以“川中川南文化副区”来讨论。

第四，抗战时期为拱卫大后方而设立的西康省，“东界川省，南接缅、滇，北连青海，西邻藏、卫，当国防之重镇，位西陲之中心”。[①] 是连接西部边陲的核心战略要地，有着独特的自然地理风貌和文化特色，是一个多民族地区，统称为“西康文化区”。抗战前，西康文化是佛教文化，喇嘛寺庙为主要的文化传承地。抗战期间，各中央机构、各大高校及文化研究机构、文化人频繁进入西康，将内地文化引入西康，极大地推动了西康社会的文化多元化。

抗战时期，内迁到四川的大批文化机构和文化名人大多以重庆、成都为中心，频繁往来于川东、川西、川中、川南地区，也借道前往陕西延安、西康、云南、贵州、广西桂林等地，甚至远涉西藏、甘肃、青海、新疆，以及东部、北部各前方战区、香港地区，甚至漂洋过海到达欧美等地，广泛开展文化活动。在短短的八年间，内迁文化急速扩张，与四川（包括西康）本地文化相融合，在各种文化活动与传播过程中，极大地影响了民众社会生活的各个方面，为传播先进文化、移风易俗，为鼓舞民众抗敌救国、积聚民族精神，为最后赢得抗战的胜利起到了巨大的推动作用。

第一节　重庆文化区的文化活动与传播

一、重庆文化团体和文化机构的空间分布情况

经过艰难地辗转西迁，各迁渝文化团体和文教科研机构陆续在重庆选

---

① 四川省档案局编:《抗战时期的四川——档案史料汇编》（上），重庆出版社 2014 年版，第 4 页。

址落户，开始开展迁渝后的各项工作。选定合适的地址对于各文化团体和文教科研机构来说非常重要，成为影响工作开展的最重要因素。按照重庆的地域特点，结合当时的抗战因素，各团体和机构在渝寻找合适的落脚点并不容易，大部分的团体机构都几经周折，才最终选定了合适的地点。按照各文化团体和机构在渝具体地址信息，现就其区域分布统计如下：

抗战时期迁渝文化团体和文教科研机构在渝区域分布数量表

地区	市中区	北碚	沙坪坝	南岸	江北	九龙坡	总计
数量	25	18	12	7	3	1	66
百分比	37.9	27.3	18.2	10.6	4.5	1.5	100

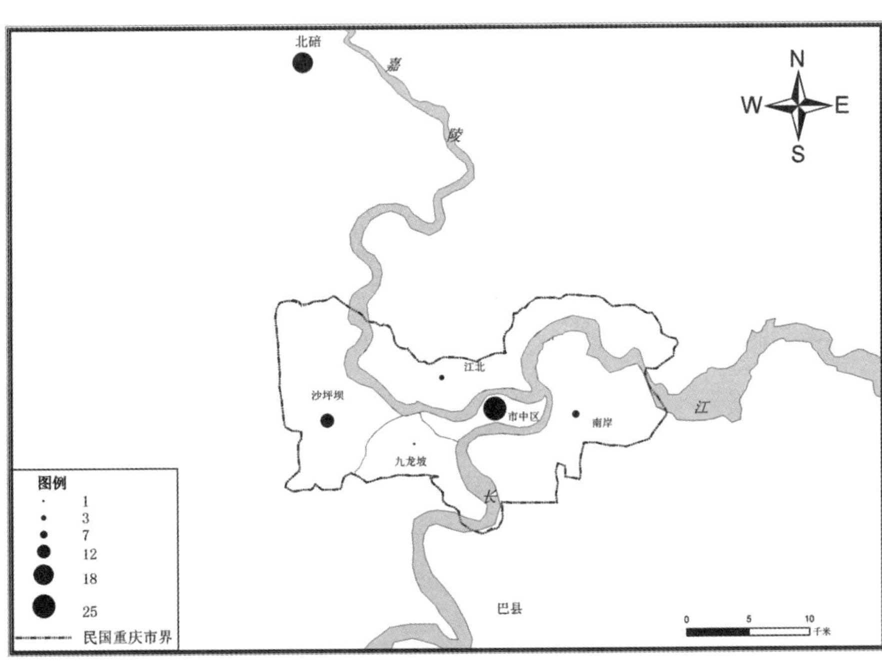

图示4－1　抗战时期迁渝文化团体和文教科研机构在渝分布图

注：此地图为马晶制作。根据《重庆市全图》绘制。参见《重庆市全图》，重庆市政府，民国三十七年，载《重庆市志》，第一卷，四川大学出版社1992年版，第722页。

从图示4－1可以看出，文化团体和文教科研机构在渝分布较为广泛，涉及区域多，几乎遍及整个重庆文化区，在每一个相邻区域都有文化团体和文教科研机构驻扎。除了包括在重庆行政区版图之内的市中区、江北、沙坪坝、九龙坡、南岸等地区以外，还远及北碚等周边地区。

分布点的集聚性也非常明显。从统计表中可以看出，抗战时期迁渝文化团体和文教科研机构最集中的分布区域包括市中区、北碚和沙坪坝三块区域，这三块区域集中的文化团体和文教科研机构占所有迁渝文化团体和文教科研机构总数的82.4%，大大超过了其他三个区域的总和。这三块区域在分布类型上非常有特点，每个区域分布的主要文化团体和文教科研机构类型都不完全相同，存在着明显的差别。市中区集中的大都是报刊媒体类的文化机构，如《中央日报》《新华日报》《大公报》《时事新报》《新民报》《南京晚报》《扫荡报》报社和中央广播电台等，同时还包括一些文化团体如京剧戏班刘家班、厉家班，从沪入渝的话剧团体上海影人剧团、上海业余剧人协会等和市郊各机构的办事处；而集中在沙坪坝地区的主要是一些内迁高校，特别是集中在重庆西郊的沙坪坝和歌乐山一带的有中央大学、国立贵阳医学院、中央工业专科职业学校、国立药学专科学校、国立上海医学院、陆军大学、国立北平师范大学劳作专修科、军政部兵工专门学校等；集中在北碚地区的则主要是一些科研机构，其中包括一些与中央机关有密切关联的文化机构，如中央研究院的自然科学类研究所、中国科学社生物研究所、中央工业实验所部分机构、经济部矿冶研究所、经济部中央地址调查所、农林部中央农业实验所、军政部陆军制药研究所、军政部油料研究所、国立编译馆、教育部教科用书编纂委员会等。当然，这种分布模式是就最主要方面而言的，每个区域的文化团体和机构的分布类型并不是完全单一的，同时会间杂有其他一些不同类型的文化机构。如高校集中区域沙坪坝一带也分布有许多科研机构，如私立南开大学经济研究所等，而北碚也有国立复旦大学、国立国术体育专科学校、国立戏剧学校、国立江苏医学院、私立立信会计专科学校等在此选址办学。

这种布局模式的形成展现出战时重庆特定的文化地理格局，因为区域分布的形成与区域功能和本区域的自然人文条件有非常密切的关系。

首先，文化团体和文教科研机构分布范围广，与各团体机构在迁移过程中的不同定位有关。如各团体和报刊媒体类机构需要扩大宣传效果，必定选择人口相对集中的市区中心作为常驻工作地点，才能够达到最好的宣传效果。而各郊区虽然离城区远，但有相对大的空间提供给需要大量校舍和科研场所的高校和科研机构，所以机构的分布格局首先就受到当地自然和人文地理条件的限制。

其次，在文化团体和文教科研机构的分布格局中，形成三大聚集区域也与各区域的区域功能有关。市中区是重庆城区的主要范围，嘉陵江和长江汇合之处的狭长半岛是重庆人口最集中最繁盛的区域，所以，各大社团和剧团都在此处选址，如上海影人剧团、上海业余剧人协会刚到重庆只能在市中区落脚，因为各大演出的剧场都分布在人口集中的老城区，这样开展工作更加方便。

沙坪坝地区有办校的传统。因为这一区域较为平坦开阔的地势能够为学校建设提供必需的用地，所以先有重庆大学、四川省立教育学院和南开学校在这里办学。而先建学校往往能在土地使用和校舍使用方面为后迁学校提供方便，因此选择来沙坪坝办学的学校越来越多，这也就使之形成了传统。比如中央大学当年迁往重庆时，也曾为学校用地发愁，提前赶赴重庆的勘查人员得到重庆大学的允诺，愿意将嘉陵江畔的松林坡转借给中央大学来兴建校舍。松林坡是位于重庆大学东北面的一个小山丘，属该校土地，占地面积不足 200 亩，但这里山清水秀，嘉陵江从坡下流过，是一个读书的好去处，适合修建学校。得到重庆大学的支援，这才使中央大学最终决定迁往沙坪坝复校。[①] 上海交通大学的迁移过程也与重庆的校舍提供状况密切相关。淞沪会战破坏了交通大学在上海的校舍，流亡到重庆的交大校友提请教育部在重庆设立交大分校。但是重庆市区内房源紧张，只好暂借小龙坎无线电厂的一部分厂房作为校舍。1941 年，交通部下令扩建交大，借用九龙坡新建的训练所房屋作为交大的校舍使用。直至 1942 年捐建的校舍完工，徒步西迁到贵州平越的同学相继来到重庆，重庆的交大才正式建立起来。[②] 交大最初选在小龙坎，只是因为那里能有厂房暂时借用，当 1941 年扩大时，已经借到九龙坡新建的训练所房屋了，因此校址也随即移位。可见，学校用地是迁移学校选址的首要条件，而较为平坦开阔的沙

① 苏智良等编著：《去大后方：中国抗战内迁实录》，上海人民出版社 2005 年版，第 250 页。
② 同上，第 256 页。

坪坝地区能够在这一方面提供较为便利的条件，因此，迁移到沙坪坝地区的学校比迁移到其他地区的多一些，沙坪坝地区也就成为了高校集中区。

北碚成为大量文化机构的长期驻地与这里的地理条件和交通条件密切相关。北碚紧靠缙云山脉，周围山多林密，有利于防止日机空袭。自从重庆饱受日军轰炸以来，国民政府已开始考虑将北碚这块较为安全而宁静的地方划为迁建区。另外，在交通方面，北碚也体现出便利性，它距重庆市区仅数十公里，有嘉陵江水路可通。在陆路交通方面，1938 年 5 月竣工通车的碚（北碚）青（青木关）公路将成（成都）渝（重庆）公路连接起来，沟通了北碚到市区的陆上交通，这样，重庆与北碚间的距离远近则不再成为阻碍两地间交流的最大问题。特别是从 1927 年 3 月以来，民族实业家卢作孚接任江北、巴县、璧山、合川四县特组峡防团务局长，以北碚为中心开展乡村建设，北碚发展迅速，到抗战爆发前，这里已经是嘉陵江三峡乡村建设实验区署，发展成了初具规模的小市镇了。北碚成立迁建区后，许多国府中央机关迁驻此地，这里的自然人文条件也特别适合文化机构在此进行科研工作，因此，随着中央机关的迁入，大批文化机构也相继涌入，这种迁入风潮在 1939 年达到高潮。“一时间，在北碚及其附近的乡镇，迁进了上百的政府机关、科研机构、大专院校、文化单位，云集了上千的政治家、科学家、教育家、文学艺术家，北碚也从此遐迩闻名，被人们称为‘陪都的陪都’。”①

有足够多而合适的房舍供迁移机构使用也成为必不可少的一个条件。选择迁往北碚，还因为这里有相应的迁驻条件。比如国民党中央机关大量迁入，需要大量办公用地，所以，“迁北碚的国民党中央机关集中在今蔡家岗镇，国民政府机关集中在今歇马镇，大多利用地主大院为驻地，有一部分则分散在北碚市街一带”。② 这一当地区域的文化机构分布传统也影响了迁入机构的种类。大量科研机构迁入北碚离不开卢作孚成立的中国西部科学院，这座早在 1930 年就在北碚火焰山成立的科学院成为重庆周边最有影响的科研机构，它与一些国家重要科研机构建立了较广泛的联系，因此，抗战期间，中国西部科学院利用现有的房舍和科研条件为迁渝科研机构提供了迁移后的良好物质保障，所以成功吸引了大批科研机构迁往此处。

---

① 周顺之：《抗日战争时期迁驻北碚的国民政府机关和科研文教单位》，中国人民政治协商会议重庆市北碚区委员会文史资料委员会编《抗日战争时期的北碚》，1992 年版，第 1 页。

② 同上，第 2 页。

重庆原半岛城区仅有8平方公里，原住人口已达三四十万。因此，随着国民政府迁都而来的各种文教机构早已无法在城区找到合适的地方。唯一的办法就是向郊区扩展，郊区一带现成的厂房或其他场所都可以给学校和各科研机构提供最基本的土地保障。所以，郊区的卫星镇越来越多，城市也在慢慢扩张。

整个分布图呈现的散点状分布，同时又相对集中的分布趋势显示了整个抗战时期重庆文化团体和文化机构的活动状态，同时也从一个侧面反映出战时重庆城市形态的面貌。“随着城市的发展，城区形成比较顺畅的道路网，带动了一些卫星城镇的建设。初步形成的对外交通网络，使市区半岛与广大新区的联系得到加强。重庆城市形态由主体局限在市区半岛的‘小’重庆逐渐演变为散点状、开放式布局的‘大’重庆。”①

二、抗战时期重庆戏剧的空间扩散方式

重庆在抗战时期成为全国的戏剧文化中心，具有极大的集聚力量，在各城市当中属于结点层次性最高的城市。以这个区域为中心，在这里创作的大量优秀剧目，随着人的移动传播迅速向其他空间扩散，形成了重庆戏剧文化中心对全国的辐射力量，产生了广泛的影响力。

这种扩散在当时有两种类型：一种是在重庆的演出者通过旅行公演的方式去不同的城市演出，把戏剧文学的影响力扩散出去；另一种是通过剧本的空间传播而由其他的剧团在当地城市演出，在重庆和其他城市之间形成一种明显的跳跃式扩散。这两种方式都在戏剧文学的空间扩散上起到了很大的作用。

抗战前期不少剧团的演剧队为了宣传抗日，派出了一部分队伍进行旅行公演，这些演剧队从重庆出发，随着行踪到达周边城市进行演出，以做抗日宣传。通常这种旅行公演需要花费较长的时间，有的是几周，有的是几个月。到了抗战后期，这种旅行公演才渐渐减少，据不完全统计，抗战时期从重庆出发的演剧队公演路线如下：

① 王纪武：《人居环境地域文化论：以重庆、武汉、南京地区为例》，东南大学出版社2008年版，第145页。

抗战时期重庆演剧队公演路线表①

年份	日期	剧团	地点
1937年	8月12日	重庆"移动演剧队"	北碚、巴县、合川、璧山、江津、长寿、涪陵、丰都②
1937年	12月28日	重庆大学抗敌宣传队	合川
1938年	1月26日	重庆大学乡村宣传团	永川、荣昌、隆昌、椑木镇、内江、白马庙、自流井、贡井、富顺、泸县、合江、中白莎、江津
	1月27日	重庆市抗敌后援会文化界移动演剧队、儿童演剧队	合川、长寿、涪陵、丰都、万县、江津
	10月10日	第一届戏剧节宣传队	铜梁各地
	春	文救会演剧队	江津、合川并沿江东下长寿、李渡、涪陵、丰都、高家镇、忠县、万县
1939年	3月30日—8月23日	孩子剧团川南工作队	泸县（泸州、兰田坝、纳豁、石珊）、合江（赤水、先市、王场）、江津（德感坝、刁家场、白沙）、江安③
	3月30日—8月1日	孩子剧团川东工作队	长寿、涪陵、丰都、忠县、万县、云阳
	8月4日	国民政府军委会政治部教导剧团	合川、铜梁、潼南、遂宁、乐至、简阳、成都

① 此表格为马晶制作。除特别注明以外，本表统计资料来源于石曼《重庆抗战剧坛纪事》，中国戏剧出版社1995年版。

② 吕贤汶：《重庆创造了中国话剧黄金时代》，重庆市文化广播电视局编《中国话剧的重庆岁月：纪念中国话剧百年文集》，西南师范大学出版社2007年版，第281页。

③ 以上地址根据《孩子剧团川南工作队工作报告（摘录）》校订，孩子剧团史料编辑委员会《在战火纷飞的年代：孩子剧团史料汇编》，1996年版，第293—296页。

续表

1940 年	1 月 12 日—8 月 25 日	孩子剧团第一队（川北）	合川、武胜、南充、蓬安、南部、阆中、苍溪①
	1 月 10 日—7 月 22 日	孩子剧团第二队（川西）	成都、新津、彭山、乐山、夹江、峨眉②
1944 年③	夏秋	于伶带领的剧团	内江、自流井、乐山、五通桥

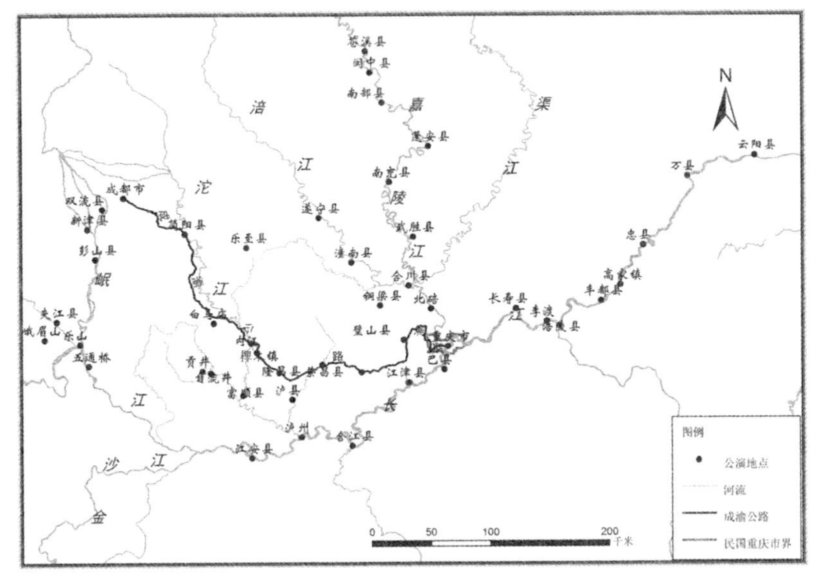

图示 4－2　抗战时期重庆演剧队公演路线图

从图示 4－2 中可以看出，重庆是这些演剧队的出发地和集中地，是多条轨迹的集中点，可以称为戏剧文学扩散源地。在从源地向周围地区扩散时呈放射状。辐射西至峨眉山、东至云阳的大片地区，特别是重庆和成都之间的区域有多条轨迹，扩散范围大，而往东则只有一条轨迹，扩散区域范围窄。

① 以上地址根据《孩子剧团第一队（川北）工作报告（摘录）》校订，孩子剧团史料编辑委员会《在战火纷飞的年代：孩子剧团史料汇编》，1996 年版，第 308 页。

② 同上，1996 年版，第 328 页。

③ 此条根据袁鹰《长夜行人——于伶传》，上海文艺出版社 1998 年版，第 241 页补充。

第二种类型的文学扩散则是同一个剧本由不同的剧团相继在全国不同城市演出。当时旅渝剧作家在重庆创作出的作品，还有一些通过发表剧本的方式或者文艺工作者携带剧本移动到某地区的方式而在其他城市上演，产生影响。比如，《戏剧春秋》当年在重庆、成都、桂林、永安、上海等地演出，在重庆与上海印过四版。① 《国家至上》在重庆演过两次，在昆明、成都、大理、兰州、西安、桂林、香港，甚至于西康，也都上演过。② 老舍先生在《〈国家至上〉序》中也都说道："香港，西安，兰州，成都，昆明，大理，恩施等处上演时均得回胞热烈赞助。"③ 可见，《国家至上》中要表达的面对国家遭受侵略，人们应该不分民族，回汉一家的思想在这种空间扩散中获得了观众的热烈回应并产生了影响。

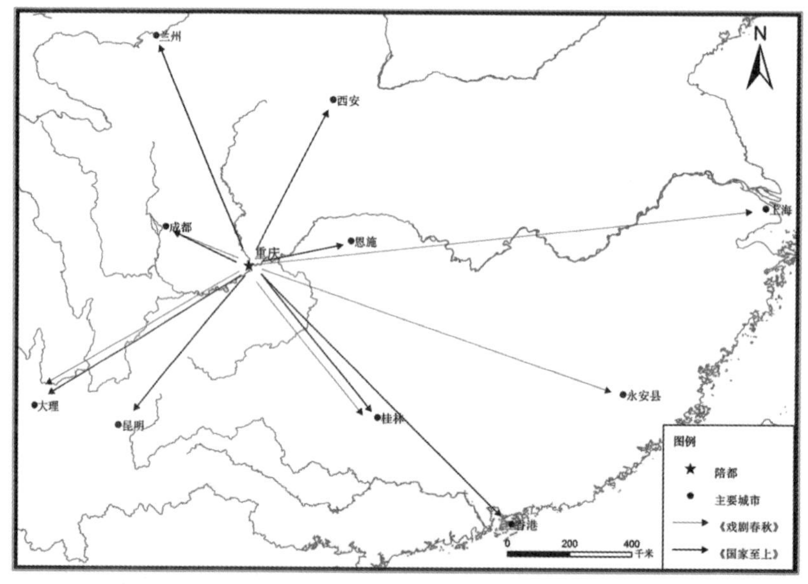

图示4－3　抗战时期重庆两部剧本《戏剧春秋》《国家至上》全国演出轨迹图

注：本图为马晶制作。

① 夏衍、于伶：《〈戏剧春秋〉新版后记》，《于伶剧作集》（第四卷），中国戏剧出版社1987年版，第403页。

② 老舍：《闲话我的七个话剧》，《老舍剧作全集》（第一卷），中国戏剧出版社1982年版，第554页。

③ 老舍：《〈国家至上〉序》，宋时编《宋之的研究资料》，解放军文艺出版社1987年版，第374页。

第二种扩散轨迹有和第一种不一样的空间结构特点：①第一种类型的扩散方式显示出同一种戏剧文学作品每次只有一条扩散轨迹，通过多个演剧队的多次旅行公演，才形成多条轨迹，也才从一个扩散源地辐射到周围大范围地区。第二种类型的扩散方式显示出同一种戏剧文学作品同时产生多条空间扩散轨迹，扩散源地的作品影响力较迅速地在一个区域范围内产生影响。②第一种作品影响力传播从扩散源地开始在直线范围中要产生多个结点，而第二种方式则从扩散源地直接到扩散地，中间没有其他结点。③第一种作品影响力传播有具体实在的轨迹，即旅行公演路线，第二种方式则没有具体实在的轨迹。

三、影响戏剧空间扩散的因素

以重庆戏剧文学中心为扩散源地而形成的戏剧文学的空间传播结构之所以能形成，是与以下几个方面的因素分不开的。

首先，与当时的战略地理格局有关。从演剧队公演路线图可以看出，以重庆为中心，向西边四川有多条扩散轨迹，但是向东只有一条扩散轨迹。这是当时的战略地理局面决定的。东边出了三峡就是战区，与敌人全面控制的沦陷区紧密相连。所以向东只有一条扩散轨迹，并且到云阳就已经终止。而西边是四川省内广大后方，承载抗战宣传任务的演剧队正需要到人多地广的四川内地来做抗战救国的宣传。所以，向西有多条扩散轨迹，当时的很多移动演剧队都选择从重庆出发向成都方向行进。

而首演于重庆，又相继在其他城市上演的剧本的空间扩散轨迹也明显显示扩散轨迹集中在大后方区域。当时由于战局的影响，沦陷区和大后方区域联系中断，所以文学空间辐射范围受到人的区域空间交流的区域范围影响。

其次，与交通的便利度密切相关。从演剧队公演路线图中可以看到一个明显的特点，即公演路线与河流的流经城市路线以及成渝公路路径基本吻合，尤其是几条主要河流如长江、嘉陵江、沱江、涪江沿岸离重庆较近的县城都有演剧队去过，成渝公路上也集中了演剧队去过的公演城市。国民政府在 1939 年修通建成了成渝公路，“成渝公路，起于成都，经简阳、资阳、资中、内江、隆昌、荣昌、大足、永川、璧山至重庆牛角沱，全长

445公里”。[①] 这条公路的建成对重庆的戏剧文学活动的开展产生了重要的影响，不但在重庆地区的戏剧活动中成为重要的交通要道，如从重庆到北碚的交通车就要通过一段成渝公路，还在重庆戏剧文学的传播中发挥了巨大的作用，国民政府军委会政治部教导剧团和孩子剧团都曾沿着成渝公路行进。这说明在当时其他交通方式较少的情况下，演剧队会选择相对较便利的交通方式出行，于是，乘船出行和沿着主要公路行进成为最主要的移动演剧活动出行方式。

孩子剧团是在当时受国民政府军委会政治部第三厅管辖，受第三厅委派，该剧团从1939年到1940年共派出四支工作队赴川东、川西、川南、川北宣传演剧，从他们当时的工作日记和一些文件中可以看到，孩子剧团基本采取的就是沿江行进方式。1939年3月29日孩子剧团川东工作队长寿先锋队的日记记录：“早上六时上船，下午三时多到达长寿。”[②] 可见，正因为有长江方便的水上交通，孩子剧团川东工作队才能乘坐木船沿着长江从重庆到长寿，又经李渡、涪陵、丰都、忠县、万县，一直到云阳一带开展抗日救亡宣传工作。

孩子剧团其他几队的演出也是沿江进行，《军事委员会政治部第三厅签呈》中记录：“派第一队沿嘉陵江至合川武胜南充蓬安南部阆中苍溪等处，派第二队至成都再沿岷江长江至新津彭山眉山青神宜宾乐山犍为等处工作。”[③] 明确指示沿嘉陵江和岷江开展工作，第二队川西工作队先坐汽车沿成渝公路到达成都，然后“经双流、新津、彭山、眉山，沿岷江而下，于五月中旬到达乐山”。[④] 在乐山工作后，“约勾留一月后即沿江东下返渝”。[⑤] 在这条演剧途中，成渝公路、岷江和长江贯穿起来形成一个往返的回路，大大便利了重庆和成都两者间的联系，使得重庆的戏剧文学活动得

---

① 谢开：《重庆的公路交通》，载西南地区文史资料协作会议编《抗战时期的西南交通》，云南人民出版社1992年版，第220页。

② 孩子剧团史料编辑委员会：《在战火纷飞的年代：孩子剧团史料汇编》，1996年版，第270页。

③ 《军事委员会政治部第三厅签呈》，孩子剧团史料编辑委员会《在战火纷飞的年代：孩子剧团史料汇编》，1996年版，第307页。

④ 《孩子剧团将赴峨眉工作》，原载《新华日报》1940年6月24日，孩子剧团史料编辑委员会《在战火纷飞的年代：孩子剧团史料汇编》，1996年版，第339页。

⑤ 同上，第338页。

以在成渝之间的广阔空间上拓展开来。而第一队沿嘉陵江行进，但由于“川北比其他地区艰苦，生活差，交通困难，我们到合川才开始远距离行军步行”。“在南部、阆中山区一天步行90里。”① 从这里可以看出，虽然沿着嘉陵江进行公演宣传活动，但由于交通条件制约，还是只能选择步行，就不能像川东工作队一样坐木船沿长江出行。所以，战时重庆戏剧文学的扩散是受空间条件制约的。

最后，与扩散的主体有关。一个剧本在上演时才真正发挥了效用。它的上演地点从重庆扩散到其他地方，需要借助真正实现这一空间跨越的主体——人。人作为文化传播者把文化从这一空间带到另一空间，成为两种空间中文化扩散的主体。戏剧文学要实现空间的扩散，同样离不开这一主体。1941年《雾重庆》由旅港剧人在香港上演就是一个例子。1941年皖南事变后，为了避免两党冲突对戏剧力量的冲击，中共安排一批政治倾向较为明显的“左倾”戏剧工作者离开重庆，去香港暂避风潮。正是这批戏剧工作者将《雾重庆》带到了香港，他们和其他在香港的戏剧工作者联合起来以旅港剧人的名义在香港中央戏院演出了该剧，并且因为剧作者宋之的在旅港剧人协会中，所以由他亲自导演。《雾重庆》在重庆演出后反响非常大，曾出现过一票难求的火爆场面。到了香港，这次演出同样大受欢迎。“当演出前一个星期宣布预定戏票以后，当天早上和一个半天已经把第一场全部一千四百多张戏票预定完了。”② 还不到上演日期，三天的戏票都已经全部售罄。“在香港第一次创造了一个剧目连演十四场的纪录。”③ 这次演出更是带动了香港剧运的良性发展。可见扩散主体的空间位移能够对文学的空间传播活动起到很大的作用。

战时重庆戏剧文学，从重庆这样一个剧本的产生地，相继在旅行公演地或固定剧场上演地不断上演，通过不同结点形成的扩散轨迹将戏剧文学的影响力在空间区域中扩散开来，这在现实条件下，既与一定的交通条件有关，又与人能自由活动的空间范围有关。

---

① 叶昌林：《抗战奇花——记孩子剧团一队在合川》，孩子剧团史料编辑委员会《在战火纷飞的年代：孩子剧团史料汇编》，内刊，1996年版，第324—325页。

② 司徒慧敏：《旅港剧人协会与香港话剧运动》，宋时编《宋之的研究资料》，解放军文艺出版社1987年版，第78页。

③ 同上，第79页。

第二节　成都文化区的文化活动与传播

抗战时期，平津、东部沿海地区大批文化机构和文化名人分别从北线、中线和南线内迁川西平原，分布在以成都为中心，北起绵阳、南至乐山的各城市及周边地区，正好与蜀文化的中心地带相重合。这既是巧合，也是必然。由是，东部文化内迁西部后，在成都平原也是以成都为中心，在北面以绵阳、三台为文化副中心，南面以乐山为文化副中心，从北至南，形成了成都平原完整的文化中心区。

短时间急速涌入的东部沿海发达地区的内迁文化，迅速融入社会文化的各个方面，给近代以来相对落后的本地文化带来了较大的冲击。大批高校的内迁、国立中学的新建，各研究机构的内迁以及各文化团体的成立，给相对落后的川西平原带来了近代化的新风尚。文化机构云集川西平原，培养了许多高素质人才。大量的文化、科学研究，众多的文化展览、演出活动，电影等新艺术形式的推广，以及大量激情昂扬的抗敌救国宣传活动，极大地推动了本地区的文化进步与文化繁荣，也推动了本地民风民俗、社会生活等方面的近代化变革。可以说，抗战时期的文化内迁，给成都平原带来了深刻的文化变迁。

一、三台—绵阳文化副区的文化活动与传播

位于川西平原北端的三台—绵阳文化副区，主要接纳了从陕西方向北线迁入川西平原的文化机构和文化人，其中包括东北大学、国立第六中学，国立第十八中学的建立，以及自西安、延安往返成都、重庆开会、从事文化活动的文化人等，还有川北盐务管理局等内迁人员较多的派驻机构。内迁人员的籍贯以东北、山东、江浙等地为主。

抗战前，四川大都处于军阀混战时期，大部分地方属于“防区制”割据状态。地处川北的绵阳、三台地区经济文化落后，较少受到近代思想的影响，大部分民众观念保守，民族意识落后，国家观念淡薄。抗战爆发后，在民族危亡之际，急需开启民智、唤醒民众，为此文化界掀起了抗日救亡宣传的热潮。

抗战爆发后，绵阳地区抗日救亡团体纷纷建立，抗日宣传活动蓬勃开展。1937 年冬，绵阳县民众教育馆成立了以中小学生和社会青少年为主的抗日剧社，进行街头宣传活动，上演《放下你的鞭子》《电线杆子》等抗日剧目。绵阳育德中学附属小学也组织抗日宣传队，深入茶馆、街边开展抗日宣传，小学生们以童稚的嗓音、严肃的神情，高唱《义勇军进行曲》《大刀进行曲》等抗日歌曲，演讲抗日前线的故事，听众深为感动。绵阳师范学校组织师生在校内和丰谷镇等处演出《我们不愿做亡国奴》《中华民族的子孙》《雷雨》《日出》等话剧，唤起群众的爱国热情。

在 1937 年冬，三台县成立了抗敌后援委员会三台分会。1938 年春又成立了三台抗日救国总动员委员会，以城区大、中、小学生为主，建立了 30 多个宣传队，在县城及各乡场，以讲演、歌咏、金钱板、花鼓、街头剧以及漫画、壁报、标语等形式开展宣传活动。江油县中坝的湖广小学教师组织了“拂晓抗日儿童宣传团”，在中坝、武都、大康、青莲、双河、彰明、通口等乡镇，以唱抗日歌曲、演街头剧、演讲、壁报、壁画等形式进行宣传。江油初中成立抗日救亡宣传队，不仅在江油宣传，还深入山区平武县的一些乡场进行宣传。安县泣江小学、县立一中、秀水小学教师和进步青年，成立了安县国防剧社，先后排演了《卢沟桥》《八百壮士》《滕县血战记》等歌颂抗日英雄的话剧。安县塔水、河清等场镇的小学教师，演出了《国破家亡》《好男当兵》《木兰从军》等话剧与《九一八》歌剧。平武简易师范学校成立抗敌剧团，组织师生演出抗日话剧，演唱抗日歌曲。①

在各学校组织的宣传活动中，最活跃的是东北大学和国立六中。东北大学和国立六中的爱国师生，不愿意在沦陷区做亡国奴，为谋求抗日救国而离乡背井，长途跋涉来到绵阳。他们的爱国热情特别高昂，在艰苦的迁徙途中就进行了大量的抗日宣传活动，迁入三台—绵阳后，抗日宣传更为活跃。东北大学组织了三台实验剧团、合唱团，向群众演出了《北京人》《日出》《祖国在召唤》《雾重庆》等剧目，深受欢迎。他们还办了 60 多种壁报，报道前方战争，抒发乡情。同时，中华全国文艺界抗敌协会三台分会也设在东北大学，并由冯沅君主编会刊《文学期刊》。国立六中校本

① 士心：《绵阳人民在抗日战争中的贡献》，《绵阳师专学报》1995 年第 3 期。

部成立了“洪涛”（后改名“铁流”）、“鲁声”两个剧团和歌咏队，他们演出的《八百壮士》《不能走那条路》《草木皆兵》《雷雨》等话剧及《黄河大合唱》《流亡三部曲》等轰动了绵阳、三台。国立六中一分校的“醒华剧团”，三分校的“六三剧团”也很活跃，在梓潼、永兴镇等地演出了许多抗日剧目，激发了群众的爱国热情。[①]

此外，驻绵阳接收新兵的野战补充团也进行了抗日宣传。补充团副团长兼第一营营长刘景素[②]挑出一些有文化的士兵，组成抗日宣传队，在绵阳演街头剧、出壁报。有一次他集合第一营官兵搞了一次夜间急行军，从绵阳赶到60里外的青莲场，然后向赶场的农民进行抗日宣传，演讲抗战时事，演出各种形式的文娱节目。[③]

抗战期间，中华全国木刻界抗敌协会三台分会负责人谢梓文[④]在三台县城中心大什字街头办墙报，以木刻为主，编绘《抗战画刊》，定期更换，内容大都为“打日寇，人人争先”，形式多样，生动活泼，取得了很好的效果，扩大了木刻艺术的影响力。并于1942年、1943年在三台主办了两次全国木艺展。木刻包括了王琦、李桦、刘铁华等大名家的作品。在一个偏僻小县举办全国美展，一下子引起了极大轰动。开展那天，展览室人山人海，盛况空前，仅第二次艺术展观众就多达六千余人次。[⑤]

1943年，抗战进入紧张阶段，印缅战区中国远征军急需补充兵员，军事委员会命令四川一个月内征招45000名知识青年飞赴印度参加远征军。东北大学学生首先响应号召。1943年11月，四川省军管区参谋长徐思平到三台，向东大师生发表抗日演讲，当场就有25名男生和4名女生报名从军。随后，国立十八中、省立三台高中也有上百名学生报名参军。从1943年11月中旬至次年春，三台的大、中学生中，参加远征军的有217人。[⑥]三台知识青年的从军运动带动了全川，推动了全国，迅速掀起了“十万青年十万兵”的知识青年从军热潮。重庆《大公报》发表社论《勉投军学生》：“三台东北大学、国立十八中、省立三台中学等三百余人请缨在前，四川大学、成都中学以及广汉、德阳等大中学生多人从军于后，这一模范

①③⑥ 士心：《绵阳人民在抗日战争中的贡献》，《绵阳师专学报》1995年第3期。

② 1911—1986，共产党员，川军将领。

④ 1916—2011，三台县人，教授、木刻家。

⑤ 谢长沙：《抗战时期，三台的两次全国木艺展》，《绵阳晚报》2014年8月30日。

行为，将蔚为风气……”① 他们这种爱国主义精神将永垂史册。

此外，绵阳人三次修建抗战机场：三台县城东门外猪市口到刘家屯机场、三台刘营机场、绵阳塘汛机场。在1944年修建塘汛机场时，应征民工抗日情绪很高，不少是自愿要求参加的，施工时你追我赶，工效很高。有的还说“修机场是从天上打日本，让日本人也跑跑警报！大家多凑一把力，早点把日本人打跑！”当时全凭人海战术，肩挑背扛，民工拉大石磙来压机场基础。绵阳百姓在修建抗战飞机场时所表现出来的慷慨热情，三台县档案馆有一段记载：“无如倭寇横行，逞雄于世，吞食国土，屠杀生灵。而将士操戈抗敌，视死如归之决心，万夫不当之勇慨，最后一鼓作气，何难与列强并驾齐驱……今以国府为防患未然，计于川中各地凡紧要各市镇，布置飞机场所，以备不虞。当此国事垂危，祸乱靡平，民害何敢籍事要挟，瞒隐搪塞，有负抗敌救国之殷望。”② 凸现了绵阳民众国家兴亡、匹夫有责的一片爱国赤诚之心。

抗战时期，绵阳文化区开展的宣传活动比较全面和深入。从平坝到山区，从城市到乡场，到处都可以听到抗日的歌声，看到驱逐日寇的标语和壁画。抗日宣传提高了普通民众的爱国主义思想觉悟，鼓舞了群众齐心协力坚持抗战到底的决心和信心。

二、乐山文化副区的文化活动与传播

位于川西平原南端的乐山文化副区接纳来自三个方向迁入四川的文化机构和文化人。一是北线由陕西入川，进入成都后南下疏散到乐山；二是直接由长江西进，进入重庆后，继续沿长江、岷江西进到达乐山，或者在1940年内乐公路通车后，由成渝、内乐公路转道进入乐山；三是由东南方向的广西、云南、贵州进入四川，然后转道重庆进入乐山。来到乐山的文化机构、文化人主要有长江沿线的上海、江苏、浙江、安徽、湖南、湖北等地，以及来自东北、平津、河南等北方地区的文化机构和文化人。因此，抗战时期进入乐山的文化源地较为宽泛。

在乐山，又形成了以武汉大学、江苏省立蚕丝专科学校、国立中央技

① 《中国共产党绵阳历史》（第一卷），绵阳政务网2013年4月15日。

② 田明霞：《绵阳人修抗战机场》，《四川工人日报》2013年8月16日。

艺专科学校为主的高校，以及古典式“复性书院”等文化机构，主要分布在乐山城区。另外还有依傍岷江两岸的工业区，主要分布在三江汇合后的五通桥地区。抗战时期，五通桥所在的岷江两岸，是成都平原南端最主要的工业区。

1. 乐山城区的文化活动与传播分析

抗战时期外来文化的迁入给小小的乐山县城带来了极大的变化。

首先是武汉大学内迁乐山。乐山时期的武汉大学，是武汉大学办学历史上物质条件最恶劣、物质生活最艰苦的时期，但也是武大学术地位和社会声誉蒸蒸日上、达到历史较高水平的时期。由于校长王星拱求贤若渴，广揽人才，营造了“兼容并包”、高度自由的学术环境，从而使武大得以迅速地吸引并集聚起一批阵容庞大的高水平学者群：文学院有刘博平、刘永济、朱光潜、叶圣陶、苏雪林、袁昌英、钱歌川、唐长孺、陈源等；法学院有周鲠生、燕树棠、杨端六、刘秉麟等；理学院有查谦、石声汉、高尚荫、李国平、桂质廷等；工学院有邵逸周、余忽、余炽昌等知名教授。甚至陈寅恪、钱穆、熊十力、吴宓等学术大师也曾在此讲学布道。乐山八年间，武大有高水平教授100多人，可谓大师云集，极一时之盛。1943年5月和1944年下半年，世界著名科学史家、英国剑桥大学李约瑟博士先后两次访问武汉大学，对于武大师生们执着、顽强的研学精神和科研成果，曾给予高度评价。① 朱光潜在乐山完成了著名的《诗论》，此书1944年获得了国民政府教育部颁发的1943年度学术二等奖。1946年，武大“复员”回武昌时，学生从西迁时的600余人，增加到1700人；教职工则由200人增加到600人。乐山办学八年来，武汉大学成长为国内最完整的大学之一，跻身于当时中国“四大名校”之列。②

八年间，乐山与武大，相濡以沫、危难与共，乐山成为“大学之城”。“城即大学，大学即城!”乐山与大学融为一体。当年的乐山市民用全城大扫除的“隆重礼节”，迎接武大师生。随后，乐山市民免费为武大学生提供住宿，一些工厂的经营者将厂房无偿捐献给武大作为教学设施……武大每年也为乐山地方培训会计、机械、冶金等方面的技术人才。

---

① 张弩弓：《乐山，请善待这些历史》，《三江都市报》2010年8月19日。

② 王君华、陈运旗：《一所大学与一座城市的弥久“情缘”》，《乐山日报》2008年11月28日。

1942年武大在乐山举行科技展览，全面展示了武大在科学技术研究方面的重要成果。武大师生在乐山的教学、科研、文化讲座、艺术展览等，给乐山市民树立了新文明、新风尚，乐山市民皆以孩子读书为荣。乐山时期，武大培养了许多自然科学领域的知名学者。其中包括"中国计算机之父"张效祥；我国第一代核武器最后型号的总设计师俞大光……武大开办的附属中学，留归乐山，即现今的乐山四中，培育了秦山核电站总设计师欧阳予，著名生物学家、中国科学院院士杨致远等高科技人才。[①]

一批高精尖的科技人才除了攻克科学难题，还能切实解决民众生活中的实际困难。乐山流行一种"火巴病"，乐山人民长期深受其害。武大校医董道蕴发现：其实是氯化钡中毒，用马前子治疗，效果显著。后来化学系学生彭少逸（后为中科院院士）、涂主珍等人对马前子加以提炼，制成药品，帮助乐山人民解决了顽疾。

与其他大后方城市一样，话剧在乐山武大比较时兴，校内的学生剧团不断演出中外名剧。武大还主办《珞珈周报》，组建抗日救亡团体——抗战文艺研究会和"岷江读书社"。学生们时常深入群众，宣传抗日和揭露时弊，使乐山人民了解斗争形势，激发他们的爱国主义热情。1939年"八一九"大轰炸，武大学子置个人生死于度外，敌机未走即迅速组队施援，救死扶伤，奔忙不止。目睹此景，叶圣陶先生含泪赞叹："教育奏效，青年有为，舍己为群，何事不成！"[②]

在武大和部分迁川工厂的协同帮助下，乐山开始陆续兴办了川南、亚西、北大、工公等机械工厂。在武大印刷厂带动下，乐山印刷工业从手工操作进入机械化操作阶段。武大实习工厂研制出第一台吸卤机，改写了乐山人畜推车制盐的历史。这些对于培养当地人才、开启民智、传播先进技术、宣传抗日起到了很大的作用，使得乐山民众受到近代文明新精神的极大影响。[③]

而同处乐山城区，居于岷江对岸乌尤寺的复性书院，主要以闭门办学为主。虽然没有大的文化活动，但在复性书院录取的30多名学生中，如金景芳、吴林伯等，不少成为全国知名的学者，绵延传递着复性书院名师们

① 王君华、陈运旗：《一所大学与一座城市的弥久"情缘"》，《乐山日报》2008年11月28日。

②③ 顾海良：《武汉大学西迁乐山的记忆》，《中国教育报》2008年11月21日。

的流芳遗韵。复性书院短短几年间还刻书《四书纂疏》《系辞精义》《春秋胡氏传》《毛诗经筵讲义》《延年答问》《上蔡语录》《太极图说》《先圣大训》《朱子读书法》等26种38册；同时，马一浮也出版著作《泰和宜山会语》《复性书院讲录》《避寇集》《蠲戏斋诗编年集》《尔雅台答问》《檬上杂著》等，这对于保护珍贵的国学遗产、传播国学文化有着重要的意义。①

1939年，中央技艺专科学校成立后，设立了造纸、皮革、农产制造、染织和蚕丝五科（系）。学校所设专业和开设课程，都是与民众生活紧密相关的轻纺工业理论和技术。因开设的课程较多，任课教师除本校聘请的专任教师外，还聘有武汉大学和四川大学的教授来兼课，教学质量甚高。学校还特别注重实验、实习和科研工作，密切与工农业生产相结合。校内实验室、图书馆、实习工厂、场地每年都有充实和发展。蚕丝科附设蚕种场一个，每年春、秋二季共制“改良蚕种”三四万张，发售到乐山、峨眉、夹江、洪雅、眉山一带，对当地蚕丝的发展，起到了良好的作用。农产制造科实习工厂对“全华酱油”和“乐山里香”（一种甜酒）的酿造和研究，也有一定的贡献。造纸科以嘉乐纸厂为实习基地。纺织科以“川南保险伞制造厂”为实习基地。这对当时学生学以致用，培养专业技能，起到了很好的促进作用。多数毕业生能在相应的工厂、科研岗位胜任专业技术工作。②

抗战时期，乐山先后有10多家通讯社和外地驻乐山的通讯分社，有10多家报纸和近20家刊物。“复性书院”出版了群经、典籍共计22种，讲录、丛刊计约42种。其中，影响较大的刊物有：武汉大学的《星期文艺》《珞珈周报》，中央技艺专科学校的《中央技艺专科学校专刊》《纺织》，复性书院的《校刊》，蒂克主编的《诗月报》，川南工商新闻社的《川南工商》，三民主义青年团乐山分团主办的《乐山青年团半月刊》，乐山出版的《南北报》《忠勇月刊》。其中《乐山青年团半月刊》，聘请武汉大学教授吴其昌、韦润珊等多人撰稿，刊物曾作为第四、第五两行政督察

① 尹华：《国学大师马一浮的“乐山羁旅”之叹》，《乐山日报》2010年4月23日。

② 《〈乐山教育志〉之国立中央技艺专科学校》，成都纺织高等专科学校档案室网站：2013年3月26日。

区中，学校三民主义青年团员必读刊物。[1]

乐山先后有26个专业川戏、京戏班社和话剧团体在乐山演出过，境内有晏如班、共和堂、维新剧部、大地剧部、胜利剧部等。除了本地文化机构的活动外，不时也有外来的学者名流、文艺家、演出团体光临乐山。1943年春，中华剧艺社来乐山公演，演出了《孔雀胆》《天国春秋》《清宫外史》《胜利号》等剧目，引起了较大的社会反响。此外还有上海丹桂班（京剧），陕西夏声平剧社，盐务总局俱乐部平剧队、四川旅外艺人剧社等都在乐山及周边的峨眉、牛华、五通桥等地进行过演出。1925年乐山开始有了电影，1930年正式有了电影院。1939年乐山平民工读社简易电影院上映了蝴蝶主演的《夜来香》，这是区内第一部有声电影。[2] 综上所述，抗战时期，乐山城区的文化活动频繁，对于当地民众的文化观念和社会生活影响甚大。

2. 五通桥及周边县的文化活动与传播分析

抗战时期，以五通桥为核心，乐山工业获得突飞猛进的发展。工业门类齐全，广涉能源、电力、军工、化工、交通、通信、建筑、造纸、印刷、粮油、丝绸等领域，一个小小的县城，跃升为川南重要工业区。仅弹丸之地的五通桥镇，就汇集了国民政府中央财政部盐务总局、永利川厂（后改名“新塘沽”）、黄海化学工业研究社、嘉阳煤矿股份有限公司、上海美亚绸厂等，岷江两岸，工业生产一派繁忙景象。

国民政府盐务总局，一个上千人的中央大机关来到当时城镇人口仅万人的小镇五通桥，其每月的公用支出和员工生活消费高达百万元左右，还有内迁的永利川厂、黄海化学工业研究社等北方、东部沿海地区的内迁人员，迅即刺激了房租、物价、日常消费的上涨，娱乐业也日渐发达起来。

盐务总局和内迁工厂，其管理人员和员工大多是面向社会招考，许多都是留学或国内各大学的高才生，可谓精英荟萃。大批高素质的“下江人”的到来，促进了五通桥社会文化的大繁荣。银行、餐饮、娱乐、教育等迅速兴盛起来，电影、话剧、京剧等让闻所未闻的五通桥人大开眼界。在五通桥放映的美国音乐舞蹈故事片《出水芙蓉》，1943年美国驻华大使

---

① 据乐山市地方志编纂委员会编：《乐山市志》，四川巴蜀书社2001年版，第1634—1651页。

② 同上，第1591—1634页。

馆新闻处电影队在眉山三苏广场放映的彩色影片《吉普车自述》《伐木工人》等，均是乐山地区上映较早的彩色影片。

在农业技术方面，江苏省立蚕丝专科学校培养了一批蚕桑技术人才，到1945年底，共毕业大专蚕桑专业三年制专科学生264人和中专三年制蚕丝科学生113人。他们绝大多数在川南蚕丝实验区和四川地区就业，促进了全川蚕桑事业的发展。蚕丝专科学校和川南蚕丝实验区，在乐山、青神、峨眉、井研、犍为、夹江和眉山七县分别设立了蚕桑指导所，配备了指导员，负责配发良种、指导消毒、育苗、栽桑、嫁接苗木，共同催青、稚蚕共育，还对桑农进行培训。蚕专的学生往往随同指导员下乡实际操作。1940年以前，乐山乡村都是一年只养一季春蚕。苏稽蚕种场建立后，开始推广江苏春秋两季养蚕经验，在实验区内变一季春蚕为春秋两季蚕。蚕专和实验区的技术人员通过消毒灶进行严格消毒和蚕室封闭，对不能密闭的采取隔离和硫磺烟熏等措施，经过几年的努力，基本上消灭了白僵蚕病。

1939年黄海化学工业研究社主办的《黄海发酵与菌学》（双月刊），聘请方心芳博士①为主编，这是我国创办的第一个发酵微生物学学术期刊，至1951年止，《发酵与菌学》共出13卷72期，刊登文章233篇，② 对开拓与促进中国细菌化学科学技术的发展做出了重要贡献。永利化学公司、黄海化工研究社、久大盐业公司（简称为“永久黄”）是中国化学工业的摇篮。孙学悟③、李烛尘④、范旭东、侯德榜、方心芳，是“永久黄”团队的核心。5人中，孙学悟、方心芳都是哈佛大学博士，侯德榜是麻省理工学院学士和哥伦比亚大学博士，侯德榜、方心芳是中国科学院院士；范旭东、李烛尘都曾留学日本，两位是“永久黄”的创始人、实业家。

黄海化学工业研究社在五通桥时期，做了大量的科学研究工作。在菌学方面，先后开展了糖蜜、饴糖、茶叶、白菜和豆腐等发酵制柠檬酸、丙

---

① 1907—1992，河南省临颍县人，哈佛大学博士。中国微生物学家、中科院院士。我国现代微生物学开拓者之一。

② 陈歆文：《中国近代化学工业史（1860—1949）》，化学工业出版社2006年版，第334页。

③ 1888—1952，山东文登县人，先后求学于上海圣约翰大学、清华大学，哈佛大学博士，著名科学家，中国化学研究奠基人之一。

④ 1882—1968，东京高等工业学校毕业，天津久大盐业公司总经理，轻工业部部长、全国政协副主席。

酮、丁醇、砖茶、泡菜、豆腐乳等的研究；积极开展菌种的收集、筛选和培植；对盐里的细菌和分解石油的细菌，也进行了深入研究。在无机应用化学方面，黄海着重对当地井盐的开采利用做了大量研究开发工作，首创了电力吸卤、条架晒卤、塔炉蒸发等新工艺，对改进四川盐业的落后面貌，缓解当地燃料缺乏的困难有重大作用。其中枝条架晒卤能节省制盐燃料 2/3 以上。他们通过研究，还改良了盐质，对防治犍为、乐山地区流行的痹病十分有效，解除了该地区人民的体质和生命长期遭受的威胁。在综合利用盐卤回收无机盐，用四川叙永黏土和云贵铝矾土制取氧化铝，用江西铋矿炼制药用金属铋等方面，也做了大量的研究工作，取得了一定的科研成果和进展。在有机应用化学方面，黄海着重研究西南特产五倍子的利用途径，其中在制取棓酸、染料方面获得成果并建厂生产。以及前述永利川厂侯德榜“侯氏联合制碱法”震撼世界的重大技术突破等大量的科研成果，为近代中国的技术创新提供了强大的智力支持。

在近代中国，鲜有技术创新的成功案例，但“永久黄”团体，就像漆黑夜空中一颗耀眼的星星，点亮近代中国的科学创新之路，主导近代中国创新精神的塑造和研究方式的变革。它将技术进步与传统产业对接起来，改造传统的举措使技术创新的理念更加深入人心，这成为近代中国社会变革必不可少的重要元素和力量。

综上所述，抗战时期，一批中央机关、高校、工厂、研究所内迁乐山，对于风气闭塞，文化、教育和科技都相对落后的乐山地区产生了重大影响，对整个乐山地区近代化的进程产生了巨大的促进作用。

三、成都文化区的文化活动与传播

成都历来是川西平原政治、经济和文化中心。抗战期间，北方及东部沿海地区内迁人员也是从北线、中线和南线大量进入成都地区。来源最多的还是长江中下游两岸的上海、江浙、江西、安徽、湖南、湖北，以及广西、广东、港澳地区；还有来自北方的东北、平津、山东、河南、河北、山西、陕西等地，均有大量文化机构和文化人迁入成都地区。成都，作为抗战时期全国的文化中心之一，融汇了当时全国几乎全部沦陷区的地域文化，改变了战前成都地区文化的空间分布，带来了战时成都地区的文化大繁荣。

抗战前，成都的文化中心分布在四川大学皇城校区及其周边地区，包括：皇城，东城根街、祠堂街、少城公园一带。此外，春熙路、四川大学南校场校区、华西协和大学（华西坝）也有散落的文化机构和文化活动。抗战爆发后，随着高校的内迁，以及新闻、出版、发行机构的纷纷创建，成都的文化中心分布出现了较大的变化：一是教会五大学齐聚皇城南郊的华西坝，在华西坝及周边街区，形成了战时成都最主要的文化活动中心；二是四川大学迁出皇城，为躲避轰炸迁往峨眉，只留下祠堂街、少城公园一带的以新闻出版社、书店为主的文化机构，是成都第二文化活动中心；三是市区内尚有春熙路、五世同堂街、羊市街、华兴正街等较为零散的文化活动点。四是由于内迁机构和人员增多，且敌机轰炸频繁，成都市及时采取战时疏散政策，一些文化机构和文化人向周边县区迁移，也给周边县如崇宁、郫县、彭县、都江堰、温江等地区带来了战时的文化发展。

1. 华西坝的文化活动与传播

20 世纪初，成都锦江河畔的南郊南台寺，是美英加三国基督教会选定的华西协和大学的办校地址。1909 年华西协和大学草创时，“校址所在四周，半为稻田半为荒坟。”当时首任校长毕启（Joseph Beech）煞费苦心与原住民讨价还价，办理迁葬事宜。[①] 经过华西大学 20 年的培育和建设，昔日的乱坟岗，变成了中西合璧的大学校园。“校园面积从最初的百余亩蔓延了十倍。一条南北走向的中轴线，北起锦江，经一条人工渠向南延伸，两边排列着事务所、图书馆、生物楼、赫斐院、万德门、广益学舍、华英学舍育德学舍、贾会督学舍、亚克门学舍、女生学舍等建筑。一色的青砖黑瓦，间以大红柱、大红封檐板。大屋顶，两坡、四坡、攒尖、腰檐运用自如。屋脊、飞檐上塑以珍禽异兽，檐下以斗拱为装饰。在渲染东方色调的同时，也煞费苦心地融入西洋元素，如楼基、墙柱、砖墙等。”[②] 不单是建筑，扎根华西坝的华西大学也由最初的文理两科，增设了师范科、医学科、牙科及宗教学系，到 1933 年设立文学院、理学院和医牙学院，成为综合性大学。且与加拿大多伦多大学、美国芝加哥大学、纽约大学，建立校际合作关系，并可代授美国纽约州立大学学位。[③] 华西协和大学被视为成

---

① 岱峻：《风过华西坝——战时教会五大学纪》，江苏文艺出版社 2013 年版，第 9 页。

② 同上，第 9—10 页。

③ 同上，第 10 页。

都乃至中国西部所建立的第一所现代化意义的大学。截至抗战爆发，“基督教大学总数占全国大学总数约为百分之十二，学生人数亦为全国大学学生百分之十二；而基督教大学设备、经费、图书等之百分比皆远过此数，可知基督教大学在设备、经费、图书上皆占优势”。[①] 而且教会大学的学术地位也占有相当重要的位置，尤其是在医学、农林、社会学、新闻学、法学、商学及图书馆学等学科更具有无可置疑的优势。[②] 也正是因为华西大学，给成都带来了抗战时期最繁荣的华西坝文化中心。

（1）华西坝的文化活动

抗战爆发后，由于金陵大学、金陵女子文理学院、齐鲁大学、燕京大学先后迁入华西坝，坝上人员骤增至三千人上下。华西大学敞开胸怀，接纳饱受战火之苦的兄弟院校。五大学决定联合办学，充分利用教学场地和教学资源。1944 年的《联合招生简章》规定，学生报考各校，可参加五大学联合组织的入学考试。出卷、阅卷等均由五大学统一组织。[③]

五大学共有文、理、法、农、医五个学院六七十个系，应该是战时中国规模最大、学科设置最完整的大学。各校采取统一安排、分别开课的办法，允许教师跨校讲学，学生自由选课，学校承认学分。除了忙碌的课内教学外，坝上随时都有各类讲座。既有校内老师的讲座，也有其他大学教授的讲座，还有国内外社会名流的各类演讲，令五大学师生和成都社会各界人士受益良多。

1940 年，金陵大学联合成都广播电台，每周举办一次讲座，教授柯象峰、高炳春、刘敬、许本怡、徐益棠、陈恭禄等先后就“西康教育”“中英友谊与中日战争”“社会建设与科学教育”“非常时期过分利得税”“中国人口问题”“四川人与抗战”等话题发表演讲。由于演讲主题贴近现实，受到社会各界的广泛欢迎。1941 年开始，坝上又以东西文化学社的名义举办系列讲座。学社社长、华大文学院院长罗忠恕首先以“文化与大学教育”为题开场，史学家钱穆、蒙文通、何鲁之，哲学家冯友兰、张东荪、贺麟，医学家程玉麐、郑集、侯宝璋，农学家章之汶，社会学家李安宅、

① 谭天凯：《基督教大学在吾国高等教育中之地位》，《教育季刊》1938 年版，13（4）。
② 岱峻：《风过华西坝——战时教会五大学纪》，江苏文艺出版社 2013 年版，第 10 页。
③ 同上，第 40 页。

潘光旦等竞相登台。[①] 1942 年春夏之交，齐鲁大学学思社主办的讲座有：张国安的“战争与进化”，张西山的“中国近代的欧化问题”，钱穆的“中国文化与中国青年”，龙冠海的“大学教育的病态”，李晓舫的“科学的人生观”，闻在宥的“西南边民语言的分类”，刘国均的“世界大战之思想背景”，蔡乐生的“发明心理与科学精神”，侯宝璋的“中西医学的分野”，章之汶的“新县制与人才训练”等。[②] 1943 年，华西大学主办讲座，《华西周刊》上公布的“一周学术讲演”有：姜蕴刚讲“炼狱之火”，施复亮讲“当前物价问题”，印度农业研究所研究员、英国皇家真菌学家柏德威博士讲“农业研究之联系”，剑桥大学生物化学、胚胎学教授李约瑟博士讲“科学在战时及平时之国际地位与责任”等。这类讲座一直坚持了四五年，先后举办讲演近五十次，听众踊跃，影响极大。[③]

此外，还有著名小说家张恨水，著名大学者林语堂，冯玉祥将军等，以及来自国外的诺贝尔文学奖获得者、美国作家海明威，美国副总统华莱士，美国总统罗斯福的代表威尔基，印度加尔各答大学教授、研究东方美术的甘戈里博士，澳大利亚首度大学的普兰校长，英国著名学者斯坦贝克、费德林，牛津大学教授陶德思，牛津大学英中文化学术委员会秘书修忠诚，美国《时代》周刊总编辑卢斯、自由法国作家层里及著名的汉学家费正清夫妇等。这些国外名流在华西坝都做过才情四溢的精彩演讲，极大地开阔了成都各界人士的视野，丰富了他们的见识。华西坝俨然成为成都乃至西部地区与世界文化交流的华丽舞台。

华西坝五大学创立了不少研究机构。1939 年成立了中国文化研究所，所长闻在宥，所里聚集了一批知名学者，出版发行刊物《华西大学中国文化研究所论丛》《华西大学中国文化研究所集刊》，颇受国际学术界的关注。1942 年成立了华西边疆研究所，张凌高任所长，李安宅主持工作。出版有《华西边疆研究会杂志》，对英、美、加拿大、苏联、印度等 20 多国发行交换，有较好的国际影响。1942 年创立经济研究所，由程英琪主持，

---

① 岱峻：《风过华西坝——战时教会五大学纪》，江苏文艺出版社 2013 年版，第 42—43 页。

② 1942 年 2 月 15 日《齐鲁大学学报》第二十一期；转引自岱峻《风过华西坝——战时教会五大学纪》，江苏文艺出版社 2013 年版，第 44 页。

③ 王光媛：《抗战时期的华西协和大学》，成都市政协文史委编《成都文史资料选辑》（第九辑），1985 年版，第 137—163 页。

出版有《经济半月刊》《经济科学专刊》等刊物。1942 年设立历史研究部，由钱穆主持，先后招收研究生 10 余人。1943 年设立教育研究所，由傅葆琛主持。出版刊物有《教育与建设》《华西教育导报》《华西教育通讯》等。1944 年设立中国社会史研究室，由姜蕴刚主持。1937 年 12 月，由陈耀真、郎健寰等教授发起成立的眼耳鼻喉学会，以及 1941 年成立的眼科学会。两个学会每月都举行学术例会，一直坚持到 1950 年。编辑出版了两个全国性刊物：一是陈耀真等主编的英文版《中华医学杂志》，中文版在重庆出版；二是汤腾汉教授主编的中文版《中国药学会会志》。[①] 这些专业研究所和研究学会，都是当时全国一流的研究机构。他们取得了不少重要的科研成果，在国内外引起了较大反响。

处身国难之时，五大学也积极投身抗日救亡运动。1937 年 9 月，华西大学组建了四川抗敌后援会华西分会，下设宣传队、歌咏队、演剧队。师生们节衣缩食，为前方战士募集善款，赶制冬衣。1938 年，“五大学战时服务团”在华西坝成立，开展了宣传、募捐、义卖、义演、支前、劳军等活动。据金女大学生张素方回忆：“张滢华、方荣椠、王勃等集中在我们宿舍（我同景荷荪、赵秀琴同房间），通宵达旦地赶制麻布书包。针线包、手帕袋等。大家出钱买布买线，还借来一些样品，有的管剪裁，有的管贴花，有的管刺绣，有的管缝制……真是大家一盘棋，出活儿快且好。我们在电影院门前义卖，同时宣传‘有钱出钱有力出力，支援抗战’。义卖捐款，装入竹筒。当义卖完毕，步行返回华西坝，将竹筒交给管财务的同学，再转回进女大宿舍。”[②] 1939 年初，五大学服务团组成十个义卖小组，把师生捐献的首饰、衣物、书籍等拿到街上义卖。1939 年 3 月，五大学服务团演出队经过短期排练，在成都总府路智育电影院公演反战话剧《再会吧，东京》。演出前，东北流亡作家萧军发表了热情激昂的简短演讲。三天的演出，收入达三千多元。5 月初，为防止空袭伤亡，五大学服务团成立医疗防护大队，利用医学专业知识服务于民众。暑假，五大学服务团到山乡发动群众，宣传抗日，推进平民教育工作。他们一共分为八组，每组

① 王光媛：《抗战时期的华西协和大学》，成都市政协文史委编《成都文史资料选辑》（第九辑），1985 年版，第 137—163 页。

② 张素方：《回忆读书会和战地服务团》，《金陵女儿》，第 166—167 页。转引自岱峻《风过华西坝——战时教会五大学纪》，江苏文艺出版社 2013 年版，第 104 页。

约15人，在各乡场，以歌声吸引群众，然后表演爱国抗敌话剧，讲述前线新闻。医科学生还携带诊病药物，给乡亲诊病、发药，宣传卫生保健知识，所到之处受到了乡民的热烈欢迎。[①]

音乐是教会大学的必修课，五大学都有自己的合唱队、学生唱诗班或圣乐会，1938年成立的五大学服务团，下设有歌咏队、演剧队，每逢节假日，要到成都近郊的石羊场、中和场，以及温江、新繁等县城演出。坝上随时有各式各样的演出。仅1943年上半年，就举行过华大医科学会为贫苦免费病床募集基金、英国皇家音乐学院会员李翠贞钢琴独奏、金大建校55周年合唱等九场音乐会。当时话剧流行，金女大学生组织了黎明剧社、壬午剧社，排演了据老舍名著改编的《面子问题》、于伶的《女子公寓》，以及《孤岛夜曲》《炸药》等话剧，并把所有售票收入全部捐献给学校的社会服务部和平民医院。[②] 金女大每年迎新都要演一出话剧。华西大学学生自治会文艺部，每年都要为期末师生联欢或欢迎新同学演出一两场话剧。五大学合唱团几乎每年圣诞节前，都要排演著名音乐家亨德尔创作的《弥赛亚》。1940年元旦，五大学师生和唱团应教育部邀请到重庆演出。五大学的来自十三个省区的四十多位演员，为陪都的听众带去了美妙绝伦的清唱剧《弥赛亚》。在重庆演出刚一开场，全场鸦雀无声，歌声好似深山空谷，由远而近，悠扬婉转。和声部分深厚和谐，结尾低回的和声，如寂静中落日西沉，西风呜咽……最后，当合唱团员鞠躬谢幕时，全场响起经久不息的掌声。此后，《弥赛亚》演出了多场，并经常在成都广播电台上播放，[③] 广受青睐。

1938年秋，金陵大学理学院正式开办电化教育专修科，培养出首批接受系统高等教育的电教人才。金陵大学电影教育部在电影院或广场放映电影，特别是周五晚上的“看电影”成了当地民众重要的文化生活，也是教育民众最有效的方式之一。孙明经回忆说：“我们这一时期以成都和重庆为中心，有规模地大量展开放映，1944年一年中曾经放映828次，观众人

---

① 王光媛：《抗战时期的华西协和大学》，成都市政协文史委编《成都文史资料选辑》（第九辑），1985年版，第137—163页。

② 《金大校刊》，290号、297号，1941年。转引自岱峻《风过华西坝——战时教会五大学纪》，江苏文艺出版社2013年版，第76页。

③ 岱峻：《风过华西坝——战时教会五大学纪》，江苏文艺出版社2013年版，第76—78页。

数达90万人，其中有540次是在成都地区放映的，288次是在重庆区放映的……成都华西坝星期五晚的露天放映已经成了成都华西坝一带家喻户晓的习尚，平均每次观众一万人。”①

此外，还有金陵女子学院著名的“五月花柱舞会”，这是金女大的传统舞会，定在每年5月的第一个星期六下午举行。在草地中央竖起一根彩带飘舞的杆子，评选“五月皇后”。那天男生可以凭票进入女生院的指定场地，观看表演。②

1944年10月，成都爆发了大后方最大的一次学生民主运动“市中事件”，这是被周恩来称为“新的‘一二·九运动’的爆发。”成都市立中学是成都市市长余中英于1942年创办，校长康定夏在学校大力推行奴化教育。1944年10月，因校方处理学生事件明显不公正，引起大部分同学不满，遂引发校方与学生间的冲突。11月，校方上报市长和警察局长，要求派出警察“弹压”。警察进校大肆殴打学生，遂引发暴力冲突。1944年10月15日才刚成立的成都民主青年协会（简称“民协”），主要由各大学的进步青年学生组成，其中五大学的学生最多，联络点放在加拿大籍教授文幼章在华西坝的别墅里。11月6日，“民协”成立了“成都市各大中学学生声援市中血案后援会”（简称“后援会”）。11月11日，“后援会”公开组织全市大中学学生上万人参加的示威游行。文幼章③在一份材料中写道：“这一周，近一万五千名学生和同情者在街上举行波澜壮阔的游行，喊着口号，要求市长和警察局长下台，争取免于暴政的自由。游行之后的周末，十二名学生代表被允许进入张群的办公室，递交他们的要求。省长有礼有加地接待了他们，并通知他们说，省政府已决定解除这两人职务，如果必要，将要求中央政府调查，加以惩办。青年组织者们取得了相当大的胜利。”④ 对于这次游行的参加人数，虽然不同资料有不同的说法，但这次事件是国统区爆发的规模最大的一次学生运动。1944年12月15日，中共

① 孙明经：《中国文化大革命中的一个小实验》，《电影与播音月刊》1948年第6卷第7、8期合刊。转引自张同道《被遗忘的辉煌——论孙明经与金陵大学教育电影》，孙明经摄、孙建秋等编著《孙明经手记》，世界图书出版公司北京公司，2013年版，第50页。

② 岱峻：《风过华西坝——战时教会五大学纪》，江苏文艺出版社2013年版，第72页。

③ 1899—1993，加拿大人，生于四川乐山，毕业于多伦多大学，教授，世界和平战士。

④ 渥太华加拿大外交部史料科：文幼章撰《成都的学生示威游行》，1944年12月10日，摘自文忠志《文幼章传》，李国林译，第278页。

中央在《关于目前形势与任务的指示》文件中，评价这次运动“为 1935 年‘一二·九’学生运动以来第一次大运动”。①

（2）华西坝的对外文化传播

抗战爆发后，政治经济文化中心西移，随着战争进程的推进，建设边疆、拱卫大后方显得越来越重要。于是，以“边疆研究”为主的社会学科勃然而兴。成都毗邻康藏边疆，华西坝五大学专业基础扎实，地利人和与天时都具足。1939 年 12 月，中华基督教会全国总会在国民政府和外国团体的支持下，在成都创立边疆服务部总办事处。负责人是齐鲁大学教授、中华基督全国总会青年执行干事张伯怀。“边疆服务部”在川西、西康、云南的少数民族地区建了三个服务区，号召大学生到边疆地区从事社会服务。川西服务区以川西松潘、茂县、理县等为中心，主要为藏羌同胞服务。西康区服务区以西昌和凉山地区为中心，主要以彝族同胞为服务对象。云南服务区以寻甸为中心，存续时间短，并未开展工作。川西区先后建立了 5 所小学，西康区先后建立了 8 所小学。还开办了不少民众学校和民众图书室，还向民众报告国事、宣讲卫生、指导农事。两区还先后开办了近 10 所医院、诊所，除为边区同胞诊治常见疾病外，还收治了不少黑热病、梅毒、淋病、回归热、痢疾病患者。②

川西区和西康区还组织学生服务团对边胞进行实地服务。1941 年夏，“边疆服务部”发起了“首届大学生暑期边疆服务团”，组织了坝上五大学师生赴川西杂谷脑河流域，做实地调查及教育医疗服务，受到了当地民众的欢迎。1942 年夏，五大学再组边疆服务团，二百多师生赴川西北岷江上游羌藏聚居区考察和服务。齐鲁大学社会学教授兼系主任张雪岩担任团长。全团分为社会、宗教、家政、教育、植物、地质等几个组。组长由相应专业的教授担任。如齐鲁大学的顾颉刚、胡厚宣（历史）、金女大的刘恩兰（地理学）、胡秀英（植物学）、金大的蒋旨昂、马长寿（社会学）、燕大的李方桂（语言学）等。此次活动，是战时最大规模的田野调查活动。为了探索当地疾病的特殊规律，以便更好地为少数民族同胞服务，坝上五大学与“边疆服务部”还组织专家、发动工作人员对边地特殊疾病如

---

① 岱峻：《风过华西坝——战时教会五大学纪》，江苏文艺出版社 2013 年版，第 119 页。

② 汪洪亮：《中华基督教会边疆服务的成效考量及其原因分析》，《四川师范大学学报》2011 年第 2 期。

黑热病、甲状腺肿大等展开了深入的医学研究。“边疆服务部”对民族同胞的医疗卫生服务工作和研究工作，在一定程度上解决了少数民族同胞遭受疾病威胁的严重问题，传播了现代医疗卫生知识，改变了边地居民不良的生活习惯，促进了边区医疗卫生事业的发展。①

在成都城南十公里处的石羊场，华西大学社会学系建立起一个社会研究实习站，服务项目有书报杂志阅览、医疗服务和乡村托儿所等，还陈列了一些从美国新闻处借来的世界反法西斯战场的新闻图片。华大社会学系一些学生的毕业论文即取材于这个站的调查访问，如艾西由的《石羊乡之人口分析》，玉文华的《乡村固有之组织》等。②

1943 年春，燕京大学在成都北面二十余华里的崇义桥镇夏家寺建立了农村研究服务站，负责人是燕大法学院社会学系青年教师廖泰初。根据廖泰初回忆，由于当地大部分人都是文盲，所以服务站首先开设了识字班，并帮助乡亲们代笔写信、写状纸、写春联，还与成都有关单位合作，举办了两次农业科学成就展览，“盛况空前”，“不少住在镇内外的庄稼汉，熙熙攘攘，络绎不绝，前来观光听讲”。服务站实际上也成了法学院学生的实习基地，也是进行社会调查和研究的绝佳场所。③

1938 年，金陵女子文理学院社会学系在成都小天竺街创办儿童福利实验所，主要为坝上及周边地区的工人及小商贩子女服务。1939 年夏，又在四川仁寿县一座废弃的古庙里建了一个乡村服务站，成立了妇婴组和幼儿教育组。他们在成都进益产科医院的帮助下，治疗婴幼儿疾病，召集妈妈会，宣传育儿知识；组织免费的幼儿班，训练妈妈刺绣桌布、床单、窗帘、餐巾，由学校运往国外换取外汇。1943 年，他们又在成都远郊中和场建立乡村服务处，开展保育人才培训、婴幼儿养育、妇女读书等多种社会教育。④

抗战时期，华西坝五大学的莘莘学子，既有脱下青衫换戎装，担任军医、翻译、飞行员，参加远征军的壮举；也有争分夺秒研制雷达电池、航

---

① 岱峻：《风过华西坝——战时教会五大学纪》，江苏文艺出版社 2013 年版，第 254 页。

② 同上，第 284—285 页。

③ 廖泰初：《成都崇义桥农村研究服务站》，燕京大学校友会编《燕京大学成都复校五十周年纪念刊》，第 47—49 页。

④ 肖鼎瑛：《抗战期间迁蓉的金陵女子文理学院》，成都市政协文史委编《成都文史资料选辑》（第九辑），1985 年，第 184—190 页。

空风洞、汽油代用品等各种军需军备的成果。但其重要的贡献还是传薪播火，弦歌不辍，延续民族的文脉。五大学的“文脉”虽播种在坝上，却绵延至世界。既有在四川、西康，乃至全国各地的薪火相传，也有远至美国、英国、法国、德国、意大利、希腊、捷克、瑞士等国的文化传播，更有莘莘学子遍及全国、全世界的“文脉”传承。前文所述，抗战时期，东西文化学社社长罗忠恕遍历欧洲、美国，致力于东西方文化交流。同时也有一大批外国学者来到华西坝，从事文化教育和研究工作。其中有华西大学博物馆首任馆长葛维汉。① 他从1911年来到中国，其间1918—1932年曾回美国学习，于1948年回到美国。他在中国的23年间，尤其是整个抗战期间，绝大部分时间在四川，在成都华西坝。他是较早发掘“三星堆遗址”的考古学家，以四川的考古发掘和搜集的资料撰写了《川苗的歌曲和故事》《羌族的习俗和宗教》等著作。还以《四川省的宗教》一文获得了芝加哥大学博士学位，晚年定居科罗拉多州，② 他是个不折不扣的“四川通”。

2. 祠堂街的文化活动与传播

抗战时期的成都祠堂街，东沿西御街与皇城相连，西接金河街、长顺街，南傍“皇城”的护城河——金河，与少城公园隔河相望。东城根街、祠堂街、少城公园、皇城是抗战前成都市的文化活动中心。

抗战爆发后，地处市中心的祠堂街，有许多报刊、新闻出版机构、书店相继成立或者搬迁来此，这里就逐步形成了成都市著名的文化街。这条街，曾经是新华日报成都分馆、大声社、群力社、星芒社、战时学生旬刊社、笔阵、莽原出版社、中华书局、开明书店、正中书局、成都联营书店、青年书店等几十个社团和报刊发行部所在地；有著名的“努力餐”饭馆和“生活书店”“三联书店”等二十多家书店；这里还是四川美术协会所在地。成都祠堂街不单是一条文化街，而且是让人们怀念的革命街。③

1938年4月，《新华日报》在成都祠堂街八十八号建立成都推销组。8月，扩大为推销处，除担负《新华日报》在成都的发行外，还开展川西北

---

① 1884—1962，出生于美国阿肯色州，华西大学教授，博物馆第一任馆长。

② 岱峻：《风过华西坝——战时教会五大学纪》，江苏文艺出版社2013年版，第172—175页。

③ 潘清雍、安德才：《抗战时期的祠堂街》，成都市政协文史委编《成都文史资料选辑》（第九辑），1985年版，第82页。

各县的发行业务。1939 年 4 月建立《新华日报》成都分馆（川西北总经销处），发行量增至一万二千多份。每天除分发报纸、办理订报手续外，还出售从延安运来的马列著作、《解放日报》《群众》以及“生活书店”、“战时出版社”发行的进步书刊。营业部从早到晚挤满了人，工作人员应接不暇。《新华日报》成都分馆除以公开合法的形式开展报纸发行业务外，还在南方局的领导下秘密传送文件、转移党员干部。①

1936 年春，在张曙时同志的支持下，由甘树人、甘道生、郭袓劼、胡芷俊、徐庆坚等人发起成立了进步团体“力文社”，同年 7 月创办《力文》半月刊。总代售处是成都祠堂街“现代书局”，分售处有“开明书店”“北新书店”等。《力文》半月刊在编排上取法于上海教会刊物，内容选自日本《朝日新闻》、上海英文版《中国呼声》等刊物。第四期转载了沈钧儒、邹韬奋等发表的《团结御侮的几个基本条件与最低要求》的声明，提出“停止内战，联共抗日”的主张，引起国民党当局的注意。以后又多次刊载抗日救亡文章，发行至第七期，被国民党四川省党部强迫停刊。《力文》半月刊在抗日救亡运动初期起了很好的启蒙作用。②

《群力社》是 1938 年 2 月，共产党员饶孟文（世俊）、犹风岐等组建的抗日团体，成员主要是川大、协进中学的学生。社址在成都祠堂街 156 号。其宗旨是扩大抗日民族统一战线，深入发动群众，坚持抗战到底。下设歌咏队、宣传队、“群力宣传团”，以黄爽英为主在《四川日报》办有《群力副刊》，除在市区内进行宣传活动外，还到郊县去宣传和演出。1938 年 4 月，由黄爽英、熊梦、楠林、周辉、吕雪熙等八九人到郫县宣传，被无理扣押，引起成都各界救亡团体的抗议和声援，迫使省政府申斥郫县县长，立即释放宣传队全体人员并登报道歉。1939 年，因“群力社”骨干先后转移一部分同志去延安，活动即告结束。《笔阵》是“中华全国文艺界抗敌协会成都分会”的机关刊物，创刊于 1939 年 4 月，总经售处及通讯处设在祠堂街 96 号。编委主要成员有叶圣陶、沙汀、碧野等知名作家，周文

① 潘清雍、安德才：《抗战时期的祠堂街》，成都市政协文史委编《成都文史资料选辑》（第九辑），1985 年版，第 83、84 页

② 同上，第 85 页。

任主编，是宣传抗日的文艺刊物。①

成都祠堂街有十多家进步书店，特别在少城公园大门两侧和对面，几乎是店挨店，门对门。无论平时或周末，成都祠堂街总是学生云集，或买书或看书。成都书店多，但出版书少，大量书刊从外地运来，特别是进步书刊，经过万水千山辗转运来成都，一到书店即抢购一空。“据史料记载，20 世纪三四十年代，祠堂街仅私营书店就多达 81 家，这些书店几乎荟萃了全国各地出版的所有书刊。”② “生活书店”“三联书店”“开明书店”“商务印书馆”“中华书局分店”“北新书店”和“儿童书店”这些当时赫赫有名的书店，都集中在祠堂街，这里是青年学生、文化人经常来往的地方。由于发行出版、书店机构集中，所以各家书店协商组织了“成都祠堂街店员业余歌咏队”，参加的店员达百余人，早晨练唱救亡歌曲（“晨呼队”），晚上去街头宣传、讲演，曾多次与其他抗日宣传团体联合演出，有较大影响。③

“努力餐”饭馆是车耀先同志在 1929 年 5 月 30 日开办的。最初在红照壁街，1933 年迁至成都祠堂街 137 号。饭馆有两个主要特点：一是卖“大众菜”，物美价廉，即从事苦力劳动的黄包车工人花很少的钱就可舒适地吃一餐饭；二是为党开展统一战线工作、团结各界人士提供方便条件。“努力餐”的楼堂雅座曾以设宴席来掩护革命活动，党的多次重要会议和聚会都在这里举行。成都每年春季都要在青羊宫举办“花会”。每年花会期间，车耀先照例在南门城墙上打出醒目的广告，招揽顾客，词为：“花会场，二仙庵；正中路，树林边，机器面，味道鲜，革命饭，努力餐。”1936 年底，由张秀熟和车耀先出面联系举办的文化界抗敌救亡座谈会。一开始在张志和④公馆举行，后迁至“努力餐”。形式上是每周举行的“聚餐会”，实际上是进行抗日救亡活动和文化界救亡协会成立的筹备工作。1937 年 10 月 10 日，“成都文化界救亡协会”成立，选出张秀熟、车耀先、

① 潘清雍、安德才：《抗战时期的祠堂街》，成都市政协文史委编《成都文史资料选辑》（第九辑），1985 年版，第 88、89 页。

② 裴蕾：《祠堂街　留在记忆里的诗情画意》，《四川日报》2011 年 3 月 25 日。

③ 潘清雍、安德才：《抗战时期的祠堂街》，成都市政协文史委编《成都文史资料选辑》（第九辑），1985 年版，第 90 页。

④ 1894—1975，四川省邛崃县人，毕业于保定陆军军官学校，曾任中共四川省委军委委员，川军将领。在延安受到毛泽东接见，受委派回川做川军将领统战工作。

张宣、杜桴生、李劼人、黄宪章、李嘉仲、洪沛然、王达非等为执委，沙汀等为监委，对成都的抗日救亡运动起了有力的配合和推动作用。1938 年 10 月 21—25 日，中共中央参加国民参政会的代表林伯渠、吴玉章等路过成都，成都文化教育界人士在“努力餐”举行招待会，欢迎林伯渠、吴玉章等。1939 年 2 月 23 日成立“中苏文化协会成都分会”，车耀先当选为理事，赵世兰、刘披云等被选为候补理事。“努力餐”是该会的主要活动地点。1939 年 9 月，车耀先还在成都主持了“宪政座谈会”，多次在“努力餐”邀请张澜、邓初民、马哲民等参加座谈。①

1931 年，与张善子、张大千并称“蜀中三张”的张采芹在当时的聚兴诚银行成都办事处兼职，他将画室设在位于祠堂街的办事处二楼。此后，成都及全国书画界知名人士，如林君墨、罗文谟、赵少昂等美术界著名人士常常在此聚会，并组织了“蓉社”“蜀艺社”“成都美术协会”等。抗战爆发后，全国各地大批艺术家迁川，包括国画大师徐悲鸿、傅抱石、潘天寿等，在民族国家争取独立自由的大时代，卓越的国画家创作了无愧于那个时代，蕴含着中华民族精神的伟大作品。当时，来川画家们作品无法展出，生计困难，张采芹、张大千挺身而出，接待来川艺术家，帮助和保护来川艺术家更好地宣传抗战。在张采芹倡议下，1941 年 4 月 1 日，“蓉社”“蜀艺社”“成都美术协会”合并，成立了四川美术协会。在他的努力下，第二年，四川美术协会的会址暨展览厅建成，位置就在祠堂街少城公园旁边。协会会员很快从成立时的 100 多人增至 200 余人。当时在川及来川的全国美术界泰斗，大多都是四川美协会员。会址落成后一年时间，四川美协会员们就共同举办了大型书画展 35 次，文艺座谈会、演讲会、音乐会、研究会多达 10 余次。②

1943 年 1 月至 3 月间，徐悲鸿在成都少城公园四川美协展示厅举办个展。1943 年，四川美术家协会邀请傅抱石先生赴成都举办个人画展，傅先生携一批新作品于当年 9 月在成都少城公园内的美协展厅成功举办个人画展，其杰出的艺术成就受到广泛关注，被誉为“伟大时代的开拓者之

① 潘清雍、安德才：《抗战时期的祠堂街》，成都市政协文史委编《成都文史资料选辑》（第九辑），1985 年版，第 91、92 页。

② 裴蕾：《祠堂街　留在记忆里的诗情画意》，《四川日报》2011 年 3 月 25 日。

一”,[①] 他开创的非常个性化的抱石皴（又称麻网皴），首度与成都人见面，由于笔法独特，题材丰富，极具时代特色和个人特色，其作品被藏家争相收购。当时成都影响较大的收藏家，如俞守已、焦迪尤、向传义、高少奄等都有收藏。至此，傅先生便与成都结缘，以后多次造访成都，与各界人士友谊日渐深厚。[②] 1944 年，四川美术协会在成渝两地举办了“张大千临摹敦煌壁画展”，显然，敦煌之行使张大千的绘画风格由早期清新、俊朗、飘逸的画风向雄浑、绚丽、庄重的风格转化。抗战期间，关山月有一次在成都搞画展，他当时很穷，租借展场还得由朋友作经济担保。开幕这天，张大千带着朋友们来，问哪幅画最贵？最贵的是 1000 元。张大千不仅把它买下，还另买了一幅。当年 1000 大洋，在成都可买下一座公馆。张大千此侠义之举，让关山月十分感动。张大千刚走，不少人便闻风而至，买画的人多了起来，仅玫瑰画就被定购了几十幅。[③]

20 世纪三四十年代，当时全国著名的艺术家大都到过成都，而且许多艺术家都在四川美术协会的帮助下，在少城公园多次举办画展，如：徐悲鸿、张大千、黄宾虹、齐白石、吴作人、张书旂、傅抱石、赵少昂、李可染、吕凤子、陈之佛、关良等。[④]因此，祠堂街和少城公园成了成都的美术中心。而当时的成都，俨然成了中国美术的中心。一大批卓有影响的美术家迁移至川，为大后方的艺术创造了新的生机，同时，巴山蜀水的自然风光与人文地理也滋养了他们的艺术。在那烽火岁月中，他们各自用不同的笔墨方式为我们艺术地呈现了战火中的中华民族自强不息的心路历程，将那段特殊的历史定格为永恒。

3. 市内其他区域的文化活动与传播

在华西坝、祠堂街（少城公园）之外，较为集中的有五世同堂街。街上的张家大院有《中央日报》《华西日报》《华西晚报》三家报馆，一度也算是成都的文化中心。

《华西晚报》1941 年 4 月 20 日创刊，为中共地下党控制的报纸。发行人罗忠信，总经理田一平，主笔黎澍等，总编辑唐征久，编辑记者有李次平（主编国际、省市版）、巫怀毅（主编副刊《华灯》）、陶雄（主编《华

---

① 张道藩：《论傅抱石之画》，《中央日报》1945 年 11 月 12 日。

②③④ 黄英：《抗战时期大师们在成都留下的藏品资源》，《四川日报》2005 年 4 月 15 日。

晚副刊》)、陈白尘(主编副刊《艺坛》)、陈子涛、黄是云等。初为8开4版小报,1942年12月扩大为4开4版一中张。副刊为“艺坛”和“华灯”。《华西晚报》总编辑黎澍回忆:“《华西晚报》所在地址名为‘五世同堂’,原为四川省立成都中学校址。……可是大概谁也没有想到,这个破庙一度成为成都的文化中心。我到成都的时候,应云卫领导的中华剧艺社,和余克稷、张瑞芳领导的怒吼剧社正在这里演出。许多著名艺术家和演员聚集在这里。……《华西晚报》利用这个机会争取左翼作家支持,使内容获得了很大的充实和改进。一个重要的步骤就是邀请作家陈白尘担任副刊主编。这个改变使当时在成都和附近工作的作家,如叶圣陶、张天翼、陈翔鹤、叶丁易、荒芜(李乃仁)、贺孟斧、郁风、吴祖光、丁聪、邹荻帆、木将(耿振华)等人的名字经常在《华西晚报》出现。‘五世同堂’对面的茶馆也成了作家和艺人们见面的场所。”成都“市中事件”发生后,“《华西晚报》从11月1日到11日即学生上街游行之日,每天都有几篇关于学生活动的报道,11日还以《立即停止党化教育》为题发表社论,与学生游行队伍的口号互相呼应,说明这确是当时的社会舆论。……当时在成都几所著名大学——四川大学、燕京大学、齐鲁大学、华西大学、金陵大学、金陵女子文理学院,都可以看到学生们把《华西晚报》张贴在校门口最引人注目的地方,用红笔加上圈点,以唤起路人的注意。群众情绪之热烈,为1935年‘一二·九’运动以来所仅见”。①

《华西日报》创刊于1934年3月15日,由时任四川善后督办的刘湘创办。后刘湘兼省政府主席,该报即成省政府机关报。该报于1949年8月停刊。《华西日报》的发行人(或社长)先后有舒君实、张必果、邓汉祥、王白与、雷啸岑、罗忠信、甘鉴斌、刘自新、赵星洲。抗战爆发后,《华西日报》从7月9日起连续发表社论,揭露敌人以“和平烟幕”来欺骗广大人民,希图我们坚强的抗战决心消沉下去。报纸短评《抗敌才是生路》中写道:“抗敌方为生路,忍辱退让,唯有日渐主权领土之丧失,虽历万劫也难复也!”1938年7月2日,《华西日报》专栏转载郭沫若的《告四川青年书》,7月6日登载了毛泽东、秦邦宪、林祖涵、陈绍禹等《对国民参

① 参见黎澍《早岁那知世事艰—记在成都〈华西晚报〉的经历》,《新闻与传播研究》1985年第3期。

政会意见书》，7 月 28 日登载过朱德《八路军抗战一周年》。同时对成都文协抗敌分会、青年记者学会成都分会和四川漫画社的活动做过不少报道。①

《成都中央日报》（中兴日报）1939 年 10 月 10 日创刊，为国民党中央宣传部主办的党报，社址在五世同堂街 61 号，城中心办事处设在署袜街中街。社长张明炜，经理季迺时，副经理璋卿，主笔瞿冰森，总编辑张琴南，编辑主任江耕生。版面为对开 4 版大报，内容除消息、社论、广告外，还办有《中央副刊》。发行约 17500 份。抗战胜利后，由瞿冰森接任社长。1946 年 7 月 1 日改为《中兴日报》继续出版，社址在狮马路，营业处在春熙路北段。该报实行"企业化"，改组为公司，发行人兼总编辑瞿冰森，经理先后为高璋卿、王拂苏，主笔周君亮、刘自新、蔡绍元，编辑主任赖叔量，采访主任程雪峰。②

其他影响较大的还有《四川日报》《新新新闻》，以及由两家发行了三份不同的《新民报》等。

《四川日报》属私人所办。于 1936 年 8 月 7 日出版，编辑部设在重庆佃珠市街 21 号。由毛畅熙任董事长，陈远光为社长兼总编辑，杜桴生、蒲健秋等为编辑。1938 年 3 月，《四川日报》社址由重庆迁至成都华兴正街 9 号。迁移期间报纸停刊了一个多月，1938 年 5 月 5 日在成都与读者见面。到 1939 年 4 月 30 日，《四川日报》终因经济拮据而停刊，共出 710 期。③

《新新新闻》于 1929 年 9 月 1 日创刊，社址在春熙路中段 35 号。由二十八军将领马毓智等出资创办。社长马秀峰，总经理陈斯孝，总编辑刘启明，主笔余戾林，采访、艺术、广告、营业主任分别为张善、张采芹、罗治卿、杜世泽，编辑记者多达数十人。开始为三中张，后增至四中张。发行数量初 500 份，后逐步增加到 5000 份，最后增至 10000 份，最多销到 15000 份。该报以地方新闻见长，因此很受外县读者欢迎。还办有《老实话》《新新小报》《教育体育》《新村》等副刊和"小铁锥""七嘴八舌"等小评论专栏。1938 年 7 月曾发《新新新闻旬刊》达 5 年。1947 年 5 月 1 月又增出《新新新闻晚刊》。

① 邓穆卿等：《抗战期间成都新闻界的救亡宣传与活动》，成都市政协文史委编《成都文史资料选辑》（第 12 辑），1985 年版，第 161—165 页。

② 《老成都报社地址一览》，巴蜀全书网 2011 年 4 月 10 日。

③ 毛幼熙：《毛畅熙与抗战时期的〈四川日报〉》，《四川日报》2005 年 3 月 11 日。

抗战时期，成都有过两家三张《新民报》。[①]

（1）1937年2月16日创刊，社址在春熙东路32号。由球新印刷厂代印。该报为股份有限公司，董事长甘典夔，社长吴景伯，总经理曹仲英，主笔熊子骏，总编辑崔心一，新闻编辑王达非等，副刊编辑程大千等，美术编辑张漾兮。同年8月，主要人员相继辞去，余中英、钟汝为继任正、副社长，总经理罗孝全，总编辑向雷锋，耿坚白、陆诒分任北平、上海特派员。每日出版4开8版，内容除国内外和省市消息外，辟有《百花潭》《龙门阵》等副刊和张志和主编的《政经周刊》、周文主编的《国防文艺》周刊、肖军主编的“新民谈座”等各种专刊、专栏和专版。约1940年4月底停刊。

（2）由陈铭德、邓季惺创办的《新民报》晚刊和日刊。一是：1943年6月18日创刊的晚刊，社址在华阳县沙河堡，营业处在市内盐市口42号。发行人陈铭德，经理骤季惺，总编辑赵纯继，总主笔罗承烈，主笔张慧剑、张友鸾。每天出版4开4版。内容除社评、消息外，还办有副刊《出师表》和《艺文坛》《学府风光》等专栏。连载有张恨水的长篇小说。二是：1945年2月1日增出的成都《新民报》日刊，开始为4开张，副刊由张慧剑兼任主编，曾连载高语罕的《九死一生》。1947年5月9日起改出对开大张后，副刊由孙伏园主编，曾连载李劼人的长篇小说《天魔舞》。

从位置分布来看，成都原有的文化中心都在老城墙以内，主要分两个地区：一是靠近皇城，包括皇城以西的祠堂街、少城公园、东城根街、长顺街一带，这是明清时期的府衙所在区域；二是在皇城东边的一个扇形地带，主要有春熙路、盐市口、华兴街、书院街、五世同堂街，这个区域主要是明清时期的文化机构和文化人较为集中的地区，同时也是成都传统的商业中心地带。抗战时期，本地文化机构的创设，以及与政治联系紧密的新闻报刊等主要选址这个传统区域；而内迁的教会大学，因为华西协和大学地处老城墙外南郊的华西坝，所以选择了华西坝及其邻近的文庙、陕西街、小天竺街等地落脚。因此，成都形成了明显的中西文化活动的两大区域，一是以西方现代科学文化为主流的华西坝；二是以传统中国文化为主流的，与政治紧密关联的文化机构，主要驻足皇城东西两侧的传统历史文

① 《老成都报社地址一览》，巴蜀全书网2011年4月10日。

化区。华西坝代表科学、现代，祠堂街、五世同堂街等则代表官方（传统和历史）。

4. 成都郊县的文化活动与传播

抗战前期，随着战局的发展，广大的北方地区和东部地区，逐渐沦陷，大批沦陷区民众不断向大后方迁移，有许多人员内迁到了成都，成都市区人口密度骤然增加。1938 年 11 月日军首次轰炸成都，“四川省疏散重要城市人口临时委员会召开紧急会议，决定省会各学校限于 5 月 15 日前一律停课疏散。”并于 1939 年 5 月拆除成都市的城门及城墙边的房屋，四川防空司令部实施紧急疏散，“截止到 1939 年 6 月 11 日，成都市全城已有 20 万人疏散出城区”。[①] 疏散地主要选择成都周边的郫县、崇宁、彭县、灌县等郊县。

1939 年初夏，四川省立戏剧音乐学校疏散到郫县新民场吉祥寺，校长熊佛西组织师生，积极开展抗日救亡活动，创办了《戏剧岗位》刊物。除了在当地的宣传活动外，熊佛西还带领师生走向社会，深入农村，广泛进行抗日宣传活动。熊佛西还亲自到郫县县城，在机关发起的联系大会上，以《抗日——吾人之使命》为题做了感人肺腑的演说，引起较大的反响。剧校还组织了宣传队编排抗日戏剧和抗战歌曲，在郫县的村镇乡场举行公演，先后演出了陈白尘的《群魔乱舞》，熊佛西的《过渡》，夏衍的《一年间》，以及《国家之上》《放下你的鞭子》《保卫卢沟桥》等戏剧。演唱了《太行山上》《游击队员之歌》《黄河大合唱》等抗日歌曲。剧校师生甚至还深入农家院坝，用短小精干的独幕话剧或雄壮高昂的歌声振奋农民的抗日精神，深受郫县人民欢迎。剧校不仅自己演戏，还组织农民演出，培养具有艺术天赋的农民。为了提高当地农民的文化知识，剧校还主办了农民夜校，开了三个班：青年班、妇女班和儿童识字班。熊佛西一贯重视农民的话剧运动，剧校成立了一支 15 人小型演剧队，到附近县演出。1938 年冬，先后去郫县、灌县、双流、广汉、乐至、安岳、潼南、遂宁、盐亭、三台、蓬溪、绵阳、罗江、金堂、德阳 15 个县演出。[②] 1939 年 2 月，

① 张洁梅：《日机大轰炸下的四川城市人口疏散》，李仕根主编《四川抗战档案研究》，西南交通大学出版社 2005 年版，第 169 页。

② 郫县县委党史办：《记在郫县的四川省立戏剧音乐学校的抗日救亡活动》，成都市政协文史委编《成都文史资料选辑》（第 9 辑），1985 年版，第 251—254 页。

熊佛西带领剧校师生到成都双流机场建筑工地主持演出三幕剧《后防》。他们因地制宜，以工地作演出剧场，将木板柱子做成布景，以土岗小路当舞台，星星月亮作为舞台灯光。一万多名正在修筑飞机场的民工既是观众又是演出参加者。演员喊，民工们也跟着喊，演员唱，他们也跟着唱，交流之直接，气氛之热烈，场面之震撼，使同学们感到自己不是在演戏，而是和一万多名群众一起，向着残暴的敌人作强力的呐喊与示威![①]

1940 年 7 月，剧校师生与当地群众共同为在抗日战争中英勇牺牲的烈士们建立纪念碑。碑体呈六方柱，矗立在新民场公园的花圃中。校长熊佛西亲自书写“抗日阵亡将士纪念碑”。碑下端左右各跪着汉奸汪精卫夫妇的石像。当地民众纷纷赶来与剧校师生共同举行典礼，熊佛西慷慨激昂地发表了抗日演说，高呼口号，现场气氛热情高涨。四川戏剧音乐学校对于郫县、崇宁县的文化演出、农民识字和抗日救亡活动起到了很大的促进推动作用。[②]

叶圣陶先生 1940 年 11 月到 12 月间，在崇宁、郫县、彭县、灌县四县的中学，进行了半个多月的中学教育视察。在崇宁县，他先后到了崇宁县城北门外城隍庙的华阳中学，城内文庙东侧的省立成都女子职业学校，私立济川中学崇宁分校，三校都是从成都疏散而来。当时正值叙属联立旅省中学（华阳中学也属该校分设）三十六周年纪念日，华阳中学准备举办游艺会庆祝。他 11 月 25 日在日记中写道：“晚饭后教育厅电教处派人来放电影。余往观之，放三卷，《淞沪前线》《荷属东印度巴厘岛》《鲑鱼》，皆从前看过者。”[③] 第二天，继续有活动，叶圣陶等“往操场观游艺会，节目为话剧《林中口哨》，理化幻术及黑人舞。夜间仍有电影。晚饭后与刘、陈二君入城散步，观电影者倾城空巷，拥挤不堪”。[④] 因为省会成都的学校疏散到郊县，教育厅倍加关照，文化活动较多，丰富了学生及当地民众的文化生活。

接着，叶圣陶先生来到彭县，视察省立成都女子中学，学校设在龙兴

---

① 曹树钧：《熊佛西戏剧创作略论》，上海戏剧学院熊佛西研究小组《现代戏剧家熊佛西》，1985 年版，第 134、135 页。

② 郫县县委党史办：《记在郫县的四川省立戏剧音乐学校的抗日救亡活动》，成都市政协文史委编《成都文史资料选辑》（第 9 辑），1985 年版，第 251—254 页。

③ 叶圣陶：《我与四川》，四川人民出版社 1984 年版，第 160 页。

④ 同上，第 161 页。

禅院。顺便他去了彭县初中女子部和男子部。第二天午后，到了彭县小南街的华英女子中学，都是由成都疏散来此。在该校遇上了旧识余君：广东人，燕京大学毕业生。最后去了私立福建旅彭女子中学，该校校址之前是福建会馆。离开之前，叶圣陶在省立成都女子中学发表演讲。[①]

1940 年 12 月 1 日，叶圣陶离开彭县到灌县。灌县有三所中学：私立荫唐中学、私立临江中学，以及灌县中学男子部和女子部。1937 年，成都瀛寰中学从成都中央军校对面的苦竹林街迁移至青城山下的长生宫，更名为成都私立荫唐中学，距城三十里。“余拟至荫唐而不至临江，因茂如曾言荫唐颇不错。”私立临江中学在石羊场，距城四十里。叶圣陶在去灌县初中男生部路上，询问一同学，恰是江苏启东人，乃叶圣陶同乡，[②] 显然也是从江苏内迁到四川的。最后，他来到疏散至郫县的私立大成中学，该校距郫县县城北门外约五六里，校舍为护国寺寺宇。[③] 大成中学创办人是成都名儒徐子休。原校址在成都藩库街。自 1923 年创办以来，声誉鹊起。1938 年迁郫县后，仍坚持尊崇儒学传统。前后几任校长都是徐的学生，教师中有学识渊博的日本留学生及清华大学、金陵大学毕业生。在成都郫县时有学生 200 多人。学校以文言文自编国文教材，教师古文造诣颇深，学生亦以古文见长。

1939 年，迁徙到成都东北面金堂县的铭贤学校，获得了不断壮大发展的良机，从高中升为专科直至本科学院。1939 年迁至金堂，仅一年时间新增设铭贤农工专科，开设了垦植、畜牧兽医、农业工程、机械工程、化学工程、纺织工程等系科。1943 年由三年专科扩建为四年学院制，科系也增设扩大，除原有系科合并、扩大调整外，还增设了工商管理和银行学系。学校也引进了高水平的专家教授，不少是留学英、美、法、日获硕士、博士学位的教授。在金堂期间，学校的教学、科研成果显著，发表了数十篇影响较大的农牧业、化工的专业论文。[④]

学生们在苦读专业学科之余，也积极参加各种课外活动。校内学生组

---

① 叶圣陶:《我与四川》，四川人民出版社 1984 年版，第 162—165 页。

② 参见叶圣陶《我与四川》，四川人民出版社 1984 年版，第 166—168 页。

③ 同上，第 172 页。

④ 范敬一、成一:《抗战期间迁川的铭贤学校》，成都市政协文史委编《成都文史资料选辑》(第 16 辑)，1987 年版，第 164—175 页。

成小型合唱队，演唱抗日救亡歌曲、参加歌咏比赛、举办夏季音乐会，以及基督教会的圣乐队、唱诗班。还自办壁报社，出版《民众》《知行》《警钟》《青年魂》等，还有《美术》画刊社、英文壁报社。在校外，学校与农林部合作，先后举办金堂县植棉推广经验，稻虫防治试验，川北玉米示范推广，小麦优良品种区域性试验；受农林部委托办理“畜牧兽医讲习班”，给当地培训畜牧兽医技术人员。学校还在姚家渡设立“乡村社会服务部办事处”，开展农村社会调查，为贫苦农民发放小本贷金，推广农作物良种，介绍兽畜医疗防疫和大众卫生健康知识，举办成人、儿童教育补习班，普及文化科学技术。深受农民喜爱。①

这些都是在抗战大背景下，文化传播“浪涌模式”的具体体现：东部文化迁徙来到成都后，成都人口密度增大，为了减少敌机轰炸的损失，学校、机关疏散到附近郊县，文化机关又经常下乡进行文化宣传及教育活动，从而使得发达的东部文明撒播到成都邻近的乡村，极大地推动了成都郊县的文化教育事业。来自国内外名牌大学的“下江人”担任学校和文化机构的领导和教师，他们在传播先进理念、先进文化科学知识及开阔学生视野等方面，都有明显的优势。尽管处于烽火连天的抗战时期，但当地教育水准和文化水平却进入了跨越式的大发展，一大批青年才俊在战时成长，甚而影响了几代人的人生轨迹。

第三节　川中、川南文化区的文化活动与传播

四川盆地历史上的政治、经济、文化中心历来分布在盆地的东西两端：即以重庆为中心的巴国，和以成都为中心的蜀国，及由此形成了“巴文化”和“蜀文化”。在这两大主流文化区之间，是广阔的川中丘陵。抗战时期，川中丘陵是以南充、遂宁、内江、自贡、宜宾为“中轴线”分布的沿线城市，但文化分布并没有沿“中轴线”城市平均分布，而主要集中在宜宾—泸州沿长江一线呈串珠式分布。重点则在长江南岸的小镇——李

① 范敬一、成一：《抗战期间迁川的铭贤学校》，成都市政协文史委编《成都文史资料选辑》（第16辑），1987年版，第164—175页。

庄。“中轴线”一带是四川省工业、金融、经济较为发达的地区。

本地区抗战期间的文化机构及人员的迁移主要来自东部和北方地区，因此，位于中轴线的内江、自贡、宜宾、泸州等地主要接纳了来自东线和南线的内迁人员，包括长江两岸的上海、江苏、浙江、安徽、江西、湖北、湖南，以及东北、平津和云南地区。抗战时期，“中轴线”地区的内迁高校和文化机构主要分布在长江沿线的南溪县李庄、江安县、泸县等地。涪江、沱江流域作为大后方最重要的工业基地，内迁和新建的工厂较多，不下百家。当时的财政收入大户——四川盐务局（后改为川康盐务局）就设在自贡市。

一、内江文化副区的文化活动与传播

作为抗战时期大后方的内江，不仅为战争前线提供大量的战略物资和兵源，还先后成立了以抗日救亡、民主进步为宗旨的社团和歌咏队，为抗日救亡积极宣传呐喊，激发了民众和社会各界积极参加和支持抗战的热情。抗战时期，内江广大爱国青年和民众通过多种文化形式开展抗日宣传，掀起了如火如荼的热潮。

当时，内江地区成立了很多剧社和歌咏队，如“兴华救亡歌咏话剧社”、“内江孩子剧团”、“资中孩子剧团”、资中女中的“抗日宣传队”、“资中业余剧社”、威远组织的“抗日救亡宣传队”以及“隆昌县歌咏团”等。其中，内江县“兴华救亡歌咏话剧社”和“内江孩子剧团”是当时最有名的剧社之一，也是抗战时期爱国人士救亡图存的艺术缩影。

1938年7月25日，中共地下党员吴汝翊、谢碧芳等以内江中学“兴华宣传队”和“复兴宣传队”为基础，联合内江中学、沱江中学的进步教师多人，共同筹组建立了“兴华救亡歌咏话剧社”。曾是“兴华剧社”成员的胡大生（露华）在《四十余年忆“兴华”》一书中写道：“兴华剧社”坐落在上南街何家宗祠巷内，在约20平方米的3间小屋子里，大家一起工作。1938年8月21日在县电影院召开成立大会。在《四川省内江县兴华救亡歌剧社组织章则》中，定名为“四川省内江县兴华救亡歌剧社”，不久更名为“兴华救亡歌咏话剧社”。在成立大会宣言中，明确提出了剧社宗旨：“在抗战救国纲领……之原则下，联合地方所有爱国同志从事一切救亡宣传工作，以唤醒同胞共同担任复兴国家、解放民族之伟大任务。”

"我们首先所能团结在一块来做的，便是宣传工作，而我们选择的方式是'剧'与'歌'。"①

"兴华救亡歌咏话剧社"成立后，先后在内江县城乡开展了广泛深入的抗日救亡宣传和募捐活动。在城里，剧社成员进行"晨呼"活动，每日天未亮就沿着大街小巷呼喊抗日口号、唱抗日歌曲，以呼唤民众，激发民众抗战热情，晚上则到街头巷尾和茶馆、旅店为抗战义演募捐。平时则在戏院、民众教育馆、会馆、寺庙等地进行宣传和演唱。剧社还在乡村巡回演出，足迹遍布东兴、白马等10余个乡镇，剧社成员在田间坝头以教农民唱救亡歌曲、张贴标语漫画等形式宣传抗日救亡的道理。1939年1月28日，内江各界纪念"一二·八"事变7周年，剧社在文庙演出了由内江作家、书画家梅英编剧，闻化鱼导演，谢碧芳主演的话剧《生死线上》。1939年4月22日，剧社在高寺庙演出《放下你的鞭子》。此外，该社还到驻扎在县城及附近的国民党军队士兵中进行抗日宣传演出，激发士兵们的民族认同感。"兴华剧社"与"内江孩子剧团"同台演出，效果极佳，广受民众欢迎。到1938年底，"兴华救亡歌咏话剧社"人员由成立之初的30余人发展到80多人，抗日救亡宣传活动大规模地开展起来。但1939年5月，被当地政府强令解散，仅存了约10个月时间。②

"内江第四区孩子战时宣传团"（简称"内江孩子剧团"）于1938年9月24日，在吴汝翊、谢碧芳等共产党人组织下成立于白马镇，吴妆翊指派沱江中学学生温余波为团长，团员30多人。③

1938年12月8日，"内江孩子剧团"组织演出小分队，冒着严寒，从内江出发，徒步经过资中、资阳、简阳三县城及其所属12个乡镇，沿途进行宣传抗日活动，历时38天，于1939年1月14日到达成都，受到"星芒社"、四川大学学生会等社团的热情接待。孩子剧团先以金钱板、莲花落及唱抗日歌曲等形式在春熙路等地演出，后应成都总商会邀请，参加商人为抗日救亡举行的义卖献金活动。他们白天到成都附近乡镇演出，夜晚则在繁华热闹的春熙路、东大街、盐市口等地演出。小分队的演出受到成都市民的喜爱。新闻报道亦高度评价。《川康日报》发表了《内江孩子剧团

---

①② 叶自明：《为抗战"剧"与"歌"——记"兴华救亡歌咏话剧社"》，《内江日报》2014年7月6日。

③ 蒋蓝：《春熙路上的"孩子剧团"》，《成都日报》2010年6月28日。

访问记》，标题还用大号字注明“团长温余波今年才十五岁”。《飞报》倡导“学学孩子们”，高度赞扬内江孩子剧团。1月17日，冯玉祥将军在四川大学校长程天放陪同下，接见小分队全体人员，高度赞扬孩子们宣传抗日之壮举，感慨“现在要讲抗战救国，只怕你们的大学生不如小孩子热火。”1939年1月19日《华西日报》报道了该团，“抵蓉后，曾分谒各方当局，均获嘉奖。并于每晚春熙路等地表演金钱板、莲花落及抗战小调等，极得广大群众热烈欢迎。该团在蓉尚有十余日勾留，每日昼赴各乡宣传，夜在城市工作，颇为辛苦，至于该团经费，则由团员自己互相凑集，决不向外募捐。”1939年1月31日，孩子剧团小分队，带着成都广大民众的美好祝愿，离开成都返回内江。① 在内江休整后，孩子剧团又去往重庆方向宣传抗日，一直坚持到1941年，重庆遭日寇轰炸，紧急疏散人员，不得不撤回内江。

抗战时期，内江还创办了各类抗日救亡刊物、壁报，宣传抗日英勇事迹，让民众了解抗战的国内外形势。当时影响较大的有资阳的《救亡壁报》《资阳县抗敌半月刊》《资阳留省同学会会刊》等，《小战士》周刊发行量最多可达近万份。同时，还积极邀请知名人士到内江作抗日报告。1939年6月上旬，时为《大公报》著名记者的范长江回到家乡内江，在沱江中学为几百名学生作了精彩报告，分析坚持抗战的有利形势，动员前方后方、军队民众团结一致，守土有责，共同抗日。同年，著名作家老舍来到内江，在沱江女中部作了题为《抗战文艺的新动向》的公开演讲。为了扩大宣传抗日的效果，当地一些文化人写出了通俗易懂、朗朗上口、容易传唱的金钱板、组诗，在广大的城乡地区广为流传。1939年4月2日，《内江日报》刊登了一组抗日诗歌，分别有伍学文于3月26日写的《四季杀敌歌》，晨风于3月27日写的《夜》，屯人写的《赶走这群疯狗》等。②

作为“书画之乡”的内江，文化名人众多，仅抗战时期，就有张善子、张大千兄弟，晏济元、梅鹤年（1901—1958）等著名书画家。梅家为书画世家，梅鹤年及其高祖梅春崖、曾祖梅雪舟、叔祖梅梦清、堂弟梅晓初、堂侄梅志尧都擅长书画，被《中国美术家人名辞典》誉为“一门画传

---

① 蒋蓝：《春熙路上的“孩子剧团”》，《成都日报》2010年6月28日。

② 包中强、周瑶慧：《抗战中的内江：十万男儿上前线　全民献金援抗战》，《内江日报》2014年9月4日。

五代”。[1] 抗战时期的文化传播，尤以张善子、张大千兄弟影响最为广泛。早在20世纪30年代之前，张善子在书画界就享有“风雅领袖”的盛名。抗战时期，张善子创作了《黄山神虎》《正气歌像传》《忠孝节义》《怒吼吧，中国》《飞虎图》，与张大千合绘《忠心报国图》等许多与抗战相关的画作，影响深远。并且受派前往欧洲、美国为抗战义卖捐款，宣传抗战，以争取国际社会道义上的支持，为中国抗战做出了不可磨灭的特殊贡献。

成渝两地的许多文化演出机构，如中华剧艺社、国立剧艺专科学校、中国艺术剧社、四川旅外剧团等先后在内江、自贡等地巡回演出。中华剧艺社在内江天星大戏院演出了郭沫若的《孔雀胆》《棠棣之花》、阳翰笙的《天国春秋》、陈白尘的《胜利号》，以及沈浮的《金玉满堂》等等。国立剧专在内江演出了《岳飞》《家》等作品，反响热烈。[2]

二、自贡文化副区的文化活动与传播

抗战时期，第二次“川盐济楚”，自贡盐场社会经济空前繁荣，同时带来了自贡盐场文化事业的空前繁荣，为激发人们的抗战热情，提高生产效率，开启民智，各行各业、各阶层民众以丰富多彩的文化形式开展抗日宣传活动。因自贡盐场特殊的经济地位，当时国内的文化界的名流、文艺界明星纷纷来到自贡，或登台献艺或挥毫泼墨。一时间，戏剧、话剧、电影，绘画展览等在千年盐都的文艺舞台上大放异彩。

抗战初期，东北、华北沦陷，一些北方人背井离乡来到自贡工作或定居，外省人员增多，陆续建立了一些民间京剧团体，自贡的京剧活动开始兴起。1940年，川康盐务管理局成立“京剧俱乐部”，经常开展京剧演唱活动。负责人是有山东梅兰芳之称的王振祖，别号“啸云馆主”。教戏老艺人是王蕙芳，他是京戏青衣行始创人陈德霖所收的六名弟子之一，在20世纪20年代前后，王蕙芳与梅兰芳齐名，因此有“兰蕙齐芳”之称。京剧俱乐部后改名为“盐联剧社”，经常演出京剧，来宾们称赞该剧社与成

① 叶自明：《梅鹤年的生平及书画艺术》，内江市市中区政协文史委编《内江市市中区文史资料选辑》（第36辑），1998年版。

② 参见肖晴天《忆抗战期间中艺、剧专、中术剧团在大后方的巡回演出》，成都政协文史委编《成都文史资料选辑》（第12辑），第138—146页。

渝大戏班相比都不逊色。广受人们喜爱。①

自贡盐场早在20世纪20年代，就有新川书局、釜溪书局、华兴商场；20世纪40年代，有益文书局、群益书局、建中书局、三星书局、新华日报社的图书门市及斯大德图书文具供应社等，在自流井石塔上地段形成了一条盛极一时的文化街。1938年2月，《新华日报》成都经理处负责人、中共四川省工委委员罗世文来到自贡，与“自贡抗敌歌咏团”团长王志先等人决定，由“自贡抗敌歌咏团”负责在自贡发行《新华日报》。不久在三圣桥设立“战时书报流通处”。同时，自贡还创办了9家报纸，即《抗敌周刊》《新运日报》《大家看》《新自贡晚报》《自贡民报》《公民日报》《戏剧三日刊》《自贡日报》《正确日报》，各报都以抗日救亡为宣传主题。特别是中共地下党组织主办的《正确日报》，在中共地下党员李石锋（社长兼主编）主持下，约请名家张天翼、于黑丁、臧克家、沙汀等撰稿宣传抗战。1938年12月，又设立了《新华日报》自贡分销处，地址在新街贾致怀成衣铺；1940年，《新华日报》自贡分销处迁往石塔上东垣街。1943年春，自贡盐商及教育界人士侯性涵、刘天鉴、赵子楠、赵子瞻、张杜若等人集资法币100万元，在自流井中山路4号（今解放路163号）开设“斯大德图书文具供应社”。发行鲁迅、茅盾、郭沫若的著作和苏联及民主国家的文学作品，并代销《展望》《世界知识》《群众》《观察》《文萃》《新华日报》和《中国学生导报》等报刊。自贡盐场最早的高氏图书馆建于1939年，由高陈氏和盐商曾俊臣捐资兴建。1959年，自贡图书馆成立时，就以这里作为馆址。②

1941年由盐商王师亮、李彤书、王子剑等共同集资，对胜利剧院进行改建，购置新百代有声放映机、安装新座椅，既放映电影，也上演戏剧、话剧、歌咏演出。后因日本飞机轰炸自贡，看电影的观众减少，以致经营亏本，被迫暂停营业。1944年12月，在中国电影制片厂厂长郑用之③（自贡人）的大力协助下，将胜利剧院更名为胜利电影院。由于郑用之与重庆电影界关系密切，影片来源大大改善，同时又进行整修，加强经理管理，业务状况迅速好转。④

---

①②④ 黄健：《抗战时期自贡丰富的文化活动》，自贡网2013年4月3日。

③ 1902—1983，四川富顺县人，黄埔军校毕业，民国时期著名的电影人。

抗战时期，以中小学师生、公职人员为主的知识分子阶层及民众社团，纷纷组建歌咏队、话剧队、演讲队等业余文艺团体，开展抗日救亡宣传活动。自贡市抗日歌咏话剧团系中共地下党组织领导的自贡抗日群众宣传团体，前身为1937年10月成立的自贡市乡村巡回话剧团和自贡市歌咏团。10月17日两团在天后宫举行第一次联合表演。1938年4月正式合并为“自贡市歌咏话剧团”，团员有中小学教师、银行职员和中学生约30多人，成员最多时有380余人。[①] 该团的宗旨是“以歌咏的力量，激发人们的抗战情绪”，开展了演唱歌曲、演出话剧、举办夜校、出版发行刊物等多种形式的抗日宣传活动。在两年多的抗日宣传活动时间里，团员们足迹遍及自贡、威远、荣县、富顺城乡。演出抗日话剧《保卫卢沟桥》《国仇》《艰民曲》等数十个，演唱、编印抗日歌曲数百首；创办三所“战时民众夜校”；出版《正确日报》《大家看》三日刊；发行《大众歌声》《救亡歌曲集》等小册子；散发张贴抗日传单标语；还在自流井三圣桥设立“战时书报流通处”。[②]1938年5月，自贡几十个单位和学校先在釜溪公园（现彩灯公园）广场举行了三天的万人大合唱，之后又在街道、机关、学校举行歌咏大赛，声势浩大，抗日歌声和口号声响彻天际。一些剧团还组织“晨呼队”，每天清早，队伍在自贡主要街道沿途高唱抗日救亡歌曲、高呼战斗口号。唤醒了睡梦中的民众，唤起了自贡人民临危不惧、同仇敌忾的抗日精神。[③]

抗战时期，由于躲避战乱，加上自贡盐场巨大的购买力吸引，国内知名的画家相继在自贡举办画展，如：徐悲鸿、张大千、何香凝、叶浅予、丰子恺等。这些艺术家为自贡留下了一批无比珍贵的墨宝。

1943年、1944年，抗日战争进入最艰苦的岁月，饱受战争创伤的中国已经是国力衰竭，“天府之国”的四川也是地竭民贫。冯玉祥将军此时发起节约献金救国运动，如久旱之甘霖，解国家于危难。自贡市市长刘仁庵在呈文中写道：“本市国民政府节约献金于（1944年）6月23日开始推动工作，迄于7月22日举行献金大会之日止，为时仅弥一月，然而献金收获总数共达一万万二千万元以上，其长期献谷，及金戒指八百余枚，金镯十

①② 黄健：《抗战时期自贡丰富的文化活动》，自贡网2013年4月3日。

③ 陈星生：《肩负挽救民族危亡重任的光荣城市》，《自贡日报》2010年11月24日。

双，布鞋一万双，及其他实物捐献、临时义卖，尚未计入。……全市人口二十二万，每人在此次献金成绩中约占六百元。”在这场献金救国运动中，自贡人民倾其所有，创下了全国22项第一，为中华民族奉献了自己的忠诚。[①]

此外，成渝两地的许多文化演出机构，比如：中华剧艺社、国立剧艺专科学校、中国艺术剧社、四川旅外剧团等到自贡、内江巡回演出，举行抗日宣传活动，等等。在自贡胜利剧院，演出剧目除了与内江的部分相同外，还有应云卫的《清宫外史》《重庆二十四小时》《大地回春》《棠棣之花》等。同时还在全记戏院上演了《戏剧春秋》《草木皆兵》《处女的心》《天上人间》等。受到了当地民众的热烈欢迎。[②]

对于战时的中国而言，戏剧的宣传作用尤为突出。“因为抗战的支持必须动员社会的各层，而且必须使每一个落后的民众都能接受抗战的意义”，“而在中国，在文盲占百分之九十以上的中国，动员民众的最有效的手段就是戏剧”[③]。因此，戏剧、话剧无疑成为战时激发民族意识，凝聚民心，建构民族文化认同的重要载体。

三、宜宾文化副区的文化活动与传播

1937年11月，国民政府迁都重庆，大批机构涌入重庆。宜宾—泸州地区优越的交通便利条件，以及历史文化遗存和当地士绅民众的开明包容，一批工厂、机关、文化机构沿江而上内迁宜宾，使得宜宾人口猛增。

1937年初，宜宾人口在5万人左右，1939年5月，据四川邮政管理局调查资料显示，宜宾城区人口已有73182人。1944年，宜宾城区机关、学校、工厂已有500户，商业区4000户，住宅区8000户。1945年，宜宾城区人口接近9万人（外地寓居宜宾约23000人）。主要包括内迁“五大厂”，指：宜宾电厂（由武汉内迁），中元造纸厂（由江苏内迁），天原电化厂叙厂（由天津经重庆内迁），中央机器厂（上海内迁），中央绝缘材料

---

① 四川省档案馆编：《抗战时期的四川——档案史料汇编》（中），重庆出版社2014年版，第839—840页。

② 根据肖晴天《忆抗战期间中艺、剧专、中术剧团在大后方的巡回演出》整理，成都政协文史委编《成都文史资料选辑》（第12辑），第138—146页。

③ 田汉：《抗战与戏剧》，《田汉文集》（第15卷），中国戏剧出版社1983年版。

厂叙厂（江苏常州内迁）；“荣军”（国民党政府军伤残官兵）及家属；2所大学（国立同济大学、国立戏剧专科学校）；10所科研单位，包括中央研究院历史语言研究所、社会科学研究所、体质人类研究所（筹备处），中央博物院（筹备处），中国营造学社，北京大学文科研究所，金陵大学文科研究所，宜宾机场测候所，中元造纸厂科研所，扬子江水利委员会李庄水文站。[①] 这些内迁人员，大多数都是高素质的“下江人”，给相对封闭落后的宜宾地区带来了现代文明的新风尚。从最早于1939年4月进入本地区的国立戏剧专科学校，到1945年后的陆续迁返，虽然只有不长的6年时间，但对本地区乃至川康地区的文化影响是显而易见的。

在当时抗战的特殊背景下，戏剧演出对普通民众有明显的文化影响效应。这方面国立戏剧专科学校具有明显的优势。原本江安县也有一定的戏剧基础，据当年剧专学生何之安回忆：“我们到达江安的当天晚上，江安业余戏剧爱好者的朋友们，组织了一台晚会，演出方言的《原野》，用以招待我们。他们的演出的确是异常精彩！给我们留下了深刻的印象，使大家非常感激。我们为了回敬，一面忙于建校，一面亦抽出时间来演出《凤凰城》和《求婚》等一台小戏，招待江安父老，以报答他们对我们欢迎的热忱。”[②]

这样剧专很快就在江安县安顿下来，并与当地民众融洽相处。此后，剧专大量的演出活动，给当地带来丰富的“文化食粮”。“到了‘七七’抗战两周年纪念日，我们全体师生去参加宜宾各界纪念大会，并为渝蓉被炸灾胞扩大募捐，演出了大戏《凤凰城》《古城烽火》和《魔窟》三台，及小戏《壮丁》《反正》《炸药》《求婚》《李仙娘》等和《流亡三部曲》（歌剧）两台。受到宜宾群众和当局的热情接待。在我们返回江安路过李庄时，又作了几场抗敌宣传公演。国立戏剧学校由此受到江安周围各城镇的重视，得到了他们多方面的支持。大家都知道江安‘来了一个国立剧校’。”同时，剧校又在第二届戏剧节与江安县戏剧界联合主办纪念演出。“我们的话剧与地方的川剧，同台在学校剧场演出，从10月10日一直演到19日，更轰动了江安县城。剧校的学生们从此在江安处处都受到欢迎。余

① 宜宾市志编纂委员会编：《宜宾市志》，中华书局出版2011年版，第161、2360—2362页。

② 何之安：《国立剧专五迁琐记》，《剧专十四年》，中国戏剧出版社1995年版，第146页。

上沅先生的办学思想就是不脱离群众，到一个新的地方，就是要密切加强联系，争取广大的观众；演出、办戏剧学校就是得敞开校门多演出，多演出学生可以多锻炼、多提高；学校也可以扩大声誉。”① 根据剧专历届演出剧目可知，在1940—1945年间，每一届学生毕业在江安都有大型演出，同时还在宜宾、泸县、南溪县、重庆等地进行巡回公演。②

“近水楼台先得月”，宜宾本地区的戏剧爱好者可以报名参加剧专的招生考试。“迁江安后第一个暑期里在江安招考第五届同学（同时重庆也设有考点），虽然江安地极偏僻，但投考的人很多，所以录取的人数也相对多。”③ 要知道，这是当时国家最高水平的戏剧学校（今天大家梦寐以求的“中央戏剧学院”前身），地处偏僻小县城的学子得以“登堂入室”，是非常难得的。

戏剧学校在江安县得到了较大的发展。1940年夏，国立戏剧学校正式改名为国立戏剧专科学校，学制由三年变为五年。招生分五年制话剧科和乐剧科，以及三年制的高级职业科（简称“高职科”）。

剧专十四年中，始终是名家荟萃、大师云集：曹禺、洪深、焦菊隐、梁实秋、章混、田汉、黄佐临、金韵之（丹妮）、张骏祥、陈建竹、陈白尘、杨村彬、王元美、陈治策、马彦祥、吴祖光、吴仞之、陈鲤庭、王家齐、刘静沅、叶丁易、应尚能、叶怀德、黄源洛、沙梅、吴晓邦、张真、孙晋三、孙家理、刘露……④，他们为培育戏剧人才，推动戏剧运动的发展，倾注了大量心血。这其中的大部分名师都在江安生活过。著名导演谢晋说：“曹禺老师的许多伟大剧作，他的《北京人》、他的《家》等，都是在江安剧专任教时创作的，这在国外就是不得了的。……焦（菊隐）先生为北京人艺导演的《茶馆》产生了国际影响，他在江安剧专导演的《哈姆雷特》，是这部世界名著在我国的首次上演。”⑤ 可以说，国立剧专在江安的文化影响是世界性的，许多文化事件都将光载史册！

1937年“八一三”以来，同济大学历经多次搬迁，损失很大。而从

① 何之安：《国立剧专五迁琐记》，《剧专十四年》，中国戏剧出版社1995年版，第146页。

② 附录《历届演出剧目统计》，《剧专十四年》，中国戏剧出版社1995年版，第1435—448页。

③ 何之安：《国立剧专五迁琐记》，《剧专十四年》，中国戏剧出版社1995年版，第146—147页。

④ 陈怀皑（郑衍贤）：《我的生命之源》，《剧专十四年》，中国戏剧出版社1995年版，第270页。

⑤ 谢晋：《祝贺有意义的盛举》，《剧专十四年》，中国戏剧出版社1995年版，第270页。

1941—1946 年，在李庄、宜宾（医学院临床）的五年，却得到了较大的发展。到 1945 年，全校总人数达 2423 人。其中教师 224 人（教授 61 人，副教授 19 人，讲师 34 人、教员 32 人，助教 78 人）；学生 1995 人（医学院 304 人，工学院 632 人，理学院 111 人，法学院 53 人新生院 266 人，高职校 192 人，机械土木训练班 65 人，机械专修科 25 人，高护校 36 人，高级医事检验科 27 人，附中 284 人）；职员 204 人。① 在李庄时期，还增设了法学院，同济大学开始向综合性大学发展。

当时川南一带流行一种痹病，轻者周身乏力，皮肤发麻或局部肌肉麻痹；重者腹痛、吐泻、四肢麻痹发展至胸部时即死亡。患者深受其苦，一直查不出病因。同济迁李庄后，有一次宜宾中学聚餐，饭后突然有 37 人发病，邀请本校医学院唐哲教授前去会诊，初诊为钡或磷中毒。其后唐哲发表了《李庄所见之痹病》一文。内科部主任李化民教授研究后，也发表了《痹病》文章。之后，公共卫生研究所杜公振教授和邓瑞麟助教通过动物实验和反复研究终于查出了致病原因，是因为四川五通桥的食盐中含有毒的氯化钡，从而提出了预防和治疗的方案，挽救了成千上万的人的生命，对此，当地人民十分感激。杜公振、邓瑞麟两人的这一研究成果，曾获教育部 1943 年（第三届）全国应用科学类学术发明一等奖。② 1942 年，医学院学生会学术股与宜宾《商报》社合作，每周一出版《医讯》。另外，医学院学生会还与宜宾《金岷日报》社合作，每周六出版《医影》。这两种专刊向广大民众普及医药常识起了良好的作用。③

同济大学在李庄的五年，童第周教授引领生物系多次与中央研究院、历史语言研究所、人类体质研究所和国立中央博物院等取得密切联系，交换读物，相互参观并出席学术讨论会等。还组织系统的调查研究工作，如对李庄镇附近各县的植物调查，到峨眉山做大规模的生物调查和采集标本等。在李庄，童第周还邀请了英国著名学者李约瑟博士来同济讲学。同时，同济学生组建了众多社团，南友社、蜀光社、民锋社、旷野人声、绿

① 《同济大学档案》：520—35—1063；520—35—1043；520—35 六—27；520—35 三—10。转引自翁智远主编《同济大学史第 1 卷（1907—1949）》，同济大学出版社 1987 年版，第 86 页。

② 《第二次全国教育年鉴》第 869 页，1948 年 12 月，商务印书馆出版。转引自翁智远主编《同济大学史第 1 卷（1907—1949）》，同济大学出版社 1987 年版，第 87 页。

③ 翁智远主编：《同济大学史第 1 卷（1907—1949）》，同济大学出版社 1987 年版，第 88 页。

潮、二胡研究社、夜航等似雨后春笋般在李庄萌生。[①]

李庄骤然迁入大批机构，当地人不明白它们的性质。镇上的同济大学多数是“下江人”，当地人就统称他们为“下江人”。同济医学院要开解剖课，史语所和体质人类所都藏有大量的人体骨骼，中国营造学社要测绘古墓……这些“下江人”的行为在当地人看来匪夷所思。一时间，甚至“下江人吃人”的流言四起。[②] 当地人充满恐惧，见到“下江人”撒腿就跑。傅斯年意识到了问题的严重性，遂担心迁入文物和人员的安全。上级和宜宾当地官员决定采取高压政策。后在李庄区党部书记罗南陔的建议下，傅斯年决定敞开大门办展览。展览于1941年6月19日，中研院成立13周年的纪念日举行。在李庄板栗坳栗峰山庄的上厅房，国家级水准的文物科普展览开幕了。消息传开，轰动八方，《中央日报》和《新华日报》都发了消息。参观者络绎不绝，不仅是李庄、宜宾的父老乡亲、大中小学生，而且成都、重庆、泸州、乐山、南充等地的人也坐舟乘车纷至沓来。江安国立剧专的曹禺、欧阳予倩以及流寓四川、云南、贵州的名流也前来观展。展品从古人类骨骼到恐龙等动物化石，从古代兵器、甲胄到国外的文物，模型，从安阳出土的青铜器到明清的字画……董作宾、李济、凌纯声、梁思永等分别担当解说员。[③] 这让封闭的李庄、宜宾，乃至四川、西南的民众、学生大饱眼福，大开眼界。

这以后，李庄的展览逐渐增多。中央研究院三个所陆续展览了类人猿化石及模型、殷墟殉葬人骨骼、甲骨文龟片、鹿头骨文字、古代兵器、战车图片模型、历代衣冠袍套、甲胄、民族服饰、服装、外国进贡表章、贡品等。中博院展出了古代石器、骨器、青铜器等。同济大学医学院展出了人体解剖用的人体骨骼，供解剖用的尸体、图表，生化、药物化学品等，工学院展出的航空测量校正仪，据说是当时远东唯一的一台。[④]

正是通过这些科教文化活动，“蒙昧”的民众真切地眼见了现代科学技术的成果，感受了科学的发展及现代文明的冲击。不但消除了误会，而且开阔了眼界，增长了见识，开启了民智。

---

① 翁智远主编:《同济大学史第1卷（1907—1949）》，同济大学出版社1987年版，第92、97页。

② 岱峻:《消失的学术城》，百花文艺出版社2009年版，第72页。

③ 岱峻:《发现李庄》，四川文艺出版社2004年版，第118—122页。

④ 同上，第122页。

1939年秋，中央研究院史语所、中央博物院、中国营造学社三大机构尚在昆明时，曾组织了一次大规模的川康科学考察。他们对四川省大约40个县进行了为期5个多月的考察活动：先从重庆到成都、灌县，及岷江两岸地区，又去雅安、夹江、乐山、峨眉，然后返回成都北上，经新都、绵阳、昭化、广元、渠县、大足，最后从重庆返回云南。他们考察的项目有寺院、庙观、民居、汉阙、崖墓、摩崖造像、桥梁等。考察团发现，四川境内汉墓阙的总数为全国现存的四分之三。崖墓遍布岷江、嘉陵江流域，比比皆是。他们还考察了阆中、乐池、潼南、合川等县。特别是隋唐、宋代的作品更令他们兴奋不已。他们选择有价值的文物进行了测绘。此次川康之行所考察的建筑、造像、摩崖石刻在新中国成立后被列入全国重点文物保护名录的有：广元皇泽寺摩崖造像、广元千佛崖摩崖造像、大足北山摩崖造像、大足宝顶山摩崖造像、渠县冯焕阙、绵阳平阳府君阙、区县沈府君阙、雅安高颐阙、乐山大佛、峨眉飞来殿、梓潼七曲山大庙共21项。[①]

从1941年起，史语所与中央博物院、营造学社合组的川康古迹考察团连续在四川彭山豆坊沟、岩子山、江口镇等地进行了汉代崖墓的清理发掘。史语所还与中国营造学社、四川省立博物馆、北大文科研究所等单位联合，在成都发掘了前蜀王建墓。[②] 这是抗战时期，四川境内最大的考古发现，为四川未来的考古发现打下了良好的基础。

南充、遂宁、内江、自贡、宜宾构成了川中“中轴线”区域，它是连接结成渝两地的纽带。该地区人口众多、交通发达，是四川省重要的工业生产基地、兵源供应地及财政收入来源地，也是抗战时期文化活动的中心地带。大后方的戏剧、电影巡回演出，以及绘画、书法、科学展览都曾在“中轴线”上的城镇如火如荼开展。抗战宣传活动、抗战献金活动也都在此轰轰烈烈进行。他们作为文化活动的重点地区，营造了抗战文化繁华似锦的大好局面。

① 郭黛姮等编著：《一代宗师梁思成》，中国建筑工业出版社2006年版，第117—122页。

② 岱峻：《发现李庄》，四川文艺出版社2004年版，第173—174页。

第四节　西康文化区的文化活动与传播

西康省所属康、宁、雅三地。康属主要以藏民族为主，其文化核心是佛教，文化的传播者是喇嘛，喇嘛寺庙是主要的文化传播地。宁属主要“以猓族人数（宁属八县彝族有二百万人）最多，据地为最广”,[①] 猓族即彝族。抗战时期，一些彝族人经常武装抢劫汉人财物，甚至劫掠汉人。所以当时西康官方军队经常派兵征剿，同时施以教育试图同化之。雅属汉人较多，算是西康省经济文化相对较为发达的地区。因此，西康的文化活动，主要在于维护边疆稳定、开启民智，尽快与内地接轨，加速近代化进程。西康民族众多，地形复杂，语言、信仰、文化差异极大，要治理西康，首先必须考察研究。所以，20 世纪三四十年代，各类机构纷纷进入西康考察。继而西康建省，通过在西康设立民教馆，派驻边疆服务团等举措，输入内地文化。各类考察机构也在内地刊登西康的研究论文、考察报告，举行西康摄影展览，让内地民众认识西康、了解西康；同时康区的佛教文化也渐次传入内地。

一、外来文化进入西康的文化活动与传播

1. 考察团的文化活动与传播

科学考察是近代以来，开启内地进入西康的文化活动先声。20 世纪三四十年代，恰好处于抗战和西康建省时期，西康的考察活动和科学研究达到近代以来的第一个高潮。

1926 年，刘文辉打败刘成勋，接管了西康地区防务。刘文辉在成都成立“川康边防总指挥部”，于总部设边务处，总理川边事务。后又于康定设“西康特区政务委员会”处理西康日常事务。时任成都川康边防督办公署边务处长的胡子昂等，于 1929 年委托华西大学派人调查社会情形，以金陵大学社会学系主任柯象峰为团长、民族学家徐益棠随同的考察团在西康

---

① 四川省档案馆编：《抗战时期的四川——档案史料汇编》（上），重庆出版社 2014 年版，第 180 页。

各地调查近三个月时间。徐益棠逐日将考察团的行程、经过、见闻逐一记录，是为《西康行记》。这便是西康考察的先声。

1929 年，著名民族史学家任乃强首次赴西康考察，历时一年，游历康定、丹巴、甘孜、瞻对等十一县，将所见所闻撰写成《西康札记》一书。随后又依据笔记材料撰写了《西康诡异录》《西康十一县考察报告》等文，详述了西康地区的风土人情与社会文化。[①] 同年秋天，著名地质学家谭锡畴和李春昱，在丁文江所领导的西南地质大调查考察中，对四川、西康做了大规模的区域地质调查。此次考察，行程上万里，历时两年多，完成 1∶20 万的路线地质图 30 余幅。[②]

1937 年，马长寿民族考察团赴凉山彝区调查，撰写《凉山罗夷系谱》。1938 年 11 月至 1939 年 7 月，摄影家庄学本，在宁属的越西、冕宁、昭觉、盐源、盐边各县十二个彝族村落考察。并于 1941 年 5 月，撰成《西康夷族调查报告》。1939 年 3 月，以李璜为团长，黄炎培为副团长的川康建设视察团，分 5 组赴川康两省视察，并编拟了长达 90 万字的《国民参政会川康建设视察团报告书》。同年，吴文晖代表国立中央大学参加管理的中英庚款董事会，组织川康科学考察团，吴文晖与伍启元教授率领经济组团员陈如先、刘智德、徐麟、薛德基、齐兆武等人调查了西康的社会经济状况。事后，吴文晖根据调查材料与朱鉴华合作撰写了《西康人口问题》。考察团成员梁甄第，也只身深入大小凉山考察，撰写报告书并提交给中英庚款董事会。1941 年，中央研究院史语所与中央博物院联合组成川康古迹考察团。并组织川康民族考察团，考察羌、嘉、戎、倮倮、西番等民族。1944 年秋，任乃强、李安宅率华大社会学系考察团赴西康北部，着重对寺庙、藏传佛教各派和土司做实地研究。后撰成《德格土司世谱》《喇嘛教与西康政治》等文，对元以来康区土司制度的演变及喇嘛教的发展，做了深刻剖析，并提出许多独到的见解。而李安宅也发表了《喇嘛教萨迦派》等研究藏传佛教各派的系列学术论文。在 1945 年暑假他又对嘉戎藏人进行了考察，著有《川康北界的嘉戎土司》，后在此基础上撰成专著《四土嘉戎》，研究生陈永龄根据调查资料撰成其硕士论文《理县嘉戎土司制度下

① 甘孜州志编纂委员会编：《甘孜州志》，四川人民出版社 1998 年版，第 2130 页。

② 《背负民族自我认知的民国旅行》，《良友画报》网络版。

的社会》。①

此外还有：申报记者考察团，中华边疆考察团，沪记者组织的川康考察团等等。从团队来看，从民国十八年（1929 年）徐益棠的《西康行记》肇始，至民国三十四年（1945 年）抗战胜利，对于西康地区的研究范围涵盖甚广，民族问题、宗教问题、土司制度问题、经济工程问题等皆有深度关注。从目的来看，当时众多的各类政府、机构、个人考察团队对于西康边陲的深入考察可谓是政治环境的现实需要；而从民族融合的角度而言，这样的考察无疑拉近了中国主体民族“汉族”与边陲少数民族的交流。中国境内的少数民族也正是通过抗战的历练，才使得“中华民族”的概念深植于每一个国民的心中。

2. 民众教育馆的文化活动与传播

进入康区的各类考察团，如走马灯似地不断轮换，停留时间非常短，因此，对于西康社会的影响较小。毋庸置疑的是，影响最大的是刘文辉主政的西康当局，所施行的一系列政治、经济、文化、教育等措施。就文化而言，教育无疑是影响最大的。除了非常手段（县政府衙门的房子如果比学校建筑要好，县长就地正法!）强力推进学校教育外，民众教育也非常重要。根据中央政府的指示和西康建省的需要，西康建省委员会从 1936 年起，就在各地逐步设立民众教育馆。1939 年西康省正式成立后，在省内设立了 4 所省立民教馆：康定、雅安、富林（今汉源县）、西昌。县立民教馆则在宁、雅、康属各县逐渐设立并逐年增加，直至每一县都有设立。在 1939 年，省政府还开办了民教馆工作人员训练班，通令省立各民教馆馆长及各部主任一律前来受训。② 民众教育馆是社会教育的中心机关，其具体工作包括：办理民众学校、书报借阅、通俗讲演会、国民月会、民众茶园等。

首先，在时事教育与公民教育方面，举办国民月会和通俗演讲会，介绍抗战形势，组织各种游艺宣传活动，动员全民积极支持抗战，树立边民的国家意识和抗战必胜的信心。除了编制时事简报，张贴报告各种消息。还组织乡村宣传队，深入农村进行抗战宣传。同时民教馆召集各地从事讲

① 《背负民族自我认知的民国旅行》，《良友画报》网络版。

② 车莉：《抗战时期西康省的民众教育馆》，《西南民族大学学报》2011 年第 11 期。

评书、打金钱板的民间艺人，加以集体训练和个别辅导，使其掌握抗战常识和各种宣传技巧。为达到宣传效果，将抗战时事或民族英雄事略改编成说唱材料交由他们练习，并对他们进行考核，准予结业后发给行业许可证，再进行市面传播工作。[①]

国民月会一般每月一次，于每月一日下午六点至八点在民教馆内召开，一般是关于抗战情形的报告，动员民众抗战救国。为了提高民众兴趣，还辅以各种游艺节目或电影放映。

其次，进行文化知识传播和卫生健康教育。为摸清民间教育状况，民教馆对各地文盲人数进行了统计，并推行识字运动，开办民众学校，加强扫盲教育。以康定为例，康定民教馆办理成人及妇女扫盲班共两班，妇女教育推进委员会办两班，县立康定小学办有两班，私立康化小学办两班，县立康定图书馆办一班，共有九班。[②] 各县民教馆也相继开展了扫盲、识字教育，为扫除文盲、启迪民智做了大量工作。同时还在民教馆设立图书室，有各类图书、报纸和期刊，免费向民众开放。

各地民教馆还对民众进行卫生健康教育，提倡个人卫生、公共卫生及良好习惯的培养。民教馆进行了免费的牛痘种放工作，组织民众参加体育锻炼，举行各种体育比赛。民教馆还组织民众剧团，举办歌咏训练班，开办音乐演奏会，进行艺术教育等。

最后，帮助边民实际生活。民教馆组织了生计教育，提高人民的生产知识和技能。各地民教馆提倡荒地利用，督促民众开垦荒山荒地，植树造林，种植蔬菜水果；同时，提倡家庭副业生产并派专人组织示范实验和推广，如饲养家禽、蜜蜂、制革、织毛、酿酒、制乳等。为了繁荣商业，民教馆向民众介绍小本贷款，鼓励借贷资本经营商业，期望“人尽其才，物尽其用，货畅其流”。西康民众文盲比例很高，民教馆特设询问代笔处，为民众解答问题。询问范围包括“认识不得的文字，看不懂的书信，算不出的账目，不明白的事情，不能解决的问题”，代笔内容则有书信、便条、契约、对联等。民教馆还专门设置了职业介绍部。[③]

① 根据车莉《抗战时期西康省的民众教育馆》整理，《西南民族大学学报》2011 年第 11 期。

② 《西康新闻》1940 年 4 月 11 日；转引自车莉《抗战时期西康省的民众教育馆》，《西南民族大学学报》2011 年第 11 期。

③ 车莉：《抗战时期西康省的民众教育馆》，《西南民族大学学报》2011 年第 11 期。

民众教育馆在普及社会教育，改善民众生活，提高文化水准，改良社会风尚，促进社会发展等方面起到了良好的作用。使西康民众逐步认同汉文化，初步具备国家观念、民族意识，服从国民政府的领导。这对于稳定抗战大后方，提高康区人民的爱国觉悟和促进抗战胜利做出了积极的贡献。

3. 基督教边疆服务部及学生服务团的文化活动与传播

1939 年在成都华西坝成立了中华基督教会边疆服务部，边疆服务部设立了三个服务区，以川西服务区和西康服务区的活动开展最为成功，两个区都设立专业化的医疗卫生机构，从事了大量医疗卫生服务工作。同时，川西区和西康区还组织学生服务团对边疆同胞进行实地服务。1940 年 5 月 19 日，在华西坝正式成立了“成都基督教学生边疆服务团”。参加学校有华西协和大学、金陵大学、金陵女子大学、齐鲁大学、中央大学及铭贤农学院、华西神学院、华西协和中学等学校，共有大、中学学生 84 人。由金陵神学院教授蒋翼振和川西区主任崔德润为正副团长，率领服务团分赴茂县、理县、汶川各县羌戎族村寨作抗战宣传、卫生服务、农业推广及社会调查等工作。该团共分九队：第一队驻威州，第二队驻萝卜寨，第三队驻茂县，第四队驻汶川，第五队驻佳山寨，第六队驻理县，第七队驻孟董沟，第八队驻日尔觉寨，第九队驻杂谷脑。每队 9—12 人，队员中有农、医、文、理各院系学生，分任各种工作。每队最少有女队员 2 人，以便开展妇女工作。服务团在边区开展了六个星期的服务工作之后返回成都。①

1941 年 7 月，边疆服务部联合教育部共同举办了学生暑期服务团前往川西服务区。教育部派王文宣担任团长，崔德润为总干事。包括中央、金陵、齐鲁、华西协和、云南五大学及金陵女子文理学院、江苏医学院、国立边疆学校等校教员 10 人，学生 47 人，前赴川西黑水、杂谷脑河流域实地考察。工作分为两组：一为服务组，另一为考察组。服务组分三队，分赴佳山寨，理县及杂谷脑。考察组约 20 人，调查事项分文化、经济、农业、畜牧、地理、生物、医药卫生七类，各类自成一组，各自写成报告，经汇印成册，题为《川西调查记》，由教育部出版。此后，边疆服务部先后于 1942 年及 1945 年暑假联络华大、川大、金大、齐大、中大、金女大、

① 邓杰：《基督教与战时西部边疆社会改良》，《社会科学研究》2006 年第 6 期。

燕大及华西神学院等大学的师生又组织了两次服务团，深入川康民族地区开展服务工作。[①]

西康区（西昌为中心）也组织了学生服务团。1940 年，边部联合齐鲁大学医学院组成“暑期边疆卫生队”，由齐鲁大学医学院院长张剑涛及边疆服务部主任张伯怀领导，出发至“西康省旧宁属十几县的边荒区域，作医疗及研究调查工作”。[②] 1944 年夏，由边疆服务部西康区与西昌学生救济会联合举办暑期学生服务团工作。此次服务团工作历时一月半。1945 年 3 月至 6 月，西康区组织了最后一次学生服务团，由张伯怀带队，在昭觉县属之美姑河、牛牛坝、黄茅梗一带服务。[③]

从 1940 年到 1945 年近 6 年时间，边疆服务部先后组织了 7 次暑期学生服务团，深入川康少数民族地区从事具体服务工作，主要包括：实施社会教育，实地参加农忙工作，到井上与妇女一同洗衣，进行家庭拜访，进行医疗诊断、发放药物，指导民众阅读书报，等等。川西、西康两个服务区不仅自然条件恶劣，而且服务工作还要进入当地生活区，与文化、宗教、语言、生活习俗迥异的民众进行深入的接触和沟通交流，其困难可想而知。

边疆服务团以沿岷江和杂谷脑河两岸的彝族、藏族为主要服务对象，服务工作主要有三方面的影响：一是在医疗卫生方面，服务团无偿分发药物给当地民众，为他们治病疗伤，提高了边疆同胞对近代西医、西药的认识，在一定程度上改变了他们不讲卫生和相信巫术的陋习；二是在教育方面，历届学生服务团都组织学生对边疆同胞进行教育服务，通过创办学校、举办“夏令学校”“扫盲”等方法，在一定程度上提高了民众的文化知识；第三是生计方面，服务团通过实地示范，提高了他们的农牧知识和技能。通过连续六个暑假的服务工作，川西及西康两服务区有数万民众受益。

① 邓杰：《基督教与战时西部边疆社会改良》，《社会科学研究》2006 年第 6 期。

② 《成都大学生暑期服务团徒步出发》，《田家半月报》1940 年第 7 卷第 14 期。转引自邓杰《基督教与战时西部边疆社会改良》，《社会科学研究》，2006 年第 6 期。

③ 四川省地方编纂委员会：《四川省志 · 宗教志》，四川人民出版社 1998 年版，第 467 页。

二、西康文化传入内地的文化活动与传播

抗战时期，大量的内地人员进入西康进行科研考察的同时，也把西康省秀美的风光和民族文化带入了内地。大量的田野调查、科研论文、考察报告的发表，加深了内地民众对西康地区的认识和了解，揭开了康藏地区神秘的面纱！同时，康藏地区的佛教文化也在康区和内地佛法修学者的传播中，逐步带入内地。神秘高深的藏传“密法”从此传入内地。

1. 摄影家的文化活动与传播

最具直观感受的是孙明经和庄学本等人的摄影和电影。早在1934年，庄学本历经理县、马尔康，西康、青海交界的果洛草原，以及松潘、叠溪、茂县等地考察拍摄的上千张照片和旅行记，由《中央日报》《申报》《良友画报》连续刊载，并在南京举办了个人摄影展，专著《羌戎考察记》由上海良友图书印刷公司出版。1935—1937年，庄学本被国民党政府护送班禅回藏专使行署聘为摄影师。拍摄了九世班禅在青海塔尔寺、甘肃拉卜楞寺举行的盛大法会，又利用旅途间歇考察了蒙、藏、土、撒拉等少数民族。旅行的见闻、以《西游记》《青海旅行记》等为题连载于《良友》画报、上海《申报》。① 1941年庄学本又在重庆、成都、雅安三城市举办《西康影展》。影展以大量的纪实照片，形象地介绍了西康的山川、地理、民族、物产。吸引观众二十万余人次，包括孙科、于右任、孔祥熙、陈立夫、陈果夫等国民政府高官及社会名流都前往观展，引起轰动。当时的重庆新民报、重庆大公报、成都中央日报、成都中国日报等均报道了西康影展，《良友》画报亦第一次为庄学本个人开办专刊，取名为《新西康专号》，影展被誉为“中国摄影史上不应遗忘的历史事件”。② 庄学本在三大城市的摄影展，向内地民众展示了壮美无比的康藏风景和丰富多彩的民族风情，揭开了康藏神秘的面纱。

而孙明经在西康腹地，拍摄了《西康一瞥》《雅安边茶》《川康道上》《铁矿金矿》《省会康定》《草原风光》《康人生活》《喇嘛生活》共计八部

---

① 李媚、阮义忠主编：《中国摄影家丛书——庄学本》，中国工人出版社2006年版。

② 唐国良：《庄学本：一位被遗忘的摄影大师》，浦东政协网。

"国情科考"电影，以及两千两百多张照片。[①] 生动地再现了抗战时期西康人民的生活原貌，以及西康省的政治、经济、宗教、文化、教育风貌。其中不少图片客观展示了沿途寺庙、学校、民居建筑中的中西、藏汉文化的大融合。

庄学本、孙明经等人的摄影、电影，让遥远的西部边疆进入了人们的视野。这些原始的影像资料，向人们呈现了一个真实的西康，美丽富饶、多姿多彩的西康。他们对西康全方位的考察，为我们展现了西康社会独特的人文、社会、地理风貌，为我们了解该区域风土民情、精神文化、宗教信仰提供了丰富而又真实的第一手资料，极大地丰富了人类文化学的研究。

2. 康藏佛教文化进入内地的活动与传播

"在中国传统文化中，佛学是我们主流文化中的重要一维，实际上它是经由少数民族而进入中原的。"[②] 康藏佛教文化有着上千年的历史传承，其独特的价值观人生观自有其人文魅力。抗战时期，除了一些个体零星向内地传播外，最为集中的佛教文化传播是大勇法师率领的"留藏学法团"，其所带来的影响力冲击力巨大，为当时渐已式微的佛教文化注入了新的活力。

"留藏学法团"成员中，大勇、法尊、观空、严定、超一、法舫、恒演等法师，以及随"学法团"修学的能海法师，他们都是近代著名的佛学宗师，也是将藏传密法传入内地的主要密法宗师。其中法尊、能海、观空、恒演等法师都是多次进入藏区修学佛法。尤以法尊法师、能海法师影响最广，对"研究汉藏佛学，沟通汉藏文化，团结汉藏精神，巩固西陲边防"[③] 做出了卓越贡献。

民国时期，藏传佛教在内地特别是四川省较大规模的传播和弘扬，其中起关键作用的，一是太虚在重庆主持的汉藏教理院，二是能海在成都主持的近慈寺，成为近代内地传播藏传佛教的两大基地。

---

① 孙明经摄影，孙建三撰述：《定格西康——科考摄影家镜头里的抗战后方》，广西师范大学出版社2010年版，第1—7页。

② 杨义：《重绘中国文学地图的方法论问题》，《学术研究》2007年第9期。

③ 四川省地方编纂委员会：《四川省志·宗教志》，四川人民出版社1998年版，第198页。

太虚大师①是当时全国佛教界领袖，素主综合整理研究佛教，不受宗派和区域限制，创办“世界佛学苑”，下设各地佛学院，培养一批新人才，对汉、藏、巴利语三大语系的佛典，进行综合整理，以期创建更完整的佛教体系。1931 年，太虚入川，在重庆创办“世界佛学苑汉藏教理院”，提出以“研究汉藏佛学，沟通汉藏文化，团结汉藏精神，巩固西陲边防，并发扬汉藏文化，增进世界文化”为宗旨，招收汉藏两族僧俗青年入学，延聘汉藏高僧、学者任教，设置编译处，以训练和提高学生对汉藏文的翻译能力；编校《汉藏教理院丛书》达四十余种，已出版二十余种。②

“汉藏教理院”无疑是汉藏文化交流的一个重要里程碑。汉藏教理院在 1936 年向四川省政府的呈文中，对汉藏教理院的建院背景有如下阐述：“鉴于康藏地大物博，矿产尤富，英人垂涎，已非一日，侵略计划，无微不至，如因循坐视，势必被其攫取，则西陲藩篱撤而危及内地矣，后患何勘设想！亟应汉藏团结一致，使英人无隙可乘。第自清末革除达赖喇嘛封号后，汉藏感情，遂以破裂，加以英人勾煽挑拨，竟随时肇乱边境，二十余年来，迄无宁日，今欲化除隔阂，恢复旧好，联成一气，不为外人所利用，则非从沟通文化入手，绝难收效。”③ 汉藏教理院一经成立，即以“沟通汉藏文化，团结汉藏精神，巩固西陲边防”为宗旨及奋斗目标。

在藏地修学长达数年的法尊法师，于 1935 年到重庆北碚缙云寺的“世界佛学苑汉藏教理院”任教，兼管院务。与法尊法师同期归来的还有观空、严定、超一法师，以及先期从康区归来的法舫法师，他们精通藏文，佛理深厚，成了“汉藏教理院”的顶梁柱。法尊法师以教务主任代理院务，观空、严定法师在院任教，超一法师担任庶务主任，严定法师后来兼任藏文系主任。在教理院的教学中，法尊法师翻译的《菩提道次第广论》是汉藏教理院最主要的教授课程之一。

在 1925—1937 年长达 12 年的时间里，法尊法师两次入藏修学佛法。第一次长达九年，第二次一年半时间。他遍访名师，先后依止、随学众多上师：康定跑巴山的慈愿大师，甘孜县的札迦寺札加大师、俄让巴师父、格陀诸古上师，昌都的安东恩师，拿墟达的朴大师，拉萨的各登持巴上

① 1890—1947，中国佛教高僧，民国佛教教育第一人。

② 四川省地方编纂委员会：《四川省志·宗教志》，四川人民出版社 1998 年版，第 198 页。

③ 转引自何洁《浅析汉藏教理院成立的背景》，《西南民族大学学报》2006 年第 3 期。

师、绛则法王、颇章喀大师等。他广学大经大论，随学随译，这期间的精进修学，为法尊法师成为中国历史上最重要的佛经翻译家，奠定了牢固的佛学基础。[①]

他一生致力于汉藏佛典的翻译工作，译著甚宏。从1937—1949年间，法尊法师往来于成渝之间，讲经说法，不仅培养了一批佛学人才，还完成各种藏汉文译著多部，且几部浩繁译著都出自这一时期，如《地道建立》一册，《现观庄严论略释》一册，《密宗道次第广论》二册，《苾刍学处》一册，《供养上师与大印合修》一册，《入中论善显密意疏》三册，译补《菩提道次第略论》一册，《菩提道次第略论止观章》一册，《修菩提心七义论》一册，以及《辨法法性论》《七十空性论》《精研经释》《缘起赞释》等。均为藏文佛典中的重要论著而汉地素缺者。同时他集四年之功，将一部250卷的《阿毗达磨大毗婆沙论》由汉文译成藏文，以补藏文大藏经之缺，东本格西誉为可与西藏著名译著媲美。为了增强藏文化和历史教育的需要，又编写了《藏文文法》《现代西藏》《西藏民族政教史》、《藏文读本初稿》等。法尊法师还在《海潮音》等各种杂志上发表了不少译文和论文。[②] 这一阶段法尊法师贡献最为卓著。由于法尊法师精通藏文，佛理深厚，从而确立了他在中国佛教界汉僧第一人的地位，被赞为汉藏文化一肩挑的高僧。

1925年至1941年，16年间，能海法师先后三度进入藏区，修学佛法。第一次也是跟随“留藏学法团”进入康藏。能海法师将密法带回汉地，一面从事译经工作，一面着手建立汉地密宗道场。讲经说法，显密兼弘。1934年至1936年先后在上海、太原、五台山和重庆讲经。抗日战争爆发后返川，在四川先后创建近慈寺、吉祥寺、云悟寺、慈圣庵和重庆金刚道场。法师为此培育了大批学密的僧才，深得四众弟子赞叹，被誉为自宗喀巴大师以后密宗第三法王。1940年得康萨格西传承衣钵后，法师又在成都、上海、北平等地讲经说法。对藏传佛教在四川及其他地区广泛传播有重大作用和深远影响。

位于成都市南郊的近慈寺是能海创立的汉密第一道场，亦是藏密第一

① 参见法尊法师《著者入藏的经过》，原载《现代西藏·附录》，武汉印书馆1937年版。转引自弘善佛教网，2015年2月3日。

② 《深州名人：法尊法师》，深州市政府网站2014年6月16日。

次在内地生根，并开花结果。故近慈寺道场成为沟通汉藏佛教和文化交流的中心。藏僧来成都，必朝近慈寺，对道场道规，均甚赞叹。能海法师对藏语系经典的翻译出版尤为重视，两次从藏地运回大量藏文经典，多属汉地所无者，特在近慈寺创设译经院，自题门联云："通圣言而遍寰宇，导世界以趋大同。"该院的建立，目的在于培养精通藏文及各国文字之佛教人才，将汉藏双方互缺之经论，互译刊印，并将汉藏主要典籍译成各国文字，公诸世界，进行国际学术交流。从20世纪年代末，先后译出藏文经论50余部，刻印出版显密经论80余部。①

"故师于佛教，既致力于汉藏之团结，亦注意国际之影响。师既迎扎萨喇嘛住译经院，又迎蒙族兴善喇嘛教学《毗卢仪轨》。兴善为章嘉活佛顾问，抗战中来川，称为毗卢法得成就者，于蒙古喇嘛中甚有威望。毗卢即唐密大日如来，千载绝传，至此复续。兴善喇嘛善工巧，能绘数十种坛场，师令沙弥皆学之。于译经院木雕大威德坛场模型，备极精妙，皆师及兴善监制。"② 1945年，成都的美国新闻处处长，持罗斯福总统的邀请函，请能海法师赴美国讲学，"中国四川成都南郊近慈寺，能海大法师：敬请驾临我国，弘扬佛法，以济敝国人道德之贫乏。"能海因法务过繁，未能抽身，对美国新闻处处长说："请敬覆贵总统，贫衲目前不能去，不过今后将有许多法师去。"③ 多年后，法师的预见得到了证实。

能海法师弟子众多，其中著名的有昭觉寺方丈清定法师④、四川尼众佛学院院长隆莲法师，他们均为当代著名的佛教宗师。清定上师1939年奉调重庆任中央训练团少将训育主任，1941年出家。1943年在成都近慈寺跟随能海法师修学藏传密法，学成后建立上海金刚道场，在上海等地弘扬藏传密法。晚年回到四川成都昭觉寺，担任该寺方丈。西藏扎西多吉活佛说："清定上师不仅是汉地的高僧，也是我们西藏的高僧。"⑤

隆莲法师⑥被称为巴蜀才女，中国第一比丘尼。作家裘山山在《当代

① 四川省地方编纂委员会：《四川省志·宗教志》，四川人民出版社1998年版，第199页。

② 隆莲法师：《能海法师事迹简介》，《名僧录》，中国文史出版社1988年版，第187页。

③ 玉卿：《能海法师》，《五台山研究》1991年1期。

④ 1903—1999，俗名郑全山，浙江三门人，先后毕业于广州大学、广东黄埔军校。当代佛教高僧。

⑤ 《清定上师：从国民党高级军官到隐世高僧》，大公网2015年3月6日。

⑥ 1909—2006，俗名游永康，四川乐山人，当代第一比丘尼。

第一比丘尼——隆莲法师传》中这样写道："11 岁时，正在四川乐山乌尤寺路边采花草玩耍的隆莲，巧遇大勇法师走过，那一身金黄的袈裟在绿色的山风之中随风飘逸，非常醒目。她久久地望着那个渐渐远去的黄色身影，心里第一次产生了一个清晰的愿望：长大了，我也要穿那黄袍子！"① 无疑，隆莲法师也与"留藏学法团"有着殊胜的缘分。法师早年跟随"五老七贤"之一的刘豫波学习诗词和水墨画。1931 年，在四川省举行的"普通行政人员"和"高等行政人员"两次考试中，均获全省第一。1937 年出家，1939 年在成都少城佛学社听经，师从法尊法师学藏文。1942 年，隆莲法师在成都近慈寺依止能海上师，听受密法。此后在成都南郊创办了我国第一所专门培养佛门女弟子的高等学校——四川尼众佛学院，亲任院长，亲自授课。因此她也是一位佛学学者，是教育家。②

20 世纪 20 年代，始于唐代的佛教密宗文化衰微，国内佛教界起初求助于日本的"东密"。大勇法师等人为了让密法重新传入我国，东渡日本求学，获金刚阿阇黎位。回国后皈依多吉格西学藏密。1924 年在北京慈因寺筹办藏文学院，作为入藏学法的预备学校，次年即率"留藏学法团"全体人员赴藏学法，惜圆寂未果。藏传佛教文化通过"留藏学法团"法师们学成归来，传入内地，在抗战时期达到高峰。当时四川掀起学习藏密的热潮。"1948 年夏，社会知名人士梁漱溟、谢无量等，在重庆缙云山石门寺闭关，学习密法。"③ 无疑，经过太虚大师建立的佛学院，以及法尊、观空、严定、超一、法舫、恒演、能海法师等人的共同努力，搭起了汉藏文化沟通的桥梁，佛教文化遂在内地发扬光大，影响深远。

结　语

从中华民族几千年的发展史来看，巴山蜀水的四川历来是民族迁徙、文化流动的汇集点与枢纽。从春秋时代的"巴子封国"到三国时期的"蜀汉建国"，从唐代的"明皇幸蜀"到清初"湖广填四川"，我们可以看到，

① 裘山山：《当代第一比丘尼——隆莲法师传》，上海辞书出版社 2007 年版，第 34 页。
② 同上，第 58—59 页。
③ 四川省地方编纂委员会：《四川省志·宗教志》，四川人民出版社 1998 年版，第 199 页。

四川人民对于外来文化并不是以自然的“盆地意识”去加以拒绝，更不是“井底之蛙”的故步自封，而是以广博的胸怀兼容并蓄，发扬光大。抗战时期，随着整个国家政治、经济、文化中心以长江为中轴，由中部沿海地带逐步向西南大后方迁移，全国重要的文化机构、团体沿着当时较为发达的长江航道和成渝公路、川陕公路急速扩展到四川各地。从 1937 年 10 月第一所高校中央大学到达重庆，到 1941 年冬同济大学、中央研究院等内迁李庄，以及 1942 年初燕京大学来到成都华西坝复校，向四川大规模的文化迁徙暂告一段落。

从内迁入川直到抗战胜利的八年间，大多数文化机构、高等院校在四川获得了长足的发展，同时也给四川文化的繁荣发展创造新的生机。中国文化力量的空间迁移，不仅改变了中国文化的空间格局，而且促进了精英文化与民间文化、东部文化与西部文化的相互交融，构筑起了多元协调发展的文化生态。

首先是成渝两大中心城市。成、渝分别于 1928 年、1929 年正式建市，起初都是四川省辖市，被四川军阀各自划为防区。1935 年川政统一，刘湘被任命为省主席，拥兵三十万之众。此时的四川省算得上是军事强省，但在现代科技、文化、思想观念等方面仍然较为落后。抗战爆发，重庆市陡然间从省辖市变为院辖市，又很快成了战时首都。大批中央、国家机关云集重庆，科研教育机构、文化团体、金融机构内迁重庆，随机构内迁的多是沪、宁、平、津等几大文化区的文化人，以及欧、美等 30 多国使领馆的驻渝人员。原本以四川本地人为主的重庆，一时间大街小巷充满了操着不同口音的“下江人”，以及不同肤色的外国人。“重庆现在已不是重庆人的重庆，是四川人的重庆，是全中国人的重庆，是世界的重庆了，重庆是国际化了的大都市，国际化了的大都会，是全世界战场的大本营的一个。”① 无疑，外来文化的涌入对重庆的影响是全方位的，衣食住行、生活习俗、思想观念、休闲娱乐及文化教育等方面都出现了重大变化。

成都亦如此，在重庆成为陪都以后，原来四川的地方实力派将重心移到了成都，同时全国许多文化、金融、工商机构也内迁成都，成为仅次于重庆的内迁中心。“空间的转移和人员的流动自然造成文化态度的调适和

---

① 徐泽人：《从上海到重庆》，《时与潮副刊》1943 年第 3 卷第 5 期。

变化”。原本偏僻的南郊华西坝，涌入了大批操着洋话、身着西装的外地、外国的学生、学者，成了著名的“文化大坝”。原来的祠堂街、春熙路等出版社、报社、书店鳞次栉比，人们耳边随时响起京腔和吴侬软语，身边不时走过穿着时髦的“下江人”，成了著名的文化街。“空间的变化亦造成了文化姿态的变化，时空交叉内化为新的文化心理结构。”①

这种冲击是全方位的，它造成的强大冲击波不仅波及成渝两大城市，也传导至周边县区，除近在咫尺的北碚，邻近重庆的江津、璧山、合川、巴县等地，随着东部沿海发达地区大量文化机构的西迁，极大地促进了当地的经济和文化发展，当地民众受到了新思想、新文化的洗礼，闭塞的文化心态亦受到现代文明的影响而出现了一些转变。成都周边的郫县、温江、崇宁、彭县、灌县就因为成都的学校和人口疏散，接触到了电影、现代戏剧、科普卫生等现代科学及文化理念，这些均内化为新的文化心理结构，影响了几代人的人生轨迹。

同时邻近川江航道的各中心城镇，如万县、江津、合川、江安、宜宾李庄、乐山等地也有大批文化机构、高等院校的迁入，给当地民众打开了一扇照见现代科学文明之窗。如处于江安的国立戏剧专科学校为当地民众带来丰富多彩的戏剧演出，招收本地学生，传播先进文化。李庄的同济大学和中央研究院各大机构，培养了罗哲文这样的建筑大师，治愈了当地民众多年未除的地区流行疾病。考古展览等多维度、多层面的文化构成，开阔了民众眼界、增长其见识。

尽管在残酷的战争时期，当时最为重要和完备的高等院校、文化机构迁入四川这相对“安全”之地，得以生存发展。中央大学、华西坝五大学、同济大学、武汉大学、复旦大学、东北大学、成都光华大学、山西铭贤学院等校，在八年抗战结束时，学生人数都得到了成倍的增长。凭借教育家的共同努力又先后创建了多所学校。这些迁入及新建的院校构成了大后方的四川乃至中国最集中的教育网络。中高等教育在战时特定的时空中弦歌不辍，薪火绵延，奏响了悲壮而激昂的华章，一大批后来辉映于学界的大师从这里走出，一大批青年才俊在战时成长，一方民众脱离蒙昧，显示了中国学术界教育界生生不息的生命力。

---

① 杨义：《中国文学地理中的巴蜀因素》，《重庆师范大学学报》2010 年第 1 期。

一批学术大家和文化人凭借战时四川的学术文化的中心地位，教学科研成果成绩斐然。在1941年、1943年教育部部聘42位教授中，有一半以上在四川各大高校任教。1948年民国首批中央研究院院士，近半数在四川生活过。大量重大成果多项在四川完成并获得教育部大奖。中央研究院组织科考队对川康地区的古建筑、摩崖石刻进行了大量保护和发掘工作。中央博物院、故宫的珍贵文物在四川长达七年完好无损地保存下来。可以说，四川就是保存和复兴中华文化的福地。

第五章　抗战时期四川文化区的文化景观研究

建筑是一种地理景观，也是一种文化。作为重要的文化景观，建筑反映了不同历史时期人地之间的关系，具有鲜明的地域历史文化特色。而对于建筑本身，它是一门凝固的艺术，凝聚着人们安置肉体与灵魂的寄托。美国人类学家 C．威斯勒尔认为战争也是一种文化模式，[①] 然而当战争这种文化模式与建筑文化景观相遇，便产生了梦魇的存在。因为战争是一场场噩梦的缔造者，无数次毁灭着人们对于和平的奢求。硝烟战火，断壁残垣，伴随着世界与中国的历史前进。但是建筑以其特有的笔触见证了灭绝人性的场面、惨痛的记忆。建筑墙上斑驳的影像，深埋地下的旧土破砖，刻在心上的印记不停地鞭策着历史的脚步前进，不断地建构人们内心的精神栖息地。可以说建筑景观不但承载着一个国家血与泪的历史，而且承担着一个民族勿忘历史勇往直前的信念。

在中国抗战期间，敌军的炮火无情地肆虐，多少国人家破人亡，多少亲人流离失所。斗转星移，时空变化引人陷入回忆与深思。且就天府之国—成都而言，70 多年前，她以微弱的力量与邪恶势力抗争，在抗战的后方城市中，发挥了重要作用。据相关史料统计：日军轰炸成都共 24 次，历时 5 年。期间，日军先后出动飞机 550 余架次，投掷燃烧弹、炸弹约 1500 余枚，市民被烧死炸死 1270 人，受轻重伤者达 3500 余人，摧毁房屋无数，近 100 余条街变成废墟[②]……无数的建筑被摧毁，曾经触手可及的墙壁在炮火中轰然倒塌，熟悉的建筑变成破碎的瓦砾躺在了冰冷的大地上。冰冷的金属制武器炮弹毁灭了无以数计的建筑。然而“每个时期都有它特有的艺术或艺术品种，雕塑，建筑，喜剧，音乐；至少在这些高级艺术的每个

① 参见［美］露丝·本尼迪克特著，王玮等译《文化模式》，社会文献出版社 2009 年版，第 1 章。

② 郑光路：《川大人抗战》，四川人民出版社 2005 年版，第 13 章。

部门内，每个时期都有它一定的品种，成为与众不同的产物，非常丰富非常完全；而作品的一些主要特色都反映时代与民族的主要特色”。[①] 在抗战这个特殊时期，中国产生了许多抗战建筑。所谓的抗战建筑，狭义上特指敌我双方在抗战期间设计、形成的建筑；广义上的抗战建筑则是指敌我双方所有与抗战有关的建筑。[②] 抗战建筑作为特殊历史时期遗留或建造的文化地理景观，是人类的宝贵文化遗产，对于战时及当下历史的研究，深度挖掘其历史价值、审美价值、文化价值都有重要的现实意义和启迪意义。

比如走在今日成都的大街小巷，你会不经意间发现一栋与众不同的老建筑固守在一个角落里，这栋老建筑或许是传统的川西民居，或许是传统与西方的结合体。无论是传统的川西民居，还是中西合璧式的建筑，进一步去了解这些老建筑，会发现老建筑可能见证了一段沧桑的岁月，一段沉重的往事。或与重要的历史人物、历史事件相关，或具有鲜明独特的建筑风格和鲜明的时代特征，或具有重要的纪念意义和教育意义。它们都是城市的历史遗迹，是人类在城市中遗存的形体环境。[③] 历史遗迹在类别上可包括建筑物、道路、广场、构筑物、建筑小品（如雕塑等）。在范围上包括单体历史建筑、历史地段及历史风貌等。[④]这些历史遗迹内涵丰富，其中有许多是抗战留下来的印记，这些印记是空间意识的体现，是时间进程的见证，具有较高的纪念价值、艺术价值、美学价值、教育价值及旅游价值等。

抗战建筑文化景观不仅反映出人们建筑活动痕迹，而且是建筑文化的物化表现，更是抗战时期文化生活的直接表达。我们根据抗战文化的建筑景观的时空之间的关系，将抗战建筑景观主要分为抗战史迹建筑及抗战纪念建筑。这里，我们将成都与重庆部分抗战文化的建筑景观按照历史遗迹类别、范围及建筑本身功用进行分类梳理。在传统意义上，建筑依据使用功能可分为居住建筑、公共建筑、工业建筑、农业建筑。其中公共建筑包括文交建筑、行政办公建筑、交通建筑、商业建筑、纪念性建筑等。

---

① ［法］丹纳著，傅雷译：《艺术哲学》，人民出版社2009年版，第40页。

② 建筑文化考察组：《抗战纪念建筑》，天津大学出版社2010年版，第5页。

③④ 魏向东、宋言奇：《城市景观》，中国林业出版社2014年版，第183页。

第一节　历史遗址建筑

一、居住建筑

在抗战文化建筑景观中，最独特和吸引人的莫过于居住建筑。居住建筑主要是指提供人们进行家庭生活起居的建筑物，如住宅等。人们称住宅为“家”，这里我们跨越时空界限，去观察抗战期间不同形式的“家”。在每个人的眼里，“家”是有意义的，是美的。因为人对建筑的美感不在于建筑本身的美丑，而在于它的形象是否完美表现了某种物质的或精神的内容。那么无可厚非这些“家”是美的，它们不仅反映出民间建筑文化特征，也反映出抗战时期人们思想与抗战之间的关系。目前，在成都与重庆存有许多抗战居住建筑，这些居住建筑主要与抗战环境、人口迁移及抗战英雄人物息息相关。

1. 临江门水码头

抗战时期，由于国民政府迁驻重庆，随之而来的大量外来人口涌入山城，使得小小的山城变得更为拥挤，普通民众则连基本的栖居之所都很难找到，为了适应这种城市发展状况，普通民居的建筑特色发生了一些变化，使得山城的民居景观呈现战时的独有特点。

重庆的普通民居主要分为两类，一类是吊脚楼，另一类是棚户区。这两类民居建筑都与重庆独特的地形地势有关。由于重庆坡多路陡，许多坡度大于30度，吊脚楼正是适应了这一环境而出现的。它依山就势，或在河边，或在坡上，前面以木柱子作为支撑，后面则和山坡齐平，在近代重庆城市开拓时期，这种普通民居建筑应运而生。棚户区则建在沿江的岸边，以竹架竹席为主，构成稍避风雨之处，两江的河滩上，这种棚户栉比鳞次，构成了一道独特的景观。这些民居的主要居住者为城市底层民众，尤其是棚户区，“沿江棚户大都从事与码头搬运有关的职业，据1946年的统计，棚户区内从事各种职业者共计27000余人，其中从事搬运等职业的有14879人，占55%，小贩5151人，占19.1%，商铺4016人，占14.9%，货帮2490人，占9.2%，其他如乞丐、娼妓、拾破烂等有480人，占

1.8%，加上妇孺眷属等，其总数当在5万人以上”。①

战时重庆的一大问题就是人口短期内增幅巨大，加上日机轰炸后大量房屋毁损，所以房屋的建筑和修复要求时间短，出现了大量的临时房屋。这些临时房屋中以捆绑房子最常见，有竹捆绑、木捆绑、竹木捆绑等，沿江一带还有竹木搭成的临时棚房。竹木捆绑以竹木为承重的立竿联结立柱的拉牵和横梁，并以竹篾为捆结形式组成，这样的房屋有二层、三层甚至五六层，层间隔层为竹木与楼板筑成的楼面，作为居住所用。临街部分以木架包枋处理，经过抹灰层处理以后，好似砖柱一般，可与砖木结构媲美。② 最简陋的甚至是用废弃的铁丝、电线捆绑木板、甚至纸板造成的房子，这种房子的造价成本极为低廉，低至1—2元。“下江人”对这种房子的印象很不好，觉得在上面走起路来响声很大，墙面也很单薄。他们仅从这一点就认为重庆相比下江很多城市来说落后很多，对重庆颇多微辞。但这是由于突然聚集了那么多外来人口造成的，这种像吊脚楼一样的简易房子以前城里是没有的。③

如欧阳桦所作《临江门水码头远眺》④：

① 隗瀛涛：《近代重庆城市史》，四川大学出版社1991年版，第513页。

② 重庆市地方志编纂委员会：《重庆市志·第七卷》，重庆出版社1999年版，第485页。

③ 杨筱：《探寻陪都名人旧居》，重庆出版社2005年版，第12页。

④ 欧阳桦：《重庆近代城市建筑》，重庆大学出版社2010年版，第23页。

外来人口的迁入也带来了建筑样式上的一些变化。由于一些发达地区的移民受到西方文化的熏陶较明显，重庆抗战时期的大量民居建筑尽管受到物质条件的制约，结构简单，质量低劣，很少采用砖柱砖墙，而是采用砖柱土墙，或砖柱竹片夹壁墙。但是作为建筑样式，采用的还是西式，有的高达几层楼，下面却只有一个很小的天井，几十家人拥挤地住在里面，共用很小很少的厕所，天井里一两个水龙头，也是几十家人共用。①

2. 康季鸿公馆

在成都市锦江区通盈街699号，一座始建于20世纪40年代，与传统川西建筑大不相同的公馆矗立在人们眼前，这栋公馆便是人们所说的“康公馆”，其现有建筑面积约444.36平方米，是20世纪中期成都著名的新派建筑代表。抗战期间居住建筑在文化景观上表现为建筑的材料、外形、布局及内部构造特征等。康公馆在建材上大都以川西坝子最常见的青瓦、青砖为主。在外形上形似西式小洋楼，融合了中西建筑的优点。其实，康公馆本身是一个由不同用途的东北和西南方向两处房屋集合在一起的组合式结构。然而在东北方向的房屋因1998年白蚁祸害导致坍塌，只剩下今日人们看到的以工作为主用的西南方向建筑。西南和东北方向的这两处房屋体现了中西传统建筑文化不同的特征：在东北方向的房屋采用中式框架式结构，榫卯安装，梁架承重；而在西南方向的房屋则是采用西方传统混凝土石质制品，围柱式、墙柱承重式结构。②

走进这座公馆，从房屋的空间布局来看，它既保留了中式建筑的内敛，又兼具西式建筑的开放。六边形的房屋、独立的厢房、取暖的壁炉……这些无不显示了公馆主人的审美趣味与人文情怀。拥有深厚的文化内涵的建筑才得以长久的留存下来，它承担着记录人类发展历史的使命，

---

① 杨筱：《探寻陪都名人旧居》，重庆出版社2005年版，第12页。

② 参见郑典寅《一座见证了成都近现代工业文明史的中西合璧建筑》，网址：blog. sina. com. cn/s/blog_ 63ac1caa0101rdmh. html。

是人类文明的纪念碑。[①]这座公馆记录了一个传奇人物——康季鸿的故事。康季鸿早年曾在西方奋斗多年，回国后开始在成都开创自己的事业。在抗战前，成都仅存启明电灯公司等少数厂家，而在1937年抗战全面展开后，迫于形势需要一些战区的工厂开始内迁，西南地区此时开始逐渐成为民族工业的栖息地。敌占区的工厂、学校、团体纷纷来到成都，在一定程度上促进了成都近代工业的发展。由于内迁工厂的发展，需求的增加，各类工厂应运而生。康季鸿此时也于成都开办了他的心中公司并修建了康公馆。

康公馆承载着当时中国西南地区的民族工业的抗战精神，它是战时成都经济、文化艺术等要素的集中表现。当时投资办厂的都是一些具有实力的新派人士，康公馆成了战时民族工业者的一个聚会场所，包括中华造纸有限公司的老板龚松寿，启明电灯公司的大股东陈养天等。这些人来到康公馆一方面为了叙旧联络感情；另一方面他们彼此鼓励、彼此支持，保障国家抗战需要，稳定后方经济。为了最大力度地支持抗战，康季鸿曾扩招雇佣工人，以保证生产。在1945年，他更是用手工烙铁焊、手工封口机，克服种种困难，生产出部队急需的罐头食品，这也是成都历史上第一批罐头食品。

抗战精神是这座公馆的血液，为这座公馆增添了活力。《威尼斯宪章》指出："世世代代人民的历史文物建筑，饱含着从过去的岁月传下来的信息，是人民千百年传统的活见证。"[②]康季鸿公馆不但见证了成都作为后方民族工业的发展，而且见证了爱国志士会聚一馆为国出力的决心。随着时间的流逝，这座公馆后来曾被作为日本驻成都领事馆。眼下的康季鸿公

---

① 杨诚：《文化铸就建筑灵魂——论中西方的文化建筑哲学》，青岛理工大学2013年硕士学位毕业论文，中文摘要第1页。

② 参见国家文物局法制处编《国际保护文化遗产法律文件选编》，紫禁城出版社1993年版。

馆，经过岁月的摧残，当年的盛况早已一去不复返。对于它曾经走过的岁月，人们知之甚少，昔日辉煌的老建筑只能低语着道不尽的苍凉。

3. 张大千故居

位于成都金牛坝金牛宾馆园林内的这座青砖青瓦的民居建筑，是国画大师张大千第一次购置房产，也是他在国内的最后居所。据相关资料显示，此房宅名“税牛庵”于1947年建成，占地面积600平方米、建筑面积324平方米。[①] 在当年的5月，张大千携四夫人徐雯波入住，被作为婚房使用。“税牛庵”是一个一层楼的砖木单体结构建筑，内分有两个偏厅和一个大厅组成。当年张大千先生买下此宅时本是木制建筑物，后经过修建成为目前我们看到的青砖、青瓦的中西合璧式民居建筑。建筑的意蕴需要建筑的艺术语言及艺术风格来体现，这就离不开形式美法则，离不开符号形式。[②]“税牛庵”的形式美显然易见。宽广的走廊、古老的雕花窗棱、青砖大立柱……建筑作为一种文化元素与周边自然元素相映衬，可以“纳千顷之汪洋，收四时之烂漫”，[③] 超出了建筑本身的美。一座建筑文化的积淀，决定了一座建筑的灵魂。[④] 这处居所如同张大千的画风，在自然中找寻心的灵魂。在张大千在这居住近3年的时间中，他整理敦煌壁画，画巴山蜀水，创作出了大量的流芳后世的优秀作品，达到了其人生的第二个艺术高峰。这栋房屋对于张大千在战时的创作产生了深远影响，于“税牛庵”而言，似乎也具有了“画魂”。

据成都档案资料记载，在抗日战争期间，“税牛庵”所处的金牛坝曾经是国民政府的行营疏散区。昔日的金牛坝青松古木，一片田园风光，成为当时居住在城内的达官显贵躲避日机轰炸的风水宝地。作为城市记忆之

① 王平平：《大千两故居　大“隐”于市》，《成都晚报》2014年12月6日。

② 方珊：《诗意的栖居——建筑美》，北京师范大学出版社2011年版，第126页。

③ ［明］计成：《园冶》卷1《园说》，《园冶注释》，中国建筑工业出版社1988年版，第44页。

④ 杨诚：《文化铸就建筑灵魂——论中西方的文化建筑哲学》，青岛理工大学2013年硕士学位毕业论文，绪论第1页。

一，张大千先生的故居于2013年10月被列入成都第一批历史建筑保护名录。这座居住建筑无论是在文化价值，还是在建筑价值方面都具有较高的研究意义，对于历史的镌刻有重要影响。

4. 李家钰故居及其兄弟宅

在成都的方池街22号，远远望去，矗立着一座灰色砖墙，镶着朱红色的木头窗棱、色彩斑斓玻璃窗的中西结合的小洋楼。微微上翘的屋檐，带有中式建筑特有的蕴味；圆拱形的大门又带有西式建筑的浪漫风情。这座小洋楼始建于民国期间，位于现省工会的办公楼西侧，生活区大院内，是李家钰兄弟宅楼。这是抗日英雄李家钰为其兄弟李家洋修建的住所，在文庙后街92号，是这位抗日英雄的旧居。

今天，人们看见的这两座小楼因其主人而著名。李家钰（1892—1944），字其相，四川浦江人。1915年四川陆军军官学堂毕业，于1936年任国民党军第47军军长。在1937年“七七”卢沟桥抗战爆发后，李家钰率领部队出川入晋，与八路军共同抗日。在抗战期间英勇杀敌，先后收复多处失地，打破敌军“扫荡”……1944年5月21日率领部队向陕县秦家坡转移途中，遭到日本便衣队的伏击，英勇牺牲，卒年52岁。

李家钰故居“小心翼翼地珍藏着人的美、人的炽烈而倔强的精神”。[①] 在抗战胜利70年后的今天，人们去寻找有关那场战争的记忆，去缅怀革命先烈时，试图在这栋小楼中寻找当年的豪情与悲壮。除故居以外，还有位于成都市南郊红牌楼附近的广福桥右侧的李家钰烈士墓为人们提供了回忆往日的途径，在回忆中人们寻找对于民族国家的认同、城市的认同。2011年四川省总工会对李家钰故居在保持其原貌的基础上进行了修缮，加强了对故居的防雷和防漏的保护。全球化的影响，早已渗透不同规

① ［苏联］格·波·波利索夫斯基著，陈汉章译：《未来的建筑》，中国建筑工业出版社，第135页。

模的聚落空间，这样的一栋建筑曾对外租赁运作。而今出于对其保护的目的，李家钰故居将不再对外开放。目前，李家钰故居及李家钰兄弟宅楼已于 2011 年挂牌保护，继续承载着成都的记忆及川军将领的英勇抗敌的光辉事迹。

5. 王泽浚公馆

人来人往的蜀都大道上，金河路街 63 号，一栋坐西朝东、三楼一底，砖木结构的仿北欧洋楼风格的房子经历了岁月的洗礼后，褪去了原有的奢华，在现代建筑面前，它如垂暮之年的老人，静静地站在那里。

这栋小洋楼是王泽浚公馆，始建于 1931 年。公馆外部空间占地面积 150 平方米，建筑面积 415 平方米，而在公馆的二楼设有平台，面阔 22.2 米，进深 18.7 米，通高 20.98 米。[①] 尖顶平瓦，附地下室。厚实的木制大门后，是宽敞的回廊，一组组石质立柱托起二楼的重量，整栋楼约有 20 个房间，远远望去不失大气与俊美。据袁庭栋考证：这栋小洋楼最早是川军旅长杨敏生的公馆，后来才被作为国民党第 44 军军长王泽浚的住所，这座小洋楼曾被王泽浚翻修和重建。[②]

王泽浚（1904—1974），原国民党四川省主席王缵绪的儿子，号润泉，四川西充人。在“七七”卢沟桥事变发生后，王泽浚主动向国民政府军事委员会请缨参加抗日战争，随后在武汉会战中有着卓越的表现。亲自指挥前锋营，夜袭在安徽宿松县城的日军，不仅夺回了被日军占领的宿松县城，而且截断了日军从合肥至田家镇要塞的交通线。同年 10 月初，率领部队生擒日军曹长荒木重知注。在 1944 年“长衡会战”中指挥一五零、一六一、一六二 3 个师长期在湖南浏阳等地与日军作战……在兵力不足的情

① 成都市地方志编纂委员会：《成都市志·建筑志》，中国建筑工业出版社 1994 年版，第 53 页。
② 参见袁庭栋《成都街巷志》（下卷），四川教育出版社 2010 年版。

况下，毅然决然地阻击欲向江西永兴进犯的日军，保卫了遂川空军基地……

时过境迁，我们难以看到公馆曾经的盛况，唯能从这存留的建筑中感受王泽浚公馆的美，寻找昔日的成都风貌。这座公馆目前被高楼林立的现代建筑包围，与周围的建筑显得格格不入，吸引了许多人的驻足。其实每一次驻足都是一次审美，在审美中确证自身、发现自身、塑造自身。[①] 人们透过这座公馆进一步挖掘其背后的故事及历史价值，在挖掘探索中完成一次审美之旅。在新中国成立后，这座小洋楼曾被改为军区机关幼儿园，直到2008年搬走。2012年9月，王俊泽公馆险遭白蚁灭顶之灾，最后在有关部门的抢救下，躲过一劫。现如今已被纳入成都式挂牌保护的史迹建筑，这栋建筑留给后人的不仅是一个抗日将领的故事，更是一段古色古香的图画。人们逐渐被这栋小洋楼的宁静深邃所吸引，许多影视作品及摄影者将其作为采风的场景之一。

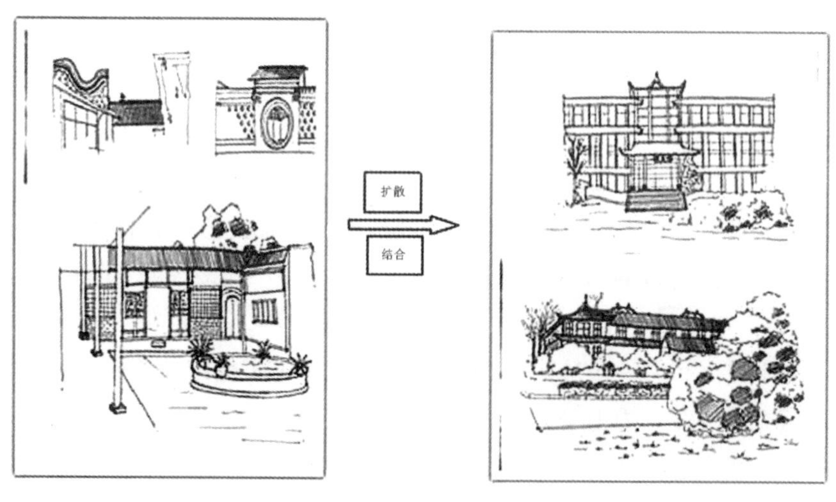

传统川西建筑　　中西结合建筑

对于抗战期间遗留下来的居住建筑，不难发现他们的共通之处：中西结合，传统的川西建筑与西式建筑相结合。“建筑学是地区的产物，建筑

① 参见徐千里《创造与评价的人文尺度——中国当代建筑文化分析与批判》，中国建筑工业出版社2000年版，第242页。

形式的意义来源于地区文脉，并解释着地区文脉。”[①] 川西建筑是川西地区特有的产物，具有独特的地域风格。外形多采用庭院式结构形式，一正两厢一下房组合成的“四合头”房，其中院内有通风的天井。由于地形气候环境影响，川西民居为适应自然环境，建筑多采用木穿斗结构，斜坡顶，建筑的梁柱横截面较小。在色彩上与自然环境融为一体，多采用冷色调如青色、灰色等，具有朴素淡雅之美。作为地理人文景观，这些居住建筑不但具有简单的自然属性，而且它们与川西文化紧密相连。川西文化的力量在于它能够把本地域的艺术和批判潜力加以浓缩，同时又对外来影响进行综合和再阐释。[②]（如上图所示）

在抗战时期，许多“海归”、传教士等，将西方的建筑文化带到中国，产生了建筑文化异地扩散现象。“文化因子从一地跃迁到较远的另一地，造成同一文化分布上的不连续及镶嵌现象。”[③] 这种异地扩散也叫作蛙跳式扩散，在建筑文化扩散过程中，传统建筑文化与西方建筑文化相碰撞，在这种文化碰撞中通过整合并产生新的建筑文化形式。考察新形式建筑景观的空间格局和造成这种格局的实践活动，我们能够了解本民族和其他民族的世界观。“家”建筑内部空间设计等方面的选择，体现了不同的人文特点。许多抗战居住建筑多采用中西结合特点，在居所内部空间进行活动分离：办公、会客、佣人住房活动区域，这些分离赋予了不同空间内的活动不同的地位和审美价值。当然，从文化地理学和社会学角度来看居住环境内部空间的分离设置，说明了我们信任的社会关系类型及战时活动性质。

二、公共建筑

1. 交通建筑

在抗战期间，机场作为重要的交通建筑在敌后方的军事进攻中起到了关键作用。作为抗战史迹建筑景观，交通建筑在空间上占有绝对的优势。一些交通建筑也可称为军事建筑，在军事活动中有着举足轻重的影响。在敌后方的成都，交通建筑不但承担了运输、转移等实际物质功能，而且承

① 国际现代建筑师协会：《北京宪章》，1999 年版。

② ［美］肯尼斯·弗兰姆普敦著，张钦楠译：《现代建筑——一部批判的历史》，三联书店 2004 年版，第 364 页。

③ 参见王星、孙慧民、田克勤《人类文化的空间组合》，上海人民出版社 1990 年版。

载了全民抗战的爱国情怀。纵然时空转换，抗敌救国的心不曾转变，人们根据交通建筑的史迹去探寻抗战时期军民一心的足迹。在时间维度上，人们不会忘却历史，来自内心的深度记忆，是对抗战精神的铭记，是对伤痛的回忆。在空间维度上，人们透过交通建筑真实地寻找并触摸家园的“存在感”。这种存在感是出于对国家与社会的认同，对文化的认同。通过这种认同警醒世人：勿忘历史，落后就要挨打。

2. 太平寺机场

位于成都市城南 8 公里处，有一占地 1014 亩，跑道为南北走向的机场。其主跑道为 2580 米×45 米，东面有一条独立的 690 米×20 米的小型跑道，这就是成都太平寺机场。

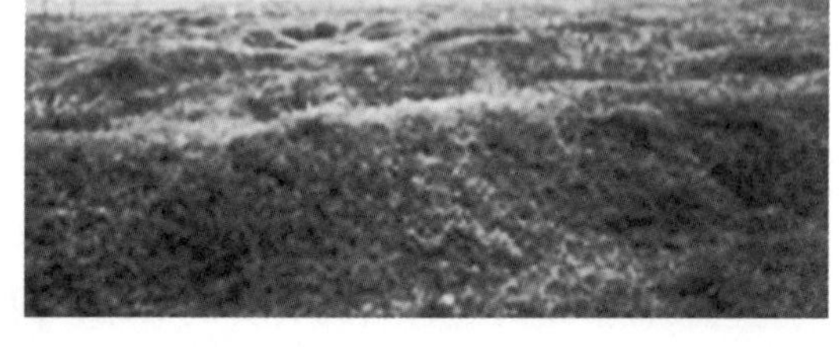

这座机场在抗日战争时期，对于整个四川乃至全国的抗战都起到了重要作用。当时南京、上海、武汉等地相继沦陷。战争局势紧迫，只有从敌后方的四川起飞，才能求得一线生机，太平寺机场也成为了唯一的救（生）命航线。当时在太平寺机场服役的飞机多为美国的 B29 重型轰炸机，B29 从成都直接飞到日本上空，避开日军眼目，成功空袭日军钢铁主产厂——八番钢铁厂。

今天在四川省航空运动学校内，一个高约 1.1 米、长约 1.5 米、重达 6 吨多的石碾躺在一片翠绿中。通过石碾一侧的斑驳影像，依稀看得见“太平寺机场工程处”“民国二十七年一月二十四日”等字样。这是当时修建太平寺机场时遗留下来的记忆，用以碾压地面。据相关资料显示，1939 年初，为了战略需要，国民政府密令，在如今出南门的红牌楼、簇桥一带修建太平寺机场。除此之外，在双流、新津、邛崃等地，新建以及扩建 9 处机场。[①]

精神文化是行为文化的内化产物，它反过来又指导、支配、发展和制约人类的行为。[②] 爱国的热情外化为动力，蜀地居民以满腔的热血与保卫祖国的决心，为抗日战争贡献自己的一份力量。全川 29 个县近 29 万的保甲壮丁投身于修建机场这项伟大的事业。修建机场的条件十分艰苦，国民政府仅能提供铁铲和十字锹两种工具，许多工具都是百姓从自家带来的。除此之外，从十几岁的少年到六十多岁的老人纷纷自带铺盖包被、扁担箩筐赶至太平寺机场用席子搭建的工棚。饿了，就吃盐巴泡饭；困了，就和衣而卧。相关资料显示当时修建太平寺机场的人多达 10 万余人。面对长为 1000 米，宽度为 50 米左右、厚度 1 米左右的机场，需要 10 万立方米的碎石。[③]这些碎石全是靠百姓们徒手去挖，人工肩传的方式，不分昼夜的将太平寺周围河道中的碎石挖光，用来铺做跑道。几个人合力将大石头用草绳套住，然后固定好，再用铁锤一点点反复敲击。妇女、儿童等体力较小的拿着小箩筐，捡碎石，运碎石，然后数百人拖动大石碾反复地进行碾压，夜以继日，彼此扶持，心甘情愿。在石碾旁所立的石碑写道："施工期间正值数九寒冬，没有压路机，那些头裹白帕、腰系麻绳、脚穿草鞋、衣衫褴褛的民工们，就用石碾子这种最简单的原始工具，不分昼夜紧张施工，如期完成了修建任务。"……恶劣的天气，艰苦的条件，这些打不倒蜀地人们的意志。哪怕在修建过程中，日机的轰炸，炸毁了原有的成果，炸了再修，凭借着这种顽强的毅力，太平寺机场提前竣工。作为军工建筑的太平寺机场，其"物质功能"是为抗战的胜利贡献出了自己的力量。然而更多的是人们通过"品尝"太平寺机场，回望历史，感受生命存在的意义与价值。太平寺机场不仅具有空间上的广阔美，同时具有心理空间的延伸美。面对太平寺机场，人们的官能受到刺激，并想象着战机起飞，奔赴战场的画面。

成都市武侯区文管所的刘孝昌及其同事在太平寺机场附近发现了 3 处幸存的地堡，经相关部门鉴定均为当时日机轰炸的军事掩体。史料显示当时在太平寺机场的东南西北四个方向分别修建了 4 处地堡。北面的地堡在

①③ 袁慧君：《国民党征 502 万民工修太平寺机场 顶日机轰炸施工》，《华西都市报》2014 年 8 月 10 日。

② 王恩涌：《文化地理学导论》，高等教育出版社 1989 年版，第 10 页。

20世纪70年代已被拆掉，如今保存最好的是位于省航空运动学校内的东地堡。长约6米，高约3米，宽约3米。西地堡因其地理位置等多方面因素，变成了驾校的“坡道训练场”。南地堡，则被簇桥镇三河村10组的黄志兴改成房子，爷孙俩居住了近10年。在汶川地震发生后，南地堡为爷孙俩提供了一份安心与平稳的住所。[①] 刘孝昌说：“地堡是军事掩体，半地下建筑。对空，防御敌机侵犯；对周边，保卫自己。机场很开阔，4个地堡就能看到很远的地方，足够进行防卫。”[②] 昔日的防空设施，不仅在当时起到御敌的作用，也为今日的蜀地居民提供了躲避风雨的港湾。

三、商业建筑

1. 励志社

抗战时期，位于商业街的“励志社”大楼是当时成都最高级别的民国四川省政府招待所。该大楼始建于1937年，建筑面积为2170平方米，大楼主体建筑为两楼一底的混合结构，砖墙、钢筋混凝土梁柱，木楼地面、木屋架、色筒瓦屋面。[③] 大楼外部空间的屋面采用仿清官歇山顶，2楼和3楼之间设有挑檐，外墙面以洗石装修，煞是好看。大楼内部空间更是豪华，客房内楠木墙裙、花色地板……甚是华丽。在抗战期间成为“美国援华人员招待所”，常有美军空军飞行员住宿在这里。美国著名作家海明威及其夫人来蓉时就住于此处。据相关资料显示，海明威的经典著作《丧钟为谁而鸣》，就是当年在招待所三楼的某个房间完成。[④]

---

① 参见张欧《爷孙在抗战航空地堡内居住十年》，《成都晚报》2010年7月6日。

② 参见陈四四《太平寺地堡见证抗战风云》，《四川日报》2010年8月27日。

③ 成都市地方志编纂委员会：《成都市志·建筑志》，中国建筑工业出版社1994年版，第50页。

④ 吴晓玲：《成都与世界　鲜为人知的那些事儿》，《四川日报》2012年11月16日。

2. “努力餐”餐厅

在成都市双流金河街 1 号有一家名叫“努力餐”的餐厅。二层的建筑，青砖外墙，朱红木窗，别有一番风味。追溯其历史，如今的这家餐厅是按照其最初创建的原貌复制的。努力餐，最初于 1931 年在成都市三桥南街开业，后来迁到祠堂街。在 1984 年的城市改造中，迁址到今天的金河街 1 号。

努力餐，是以当时中共四川特委委员车耀先的名义创办的。在餐厅的一楼，一层不大的陈列室，泛黄的史料展现了一个餐馆老板的故事。努力餐店名蕴含的意义颇多。在《古诗十九首》的《行行重行行》中写道“弃捐勿复道，努力加餐饭”，在卓文君的《回头吟》的附言《诀别书》中亦有“努力加餐勿念妾，锦水汤汤，与君长诀”，孙中山先生也曾说过：革命尚未成功，同志尚须努力……无论要解决何种问题，都需要努力。创办人车耀先先生曾在餐馆的墙壁上留下了一副对联：“要解决吃饭问题，努力，努力！论实行民生主义，庶几，庶几！”在战争年代，能让百姓吃上一顿物美价廉的百姓饭谈何容易！而车耀先的“努力餐”每天都会做出“大肉蒸饺”和“大众蒸碗饭”迎接民众。

经商为表，掩护党的工作是真。在抗战期间，革命人士只要在店里喊出“一菜一汤”的暗号，就可以在这里免费就餐。当时，车耀先根据党中央的指示，以这家餐馆作为掩护，努力开展抗日救国工作。这家餐馆成为了一个革命据点，特有的免费方式也在一定程度上解决了一些革命人士的吃饭问题。1937 年 1 月，车耀先在餐馆内设置了编辑部办公室，创办了有名的《大声》周刊。此刊物多次遭到国民党反动派的查封，后来更名为《大生》《图存》等。1938 年 8 月 13 日，刊物由于各种原因不得不停刊，从创刊到停刊这一年多的时间内，共出刊 61 期。[①] 车耀先曾用笔名先后发表了大量的社论、短评及延安通讯大力宣传抗日思想，缘此抗战时期的民间抗战文化迅猛发展。坚决反对内战，呼吁抗战，是当时四川抗日救国运动的一个先驱力量。在 1937 年成都地区的各个抗日救亡团体骨干联合成立了“成都各界救国联合会”，这个联合会的日常工作和交流便在这家餐厅。与此同时，一些抗日救国的爱国人士，大多选择这里作为活动中心，如沈钧儒、邹韬奋等，沈钧儒曾陪同邓颖超在这家餐厅与车耀先会面。

据说，当年努力餐有一道非常拿手的菜肴，包括了油炸丸子，心片等。在抗战时期，这道菜更名为“统一大菜”，表达了人们抗日的决心。如今这家餐厅保留了车耀先所创的一些菜肴。比如其当家菜生烧什锦“生烧什锦名满川，味道好、努力餐”。“要吃革命饭，请到努力餐”，今天人们吃的不仅仅是“革命饭”，更重要的是这饭中饱含的爱国情意。今日的“努力餐”餐厅站在十字街头，看着熙熙攘攘的过往行人，安静地做一个城市空间的看护者及见证者。

四、教育建筑

1. 复性书院

抗战时期国民政府为了保存民族文化，在嘉定（今乐山）乌尤寺开办了一所学校，这就是新儒家代表人物马一浮先生于 1939 年主持创建的复性书院。“复性”一词不仅是书院的称谓，更是马一浮先生的教育宗旨。在书院建立之初，马一浮曾经在给国民党行政学院的《书院之称旨趣及简要办法》中说道：“学术、人心所以纷歧，皆由溺于所习而失之，复其性则然矣。”[②] 在抗战时期，国家处于水深火热之中，马一浮认为只有挽救儒家道德和人心，国家才能获救，人民才能获救。马一浮一生最伟大的功绩莫

---

① 四川省地方志编纂委员会：《四川省志·文物志》，四川人民出版社 1999 年版，第 617 页。

② 马镜泉：《马一浮与复性书院》，《中华文化画报》2009 年 12 期。

过于创办复性书院。复性书院的创办，是马一浮学术思想用之于教育事业的一次实践，也是其整个学术思想的一次集中爆破。[①] 复性书院不同于传统的教育建筑，它饱含更多的是马一浮秉承儒学义理，明心见性，坚持学术独立自由的思想。马一浮曾在婉拒北大校长蔡元培的书信中说道：“今学官所立，昭在令甲。师儒之守，当务适时，不贵遗世之德、虚玄之辩。若浮者，固不宜取焉。甚愧不能拘教，孤远伫之勤。幸值自由之世，人皆获求其志。委巷穷居，或免刑谬。亦将罄其愚虑，幽赞微言，稽之群伦，敬俟来哲。”[②] 在马一浮看来，现代学校教育遗弃了传统教育，违背了自己的教育理念和主张，因而宁愿做个讲儒学的隐士，也不愿站在众人面前虚与委蛇，言不由衷。

作为重要的文化景观，复性书院不仅代表了马一浮的儒家思想，更是彰显了在抗战时期中华民族不屈的节气。马一浮先生一生的文化理想及教育理念汇至于复性书院，对于中华传统文化的认同和中华民族的认同都凝聚在复性书院。一代大师的风范不会随着时间的推移而消退，它将永远停驻在人们的心中。

① 刘炜：《马一浮的复性书院与传统儒学教育的现代转型》，《人文世界》2009 年。

② 《马一浮集》（第二册），浙江古籍出版社、浙江教育出版社 1996 年版，第 453 页。

2. 光华大学

在成都市光华村街55号的西南财经大学校园内，有一棵双株象征胜利的“V”字形铁树屹立在校园内，这棵双株铁树记载着一段华夏师生爱国的历史。

现在西南财经大学的前身是1925年上海创建的光华大学，当时在“五卅”爱国反帝热潮中，广大爱国师生从美国圣约翰大学脱离出来，并拥护张寿镛创办光华大学，校名取自“日月光华，旦复旦兮”（《卿云歌》），象征反帝和复兴中华的精神。在抗战期间，1938年光华大学从上海内迁到成都，后定名为光华大学成都分部，今日的光华街也因此而得名。在内迁到成都后，光华大学校长仍由张寿镛担任，同时聘请了谢霖为副校长并主持分校工作。在四川各界的大力支持下，光华大学成都分校在1938年3月1日正式成立。在新校址动工时，谢霖带领广大师生种下了这棵双株铁树，象征对抗战胜利的决心。在抗战胜利后，光华大学在上海复校，成都分校交给四川接办，并更名为成华大学。在1953年前后先后并入西南地区的16所财经院校、综合大学的财经系科，并更名为四川财经学院（现名为西南财经大学）。走在西南财经大学光华校区的校园，一些久经风雨的建筑正在翻修，似乎在诉说着一代师生故事：他们不畏牺牲、敢于斗争，在烽火战争中努力学习拼搏，为国家贡献自己的一份力量。

五、文化街区及景观

有形的物质文化现象在空间上的表现便是文化景观。传统意义上，文化区是指某种文化特征或具有某种特殊文化的人在地球表面所占据的空间。在抗战期间我们通过空间物质文化现象在地理上的位置分布和范围，战时四川形成了多个非常重要的文化街区及文化景观，其中主要包括祠堂街文化街区和华西坝文化景观及李庄文化景观。

1. 祠堂街文化街区

在成都天府广场的西侧，有一条长不过300米、宽约30米的老街。街道两侧保留着许多近现代建筑，包括新华日报成都办事处旧址、聚兴诚银行旧址、四川美术协会旧址等，这就是祠堂街文化街区。追溯祠堂街的历史，会发现祠堂街本为清代正蓝旗三甲地界。在康熙年间，满城的旗人驻军曾为当时的四川总督年羹尧建生祠于此，由此得名“祠堂街”。

青砖灰瓦，绿树新芽，如今的祠堂街各种小商铺林立。多年前，这里也是一片盛景，它是战时的文化传播地。当时的祠堂街被称作是“新文化街”，从“七七事变”到新中国成立前夕的12年中，成都先后开设各种书刊新店267家、文具店54家，而开在祠堂街的书刊新店就有183家、文具店34家。[①]祠堂街书店鳞次栉比，文人雅士及学生大多会聚于此看书。这里的书店大小不一，规模不等，有当时闻名的开明书店、大东书局、正中书局、普益书社等。其中，有些书社在新中国成立初期还存在，比如普益书社，其出版《中国语文学概说》等书籍令人印象深刻，在抗战期间普益书社还自编自印教材供应战时需要。祠堂街的大部分书店对外开放，读者可以随意翻阅，也可抄写。这里所藏书目种类齐全，包括当时一些具有进步思想的书籍如《彷徨》等。这些书籍成为战时人们汲取进步思想的源泉。在抗战初期，这里除了宣传进步思想、销售书目以外，书店还自发组织了“祠堂街店员业余歌咏队”。他们

① 袁庭栋:《成都街巷志》(下卷)，四川教育出版社2010年版，第696页。

早晨练唱救亡歌曲——被称为“晨呼队”，晚上去街头宣传、讲演，还多次与其他抗日宣传团体联合演出，[①] 在当时产生了深远的影响。

在少城公园内，有一块石碑，正面由著名作家马识途写的“四川美术协会故址”几个大字。这里曾留下了“蜀中三张”张善子、张大千、张采芹的足迹，张采芹当时在自己兼职聚兴诚银行成都办事处内设置了自己的画室，吸引了许多画界人士来此聚会切磋画艺，并组织了“蓉社”“成都美术协会”“蜀艺社”等。在抗战爆发后，全国一大批艺术家来川避难。由于战时环境等多方面影响，包括国画大师徐悲鸿等著名画家的作品无法展出，画家们面临生存危机。这时张采芹将“蓉社”“成都美术协会”“蜀艺社”合并为“四川美术协会”，纪念建筑中一些重要的雕塑如无名英雄铜像等就是在四川美术协会的支持与协助下完成。经过努力，1942 年在祠堂街一个一次能展出百余幅画作的四川美术协会展厅建成。在四川美术协会展厅建成后，吸引了更多的画家来此寻求落脚之地。协会的会员人数与日俱增，成都的美术文化出现了空前的盛况，成为战时全国的美术中心。根据四川日报记者深入调查，在会址落成后一年内，四川美协会员们就共同举办了大型书画展 35 次，文艺座谈会、演讲会、音乐会、研究会多达 10 余次。[②]在四川美术协会展厅里，成都成为战时的美术文化核心区。不同的艺术风格在这里会聚整合，又从这里开始扩散。

在祠堂街 38 号，一栋青砖白瓦的中西合璧式小楼映入眼帘，这里曾经是中国共产党在国统区唯一被允许公开发行的报纸——《新华日报》驻成都的办事处旧址。1938 年 1 月 11 日，《新华日报》在武汉创办，1938 年

①② 参见裴蕾《祠堂街　留在记忆里的诗情画意》，《四川日报》2011 年 3 月 25 日。

10 月 25 日武汉沦陷后，《新华日报》迁往重庆继续出版。“1938 年 3 月 12 日，汉口《新华日报》在成都祠堂街 103 号设推销组，罗世文（四川威远人）任主任。”① 在抗日战争时期，罗世文授命回四川工作，主要负责抗日民族统一战线工作。时任中共中央驻重庆办事处负责人及南方局书记的周恩来曾下榻这个办事处。这个办事处曾是中国共产党地下组织进行革命事业的一个重要据点，至于这样的一个重要办事处，之所以选址在此是祠堂街的书店众多，是众多文人墨客爱去的地方。一栋看似不起眼的小楼，在 1938 年至 1947 年的 8 年时间里，却用它独有的方式收藏了一段艰苦的历史，一段纸上战火弥漫的故事。在这里，中央南方局先后在这栋小楼里建立了七个支部，传播党的思想，开展抗日宣传。今天，人们唯有通过触摸冰冷的古墙才能祭奠冰冷而又充满热血的历史。

在祠堂街文化街区还有一个重要的园林景观——少城公园（现人民公园）。据史料记载，少城公园最初的位置是在今天保路纪念碑以东的一片地区，面积约为 50 多亩，是今天人民公园总面积的 1/5，随着时间的推移，少城公园逐渐成为成都市功能最多的公园，是当年成都最大的综合性文化设施所在地，又是当年成都市最大的群众活动和集会的场所。② 在抗战时期，1937 年 9 月 5 日约 5 万人的川军出川抗敌欢送大会在这里举行。1939 年 10 月 14 日的成都第一届市民运动大会也在这里举行。而在 1942 年 7 月 27 日，日本侵略者对成都进行残酷轰炸的主要地点之一就是少城公园，公园内当时血肉模糊、残肢断臂混杂着鲜血挂在树上和墙上……

如今祠堂街早已成为一个文化街区，是抗战文化的象征。作为抗战建筑文化的一个重要文化区位，祠堂街在承载历史印记的同时，也承担了文化的宣传工作。抗战精神及文化因子由祠堂街扩散到其他领域，产生文化迁移，从而形成了祠堂街特有的红色文化。③

2. 华西坝

华西坝文化景观位于成都的锦江之滨，古南台寺的西面，因 20 世纪华西协和大学的建立而得名。典雅的建筑群落，清幽的风景，这里不仅成为重要的旅游文化圣地，更是许多莘莘学子梦寐以求的学府。古色古香的校

---

① 参见四川省人民政府参事室编《抗日战争时期四川大事记》，华夏出版社 1987 年版。

② 袁庭栋：《成都街巷志》（下卷），四川教育出版社 2010 年版，第 670 页。

③ 刘大平、李晓雾：《中国建筑史与文化地理学研究》，《建筑学报》2005 年第 6 期。

园，进进出出的学生，让人浮想联翩，想象昔日的华西坝，想象在这里读书的惬意。绿树红花、青瓦红檐的西式小洋楼别是一番醉人的风景。华西坝的空间建筑及空间位置经过百余年的考验，留给世人丰富的物质文化及精神文化财富。

华西坝以华西协合大学为核心的周边区域，已为西洋文明传至中国西部的聚散中心。华西协和大学由西方传教士筹建，学校由英国建筑著名的建筑学家弗烈特·荣杜易（Fred Rowntree）（1861—1927）设计绘制。在1913年，在当时华西协和大学理事部的邀请下，荣杜易等一行人先到北京考察中国传统古典建筑后，来到四川成都并结合成都的特点，完成华西协和大学的蓝图，此时西方的建筑文化通过传教士这个通道传到中国。

华西协和大学从1915年到1928年十几年间，建成大小楼房40多幢。重要建筑包括事务所、图书馆、钟楼、生物楼、医科教室、教育学院、赫斐院、万德门教室及学舍、华英中学舍、明德中学舍、协合宿舍、教员住宅29所、邮局、巡警室等。[①] 设施齐全、功能完备，不同于当年华西协和大学周边狭小、破旧的建筑，华西坝建筑群形成了完整的基督教教育体系建筑文化。这些建筑将中国传统建筑中的飞檐、斗拱与英国中世纪建筑式样融合，中式屋顶配以西式小洋楼的建筑风格成为当时中国官方建筑的标示。

① 张丽萍：《华西建筑群与成都城市的近代化》，《文史杂志》2001年第5期。

华西坝建筑景观具有强烈的韵律美，在序列组合上因地制宜，节奏鲜明。

在1937年抗战爆发后，北平的燕京大学、协和医学院，南京中央大学医学院、金陵大学、金陵女子文理学院，济南的齐鲁大学等多所高校内迁至成都。一时间，华西协和大学成为战时中国三大文化交流中心（华西坝、沙坪坝、西南联大）之一，人才济济。华西坝也从文化边缘成为文化核心区。在这里，人们高谈阔论，为民族的事业贡献自己的一份力量。

华西坝具有深厚的文化底蕴，是成都的重要地标之一。基督教通过传教士在空间上将文化从西方带进中国，在文化扩散的过程中，西方文化与中国传统文化发生整合，并产生新的文化元素。这些文化元素通过时空转换，逐渐形成今日具有多重含义的文化景观。华西坝作为成都重要文化地理景观，人们可以追逐历史的脚步，寻找昨日的成都，感受成都的文化底蕴。与此同时，华西坝成为成都人民对于成都文化认同的重要组成部分。

3. 李庄

李庄，在空间位置上位于宜宾下游19公里处的长江南岸，素有“万里长江第一古镇”之称。早在春秋战国时期李庄便是古僰人的聚居地，距今已有1400多年的历史。得天独厚的自然地理环境，李庄形成了“江导岷山，流通楚泽，峰排桂岭，秀毓仙源”的地理风貌。千年的历史，如今的李庄有着众多的文物古迹，人文景观荟萃。从空间物态元素来讲，李庄拥有规模宏大的古建筑群落。这些古建筑在历史中得到了较好的保存，比较完整地体现了明清时期建筑的特点，石板街道、雕花门窗……由于川南地区相对潮湿多雨，因而李庄多以木制建筑为主。古建筑学家梁思成及夫人林徽因曾在此居住多年，对于李庄的建筑颇为赞赏。“在一切从实际出发又具有审美功能的物质产品中，建筑的审美价值最大，包含的内容最多。”[①] 在李庄，无论对于建筑本身还是建筑材料而言，都具有极高的审美价值。比如李庄“四绝”（旋螺殿、奎星阁、九龙石碑、百鹤窗）中的百鹤窗雅致的图案与镂空图案交相辉映，恰到好处。在材料上，选择楠木不仅可以防止湿气入侵，同时发出淡淡的幽香，给人一种赏心悦目之感……

文化在一个地区留下的痕迹间接表明了不同时期地理景观的消逝、增长、变异及重复的总数。[②] 如果没有时间和空间的关系，今天的李庄也许只是鲜为人知的一个小镇。然而作为“历史的重写本”,[③]李庄的过去与现在融合在一起，记录下各种变化，文化含义也在不断更新着形式。今日的李庄在历史车轮的前进过程中，成为一个含有多重文化含义的重要文化景观。

在这里，感受千年古韵，碰触抗战留下的印记。今日，人们谈起李庄，首先想到的便是抗战。在抗战期间，李庄成为当时与成都、重庆、昆明齐名的四大抗战大后方文化中心之一，李庄的抗战文化也被人们关注。李庄抗战文化，主要指抗战时期（从 1941 年到 1946 年），以国立同济大学、中央研究院历史语言研究所（简称中研院史语所或直接简称史语所）为代表的一批著名教育机构和研究机构因躲避战乱内迁到李庄后的历史文化活动及成果。[④] 这一次的文化大迁徙，路途遥远、过程艰难，然而却带来了深远的影响。文化的转移、扩散与融合，李庄古镇瞬间充满了学术科研气息，在科研、文化教育等领域呈现繁荣景象。在文化整合的过程中，李庄的教育体系逐渐完善。从幼儿园到研究生，在这里你可以做到不出小镇便可得到很好的教育，从李庄走出的栋梁之材不计其数。在抗战时期，李庄的有志青年们不畏惧艰苦的生活，钻研学术、心系祖国，爱国的赤子之心伴随着李庄共同发展。他们的精神是中华民族之所以能够生生不息的精神支柱。

---

① 参见王世仁《中国建筑的审美价值与功能要素》,《文艺研究》1986 年第 2 期。

②③ ［英］迈克·克朗著，杨淑华、宋慧敏译：《文化地理学》，南京大学出版社 2005 年版，第 28 页。

④ 常智敏：《李庄抗战文化研究纵论》,《西南民族大学学报》2011 年 10 期。

在时间上，李庄经历了一场没有硝烟的文化战争，谱写了一曲曲壮丽的乐章；在空间上，李庄是中国建筑史的一个重要地标，是城市景观的组成部分。李庄文化景观所蕴含的意义对于当下具有重要意义，一方面作为中国传统文化的一个重要组成部分，对于中国抗战精神文化的传承具有重要意义；另一方面李庄在一定程度上弥补了抗战史研究的不足。

第二节　纪念建筑

抗战期间，自从国民政府移驻重庆，重庆城成为了全国抗战的中心，为鼓舞广大民众的抗战，一座精神堡垒成为整个重庆城市中心的地标，这座位于城市中心都邮街广场的建筑在抗战胜利后华丽转身为“抗战胜利纪功碑”，成为了重庆抗战纪念性建筑的代表。

抗战期间，重庆市政府于1941年12月30日，在市中区都邮街广场建成了一座碑型建筑，整体为四方形炮楼式木结构，共5层，顶端有一旗杆，通高7.7丈（约25.67米），寓意为纪念“七七”抗战。为了防止日机以此为目标进行轰炸，外表被涂成了黑灰色，柱底正面面对民族路，上题“精神堡垒”四个字，在其最上面一层中部，装饰有新生活运动蓝底红边的会徽图案，绘为盾形标记，其中心安有指南针。柱顶为五角形，顶悬国旗，顶端的周边呈城垛样式，在城垛中央还放了一个深蓝色的大瓷缸，里面可置棉花、酒精，遇有重大集会或活动，即以火炬点燃，以示自强不息。地面则利用炸毁空地，辟作通衢广场，方便观瞻。至此，“精神堡垒”便成为陪都各界及当局举行庆典，集会的场所。在后来的重庆抗战期间，日机轰炸重庆，“精神堡垒”被炸坍塌。后经拆除，在原地辟成街心草坪，当中立根旗杆悬挂国旗。[①] 在抗战期间，这是重庆人团结抵御外敌的标志建筑，更是中国人心目中不败的精神堡垒，它坚定着民众抗战救国的信心，重庆人民将这种情感凝聚在了这一建筑物中。

抗战胜利后，在原“精神堡垒”的基础上，重庆市政府重新提议并决定修建更为宏伟的“抗战胜利纪功碑”，以纪念抗日战争的伟大胜利。这

① 邓又萍：《陪都溯踪》，重庆出版社2005年版，第156—157页。

一纪念性建筑由建筑师黎伦杰设计，由天府营造厂承建。1946 年 10 月 31 日市长张笃伦主持奠基，次年 8 月竣工，10 月 10 日举行了揭幕典礼。纪功碑不再是木质结构，而改为钢筋水泥建造，总高 27.5 米，由碑台、碑座、碑身、瞭望台、报时钟、警钟和灯光照明、纪念钢管、风向器、风速器和方位仪等几部分组成。碑台是半径 10 米，高 1.64 米的圆形青石台。碑座采用北碚出产的上等峡石做成 8 面石碑，以 8 块青石砌结护柱组成碑柱，石碑嵌于碑座外面，铭刻碑文五则，其中就包括国民政府明定重庆为陪都的全文。碑身的整体造型为八角形柱体，高度为 24 米，由 4 米直径的圆筒构成，内部圆形，外为八角形，每角边线条以米黄色釉面砖铺砌，内部有悬臂旋梯至瞭望台，旋梯共 140 级，分 7 层，有 24 个窗。沿着旋梯设胜利走廊，廊上挂抗战英雄伟大战绩及日本投降签字等油画。下边嵌藏各省、市赠送的纪念物品及社会名流题赠的碑石。瞭望台直径为 4.5 米，较碑身约宽，环碑身一周，可容纳 20 人登临远眺整个市区。瞭望台下碑身正对马路的四面可见报时的标准钟，钟面之间分别为四幅陆海空军将士及后方生产的工人、农民的浮雕。瞭望台顶上设风向仪、风速器、指北针及有关测候仪器。[①] 碑身最高点圆顶下设有一个警钟，为了方便在节庆日或报警时传达市民。碑面向民族路，上面镌刻有“抗战胜利纪功碑”七个鎏金大字。上面落款为：“中华民国三十五年十月三十一日，重庆市市长张笃伦。”[②]

抗战胜利纪功碑[③]

除了抗战期间遗留下来的建筑，为了纪念历史，人们选择在原有的地理景观或另选新址，建造抗战纪

① 重庆市地方志编纂委员会：《重庆市志》（第七卷），重庆出版社 1999 年版，第 289 页。

② 冯开文主编：《陪都遗址寻踪》，重庆出版社 1995 年版，第 127 页。

③ 欧阳桦：《重庆近代城市建筑》，重庆大学出版社 2010 年版，第 167 页。

念建筑。为了收藏抗战历史，修建纪念馆或博物馆。为了纪念抗战阵亡的将士，修建纪念堂、纪念碑或雕塑。它们作为见证华夏民族抗战救国的见证，带有沉重的历史意义。这些为了铭记几近忘却的记忆而修建的地理景观，时刻警醒着人们不能安逸于今天的享乐，以历史的教训不断激励自己前进，这些纪念景观应该得到保护与纪念。

1. 建川博物馆

由民营企业家樊建川创建的建川博物馆群落，坐落于成都大邑县安仁古镇。该建筑聚落占地 500 亩，面积约 10 万平方米。博物馆以“为了和平，收藏战争；为了未来，收藏教训；为了安宁，收藏灾难；为了传承，收藏民俗”为主题，囊括了抗战、民俗、红色年代、抗震救灾四大系列，30 余座分馆，目前已建成开放 25 座场馆。据资料显示在这个建筑群落里拥有藏品 1000 多万件，其中国家一级文物占 329 件。可以说建川博物馆的民间资本投入之多、建设规模之大、展览面积之广、收藏内容之丰富都是其他民间博物馆所不能媲美的，这对于民间博物馆的发展具有重要意义。[①]

① 参见唐陌楚《历史细节的还原与再现——樊建川和建川博物馆聚落》，《收藏界》2006 年 02 期。

建川博物馆馆藏系列共分为抗战系列、抗战故事、红色年代系列和民俗文化四个部分。其中抗战系列包括中流砥柱馆、正面战场馆、飞虎奇兵馆、不屈战俘馆、川军抗战馆、众志成城馆、汉奸丑态馆、侵华日军罪证馆共8个展馆和3个广场：红色广场、中国壮士（1931—1945）群雕广场和中国老兵手印广场。除众志成城馆、汉奸丑态馆、侵华日军罪证馆三个展馆外，其余均已开放。

且就川军抗战展馆而言，展厅面积2087平方米，分为“3000000川军出川抗战”“3000000壮丁奔赴前线”两大部分。设计者徐尚志（国家建筑大师）在设计时不仅保持了川西建筑的传统风格，更是进行了创新。在外观上，保留了川西建筑朴素典雅而又飘逸的风格；在展示手段上，通过场景复原、雕塑、沙盘模型等多种艺术表现手段力图表现300万川军出川抗战、300万壮丁奔赴前线的历史史实，让观者触摸历史的烙印。

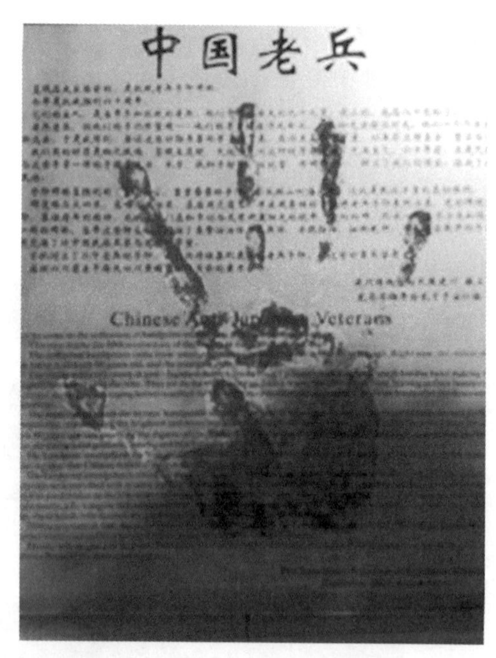

这样的一个建筑群落，表现出一种情感中的理性美。[①]这种理性用保护历史的方法镌刻历史，用守护这段特殊岁月的方式去祭奠那些在抗日战争中逝去的灵魂。如今，建川博物馆群落已成为一个文化符号，一个文化区位，吸引了世界各地的人们来此缅怀历史。建川博物馆建筑群落不仅是一个文化的凝聚点，同时也是抗战文化辐射点。今日它是旅游胜地，也是民族精神的扩散区之一。正如该馆馆长樊建川曾说：“建博物馆、收藏文物是为了记录和还原历史，这不仅仅是为了纪念，而是为了让每个人的心灵都直面民族创伤，让战争的记忆成为民族的

① 李泽厚：《美的历程》，文物出版社1981年版，第63页。

思想资源。”[1] 为了和平而去收藏战争，为了未来而去收藏历史，这是樊建川建馆的初衷。让现实的人们永远铭记历史，以史为鉴，时刻提醒人们勿忘历史。

2. 雕塑

雕塑是一门古老的艺术。早在远古时期，人们就开始用黏土和石头表达思想情感。随着时代的发展，雕塑不断被赋予新的时代精神和社会功用。它们是城市空间建筑的组成部分，是人们将记忆形象物化了的重要表现。实际上雕塑是一门以物质载体来表现丰富思想情感和精神理念，以一定空间体量方式构成的可视可触的造型艺术。[2] 这种造型艺术运用具有三维空间的体积来塑造美的形象。雕塑作为景观小品，[3] 以静态造型表现作品的动感，展现着时空变幻。这些静态的雕塑，宛如高度凝练的诗歌蕴藏着丰富的内涵。通过不同的雕塑形式及内容，反映不同时期人的社会生活及人本身的智慧感情和运动。如今，雕塑成为人们纪念逝去亡灵的重要纪念建筑。累月经年，这些雕塑仍旧毅然地站在城市的街头小巷。它们不仅是现代城市的地理景观，美化了环境，拓展了城市公共空间，还是现代城市文化的一个表征，更是人们追念先人们的寄托。

在寄托追念先人的道路上，有一个人为此做出了杰出贡献。他就是现代雕塑大师——刘开渠，一个开启了中国现代公共雕塑新篇章的伟人。他的一生拥有许多著名的作品，其中包括了人民英雄纪念碑等抗战纪念雕塑。他的作品散落在中国许多个城市，当然也包括成都。对于成都而言，他虽然只是一个过客，却为成都留下了宝贵的物质财富及精神财富：川军抗日阵亡纪念碑、川军抗日阵亡将领王铭章骑马像、川军抗日阵亡将领饶国华像、川军将领邓锡侯像、川军抗日阵亡将领李家珏骑马像、抗战阵亡将士纪念碑……

3. 川军抗日阵亡纪念碑

在成都市人民公园东大门外的临街小广场上，矗立着一座由碑和碑上的川军士兵铜像组成的纪念碑——川军抗日阵亡纪念碑，又叫无名英雄纪

---

① 殷樱、周迪迪：《中国民间最大博物馆群“馆奴”：守护民族集体记忆》，中国新闻网2013年10月19日。

② 杜蜀秦：《城市雕塑与城市公共空间关系探究》，西安美术学院2012年硕士学位论文。

③ 参见郭明《景观小品工程》（绪论部分），中国建筑工业出版社2006年版。

念碑。碑上士兵手握步枪，背着斗笠大刀，胸前挂着两颗手榴弹，身穿短裤，绑着绑腿。这个士兵目光像猎鹰，似乎看到了前方有敌人，时刻准备着冲向远方。

在纪念碑红色花岗岩的一侧，记录了在抗日战争中川军的贡献及牺牲。所刻录的文字是来自 1945 年《新华日报》社论《感谢四川人民》。而在纪念碑的背面刻着其在空间和时间上的变化过程：

> 作者：刘开渠（1904—1993）
> ……
> 成都市文化界和社会团体造像委员会
> 1944 年 7 月 7 日立
> 原址：成都市老东门城门内
> 1965 年因交通建设被拆毁
> 纪念碑重建
> 作者：刘开渠（时年 85 岁）
> ……
> 成都市人民政府
> 1989 年 8 月 15 日重建于成都市万年场二环路口

重建的纪念碑当时坐落于成都市东郊新华小区（万年场）的街心花园中央，碑坐西向东，通高 9 米，铜像高 3 米。① 今日人民公园的纪念碑便是二环路口搬来的，这座纪念碑经历了几番飘摇，几番动荡，终于站在这里向世人诉说历史的故事。德国哲学家黑格尔说“雕塑使心灵和身体形状

① 四川省地方志编纂委员会：《四川省志·文物志》，四川人民出版社 1999 年版，第 594 页。

直接统一起来”。[①] 透过一名普通川军士兵的形象及面目表情等外部空间，我们感受到了其心理空间：对于生命和国家的理解。在特殊的年代，一个普通士兵面对无情地战争，选择用生命去爱国家和民族。“雕塑空间结构呈现出自身的无限丰富的形态，作为一种形象的语言向观众传达着具有无穷意味的信息。”[②] 战争的年代虽然过去，川军抗日纪念碑以自身的形象向人们传达勇往直前、坚决不放弃的精神，这种精神不会随着时间的变化而消失。

川军抗日阵亡将领王铭章骑马像（1939 年），立于少城公园（今人民公园），1952 年拆除，已毁。

一座基座宽 1.3 米左右、高 1 米，像高为 3.6 米，四周刻有“浩气长存，祭阵亡将士”大字的塑像曾经矗立在少城公园，该塑像的主人公是川军抗战将领王铭章的骑马像。王铭章（1893—1938），字之钟，汉族，四川省新都泰兴场人。在“七七事变”后，王铭章请求率领部队开赴前线，其部队出川后驰援晋东，在进入太原后，与日军展开激烈交战，损失惨重。在 1937 年底，日军占领南京后，徐州会战开始，王铭章奉军令奔赴鲁南，增援北线作战。在后来的多次战争中，王铭章率领部队勇往直前。在 1938 年滕县之战中，王铭章指挥第四十一军，英勇杀敌，勇挫日军，为徐州台儿庄大捷做出了重大贡献。[③] 然而王铭章在亲临城中心十字街口指挥作战时，不幸身中数弹，为国捐躯。

这座塑像对于成都乃至中国的美术雕塑具有重要意义。首先，雕刻材质上的创新。王铭章骑马像不同于以往采用泥、黏土、石块为雕刻原料的塑像，而是采用青铜作为雕刻材质。在色彩上给予观者以视觉的冲击感及美的享受，丰富了城市空间建筑的装饰色彩。其次，塑像的意义非凡。这座雕像是刘开渠在成都雕塑的第一尊作品，更是成都竖立的第一座公共空间塑像，对于中国的城市空间雕塑的发展具有创造性意义。同时有利于城市文化的发展，不仅美化了成都的空间环境，更增添了几分人文气息。

在王铭章骑马像修建完成后，于 1941 年又修建了铭章中学（今新都一中，校园内还有一处铭园）。在 1984 年，四川省人民政府在新都新建了

① 方珊等：《多维的视像：雕塑美》，北京师范大学出版社 2011 年版，第 3 页。
② 何力平：《为雕塑凿七个孔：雕塑语言研究》，人民出版社 2010 年版，第 41 页。
③ 参见袁庭栋《成都街巷志》（下卷），四川教育出版社 2010 年版，第 703 页。

王铭章墓园，并重建了铜像。这座雕像早已被毁，难以寻觅昔日的场景。[①]除了王铭章骑马像被毁以外，还有许多塑像先后被毁，难以找到相关的建筑史料，唯能从人物的生平事迹中缅怀这些英雄们。

川军抗日阵亡将领饶国华像（1939 年），立于中山公园（后来的劳动人民文化宫），已毁。

饶国华（1894—1937），名厥卿，字弼臣，四川资阳市东乡（今雁江区宝台镇）张家坝人。“七七事变”后，主动请缨抗战。饶国华告别 70 岁老母亲，恩师及怀孕 5 个月的妻子出川。在出军前饶国华发誓：“决心率所部效命疆场，不驱逐倭寇，誓不还乡。”在 1937 年 11 月，饶国华率部步行一个月两千里，到达前线。这时，沪苏常已失守，日军兵分四路进攻南京。第二十三集团军唐式遵委派饶国华率部镇守广德。日军在先进军事装备掩护下，直击广德。27 架飞机轮番轰炸，重型机枪轮番上阵。饶国华从泗安被日军逼至广德。日军占领广德，饶国华只剩下一营士兵，面对下属的逃跑，面对日军的劝降，饶国华向天怒吼：“小日本，当年威廉二世强盛一时，不免败亡，今日你虽猖獗，终有破灭的一天。”在给第七战区司令长官刘湘写了绝命书后，12 月 1 日凌晨饶国华举枪自尽，以死捍卫保卫祖国的决心。

川军将领邓锡侯像（1943 年），立于少城公园，已毁。

邓锡侯（1889—1964），字晋康，四川营山县人。在抗日战争全面爆发后，邓锡侯在全民抗战热潮下，主动请求出川抗战。在 1937 年 9 月，在成都“四川省各界民众欢送出川抗敌将士大会”（少城公园内）上，邓锡侯义正词严地说：“我们四川人是具有爱国传统精神的，川军出川以后，如战而胜，当然很光荣地归来，战如不胜，决心裹尸以还！”他的这番言辞鼓舞了战士们的士气，其率领的部队以满腔热血投身到爱国救亡战争中，以血肉之躯、以粗糙的武器去与敌人搏斗。在后来军事要地徐州战事吃紧时，邓锡侯率部从山西洪桐赶赴鲁南，在与王铭章率领的部队配合下，为国军主力部队到达徐州争取了宝贵时间。在驻守鲁南时，邓锡侯体恤民情，深得当地人们的厚爱，当时群众还作了一首律诗赞颂邓锡侯及其部队将士。

---

① 参见袁庭栋《成都街巷志》（下卷），四川教育出版社 2010 年版，第 704 页。

川军抗日阵亡将领李家珏骑马像（1945 年），立于少城公园，已毁。

4. 抗战阵亡将士纪念碑

在成都青白江区（1981 年建立）的家珍公园（原金刚公园）的露天茶园中，有一座高 4 米左右，三棱柱造型的纪念碑，碑顶呈三角攒尖状，样式不同于常见的纪念碑。这是保留下来的另外一座抗日战争纪念碑——抗战阵亡将士纪念碑。这座纪念碑由县长严光熙主持修建，建于民国二十七年（1938 年）7 月 7 日。碑身正面刻有“抗战阵亡将士纪念碑”九个字。石碑正面左侧部分的字已有部分被凿去，而另两侧分别有“易营长明道抗倭死事纪念碑”和“耿营长明抗倭死事纪念碑”字样。

易明道，金堂杨柳桥人，曾是金堂中学的教师。在抗日战争全面爆发后，他弃笔从戎进入南京中央军校学习。在河南一带作战时，与日军进行殊死抗战，身受重伤，逝于安阳军医院。耿明，金堂城厢人，毕业于黄埔军校，在 1937 年南京保卫战中，被日军飞机投弹击中，重伤不治身亡。

纪念碑与公园的空间结构关系使纪念碑的内外空间得到交流和渗透，今日的抗战阵亡将士纪念碑与公园景色浑然一体，是青白江重要的人文景观。面对这个人文景观，人们看到的不是独立的空间纪念碑，它为记忆提供了一种自然化的场所，[①] 这种场所是外部空间与观者的精神世界相结合的统一体，观者的心理空间在不断延伸，纪念碑具有了审美、教育等功能。基于此，1992 年四川省人民政府批准青白江区城厢镇为省级历史文化名镇，1993 年成都市人民政府又批准家珍纪念专祠为成都市青少年品德教

① 参见李建盛《公共艺术与城市文化》，北京大学出版社 2012 年版，第 290 页。

育十大基地之一。①

5. 墓碑

刘湘墓

在成都武侯祠博物馆的邻边是率川军出川抗击日寇统帅、首任重庆大学校长刘湘（字甫澄）的墓园。该墓园始建于1941年，1953年改称南郊公园，目前归武侯祠博物馆管理。墓园园区占地面积约为130亩，在长达400米的中轴线上，依次为牌坊门、旌忠门、碑亭、东西配堂、荐馨殿、墓冢等建筑。墓园由著名建筑学家杨廷宝设计，在建筑风格上仿照北京清陵的建筑风格，具有幽然静谧之美。

刘湘（1889—1938），字甫澄，四川大邑人，曾任川军第21军军长等职。在1937年“卢沟桥事变”爆发后，刘湘曾呼吁全国抗战，并在南京国防会议上表示四川会尽最大努力参与抗战。在同年9月1日，刘湘亲自率领部队出川抗战，并担任第七战区司令官。在1938年，刘湘在汉口胃病复发，病逝。刘湘曾留下遗嘱说：“敌军一日不退出国境，川军则一日誓不还乡，以争取抗战最后之胜利，以求达我中华民族独立自由之目的。此嘱。”今日在建川博物馆的川军抗战馆的外墙上，可以见到这句“敌军一日不退出国境，川军则一日誓不还乡”。除了此处墓园外，在成都盐市口也曾立有刘湘骑马像，然而在1950年被毁。

赵渭滨墓

成都市青羊区望仙场街锦江南侧，有一座墓碑在经历了多年的无人问津后，终于在世人面前显露出它的真面目。它的主人不是名震一方的将军将领，更不是富甲一方的权贵。他是在时隔47年后，被四川省人民政府追认为烈士的赵渭滨。

赵渭滨（1894—1938），字象贤，成都人。在1938年初，时任国民革

① 参见杨绍兴《谒青白江“抗战阵亡将士纪念碑”》，《四川统一战线》1995年第9期。

命军陆军第41军122师参谋长的赵渭滨跟随王铭章从山西转战鲁南地区，奉命固守滕县。3月中旬，在敌军猛烈攻击下，一天的奋战突围不成时。王铭章和赵渭滨等人欲利用城墙电线缝通道赶至火车站，在行至西关外电灯厂附近时被日军发现，遭受了机枪扫射。赵渭滨倒在了枪林弹雨中，就地葬于滕县。今天人们看到的墓碑是由成都市西城区政府在1985年8月25日修建，占地面积20多平方米。[①] 后来，这座墓碑被有关部门发现后进行了维修改造，修缮后的赵渭滨烈士墓占地40多平方米。为了让后人了解他的故事，翻新后的墓碑详细介绍了他的生平事迹。

通过雕塑，我们可以看出人们选择以各种方式重建被破坏或消失的抗战建筑，因为只有过去存在的记忆是远远不够的。重建这些抗战建筑重新构建城市的机体来表达记忆，哪怕只是一个复制品，人们坚信重建可以确保文化历史能够得以延续。[②] 其实，无论是真实的存在，还是缺位的空白，都在告诫人们不要忘记历史。同时，我们发现纪念碑、雕像及墓碑等雕塑，往往与园林景观结合在一起。在传统文化意义上园林是修身养性悠闲之地，而将不同类型的建筑小品与园林景观相结合具有极高的美学价值意义。一方面有利于美化园林景观，另一方面有利于丰富园林景观的文化内涵。与此同时，雕塑的空间结构也具有了流动美。雕塑的实际占有空间、合围空间、环境空间与心理空间伴随着时间变化相互渗透、相互交融，进而产生一种流动的美。这种流动的美不仅会升华观者的审美感受，同时进一步深化观者的心理空间。今天，抗战雕塑等建筑小品作为纪念性的标识，是城市空间文化不可或缺的部分，它们的纪念意义远远大于实用功能。雕塑跨越时域，重构时代，提示时刻。[③] 它们的存在时刻地提醒世人缅怀那些曾经在历史发展过程中留下重要足迹的人们。

① 刘星：《让英烈精神永存　赵渭滨烈士墓修缮完毕》，《四川日报》2014年4月22日。

② ［英］罗伯特·贝文著，魏欣译：《记忆的毁灭：战争中的建筑》，三联书店2010年版，第229页。

③ 参见许正龙《时空铭——雕塑艺文选》，广西师范大学出版社2013年版，第14—15页。

第三节 防空设施

防空设施是抗战时期重庆人文景观中颇有特色和代表性的景观。它是抗战这段历史在重庆自然地貌上刻上的深刻烙印，也是重庆人民在特殊历史时期中对自我活动空间的改造痕迹。

武汉沦陷后，日本对重庆展开了不间断轮番轰炸，市民伤亡惨重。重庆市政府积极组织开展反轰炸行动，但由于国民政府航空兵力量弱小和防空武器不足，市政府只得根据重庆山城的独特地貌特征和坚硬的地质特点，组织数万人大规模地建筑防空掩体。1937 年，建有掩蔽室 15 个，防空壕 20 个，公共防空洞 7 个，私人防空洞 12 个，容纳 0. 72 万人。到 1941 年，数量猛增，公共防空洞增至 470 个，私人防空洞增至 930 个，隧道 13 个，容纳 36. 85 万人。[①] 截至 1944 年，市属 18 个区系计建成的公共和私有防空洞 1825 个，可容 44. 5 万人，防空隧道 1830 米，可容 26. 3 万人。[②]

抗战时期重庆防空洞修筑方式大致有五种：一是利用原有的山洞、岩厦改建，如洪崖洞、安乐洞、观音岩、九尺坎等；二是在适当地方开掘。多数私人和机构的防空洞就是通过这种方式在房前屋后的适宜之处开挖出来的；三是由政府主持开掘，如十八梯大隧道；四是在修建市政设施时专门设计的，如千厮门镇江寺堡坎上所嵌防空洞；五是利用城门洞作防空洞，如临江门门洞。[③] 另外，战时重庆防空洞建设经历了防空坑、防空壕、防空洞、隧道四个层级的演化，展现出重庆人民在面对日军轰炸威胁时的极大勇气和智慧。防空坑深约 1. 3 米，可蹲两人，这是最简陋的防空设施，也是在当时战争条件下最容易操作和执行的，在战争初期，重庆突然遭到日军空袭，为了在短时间内实现防空防护，这种最简易操作的防空坑成为当时大量开挖的防空设施。防空壕是坑道上面盖木板，再堆上很厚的土，

---

① 罗泰祺：《重庆人口及防空设施表》，《重庆大轰炸纪实》，内蒙古人民出版社 1998 年版，第 456 页。

② 重庆市城乡建设委员会、重庆市建筑管理局编：《重庆建筑志》，重庆大学出版社 1997 年版，第 140 页。

③ 正权：《重庆城的防空洞》，《重庆晚报》2009 年 7 月 5 日。

表面用草皮和树枝伪装，深六尺，宽两尺。防空洞为较短的隧道，多为私人修筑，设施较好。隧道则是由政府组织修建，处于地下十米左右，宽高各在两米左右，长度几百到几千米，一般隧道两边设有木板钉成的长凳，每隔三四十米有一盏油灯。在这些防空洞中，防空坑是安全性最差的，而隧道则是容量最大的。

抗战期间，重庆还成立了一系列组织机构负责防空洞的建设和管理。1940 年春，重庆市民众扩大建筑防空洞委员会成立，主任委员为刘峙。1941 年 6 月，防空洞管理委员会和防空洞工程技术改进委员会成立。防空洞管理委员会主任委员为谷正纲，委员包括刘峙、陈访先、贺国光、吴国桢、胡伯翰、唐毅、庞京周、梅贻林。防空洞工程技术改进委员会主任委员为陈立夫，副主任委员为翁文灏。① 1941 年 7 月成立重庆市防空工程处，同年 11 月成立防空洞管理处。防空设施的建设和管理对于战时重庆来说尤为重要，这些机构的成立无疑为重庆防空的发展提供了保障，也使得战时重庆防空设施大量出现，极大地改变了重庆原有的地貌样态和地理空间。

知名的公共防空隧道如“重庆大隧道”，纵线由朝天门到通远门，横线有南纪门到临江门，贯通老城区东西南北，由 7 段组成，总共设计 13 个出口，全长 3722 米，可容纳 4 万多人，被称为“当时世界各国最伟大的都市防空工程之一”。该隧道 1938 年 8 月 2 日动工，1940 年夏初具规模，迫于日机轰炸形势，不得不开放使用。直到 1941 年 6 月才基本竣工，但通风设备尚未启用。“六五”大惨案发生后，从 1941 年 7 月到同年 11 月，进行了 4 期改善工程，开凿直井通风井等设施，大隧道修建基本结束。该隧道高和宽都在两米以上，且处于地下 10 米以下，异常坚固，不足之处是洞口太小，通风不畅，且洞门设计不合理，如演武厅洞口门向内开，洞口拥挤时无法打开洞门。里面设备也非常简陋，仅设木凳、石凳、发电机、电灯、油灯、通风器，没有电话线路，发生紧急情况无法传达信息。这些缺点直接导致了“重庆大隧道惨案”的发生。

除防空洞外，防空设施还包括地下工厂，主要是兵工企业。如 1938 年由上海迁渝的兵工署 25 厂，在磁器口至双碑一带挖建山洞厂房 9 座计 6997 平方米。1939 年迁渝的湖北汉阳兵工厂在鹅公岩长江边建岩洞厂房

---

① 《中央社讯》，《新蜀报》1941 年 6 月 10 日。

107个，计20124平方米。1939年由江西南昌迁渝的国民政府航空委员会第二飞机制造厂利用南桐丛林乡海孔村长350米、宽20—30米、高40多米的天然大山洞，建成三层楼厂房。[①]

除厂矿生产用地下设施外，普通公用防空隧道在日机轰炸时亦常用作临时办公场所。尤其是新闻机构，把印刷设备搬进隧道，一边躲避轰炸，一边排印、出版报刊。

综上所述，城市是由建筑物组成的，一座城市可以说是建筑物的海洋，而文化又是建筑和城市的灵魂。[②] 在这片海洋里，抗战建筑是独特的组成部分。它经历了时间的洗礼、空间的变幻，最终成为海洋中无数散落的耀眼的星。这些星是标识、是警示灯，不断地提醒安于现状的人们勿忘历史。历史是由人创造的，无论对一个独立的抗战建筑景观，还是对一个区域进行研究，都不能脱离人与社会而空谈，因为人是一切劳动的创造者。马克思曾指出“人还是按照美的规律来制造”。[③] 在这些抗战建筑中，人们依据空间自然地理环境并结合当地特点，构建出许多具有代表性的美的建筑物。这些建筑物具有形式美和意蕴美。形式美主要体现在三个方面：建筑本身的美、建筑所处周边的环境美、建筑与周边环境之间形成的关系美。[④] 建筑本身的美，是指抗战建筑中许多建筑或是中西结合，或是同其他民族建筑特点相融合，或是本民族古今交错……建筑环境所处环境的美是指建筑位置相宜，而它们二者之间的关系美则是一种建筑与环境的融合，实质上是人与自然的和谐美。

在历史的演变中，融合不只是人与自然的连接，同时也是人与人、人与社会之间的连接。在上文所述的抗战建筑中，体现了不同国家和不同民族之间的文化在时空变幻中的碰撞，每一次的碰撞都是不同建筑文化、民俗文化的扩散与整合。这些抗战建筑在不同的空间地域内以单体或群落形式存在，它存在的意义并不是给予人们“强烈的刺激或认识，而重在生活情调的感染熏陶，它不是一礼拜才去一次的灵魂洗涤之处，而是能够经常

---

① 重庆市城乡建设委员会、重庆市建筑管理局编：《重庆建筑志》，重庆大学出版社1997年版，第140—141页。

② 参见《城市建筑文化》（人本篇），湖南人民出版社2009年版，第1章。

③ 马克思著，朱光潜译：《1844年经济学—哲学手稿》，上海文艺出版社1980年版，《美学》第2辑。

④ 参见祁嘉华《美眼看建筑》，同济大学出版社2010年版，第1—4页。

瞻仰或居住的生活场所”。[①] 建筑本身作为人们熟悉的处所，是民族文化传播的通道，逐渐形成独立的文化景观或文化街区、文化核心区。对于这些建筑景观，人们将焦点更多地聚集在它们与其他空间结合而形成的整体空间及空间特征，总是无意识或有意识地从这种整体空间特征中感受自己依存的文化。与此同时，在这种“寻根”中印证自己及生命的意义，进而找寻归属感和安全感。在这一过程中，人们近距离的触摸历史印记并对民族文化进行文化定位，以加强对本民族文化精神的认同感。

然而人是矛盾的综合体，一面寻找认同感和归属感，另一面又不断打破这种寻找。因为在现代城市化进程的今天，人们在许多时候选择牺牲精神文化文明，去建造物质文化文明。抗战建筑景观作为重要的民族文化遗产，往往也难以逃脱被牺牲的厄运。经过走访调查发现，许多抗战建筑景观早已消失不见，成为人们心中的伤痛和遗憾。然而，穿过漫长的岁月，嵌入建筑景观的昨日仍在时空的尽头凯旋。因此，无论是现实的“存在”，还是逝去的“存在”，其体现的悠长的生活记忆人们应该铭记。本章节收录的抗战建筑只是部分，仍然有许多抗战建筑等待人们去发现。

结　语

人类活动不断地改变地理的自然面貌，也不断更新原有的人居地理环境。毛泽东《菩萨蛮·大柏地》词曰：“当年鏖战急，弹洞前村壁，装点此关山，今朝更好看。”战争废墟，断垣残壁，在残破的墙上还依稀可见累累弹痕。这是战争对战场地理面貌的改变，但作为一个参加过这场战斗的战士，在这残壁弹痕面前依然有着浓烈的文化体验。战后的地理遗址，依然存留着战斗中战士与地理环境发生的关系，战场上遗存的种种物质实体的地理因素都笼罩着文化因素，必然引发对战争废墟和遗址的审美情思和文化思索，成为过去战斗历程的心理记忆的形式。战争遗存的地理景观，在诗人的体验中成为文化形式。地理的物质形态始终蕴含着人们对历史的记忆和文化意义的追寻。

---

① 李泽厚：《美的历程》，文物出版社1981年版，第65页。

抗日战争的胜利已经过去70年了，在四川的地理景观中，除了天然的秀丽山河之外，还有伟大中国人民在艰苦抗战中遗留下来的地理景观。它们镌刻着艰苦血战的深刻记忆，是永驻人间的历史丰碑。战争对自然地理的改变，与人类自身的文化价值取向在文化地理的遗存中结合在一起，就使这一些战争遗留的地理景观，在巴山蜀水中显现美的光华，为壮丽的山川增添秀色。

70多年前，伟大的抗日战争在四川人民的文化记忆中，有苦难的历程，有悲壮的牺牲，但是更有中华民族的追求民族独立的奋斗和牺牲精神，这是今天实现中华民族伟大复兴的重要精神文化遗产。四川抗战文化地理学的研究把这份珍贵的文化遗产奉献给大家。